D1920240

By Variorum Publications:

BERNARD HAMILTON
The Latin Church in the Crusader States. The Secular Church

Variorum Reprints – Revised Editions:

KENNETH M. SETTON
Catalan Domination of Athens, 1311-1388

DENIS A. ZAKYTHINOS
Le Despotat grec de Morée. Histoire politique
Le Despotat grec de Morée. Vie et institutions

Variorum Reprints – Collected Studies Series:

HANS EBERHARD MAYER
Kreuzzüge und lateinischer Osten

W. H. RUDT DE COLLENBERG
Familles de l'Orient latin, XIIe-XIVe siècles

ANTHONY LUTTRELL
Latin Greece, the Hospitallers and the Crusades

AUGUST HEISENBERG
Quellen und Studien zur spätbyzantinischen Geschichte

GEORGE T. DENNIS
Byzantium and the Franks, 1350-1420

PAUL WITTEK
La formation de l'empire ottoman

DAVID AYALON
The Mamluk Military Society

DAVID JACOBY
Recherches sur la Méditerranée orientale du XIIe au XVe siècle

DAVID JACOBY
Société et démographie à Byzance et en Romanie latine

FREDDY THIRIET
Etudes sur la Romanie gréco-vénitienne (Xe-XVe s.)

PETER TOPPING
Studies on Latin Greece, 1205-1715

BARIŠA KREKIĆ
Dubrovnik, Italy and the Balkans in the Late Middle Ages

NICOARĂ BELDICEANU
Le monde ottoman des Balkans (1402-1566)

Probleme des lateinischen Königreichs Jerusalem

Professor Dr. Hans Eberhard Mayer

Hans Eberhard Mayer

Probleme des lateinischen Königreichs Jerusalem

VARIORUM REPRINTS
London 1983

British Library CIP data

Mayer, Hans Eberhard
Probleme des lateinischen Königreichs
Jerusalem. – (Collected studies series; CS178).
1. Jerusalem – History – Latin Kingdom, 1099-1244
I. Title
956.9 D182

ISBN 0-86078-126-7

Copyright © 1983 by Variorum Reprints

Published in Great Britain by Variorum Reprints
20 Pembridge Mews London W11 3EQ

Printed in Great Britain by Galliard (Printers) Ltd
Great Yarmouth Norfolk

VARIORUM REPRINT CS178

INHALTSVERZEICHNIS

Dieser Band umfaßt 356 Seiten.

VORWORT

Ich danke dem Verlag Variorum Reprints für die Möglichkeit, meine Aufsätze gesammelt in zwei Bänden herauszugeben. Ich danke ebenso Herrn Professor Kenneth M. Setton für die Anregung dazu.

Die beiden Bände umfassen nicht alle meine Aufsätze. Ich habe zunächst alle Aufsätze weggelassen, die ich zwischen 1959 und 1964 als Mitarbeiter der *Monumenta Germaniae Historica*, wo ich unter Herrn Professor Dr. Theodor Schieffer an der Edition der Urkunden der burgundischen Rudolfinger mitarbeitete, über burgundische Themen schrieb. Von meinen Arbeiten über die Geschichte der Kreuzzüge und der Kreuzfahrerstaaten habe ich drei weggelassen:

1. "Probleme moderner Kreuzzugsforschung", *Vierteljahrsschrift für Sozial- und Wirtschaftsgeschichte* 50 (1963) 503-513, was im wesentlichen eine Sammelrezension ist;
2. "Literaturbericht über die Geschichte der Kreuzzüge, Veröffentlichungen 1958-1967", *Historische Zeitschrift*, Sonderheft 3 (1969) 641-731, was eine reine *bibliographie raisonnée* ist;
3. "Aspekte der Kreuzzugsforschung", in: *Geschichte und Gegenwart. Festschrift Karl Erdmann* (Neumünster 1980), S. 75-94, was ursprünglich ein Rundfunkvortrag für ein breiteres Publikum war.

Die hier nachgedruckten Aufsätze habe ich jetzt nicht chronologisch, sondern sachlich angeordnet. Das Inhaltsverzeichnis der beiden Bände gibt darüber Anskunft, wie diese Sachgebiete gedacht sind.

Der größere Teil meiner Aufsätze ist entstanden aus den Vorarbeiten zu der von mir vorbereiteten, wenn auch noch nicht abgeschlossenen Edition der Urkunden der lateinischen Kreuzfahrerkönige von Jerusalem. Größere Vorstudien dazu habe ich als Bücher veröffentlicht, von denen meine Aufsätze nicht zu trennen sind, und die ich deshalb hier nochmals aufzähle:

1. *Bibliographie zur Geschichte der Kreuzzüge*, (Hannover 1960; Neudruck ebd. 1965);

2. Das Itinerarium peregrinorum. *Eine zeitgenössische Chronik zum dritten Kreuzzug in ursprünglicher Gestalt*, (Schriften der MGH 18, Stuttgart 1962);
3. *Geschichte der Kreuzzüge* (Stuttgart 1965, 5. Auflage 1980; englische Übersetzung von John Gillingham als *The Crusades*, Oxford und London 1972);
4. *Marseilles Levantehandel und ein akkonensisches Fälscheratelier des 13. Jahrhunderts* (Bibliothek des Deutschen Historischen Instituts in Rom 38, Tübingen 1972);
5. *Bistümer, Klöster und Stifte im Königreich Jerusalem* (Schriften der MGH 26, Stuttgart 1977);
6. *Das Siegelwesen in den Kreuzfahrerstaaten* (Abhandlungen der Bayerischen Akademie der Wissenschaften. Phil.-Hist. Klasse, N.F. 83, München 1978).

Ich danke allen Verlagen und Herausgebern der Zeitschriften und Serien, in denen die hier nachgedruckten Aufsätze zwischen 1958 und 1981 erschienen, für die freundlicherweise erteilte Nachdruckerlaubnis. Ich danke ferner Frau Dr. Favreau-Lilie und Herrn Professor Dr. Rudolf Hiestand für die Erlaubnis, die mit ihnen gemeinsam verfaßten beiden Aufsätze hier nachdrucken zu können. Ihnen, den bisherigen wissenschaftlichen Mitarbeitern meiner Kieler Jahre, habe ich auch für mancherlei sonstige Hilfe und Ratschläge zu danken. Nicht vergessen sei auch meine langjährige Kieler Sekretärin, Frau Gisela Neubaur, die die Mehrzahl dieser Aufsätze und fast alle Bücher für die ursprüngliche Publikation ins Reine schrieb.

Über die großzügige materielle Förderung, die ich in manchen Ländern von manchen Institutionen erfahren habe, wird das Vorwort zu meiner Edition der Königsurkunden von Jerusalem Rechenschaft ablegen. Schließlich habe ich noch allen jenen Kollegen in aller Welt zu danken, mit denen ich über die Jahre hinweg gemeinsam auf diesem Gebiet arbeiten durfte. Ihr Rat hat mir oft geholfen, die Diskussion mit ihnen hat der Sache und mir genützt, ihre Freundschaft hat mich durch die Jahre begleitet.

HANS EBERHARD MAYER

Kiel, im Juli 1982

ASPEKTE DES KÖNIGTUMS

I

DAS PONTIFIKALE VON TYRUS UND DIE KRÖNUNG DER LATEINISCHEN KÖNIGE VON JERUSALEM

ZUGLEICH EIN BEITRAG ZUR FORSCHUNG ÜBER HERRSCHAFTSZEICHEN UND STAATSSYMBOLIK

INHALTSVERZEICHNIS

1. Die Stellung des Pontifikales in der Überlieferung

UNTER dem zerborstenen Rücken der unscheinbaren Handschrift G.V. 12 der Biblioteca Comunale degli Intronati in Siena verbirgt sich eine Kostbarkeit ersten Ranges, auf die mich Reinhard Elze aufmerksam machte: das Pontifikale der Kathedralkirche von Tyrus (Abb. 1), jenes Buch also, das die liturgischen Formeln für alle geistlichen Handlungen enthält, die dem Erzbischof von Tyrus als Diözesanbischof und Metropolitan oblagen[1].

Die Handschrift ist in doppelter Hinsicht kostbar. Einmal sind Handschriften, die im Hl. Land zur Zeit der Kreuzfahrer geschrieben wurden, an und für sich sehr selten. Der Bestand bekannter Manuskripte dieser Provenienz ist zwar jüngst durch Hugo Buchthal[2] beträchtlich vermehrt worden. Er hat zwanzig illuminierte Handschriften namhaft machen können, davon sechs mit profanem, vierzehn mit biblischem oder liturgischem Inhalt. An nichtilluminierten Handschriften, die außerhalb von Buchthals Gesichtskreis lagen, gibt es noch weniger: eine Handschrift des Kopialbuches der Grabeskirche von Jerusalem (heute im Vatikan)[3], das Rituale derselben Kirche, von dem zwei Exemplare existieren, das eine im Vatikan, das andere in der Bibliothek von San Sepolcro in Barletta[4]; sie gehören beide etwa in dieselbe Epoche wie die

[1] Ich führe nachstehend die häufiger zitierte Literatur auf, die in den Anmerkungen dann nur noch in Kurzform zitiert wird. Urkunden: Reinhold Röhricht, *Regesta regni Hierosolymitani* (1893). *Additamentum* (1904). — Quellen: Albert von Aachen, *Historia Hierosolymitana*, Recueil des Historiens des Croisades (künftig: RHC.). Historiens occidentaux (künftig: Hoc.) 4 (1879) 265–713. *Chronique d'Ernoul et de Bernard le Trésorier* publiée par Louis de Mas-Latrie (Société de l'Histoire de France, 1871). *L'Estoire d'Eracles Empereur et la Conqueste de la Terre d'Outremer*, RHC. Hoc. 2 (1859). Fulcheri Carnotensis (Fulcher von Chartres), *Historia Hierosolymitana*, ed. Heinrich Hagenmeyer (1913). *Les Gestes des Chiprois*, RHC. Documents Arméniens 2 (1906) 651–872. *Livre de Jean d'Ibelin*, RHC. Lois 1 (1841) 7–430. Walter der Kanzler, *Bella Antiochena*, ed. Heinrich Hagenmeyer (1896). Wilhelm von Tyrus, *Historia rerum in partibus transmarinis gestarum*, RHC. Hoc. 1, 1 und 1, 2 (1844). — Literatur: Hugo Buchthal, *Miniature Painting in the Latin Kingdom of Jerusalem*. With Liturgical and Palaeographical Chapters by Francis Wormald (1957). Reinhard Elze, „Zum Königtum Rogers II. von Sizilien", *Festschrift Percy Ernst Schramm* 1 (1964) 102–116. Charles Kohler, „Un rituel et un bréviaire du Saint-Sépulcre de Jérusalem", *Revue de l'Orient latin* 8 (1900–1901) 383–500 (wiederabgedruckt in Charles Kohler, *Mélanges pour servir à l'histoire de l'Orient latin et des Croisades* [1906] S. 286–403). John L. La Monte, *Feudal Monarchy in the Latin Kingdom of Jerusalem, 1100 to 1291* (Monographs of the Mediaeval Academy of America Nr. 4, 1932). Reinhold Röhricht, *Geschichte des Königreichs Jerusalem* (1898). — Die Arbeit von Steven Runciman, „The Crown of Jerusalem", *Palestine Exploration Quarterly* 1960, S. 8–18, erschwert die Forschung eher als sie zu erleichtern. Ich kann weder für die These, Königin Melisendis sei 1131 vor ihrem Gemahl gekrönt worden, noch für die Meinung, Friedrich II. habe sich 1229 in Jerusalem eine Krone anfertigen lassen, noch für die Behauptung, Hugo III. von Zypern habe 1276 die Krone von Jerusalem nach Zypern gebracht, in den Quellen eine Grundlage finden. Im übrigen befaßt sich Sir Steven fast nur mit dem Prinzip der Erbfolge.

[2] Buchthal, *Miniature Painting*, passim.

[3] Ms. Vat. lat. 4947. Die Handschrift wurde früher ins 14. Jahrhundert gesetzt, galt also als eine nicht in Jerusalem entstandene Kopie; vgl. E. de Rozière, *Cartulaire de l'église du Saint-Sépulcre de Jérusalem* (1849) S. V. Jetzt wird sie sicher der Zeit zwischen 1229 und 1244 zugerechnet; vgl. Wormald bei Buchthal, *Miniature Painting* S. XXXI und 136 sowie Taf. 138b. Die andere Handschrift des Chartulars (Vat. lat. 7241) gehört wohl doch schon ins 14. Jahrhundert.

[4] Die vatikanische Handschrift ist Barb. lat. 659; vgl. Buchthal, *Miniature Painting* S. 136 und Taf. 137b. Das Rituale von Barletta ist genau beschrieben bei Charles Kohler, *Rituel du Saint-Sépulcre* S. 383–500 (Zweitdruck S. 286–403).

ältere jerusalemitanische Chartularhs., kopieren jedoch eine frühere Vorlage aus dem Jerusalem des 12. Jahrhunderts. Weiterhin kennen wir zwei Exemplare des Breviers des Hl. Grabes, von denen das eine in Lucca liegt, aus dem 12. Jahrhundert stammt und noch näherer Untersuchung bedarf[5], während das andere in der zweiten Hälfte des 13. Jahrhunderts geschrieben wurde und sich heute im Musée Condé zu Chantilly befindet[6]. Schließlich gehört hierher noch das Pontifikale von Apamea[7]. Damit ist der Kreis der bekannten Codices, die in den Kreuzfahrerstaaten geschrieben wurden und den Zusammenbruch von 1291 überlebten, schon fast abgeschritten, denn ein gelegentlich für das Hl. Land in Anspruch genommenes Manuskript in Tournai[8] ist in Wahrheit erst 1501 von den Augustinerinnen von Saint-Sauveur-au-Mont-Thabor bei Mecheln geschrieben worden[9]; eine Erfurter Handschrift, die einen Bibliothekskatalog des Kapitels von Nazareth enthält, stammt nicht mit Sicherheit aus dem Hl. Land[10]; Fragmente liturgischer Handschriften, die möglicherweise dort geschrieben wurden und sich als Vorsatz- und Nachstoßblätter im Pontifikale von Apamea und im Barlettaner Rituale finden, sind noch nicht genügend untersucht. Auch auf dem Sinai finden sich einige handschriftliche Fragmente, die möglicherweise in die Kreuzfahrerzeit gehören und die Kurt Weitzmann photographierte, die aber noch unpubliziert sind[10a].

Es kommen also an liturgischen, biblischen und profanen Codices aus dem Hl. Land — einschließlich des Pontifikales von Tyrus — mit Sicherheit nur 27 Handschriften zusammen, eine geradezu bedrückend geringe Zahl, wenn man die Fülle von Erzbistümern, Bistümern, Klöstern und Stiften im Hl. Land bedenkt, die La Monte dazu bewog, das Königreich Jerusalem als einen ,,priest-ridden state" zu bezeichnen. Zwar hatten die Kreuzfahrer der ersten Generation offenbar kein rechtes Verhältnis zu Büchern, denn wir wissen aus Emigrantenbriefen, daß die Christen nach der Eroberung der Stadt 1099 die bedeutende Bibliothek der jüdischen Gemeinde in Jerusalem an jüdische Glaubensgenossen in Askalon verkauften und daß die Manuskripte von dort nach Kairo gelangten[11]. Der unsagbar kostbaren arabischen Bibliothek in

[5] Lucca, Kapitelbibliothek, Ms. Nr. 5; vgl. Buchthal, *Miniature Painting* S. XXX Anm. 5. Eine Auswertung dieses Manuskriptes behalte ich mir vor.

[6] Chantilly, Musée Condé, Ms. Nr. 1076. Vgl. *Chantilly. Le Cabinet des Livres. Manuscrits* 1 (1900) S. 47 Nr. 50. Kohler, *Rituel du Saint-Sépulcre* S. 470 (Zweitdruck S. 373) setzte die Hs. ins 14. Jahrhundert, doch ist das Datum berichtigt bei V. Leroquais, *Les bréviaires manuscrits des bibliothèques publiques de France* 1 (1934) 265 ff.

[7] London, Privatbesitz Francis Wormald. Vgl. Francis Wormald, ,,The Pontifical of Apamea", *Nederlands Kunsthistorisch Jaarboek* 5 (1954) 271–279.

[8] Auguste Voisin, *Documents pour servir à l'histoire des bibliothèques en Belgique* (1840) S. 295: Ciceromanuskript, angeblich geschrieben 1101 in der Thaborabtei.

[9] Paul Faider u. Pierre Van Sint Jan, *Catalogue des manuscrits conservés à Tournai* (Catalogue général des manuscrits des bibliothèques de Belgique 6, 1950) S. 99 Nr. 96. Die Handschrift enthält in Wahrheit Makrobius und Gellius.

[10] Stadtbibliothek Erfurt, Hs. Q 102. Vgl. James S. Beddie, ,,Some Notices of Books in the East in the Period of the Crusades", *Speculum* 8 (1933) 240f. Paul Lehmann, ,,Von Nazareth nach Erfurt", *Zentralblatt für Bibliothekswesen* 50 (1933) 483f. Wilhelm Schum, *Beschreibendes Verzeichnis der Amplonianischen Handschriften-Sammlung zu Erfurt* (1887) S. 361.

[10a] E. A. Lowe, ,,Two Other Unknown Liturgical Fragments on Mount Sinai", *Scriptorium* 19 (1965) 10.

[11] S. D. Goitein, ,,Contemporary Letters on the Capture of Jerusalem by the Crusaders", *Journal of Jewish Studies* 3 (1952) 162–177.

Tripolis, die man mit drei Millionen Bänden allerdings wohl weit überschätzte, erging es noch schlimmer; sie wurde bei der Kapitulation der Stadt 1109 angezündet, als ein christlicher Priester bei einer flüchtigen Durchsicht eine Vielzahl von Koranen fand[12]. Gegen diese Akte der Geldgier und des Vandalismus steht jedoch der Bibliothekskatalog von Nazareth, steht die Klage des syrischen Edelmannes Usāma ibn Munqiḏ, dem seine etwa viertausend Bände umfassende Bibliothek abhanden kam, als sie 1154 bei einem (offenbar absichtlich herbeigeführten) Schiffbruch von König Balduin III. von Jerusalem nach dem Strandrecht konfisziert wurde[13], steht schließlich und vor allem der wohl berechtigte Stolz, mit dem der Erzbischof Wilhelm von Tyrus in seiner Kreuzzugschronik von seiner Kathedralbibliothek spricht[14], von deren Beständen des Erzbischofs Zitate aus klassischen Autoren ebenso Zeugnis ablegen wie die Nachricht, daß König Amalrich I. von Jerusalem (1163–1174) dem Chronisten auch arabische Chroniken zugänglich machte, mit deren Hilfe er seine verlorenen Gesta orientalium principum verfaßte[15]. Die Sieneser Handschrift zählte — mindestens in weiterem Sinne — auch zu dieser Bibliothek, wenngleich sie vermutlich nicht mit den anderen Büchern, sondern etwa in der Sakristei aufbewahrt worden sein mag, dort für den täglichen Gebrauch jederzeit greifbar. Wir haben also immerhin einige Nachrichten über kirchliche Bibliotheken in den Kreuzfahrerstaaten. Der Rest, der uns davon verblieben ist und der sich wohl kaum noch nennenswert wird vermehren lassen, ist deshalb so gering, weil die Kreuzfahrerstaaten zweimal, 1187 und 1291, von politisch-militärischen Katastrophen betroffen wurden, von denen die erste nur die Städte Antiochia, Tripolis und Tyrus sowie einige Burgen, die zweite überhaupt nichts verschonte. Dabei galten auch Handschriften als Beutegut, denn der Dominikaner Riccoldus de Montecroce, der 1291 als Missionar in Baġdād war, berichtet, er habe dort auch Bücher und Breviere gesehen, die aus der Plünderung von Akkon stammten[16].

Aber das tyrensische Pontifikale ist nicht nur deshalb bemerkenswert, weil es die Zahl der Kreuzfahrerhandschriften um einen Codex vermehrt, sondern auch wegen seines Inhaltes. Es gibt nämlich nur zwei Pontifikalien aus dem Hl. Land, das von Tyrus und das von Apamea, wo bis 1238 ein lateinisches Erzbistum bestand. Apamea gehörte zwar zum Fürstentum Antiochia, aber dennoch müssen wir die Handschrift den jerusalemitanischen Pontifikalien zurechnen, da die beiden Stellen, die eine Lokalisierung ermöglichen, von anderer Hand nachgetragen sind: fol. 21^r am Rande in der Interrogation des bischöflichen Weiheordos eine allgemeine Obödienzerklärung an den Metropo-

[12] Zur Bibliothek von Tripolis vgl. Ibn al-Aṯīr, *al-kāmil fi t-ta'rīḫ*, RHC. Historiens orientaux 1 (1872) 274. Ferner Röhricht, *Geschichte* S. 78 Anm. 1; 81 Anm. 5.

[13] Beddie (Anm. 10) S. 241. Philip K. Hitti, *An Arab-Syrian Gentleman in the Period of the Crusades. Memoirs of Usāmah ibn Munqidh* (*Kitāb al-i'tibār*) (Records of Civilization, 1929) S. 60f.

[14] Wilhelm von Tyrus, *Historia* XXI 26 (S. 1051).

[15] Zu den Zitaten vgl. Max Manitius, *Geschichte der lateinischen Literatur des Mittelalters* 3 (Handbuch der Altertumswissenschaft Abt. 9. Teil 2. Band 3, 1931) 439. Zu den arabischen Chroniken siehe Wilhelm von Tyrus, Prolog zu Buch I der *Historia* (S. 5).

[16] Girolamo Golubovich, *Biblioteca bio-bibliografica della Terra Santa e dell'Oriente Francescano* 1 (1906) 352f.

litan von Apamea[17] und fol. 205r auf einem ursprünglich leeren Blatt eine lange Obödienzerklärung eines Bischofs von Valania an den Erzbischof von Apamea[18]. Außerdem hat Francis Wormald festgestellt, daß der Schreiber der Handschrift, der sich als Normandus nennt, identisch ist mit dem Mann, der zwischen 1229 und 1244 in Jerusalem das Sakramentar der Grabeskirche (Brit. Mus. Egerton 2902) schrieb[19]. Der Text des apameischen Pontifikales ist schon seit 1700 bekannt, als ihn E. Martène in seinem Werk *De antiquis ecclesiae ritibus* nach einer heute in Lyon befindlichen Kopie herausgab[20], die auch noch von Michel Andrieu für seine Edition des römischen Pontifikales des 12. Jahrhunderts benutzt wurde. Es handelt sich textlich um einen fortgeschrittenen Typ des römischen Pontifikales, der wegen seiner Entwicklungsstufe das nachhaltige Interesse der Liturgiewissenschaftler erweckt hat.

Es bedürfte nun meinerseits des Mutes der Unkenntnis, wenn ich mich zu der Frage äußern wollte, ob das tyrensische Pontifikale vom liturgiewissenschaftlichen Standpunkt aus wichtig ist oder nicht. Doch scheint mir, daß es in seiner Bedeutung dem apameischen mit seiner einmaligen Textredaktion nicht vergleichbar ist. Zumindest gibt es für das tyrensische Pontifikale europäische Parallelen. Am nächsten steht ihm, wie mir Reinhard Elze mitteilte, offenbar die Handschrift 144 der Bibliothèque municipale in Orleans, die für den Gebrauch in Chartres geschrieben wurde und wie die tyrensische Handschrift aus dem Anfang des 13. Jahrhunderts stammt[21]. Grob gesagt entsprechen sich in den beiden Handschriften:

Siena G.V. 12	Orleans 144
fol. 2r–44r	3r– 66r
44v–52r	96r–105r
53v–65v	119r–134v
65v–74v	160r–169r
74v–84v, 87v	71r– 96r
84v–86v, 88r–98v	105v–118v
98r–123v	134v–157r

Die Reihenfolge der Texte ist innerhalb der einzelnen Abschnitte nicht immer dieselbe.

Diese Gegenüberstellung zeigt bereits, daß wir es bei dem tyrensischen Pontifikale mit einem französischen Typ zu tun haben, wie er sich bis ins 12. Jahrhundert hinein allmählich aus dem Grundstock des sogenannten Mainzer Pontifikales (das man heute besser als römisch-deutsches bezeichnet und das

[17] Gedruckt bei Michel Andrieu, *Le Pontifical Romain au moyen âge*. 1. *Le Pontifical Romain au XIIe siècle* (Studi e Testi 86, 1938) S. 142 Anm. 14 und Wormald (oben Anm. 7) S. 273 Taf. 1.

[18] Gedruckt bei Michel Andrieu, „Le Pontifical d'Apamée et autres textes liturgiques communiqués à Dom Martène par Jean Deslions", *Revue bénédictine* 48 (1936) S. 341f. Da ein Abtseid fehlt, ist übrigens nicht genau festzustellen, ob das Pontifikale zum Gebrauch in Apamea oder in Valania gedacht war.

[19] Wormald (oben Anm. 7) S. 272. Wormald bei Buchthal, *Miniature Painting* S. 136.

[20] Andrieu (Anm. 18) S. 321–348.

[21] V. Leroquais, *Les pontificaux manuscrits des bibliothèques publiques de France* 1 (1937) 252ff.

kürzlich von Cyrille Vogel und Reinhard Elze[22] ediert wurde) entwickelt hatte. Daneben stehen freilich einzelne, der Quantität nach nicht einmal unbedeutende Textbestandteile, die mit dem römischen Pontifikale übereinstimmen, so zum Beispiel die Ordnung der Bischofsweihe mit dem an den Papst gerichteten Wahldekret, das hier freilich sorgfältig auf tyrensische Verhältnisse zugeschnitten ist.

Als liturgische Gebrauchshandschrift blieb das tyrensische Pontifikale von Änderungen nicht verschont. Ein Mann des 13. Jahrhunderts, der eine kleinere Schrift schrieb als der (oder die beiden) Hauptschreiber, verglich die Handschrift mit einem anderen Pontifikale. Er kennzeichnete lange Abschnitte durch den Vermerk *Vacat* als entbehrlich, radierte sie teilweise auch aus und beschrieb die Rasuren und trug am Rande in gedrängter Schrift weitere Texte nach. Dabei ist die Tendenz unverkennbar, das Pontifikale dem rein römischen Typ anzugleichen. Außerdem hat eine Hand des frühen 14. Jahrhunderts Marginalien angebracht, die liturgisch unwesentlich, für die Geschichte der Handschrift aber sehr interessant sind.

2. Die Geschichte der Handschrift

Die Handschrift wurde ohne Zweifel für den Gebrauch an der Kathedrale von Tyrus geschrieben. Das ergibt sich einwandfrei aus Bischofswahldekret und Abtseid. Das erstere beginnt fol. 52^{v}: *Reverentissimo archiepiscopo N. Tyrensis sedis dignitate conspicuo, clerus et populus nostre ecclesie tocius devocionis famulatum.* Damit ist jedoch erst die Kirchenprovinz lokalisiert. Die eigentliche Heimatdiözese ergibt sich aus der Abtsweihe, die nicht der Metropolitan, sondern der zuständige Diözesanbischof vorzunehmen hatte. Hier heißt es fol. 59^{v} in der Interrogatio: *Vis Tyrensi ecclesie et michi meisque successoribus subiectionem et obedientiam exhibere* ... Und fol. 61^{r} folgt nach der Thronsetzung die *Professio abbatis*: *Ego N. humilis cenobii beati ill. abbas promitto tibi, pater N., et successoribus tuis atque matri ecclesie Tyrensi debitam subiectionem atque obedientiam secundum statuta sanctorum patrum* (Abb. 1). Einen eher ephemeren Hinweis auf die Lokalisierung bieten die beiden bischöflichen Benediktionen für Kreuzauffindung und Kreuzerhöhung (fol. 17^{r} und 18^{v}). Diese beiden Tage wurden also in Tyrus gefeiert. Das wäre an und für sich weder im Hl. Land noch in Europa bemerkenswert gewesen, aber in der Kathedrale von Tyrus war die Beachtung dieser Feste geradezu geboten, weil die Kirche das Patrozinium des Hl. Kreuzes hatte[23]. Es wäre auffallend, wenn

[22] Cyrille Vogel u. Reinhard Elze, *Le Pontifical Romano-Germanique du dixième siècle*, 2 Bde. (Studi e Testi 226. 227, 1963). Ein dritter Band mit Indices soll folgen.

[23] Der venezianische Bailli Giorgio Marsigli erwähnt 1243 in seiner Relation über den venezianischen Besitz in Tyrus die *trivia sancte crucis archiepiscopatus Tyri*; vgl. G. L. F. Tafel u. G. M. Thomas, *Urkunden zur älteren Handels- und Staatsgeschichte der Republik Venedig mit besonderer Beziehung auf Byzanz und die Levante vom neunten bis zum Ausgang des 15. Jahrhunderts*, Band 2 (Fontes rerum Austriacarum Abt. II, Band 13, 1856) 365. Das Kreuzpatrozinium erwähnt auch die *Estoire d'Eracles* aus dem 13. Jahrhundert, eine der lateinischen Fortsetzungen Wilhelms von Tyrus (S. 311). Dagegen berichtet Burchard von Monte Sion (J. M. C. Laurent, *Peregrinatores medii aevi quatuor* [^{2}1873] S. 25), die Kirche habe das Patrozinium zum Hl. Grab gehabt. Wohl Burchard folgend behaupten dies auch Reisende des 16./17. Jahrhunderts. Vgl. Giovanni Zuallardo, *Il devotissimo viaggio di Gerusalemme* (1587) S. 315 und Johannes Cotovicus, *Itinerarium Hierosolymitanum et Syriacum* (1619) S. 121.

diese beiden Benediktionen fehlten. Es läßt sich im übrigen nicht sagen, ob die Benediktion für Kreuzerhöhung, für die kein eigentlicher Text, sondern nur ein Rückweis auf Kreuzauffindung vorhanden ist, erst in Tyrus eingeschoben wurde, um einem lokalen Bedürfnis abzuhelfen; möglich wäre dies lediglich insofern, als in einer sehr ähnlichen französischen Benediktionsserie, die unten in der Beschreibung der Handschrift zur Identifizierung dient, keine Benediktion für Kreuzerhöhung enthalten ist. Auf der anderen Seite gibt es im tyrensischen Pontifikale keinerlei Hinweis darauf, daß man in Tyrus am 19. August die *apparitio crucis* gefeiert hätte, wie dies zum Gedenken an die Kreuzvision Konstantins des Großen in der Heiligkreuzkathedrale in Orleans der Fall war[24], aber das Fest ist ohnehin äußerst selten und wurde nach Ausweis der Kalendare und des Rituales der Grabeskirche auch am Aufbewahrungsort des Wahren Kreuzes in Jerusalem nicht begangen[25].

Bei der Bedeutung der Kathedrale von Tyrus im kirchlichen Leben der Kreuzfahrer ist es mit einer an Sicherheit grenzenden Wahrscheinlichkeit anzunehmen, daß die Handschrift auch in der Schreibstube des dortigen Domes geschrieben wurde. Es ist demnach das einzige Produkt des dortigen Scriptoriums, das uns überkommen ist. Die Vorlage war unmittelbar oder mittelbar wohl ein aus Frankreich stammendes Pontifikale. Dies wird nicht nur durch die inhaltliche Übereinstimmung mit Orleans 144 erhärtet, sondern auch durch die Serie bischöflicher Benediktionen am Anfang, die in dieser Form und in so reicher Zahl eigentlich nur in Frankreich begegnen[26]. Paläographische Erwägungen sprechen dafür, daß die Handschrift auf Veranlassung von Erzbischof Clarembaldus (1203–1210) geschrieben wurde oder jedenfalls in seiner Amtszeit. Seinen Namen, Clarembaldus de Broies, überliefert nur die Estoire d'Eracles[27], aber aus Papsturkunden wissen wir, daß Clarembaldus als pilgernder Bischof ins Hl. Land kam und dort auf Betreiben des päpstlichen Legaten auf den gerade vakanten Erzstuhl von Tyrus gewählt wurde[28], doch leider hat uns Innocenz III. nicht verraten, ob Clarembaldus etwa zuvor Bischof in Frankreich war und von dort den Prototyp des Pontifikale mit sich gebracht haben könnte. Auch sein Name gibt uns keinen rechten Anhaltspunkt für seine Herkunft, denn ob damit wirklich das kleine Dorf Broyes im Departement Marne (wo die örtliche Adelsfamilie schon beim ersten Kreuzzug Kreuzfahrer gestellt hatte[29]) oder das noch kleinere Dorf Broyes im Departement Oise gemeint ist, kann nicht mit hinreichender Sicherheit geklärt werden.

Wir dürfen annehmen, daß die Handschrift bis zum Zusammenbruch des Hl. Landes 1291 in Tyrus verblieb. Bereits zu Beginn des 14. Jahrhunderts taucht sie in Siena auf, denn damals wurde ihr Inhalt mit der sienesischen

[24] Leroquais (Anm. 21) 1, 259.

[25] Kalendare: Buchthal, *Miniature Painting* S. 117; Rituale: Kohler, *Rituel du Saint-Sépulcre* S. 395 und Index S. 468 (Zweitdruck S. 298 u. 371).

[26] S. unten S. 214.

[27] *Estoire d'Eracles* S. 311.

[28] August Potthast, *Regesta pontificum Romanorum* 1 (1874) Nr. 1983; 1986 = Migne, PL. 215, 147 Nr. 131; 149 Nr. 134.

[29] Über diese Familie vgl. André du Chesne, *Histoire généalogique de la maison de Broyes et de Chasteauvillain* (1631).

Praxis verglichen, und eine Hand des beginnenden 14. Jahrhunderts notierte in zwei Marginalien auf fol. 39r und 40r, wie sich der Bischof von Siena (*dominus episcopus Senensis* und *dominus noster Senensis*) bei den betreffenden Zeremonien verhielt.

Diese harmlosen Randbemerkungen enthüllen uns das mutmaßliche Schicksal der Handschrift. Der letzte in Tyrus residierende Erzbischof war der Dominikaner Bonacursus de Gloria, der 1272 zum Erzbischof erhoben wurde[30]. Der Name Bonacursus deutet klar auf italienische Abstammung hin. Bernard Gui[31] nennt ihn zwar Bonacursus Ultramarinus, woraus Quetif und Echard[32] geschlossen haben, er sei im Hl. Land geboren worden, aber Ultramarinus diente wohl nur zur Unterscheidung von einem anderen Dominikaner Bonacursius, der um die gleiche Zeit in Italien und Griechenland wirkte[33]. Berthold Altaner[34] hat am Beispiel eines nachweislich deutschen Dominikaners, der gelegentlich auch das Beiwort Ultramarinus führt, gezeigt, daß dies nicht die Geburt im Hl. Lande sichert. Darüber hinaus wissen wir, daß die Dominikaner in den drei (übrigens kleinen) Konventen der Provinz Terra Sancta zur Zeit des Erzbischofs Bonacursus in überwiegender Mehrheit aus Europa kamen, da uns aus den Jahren 1277–1280 von jedem Konvent ein Wahlprotokoll überliefert ist[35]. Im Konvent von Tripolis waren 1277 acht Elektoren, davon sieben mit französischen Herkunftsnamen (*Virdunensis*, *Normannus*, *de Castellione* etc.); im Konvent von Akkon gab es 1279 unter 13 Brüdern einen Deutschen, einen Italiener, einen Spanier, einen Engländer und vier Franzosen; im Konvent von Nikosia waren 1280 acht Wähler, von denen einer ein Burgunder, ein anderer ein Engländer war. Es ist also so gut wie sicher, daß auch Bonacursus de Gloria eingewandert war, und zwar aus Italien. Urkundlich ist er letztmals in Akkon am 1. Oktober 1279 bezeugt[36], aber er amtierte nachweislich noch 1286 (s. unten S. 211). Es ist ein in der Literatur häufiger Irrtum, er sei noch am 1. September 1290 urkundlich nachweisbar[37]. Der Fehler taucht erstmals 1859 im Recueil des Historiens des Croisades, Historiens occidentaux 2, 462, Anm. f, auf und enthüllt sich bei näherer Betrachtung als fälschliche Wiedergabe von Le Quien[38]. Nach 1286 wird Bonacursus nament-

[30] *Estoire d'Eracles* S. 462; dort wird er einmal *frere Bonacours de l'Ordre des Preecheors, fil Henri de Gloire*, das anderemal *frere Bonacours de Gloire* genannt. In einer von ihm ausgestellten Originalurkunde heißt er *Bonacursus* (vgl. unten Anm. 36).

[31] Stephanus de Salaniaco et Bernardus Guidonis *De quatuor in quibus deus praedicatorum ordinem insignivit*, ed. Thomas Kaeppeli (Monumenta ordinis fratrum praedicatorum historica XII, 1949) S. 115.

[32] Jacobus Quetif u. Jacobus Echard, *Scriptores ordinis praedicatorum* 1, 1 (1719) 159.

[33] Ebd. S. 156.

[34] Berthold Altaner, *Die Dominikanermissionen des 13. Jahrhunderts. Forschungen zur Geschichte der kirchlichen Unionen und der Mohammedaner- und Heidenmission des Mittelalters* (Breslauer Studien zur historischen Theologie 3, 1924) S. 38 Anm. 131; S. 31 Anm. 73.

[35] François Balme, „La province dominicaine de Terre Sainte de janvier 1277 à octobre 1280", *Revue de l'Orient latin* 1 (1893) 526–536.

[36] Jean Delaville Le Roulx, *Cartulaire général de l'Ordre des Hospitaliers de Saint-Jean de Jérusalem* 3 (1899) 387 Nr. 3706.

[37] Vgl. als einer unter vielen M. H. Laurent, *Dictionnaire d'Histoire et de Géographie ecclésiastiques* 9 (1937) 711.

[38] Michel Le Quien, *Oriens christianus* 3 (1740) 1320. Le Quien zitiert aus Ferdinand Ughelli, *Italia Sacra* ²4 (1719) 878f. eine Urkunde für Genua vom 1. September 1190 (nicht 1290!) (Cesare Imperiale di Sant'Angelo, *Codice diplomatico della Repubblica di Genova* 2 [Fonti per la storia d'Italia 79, 1938]

lich nicht mehr erwähnt, aber wir haben keinen Grund zu der Annahme, daß er vor dem Fall des Hl. Landes 1291 gestorben wäre. Der Auftrag des Papstes Nikolaus IV. vom 15. Juli 1290 an einen namentlich nicht genannten Erzbischof von Tyrus, er möge sich um die Güter der durch Hochwasser geschädigten Kirche des hl. Demetrius in Akkon kümmern[39], ging sicher noch an Bonacursus, und unter ihm dürfte Tyrus verlorengegangen sein, das am 19. Mai 1291, sofort nach dem Fall Akkons, kampflos geräumt wurde, wobei sich freilich nur die Reichen retten konnten, während man die Armen ihrem Schicksal überließ[40].

Im Gegensatz zu Akkon hatte der Klerus in Tyrus also die Möglichkeit, wenigstens das Nötigste mitzunehmen. Hier ist in erster Linie an die wichtigsten besitzsichernden Urkunden zu denken, von denen sich allerdings kein einziges Stück erhalten hat, dann aber natürlich an die liturgischen Bücher, die man bei einer Wiedereroberung des Hl. Landes, auf die doch alle hofften, wieder benötigt hätte, und erst in dritter Linie werden materielle Werte wie das kostbare Altargerät gekommen sein. Wir dürfen also wohl vermuten, daß das Pontifikale von Tyrus zum Fluchtgepäck des Erzbischofs Bonacursus gehörte. Da er Italiener und Dominikaner war, die Handschrift aber schon zu Beginn des 14. Jahrhunderts in Siena auftaucht, liegt die Vermutung nahe, daß er sich nach Siena zurückzog, wo seit 1227 ein Dominikanerkloster war und wo man eben 1293 mit dem Bau der gewaltigen hochragenden Kirche San Domenico begann, von der aus man heute einen der schönsten Ausblicke auf die Altstadt von Siena hat. Sehr lange kann Bonacursus (oder sein Nachfolger?) nicht in Siena geblieben sein, denn am 8. Oktober 1294 übertrug der Papst Coelestin V. dem aus seinem Erzbistum von den Ungläubigen vertriebenen *archiepiscopo Tirinensi* (sic) die Verwaltung der Kirche von Luni in Ligurien[41].

Das Pontifikale aber verblieb in Siena. Im 17./18. Jahrhundert war die Handschrift nach einem Besitzvermerk in der Bibliothek der 1525 gegründeten Accademia degli Intronati, von wo aus sie in den Bestand der Kommunalbibliothek überging.

3. Die Krönungen der Könige von Jerusalem im 12. Jahrhundert

Die Schicksale der Handschrift lassen sich also mit hinreichender Genauigkeit verfolgen. Indes: Was hat das Pontifikale von Tyrus mit der Krönung der lateinischen Könige von Jerusalem zu tun? Hier wird ein weiterer Punkt berührt, der die Handschrift zu einer Kostbarkeit macht: Auf Blatt 65^v–72^r

---

S. 383 Nr. 200 ohne Benutzung der nach Ughelli im Kapitelarchiv zu Genua befindlichen Kopie, die später von einem Notar in Gegenwart des Erzbischofs Bonacursus und des Bischofs Bartholomaeus von Bairut vidimiert wurde. Bartholomaeus ist urkundlich nur 1283 mit Sicherheit bezeugt (Röhricht, *Regesta* Nr. 1449; 1451), so daß Ughellis Urkunde auch in dieser Zeit vidimiert sein wird.

[39] Ernest Langlois, *Les Registres de Nicolas IV* (Bibliothèque des Ecoles françaises d'Athènes et de Rome. 2. Serie 5, 1886–1893) S. 480 Nr. 2919.

[40] Röhricht, *Geschichte* S. 1025.

[41] *Specimina palaeographica regestorum Romanorum pontificum ab Innocentio III ad Urbanum V* (1888) Taf. 43.

findet sich ein Ordo für die Krönung des Königs und der Königin, und es läßt sich bis zur Evidenz zeigen, daß der König von Jerusalem im 13. Jahrhundert nach diesem Ordo gekrönt wurde.

Ursprünglich war Tyrus nicht der Krönungsort, aber auch die heilige Stadt Jerusalem war es nicht. Aus Gründen, die hier nicht näher erörtert werden können, die im einzelnen auch schwer abwägbar sind, verzichtete Gottfried von Bouillon, Herzog von Niederlothringen und erster lateinischer Herrscher in Jerusalem, auf Königstitel und Krone und begnügte sich mit der Stellung eines Vogtes des Hl. Grabes (*advocatus sancti sepulchri*)[42]. Als ihm 1100 sein Bruder Balduin nachfolgte, geriet er zunächst in einen erbitterten Streit mit dem lateinischen Patriarchen Daimbert von Jerusalem, der die Herrschaft über die Stadt nach einem mit Gottfried geschlossenen Vertrag für sich beanspruchte. Erst gegen Ende des Jahres lenkte Daimbert ein und weihte, salbte und krönte zu Weihnachten 1100 Balduin zum König, aber nicht in der Grabeskirche, dem Amtssitz des Patriarchen, sondern in der Geburtskirche zu Bethlehem[43].

Man hat in der Forschung heftig debattiert[44], ob hierin ein Entgegenkommen des Königs an den Patriarchen zu sehen sei und ob Balduin möglicherweise gewisse Herrschaftsansprüche Daimberts noch anerkannt habe, aber zweifellos hat John Gordon Rowe[45] recht, daß von letzterem nicht die Rede sein kann. Allenfalls war darin eine Höflichkeitsgeste gegenüber Daimbert zu sehen, dem es ermöglicht wurde, sein Gesicht zu wahren. Aber Balduin ließ von Anfang an keinen Zweifel, daß er und kein anderer Herrscher von Jerusalem sein sollte. In seiner ersten erhaltenen Urkunde von 1104 trägt er den Titel *rex Iudee et Iherusalem ac defensor sanctissimi sepulchri*, und die Genuesen schworen zur selben Zeit einen Eid *Balduino regi ac defensori civitatis Ierusalem*[46]. Die eigentliche Schwierigkeit lag anderswo, und Fulcher von Chartres, der Kaplan Balduins, spricht sich darüber ebenso deutlich aus wie Albert von Aachen. Bei der Wahl Gottfrieds 1099 hatte zunächst ein König gewählt werden sollen. Der Klerus hatte jedoch gemeint, es sei nicht ziemlich, wenn in

[42] Vgl. hierzu und zu dem Streit zwischen Balduin I. und dem Patriarchen Daimbert zuletzt John Gordon Rowe, ,,Paschal II and the Latin Orient'', *Speculum* 32 (1957) 471–481.

[43] Fulcher von Chartres, *Historia* II 6, 1–3 (S. 384ff.); Albert von Aachen, *Historia* VII 43 (S. 536f.); Wilhelm von Tyrus, *Historia* X 9 (S. 413). Ekkehard von Aura, *Hierosolymita* c. 21, RHC. Hoc. 5, 1 S. 28. berichtet, der päpstliche Legat habe Balduin gekrönt. Der Legat, der Kardinalbischof Mauritius von Porto, hatte Balduin in seinen Bemühungen um die Nachfolge Gottfrieds zwar kräftig unterstützt, aber es ist nicht anzunehmen, daß er den Patriarchen Daimbert, der ohnehin der Unterlegene war, zu einem Gesichtsverlust gezwungen hätte, indem er die Krönung selbst vornahm. Ekkehard hatte vermutlich die Festkrönung von Ostern 1101 (s. unten S. 170) im Auge. Zwar hat die jüngste Handschrift F *die penthecostes* (9. Juni) als Krönungstag, doch ist dies auf alle Fälle zu spät, da Ekkehard die Krönung ausdrücklich vor der Eroberung von Arsuf (29. April) erwähnt; Ostern fiel auf den 21. April.

[44] Vgl. Rowe (Anm. 42) S. 480 Anm. 54.

[45] Ebd. S. 480f.

[46] Cesare Imperiale di Sant'Angelo (Anm. 38) 1 (Fonti per la storia d'Italia 77, 1936) 20 Nr. 15; 22 Nr. 16. Zur Entwicklung des Titels der Könige von Jerusalem vgl. La Monte, *Feudal Monarchy* S. 128f. Vorübergehend, als Balduin I. zu Beginn seiner Regierungszeit offenbar den damals utopischen Plan einer Eroberung Ägyptens hegte, versuchte der Patriarch, den König auf den Titel eines Königs des *regnum Babilonie atque Asie* abzudrängen, doch blieben diese Versuche erfolglos. Vgl. zu diesen Zusammenhängen Jean Richard, *Le Royaume latin de Jérusalem* (1953) S. 32, die in dieser Anmerkung zitierte Urkunde Balduins I. für Genua, sowie Rozière (Anm. 3) S. 71 Nr. 36.

Jerusalem ein König die goldene Krone trage, wo Christus unter der Dornenkrone gegangen sei[47]. Und in der Tat konnte sich diese Partei auf die Itala-Bibel stützen, wo es bei Daniel 9, 26 hieß, nach dem Tode Christi *exterminabitur unctio* (scil. in Jerusalem) *et non erit*[48]. Auch Raimund von Toulouse hatte dieses Argument aufgenommen, als er die zunächst ihm angetragene Herrschaft ablehnte, und Gottfried hatte schon durch die Wahl seines Titels impliziert, daß er sich dieser Sicht beugte. Selbstverständlich wollte Balduin I. nicht weniger fromm erscheinen als sein Bruder, und unter diesen Umständen war eine Krönung in Bethlehem eine elegante Lösung, denn die Geburtskirche war zweifellos so ehrwürdig wie die Grabeskirche, für eine Krönung zu Weihnachten erschien Bethlehem sowohl als Geburtsort Christi wie als die Stadt Davids (1. Reg. 17, 12) als eine zwanglos getroffene Wahl, und das mißliche Problem, ob man in Jerusalem eine Krone tragen dürfe, war vorerst umgangen.

Als Balduin I. im Jahre 1118 kurz vor Ostern starb, folgte ihm sein gleichnamiger Verwandter Balduin de Bourcq, bisher Graf von Edessa. Die Meinung der Großen, die über die Nachfolge zu bestimmen hatten, war geteilt, denn ein Teil der Wähler glaubte, man müsse dem Bruder des Verstorbenen vor dem Sohne des Vetters den Vorrang geben und daher den Grafen Eustachius von Boulogne zum Nachfolger machen, aber schließlich setzte sich doch die — übrigens traditionsbildende — Ansicht durch, daß der Thron nach dem Geblütsrecht dem nächsten männlichen Verwandten zustehe, der an Ort und Stelle war, und Eustachius war eben in Europa. So wurde Balduin de Bourcq am Ostersonntag 1118 gesalbt und geweiht, jedoch noch nicht gekrönt[49]. Warum man auf so ungewöhnliche Weise die Krönung noch bis Weihnachten 1119 hinauszögerte, ist nicht genau zu erkennen. Möglicherweise hatten die Parteigänger Eustachs eine Gesandtschaft nach Europa geschickt, um den Grafen von Boulogne zum Kampf um die Krone zu bewegen. Nach Wilhelm von Tyrus[50] soll er sogar schon bis Apulien gekommen, dann aber umgekehrt

[47] Raimund von Aguilers, *Historia Francorum, qui ceperunt Iherusalem*, RHC. Hoc. 3 (1866) 296.

[48] Petrus Sabatier, *Bibliorum Sacrorum Latinae versiones antiquae seu vetus Italica* 2 (1743) 877. Vgl. Raimund von Aguilers (Anm. 47) S. 296: *Cum venerit sanctus sanctorum, cessabit unctio, quod advenisse cunctis gentibus manifestum erat.*

[49] Fulcher von Chartres, *Historia* III 1, 1 (S. 616). Wilhelm von Tyrus, *Historia* XII 3 (S. 515) und XII 4 (S. 517) berichtet aufgrund von Albert von Aachen, *Historia* XII 30 (S. 709) fälschlich von einer Krönung. Doch hat ein Codex Alberts (Stiftung Preußischer Kulturbesitz, derzeit Marburg, ehemals Preußische Staatsbibliothek Berlin, lat. fol. 677), dessen Lesarten Bernhard Kugler 1893 veröffentlichte und der zu den ältesten Handschriften überhaupt gehört, statt *coronatus* die Lesart *honoratus*; vgl. Kugler, „Eine neue Handschrift der Chronik Alberts von Aachen", *Verzeichnis der Doktoren, welche die philosophische Fakultät der Universität Tübingen im Decanatsjahre 1892–93 ernannt hat* (1893) S. 119 (freundlicher Hinweis von Prof. Horst Fuhrmann). Auch Matthaeus von Edessa zerlegt die Herrschererhebung Balduins II. in zwei Etappen. Er berichtet zum 18. April 1118 von einer Thronsetzung und zu Weihnachten 1118 von einer Krönung, weil man solange noch auf die Ansprüche von Gottfrieds Bruder Eustach Rücksicht genommen habe; vgl. *Chronique de Matthieu d'Edesse*, ed. Edouard Dulaurier, *Bibliothèque historique arménienne* 1 (1858) 296. — Wo die Salbung stattfand, ist nirgends ausdrücklich bezeugt. Die vorangegangene Wahl erfolgte in Jerusalem, aber bei der geringen Entfernung zwischen Jerusalem und Bethlehem kann die Salbung hier wie dort stattgefunden haben.

[50] Wilhelm von Tyrus XII 3 (S. 515f.). Vgl. auch Matthaeus von Edessa (Anm. 49). Die Geschichte wäre nur wirklich glaubhaft, wenn auch Fulcher von Chartres davon berichtete (oder wollte der Hofkaplan Fulcher etwa die Sache vertuschen, um Zweifel an der Legitimität von Balduins Ansprüchen

sein, als er hörte, daß Balduin bereits faktisch König war. Wahrscheinlich hing die Verzögerung mit dem Zwang zusammen, sofort gegen die Muslime zu Felde zu ziehen. Vor allem im Jahre 1119 war Balduin nach der für Antiochia so vernichtenden Schlacht auf dem *ager sanguinis* (27. Juni 1119) bis in den Herbst hinein mit der Reorganisation dieses nordsyrischen Fürstentums beschäftigt und konnte erst spät im Jahr nach Jerusalem zurückkehren[51].

An Weihnachten 1119 erhielt Balduin II. schließlich zusammen mit seiner Gemahlin Morphia die Krone, wiederum in der Geburtskirche zu Bethlehem[52]. Erstmals hören wir hier von einer Krönung der Königin. Allem Anschein nach sind die zweite und dritte Gemahlin Balduins I. (seine erste Frau war schon auf dem Kreuzzug verstorben) nie gekrönt worden, jedenfalls ist es nirgends ausdrücklich bezeugt, obwohl Balduins dritte Eheschließung, die doch den natürlichen Anlaß für die Krönung der Königin geboten hätte, in den Quellen ausführlich geschildert wird. Zwar nennt der mehr als 50 Jahre später schreibende Wilhelm von Tyrus die dritte Gemahlin, Adelasia von Sizilien, zweimal *regina* und spricht davon, daß Balduin anläßlich seiner Scheidung von Adelasia ermahnt worden sei, seine verstoßene Gemahlin wieder in die königliche Würde einzusetzen, aber der Rubricator nannte Adelasia in seiner Kapitelüberschrift nur *comitessa Siciliae*[53]. Fulcher von Chartres, der als Hofkaplan über die rechtlichen Verhältnisse genau unterrichtet gewesen sein muß, geht über des Königs skandalöse Eheverhältnisse mit möglichst taktvollem Schweigen hinweg und berichtet nur das dürftigste Tatsachengerippe. Immerhin ist es bemerkenswert, daß er von der zweiten Gemahlin, die er nur einmal erwähnt und deren Namen er gar verschweigt, nur als von der *regis coniux*[54] und von Adelasia vor und nach ihrer Eheschließung mit Balduin I. als von der *comitissa Sicilae* und der *comitissa Siculorum* redet[55], mit einer Ausnahme,

---

nicht aufkommen zu lassen?). Vermutlich hat Wilhelm hier nur in seiner üblichen Weise die Worte Alberts von Aachen, *Historia* XII 28 (S. 707) breitgetreten; Albert weiß nur, daß Eustach in Betracht gezogen wurde, daß man jedoch Balduin wählen wollte, wenn Eustach aus Altersgründen ablehnte. Daraus hat Wilhelm eine Gesandtschaft erschlossen, aber in Wahrheit hat man gar nicht solange gewartet, bis eine Antwort hätte eintreffen können, denn die Salbung Balduins II. fand schon eine Woche nach dem Begräbnis Balduins I. statt.

[51] Ganz abwegig ist die von Gereon H. Hagspiel, *Die Führerpersönlichkeit im Kreuzzug* (Geist und Werk der Zeiten 10, 1963) S. 40f. angedeutete Meinung, der König habe vor der Krönung erst seine militärische Tüchtigkeit zu beweisen gehabt.

[52] Fulcher von Chartres, *Historia* III 7, 4 (S. 635). Wilhelm von Tyrus, *Historia* XII 12 (S. 531).

[53] Wilhelm von Tyrus, *Historia* XI 29 (S. 505f.). Auch Roger II. von Sizilien bezeichnete sie in seinen Urkunden als *regina*, doch ist darin in erster Linie vor 1130 ein Anspruch Rogers auf die Königswürde, nach 1130 eine legitime Stütze dieser Würde zu sehen; vgl. Elze, „Königtum Rogers II.", S. 103.

[54] Fulcher von Chartres, *Historia* II 14, 2 (S. 421). Ebd. 3–7 (S. 422f.) überliefert Fulcher einen Brief dieser Gemahlin und der Bewohner von Jaffa aus dem Jahre 1101 an Tankred von Antiochia, worin sie sich (nach Hagenmeyers Text) als *regina* bezeichnet. Der Brief ist sicherlich fiktiv, denn der empfohlene Überbringer ist zugleich der sich im Schreiben selbst Empfehlende. Wichtiger noch ist in diesem Zusammenhang, daß das Wort *regina* offenbar nicht zu der um 1105 abgeschlossenen Erstfassung gehört, von der keine Handschrift mehr existiert. In den Handschriften der ersten erhaltenen Redaktion, die die verlorene ursprüngliche Fassung bis 1124 fortführten, tritt das Wort nämlich nur in zwei Handschriften (GR) auf, in fünf sowie in der editio princeps fehlt es, erst in den sieben Handschriften der um 1124 entstandenen Neufassung findet es sich wieder.

[55] Ebd. II 51,3 (S. 575); II 59,3 (S. 601).

wo er von *regina* spricht[56]. Eine Krönung der dritten Gemahlin dürfte ja auch kaum möglich gewesen sein, solange die zweite noch lebte und die Ehe ungeschieden war.

Mit der Krönung Balduins II. in Bethlehem riß die dortige Tradition ab, denn begreiflicherweise waren die Herrscher des Hl. Landes allmählich darauf bedacht, in der Hauptkirche des Landes, der Basilika des Hl. Grabes, gekrönt zu werden, die ja auch die königliche Grablege war[57]. Nachdem das Land zwei gekrönte Herrscher gesehen hatte, die gewiß gelegentlich sich auch in Jerusalem im Schmuck der Krone gezeigt haben werden, war das alte Argument, der Gang Christi unter der Dornenkrone verbiete das Tragen einer Königskrone in der heiligen Stadt, nicht mehr aufrechtzuerhalten. Als Balduin II. 1131 starb, wurde sein Schwiegersohn und Nachfolger, Fulko von Anjou, und mit ihm seine Gemahlin Melisendis am 14. September 1131, dem Fest der Kreuzerhöhung, am Hl. Grab geweiht und gekrönt, *ex more*, wie Wilhelm von Tyrus versichert, der nun für lange Zeit unsere einzige Quelle wird[58], und will man dies wörtlich nehmen, so bedeutet es, daß es bereits einen gewohnheitsmäßig feststehenden Krönungsritus gegeben haben muß. Allerdings wurde Wilhelm erst um diese Zeit in Jerusalem geboren, und welche Quellen ihm für Fulkos Regierung zur Verfügung standen, als er später seine Chronik schrieb, wissen wir nicht.

Fulkos Krönungstag war einer der höchsten Feiertage der Grabeskirche, denn nach der Tradition hatte die Kaiserin Helena am 14. September 320 in Jerusalem das Wahre Kreuz Christi gefunden. Kaiser Konstantin der Große hatte am mutmaßlichen Ort der Kreuzigung und Auferstehung Christi zwei Kirchen bauen lassen, von der die Rotunde der Anastasis noch erhalten ist, wenn auch durch Erdbeben, den Brand von 1808 und die ihm folgende geschmacklose Restaurierung stark in Mitleidenschaft gezogen[59]. Die Weihe fand am 13. September 335 statt, einen Tag danach die feierliche Ausstellung

[56] Ebd. II 60,1 (S. 602). Bei Albert von Aachen, *Historia* XII 14 (S. 697) heißt sie einmal *nova regina*, aber auch er berichtet nichts von einer Krönung, obgleich er die Hochzeit ausführlich schildert.

[57] Von Gottfried von Bouillon bis zu Balduin V. wurden alle lateinischen Herrscher von Jerusalem in der Grabeskirche begraben. Als Grablege der Königinnen diente angemessenerweise das Kloster S. Maria in Valle Josaphat, die mutmaßliche Grablege der Jungfrau Maria. Dort wurden Morphia, die Gemahlin Balduins II. (Charles Kohler, ,,Chartes de l'abbaye de Notre-Dame de la Vallée de Josaphat en Terre Sainte'', *Revue de l'Orient latin* 7, 1899, S. 128 Nr. 18) und Melisendis, die Gemahlin Fulkos (Wilhelm von Tyrus, *Historia* XVIII 32, S. 877) begraben. Die zweite Gemahlin Balduins I. starb vermutlich in Konstantinopel, die dritte in Sizilien, Theodora, die Gattin Balduins III., endete ihr Leben vermutlich im pontischen Exil, in das sie ihrem Entführer Andronikos Komnenos gefolgt war; Maria Komnena, die Gemahlin Amalrichs I., starb wahrscheinlich im Hl.Land, aber erst nach 1190, als Josaphat in den Händen der Muslime war. Sie hatte überdies ein zweitesmal geheiratet, so daß ihr ein königliches Begräbnis ohnehin nicht mehr zustand. Balduin IV. und Balduin V. blieben ehelos.

[58] Wilhelm von Tyrus, *Historia* XIV 2 (S. 609).

[59] Zur Baugeschichte der Kirche vgl. H. Vincent u. F. M. Abel, *Jérusalem. Recherches de topographie, d'archéologie et d'histoire.* Tome II. *Jérusalem nouvelle* (1914). Kenneth John Conant, ,,The Original Buildings at the Holy Sepulchre in Jerusalem'', *Speculum* 31 (1956) 1–48. Camille Enlart, *Les monuments des croisés dans le Royaume de Jérusalem. Architecture religieuse et civile* 2 (Bibliothèque archéologique et historique 8, 1928) 136–180. Wilhelm von Tyrus VIII 3 (S. 324f.). Nach jahrzehntelangen vergeblichen Versuchen hat man in den letzten Jahren mit einer vielversprechenden Restaurierung der Grabeskirche begonnen, die indessen nur langsam fortschreitet und noch lange andauern wird; vgl. Robert Houston Smith, ,,The Church of the Holy Sepulchre: Toward an Ecumenical Symbol'', *The Yale Review* 55 (1965) 34–56.

des Kreuzes. Dies war die eigentliche Kreuzerhöhung, doch knüpfte die abendländische Tradition (und mit ihr die lateinische Kirche von Jerusalem) mit der Feier des 14. September nicht an die Weihe von 335 an, sondern an die Rückführung der 614 von den Persern geraubten Kreuzreliqie nach Jerusalem durch den byzantinischen Kaiser Herakleios im Jahre 630. Unter König Fulko, dem ersten lateinischen König, der am Hl. Grab gekrönt wurde, erhielt die Grabeskirche auch ihre endgültige Gestalt, die sie bis heute im wesentlichen bewahrt hat. Die alte Kreuzigungskirche lag offenbar in Trümmern. An der Ostseite der Rotunde schnitt man nun ein Segment heraus und betrachtete sie fortan nur noch als Westapsis einer neuen Kirche, wenngleich die Rotunde, da sie das Hl. Grab barg, der zentrale Punkt der Verehrung blieb. Die neue Kirche erstreckte sich von der Rotunde ostwärts bis zu einer Ostapsis, wo nunmehr der Hauptaltar stand. Damit hatte man mehrere Ziele auf einmal erreicht: einmal waren die entscheidenden Stätten der Passion in einer Kirche vereinigt, da man Golgatha geschickt in den Umbau mit einbezogen hatte. Zum andern war die Kirche nun geostet, wie es abendländischem Brauch entsprach. Von der alten Kreuzigungskirche blieb nur die Krypta erhalten, wo Helena das Kreuz gefunden hatte. Diese Unterkirche lag aber jetzt noch östlich des Neubaus. Am 15. Juli 1149, auf den Tag 50 Jahre nach der Eroberung der Stadt durch die Kreuzfahrer, wurde der Neubau geweiht[60], und er blieb von nun an Krönungsort, solange Jerusalem den Christen gehörte. Balduin III. (1143), Amalrich I. (1162 oder 1163), Balduin IV. (1174) und Balduin V. (1183) wurden dort geweiht und gekrönt[61]. Von der byzantinischen Prinzessin Theodora, die dreizehnjährig mit Balduin III. vermählt wurde (September 1158) ist zwar nicht ausdrücklich bezeugt, daß sie in der Grabeskirche geweiht und gekrönt wurde, wohl aber daß diese Zeremonien zusammen mit der Hochzeit in Jerusalem stattfanden[62], so daß wir allen Anlaß haben, auch hier die Grabeskirche als Krönungsort zu vermuten.

Anders liegt der Fall der byzantinischen Prinzessin Maria Komnena, die am 29. August 1167 anläßlich ihrer Heirat mit König Amalrich I. von Jerusalem in Tyrus zur Königin von Jerusalem gesalbt und geweiht wurde[63]. Es hat den Anschein, daß etwas delikate politische Erwägungen diese Abweichung vom üblichen Brauch bewirkten. Seit 1163 war König Amalrich mit einer expansiven Politik in Ägypten beschäftigt. Die Kampagnen von 1163 und 1164 waren unentschieden verlaufen. Um sich für seine weiteren Eroberungen die Rückendeckung des byzantinischen Kaisers Manuel Komnenos zu verschaffen, schickte der König im Jahre 1165 eine Gesandtschaft nach Konstantinopel, die dort für ihn auf Brautschau gehen sollte. Die Verhandlungen zogen sich jedoch bis in den Sommer 1167 hin, und mittlerweile war Amalrich I. zu Beginn des Jahres wiederum in Ägypten eingefallen. Diesmal war er erfolgreich. Als

60 Enlart (Anm. 59) 2, 140. Vgl. die Eintragungen in den Kalendaren des Hl. Grabes zum 15. Juli bei Buchthal, *Miniature Painting* S. 116.

61 Die Belege bei Wilhelm von Tyrus, *Historia*. Balduin III.: XVI 3 (S. 707). Amalrich I.: XIX 1 (S. 883f.). Balduin IV.: XXI 2 (S. 1006). Balduin V.: XXII 29 (S. 1127).

62 Ebd. XVIII 22 (S. 858).

63 Ebd. XX 1 (S. 942).

er am 21. August 1167 nach Askalon zurückkehrte[64], wehte die königliche Standarte auf dem Leuchtturm zu Alexandria, war eine fränkische Garnison in Kairo, zahlte Ägypten dem König von Jerusalem einen jährlichen Tribut von 100000 Dinar; Ägypten war eine Art Protektorat des Königreiches Jerusalem geworden. Amalrich I. stand auf dem Höhepunkt seiner Macht, aber es war klar, daß er auf die Hilfe von Byzanz für die endgültige Unterwerfung Ägyptens nicht würde verzichten können. In diesem Moment kamen seine Gesandten aus Konstantinopel zurück und brachten Maria Komnena, eine Großnichte des Kaisers, als Braut für Amalrich mit sich. Kaum war Maria in Tyrus gelandet, da kam Amalrich *cum celeritate*, wie Wilhelm von Tyrus[65] schreibt, aus Askalon, und bereits am 29. August, also nur acht Tage nach Amalrichs Rückkehr aus Ägypten, fanden Krönung und Hochzeit statt. Der König hatte es ganz offensichtlich eilig und verzichtete deshalb darauf, die Zeremonien in Jerusalem stattfinden zu lassen. Er hatte nämlich unmittelbar nach seiner Rückkehr (*statim post reditum suum*) aus Ägypten den byzantinischen Abenteurer Andronikos Komnenos im Königreich aufgenommen und ihm Bairūt zu Lehen gegeben[66]. Damit brachte er sich gegenüber Kaiser Manuel und dessen beiden Gesandten Georgios Palaiologos und Manuel Komnenos, die die Prinzessin begleiteten und selbst der kaiserlichen Familie angehörten, in eine unangenehme Situation. Andronikos Komnenos hatte schon früher des Kaisers Unwillen erregt, als er sich in eine Liaison mit Eudokia, einer Nichte des Kaisers, einließ. Von nun an waren Manuel und Andronikos ständige Rivalen. Manuel brach erneut mit Andronikos, als dieser in seiner Eigenschaft als Gouverneur von Kilikien eine Liebschaft mit Philippa, der Schwester des Fürsten von Antiochia, begann, die gleichzeitig die Schwester der byzantinischen Kaiserin war. Andronikos wurde abberufen, floh aber stattdessen ins Königreich Jerusalem, wo er Amalrichs Rückkehr aus Ägypten abwartete, um sich dann sogleich mit Bairūt belehnen zu lassen. Bei seiner Flucht hatte er, wie Johannes Kinnamos[67] berichtet, einen Teil der byzantinischen Staatseinkünfte aus Zypern und Kilikien unterschlagen und mitgenommen. Wir müssen unterstellen, daß die Belehnung des Andronikos mit Bairūt *vor* der Ankunft der Maria Komnena, also wirklich *statim post reditum*, stattfand, denn sie kam einer Brüskierung des Kaisers gleich, an der Amalrich so unmittelbar *nach* der Festigung der Bande mit Byzanz nichts gelegen sein konnte. Man muß vielmehr vermuten, daß die Belehnung bereits vorgenommen worden war, als der König die Nachricht erhielt, daß seine Brautwerber erfolgreich zurückgekehrt waren. Deshalb wird ihm daran gelegen gewesen sein, die Hochzeit so rasch wie möglich abzuhalten, ehe die byzantinischen Gesandten von dem neuerlichen Skandal um Andronikos erfuhren; die zweijährigen Verhand-

[64] Ebd. XIX 32 (S. 939).

[65] Ebd. XX 1 (S. 942). Wilhelm von Tyrus irrt zwar nicht selten in chronologischen Dingen, aber über die Hochzeit und Krönung Marias war er wohl unterrichtet, und er wohnte ihr ohne Zweifel auch bei, denn er berichtet im gleichen Kapitel, Erzbischof Friedrich von Tyrus habe ihn drei Tage nach dieser Krönung zum Archidiakon von Tyrus ernannt.

[66] Ebd. XX 2 (S. 943).

[67] Ioannis Cinnami *Epitome rerum ab Iohanne et Alexio Comnenis gestarum*, ed. A. Meineke (Bonner Corpus, 1836) S. 250.

lungen über diese Ehe müssen, wie ihre Länge zeigt, ohnehin schon schwierig genug gewesen sein. Auch war immer die Frage der von den Gesandten mitgebrachten Mitgift zu bedenken, die das Reich von Jerusalem bitter nötig hatte und die Byzanz möglicherweise zurückgehalten oder gegen die von Andronikos unterschlagenen Gelder aufgerechnet hätte, wenn der Skandal vorzeitig ruchbar geworden wäre. Wir wissen nichts über die Mitgift Marias, aber in welcher Größenordnung sich diese bewegt haben muß, sehen wir am Beispiel Theodoras, die 1158 Balduin III. von Jerusalem heiratete und von Kaiser Manuel als Mitgift 100000 Hyperpern erhielt nebst Sachwerten im Wert von 40000 Hyperpern und einem Geldgeschenk von 10000 Hyperpern für die Ausrichtung der Hochzeitsfeierlichkeiten[68]. Wo Werte in dieser Größenordnung auf dem Spiel standen, hieß es rasch handeln, besonders wenn man so geldgierig war wie Amalrich I.[69]. Die hier vorgetragene Hypothese scheint jedenfalls am ehesten die rasche Krönung und Hochzeit in Tyrus zu erklären.

Als das Kind Balduin V. 1186 starb, war kein männlicher Thronanwärter mehr vorhanden und der geblütsrechtliche Anspruch war strittig zwischen Sibylle und Isabella, den beiden Töchtern Amalrichs I. aus dessen erster beziehungsweise zweiter Ehe. Als Amalrich den Thron bestieg, hatte das Geblütsrecht eine ernste Probe zu bestehen, denn der Patriarch verweigerte die Weihe, da Amalrich mit Agnes, der Tochter des Grafen Joscelin II. von Edessa, verheiratet war. Die beiden Eheleute waren nach dem kanonischen Recht im vierten Grade miteinander verwandt und hätten deshalb nur mit Dispens heiraten dürfen, den man ihnen jedoch verweigert hatte. Die Krone konnte Amalrich erst erlangen, nachdem er sich bereit gefunden hatte, seine erste Ehe annullieren zu lassen[70]; aus der zweiten, bereits besprochenen Ehe mit Maria Komnena stammte seine jüngere Tochter Isabella. In der altfranzösischen Fortsetzung Wilhelms von Tyrus[71] wird Sibylles (tatsächlich durchgesetzter) Anspruch auf die Thronfolge verworfen mit der Begründung, durch die Aufhebung der ersten Ehe Amalrichs sei Sibylle illegitim geworden, doch kann davon keine Rede sein, denn sonst hätten weder Balduin IV. noch Balduin V. König werden können, da ersterer ein Sohn aus derselben Ehe war wie Sibylle und letzterer der Ehe Sibylles mit dem Markgrafen Wilhelm von Montferrat entstammte. Wilhelm von Tyrus, der dieser Sache besonders eingehend auf den Grund ging, informiert uns auch ausdrücklich, daß Amalrich in die Aufhebung seiner ersten Ehe erst einwilligte, nachdem man ihm die fortdauernde Legitimität und Thronfolgefähigkeit seiner Kinder zugesichert hatte. Die eigentliche Schwierigkeit nach dem Tode Balduins V. lag in der Tatsache, daß Sibylle als die ältere Tochter die besseren Ansprüche hatte, daß ein großer Teil der Barone sie aber nicht wollte, weil ihnen ihr zweiter Gemahl Guido von Lusignan, Graf von Jaffa und Askalon, nicht behagte. Von dieser Seite aus wurden also möglicherweise Zweifel an der Legitimität Sibylles geschürt, wenn auch nicht zu Recht. Zwischen den Parteien hin- und

[68] Wilhelm von Tyrus, *Historia* XVIII 22 (S. 857f.).
[69] Ebd. XIX 2 (S. 886).
[70] Ebd. XIX 4 (S. 888f.). *Estoire d'Eracles* XXIII 3 (S. 5).
[71] Ebd. XXIII 3 (S. 6).

hergezerrt und selbst nicht für Guido eingenommen, hatte der aussätzige König Balduin IV. für den Fall eines frühen und kinderlosen Todes Balduins V. dem Papst, dem Kaiser und den Königen von Frankreich und England den Schiedsspruch zwischen den Ansprüchen Sibylles und Isabellas übertragen[72]. Schon diese Bestimmung enthielt einen amtlichen Zweifel an Sibylles Rechten, und diese waren ja bei der Krönung ihres Sohnes Balduin V. auch übergangen worden, denn zweifellos wäre die Schwester des Königs vor dessen Neffen erbfolgeberechtigt gewesen[73].

Die Dinge standen also für Sibylle nicht zum besten, als Balduin V. starb, und so ist es erklärlich, daß eine Minderheit entschlossener Neuankömmlinge mit der Unterstützung des Klerus und gegen den Willen der Mehrheit der alteingesessenen Barone einen Staatsstreich inszenierte, der Sibylle im Herbst 1186 die Krone brachte. Da ihr Gemahl wenig beliebt war, vermochte selbst der Patriarch sich nicht zu einer eigenhändigen Krönung Guidos durchzuringen, sondern überließ dies Sibylle. Nachdem er sie gekrönt hatte, machte er sie darauf aufmerksam, daß sie als Frau nicht selbst regieren könne, und forderte sie auf, einem Manne ihrer Wahl, der für sie das Reich regieren könne, die zweite, auf dem Altar liegende Krone zu geben. Schon dies war, wenngleich nur im formalen Bereich, völlig irregulär, denn theoretisch wurde damit das von Anfang an neben dem Geblütsrecht angewandte Wahlrecht der Barone ignoriert. Eine Wahlversammlung vor der Krönung konnte aber schon deshalb nicht stattfinden, weil die Mehrzahl der Barone überhaupt nicht zugegen war. Formal war es also allein Sibylle, die den neuen König bestimmte, aber erwartungs- und vereinbarungsgemäß rief sie ihren Gemahl Guido auf, sagte „*Sire, venez avant, recevez ceste corone, car je ne sai ou je la puisse meaus empleer*" und drückte dem vor ihr Knienden die Krone aufs Haupt. Darauf nahm der Patriarch die Salbung vor[74]. Ein Jahr später fiel Jerusalem in die Hände des Sultans Saladin und sollte erst 1229 wieder christlich werden.

4. Das Krönungszeremoniell im 12. Jahrhundert

Was wissen wir nun im einzelnen über die Krönungen im sogenannten ersten Reich der Kreuzfahrer? Nicht viel, das sei vorweg bemerkt, aber doch immerhin mehr, als in der bisherigen Literatur zu lesen steht. Vor allem versagen uns die Quellen weitgehend die Antwort auf die Frage, wie und womit im 12. Jahrhundert gekrönt wurde. Besser steht es mit dem Wo und Wann.

Daß es eine Art Ordo gegeben haben wird, braucht man nicht zu bezweifeln, denn Wilhelm von Tyrus erwähnt mehrmals, daß bestimmte Handlungen bei den Krönungen gewohnheitsmäßig vorgenommen wurden[75]. Bei der Krönung Theodoras 1158 versichert er, sie sei, *ut regni obtinuerat consuetudo*, geweiht

[72] Ebd. XXIII 4 (S. 7). *Chronique d'Ernoul* S. 117.

[73] La Monte, *Feudal Monarchy* S. 31f.

[74] *Estoire d'Eracles* XXIII 17 (S. 27–29). *Chronique d'Ernoul* S. 134.

[75] Wilhelm von Tyrus, *Historia* XIV 2 (S. 609) *ex more* für die ganze Krönung Fulkos; ebd. XVI 3 (S. 707) *de more* für die Versammlung der Notabeln bei der Krönung Balduins III.; ebd. XXI 2 (S. 1006) *ex more* für das Krönungsrecht des Patriarchen bei der Krönung Balduins IV.

worden[76], und anläßlich der Krönung Maria Komnenas 1167 berichtet er von den byzantinischen Gesandten, *qui magnifice eam domino regi traderent et de iniunctis solemnitatibus nihil sinerent praeteriri*[77]. Für die Krönung Balduins V. (1183) erfahren wir aus den altfranzösischen Fortsetzungen Wilhelms von Tyrus wenigstens einige Einzelheiten[78], aber nicht eigentlich aus der Krönungszeremonie, sondern nur über die anschließende Prozession. Es war Brauch, so wird berichtet, daß die Könige von Jerusalem nach der Krönung zum Templum Domini, dem großartigen Felsendom in der Mitte des Tempelplatzes, zogen und dort ihre Krone darbrachten, freilich nicht als Weihegeschenk, wie dies in Byzanz und auch im Abendland der Brauch war[79], sondern um sie anschließend wieder loszukaufen[80]. In der Praxis handelte es sich also um ein Geldgeschenk an die Kanoniker des Templum Domini, das in die Reihe der bei Krönungen üblichen Servitien und Spoliierungen gehört, über die (für die Kaiserkrönung) Eduard Eichmann gehandelt hat[81]. Die Krone im Templum Domini darzubringen und dann auszulösen, lag für die Könige von Jerusalem umso näher, weil die städtische Bevölkerung in Anlehnung an Leviticus 12,1–8 und Lucas 2,22–24 dort, wie uns die altfranzösischen Chroniken bei derselben Gelegenheit berichten, jeweils ihre ältesten Söhne nach der Geburt darbrachte und anschließend mittels eines Lammes, zweier Tauben oder zweier Turteltauben auslöste[81a]; so billig wird der König nicht davongekommen sein. Auch für Balduin V. wurde diese Zeremonie veranstaltet, aber da er noch zu klein war, um selbst im Zuge mitzugehen, wurde er von dem Baron Balian von Ibelin auf den Armen mitgetragen. Anschließend ging der Zug an das Südende des Tempelplatzes zum Templum Salomonis, einst zu Beginn des Kreuzfahrerreiches der Sitz der *curia regis*, dann später Hauptsitz des Templerordens[82], wo das Krönungsmahl für den König und die Barone

[76] Ebd. XVIII 22 (S. 858).

[77] Ebd. XX 1 (S. 943).

[78] *Estoire d'Eracles* XXIII 5 (S. 8); *Chronique d'Ernoul* S. 117f.

[79] Josef Deér, „Byzanz und die Herrschaftszeichen des Abendlandes", *Byzantinische Zeitschrift* 50 (1957) 433. Zum Abendland siehe etwa Percy Ernst Schramm, *Kaiser Friedrichs II. Herrschaftszeichen* (Abhandlungen der Akademie der Wissenschaften in Göttingen. Philologisch-historische Klasse 3. Folge 36, 1955) S. 14 und die unten Anm. 133 zitierte Arbeit von Schramm.

[80] *Estoire d'Eracles* XXIII 5 (S. 8): *et la offrait sa corone; mais il la rechatait plus.* Ähnlich Ernoul S. 118.

[81] Eduard Eichmann, „Die Krönungsservitien des Kaisers. Zugleich ein Beitrag zur Frühgeschichte des römischen Kämmereramtes und des Servitienwesens", *Zeitschrift der Savigny-Stiftung für Rechtsgeschichte. Kanonistische Abteilung* 28 (1939) 1–47.

[81a] Auch die Kronendarstellungen auf den islamischen Mosaiken des Felsendomes mögen zu dem Brauch der Könige von Jerusalem beigetragen haben; vgl. unten Anm. 141a.

[82] Wilhelm von Tyrus, *Historia* XII 7 (S. 521) berichtet, Balduin II. habe den Templern bald nach der Ordensgründung (1118) ein Stück seines Palastes am Tempelplatze eingeräumt; vgl. auch ebd. VIII 3 (S. 325). Später muß der König seine Wohnung im Westen der Stadt am Jaffator dicht bei der Zitadelle des Davidsturms genommen haben, denn dort ist die *curia regis* auf dem Jerusalemplan von Cambrai (ca. 1150) eingetragen; vgl. Reinhold Röhricht, „Karten und Pläne zur Palästinakunde aus dem 7.–16. Jahrhundert", *Zeitschrift des deutschen Palästina-Vereins* 14 (1891) Taf. 4 nach S. 136, jetz auch Ludwig H. Heydenreich, „Ein Jerusalemplan aus der Zeit der Kreuzfahrer", *Miscellanea pro arte. Festschrift für Hermann Schnitzler* (1965) Taf. LXII. Eben weil das Templum Salomonis ursprünglich der Königspalast war, wurde dort das Krönungsmahl gefeiert (erstmals belegt 1102, vielleicht schon 1101; vgl. unten S. 170. Wahrscheinlich ist aber schon die dreitägige Festlichkeit im Templum Salomonis nach der Krönung Balduins I. im Jahre 1100 [Albert von Aachen, *Historia* VII 43, S. 537] als offizielles Krönungsmahl zu deuten).

ausgerichtet war, bei dem die jerusalemitanischen Bourgeois (d. h. freie, nichtadlige Franken) das Recht und die Pflicht zum Tafeldienst hatten. Von einer Thronsetzung bei der Krönungszeremonie wird uns ausdrücklich nur bei der Krönung Amalrichs I. berichtet[83]. Diese liturgische Thronsetzung ist wohl zu unterscheiden von einem Brauch, über den Albert von Aachen Zeugnis gibt und wonach Balduin I. nach der Krönung *potenter sedit in throno suo*, um fünfzehn Tage lang Recht zu sprechen[84].

Der Krönungsorte wurde bereits gedacht (S. 151–155). Es ergab sich auch, daß man meist hohe Festtage für die Krönung wählte, wie dies der Feierlichkeit des Aktes entsprach, doch mußte das nicht immer der Fall sein. Balduin I. und Balduin II. wurden zu Weihnachten gekrönt, nachdem Balduin II. schon zu Ostern die Salbung empfangen hatte. Fulkos Krönung war am Fest der Kreuzerhöhung, Balduin III. wurde wieder an Weihnachten gekrönt, seine sogenannte „zweite" Krönung, die wahrscheinlich nie stattfand (s. unten S. 166ff.), war für Ostern geplant. Die Krönung Theodoras war im September, ohne daß wir den genauen Tag wüßten. Aus dem Rahmen zu fallen scheint die Krönung Amalrichs I. (18. Februar), zumal sein Krönungsjahr umstritten ist: 1162 wäre sein Krönungstag immerhin auf den Sonntag Esto mihi gefallen, wahrscheinlicher aber ist das Jahr 1163[85], in dem der Krönungstag auf einen Montag fiel. Allerdings war dies das Fest des Martyrers Simeon, der Bischof von Jerusalem gewesen war, also das Fest eines Lokalheiligen[86]. Die Vermutung, daß man absichtlich dieses Fest gewählt haben wird, stützt dann wiederum 1163 als Krönungsjahr. Die Krönung Maria Komnenas fiel auf Dienstag, den 29. August 1167, das Fest der Decollatio Iohannis Baptistae. Bedenkt man, daß Herodes Antipas den Johannes köpfen ließ, um die Rachsucht der Königin Herodias zu befriedigen, so war dieses Fest schwerlich angemessen für die Krönung einer Königin, ein weiteres Indiz für die oben vorgetragene Hypothese, daß Amalrich unter Zeitdruck handelte. Die Krönung Balduins IV. nahm man am 15. Juli vor, an dem drei Festtage zusammenfielen: die *divisio apostolorum*, der in Jerusalem feierlich begangene Jahrestag der Eroberung der Stadt durch die Kreuzfahrer 1099[87] und die Kirchweih der Krönungskirche. Für die Krönung Balduins V. 1183 wählte man wenigstens einen Sonntag. Ob dabei die Erwägung mitspielte, daß der 20. November auch der Tag des königlichen Martyrers Edmund war, dessen Name in dem in Jerusalem geschriebenen Ka-

[83] Wilhelm von Tyrus, *Historia* XIX 1 (S. 883f.): *et in regni solium hereditario sibi iure debitum XII kal. martii sublimatus est.* Vgl. aber auch ebd. XVII 13 (S. 780) mit Bezugnahme auf Balduin III.: *postquam in regni sublimatus est solium,* wo lediglich die Verbindung mit der Krönung nicht bezeugt ist. Wenn es ebd. XII 2 (S. 512) von Balduin I. heißt: *post fratris obitum ad regnum Hierosolymorum vocato et in regni solio solemniter collocato,* so scheint dies mehr eine Redewendung im übertragenen Sinne zu sein, obgleich eine Thronsetzung durchaus stattgefunden haben mag. Der Hofkaplan Fulcher, für Balduin I. die ausschlaggebende Quelle, berichtet jedenfalls nichts über eine Thronsetzung.

[84] Albert von Aachen, *Historia* VII 43 (S. 537).

[85] Vgl. Paul Pelliot, „Mélanges sur l'époque des croisades", *Mémoires de l'Institut national de France. Académie des Inscriptions et Belles-Lettres* 44 (1960) 12–24.

[86] Vgl. die Kalendare der Grabeskirche bei Buchthal, *Miniature Painting* S. 111. Auch das Rituale der Grabeskirche gedenkt seiner; vgl. Kohler, *Rituel du Saint-Sépulcre* S. 396 (Zweitdruck S. 299).

[87] Über die liturgische Ausgestaltung dieser Feier s. Kohler, *Rituel du Saint-Sépulcre* S. 427–429 436f. (Zweitdruck S. 330–332, 339f.).

lendar des königlichen Melisendis-Psalter steht[88], ist möglich, aber nicht sicher. Völlig regelwidrig war natürlich die Krönung Sibylles und Guidos, die an einem Freitag des Herbstes 1186 stattfand, ohne daß man diesen Freitag genauer bestimmen könnte. Aber eine Krönung am Todestag Christi (wo beim Krönungsmahl nur Fastenspeisen hätten serviert werden können) war zweifellos stilwidrig, und wohlinformiert klagt der Chronist, noch nie zuvor sei ein König von Jerusalem freitags gekrönt worden[89].

Ebenso bemängelt er, daß die Krönung bei verschlossenen Stadttoren erfolgte[90]. Sibylles Parteigänger hatten sie verriegeln lassen, weil sie befürchteten, die unweit von Jerusalem in Nābulus versammelten Opponenten könnten die Krönung verhindern wollen. Diese begnügten sich freilich damit, einen als Mönch verkleideten Spion auf Schleichwegen in die Stadt zu senden, der ihnen später über die Krönung berichtete, worauf sie dann vergeblich versuchten, den Gemahl von Sibylles Schwester als Gegenkönig aufzubauen. Die Schließung der Stadttore erregte den Unwillen des Chronisten deshalb, weil damit die Öffentlichkeit der Krönung beeinträchtigt war, denn zur Akklamation war durchaus nicht nur die Bevölkerung Jerusalems, sondern das ganze Staatsvolk berechtigt. Schloß man dieses jetzt aus, so waren an der Rechtmäßigkeit der Krönung wohlfundierte Zweifel möglich. In Jerusalem nahm man derartige Zustimmungsrechte des Volkes sehr ernst; im 13. Jahrhundert galt dem Verfasser der *Assises des Bourgeois* die im 12. Jahrhundert von einem König Balduin erlassene *Assise de la bailliage des rues* (eine Polizeiverordnung zur Straßenreinigung) als ungesetzlich, weil sie ohne die Zustimmung der davon betroffenen Vasallen und Bourgeois zustandegekommen war[91]. Man scheute sich bei der Krönung von 1186 auch, das Volk vollständig zu übergehen, denn pro forma stellte der Baron Rainald von Châtillon, der Herr von Transjordanien, dem Volke vor der Krönung die Frage, ob die Menge Sibylle als Nachfolgerin anerkenne, und so wie die Dinge in der Stadt lagen, war es kein Wunder, daß er eine bejahende Antwort erhielt[91a]. Schon für die Krönung Balduins I. und auch für die Balduins V. ist uns die Anwesenheit von Klerus, Adel und Volk ausdrücklich bezeugt[92], wie dies uraltem Krönungsbrauch entsprach. Wenn der Chronist bei den anderen Krönungen meist nur die als Gehilfen fungierenden hohen Prälaten erwähnt (und auch diese nur summarisch), so darf daraus die Abwesenheit des Volkes nicht geschlossen werden, dessen Beisein geradezu konstitutive Bedeutung hatte. Selbstverständlich war auch der Adel regelmäßig vertreten[93], schon deshalb weil er ja vor der Befragung des

[88] Buchthal, *Miniature Painting* S. 126.

[89] *Estoire d'Eracles* XXIII 17 (S. 29).

[90] Ebd. S. 27 und 29. *Anonymi Chronicon Terrae Sanctae*, ed. Hans Prutz, *Quellenbeiträge zur Geschichte der Kreuzzüge* (1876) S. 3.

[91] *Assises de la Cour des Bourgeois* c. 303, RHC. Lois 2 (1843) 225.

[91a] Arnold von Lübeck, *Chronica Slavorum*, ed. G. H. Pertz, MG. SS. rer. Germ. (1868) S. 117 berichtet von einer Akklamation des Volkes: *Vivat rex in eternum*.

[92] Fulcher von Chartres, *Historia* II 6,1 (S. 385). Wilhelm von Tyrus, *Historia* X 9 (S. 413) und XXII 29 (S. 1127); bei der Krönung Balduins V. gedenkt der Chronist ausdrücklich des *universae plebis suffragium* und des *cleri assensus*.

[93] Ausdrücklich belegt ist dies für die Krönungen Balduins I., Balduins III., der Maria Komnena und Balduins V. sowie für die Krönung von 1186, auch wenn an dieser naturgemäß nur eine Minderheit des Adels teilnahm.

Volkes und der eigentlichen Herrscherweihe faktisch über die Thronfolgeberechtigung entscheiden mußte.

Wie stand es überhaupt mit der rechtlich-konstitutiven Bedeutung der Krönung in Jerusalem? Man wird ihre Wichtigkeit nicht überbewerten dürfen. Entscheidend, weil rechtsetzend, war die immer stärker am Geblütsrecht fixierte, durch die Akklamation des Volkes bestätigte Wahl der Barone[94] und die geistliche Salbung. Deutlich erkennbar ist dies bei Balduin II., der zu Ostern 1118 gewählt und gesalbt, aber erst zu Weihnachten 1119 gekrönt wurde. In der Zwischenzeit regierte er unangefochten als König. Aber selbstverständlich war die Bedeutung der Krönung auch nicht so gering, daß ein Herrscher auf die Dauer auf diese Demonstration seiner Würde hätte verzichten können. Hier wie im Abendland mußten sich *potestas* und *nomen* des Königs entsprechen, weil sonst die göttliche Weltordnung gestört schien[95]. Die Krönung verlieh dem Herrscher nicht die königliche Gewalt als solche, wohl aber die Würde, deren er zur Aufrechterhaltung des Königsamtes bedurfte.

Zur Krönung berechtigt war im 12. Jahrhundert nur der Patriarch von Jerusalem. Er mußte allerdings unangefochten amtieren, sonst konnte der König, um keine Zweifel an der Gültigkeit der Wahl aufkommen zu lassen, einen anderen Coronator ernennen. Dieser Fall trat 1158 bei der Krönung Theodoras ein. Nicht lange zuvor war Amalrich von Nesle zum Patriarchen von Jerusalem gewählt worden, der zuvor Prior des Hl. Grabes gewesen war. Aber ein Teil des Episkopats, angeführt von Hernesius von Caesarea und Radulf von Bethlehem, opponierte mit der Begründung, die Königinmutter Melisendis und andere hochgestellte Damen des Hofes hätten bei der Wahl in unziemlicher Weise die Hand im Spiele gehabt. Die Sache wurde vor das päpstliche Gericht getragen, wo Bischof Friedrich von Akkon den Elekten vertrat und für ihn schließlich das Pallium erlangte[96]. Aber das war erst nach Theodoras Krönung, die auf Geheiß des Königs, eben weil Amalrich von Nesle noch nicht konsekriert war, der aus seinem Amt vertriebene und nach Jerusalem geflüchtete Patriarch Amalrich von Antiochia vornahm. Der Coronator hatte ein materielles Prüfungsrecht; er konnte die Krönung verweigern und von der Erfüllung bestimmter Vorbedingungen abhängig machen, soweit diese im kanonischen Recht gefordert waren. Dies lehrt deutlich der bereits erwähnte Fall Amalrichs I. (s. oben S. 157), der sich zuerst von seiner ihm blutsverwandten Gattin trennen mußte, ehe er die Weihe und Krönung erhalten konnte. Die Krönung Guidos durch seine Gemahlin Sibylle war eine Ausnahme, die sich aus dem revolutionären Charakter der ganzen Zeremonie ergab, aber selbst hier reichte der Patriarch Sibylle die Krone und forderte sie zur Krönung des Königs auf. Wenn in einer Kapitelüberschrift in der Chronik Wilhelms von Tyrus berichtet wird, Balduin IV. habe seinen kleinen Neffen Balduin V. ge-

[94] Beim Tode Balduins II. fand deshalb keine Wahl statt, weil die Barone seinem Schwiegersohn Fulko von Anjou schon bei dessen Eheschließung die Nachfolge zugesagt hatten; Wilhelm von Tyrus, *Historia* XIII 24 (S. 594). Zum Ausfall der Wahl beim Tode Fulkos von Anjou s. unten S. 167.

[95] Vgl. dazu Helmut Beumann, „Nomen imperatoris. Studien zur Kaiseridee Karls des Großen", *Historische Zeitschrift* 185 (1958) 529ff.

[96] Wilhelm von Tyrus, *Historia* XVIII 20 (S. 854).

krönt, so können wir dies getrost als einen Irrtum des Rubrikators beiseiteschieben[97], denn so etwas hätte hochmittelalterlichen Anschauungen strikt widersprochen; der eigentliche Text des Kapitels bietet auch keine Handhabe für die Annahme des Rubrikators.

Das einzige, was uns über den Krönungsakt positiv bezeugt ist, ist neben der bereits erwähnten Thronsetzung das beinahe Selbstverständliche: es wurde geweiht, gesalbt und gekrönt[98]. Nicht ganz selbstverständlich ist dabei die Salbung. Sie war üblich in Deutschland, England und Frankreich sowie bei der Kaiserkrönung in Rom. In Skandinavien und Spanien wurde sie erst im 12./13. Jahrhundert eingeführt, Portugal hat sie nie gekannt, auch in Byzanz wurden die Kaiser erst im 13. Jahrhundert gesalbt[99]. Aber von dem französischen Vorbild einmal abgesehen, das im lateinischen Orient stets schwer wog, wäre es sehr merkwürdig gewesen, wenn man im Hl. Land, wo einst Saul als erster aller Könige gesalbt worden war (1. Reg. 10,1), die Salbung unterlassen hätte.

Auch ein Eid war mit der Weihe des Herrschers verbunden, doch haben wir für das 12. Jahrhundert nur Nachrichten über den Eid Balduins I. Dieser Eid ist deshalb nicht ganz prototypisch, weil er noch überschattet ist von den Streitigkeiten zwischen dem Patriarchen Daimbert und dem weltlichen Herrscher (vgl. oben S. 151). Nach dem Bericht Ekkehards von Aura, der kurz nach der Krönung im Hl. Land war, versprach Balduin, Vasall des Hl. Grabes zu werden[100], aber das kann allenfalls als Schutzfunktion gemeint gewesen sein, wie es Balduins Titel in einer Urkunde von 1104 zum Ausdruck bringt (oben S. 151). Der Krönungseid, den das Chartular der Grabeskirche für einen König Balduin überliefert, enthält — falls es überhaupt ein Eid Balduins I. und nicht eines späteren Königs Balduin ist — jedenfalls keinen Passus, der mit Ekkehards Angaben in Übereinstimmung zu bringen wäre, obwohl man ein solches vasallitisches Versprechen am Hl. Grabe doch sicher aufgezeichnet hätte. Hier erklärt der König nur, er wolle dem Gesetz Geltung verschaffen und Kirche und Volk von Jerusalem mit Gerechtigkeit und Frieden erfüllen, dem Patriarchen und den Kirchenfürsten den *canonicus honor* gewähren und die Kirche in ihrem von Kaisern, Königen und Fürsten verliehenen Besitz bestätigen[101].

[97] Ebd. XXII 29 (S. 1127): *Balduinum nepotem suum regio diademate coronat.*

[98] In seiner Zusammenfassung der Argumente für die Krönung Balduins I., des ersten Königs von Jerusalem, schreibt Fulcher von Chartres, *Historia* II 6,3 (S. 386): *Rex etiam contra iussa non praeficitur, nam iure et secundum deum electus, benedictione authentica sanctificatur et consecratur. Qui cum suscepit regimen illud cum corona aurea, suscepit quoque iustitiae obtinendae onus honestum.*

[99] Reinhard Elze, *Lexikon für Theologie und Kirche* ²5 (1960) 280.

[100] Ekkehard von Aura, *Hierosolymita*, RHC. Hoc. 5,28: *inclinans caput suum super dominici sepulchri tumbam ipsius se servituti perpetualiter subiugavit.*

[101] Rozière (Anm. 3) S. 225 Nr. 122. Aus dem Text geht nicht hervor, daß es sich um einen Eid Balduins I. handelte. Selbst daß es sich um einen Königseid handelt, muß man aus dem Text erschließen, da das Wort *rex* nicht vorkommt. Da das Chartular erst im 13. Jahrhundert geschrieben wurde, könnte es auch der Eid Balduins II., III., IV. oder V. sein; lediglich Röhricht, *Geschichte* S. 14 Anm. 1 und schon zuvor in seinen Regesten Nr. 34 ist dafür eingetreten, daß es sich um Balduin I. handle, und ihm ist die Forschung bis auf den heutigen Tag gefolgt; vgl. Rowe (Anm. 42) S. 480 Anm. 53. Es verdient darum nochmals ausdrücklich betont zu werden, daß die Zuschreibung an Balduin I. nur eine von fünf Möglichkeiten ist. Es ist bedauerlich, daß der Eid nicht genau datierbar ist, denn er ist eindeutig verschieden von dem Eid Amalrichs II. und dem des Ordo von Tyrus (s. unten S. 194), so daß eine Datierung des Balduineides uns einen terminus post quem für die Anwendung des tyrensischen Ordos im Königreich Jerusalem gäbe.

Es hätte schon eines gehörigen Maßes an Spitzfindigkeit bedurft, hieraus auf eine Verpflichtung Balduins zu schließen, den einstigen Vertrag zwischen Gottfried von Bouillon und dem Patriarchen zu erneuern, der eine Abtretung der Herrschaft an den Kirchenfürsten vorgesehen hatte. In der Tat haben wir auch keinerlei Hinweise, daß von kirchlicher Seite nach der Krönung Balduins I. ernsthaft der Versuch gemacht worden wäre, solche Zugeständnisse zu erlangen, von einem ephemeren Versuch des Patriarchen Stephan (1128) abgesehen, dem aber sofort vom Papst selbst die Spitze abgebrochen wurde (JL. 7314).

Zugleich mit dem König wurde seit Balduin II. seine Gemahlin gekrönt. Auch wenn der König die Krone nur dank der geblütsrechtlichen Ansprüche seiner Gemahlin erhielt, so konnte diese die Krone normalerweise nur dann erlangen, wenn ihr Mann bereits gekrönt war. Dies wird vor allem im 13. Jahrhundert bei Isabella I. deutlich werden[102]. Ausnahmen wie die Krönung Sibylles vor Guido (aber wenigstens in einer Zeremonie) und die Krönung Isabellas II. vor Friedrich II. sind unschwer aus besonderen politischen Erwägungen erklärbar[103]. Grundsätzlich anders gelagert waren natürlich die Fälle der beiden byzantinischen Prinzessinnen Theodora und Maria Komnena, die beide die bereits gekrönten Herrscher heirateten. Hier war die Erstkrönung des Herrschers natürlich unwiederholbar. Diese beiden Fälle sind aber auch insofern interessant, als Wilhelm von Tyrus, ohne allerdings darauf besonderen Wert zu legen, die Krönung vor der Eheschließung berichtet. Man würde eigentlich eher — wie bei Amalrich II. und Johann von Brienne — das Umgekehrte erwarten, da doch die Eheschließung die Voraussetzung für den Aufstieg zur Königin war. Die Reihenfolge bei Wilhelm mag Zufall sein, aber wenn der Erzbischof den Ablauf der Ereignisse korrekt wiedergegeben hat, so wäre es denkbar, daß die gewitzten Byzantiner eine solche Klausel in die (wie wir wissen, genau ausgearbeiteten) Eheverträge hineingeschrieben hatten. Ich habe oben (S. 153) schon darauf hingewiesen, daß wir keinen Anhalt für eine Krönung der beiden Gemahlinnen Balduins I. haben und daß sie vermutlich nie gekrönt wurden. Besonders das Schicksal der Adelasia von Sizilien muß in Byzanz natürlich bekannt gewesen sein. Die Byzantiner wollten einer Wiederholung möglicherweise vorbeugen. Wäre die Krönung verweigert worden, so hätten sie ihre Prinzessin unverheiratet wieder nach Hause gebracht.

5. Das Problem der „Zweitkrönungen"

Auch Balduin III. wurde 1143 zusammen mit seiner Mutter gekrönt, die bereits einmal zusammen mit ihrem Gemahl Fulko 1131 die Krone empfangen hatte. Dabei wurde, wie aus dem präzisen Wortlaut bei Wilhelm von Tyrus hervorgeht[104], nur Balduin III. geweiht und gesalbt; an seiner Mutter wurde lediglich eine Krönung vollzogen, da sie bereits 1131 die Salbung empfangen

[102] S. unten S. 193.

[103] S. unten S. 201.

[104] Wilhelm von Tyrus, *Historia* XVI 3 (S. 707): *solemniter inunctus, consecratus et cum matre coronatus est.*

hatte und das Sakrament der Königssalbung unwiederholbar war. Eine neuerliche Krönung der Mutter war deshalb angezeigt, weil Mutter und Sohn während dessen Minderjährigkeit eine Samtherrschaft ausübten, die in der Praxis allerdings auf eine Alleinherrschaft der Königinmutter hinauslief. Mit der Krönung der Melisendis im Jahre 1143 berühren wir das Problem der „Zweitkrönungen", die es auch in Jerusalem nachweislich gegeben hat. Der Ausdruck „Zweitkrönung" ist inhaltlich neutral und sagt nichts aus über Anlaß oder Bedeutung einer solchen Wiederholung. Carlrichard Brühl[105] hat sich kürzlich in einer Studie über den fränkischen Krönungsgebrauch gerade mit solchen Wiederholungen befaßt und zwischen Festkrönung, Befestigungskrönung, Beikrönung und „unter der Krone gehen" unterschieden. Die Brühlschen Kategorien finden wir auch in Jerusalem. Unter Beikrönung versteht Brühl eine Zeremonie, bei der mindestens zwei Personen gekrönt werden und die Krönung für diese beiden Personen verschiedenes Gewicht hat, also nicht etwa die gleichzeitige Erstkrönung eines Königs und einer Königin, sondern etwa die Erstkrönung des Sohnes verbunden mit der Beikrönung des bereits früher einmal gekrönten Vaters (oder wie hier der Mutter); 1143 haben wir es wohl mit einer Beikrönung zu tun. Auch Amalrich I. wurde 1167 anläßlich der Erstkrönung seiner Gemahlin Maria Komnena beigekrönt[106]. Brühl hat es aber darüber hinaus als ein festes Gesetz angesehen, daß Beikrönungen stets dann stattfinden mußten, wenn ein Rangniederer oder Rangjüngerer in Gegenwart eines Ranghöheren oder Rangälteren gekrönt wurde[107]; er ist soweit gegangen zu unterstellen, daß dies in jedem Fall geschehen ist, auch wenn es in den Quellen nicht erwähnt wird. Der Ausfall einer solchen Beikrönung ist es, der nach Brühl bezeugt sein müßte. Mit dieser Gesetzmäßigkeit hat er zweifellos über das Ziel hinausgeschossen, denn als Balduin V. in Gegenwart Balduins IV. gekrönt wurde, fand eine Beikrönung Balduins IV. nicht statt. Es ist unvorstellbar, daß Wilhelm von Tyrus, Erzbischof und Kanzler des Reichs, der an dieser Krönung selbst teilnahm, darüber geschwiegen hätte, wiewohl er der Beikrönung Amalrichs I. 1167 gedachte und sogar der Beikrönung der Königin Melisendis 1143, obgleich er zu dieser Zeit nicht einmal im Hl. Land war, sondern in Europa studierte[108]. Das Gesetz, das Brühl für das ganze Mittelalter angewendet wissen will, wäre doch zweifellos auch den Illuminatoren bekannt gewesen, aber auf den zwei in Akkon gemalten Miniaturen der zweiten Hälfte des 13. Jahrhunderts, die in Handschriften der altfranzösischen Übersetzung Wilhelms von Tyrus die Krönung Balduins V. zeigen, ist nur ein Coronandus zu sehen[109]. Das von Balduin IV. eingeschlagene Verfahren, seinen

105 Carlrichard Brühl, „Fränkischer Krönungsbrauch und das Problem der Festkrönungen", *Historische Zeitschrift* 194 (1962) 265–326; zu den Definitionen vgl. ebd. S. 268f., 271, 282, 285. Brühls System erweist sich für die praktische Arbeit als brauchbar, ist im einzelnen freilich etwas starr, denn man kann nie sicher sein, ob die Zeitgenossen stets ebenso systematisch und gesetzmäßig dachten.

106 Wilhelm von Tyrus, *Historia* XX 1 (S. 942): *ipse quoque habitu regio insignis et avito diademate laureatus...uxorem duxit.*

107 Ebd. S. 287.

108 R. B. C. Huygens, „Guillaume de Tyr étudiant. Un chapitre (XIX,12) de son 'Histoire' retrouvé", *Latomus* 21 (1962) 822–824.

109 Buchthal, *Miniature Painting* Taf. 134h, 135b.

Neffen zu Lebzeiten zum König zu wählen, ihn salben und krönen und ihm huldigen zu lassen, war ohnehin nicht sehr nach dem Geschmack der Zeit, auch wenn die formale Zustimmung von Volk und Klerus vorlag. Zur Rechtfertigung des Aktes ging der Verfasser der Estoire d'Eracles so weit, daß er fälschlich einen Präzedenzfall konstruierte, nach dem Balduin III. noch zu Lebzeiten seinen Neffen Balduin IV. zum König hätte machen lassen[110], was schon deshalb nicht der Fall gewesen sein kann, weil der Nachfolger Balduins III. nicht Balduin IV., sondern Amalrich I., der Bruder des älteren Balduin war; einzig über die Taufe gehalten hatte der ältere den jüngeren Balduin[111]. Wäre die Beikrönung Gesetz gewesen, so hätte sie der nicht alltäglichen Krönung Balduins V. zu Lebzeiten seines königlichen Onkels zweifellos eine stärkere Rechtmäßigkeit vermittelt, und umso mehr Grund wäre gewesen, dieser Beikrönung dann auch in den Quellen zu gedenken.

Eine andere Frage, die man aufwerfen, wenn auch nicht sicher beantworten kann, ist es, ob bei der Krönung Balduins V. nicht vielleicht die byzantinische Einrichtung des Mitkaisertums Pate gestanden haben könnte. Sie ging auf den byzantinischen Kaiser Herakleios im 7. Jahrhundert zurück und galt der Sicherung und Kontinuität der Dynastie und natürlich auch der Ausschaltung Mißliebiger unter den purpurgeborenen Söhnen des Kaisers[112]. Das byzantinische System war von einer klaren Logik weit entfernt, weil schon Herakleios sowohl seinen ersten wie seinen zweiten Sohn zum Mitkaiser erhoben hatte, aber in der Praxis funktionierte es, denn die langen Vakanzen des abendländischen Kaisertums blieben Byzanz erspart. Das Mitkaisertum hat auch im Westen eine gewisse Rolle gespielt, die Werner Ohnsorge aufgehellt hat[113]. Ebenso hat man es auch als bewußte und politisch bedingte Nachahmung des kaiserlich-byzantinischen Vorbildes gedeutet, daß Roger II. von Sizilien seinen Sohn Wilhelm I. noch zu seinen Lebzeiten zum König machte[114]. Für Jerusalem war natürlich das römische Kaisertum mit seinem ephemer gebliebenen Mitkaisertum kein Vorbild, auch eine Übernahme aus Sizilien ist nicht recht wahrscheinlich, aber Byzanz hat man in manchen Dingen kopiert, wie wir noch sehen werden. Freilich kann das Vorbild in diesem Falle auch aus Frankreich entlehnt sein, wo man die Würde des Mitregenten in der ganzen frühen Kapetingerzeit kannte[115], und Frankreich war ja das andere große Muster, nach dem man sich im lateinischen Orient richtete.

Auch Besfestigungskrönungen, die den Herrscher nach Brühl in der Herrschaft bestätigten und festigten, kannte man in Jerusalem. Die ,,zweite" Krönung Balduins III. verfolgte offensichtlich diesen Zweck. Die schon erwähnte

[110] *Estoire d'Eracles* XXIII 2 (S. 4).

[111] Wilhelm von Tyrus XIX 4 (S. 888).

[112] Vgl. Georg Ostrogorsky, ,,Das Mitkaisertum im mittelalterlichen Byzanz", in: Ernst Kornemann, *Doppelprinzipat und Reichsteilung im Imperium Romanum* (1930) S. 166f.

[113] Werner Ohnsorge, ,,Das Mitkaisertum in der abendländischen Geschichte des früheren Mittelalters", *Zeitschrift der Savigny-Stiftung für Rechtsgeschichte. Germanistische Abteilung* 67 (1950) 309–335.

[114] Vgl. dazu zuletzt Elze, ,,Königtum Rogers II.", S. 111.

[115] Vgl. die Liste der französischen Könige bei H. Grotefend, *Taschenbuch der Zeitrechnung des deutschen Mittelalters und der Neuzeit* ([10]1960) S. 116.

Gemeinschaftsregierung der Königinmutter Melisendis und des jungen Balduin III., die von 1143 bis 1152 und noch etwas darüber hinaus dauerte, behagte weder den Baronen sonderlich, zumal sich Melisendis einseitig auf den Konstabler Manasses von Hierges stützte und sich durch dessen Heirat die Unterstützung des mächtigen Geschlechts der Ibelin sicherte, noch sagte sie auf die Dauer dem jungen König zu, der 1129 geboren war[116] und also schon 1144 die venia aetatis erlangte. Er hatte umso weniger Anlaß, sich mit der Mitherrschaft seiner Mutter abzufinden, als ihm (was allgemein übersehen worden ist) schon sein Großvater Balduin II. vor seinem Tode 1131 einen Anteil an der Herrschaft zugestanden hatte, denn als sich dieser König damals im Hause des Patriarchen zum Sterben legte, ließ er Melisendis, ihren Gemahl Fulko *und* ihren zweijährigen Sohn Balduin (III.) vor sich erscheinen und *regni curam et plenam eis tradidit potestatem*[117]. Es war daher nicht von ungefähr, wenn der Konsens des jungen Prinzen Balduin gelegentlich in den Königsurkunden Fulkos erscheint[118].

Balduin III., der Herrschaft seiner Mutter überdrüssig, nutzte 1151 oder 1152 die Unzufriedenheit der Barone und setzte sich an ihre Spitze, um das Regiment der Melisendis abzuschütteln. Andererseits hatte die Königinmutter, die die Kirche durch ungemein reiche Schenkungen verwöhnte[119], am Klerus eine starke Stütze. Im Jahre 1151 oder 1152 kam es zum offenen Bruch. Balduin ersuchte den Patriarchen, ihn zu Ostern in Jerusalem erneut (und zwar diesmal allein) zu krönen. Damit beabsichtigte der junge König klar eine Befestigungskrönung. Da es sich dem Termin nach gleichzeitig um eine Festkrönung handelte, konnte der Patriarch das Ansinnen nicht so ohne weiteres abschlagen. Der Plan hatte umstürzlerischen Charakter, denn die Herrschaftsrechte der Melisendis beruhten ja schon seit 1144 nicht mehr auf der Minderjährigkeit des Königs, sondern auf dem Herrschaftsanteil, den sie zusammen mit ihrem Sohn Balduin bereits 1131 von ihrem Vater erhalten hatte[120]. Diese Rechte waren mit dem Tode ihres Gemahls, des Königs Fulko, nicht erloschen, sonst wäre es unverständlich, warum Melisendis die Samtherrschaft über die Volljährigkeit ihres Sohnes noch sieben bis acht Jahre aufrechterhalten konnte. Deshalb hören wir auch nichts von einer Wahl nach dem Tode Fulkos, sondern das Arrangement von 1131 blieb weiterhin in Kraft, ein Zeichen dafür, wie stark die Stellung Balduins II. gewesen sein muß. Nach Fulkos Tod berichtet Wilhelm von Tyrus einerseits von der Nachfolge Balduins III. (weil es ja einen Mann als König geben mußte), andererseits schreibt er: *reseditque regni*

[116] Wilhelm von Tyrus, *Historia* XIII 28 (S. 601) nennt ihn 1131 *bimulus*.

[117] Ebd.

[118] Rozière (Anm. 3) S. 57 Nr. 31, 58 Nr. 32, 61 Nr. 33; Comte A. de Marsy, „Fragment d'un cartulaire de l'ordre de Saint-Lazare en Terre Sainte", *Archives de l'Orient latin* 2b (1884) 123 Nr. 2.

[119] Vgl. die Schenkung der ganzen Stadt Jericho an den Nonnenkonvent von Bethanien (Wilhelm von Tyrus, *Historia* XV 26, S. 699f.). Schenkungen an die Grabeskirche bei Rozière (Anm. 3) S. 87 Nr. 48, 90 Nr. 49, 92 Nr. 50, 93 Nr. 51. Schenkung an die Laura des hl. Sabas ebd. S. 256 Nr. 140. Schenkungen an den Leprosenkonvent des hl. Lazarus bei Marsy (Anm. 118) S. 128 Nr. 8, 130 Nr. 10, 135 Nr. 16.

[120] Schon in einer Urkunde Balduins II., die vor 1130 anzusetzen ist, wird Melisendis als *regni Ierosolimitani haeres* bezeichnet; vgl. Charles Kohler, „Chartes de l'abbaye de Notre-Dame de la Vallée de Josaphat en Terre Sainte", *Revue de l'Orient latin* 7 (1899) 128 Nr. 18.

potestas penes dominam Melisendem, deo amabilem reginam, cui iure hereditario competebat[121].

Der Patriarch von Jerusalem suchte den Plan einer Befestigungskrönung Balduins III. zu durchkreuzen, indem er ihm dringend nahelegte, doch auch seine Mutter an der Krönung teilnehmen zu lassen; er wollte die Befestigungskrönung also in eine unverbindliche Osterfestkrönung umbiegen. Balduin aber übertölpelte den Kirchenfürsten: er verzichtete zunächst auf den Ostertermin und vereinbarte eine Verschiebung der Krönung, wohl um den Anschein zu erwecken, es sei noch Raum für Verhandlungen. Am folgenden Tage aber (also noch vor Ostern) *subito, matre non vocata, in publicum processit laureatus*[122]. Der Rubrikator interpretierte dies fälschlich als eine Krönung, wenn er schrieb *matre ignorante rex coronatur,* und dieser Fehler findet sich auch häufig in der Literatur, wo man den Sinn und Charakter dieses Aktes vollständig verkannt hat. Von einer Krönung durch einen geistlichen Coronator kann nicht die Rede sein. Balduin muß sich die Krone selbst aufgesetzt haben, aber er erreichte mit seiner Handlung praktisch dasselbe wie mit der ursprünglich geplanten Befestigungskrönung: er demonstrierte sich dem Volke als Alleinherrscher, er „ging unter der Krone", wie der moderne Terminus lautet, und die Forschung ist sich darüber einig, daß es für das Volk nur auf die sinnfällige Demonstration ankam, nicht auf die Form, in der die Krone auf das Haupt des Königs gekommen war[123]. Der weitere Fortgang der Streitigkeiten zwischen Balduin und seiner Mutter interessiert hier nur noch am Rande. Melisendis konnte zunächst die Lage noch einigermaßen retten. Zwar mußte sie Manasses von Hierges fallenlassen, aber sie konnte eine Reichsteilung durchsetzen, die ihr die Hauptstadt und Nābulus beließ. Das Arrangement sprach den politischen und geographischen Gegebenheiten Hohn, war aber ein Beweis von Melisendis' originären Herrschaftsrechten aus der Übertragung von 1131. Auf die Dauer war die Teilung freilich nicht praktikabel; es kam zum Kriege zwischen Sohn und Mutter, Balduin belagerte Melisendis erst in Nābulus, dann in Jerusalem und zwang sie schließlich mit Gewalt zum Rückzug aus der Herrschaft. Von ihrem Witwensitz Nābulus aus hat sie lediglich auf die Besetzung geistlicher Würden weiterhin einen gewissen Einfluß ausgeübt.

Während Balduin III. eine Befestigungskrönung nur plante, aber nicht ausführen konnte, berichtet Ernoul[124], daß eine solche bei Balduin V. tatsächlich stattfand. Die ungewöhnliche Krönung Balduins V. noch zu Lebzeiten Balduins IV. (1183) hat die Forschung durchweg von der Tatsache abgelenkt, daß Balduin V. nach dem Tode seines Onkels (1185) nochmals gekrönt wurde: *Quant li rois mesiax* (Balduin IV.) *fu morz et li emfes Bauduin ot porté coronne* . . . Es war eine typische Befestigungskrönung, die gerade deshalb angezeigt war, weil die Erstkrönung Balduins V. von der Norm abgewichen war; die Be-

[121] Wilhelm von Tyrus, *Historia* XVI 1 und XV 27 (S. 704.702). Auch hier wird die Samtherrschaft wieder durch den Konsens in den Urkunden bestätigt; vgl. die Zusammenstellung bei La Monte, *Feudal Monarchy* S. 16.

[122] Wilhelm von Tyrus, *Historia* XVII 13 (S. 781).

[123] Hans Walter Klewitz, „Die Festkrönungen der deutschen Könige", *Zeitschrift der Savigny-Stiftung für Rechtsgeschichte. Kanonistische Abteilung* 28 (1939) 71f.; Brühl (Anm. 105) S. 271 Anm. 5.

[124] *Chronique d'Ernoul* S. 119.

festigungskrönung sollte die fortdauernde Rechtmäßigkeit der Erstkrönung dokumentieren.

Auch die letzte von Brühls Kategorien, die eigentliche Festkrönung, ist in Jerusalem zu finden. Eine Festkrönung im eigentlichen Sinn ist die in liturgischem Rahmen von einem geistlichen Coronator am König aus Anlaß eines hohen kirchlichen Festtages vorgenommene Krönung. Sie hatte keine staatsrechtliche Bedeutung, indem sie die Herrschaft weder begründete noch verstärkte, sondern sie wies lediglich dem Volk gegenüber nach, daß der Herrscher weiterhin im vollen Besitz der Würde war. Im Abendland kannte man Festkrönungen in Deutschland, Frankreich und England. Der Festkrönung geht naturgemäß ein guter Teil ihrer Bestimmung verloren, wenn das Volk nicht lange genug im voraus weiß, daß sie stattfinden wird. Sie setzt daher voraus, daß der König — soweit ihm die Geschäfte Zeit lassen — bestimmte Feiertage in festem Rhythmus an bestimmten Orten verbringen wird, die zentral gelegen sind und genügend Platz für Hofstaat und Volk bieten. Diese Regelung ist besonders in England greifbar, wo Wilhelm der Eroberer bestimmte, daß Festkrönungen zu Weihnachten in Gloucester, zu Ostern in Winchester, und zu Pfingsten in Westminster stattfinden sollten[125]. Nun ließ sich diese Grundvoraussetzung in Jerusalem schlecht erfüllen, denn bei den ständigen Kriegsläuften war es nicht mit annähernder Sicherheit vorauszusagen, wo der König ein Kirchenfest würde verbringen müssen. Am Ostersonntag 1179 etwa urkundete Balduin IV. an der Jakobsfurt, wo er mit dem Bau einer Burg beschäftigt war[125a]. Wir haben denn auch nur sehr dürftige Hinweise auf das Festtagsitinerar, die für die ersten beiden Könige unten S. 230ff. im Appendix I zusammengefaßt sind. Will man Albert von Aachen beim Wort nehmen, so hat Balduin I. zu Epiphanias 1107 in Bethlehem, zu Ostern 1107 und zu Ostern 1112 (hier nicht wegen des Festes, sondern mit der interessanten Begründung: *propter regis Graecorum legatos iussu domni patriarchae*) in Jerusalem Festkrönungen gefeiert[126]. Alberts Bericht enthält häufig sagenhafte Momente, und man mag auch argumentieren, daß der Aachener Kanoniker die ihm aus seiner Heimatstadt geläufigen Festkrönungen einfach auf das Hl. Land übertrug. Aber die Forschung schenkt dem durch Sybels destruktive Kritik zeitweilig völlig diskreditierten Chronisten neuerdings wieder mehr Glauben. Er hatte zweifellos gute Gewährsmänner im Osten. Aber gegen die erwähnten Festkrönungen, die für das Festtagsitinerar dennoch brauchbar bleiben, spricht doch der Umstand, daß Fulcher von Chartres, des Königs eigener Hofkaplan, sie vollständig übergeht; auch Wilhelm von Tyrus, für den Albert von Aachen die Hauptquelle bildet, hat den Bericht über die Festkrönungen nicht übernommen. Dennoch betreffen diese Einwände nicht die jerusalemitanische Festkrönung an sich, über die sich die Forschung bislang keine Gedanken gemacht hat, sondern nur die von Albert von Aachen ausdrücklich erwähnten Festkrönungen von 1107 und 1112. Für eine Festkrönung zu Ostern in Jerusalem besteht

125 Klewitz (Anm. 123) S. 50.

125a Röhricht, *Regesta* Nr. 577; Wilhelm von Tyrus, *Historia* XXI, 26f. (S. 1049ff.).

126 Albert von Aachen, *Historia* X 27 (S. 644), X 31 (S. 646), XII 7 (S. 693).

nämlich eine gewisse aprioristische Wahrscheinlichkeit. Schon wegen des Höhepunktes des Pilgerverkehrs (s. unten S. 231) war eine solche Zeremonie angezeigt. Außerdem fand am Ostersamstag alljährlich seit grauer Vorzeit am Hl. Grabe die wunderbare, selbsttätige Entzündung des Osterfeuers statt, ein pyrotechnischer Taschenspielertrick, den Gregor IX. 1238 untersagte[127]. Das Ausbleiben des erwarteten Wunders im Jahre 1101 verursachte allgemein große Konsternation, und an dieser Stelle ist im Codex L der Chronik Fulchers von Chartres ein ausführlicher Feuerwunderbericht eingefügt, in dem erzählt wird, das Feuer sei schließlich am Ostersonntag doch noch erschienen *et post missam solemnizatam Balduinus rex, qui eidem solemnitati pro more regio coronatus fuerat, in templo Salomonis prandium suum festivum decentissime explevisset*[128]. Freilich hat der Herausgeber den Einschub des Codex L als apokryph verworfen, aber andere sind ihm hierin nicht gefolgt. Und selbst Hagenmeyer hat zugeben müssen, daß es sich hier, wer immer auch der Verfasser gewesen sein mag, um einen Augenzeugenbericht handelt. Darin stimmt ihm auch Prof. Harold S. Fink (Knoxville, Tenn.) zu, der sich seit vielen Jahren intensiv mit Fulcher von Chartres befaßt. Die Erzählung hat zumindest (neben der Kenntnis des Krönungsmahles im Templum Salomonis) das eine für sich, daß auch ein anderer Augenzeuge, der Genueser Caffaro, der Anwesenheit des Königs gedenkt[129]. Für Ostern 1102 berichtet dann die erste Redaktion der Chronik Fulchers von Chartres (geschrieben ca. 1105) von den Pilgern, die in *templo Salomonis cum rege Balduino affatim pascha celebrando pransissent*[130], was nichts anderes ist als das bei jeder Krönung dort gefeierte Krönungsmahl, eine Erkenntnis, die leider im Variantenapparat von Hagenmeyers Edition unbeachtet geblieben ist. Schließlich erwähnt das Rituale der Grabeskirche unter allen Festen, die dort begangen wurden, nur zweimal die Anwesenheit des Königs, beidemale in der Karwoche. Am Palmsonntag nimmt der König an der Prozession teil, die von Jerusalem nach Bethanien, von dort über den Ölberg wieder nach Jerusalem zurückführt, und ehe die Prozession durch das Goldene Tor in die Stadt einzieht, besteigen ein Diakon, ein Subdiakon, der Patriarch, der König und andere Würdenträger ein Podium, von wo aus das Evangelium Matthaeus 21 verlesen wird und der Patriarch eine Predigt hält[131]. Und am Karsamstag *patriarcha regi, si presens fuerit, et ceteris omnibus obtatum ignem deferre vel mittere festinat*[132]. Man rechnete also für Ostern normalerweise

[127] Lucien Auvray, *Les registres de Grégoire IX. Recueil des bulles de ce pape* 2 (Bibliothèque des Ecoles françaises d'Athènes et de Rome, 2. Serie, 1907) 917 Nr. 4151.

[128] Fulcher von Chartres II 8 Anm. 1 und 5 (S. 394–396) und S. 833.

[129] Cafari *Annales*, MG. SS. 18, 12.

[130] Fulcher von Chartres, *Historia* II 17,5–18,1 (S. 435f. mit der Lesart der ersten Redaktion in Anm. d auf S. 436).

[131] Diese Stelle ist im Barlettaner Rituale (Kohler, *Rituel* S. 413; S. 316 des Zweitdrucks) unleserlich, doch steht der Text auch in der Hs. I. Qq. 175 der Breslauer Universitätsbibliothek aus dem 14. Jahrhundert, die den Gottesdienst der Kreuzherren zu Prag regelte, praktisch aber eine Abschrift einer älteren liturgischen Handschrift aus Jerusalem ist. Der Text ist gedruckt bei Albert Schönfelder, „Die Prozessionen der Lateiner in Jerusalem zur Zeit der Kreuzzüge", *Historisches Jahrbuch* 32 (1911) 584–586.

[132] Kohler, *Rituel* S. 421 (Zweitdruck S. 324). Der russische Pilger Daniel, der 1107 die Feuerwunderzeremonie beobachtete, bezeugt ebenfalls die Anwesenheit des Königs, der vor dem östlichen Tor des Hl. Grabes ein Podest als seinen ihm zustehenden Platz hatte; vgl. B. de Khitrowo, *Itineraires russes en Orient* (1889) S. 78.

mit der Anwesenheit des Königs. Daß der Patriarch von Jerusalem die für Ostern geplante Befestigungskrönung Balduins III. in eine Festkrönung umzubiegen gedachte, wurde schon erwähnt (S. 168). Festkrönungen sind also im lateinischen Königreich von Jerusalem für das 12. Jahrhundert durchaus belegt, und auch die Rechtssammlungen des 13. Jahrhunderts gedenken ihrer (vgl. unten S. 199).

6. Herrschaftszeichen, Amtstracht und byzantinische Einflüsse

Ob die aufeinanderfolgenden Herrscher Jerusalems für sich und ihre Gemahlin nur jeweils eine Krone oder aber deren mehrere besaßen, wissen wir nicht. Seit den Forschungen Schramms[133] ist klar, daß das Mittelalter die Vorstellung, der König müsse mit einer bestimmten Krone gekrönt werden, in der Regel nicht kannte. Eine abweichende Vorstellung galt lediglich für die ungarische Stephanskrone und in späterer Zeit für die ehrwürdigste aller Kronen überhaupt, die Wiener Kaiserkrone, und sie hat uns auch lange den Weg zu Schramms Erkenntnis versperrt. In der mittelalterlichen Praxis aber wurden Kronen im Abendland oft und gern als Weihekronen an Kirchen gestiftet, und auch in Byzanz war es üblich, daß der Herrscher seine Krone nach der Krönung der Hagia Sophia als Geschenk übergab, wo sie dann aufgehängt wurde. Auch in Jerusalem kennt die Krönungsordnung des 13. Jahrhunderts eine Stiftung der Krone nach der Krönung an das Templum Domini (s. unten S. 199), aber es wurde schon erwähnt (oben S. 159), daß die Krone der Stiftungskirche nicht verblieb, sondern vom König (für einen vermutlich geringeren Gegenwert) zurückgekauft wurde. Diese Sitte deutet doch darauf hin, daß eine eigentliche Kronenstiftung mit dauernder Wirkung in Jerusalem nicht üblich war; auch der sich im Laufe des 12. Jahrhunderts immer stärker bemerkbar machende Geldmangel des Königs ließ die laufende Herstellung neuer Kronen eigentlich nicht zu. Wilhelm von Tyrus[134] liefert den erwünschten Quellenbeleg, wenn er anläßlich der Beikrönung Amalrichs I. 1167 schrieb, der König sei *avito diademate laureatus* gewesen.

Wo die Kronen (zwei gab es mindestens, für den König und die Königin) und wohl auch die anderen Herrschaftsinsignien aufbewahrt wurden, können wir nur für die Thronvakanz erkennen. Als 1186 Balduin V. gestorben war und Sibylle und Guido in irregulärer Weise gekrönt wurden, taten sich die Verschwörer schwer, überhaupt die Verfügung über die beiden Kronen zu erlangen, die in einem Schatzgewölbe lagen. Die zwei Schlüssel, die das Gewölbe öffnen konnten, waren im Besitz der beiden Ordensmeister der Templer und Johanniter. Man findet in der Literatur häufig die Meinung vertreten, der Patriarch von Jerusalem habe einen dritten Schlüssel besessen, doch bietet die Quelle dafür keinen Anhaltspunkt, wenngleich dies auch nicht unbedingt ausgeschlossen ist, da der Patriarch ja der Coronator war. Der Patriarch for-

[133] Percy Ernst Schramm, „Herrschaftszeichen: gestiftet, verschenkt, verkauft, verpfändet. Belege aus dem Mittelalter", *Nachrichten der Akademie der Wissenschaften in Göttingen. Philologisch-historische Klasse.* Jahrgang 1957, Nr. 5, S. 162–226.

[134] Wilhelm von Tyrus, *Historia* XX 1 (S. 942).

derte von den beiden Ordensmeistern ihre Schlüssel. Während der Templermeister dieser Aufforderung sofort nachkam, weil er aus persönlichen Gründen in schärfster Opposition zum Grafen Raimund III. von Tripolis, dem Führer der Gegenpartei, stand, verweigerte der Johannitermeister zunächst die Herausgabe seines Schlüssels, weil er die Illegalität des Verfahrens klar durchschaute. Aber schließlich kam er den Parteigängern Sibylles doch so weit entgegen, daß er ihnen den Schlüssel zwar nicht aushändigte, ihn aber von sich warf, so daß sie ihn mitnehmen konnten[135]. Wäre es nicht zu dieser Szene gekommen, so wüßten wir über den Aufbewahrungsort der Krone überhaupt nichts. An sich war ein Verschluß mit mehreren verteilten Schlüsseln nicht außergewöhnlich, denn wir kennen aus derselben Zeit ein Parallelbeispiel. Im Jahre 1183 wurde eine Sondersteuer zur Abwehr Saladins ausgeschrieben. Wilhelm von Tyrus überliefert das vollständige Dekret, das in der Haute Cour beschlossen wurde[136]. Auf die Besteuerungsgrundlage und den Einziehungsmodus brauche ich nicht einzugehen; hier interessiert nur, wie das Steueraufkommen verwahrt wurde. Das Land wurde in zwei große Steuerbezirke unterteilt: die Gegend zwischen Bairūt und Ḥaifā zinste nach Akkon, das Land zwischen Ḥaifā und Jerusalem in die heilige Stadt selbst. Die Erträge wurden in Akkon und Jerusalem jeweils in eine feste Kiste mit drei Schlössern getan; die jerusalemitanische Kiste sollte im Schatzgewölbe der Heiligkreuzkirche aufbewahrt werden. Die drei Schlüssel waren in Jerusalem im Besitz des Patriarchen, des Priors des Hl. Grabes und des Kastellans von Jerusalem, der sich jedoch mit den vier mit der Steuereinziehung beauftragten Männern in den Besitz des dritten Schlüssels teilen mußte, ohne daß ersichtlich wäre, wie dieses Arrangement nun im einzelnen funktionierte. In Akkon wurden die Schlüssel vom Erzbischof von Tyrus, vom königlichen Seneschalk Joscelin und wiederum von den vier Steuereinnehmern verwahrt. Die Regelung sollte verhindern, daß ein einzelner nach einseitigen Gesichtspunkten über die Steuererträge verfügte. Demselben Zweck diente ersichtlich auch die Regelung von 1186 zur Aufbewahrung der Kronen. Es ist aber kaum glaubhaft, daß dies auch der Normalzustand war, wenn der Thron besetzt war, denn das hätte dem König ja die Verfügungsgewalt über die Krone entzogen; er hätte nicht, wie Balduin III. es tat, als ihm der Patriarch die Befestigungskrönung verweigerte, plötzlich in der Öffentlichkeit im Schmuck der Krone erscheinen können.

Immerhin ist es bemerkenswert, daß die Krone während der Thronvakanz in der Hand von Großen war, die als Ordensmeister selbst keine Aussichten auf den Thron hatten. Damit verhinderte man einerseits, daß ein Adliger den Thron etwa nur deshalb beanspruchte, weil er die Insignien besaß, andererseits räumte man den Schlüsselverwahrern doch einen gewissen Einfluß bei der Nachfolge ein, weil sie ja die Herausgabe des Schlüssels verweigern konnten. Im Falle des Staatsstreiches von 1186 dauerte es lange genug, bis der Johannitermeister den Schlüssel resignierend von sich warf. Wären sich aber beide Ordensmeister einig gewesen in der Ablehnung Sibylles, so ist nicht zu sehen, wie man

[135] *Estoire d'Eracles* XXIII 17 (S. 29); *Chronique d'Ernoul* S. 133.
[136] Wilhelm von Tyrus, *Historia* XXII 23 (S. 1110–1112).

die beiden Orden zur Herausgabe der Schlüssel hätte zwingen können. Theoretisch ist denkbar, daß man in einem solchen Falle das Gewölbe erbrechen oder eine neue Krone anfertigen lassen konnte. Wenn man 1186 offenbar weder das eine noch das andere tat, sondern, obwohl die Zeit drängte, bis zum kanonischen Stundengebet der None mit dem Ordensmeister verhandelte, zeigt dies, daß ersteres die ohnehin verfassungswidrige Zeremonie noch mehr in den Geruch der Unrechtmäßigkeit gebracht hätte, während die Neuanfertigung eines Kronreifens oder die Benutzung eines beliebigen kronenartigen Stirnreifs, wie er bei den Goldschmieden von Jerusalem doch zu haben gewesen sein wird, vermutlich deshalb nicht in Erwägung gezogen wurde, weil es in Jerusalem eben doch darauf ankam, „die" Krone zu haben und nicht eine zufällig gerade zur Hand befindliche.

Die Krone selbst war aus Gold; das bezeugen Albert von Aachen und Fulcher von Chartres schon für Balduin I.[137]. Fulcher spricht gelegentlich auch von einem Diadem[138], und Wilhelm von Tyrus, der auch Fulcher als Quelle benutzte, hat diesen Ausdruck an mehreren Stellen aufgenommen[139]. Unter einem Diadem verstand man ursprünglich das Stirnband, das die Perserkönige als Hoheitszeichen trugen. In Byzanz verschmolz das Diadem mit dem römischen Kaiserhelm zu der vollständig geschlossenen Kaiserkrone, die technisch Kamelaukion hieß, aber zur Kreuzzugszeit auch als Diadem bezeichnet wurde, so von der Kaisertochter Anna Komnena[140]. Die Bleibullen der Könige von Jerusalem lassen aber von Anfang an keinen Zweifel daran, daß es sich bei der jerusalemitanischen Krone nicht um ein Kamelaukion handelte, sondern um einen nach oben offenen, starren Kronreif abendländischen Musters mit mehreren aufgesetzten Zinken[141]. Ganz abwegig war der Hinweis auf das Diadem freilich nicht, denn zu beiden Seiten der jerusalemitanischen Krone hingen sogenannte Pendilien herab, Bandgehänge, die in eine Perle ausmündeten. Pendilien sind nun eines der charakteristischsten Herrschaftszeichen in Byzanz; im Abendland kannte man sie als Kopie dieses Vorbildes nur gelegentlich beim römischen Kaiser und bei den Königen von Sizilien. Für Jerusalem kommt nur die Übernahme aus Byzanz in Betracht[141a], denn den römischen Kaiser zu imitieren, hatte man keinen Anlaß, und der sizilische Einfluß im lateinischen Orient war nur vorübergehend nennenswert, als Balduin I.

[137] Albert von Aachen, *Historia* VII 43 (S. 536); Fulcher von Chartres, *Historia* II 6,3 (S. 386).

[138] Ebd. III 7,4 (S. 635).

[139] Wilhelm von Tyrus, *Historia* X 9 (S. 413); XI 12 (S. 472 in einer dort überlieferten Urkunde Balduins I.); XII 3 (S. 515); XVIII 22 (S. 858); XIX 1 (S. 883); XX 1 (S. 942); XXII 29 (S. 1127; Rubrik). Daneben finden wir das Adjektiv *laureatus*, als Balduin III. unter der Krone ging, ebd. XVII 13 (S. 781) und X 9 (S. 413) sowie XX 1 (S. 942).

[140] Deér (Anm. 79) S. 422f. Anna Komnena, *Alexiade* III 4,1 ed. Bernard Leib, Bd. 1 (1937) 113f.; VI 8,3, Bd. 2 (1943) 62.

[141] Gustave Schlumberger, *Sigillographie de l'Orient latin* continuée par Ferdinand Chalandon, completée par Adrien Blanchet (Bibliothèque archéologique et historique 37, 1943) Taf. 1 und 16. Die Münzabbildungen, die zur Verfügung stehen, sind zu schlecht, um (außer den Pendilien) Einzelheiten der Amtstracht eindeutig erkennen zu lassen.

[141a] Die islamische Mosaikdekoration des Felsendomes aus der Zeit vor den Kreuzzügen weist byzantinisierende Kronen auf. Mit der Darstellung dieser Kronen des Gegners sollte wohl die Überlegenheit des Islam demonstriert werden. Das Vorbild dieser Kronen mag gleichfalls auf die Krone von Jerusalem eingewirkt haben. Vgl. zu den Kronenmosaiken im Felsendom Oleg Grabar, „The Umayyad Dome of the Rock in Jerusalem", *Ars Orientalis* 3 (1959) 46–52 u. Tafel 3, Abb. 5–8.

1113–1116 mit Adelasia, der Witwe des Grafen Roger von Sizilien vermählt war, die er dann verstieß. Sizilien wurde aber erst 1130 zum Königreich erhoben, während sich die Pendilien bereits 1115 auf der ersten bekannten Bleibulle Balduins I. finden (Abb. 2).

Von Anfang an legte man in Jerusalem auch auf die restliche Amtstracht des Königs Wert, denn wenn Fulcher von Chartres schreibt: *praeparatis ornamentis, quae regi competunt coronando*[142], so kann damit nicht nur die Krone gemeint sein. Auch hier scheinen byzantinische Einflüsse vorzuliegen, worüber in den letzten Jahren zwischen Percy Ernst Schramm und Josef Deér eine gewisse Kontroverse entstanden ist. Von Amalrich I. (1163–1174) bis zu König Amalrich II. (1197–1205) ist der Herrscher auf den Bleibullen mit einer über der Brust gekreuzten Binde abgebildet (Abb. 3 und 4)[143]. Sowohl Schramm wie Deér sind sich darüber einig, daß diese Binde nur aus dem byzantinischen Loros abgeleitet sein kann, einem Herrschaftszeichen des Kaisers, das aus der *trabea*, der Amtsbinde des römischen Konsuls stammte, die um beide Schultern, die Hüfte und den Unterarm geschlungen war[144]. Schramm glaubt, in Jerusalem liege, weil die Enden der Schärpe nach hinten umgeschlagen wurden, eine Umdeutung in eine geistliche Stola vor, da der König bei der Krönung in geistliche Gewänder gekleidet wurde (wenigstens im 13. Jahrhundert; vgl. unten S. 197). Deér hat dagegen die ansprechende Vermutung aufgestellt, es handle sich um einen reinen Loros, dessen Führung nur deshalb verrutscht sei, weil der König mit der Linken den Reichsapfel weit in die Höhe halte. Auch konnte er darauf verweisen, daß die französische Krönungsordnung, nach der man sich in Jerusalem (wiederum: wenigstens im 13. Jahrhundert) richtete, niemals eine geistliche Stola kannte.

Immerhin besteht kein Zweifel, daß zumindest das Vorbild rein byzantinisch ist, und Deérs Vermutung gewinnt in der Tat an Wahrscheinlichkeit, wenn man sie einmal in die historische Situation einbaut. Das Aufkommen dieser Binde fällt nämlich zusammen mit der Zeit des vorherrschenden byzantinischen Einflusses in den Kreuzfahrerstaaten. Von 1139 bis 1154 hatte die Allianz mit dem islamischen Damaskus die Grundlage der jerusalemitanischen Politik gebildet, weil sie das Entstehen einer islamischen Einheitsfront gegen die Christen verhinderte. Als Nur ad-Dīn 1154 Damaskus seinem syrischen Reich eingefügt hatte, mußte man sich nach einem neuen Verbündeten umsehen, und das konnte nur Kaiser Manuel Komnenos von Byzanz sein, der 1158 in einem glänzenden diplomatischen Schachzug Nordsyrien neutralisierte. Die politische Situation stellte sich nun so dar: Antiochia wurde zu

[142] Fulcher von Chartres, *Historia* II 5,12 (S. 384); das Komma nach *competunt* ist zu streichen. Zum Sprachgebrauch Fulchers beim Worte *ornamenta* vgl. auch III 27, 2 (S. 694), wo goldenes Altargerät gemeint ist, und III 34,6 (S. 737), wo es Straßenschmuck bedeutet. Beides kommt für die zuerst zitierte Stelle nicht in Frage.

[143] Das letzte bekannte Siegel dieser Art stammt von Amalrich II. aus dem Jahre 1198. Es ist bei Schlumberger, *Sigillographie* S. 12 Nr. 23 beschrieben, aber nicht abgebildet. Ich habe die Nachzeichnung (das Original ist verloren) von Antonino Amico aus dem 17. Jahrhundert im Ms. Qq.H. 11 fol. 159 der Stadtbibliothek Palermo im Mikrofilm benutzt.

[144] Percy Ernst Schramm, *Herrschaftszeichen und Staatssymbolik. Beiträge zu ihrer Geschichte vom dritten bis zum sechzehnten Jahrhundert* 1 (Schriften der Monumenta Germaniae Historica 13,1, 1954) 33f. Déer (Anm. 79) S. 416.

einer Art byzantinischen Protektorates, und Byzanz ließ bis zu der militärischen Niederlage bei Myriokephalon (1176), die das ganze System zum Einsturz brachte, zwar einen islamischen Druck auf die Kreuzfahrerstaaten zu, der gerade so groß war, daß sich die Politik der Kreuzfahrer an dem byzantinischen Schutzherren orientieren mußte, doch war sichergestellt, daß Manuel eine Auslöschung der Kreuzfahrerstaaten nicht geduldet hätte. Die Auseinandersetzung mit dem Islam verlagerte sich nach Ägypten, dessen endgültige Unterwerfung ohne byzantinische Hilfe gleichfalls unmöglich war. Die ehemalige Allianz mit Damaskus wurde nunmehr vollständig durch die Anlehnung an Byzanz ersetzt, eine Politik, die vor allem der Kanzler Wilhelm von Tyrus betrieb und die erst 1182 im Lateinermassaker von Konstantinopel zusammenbrach. Sie konnte nicht ohne innenpolitische Folgen bleiben. Sowohl Balduin III. wie Amalrich I. heirateten byzantinische Prinzessinnen. Amalrich I., der erste König mit dem Loros, besuchte 1171 Manuel in Konstantinopel und hat damals möglicherweise eine Art Lehnsabhängigkeit anerkannt[145]; jedenfalls ist eine gewisse Aktivität Manuels in Palästina zu jener Zeit unverkennbar. Der Kaiser ließ die Grabeskirche und auch orthodoxe Kirchen im Hl. Land ausbessern[146]. In der Geburtskirche arbeiteten damals zwei griechische Mosaizisten namens Basileios und Ephraim, und der letztere verewigte im Jahre 1169 seine Tätigkeit in einer lateinischen und einer griechischen Inschrift, von denen die lateinische der finanziellen Zuwendungen Kaiser Manuel Komnenos' gedenkt (*et Grecis imperitabat Emmanuelque dator largus*), während die griechische eindeutig eine Art Oberherrschaft Manuels konstruiert, da sie erklärt, Ephraim habe „unter der Herrschaft des Großbasileus Manuel Porphyrogennetos des Komnenen“ (ἐπὶ τῆς βασιλείας Μανουὴλ μεγάλου βασιλέως Πορφυρογεννήτου τοῦ Κομνηνοῦ), aber nur „in den Tagen“ — nicht unter der Herrschaft — „des Großkönigs Amalrich von Jerusalem“ (ἐπὶ τὰς ἡμέρας τοῦ μεγάλου ῥηγὸς Ἱεροσολύμων κυροῦ Ἀμμορί) gearbeitet[147]. Der griechische Reisende Phokas gedenkt gleichfalls dieses Mäzenatentums des byzantinischen (in lateinischen Augen also schismatischen) Kaisers an den Hauptkirchen der Lateiner und schreibt, zum Dank dafür, daß der Kaiser die Geburtskirche mit goldenen Mosaiken habe schmücken lassen, sei sein Bildnis vom lateinischen Bischof von Bethlehem an mehreren Stellen der Kirche angebracht worden[148]. Bald

[145] Vgl. John L. La Monte, „To what extent was the Byzantine Empire the Suzerain of the Latin Crusading States?“, *Byzantion* 7 (1932) 253–264.

[146] Steven Runciman, *A History of the Crusades* 2 (1952) 391f.

[147] Die lateinische Inschrift bei H. Vincent u. F. M. Abel, *Bethléem. Le Sanctuaire de la Nativité* (1914) S. 157 Anm. 3. Die griechische Inschrift im *Corpus inscriptionum Graecarum* 4 (1877) 339 Nr. 8736. Wenn man der Wendung „in den Tagen“ keine besondere Bedeutung beimessen, sondern sie als gleichbedeutend mit „unter der Herrschaft“ ansehen will, so kann man die Inschrift auch anders interpretieren, nämlich wiederum als einen Versuch zur Imitation des Kaisers. Der König wird zwar nicht Basileus genannt, wohl aber *megalos rex*, ein sonst im Griechischen nicht anzutreffender Ausdruck, der gerade noch weniger bedeutet als Basileus, aber sicher mehr als das für „Barbaren“ gebräuchliche *rex*. — Zu Basileios vgl. Vincent u. Abel a.a.O. S. 164f.

[148] Der Text des Phokas nebst kritischer Erörterung bei Vincent und Abel (Anm. 147) S. 159 Anm. 1. Möglicherweise handelte es sich bei den erwähnten Bildnissen nicht um Darstellungen Kaiser Manuels, sondern um Abbildungen König Knuts des Heiligen von Dänemark († 1086) und König Olafs des Heiligen von Norwegen († 1030), die auf den Säulen der Geburtskirche aufgemalt sind; vgl. ebd. S. 171.

darauf, im Jahre 1173 tauchen blitzlichtartig ein griechischer Erzbischof in Gaza und eine griechische Klerikergemeinschaft am Hl. Grabe auf[149]. In einer solchen Periode byzantinischen politischen und kulturellen Einflusses wäre das Aufkommen des Loros in der Amtstracht der Könige von Jerusalem leicht erklärt.

Schwieriger zu deuten als der Loros ist die Form des Königsmantels, der erstmals klar zu erkennen ist auf einer nachgezeichneten Bulle Balduins III. (1143–1163), des Vorgängers Amalrichs I. (Abb. 5)[150]. Der König trägt hier keinen Loros, sondern einen Mantel, der dem Sitzenden in dreieckiger Form vorn zwischen den Beinen herunterhängt und unverkennbar auf der linken Schulter zusammengehalten wird. Die Zeichnung ist zweifellos verunglückt, denn wenn man ihr glauben will, trug der König unter diesem Mantel nichts mehr, da rechts und links von dem herunterhängenden, dreieckigen Stück Stoff die unbekleideten Beine des Königs hervorsehen. Selbstverständlich trug der König aber beim Dienstkostüm, wie auch alle anderen Siegelabbildungen beweisen, unter dem Mantel eine bis auf die Füße reichende Dalmatika, in Byzanz Dibitision genannt. Auf einer losen und daher nicht genau datierbaren Bulle Amalrichs I., die eine ähnliche Mantelform aufweist, ist die Dalmatika oder das Dibitision unter dem Mantel bzw. zu beiden Seiten des dreieckigen Stoffstückes genau zu erkennen (Abb. 6)[151]. Es liegt nahe, in diesem Dreieck den byzantinischen Kaisermantel zu sehen, der entstanden war aus der hellenistischen Chlamys und dem Paludamentum des römischen Feldherren und in Byzanz Chlamys hieß[152]. Die Chlamys, die auf der rechten Schulter zusammengehalten wurde, wobei rechts und links in der folgenden Beschreibung stets im heraldischen Sinne gebraucht werden, reichte ursprünglich bis auf die Füße und der linke Arm war gänzlich darunter verborgen[153]. Als man den linken Arm sichtbar machte, mußte die Chlamys, da sie weder Ärmel noch Ärmellöcher hatte, mit dem linken Arm gehoben werden. Dadurch wurde die ursprünglich von vorn geschlossen wirkende Chlamys gewissermaßen geöffnet; der vordere Halbteil des Kleidungsstückes, das flach ausgebreitet wohl halbkreisähnliche Form hatte, wurde nunmehr als grob dreieckiger Stoffteil sichtbar, dessen rechte Kante länger war als die linke, weil die Kante rechts von der Schulteragraffe bis zum unteren Ende der Chlamys, die linke Kante jedoch nur von dort aufwärts bis zum linken Unterarm reichte, über dem die linke Kante umklappte, um hinter dem Arm wieder nach unten zu fallen. Der Effekt war, daß sie bei Abbildung stehender Kaiser[154] kürzer

[149] Röhricht, *Regesta* Nr. 502.

[150] Schlumberger, *Sigillographie* S. 4 Nr. 5; Abbildung Taf. XVI Nr. 2.

[151] Ebd. S. 6 Nr. 9, abgebildet bei Marquis de Vogue, ,,Monnaies inédites des croisades'', *Revue numismatique* N.S. 9 (1864) Taf. XIII Nr. 1; ich konnte auch eine Photographie des Cabinet des Médailles in Paris benutzen.

[152] Zum byzantinischen Kaisermantel im allgemeinen vgl. Deér (Anm. 79) S. 412.

[153] Siehe z. B. die Darstellung Justinians I. auf dem Mosaik des Apsisgewändes von San Vitale in Ravenna bei F. W. Deichmann, *Frühchristliche Bauten und Mosaiken von Ravenna* (1958) Taf. 359; Darstellung Konstantins IV. auf dem Mosaik des Apsisgewändes in Sant'Apollinare in Classe in Ravenna, ebd. Taf. 404.

[154] Siehe z. B. Heinrich II. im Sakramentar Heinrichs II., clm. 4456 fol. 11r, abgebildet bei Percy Ernst Schramm, *Die deutschen Kaiser und Könige in Bildern ihrer Zeit* 1 (1928) Abb. 85a.

erschien als früher, weil sie ja aufwärts gerafft wurde. Bei sitzenden Kaisern hing der dreieckige Zipfel der Chlamys vorn zwischen den Knien herab[155]. Je höher der Dargestellte den linken Arm hob, umso spitzwinkliger und gleichschenkliger mußte das zwischen den Knien hängende Stoffstück werden, umso mehr mußte sich die Darstellung den erwähnten Bullen Balduins III. und Amalrichs I. annähern, wo der König mit der Linken den Reichsapfel weit emporstemmt. Der Stempelschneider hat die Chlamys ganz einfach mißverstanden und sie als völlig gleichschenkliges, spitzwinkliges Dreieck dargestellt. Bei einer normalen Führung der Chlamys hätte ihr Zipfel aber, wenn der Dargestellte den linken Arm weit hob, nicht mehr zwischen den Knien hängen können, sondern hätte auf das linke Bein oder gar noch weiter links herunterfallen müssen.

Gegen die Interpretation des jerusalemitanischen Königsmantels als einer kaiserlich byzantinischen Chlamys spricht freilich der Umstand, daß die Chlamys des Kaisers vorn einen viereckigen verzierten Einsatz, das sogenannte Tablion, aufwies, das in anderer Form auch bei hohen byzantinischen Würdenträgern begegnet. Es fehlt aber auch auf den Münzen der Könige von Zypern, die sich von Hugo I. (1205–1218) bis Heinrich II. (1285–1324) auf ihren *Besants blancs* in byzantinischer Kaisergewandung mit Dibitision und Chlamys darstellen ließen[156]. Hier kann kein Zweifel mehr sein, daß die Chlamys dargestellt sein soll, denn der thronende Christus auf der Rückseite erweist, daß der ganze Münztyp eine reine Imitation eines byzantinischen Hyperperon ist. So wird man sich von dem fehlenden Tablion nicht stören lassen dürfen. Aber auf der Bulle Balduins III. (Abb. 5) ist der Mantel auf der linken Schulter des Königs zusammengehalten, während die Chlamys stets auf der rechten Schulter verschlossen war[157]. Auf den zyprischen Münzen ist der Verschluß nicht zu erkennen, aber auf der Bulle Amalrichs I. (Abb. 6) scheint er auf der rechten Schulter zu sein. Leider ist das nicht ganz eindeutig auszumachen, weil die Bulle an dieser Stelle nicht ganz einwandfrei erhalten ist. De Vogue hat bei seiner Nachzeichnung überhaupt keinen Verschluß eingezeichnet, aber das Photo scheint auf der rechten Schulter eine Art Agraffe erkennen zu lassen, während die linke Schulter einwandfrei keinen Verschluß aufweist. Es ist übrigens bemerkenswert und ein weiteres Zeichen für die hier vorgetragene Interpretation, daß die Chlamys in dem Moment auf den jerusalemitanischen Bullen vollständig verschwindet, in dem der Loros aufkommt, denn die beiden Herrschaftszeichen schlossen sich im allgemeinen gegenseitig aus. Das geht nicht nur aus den bildlichen Darstellungen hervor, sondern auch aus einer Stelle bei Konstantinos Porphyrogennetos, *De caerimoniis*[158], wonach die

[155] Siehe z. B. zwei Darstellungen des Kaisers Nikephoros III. in Ms. Coislin grec 79 der Pariser Nationalbibliothek, fol. 1r und 2r, abgebildet bei H. Omont, *Miniatures des plus anciens manuscrits grecs de la Bibliothèque Nationale du VIe au XIVe siècle* (1929) Taf. LXI und LXIII; ferner Siegel und Miniaturen Heinrichs V., Lothars III. und des Gegenkönigs Konrads III. bei Schramm (Anm. 154) Abbildung 117a, 117b, 120a, 126a, 126b, 132.

[156] Gustave Schlumberger, *Numismatique de l'Orient latin* (1878) S. 176f., 184–190, Taf. VI und VII sowie die Abbildungen bei de Vogue (Anm. 151) Taf. XIII und XIV.

[157] Deér (Anm. 79) S. 412.

[158] Constantine VII Porphyrogénète, *Le Livre des Cérémonies* I 46 (37), ed. Albert Vogt 1 (1935) 175.

Kaiser am Ostersonntag in der Hagia Sophia das Metatorion, ein kaiserliches Umkleidegemach, betraten und dort den Loros ablegten. Wenn sie dann anschließend das Metatorion verließen, um der Kommunion beizuwohnen, so trugen sie nicht den Loros, sondern die Chlamys (οὐ περιβάλλονται τοὺς λώρους, ἀλλὰ χλαμύδας). Deér[159] hat zwar zwei Reliefscheiben im Campo Angaran und in der Dumbarton Oaks Collection in Washington[160] zitiert, um zu zeigen, daß Loros und Chlamys auch zusammen getragen werden konnten, aber es ist keineswegs klar, ob es sich hier wirklich um eine Chlamys handelt oder um ein Sagion, das öfters zusammen mit dem Loros getragen wurde[161]. Wenn aber der Mantel auf den beiden Reliefscheiben eine Chlamys sein sollte, so wäre sicher, daß in diesem Falle der Loros unter der Chlamys getragen wurde. Ist also auf den Bleibullen der lateinischen Könige von Jerusalem von Amalrich I. bis zu Amalrich II. der Loros deutlich sichtbar, so kann *darunter* auch kein Mantel mehr gewesen sein. Daß die Könige von Jerusalem die kaiserliche Chlamys imitierten, wird sofort verständlich, wenn man bedenkt, welchen Rang dieses Insigne in Byzanz einnahm. Es war neben der Krone das einzige Herrschaftszeichen, das der Patriarch dem Kaiser in der Krönungszeremonie nach vorgeschriebenen Gebeten, also mit dem geistlichen Segen überreichte[162].

Auch der Reichsapfel, den die Könige von Jerusalem auf ihren Bullen mit der Linken emporhalten, dürfte byzantinisches Vorbild nachahmen. Schramm[163] hat zwar ungeachtet der vielen Abbildungen energisch bestritten, daß die byzantinischen Kaiser den Globus als Zeichen der Weltherrschaft auch wirklich geführt hätten, doch ist ihm Deér mit breitem Material entgegengetreten[164]. Sehr wesentlich ist für diese Diskussion die Krönung der lateinischen Kaiser von Konstantinopel geworden, die 1204 die Nachfolge der byzantinischen Kaiser antraten. Während Elze[165] die Ansicht vertritt, die Krönung habe sich im wesentlichen nach französischem Brauch abgewickelt und nur einige byzantinisierende Elemente aufgewiesen, hat Deér[166], hier wohl über das Ziel

[159] Deér (Anm. 79) S. 412.

[160] Hayford Peirce und Royall Tyler, ,,Three Byzantine Works of Art. I. A Marble Roundel of the XIIth Century'', *Dumbarton Oaks Papers* 2 (1941) 1–9, Taf. 1 u. 2.

[161] Die in Anm. 156 genannten Münzen scheinen die Könige von Zypern mit Chlamys und Loros darzustellen. Diese Münzen sind Imitationen eines ganz ungewöhnlichen byzantinischen Typus Manuels I., der den Kaiser gleichfalls mit Chlamys und Loros zu zeigen scheint. Siehe Alfred R. Bellinger, ,,Three more Hoards of Byzantine Copper Coins'', *American Numismatic Society Museum Notes* 11 (1964) 216 Nr. 61, Taf. 34 Nr. 5, wo die Führung der Chlamys durch Zweifachprägung etwas undeutlich ist. Michael Hendy unternimmt es in einem in Entstehung begriffenen Werk zu zeigen, daß es sich hier um eine Kopie aus dem Lateinischen Kaiserreich von Konstantinopel (1204–1261) handelt, weil die Münze nur in Münzfunden des 13., nicht aber des 12. Jahrhunderts vorkommt. Daß aber die hier und auf den zypriotischen Münzen wirre Anordnung der Gewänder dennoch nichts anderes darstellen sollte als eine Chlamys, ergibt sich aus dem unveröffentlichten *Besant blanc* Hugos I. von Zypern in der Münzsammlung von Dumbarton Oaks in Washington. Diese Münze geht auf dasselbe Vorbild zurück, weist aber ganz deutlich nur eine Chlamys ohne jede Spur eines Loros auf.

[162] Constantine Porphyrogénète, *Le Livre des Cérémonies* II 47 (38) u. 50 (41), ed. Albert Vogt 2 (1939) 3 u. 17.

[163] Percy Ernst Schramm, *Sphaira — Globus — Reichsapfel. Wanderung und Wandlung eines Herrschaftszeichens von Caesar bis zu Elisabeth II. Ein Beitrag zum ,,Nachleben'' der Antike* (1958).

[164] Josef Deér, ,,Der Globus des spätrömischen und des byzantinischen Kaisers. Symbol oder Insignie?'', *Byzantinische Zeitschrift* 54 (1961) 53–85, 291–318.

[165] Reinhard Elze bei Schramm, *Herrschaftszeichen* (Anm. 144) 3 (Schriften der Monumenta Germaniae Historica 13,3, 1956) 837–868.

[166] Deér (Anm. 164) S. 301 ff.

hinausschießend, wesentlich stärkere byzantinische Einflüsse angenommen. Auf die Einzelheiten dieser Debatte einzugehen, ist hier nicht der Ort. Was aber die Verwendung des Reichsapfels angeht, so haben wir als wertvolles Zeugnis den Bericht Roberts von Clari, eines Augenzeugen, über die Krönung Kaiser Balduins I. von Konstantinopel im Jahre 1204[167]. Danach wurde Balduin nach der Krönung inthronisiert und trug auf dem Thron in der einen Hand ein Szepter, in der anderen einen Reichsapfel. Solange diese Stelle nicht eindeutig widerlegt ist, spricht sie doch, wenigstens im byzantinischen Bereich, dafür, daß das Bildmaterial im wesentlichen wirklichkeitsgetreu ist. Da man in Frankreich nach den Forschungen Schramms den Reichsapfel nie gekannt hat, kann für die lateinischen Kaiser von Konstantinopel wie für die Könige von Jerusalem nur Byzanz als Vorbild gedient haben. Die Könige von Jerusalem waren sich übrigens des Charakters des Globus als eines Zeichens kaiserlicher Weltherrschaft durchaus bewußt, denn die Kölner Königschronik berichtet zu 1174, es seien Gesandte des Königs von Jerusalem bei Kaiser Friedrich Barbarossa eingetroffen *dona plurima et poma aurea musco impleta afferentes*[168].

Der gleiche Sachverhalt der Imitation tritt uns in der Buchmalerei und gewissen Aspekten der jerusalemitanischen Königsurkunden entgegen. Buchthal hat nachgewiesen, daß die Königsfamilie in der zweiten Hälfte des 12. Jahrhunderts ausgesprochene Luxushandschriften herstellen ließ, deren Miniaturen sklavisch die byzantinische Ikonographie nachahmten[169]. Und ebenso wie die byzantinischen Kaiser bis ins 13. Jahrhundert formell keine Verträge mit ausländischen Mächten schlossen, sondern solche Dokumente in die Form eines χρυσόβουλλος λόγος, also des Gnadenerweises, kleideten, so kannte auch die Kanzlei von Jerusalem nur das feierliche Diplom, das etwas gewährt. In dieser Form mußten etwa die Verträge mit den italienischen Seerepubliken abgewickelt werden; dabei wußte man um das Wesen von zwischenstaatlichen Verträgen ganz genau, weil man sie um 1150 noch als königliches Reservatrecht behandelte[170].

Man wollte es eben dem byzantinischen Kaiser gleichtun. *Rex imperator in regno suo* war die Devise der Zeit auch in England und Sizilien[171]. Es war ein schöner Fund, als Déer[172] mit einer Stelle aus Eustathios von Thessalonike aufwarten konnte, der im letzten Viertel des 12. Jahrhunderts den lateinischen

[167] Robert de Clari, *La Conquête de Constantinople*, ed. Philippe Lauer (Les classiques français du moyen âge 40, 1956) S. 95.

[168] *Chronica regia Coloniensis*, ed. Georg Waitz, MG. SS. rer. Germ. (1880) S. 125.

[169] Buchthal, *Miniature Painting* S. 23–33.

[170] Franz Dölger, „Die Kaiserurkunde der Byzantiner als Ausdruck ihrer politischen Anschauungen", *Historische Zeitschrift* 159 (1939) 240. La Monte, *Feudal Monarchy* S. 125. Joshua Prawer, „Les premiers temps de la féodalité dans le Royaume latin de Jérusalem. Une réconsideration", *Tijdschrift voor Rechtsgeschiedenis* 22 (1954) 421 f.

[171] Zu England vgl. Walther Holtzmann, *Das mittelalterliche Imperium und die werdenden Nationen* (Arbeitsgemeinschaft für Forschung des Landes Nordrhein-Westfalen. Geisteswissenschaften. Heft 7, 1953) S. 19 Anm. 20. Zu Sizilien vgl. Elze, *Zum Königtum Rogers II. von Sizilien* S. 113. Generell vgl. auch Gaines Post, „Two Notes on Nationalism in the Middle Ages", *Traditio* 9 (1953) 296 ff. (freundl. Hinweis von Prof. I. Ševčenko).

[172] Deér (Anm. 79) S. 416.

König von Jerusalem tadelte, weil dieser sich „über das rechte Maß hinaus wie ein Kaiser aufführe" (ζηλοῦντα βασιλικῶς ὑπὲρ τοῦ καλοῦ)[173]. Dieser deutlich im Zusammenhang mit der politischen Entwicklung stehende Nachahmungstrieb änderte sich 1204 mit dem Fall des byzantinischen Reiches. Es blieben die Pendilien und der Reichsapfel, aber der Loros verschwand, wie wir an den Bullen König Johanns von Brienne (1210–1225) sehen können (Abb. 7). Dafür kehrte der Mantel wieder zurück, aber nunmehr anders geschnitten, nämlich wie der Wiener Kaisermantel oder das Pluviale des Meßpriesters; er wurde nicht mehr auf der Schulter, sondern zentral auf der Brust zusammengehalten[174]. Auch das Kreuzszepter blieb, aber bei diesem Herrschaftszeichen läßt sich ohnehin nicht entscheiden, ob es dem Abendland oder Byzanz entlehnt war.

An sonstigen Herrschaftszeichen kennen wir nur noch das *vexillum*, das königliche Banner. Es ist nicht nur im Krönungsordo des 13. Jahrhunderts (s. unten S. 227f.) bezeugt, sondern ist schon im 12. Jahrhundert auf einer Bulle Balduins III. dargestellt, wo es über der Zitadelle des Davidsturmes weht[175]. Wir hören von diesem Herrschaftszeichen auch im Jahre 1185, als der Patriarch Eraclius von Jerusalem und der Johannitermeister Roger des Moulins in Reading dem englischen König Heinrich II., den sie im Namen des Königs von Jerusalem um Hilfe für das Hl. Land angingen, die Schlüssel zum Davidsturm sowie das Banner des Königreiches übergaben[176]. Eine besondere Rolle spielte das Banner natürlich als Feldzeichen im Kriege. Balduin I. hatte schon 1099 als Graf von Edessa ein *signum album* als Fahne[177]. Er behielt es auch als König, führte es 1101 an seiner Lanze und nahm es 1105 aus der Hand eines seiner Ritter, um einen Angriff zu reiten[178], doch ist nicht klar auszumachen, ob dieses *signum album* in der Königszeit Balduins I. als Reichs-

[173] Eustazio di Tessalonica, *La espugnazione di Tessalonica*, ed. Stilpon Kyriakidis (Istituto Siciliano di Studi Bizantini e Neoellenici. Testi 5, 1961) S. 56. Prof. I. Ševčenko weist mich darauf hin, daß man die Stelle auch als Kompliment auffassen könnte, wenn man übersetzt: „der dem Guten in kaiserlicher Manier nacheifert". Man müßte Eustathios dann die unklassische Verbindung von ζηλόω mit ὑπέρ unterstellen. Das wäre an sich nicht unmöglich, aber eine Beobachtung von Peter Wirth, *Untersuchungen zur byzantinischen Rhetorik des 12. Jahrhunderts mit besonderer Berücksichtigung der Schriften des Erzbischofs Eustathios von Thessalonike* (Diss. München 1960) S. 115f., wo der Gebrauch von ὑπέρ bei Eustathios eingehend untersucht ist, läßt doch die negative Deutung Deérs als die wahrscheinlichere erscheinen. Wirth kann nämlich ὑπέρ mit dem Genitiv in lokaler Bedeutung überhaupt nicht nachweisen, in übertragener Bedeutung zum Ausdruck des Schutzes, was hier nicht in Betracht kommt, und dann in komparativischer Bedeutung, was hier gemeint zu sein scheint (mehr als das rechte Maß, über das rechte Maß hinaus).

[174] Mit dieser Mantelform sind schon die Könige des 12. Jahrhunderts in den im Hl. Lande illuminierten Handschriften der altfranzösischen Übersetzung des Wilhelm von Tyrus dargestellt; vgl. Buchthal, *Miniature Painting* Taf. 134b (vorn mit Agraffe), 132d, 132f, 133b, 134d–f, 135b (alle vorn mit Schnüren), aber die Miniaturen stammen alle erst aus dem dritten und vierten Viertel des 13. Jahrhunderts, als dies die übliche Mantelform war. Wenn die byzantinische Tracht sich auf den zypriotischen Münzen auch nach 1204 erhielt (s. oben Anm. 161), so hängt dies mit dem viel stärkeren griechischen Element in der zypriotischen Bevölkerung zusammen.

[175] Schlumberger, *Sigillographie* (Anm. 141) S.4 Nr. 5; Taf. 16 Nr. 2. Zum *vexillum* in den Kreuzfahrerstaaten vgl. im allgemeinen Hans Horstmann, „Die Rechtszeichen der europäischen Schiffe im Mittelalter", *Bremisches Jahrbuch* 50 (1965) S. 103ff. Ein *vexillum* ist auch für das Fürstentum Antiochia bezeugt, wo es wichtiger war als in Jerusalem, weil es dort zur Investitur des Fürsten diente. Vgl. Röhricht, *Regesta* Nr. 34 und Auvray (Anm. 127) 2, 1100 Nr. 4471.

[176] Roger von Hoveden, *Chronica*, ed. William Stubbs 2 (Rolls Series, 1869) 300; Radulf von Diceto, *Opera historica* ed. William Stubbs 2 (Rolls Series, 1876) 33.

[177] Fulcher von Chartres, *Historia* I 33, 6 (S. 326).

[178] Ebd. II 11,11 (S. 413) und II 32, 6 (S. 498).

banner oder als eine persönliche Fahne galt. Walter der Kanzler[179] erwähnt zu 1119 *quoddam vexillorum regis*, woraus man schließen sollte, daß es deren mehrere gab. Zu 1122 wird ein *sanctissimae et dominicae crucis vexillum* erwähnt[180], wobei ich nicht sicher bin, ob der Herausgeber Hagenmeyer recht hat, wenn er hierunter die Reliquie des hl. Kreuzes versteht, die sonst doch stets *crucis lignum* oder *crucis patibulum* heißt. Auch für die Verteilung der Kriegsbeute war das *vexillum* von Belang. Dem König stand, wenn er persönlich bei der Armee war, ein Teil der Beute zu. War er aber abwesend, so bekamen seine am Kampf teilnehmenden Lehnsleute seinen Anteil, sofern wenigstens das königliche *vexillum* bei der Armee war[181].

Die neuere Forschung hat allenthalben gezeigt, daß neben den Herrschaftszeichen heilbringende und siegverleihende Reliquien im Kronschatz für die Herrscher von besonderer Bedeutung waren. Wir können als sicher annehmen, daß auch die lateinischen Könige von Jerusalem Reliquien besaßen, zumal solche im Hl. Lande ja in einem derartigen Überfluß vorhanden waren, daß — die Frage der Echtheit immer dahingestellt — Palästina geradezu der Hauptlieferant für den abendländischen Reliquienbedarf und Reliquienhandel war. Die Reliquien des Kronschatzes haben aber im Hl. Lande eine so untergeordnete Rolle gespielt, daß es uns fast völlig an positiven Hinweisen für ihre Existenz gebricht (s. unten S. 182).

Die 1098 in Antiochia gefundene hl. Lanze hätte alle Voraussetzungen in sich geborgen, zum Hauptheiltum des neuen Landes zu werden, aber zu der Zeit, als Gottfried von Bouillon anstelle eines Königs zum Vogt des Hl. Grabes gewählt wurde, war die Lanze in dem normannisch-provenzalischen Streit schon lange diskreditiert worden. Die Normannen hatten von Anfang an Zweifel an der Echtheit der Reliquie gehabt und genährt, und selbst der südfranzösische Bischof Adhémar von Le Puy, päpstlicher Legat bei den Provenzalen, ließ sich nicht recht überzeugen. Wenn auch die Wirksamkeit der Reliquie den Zeitgenossen seit der Belagerung Antiochias durch Kerboğa von Mosul klar sein mußte, so sprach gegen die Echtheit doch zu sehr die Tatsache, daß die Marienkapelle des Pharos in Konstantinopel bereits eine hl. Lanze besaß, deren Tradition bis auf die kaiserliche Kreuzauffinderin Helena zurückging und die 614 vor der persischen Bedrohung Jerusalems nach Konstantinopel gerettet worden war. Da auch Arnulf von Chocques, der erste lateinische Patriarch von Jerusalem, auf Seiten der Normannen stand, hatte die Lanze keine Chance mehr. Selbst Graf Raimund von Toulouse, der im Besitz der Reliquie war und bis zum Schluß an ihre Echtheit geglaubt zu haben scheint, mochte sie nun nicht mehr länger behalten, denn er schenkte sie im Jahre 1100 dem byzantinischen Kaiser Alexios Komnenos. Was dann mit der Lanze geschah, ist nicht deutlich auszumachen. Da das Geschenk geeignet war, Zweifel an der Authentizität der konstantinopolitanischen hl. Lanze zu wecken,

[179] Walter der Kanzler, *Bella Antiochena* II 12, 6 (S. 104).
[180] Fulcher von Chartres, *Historia* III 11, 6 (S. 650).
[181] Röhricht, *Regesta* Nr. 397 von 1164; Jean Delaville Le Roulx, *Cartulaire général de l'ordre des Hospitaliers de Saint-Jean de Jérusalem* 1 (1894) 284 Nr. 411 von 1170; Ernst Strehlke, *Tabulae ordinis Theutonici* (1869) S. 45 Nr. 55 von 1221.

kann der Kaiser über diese Bereicherung seines Reliquienschatzes nicht gerade glücklich gewesen sein, aber die Quellen lassen erkennen, daß die geschickten byzantinischen Diplomaten das Geschenk in einen Nagel vom Kreuz Christi umdeuteten. Es ist im übrigen möglich, daß Alexios das Geschenk an Raimund zurückgab und daß die Lanze anschließend in den anatolischen Wirren des Kreuzzuges von 1101 verlorenging[182].

Arnulf von Chocques sorgte als Patriarch von Jerusalem auch alsbald für die Auffindung einer anderen Reliquie[183], die spezifisch jerusalemitanisch war und schon ihrer Natur nach die hl. Lanze an Ausstrahlungskraft weit übertreffen mußte: das Wahre Kreuz Christi, 614 von den Persern aus Jerusalem geraubt, 630 im Triumph von Kaiser Herakleios wieder zurückgebracht und dann von den orthodoxen Christen unter der islamischen Herrschaft versteckt gehalten. Das Wahre Kreuz wurde zur Hauptreliquie des Landes. Es galt in besonderem Maße als siegverleihend und wurde deshalb auch in entscheidende Schlachten mitgenommen; in der Schlacht von Ḥaṭṭīn (1187) wurde es zur Beute Saladins und blieb seitdem verschwunden, obgleich seine Rückgabe von den Muslimen mehrfach versprochen wurde. Das Kreuz gehörte aber nicht dem König, sondern der Grabeskirche, es befand sich auch während der Schlacht normalerweise unter der Aufsicht eines hohen Prälaten und wurde nach dem Kampfe sofort wieder nach Jerusalem zurückgebracht und dort regelmäßig vom Volk in feierlicher Prozession eingeholt, wofür reichliche Belege vorliegen. Wollte der König einmal, wie 1120, das Wahre Kreuz über die Landesgrenze hinaus, in diesem Falle nach Antiochia, mit in den Kampf nehmen, so bedurfte es erst langwieriger Verhandlungen mit dem Patriarchen, und Fulcher von Chartres versichert uns, daß die Meinungen durchaus geteilt waren, ob man die Reliquie diesem Risiko aussetzen solle[184]. Im Gegensatz zu dieser Sorgfalt steht die Unbekümmertheit, mit der man immer wieder Partikel von dem kostbaren Holz abschnitzte, um sie wichtigen Besuchern oder europäischen Kirchen zu schenken. Von diesen Spänen bekam auch der König seinen Teil, Amalrich I. schenkte eine Kreuzpartikel, die er bei den Kämpfen in Ägypten 1164 am Halse getragen hatte, nach Clairvaux, weil ihm vor der Schlacht der hl. Bernhard erschienen war, ihm Mut zugesprochen und den Sieg verheißen hatte[185].

[182] Zur hl. Lanze vgl. Steven Runciman, „The Holy Lance found at Antioch", *Analecta Bollandiana* 68 (1950) 199–206.

[183] Fulcher von Chartres, *Historia* I 30,4 (S. 309f.). Zum hl. Kreuz und der Vielzahl seiner Partikel vgl. A. Frolow, *La Relique de la Vraie Croix* (Archives de l'Orient chrétien 7, 1961) und derselbe, *Recherches sur la déviation de la IVe croisade vers Constantinople* (1955) S. 61–71.

[184] Fulcher von Chartres, *Historia* III 9, 2–4 (S. 639f.). Zur Verwendung des hl. Kreuzes in der Schlacht vgl. die Zusammenstellung bei Frolow, *Relique* (Anm. 183) S. 287 ff.Nr. 259.

[185] Ebd. S. 338 Nr. 354. Graf Stephan von Blois († 1102) erhielt von Balduin I. eine Kreuzreliquie (ebd. S. 317 Nr. 311), ebenso König Sigurd von Norwegen im Jahre 1107 (ebd. S. 309 Nr. 297). König Fulko schickte ein Stück des Wahren Kreuzes an die Kirche von Angers (ebd. S. 322 Nr. 320), König Amalrich I. 1173 ein Stück des Kreuzholzes an den englischen König (Röhricht, *Geschichte* S. 358 Anm. 2) und 1174 ein weiteres Stück an die Abtei Grandmont (Frolow, *Relique* S. 320 Nr. 319; 341 Nr. 365), und schließlich übersandte Königin Sibylle zwischen 1177 und 1190 eine Kreuzpartikel an die Kirche von Montferrat (ebd. S. 344 Nr. 370). Dabei bleibt meist unklar, ob die Stücke aus dem Kronschatz stammten oder ad hoc zur sofortigen Weitergabe erworben wurden. Sicher ist die Herkunft aus dem Kronschatz nur bei den Kreuzpartikeln von Clairvaux und Grandmont; letztere hatte Amalrich 1171 bei seinem Besuch in Konstantinopel als Geschenk von Alexios Dukas erhalten. Weitere

7. Staatssymbolik im Königreich Jerusalem

Nicht nur die Herrschaftszeichen, auch die sonstige dem Herrscherkult dienende Staatssymbolik im Königreich Jerusalem hat bisher in der Forschung keine Beachtung gefunden. Die Befunde sind allerdings auch nicht immer positiv. Man weiß zum Beispiel, mit welcher Zielstrebigkeit Roger II. von Sizilien Porphyrsarkophage nach Cefalù stiftete, deren einer später, wie Deér[186] klargelegt hat, als Grabmal Kaiser Friedrichs II. in Palermo diente. Roger trieb geradezu einen Porphyrkult, der mit dazu diente, seine neu errungene Königswürde abzusichern[187], aber das Vorbild waren wohl nicht so sehr die alten porphyrenen Kaisergräber in der Apostelkirche in Byzanz, da Deér[188] nachgewiesen hat, daß Purpur zwar noch immer als Vorrecht des Kaisers von Byzanz galt, daß es aber in Wahrheit im Byzanz der Komnenen überhaupt keinen Porphyr mehr gab. Die Anregung zum Gebrauch des Porphyr kam vielmehr aus dessen Benutzung durch die römischen Päpste, die hier eine alte byzantinische Tradition weiterführten und mit denen Roger in vielfacher Auseinandersetzung stand. Da Porphyr aber in Byzanz als Material für Kaisergräber schon seit dem Tode des Kaisers Markian (457) nicht mehr benutzt wurde[189], braucht es uns nicht zu wundern, wenn wir diesem Material bei den Gräbern der Könige von Jerusalem nicht begegnen. Diese Gräber[190], die in der Golgathakapelle und im Chor der Grabeskirche standen, waren vielmehr aus weißem Marmor (jedenfalls ist uns das für die Grablegen Gottfrieds von Bouillon, Balduins I. und Balduins III. bezeugt[191]) und die Reste, die die Zerstörung über-

Kreuzpartikel, die aus dem Hl. Land, wenn auch nicht von dessen Königen kamen, nennt Frolow, *Relique* S. 308 Nr. 291, 310 Nr. 298, 323 Nr. 324, 324 Nr. 329, 329 Nr. 337, 335 Nr. 346, 336 Nr. 349, 341 Nr. 363–364, 344 Nr. 368–369, 345, Nr. 372–373. Daß gegen die Entfernung einer Partikel von der Hauptreliquie Einspruch erhoben wurde, hören wir nur einmal, als man 1100 den Patriarchen Daimbert loswerden wollte und ihm beim Absetzungsprozeß unter anderem auch einen diesbezüglichen Vorwurf machte (ebd. S. 305 Nr. 285). An sonstigen Reliquien, die von Königen von Jerusalem nach Europa geschickt wurden, kennen wir nur das Haupt des hl. Sergius, das Amalrich I. 1153 der Kirche von Angers schenkte (Röhricht, *Geschichte* S. 280 Anm. 1), aber auch hier ist die Herkunft aus dem Kronschatz nicht strikt zu beweisen. Patriarch Haymarus Monachus von Jerusalem sorgte dafür, daß der Arm des Apostels Philipp nach Florenz kam. Ihn hatte Kaiser Manuel Komnenos einst an Maria, die Gemahlin Amalrichs I. geschenkt, die ihn aber als Privateigentum betrachtet zu haben scheint, da sie ihn später, als sie längst nicht mehr Königin, sondern in zweiter Ehe mit einem Ibelin verheiratet war, an Haymarus Monachus auslieferte. Vgl. dazu *Translatio brachii s. Philippi apostoli*, Acta Sanctorum Maii tomus I, 16.

[186] Zu der ganzen Frage der Porphyrgräber vgl. Josef Deér, *The Dynastic Porphyry Tombs of the Norman Period in Sicily* (Dumbarton Oaks Studies 5, 1959) passim.

[187] Ebd. S. 135. Elze, „Königtum Rogers II." S. 110f.

[188] Deér (Anm. 186) S. 132ff.

[189] Ebd. S. 130. Das letzte bekannte byzantinische Porphyrobjekt stammt aus der Zeit Kaiser Basileios I. († 886); ebd. S. 134.

[190] Zu den Gräbern der lateinischen Könige von Jerusalem vgl. im allgemeinen H. Vincent u. F. M. Abel, *Jérusalem. Recherches de topographie, d'archéologie et d'histoire* 2 (1914) 280ff.; Camille Enlart, *Les monuments des croisés dans le Royaume de Jérusalem* 1 (Bibliothèque archéologique et historique 7, 1925) 165ff. Zeichnungen aus dem 18. Jahrhundert bei Elzearius Horn, *Ichnographiae locorum et monumentorum veterum Terrae Sanctae*, ed. Hieronymus Golubovich (1902) S. 51ff. Photographien erhaltener Reste bei Josef Strzygowsky, „Ruins of Tombs of the Latin Kings on the Haram in Jerusalem", *Speculum* 11 (1936) 499–508.

[191] Zu Gottfried von Bouillon vgl. Ekkehard von Aura, *Hierosolymita* c. 20 (RHC. Hoc. 5, 27): *eius mausoleum lapide Pario constructum*, was nicht etwa echten parischen Marmor, sondern nur weißen Marmor bedeuten soll. Zu Balduin I. s. Albert von Aachen, *Historia* XII 29 (S. 709): *mausoleo... marmore candido polito*. Zu Balduin III. s. *Theoderici Libellus de locis sanctis* ed. Titus Tobler (1865) S. 26: *factum de pario marmore*.

lebt haben, sind aus dem gleichen Material[192]. Stilistisch waren die Gräber Gottfrieds und Balduins I. lediglich Varianten eines weitverbreiteten frühchristlichen Grabtypus: ein Dach, von Säulen gestützt[193]. Ob das, was man allgemein als Grab Balduins II. oder Fulkos anspricht, wirklich ein jerusalemitanisches Königsgrab ist, bleibt dahingestellt, denn der Zeichner selbst erwähnte die beiden Könige nicht, sondern glaubte, hier die Begräbnisstätte der Herzen Alfons' des Weisen von Kastilien oder eines Grafen von Holland oder eines Herzogs von Burgund vor sich zu haben[194]. Das Grab Balduins V. hingegen war ein reich verzierter, in Höhe und Breite etwa gleich großer Sarkophag, dessen Ikonographie Enlart als „complètement byzantin" bezeichnet hat[195], dessen Material aber vermutlich auch Marmor war[196]. Die Sepulkralarchitektur der Könige von Jerusalem läßt jedenfalls keinen Rückschluß auf staatssymbolische Erwägungen zu.

Eine wesentliche Manifestation des mittelalterlichen Königtums, die erst in neuerer Zeit aufgehellt wurde, ist das Königskanonikat[197]. Der deutsche König war Kanoniker in Aachen, Köln, Utrecht, Bamberg, Regensburg, Straßburg, Lüttich, Worms, Mainz, Speyer und Trier, als Kaiser auch in St. Peter in Rom und im Laterankapitel, aber die Erscheinung war keineswegs auf Deutschland beschränkt, vielmehr war der französische König Kanoniker in Le Mans, Angers, Poitiers und Tours, der von England in Canterbury, der spanische König in Burgos und Leon und als Graf von Barcelona im dortigen Kapitel, der Herzog von Burgund in Dijon. Es handelte sich dabei, wie Nottarp darlegte, nicht etwa um Ehrenkanonikate, die keine Pflichten auferlegten, sondern vielmehr um Vollkanonikate mit allen Rechten und Pflichten, insbesondere der Pflicht zum täglichen Chordienst. Wir hören von den deutschen Königen zum Beispiel mehrfach, daß sie zu Weihnachten beim Chorgebet die siebte Lektion der Matutin, d. h. das Weihnachtsevangelium nach Lukas, und in der Messe das Evangelium sangen. Waren sie anwesend, so hatten sie im Kapitel Sitz und Stimme. Sie waren zwar Laien — jedenfalls hält die neuere Forschung[198] an der früher behaupteten Subdiakons- oder Diakonsweihe des Königs nicht mehr fest —, aber dennoch waren sie Gesalbte des Herrn und somit in einer semisakralen Sphäre. Auch wurde die Aufnahme von Laien in ein Kapitel erst durch Papst Klemens III. verboten. Und überhaupt darf man sich mittelalterliche Kapitel ja nicht wie heute als ausschließlich aus Priestern bestehend denken, vielmehr waren sie reichlich durchsetzt mit bloßen Mino-

[192] Vgl. die Tafeln bei Strzygowski (Anm. 190).

[193] Zu diesem Grabtypus s. Deér (Anm. 186) S. 33–35.

[194] Horn (Anm. 190) S. 54 mit Abbildung S. 53.

[195] Enlart (Anm. 190) S. 167.

[196] Horn (Anm. 190) S. 50 sagt, die zu seiner Zeit erhaltenen Gräber, also auch das Balduins V., seien aus Marmor gewesen.

[197] Zum Königskanonikat im allgemeinen vgl. Hermann Nottarp, „Ehrenkanoniker und Honorarkapitel", *Zeitschrift der Savigny-Stiftung für Rechtsgeschichte. Kanonistische Abteilung* 14 (1925) 189–192; Aloys Schulte, „Deutsche Könige, Kaiser, Päpste, als Kanoniker an deutschen und römischen Kirchen", *Historisches Jahrbuch* 54 (1934) 137–177; Hans Walter Klewitz, „Königtum, Hofkapelle und Domkapitel im 10. und 11. Jahrhundert", *Archiv für Urkundenforschung* 16 (1939) 134–139. Für die allgemeinen Bemerkungen stütze ich mich auf diese drei Arbeiten.

[198] Reinhard Elze, *Lexikon für Theologie und Kirche* ^{2}5 (1960) 1251.

risten, und in der Praxis unterschied sich der König als Domherr kaum von dem lediglich Tonsurierten, der überhaupt keinen Weihegrad zu haben brauchte, da die Tonsur keine Weihestufe ist, aber eo ipso den Kleriker macht.

Es ist erstaunlich, daß man nicht längst erkannt hat, daß es auch in Jerusalem Königskanonikate gab. Am Hl. Grab ist diese Institution jedenfalls ganz deutlich nachzuweisen. Sie existierte nicht von Anfang an; Balduin II. war dort noch kein Kanoniker. Erst als er sich Anfang August 1131 in Jerusalem zum Sterben legte, ließ er sich *regio statu deposito* zum Haus des Patriarchen tragen, weil er näher beim Hl. Grabe sterben wollte. Sodann regelte er die Nachfolge und *ipse vero Christi verus confessor, habitum religionis assumens et vitam regularem professus, si viveret, ei qui spirituum pater est, tradidit spiritum*[199]. Der altfranzösische Übersetzer Wilhelms von Tyrus präzisierte dies im 13. Jahrhundert: *Tantost guerpi abit et toutes choses qui à roi apartenoient, et vesti de robe de religion, si devint chanoines rilez* (= régulier) *de l'ordre de l'église del Sepucre*[200]. Wenn beim Tode späterer Könige von einer (mindestens beabsichtigten) Aufnahme unter die Regularkanoniker des Hl. Grabes nicht mehr die Rede ist, so deshalb weil die Könige bereits zu Lebzeiten dort Kanoniker waren. Für den Nachfolger Balduins II., Fulko von Anjou, ist uns dies zwar nicht ausdrücklich bezeugt[200a], wohl aber für dessen beide Söhne Balduin III. und Amalrich I. Letzterer war sogar schon ehe er König wurde als Graf von Askalon Kanoniker am Hl. Grabe, wohl deshalb weil er als präsumptiver Nachfolger des kinderlosen Balduin III. galt. Im Jahre 1155 bestätigte Balduin III. dem Hl. Grab *venditionem et emptionem inter Hugonem de Hibelino et fratres nostros canonicos sancti sepulcri legitime factam*[201]. Diese Urkunde diente als Vorurkunde für gleichlautende Bestätigungen des Grafen Amalrich von Askalon und der Königin Melisendis von Jerusalem aus dem gleichen Jahr[202]. In der Urkunde Amalrichs steht der Passus unverändert, in der Urkunde der Königin heißt es *venditionem et emptionem terre Hugonis de Hibelino inter se et fratres nostros dominici sepulcri canonicos legitime factam.* Natürlich war Königin Melisendis nicht etwa Kanonisse am Hl. Grab; der Konzipient hat lediglich die Vorurkunde gedankenlos abgeschrieben. Dasselbe könnte man auch für Amalrich unterstellen, wenn für dessen Kanonikat nicht noch weitere Belege existierten. Er bestätigte 1158 als Graf von Askalon den Kanonikern des Hl. Grabes *venditionem et emptionem inter Hugonem prenominatum fratresque meos sancti sepulcri canonicos legitime factam*[203], im gleichen Jahr machte er eine Schenkung *venerabilibus fratribus meis dominici sepulcri canonicis*[204].

[199] Wilhelm von Tyrus, *Historia* XIII 28 (S. 602).

[200] Ebd.

[200a] Wohl aber ist in einer Urkunde Balduins III. von 1144 davon die Rede, daß König Fulko *leprosis ecclesie sancti Lazari, que est in Ierusalem, confratribus* eine Schenkung gemacht habe, doch handelte es sich hierbei um eine Spitalsbruderschaft, der 1185 auch Raimund III. von Tripolis beitrat; vgl. *Archives de l'Orient latin* 2[b] (1884) 124 Nr. 3; 147 Nr. 30. Ebenso gehörte Balduin I. der Bruderschaft beim Armenspital des Marienklosters im Tale Josaphat an; vgl. H. F. Delaborde, *Chartes de Terre Sainte provenant de l'abbaye de Notre Dame de Josaphat* (1880) S. 47 Nr. 19.

[201] Rozière (Anm. 3) S. 110 Nr. 56.

[202] Ebd. S. 117 Nr. 59 u. 92 Nr. 50.

[203] Ebd. S. 120 Nr. 60.

[204] Ebd. S. 123 Nr. 61.

Eine Urkunde des Grafen von 1160 für das Hl. Grab, die ich hier nach dem Wortlaut des besseren Chartulars B zitiere, ist ganz explizit und enthält folgende Passagen: *dono et concedo dominici sepulcri concanonicis* (*canonicis* Chartular A) *et confratribus meis deo nunc ibi servientibus et canonice* (*canonicis* A) *servituris* . . .; *dono etiam et confirmo eisdem concanonicis* (*cannonicis* A) *confratribusque meis* . . .; *quam predicti concanonici* (*canonici* A) *mei in capitulo suo pari voto* . . .*mihi* . . .*concesserunt*; *Ut igitur hec* . . .*concanonici* (*cum canonici* A) *et confratres* (*confratris* A) . . .*possideant*[205]. Und den Reigen beschließt 1161 König Balduin III. mit einer Urkunde, in der es heißt: *prece ipsius Iohannis Gothmanni* . . .*persuasus atque fraterna dilectione, qua memoratis canonicis iam dudum astringor, ex debito inclinatus, eisdem videlicet canonicis in ecclesia dominice resurrectionis* . . .*concedo*[206].

Ob auch die folgenden Könige des 12. Jahrhunderts, Balduin IV., Balduin V., Guido von Lusignan oder gar Amalrich II., noch dem Kapitel des Hl. Grabes angehört haben, ist nicht festzustellen, aber bei den offenkundigen Vorteilen, die ein solches Kanonikat ihnen gewährte, ist nicht einzusehen, warum sie darauf verzichtet haben sollten. Wenn der König selbst beim Chordienst erschien, so wurde hier die ideengeschichtliche Seite, das *rex et sacerdos*-Prinzip, sichtbar. Aber Klewitz hat längst erkannt, daß das Königskanonikat eine eminent praktische Seite hatte. Der König hatte im Kapitel Sitz und Stimme. Auf die Verhältnisse im Hl. Land vor der Reform des dortigen Bischofswahlrechts durch Coelestin III. (s. unten S. 192) angewandt, bedeutete dies, daß der König eine starke Stellung bei der Wahl eines Patriarchen von Jerusalem hatte. Er konnte nicht nur einen der beiden Kandidaten wählen, die das Kapitel ihm vorschlug, sondern hatte dank seines Kanonikates schon bei der Auswahl der Kandidaten die Hand im Spiel — und in mittelalterlichen Kapiteln wurden die Stimmen gewogen, nicht gezählt. Darüber hinaus bot ihm die Pfründe, deren Verpflichtung zum täglichen Chorgebet er natürlich nicht nachkommen konnte, die Gelegenheit, sie zur Versorgung eines seiner Kapelläne zu verwenden, die im Kapitel seine Stelle vertraten. Eine Urkunde des Patriarchen Wilhelm und des Priors Petrus von 1133, die im Rituale der Grabeskirche überliefert ist, nimmt in der Tat die Existenz von Kanonikern an, die von der Residenzpflicht befreit sind und spricht von dem *presbitero, qui prebendam suam in refectorio habuerit atque pro ipso laboraverit*[207].

In welchen anderen Kirchen des Landes der König Kanonikate innehatte, für die er das Kollationsrecht besaß, ist nicht sicher, aber daß er sie besaß, ist kaum zweifelhaft. In dem erst jüngst von R. B. C. Huygens[208] aufgefundenen autobiographischen Kapitel XIX, 12 der Historia des Wilhelm von Tyrus berichtet der Erzbischof, wie es ihm erging, als er nach zwanzigjährigen Studien

[205] Ebd. S. 115 Nr. 58.

[206] Ebd. S. 195 Nr. 99.

[207] Kohler, *Rituel* S. 434 (S. 337 des Zweitdruckes). Wenn ebd. S. 433 besondere Vorschriften für die Totengedenkmesse für einen König getroffen werden, so braucht dies natürlich nicht Ausdruck des Königskanonikats zu sein, aber es ist doch bezeichnend, daß man diese Vorschrift in dem Abschnitt untergebracht hat, der das Totenoffizium für einen Mitbruder regelt.

[208] R. B. C. Huygens, „Guillaume de Tyr étudiant. Un chapitre (XIX, 12) de son 'Histoire' retrouvé", *Latomus* 21 (1962) 811–829, hier S. 824.

in Europa im Jahre 1165 in seine palästinensische Heimat zurückkehrte: *Postquam ergo auctore domino ad propria reverssi sumus, dominus Willelmus pie memorie Acconenssis episcopus, natione Lombardus, vir providus et discretus, ex archidiaconatu Tyrenssi ad illam ecclesiam translatus, statim post ingressum nostrum mera caritatis liberalitate cum voluntate et consenssu totius capituli in ecclesia sua beneficium, quod prebenda dicitur, nobis concessit. Sed et dominus rex bone memorie Amalricus, cuius in presenti gesta describimus, visus est satis gratanter adventum nostrum suscepisse, et nisi livore quidam ducti nobis prestitissent impedimentum et regium animum aliquatenus a nobis avertissent, cuncta nobis statim de suo beneficia ut dicebatur assignasset. Tamen non destitit, pro nobis sollicitudinem gerens, et ubi oportunitatem repperit apud episcopos preces porrigere et nobis ignorantibus beneficia promereri.* In dem Kommentar, den Jean Richard[209] zu dieser Stelle gegeben hat, werden die *cuncta de suo beneficia* verstanden als alle Pfründen, die der König in der Diözese Akkon zu vergeben hatte, oder als alle königlichen Pfründen im ganzen Reich, soweit sie damals gerade frei waren. Daß die *impedimenta* wahrscheinlich mit der hier beabsichtigten Pfründenkumulation zusammenhingen, die den Neid anderer erregte und das Projekt schließlich zu Fall brachte, hat Richard ebenfalls bereits erkannt. Er hat allerdings geglaubt, es habe sich eher um Pfarrstellen als um Kanonikate gehandelt. Es kann sich aber um beides gehandelt haben. Für die Kanonikate habe ich die Beweise schon vorgeführt. Für einen seelsorgerischen Posten, wenn auch nicht gerade eine Pfarrkirche, sondern eine Pfalzkapelle, sei verwiesen auf eine Urkunde Balduins IV. von 1176, in der der König dem Wilhelm Lovella *capellaniam mearum capellarum in castro Ioppe existencium, videlicet sancte crucis et beati Laurencii cum suis redditibus et oblacionibus, sicut domnus et pater meus Amalricus divine pietatis et caritatis intuitu tuique ratione servicii et gratia in assisiam, quamdiu vixeris, habitaturam et absque calumpnia possidendam donavit et concessit*, schenkte[210]. Es ist angesichts des Berichts Wilhelms von Tyrus sehr wahrscheinlich, daß es Königskanonikate auch in anderen Stiftskirchen gab, nicht nur am Hl. Grabe. Wenn wir darüber keine ausdrücklichen Belege haben, so deshalb weil von keiner anderen Stiftskirche das Archiv erhalten ist.

In ganz andere Bereiche des Herrscherkults, wo materielle Motive keine Rolle mehr spielen, führt uns die Frage nach der liturgischen Herrscherverehrung, nach den sogenannten *laudes regiae*, die Kantorowicz[211] erstmals untersucht hat. Da sich dieser Aufsatz in erster Linie mit der Krönung und ihren Problemen befaßt, sei gleich gesagt, daß es keinen Hinweis, geschweige denn einen Text für Krönungslaudes in Jerusalem gibt. Für ihre Existenz besteht lediglich eine gewisse Wahrscheinlichkeit, so wie Kantorowicz[212] auch für Deutsch-

[209] Ebd. S. 816.

[210] H. F. Delaborde, *Chartes de Terre Sainte provenant de l'abbaye de Notre-Dame de Josaphat* (Bibliothèque des Ecoles françaises d'Athènes et de Rome 19, 1880) S. 85 Nr. 38, korrigiert nach der Überlieferung.

[211] Ernst H. Kantorowicz, *Laudes regiae. A Study in Liturgical Acclamations and Mediaeval Ruler Worship* (University of California Publications in History 23, 1946).

[212] Ebd. S. 83. Die französischen Pontifikalien überliefern viele Laudestexte, die aber offenbar primär aus Anlaß eines Kirchenfestes gesungen wurden und nicht wegen der damit verbundenen Festkrönungen (ebd. S. 100f.).

land und Frankreich davon ausgeht, daß es dort Krönungslaudes gab, obgleich Laudestexte in den Ordines nicht überliefert sind. Die Krönungslaudes entstanden aus der römischen Akklamation des Kaisers durch Volk und Heer, die konstitutiven Charakter hatte. Mit dem zunehmenden Einfluß der Geistlichkeit auf die Herrschererhebung wurde die ursprüngliche Akklamation immer mehr in zwei verschiedene Handlungen aufgespalten, wie sie im Mittelalter gang und gäbe waren: die *collaudatio* des Volkes, die in der Theorie nach wie vor konstitutiven Charakter hatte und daher im allgemeinen vor der Krönung stattfand, und die liturgischen *laudes regiae* der Geistlichkeit, eine Reihe liturgischer, teilweise litaneiartiger Segenswünsche für den König, die um die Trias *Christus vincit, Christus regnat, Christus imperat* kreiste. Den Laudes kam keine konstitutive Bedeutung mehr zu, die Geistlichkeit akklamierte hier den bereits Gekrönten. Schon Kantorowicz[213] hat bemerkt, daß die erwähnte Trias in Jerusalem bekannt war, denn mit diesem Schlachtruf zogen die Kreuzfahrer auf Geheiß des Patriarchen 1105 in die Schlacht von Ramla[214]. Die Trias, schreibt Kantorowicz, ,,must also be regarded as a reflection of the crusading spirit''. Auch die Collaudatio des Volkes bei der Krönung existierte in Jerusalem, und zwar gleich in doppelter Form. Einmal wurde das Volk, ehe der Coronandus in die Kirche einzog, dreimal befragt, ob es den Anwesenden als rechtmäßigen Thronerben anerkenne, was mit einer dreimaligen Akklamation beantwortet wurde. Sodann zog der Coronandus unter den Klängen des *Te Deum* in den Chor ein. Auch das *Te Deum* war eine Form der Collaudatio. Es wird für Jerusalem zwar nicht ausdrücklich gesagt, wer es singt, aber das ergibt sich aus einer anderen Handschrift des gleichen Ordos, wo es heißt: *Et omnis plebs decantet Te Deum*[215]. Dazu kam eine nochmalige Collaudatio nach der Krönung mit dem alten, dreifachen lateinischen Ruf: *Vivat rex feliciter in sempiternum.* Es wäre merkwürdig, wenn einer dreimaligen Collaudatio nicht auch liturgische Laudes in der Krönungsmesse gegenübergestanden hätten.

Es gab aber eine andere Art von königlichen Laudes, sogenannte *laudes hymnidicae,* die bei der liturgischen Einholung eines gesalbten Herrschers in eine Stadt gesungen wurden. Ihr Ursprung und Archetyp war der triumphale Einzug Christi in Jerusalem am Palmsonntag[216], und zweifellos war das die Assoziation, die der Herrscher bei einer solchen joyeuse entrée zu erwecken wünschte und auch erweckte. Auch in Jerusalem, wo ja die Palmsonntagsprozession entstanden war, hat man diese Sitte gepflegt, wovon der Hofkaplan Fulcher von Chartres vielfältiges Zeugnis ablegt. Daß dies ein königliches Vorrecht war, geht schon aus dem ersten Beleg hervor, als die Laudes einem Nichtkönig dargebracht wurden. Nach dem Tode Gottfrieds von Bouillon kam sein Bruder Graf Balduin von Edessa nach Jerusalem, um die Nachfolge anzutreten. Als er nach Jaffa kam, *Franci nostri domnum Balduinum ut regem iam*

[213] Ebd. S. 11.
[214] Fulcher von Chartres, *Historia* II 32,5 (S. 497).
[215] P. L. Ward, ,,An Early Version of the Anglo-Saxon Coronation Ceremony'', *English Historical Review* 57 (1942) 351 Anm. 2.
[216] Dazu und zu den Einholungslaudes überhaupt vgl. Kantorowicz, *Laudes regiae* S. 71–75.

suum gaudenter susceperunt. Et non mora ibi facta Jerusalem properavimus. Cumque ad urbem appropinquassemus, exierunt ei obviam tam clerici quam laici omnes, Graeci quoque ac Syri cum crucibus et cereis. Qui cum ingenti gaudio et honorificentia vocibus altisonis laudes agendo usque in ecclesia dominici sepulcri eum deduxerunt[217]. Am 18. September 1115 wurden dem siegreichen Fürsten Roger von Antiochia bei seinem Einzug in die Stadt Einholungslaudes dargebracht[218]. In dem von Walter dem Kanzler überlieferten Text des Gesangs heißt es bezeichnenderweise *Salve rex*! Wiederum zeigt sich also, daß die liturgische Einholung mit Laudes ein königliches Privileg war und dem Fürsten eigentlich nicht zugestanden hätte. Eine Szene, deren makabrem Pomp und deren assoziationsgeschwängerten Atmosphäre sich kein Zeitgenosse entziehen konnte, schildert uns Albert von Aachen[219]. Am 2. April 1118 war König Balduin I. südlich von Jerusalem gestorben. Sein Leichnam wurde nach Jerusalem zurückgebracht, und es traf sich, daß der Leichenkondukt am Palmsonntag (7. April) in Jerusalem eintraf: Einzug des toten Herrschers in seine Residenz, zugleich Symbol des triumphalen Einrittes Christi in Jerusalem, als das Volk Hosiannah rief, und Symbol des Eintritts der Seele des Verstorbenen in das himmlische Jerusalem. Um die Dramatik der Szene vollständig zu machen — und das wird von Albert und Fulcher unabhängig voneinander überliefert, ist also keine Erfindung eines geschickten Schreiberlings —, traf der Leichenzug auf die für solche Trauerkunde unvorbereitete Palmsonntagsprozession, die sich ins Tal Josaphat hinunterbewegte: *Sic vero omnibus christianorum conventiculis ad id solempne in laudibus dei congregatis, ecce rex defunctus in medio psallentium allatus est. In cuius visione voces suppressae et laudes humiliatae sunt.* Hier verstummten also vor der Wucht des Geschehens die Laudes, die diesmal nicht dem König, sondern Christus als König gegolten hatten. Weitere Laudes werden erwähnt, als der siegreiche König Balduin II. im August 1119 in Antiochia einzog[220], als der König und die Reliquie des hl. Kreuzes im Juni 1120 Jerusalem verließen, um in den Krieg zu ziehen[221], als das hl. Kreuz 1123 nach Jerusalem zurückkehrte[222], und sicher wurden sie auch gesungen,

[217] Fulcher von Chartres, *Historia* II 3, 12–13 (S. 368).

[218] Walter der Kanzler, *Bella Antiochena* I 7, 5–9 (S. 76f.): *ipse vero cum manifesta victoriae palma rediens, per rura et castella cum hymnis ac canticis ab omni populo laetus excipitur. Cumque appropinquasset Antiochiae..., per totam civitatem sonus advenientis intonuit. Sanctarum itaque reliquiarum precedente ordine venerabilis patriarcha cum suo clero ecclesiastica institutione decorato, virorum ac mulierum sequente multitudine exiit ei obviam: „Deum time et mandata eius observa" vocibus angelicis personantes ipsum suscipiunt, conlaudant et venerantur.* Es folgt der Text der Hymne.

[219] Albert von Aachen, *Historia* XII 29 (S. 708); vgl. Fulcher von Chartres, *Historia* II 64, 4–5 (S. 612f.).

[220] Fulcher von Chartres, *Historia* III 5,4 (S. 631): *Et exiit patriarcha Antiochenus obviam sanctissimae cruci, regi quoque et archipraesuli, qui eam deferebat; et reddiderunt omnes deo gratias et exsolverunt dulcisonas laudes omnipotenti deo.* Walter der Kanzler, *Bella Antiochena* II 12, 12 (S. 105): *Rex Antiochiam rediens extra civitatem, ut decebat, remotius solito ab omni populo et clero cum hymnis et canticis spiritualibus victoriose suscipitur ductuque processionis salutiferae ad ecclesiam beati Petri...hilaris et laetus reducitur ad laudem et gloriam regis et summi domini.*

[221] Fulcher von Chartres, *Historia* III 9,4 (S. 640): *Et cum multis lacrimis pie pro ea* (scil. das Hl. Kreuz) *profusis et canticis in laude illius decantatis, extra urbem nudis pedibus rex et patriarcha, plebs quoque omnis eam conviassent, rex cum ea flendo discessit et populus ad urbem sanctam rediit.*

[222] Ebd. III 19,1 (S. 668): *Cum dominica cruce remeavit Hierusalem patriarcha. Qua extra portam Daviticam cum glorifica processione suscepta et usque in basilicam dominici sepulcri honorifice deducta, „Te Deum laudamus" cantantes omnipotenti de beneficiis universi laudes reddidimus.*

als Balduin II. im April 1125 aus der Gefangenschaft zurückkehrte, obgleich es nicht ausdrücklich bezeugt ist[223]. Jerusalem war sich also auch des liturgischen Herrscherkultes durchaus bewußt.

8. Die Krönungen im frühen 13. Jahrhundert

Im 13. Jahrhundert fanden im Hl. Lande weitaus weniger Krönungen statt als im 12. Jahrhundert. Dies rührt teilweise daher, daß die rechtmäßigen Könige lange Zeit landfremd waren und überhaupt nie in den Osten kamen, um sich krönen zu lassen. Aber auch in der Übergangszeit zwischen dem ersten und dem zweiten Königreich, also zwischen der Schlacht bei Ḥaṭṭīn (1187) und dem Regierungsantritt Amalrichs II. (1197) wurde nicht gekrönt.

Als im Herbst 1190 die Königin Sibylle kurz nach ihren beiden Töchtern starb, erlosch das Königsrecht ihres Gemahls Guido von Lusignan, der seit 1186 König war. Der geblütsrechtliche Anspruch ging nunmehr auf Sibylles jüngere Schwester Isabella über, deren verschiedene Ehen die gesamte Thronfolge des 13. Jahrhunderts bestimmen sollten. Ihr erster Gemahl war Humfred IV. von Toron. Als 1186 Sibylle und ihr Gemahl Guido zusammen mit ihren Parteigängern sich in raschem Zugriff der Krone bemächtigten, hatten die oppositionellen Barone unter Raimund III. von Tripolis versucht, dem neuen Königspaar Humfred als Gegenkönig entgegenzustellen, doch Humfred, der zu sich selbst kein allzu großes Vertrauen hatte und dessen Stiefvater Rainald von Châtillon zudem auf der Seite Sibylles stand, entzog sich durch die Flucht der ihm zugedachten Aufgabe und ging zu Sibylle über. Als Gemahl Isabellas wäre Humfred 1190 der neue König von Jerusalem geworden, aber die Barone hatten ihm seine Haltung von 1186 nicht vergessen. Zum Wortführer der Opposition warf sich der Markgraf Konrad von Montferrat auf, der kurz nach der unglücklichen Schlacht bei Ḥaṭṭīn ins Hl. Land gekommen war und durch seine heldenhafte Verteidigung von Tyrus gegen Saladin im Orient und Okzident weithin berühmt geworden war. Im Verein mit der Mutter Isabellas und einer Reihe angesehener Barone setzte er eine Scheidung Isabellas von Humfred durch. Es wurde behauptet, Isabella habe zur Zeit ihrer Eheschließung mit Humfred das kanonisch vorgeschriebene Mindestalter von 12 Jahren noch nicht erreicht gehabt, was wohl stimmt, und sie habe auch den notwendigen Konsens nicht gegeben, was sicher nicht stimmt. Der mangelnde Konsens war offenbar die entscheidende Einrede, da von dem Erfordernis des Mindestalters oft dispensiert wurde[224]. Humfred war nicht der Mann, der sich gewehrt hätte; die junge Isabella war nicht in der Lage, sich zu wehren; der einzige Widerstand kam von dem Erzbischof Balduin von Canterbury, dem völlig klar war, daß die Scheidung nur inszeniert wurde, um Isabellas Hand an Konrad zu vergeben. Und hier wurde die Sache zum kanonischen Ärgernis, da Konrad bereits verheiratet war. Der Erzbischof verhängte die Exkommunikation über die

[223] Ebd. III 40,1 (S. 757): *Rex...Hierosolymam sua revisurus rediit, quem III° Non. Aprilis universi processione celebri suscepimus.*

[224] Zu diesen Vorgängen vgl. Röhricht, *Geschichte* S. 392, 538f. und *Itinerarium peregrinorum* ed. Hans Eberhard Mayer (Schriften der Monumenta Germaniae Historica 18, 1962) S. 352ff.

Beteiligten, aber dennoch vollzog der Bischof von Beauvais am 24. November 1190, kurz nach dem Tode des Erzbischofs, die Trauung an Isabella und Konrad. Er prädestinierte damit den Markgrafen von Montferrat zum König, und schließlich — wenn auch widerwillig — fand sich auch Rom mit der Bigamie Konrads ab[225].

Schon zwei Jahre vor Sibylles Tod hatte Konrad von Montferrat Guido nicht mehr als König anerkannt, sondern von ihm als *quondam rege* geschrieben[226], aber Guido gab auch nach Sibylles Tod und Konrads Ehe mit Isabella seinen Anspruch nicht auf, sondern hielt sich unter dem Schutz des englischen Königs Richard Löwenherz (der als Graf von Poitou der Lehnsherr von Guidos Familie Lusignan war) noch bis 1192. Er urkundete als König von Jerusalem noch 1191, zugleich aber urkundete Konrad in königlicher Weise, wenn auch ohne den Titel[227]. Im April 1192 entschloß sich Richard I. von England schließlich dazu, seinen Schützling Guido fallenzulassen, als er erkennen mußte, daß die Barone ihn unter keinen Umständen mehr als König behalten, sondern ihn durch Konrad ersetzen wollten. Da Richard sich damals schon ernstlich mit dem Gedanken trug, nach England zurückzukehren, wäre Guidos Position nach seiner Abreise ohnehin unhaltbar geworden. Guido wurde daher mit der Herrschaft über die von Richard eroberte Insel Zypern entschädigt. Damit war der Weg zu Konrads Königtum frei; gewählt war er praktisch durch die Verhandlung Richards mit den Baronen. In Tyrus rüstete man bereits zur Krönung, als der Markgraf am 28. April 1192 von Assassinen ermordet wurde[228].

Konrads Nachfolge trat der Pfalzgraf von Troyes, Heinrich von der Champagne (1192–1197), an, der sofort nach Konrads Tod dessen Witwe heiratete. Als Verwandter der Könige von England und Frankreich konnte er den englisch-französischen Gegensatz überbrücken, der auch die Barone im Hl. Land gespalten hatte. Sein Herrschaftsrecht bezog er wie Konrad allein aus seiner Ehe mit Isabella. Gekrönt wurde er nie; konsequenterweise urkundete er auch nicht als König von Jerusalem, sondern nur als Herr des Königreiches Jerusalem, und auch das erst gegen Ende seiner Regierungszeit[229].

Dunkel bleibt, warum keine Krönung erfolgte. Es wird kaum daran gelegen haben, daß die alte Krönungskirche in Jerusalem noch in der Hand der Heiden war. Man wußte spätestens seit dem Waffenstillstand zwischen Saladin und Richard Löwenherz vom 2. September 1192, daß man das Hl. Grab so schnell nicht wieder besitzen werde. Auch hatte Konrad von Montferrat nach seiner Wahl nicht gezögert, in Tyrus Zurüstungen für die Krönung treffen zu lassen.

225 Potthast Nr. 716; Migne PL. 214, 611 B.

226 Röhricht, *Regesta* Nr. 676.

227 Ebd. Nr. 697, 698, 701, 702, 703, 704. Nur einmal, am 7. Mai 1191, urkundete Konrad im Schutze des schon anwesenden Königs Philipp August von Frankreich und vor der Ankunft des englischen Königs in Palästina als *rex electus* ebd. Nr. 705), doch hat er diesen Titel später offenbar unter englischem Druck aufgegeben.

228 Ambroise, *L'Estoire de la Guerre Sainte*, ed. Gaston Paris (Collection de documents inédits, 1897) v. 8775–8878. *Itinerarium peregrinorum*, ed. William Stubbs, *Chronicles and Memorials of the Reign of Richard I*, Bd. 1. (Rolls Series, 1864) S. 338ff.

229 Röhricht, *Regesta* Nr. 727.

Heinrich hätte gleichfalls nach Tyrus ausweichen können. Ebensowenig wird man daran denken dürfen, daß Heinrich etwa Rücksicht auf den noch bis 1194 in Zypern lebenden Guido genommen hätte. Eher hing das Ausbleiben der Krönung damit zusammen, daß ein Patriarch als Coronator fehlte. Der Patriarch Radulf war Ende Juli 1192 als Geisel an Saladin übergeben und von diesem nach Damaskus überführt worden[230]; er starb 1193[231]. Danach wählten die Kanoniker im Jahre 1194 Michael von Corbeil, den Dekan von Paris, der die Wahl zunächst annahm, dann aber ablehnte, weil er inzwischen auch noch zum Erzbischof von Sens gewählt worden war. Nunmehr entschlossen sich die Kanoniker — wohl auch noch 1194 — zu einem einheimischen Kandidaten und wählten Haymarus Monachus, den Erzbischof von Caesarea. Hierbei hielten sie sich nicht an den herkömmlichen Wahlmodus in Jerusalem, über den wir Näheres aus einer Dekretale Coelestins III. erfahren[232]. Danach war es üblich gewesen, dem König zwei Kandidaten zu benennen, von denen er einen auswählen oder beide zurückweisen konnte. In der Tat war dieses unkanonische Verfahren, das Coelestin jetzt auf ein königliches Bestätigungsrecht der Wahl einschränkte, bei der Patriarchenwahl von 1180 praktiziert worden[233]. Im Jahre 1194 scheinen die Kanoniker dem Grafen von der Champagne ihre Wahl nicht einmal angezeigt zu haben, und darüber kam es zu einem schweren Konflikt zwischen den Kanonikern und Heinrich, in dessen Verlauf Heinrich die Chorherren gar an Leib und Leben bedroht haben soll. Erst auf die dringenden Vorstellungen des Erzbischofs von Tyrus lenkte er ein. Bemerkenswert ist an dem Streit vor allem, daß die Kanoniker sich offenbar nicht auf die Dekretale Coelestins III. beriefen, sondern erstmals versuchten, die Ausübung königlicher Rechte von der Krönung abhängig zu machen, denn sie argumentierten, daß sie auch ohne Zustimmung des Grafen einen Patriarchen wählen könnten, weil Heinrich nicht gekrönt sei[234].

Es fehlte also bis in die Jahre 1194/95 an dem hergebrachten Coronator, dem Patriarchen von Jerusalem, denn solange der Streit andauerte, kam eine Krönung nicht in Betracht. Warum aber auch nach der Beilegung des Konflikts keine Krönung Heinrichs erfolgte, ist nicht recht einzusehen.

Am 10. September 1197 starb Heinrich von der Champagne durch einen unglücklichen Sturz aus dem Fenster. Die Barone hatten nun über einen neuen Gemahl für Isabella zu entscheiden, was in der Praxis auf die Wahl eines neuen Königs hinauslief. Unter dem diskreten Druck des deutschen Kanzlers, der mit den Kreuzfahrern Kaiser Heinrichs VI. im Hl. Lande war, entschieden sie sich gegen Radulf von Tiberias und für Amalrich von Lusignan, der soeben als

[230] *Itinerarium peregrinorum* (Anm. 228) S. 403.

[231] Röhricht, *Geschichte* S. 664.

[232] Decr. Greg. I 6, 14 (JL. 17656); Paul Riant, *Haymari Monachi de Expugnata Accone Liber tetrastichus* (1866) S. 90 Nr. 17, der die Dekretale zu 1195 setzt. Tatsächlich gehört sie zu 1191 und war nach einem Funde Walther Holtzmanns an die Kleriker des Ostens gerichtet; vgl. Walther Holtzmann, „La 'Collectio Seguntina' et les décrétales de Clément III et de Célestin III", *Revue d'histoire ecclésiastique* 50 (1955) 430.

[233] Röhricht, *Geschichte* S. 390f.

[234] Zur Wahl Haymars und zu dem Konflikt zwischen Heinrich und den Kanonikern vgl. Riant (Anm. 232) S. XXXVIIIf. mit Angabe der Quellen.

deutscher Lehnsmann zum König von Zypern gekrönt worden war. Die Wahl war als solche vernünftig, denn einmal konnte man hoffen, daß Amalrich die Reserven Zyperns zugunsten des Hl. Landes einsetzen werde, zum andern wurde damit die Opposition der Lusignans (Amalrich war der Bruder des nach Zypern abgeschobenen Königs Guido) beseitigt, die Heinrich von der Champagne so viel zu schaffen gemacht hatte. Noch im Herbst 1197 heiratete Amalrich Isabella und wurde anschließend zum König von Jerusalem gekrönt. Jetzt erst erhielt auch Isabella die Krone[235]. An Isabella hingen schon seit 1190 alle Ansprüche auf den Thron; sie hatte durch ihre Eheschließungen ihrem zweiten und dritten Gemahl die Herrschaft über das Königreich gebracht, die Krone aber nie erhalten können, weil auch ihre Ehemänner nicht gekrönt wurden. Erst jetzt konnte sie zusammen mit ihrem vierten Mann die Krone tragen.

Es läßt sich nichts Sicheres darüber aussagen, wann und wo Amalrich II. und Isabella gekrönt wurden[236]. Aus einem Brief Innocenz' III.[237] erfahren wir nur, daß der Patriarch Haymarus Monachus die Krönung vollzog, wenngleich er zuvor Schwierigkeiten gemacht hatte. Wenn dies auch das einzige ist, was wir über die Krönungszeremonie wissen, so ist uns doch Amalrichs II. Krönungseid überliefert[238]. Der Lusignan beschwor, Helfer und Schützer des Patriarchen und aller Reichsbewohner zu sein, den Besitz der Kirche zu schützen, die kanonischen Privilegien, die alten Freiheiten und das Recht des Landes zu bewahren, wie es zur Zeit Amalrichs I. und Balduins IV. üblich gewesen war. Mit diesem Eid begegnen wir zum erstenmale nachweislich der Spur jenes Ordo, den das tyrensische Pontifikale überliefert, denn der Eid ist wörtlich dem des Ordo nachgebildet, wenngleich spezieller auf die Verhältnisse des Hl. Landes zugeschnitten[239]. Es ist freilich — ganz abgesehen von der Ungewißheit über den Krönungsort — aus paläographischen Gründen kaum möglich, daß die tyrensische Handschrift schon bei der Krönung Amalrichs II. benutzt wurde. Das zeigt dann aber, daß der Gebrauch desselben Ordos bereits für das 12. Jahrhundert unterstellt werden muß.

[235] *Estoire d'Eracles* XXVII 5 (S. 223): *il l'espousa et porta corone. Lors a primes fu ele reine. Chronique d'Ernoul* S. 310.

[236] Vgl. zu den widersprüchlichen Angaben der Quellen Röhricht, *Geschichte* S. 675 Anm. 4. Roger von Hoveden, *Chronica* 4 (ed. William Stubbs, Rolls Series, 1871) 29 und Arnold von Lübeck, *Chronica Slavorum*, ed. G. H. Pertz, MG.SS. rer. Germ. (1868) S. 204 lassen die Krönung in Bairūt erfolgen, aber was davon zu halten ist, ergibt sich aus verschiedenen anderen Stellen bei Arnold: Saladin eroberte Bairūt. *Quam cum obtinuisset, creavit sibi aliud nomen, quia ibi coronatus et Babilonie rex salutatus* (S. 124); *Habet etiam talem prerogativam eadem civitas* (scil. Bairūt), *ut omnes reges illius terre ibi coronentur. Unde Salahadinus cum eam cepisset, ibi coronatus est et rex Ierosolyme sive Babylonie salutatus* (S. 203). Auch in England gab es eine ähnliche Tradition, denn Radulf von Coggeshall, *Chronicon Anglicanum* (ed. Joseph Stevenson, Rolls Series, 1875) S. 40 berichtet, Richard Löwenherz habe geschworen, er wolle Jerusalem, Kairo oder Bairūt, *sine qua rex Hierosolymitanus coronari non potest*, erobern.

[237] Potthast Nr. 501; Migne, PL. 214, 477 Nr. 518. Othmar Hageneder und Anton Haidacher, *Die Register Innocenz' III. 1 Pontifikatsjahr* (1964) S. 752 Nr. 518. Vgl. auch den Eid Amalrichs II. unten Anm. 239.

[238] Rozière (Anm. 3) S. 275 Nr. 154.

[239] Nachstehend gebe ich die Eidesformel nach dem Ordo von Tyrus (Hs. fol. 66r), dem Chartular der Grabeskirche (Krönungseid Amalrichs II.; vgl. Anm. 238) und dem Livre de Jean d'Ibelin c. 7 (S. 29f.).

Im Jahre 1205 starb Amalrich II. an einer Fischvergiftung. Isabella war nun mit 33 Jahren einmal geschieden und dreimal verwitwet. Sie folgte ihrem letzten Gemahl bald ins Grab. Die Krone vererbte sich fort über Maria la Marquise, so genannt, weil sie die Tochter aus der Ehe Isabellas mit dem Markgrafen Konrad von Montferrat war. Isabellas erste Ehe war kinderlos geblieben, und so war Maria la Marquise ihr ältestes Kind. Nach fünfjähriger Thron-

---

Ordo von Tyrus

Promitto vobis et perdono, quia unicuique de vobis et ecclesie vobis commissis canonicum privilegium et debitam legem atque iustitiam servabo et defensionem, quantum potuero, adiuvante domino exibebo, sicut rex in suo regno unicuique episcopo et ecclesie sibi commisse per rectum exibere debet.

Eid Amalrichs II.:

Ego Aimericus, divina permissione rex Ierusalem coronandus, promitto tibi, domino patriarche Monacho, tuisque successoribus sub testimonio omnipotentis dei et totius ecclesie, quod ab hac die in antea ero fidelis adiutor vester et defensor et omnium personarum regni Ierosolimitani. Possessiones Iherosolimitane ecclesie omniumque ecclesiarum ad eam principaliter respectam habentium, quas olim habere consueverunt et in futuro nostris temporibus iuste sunt adepture, eisdem manutenebo et defendendam. Canonica privilegia debitasque leges atque iustitias earumdem et pristinas libertatum consuetudines et usus tam earum quam universi populi terre, sicut rex Amalricus et rex Balduinus, filius eius, tenuerunt, conservabo et defensionem, quantum potero, adiuvante domino exhibebo novasque superinductas maxime post excidium terre exterminabo, prout rex christianus et fidelis in suo regno unicuique episcopo et ecclesie sibi commisse atque populo per rectum exhibere debet. Sic me deus adiuvet et hec sacrosancta evangelia.

Aus dem Ordo von Tyrus sind hier übernommen die Worte *promitto*, dann *canonica privilegia* bis *iustitias*, dann *servabo* bis *exhibebo*, dann *prout rex*, dann *in suo regno* bis *commisse* und *per rectum exhibere debet.*

Ibelin:

Je tel, par divine souffrance à coroner rei de Jerusalem, promet à tei mon seignor tel, patriarche de Jerusalem, et à tes successors canoniaument entrant, desus le tesmoin de Dieu le tot-puissant et de tote l'Iglise et des prelaz et de mes barons qui environ moi sont, que je, de cest jor en avant, serai ton feel aideor et defendeor de ta persone contre toz homes vivant el reiaume de Jerusalem. Les possessions et les franchises de la sainte yglise de Jerusalem ma mere, et de totes les yglises apartenant à li principaument, les queles possessions et franchises elles ont acostumé à avoir jadis, el tens des beneurés reis mes devanciers, et qu'elles aquerront justement ça en avant, en mon tens maintendrai à elles; et defendrai les canoniques et les anciens previleges et les deues leis, et les justises de ciaus et les ancienes costumes et franchises garderai, et maintendrai les persones eclesiastes en leur franchises, as veves et as orfenins justise ferai; les previleges des beneurés reis mes devanciers et les assises dou royaume et dou rei Amauri et dou rei Baudoyn son fiz, et les ancienes costumes et assises dou roiaume de Jerusalem garderai; et tot le peuple crestien dou dit roiaume, selonc les costumes ancienes et aprovéez de ce meisme roiaume, et selonc les assises des devant dis rois en lor dreis et en lor justises garderai, si come roi crestien et feil de Dieu le doit faire en son roiaume; et totes les autres choses dessus dites garderai feaument. Ensi m'ait Dieu et ces saintes evangiles de Dieu.

Das Fragment des Krönungseidformulars im Rituale der Grabeskirche (Kohler, *Rituel* S. 397, 443 Anm. 2; S. 300, 346 Anm. 2 des Zweitdruckes) entspricht im wesentlichen dem Eid Amalrichs II.: *In nomine domini ego N. rex Ierusalem domini auctore futurus promitto tibi domino patriarche tuisque successoribus, quod ab hac die ero vester adiutor et defensor et omnium personarum regni Ierosolimitani et promitto deo et tibi...*

vakanz verheirateten die Barone Maria mit einem zuvor nicht sonderlich hervorgetretenen französischen Adligen, dem Grafen Johann von Brienne. Er wurde im September 1210 in der Heiligkreuzkirche in Akkon mit Maria vermählt, begab sich mit seiner Gemahlin im Anschluß an die Hochzeitsfeierlichkeiten nach Tyrus und wurde dort (wohl am Sonntag, dem 3. Oktober) zusammen mit Maria vom Patriarchen von Jerusalem in der Kathedrale gekrönt[240]. Anwesend waren die Erzbischöfe von Tyrus, Caesarea und Nazareth, die Bischöfe von Akkon und Sidon, die Großmeister der Templer, Johanniter und Deutschritter, die Herren von Ibelin, Sidon, Tiberias, Montfort, Caesarea, Blanchegarde, Ḥaifā und andere hohe Adlige.

Tyrus wurde wohl deshalb als Krönungsort gewählt, weil es durch die Krönung der Maria Komnena 1167 (s. oben S. 155) und die geplante Krönung Konrads von Montferrat bereits eine gewisse Tradition aufzuweisen hatte und weil es in der geistlichen Hierarchie des Landes nach Jerusalem den zweiten Platz einnahm[241]. An Heiligkeit konnte es der neue Krönungsort mit der Grabeskirche nicht aufnehmen, wohl aber an Ehrwürdigkeit. Bischof Paulinus hatte die Kirche errichten lassen, der große Kirchenhistoriker Eusebios hatte sie 318 eingeweiht, französische und venezianische Baumeister bauten sie während der Kreuzfahrerzeit um[242]; ihre Ausmaße waren mit ca. 70 Metern achtunggebietend[243]. In ihr hatten der Kirchenlehrer Origenes und Kaiser Friedrich Barbarossas Gebeine eine würdige Ruhestatt gefunden[244]. Als Johann von Ibelin um 1265 seine berühmte Sammlung des jerusalemitanischen Feudalrechtes zusammenstellte, war die Tradition von Tyrus als Krönungsort bereits fest etabliert, denn Ibelin schrieb vor, der König sei in Jerusalem zu krönen, falls es in den Händen der Christen sei. Wo nicht, solle der Patriarch die Krönung in Tyrus vornehmen, und wenn es keinen Patriarchen gab, so waren nacheinander die Erzbischöfe von Tyrus, Caesarea und Nazareth als Coronatoren bestimmt[245].

[240] *Estoire d'Eracles* XXXI 1 (S. 311): *dimanche, le premier jor d'octovre*; 1210 fiel der 1. Oktober auf einen Freitag, der nächste Sonntag auf den 3. Oktober, was übereinstimmt mit Robert von Auxerre (MG. SS. 26, 273): am Sonntag nach Michaelis (= 3. Oktober). Vgl. auch *Chronique d'Ernoul* S. 409.

[241] In einem Schreiben an den Erzbischof Heinrich von Reims erwähnt König Amalrich I. den *archiepiscopum Tyrensem et post dominum patriarcham in regno dignitate altiorem* (Bouquet, *Recueil des Historiens des Gaules et de la France* 16, 188). Vgl. auch Wilhelm von Tyrus, *Historia* XIV 12 (S. 623).

[242] Über die Basilika des Paulinus vgl. die Einweihungsrede des Eusebios in dessen Kirchengeschichte X 4, in: Eusebius *Werke* hg. v. Eduard Schwartz (Die griechischen christlichen Schriftsteller der ersten drei Jahrhunderte, 1908) S. 862 ff. Zum Kreuzfahrerbau vgl. F. W. Deichmann, „Die Ausgrabungsfunde der Kathedrale von Tyrus (Sur)", *Berliner Museen. Berichte aus den Preußischen Kunstsammlungen* 56 (1935) 48–55. Keiner der Funde kann der Basilika des Paulinus zugeordnet werden, (Deichmann S. 50), aber auch Deichmann (S. 55) zweifelt nicht daran, daß die Kreuzfahrerkathedrale ein Umbau der Paulinischen Basilika war. Dafür zeugen besonders die in den Reiseberichten jahrhundertelang erwähnten großen Säulen, die Burchard von Monte Sion in derselben Kirche sah wie das Grab des Origines, und Origines war in der Basilika beigesetzt.

[243] Enlart (Anm. 59) 2, 362.

[244] Vgl. Paul Scheffer-Boichorst, „Barbarossas Grab", in: *Gesammelte Schriften* 2 (Historische Studien 43, 1905) 154–164.

[245] Livre de Jean d'Ibelin c. 6 (S. 29).

9. Der Ordo von Tyrus und das Krönungszeremoniell des 13. Jahrhunderts

Für die Krönung Johanns von Brienne dürfen wir die Benutzung des tyrensischen Pontifikales schon als wahrscheinlich unterstellen. Und dessen Ordo entschädigt uns dafür, daß mit Johann die Metallbullen der Könige von Jerusalem abbrechen, wir also von nun an keinen Hinweis auf ihre Amtstracht mehr haben. Der Ordo ist als solcher längst bekannt. Es handelt sich um den sogenannten Fulrad-Ordo, der in der Forschung gelegentlich auch unter dem Namen Ratold-Ordo geht. Er wurde um 980 im Kloster Saint-Vaast in Arras zusammengestellt, dessen Abt damals Fulrad war. Wie viele Ordines ist er zunächst nicht benutzt, sondern wohl erst 1108 in Frankreich in Gebrauch genommen worden, als Ludwig VI. zum König gekrönt wurde. Fulrads Ordo war aber keine eigenständige Schöpfung, vielmehr lag im wesentlichen der westfränkische Krönungsritus zugrunde, wie er uns vor allem im sogenannten Westfränkischen Ordo (früher als Erdmannscher Ordo bekannt) entgegentritt. Zu den dort schon begegnenden Elementen (Petitio und Promissio, Befragung des Volkes, einleitende Benediktion, Gebet für die Salbung, Formeln für die Übergabe von Ring und Schwert, für die Krönung und die Überreichung von Szepter und Stab sowie einem Ordo für die Weihe der Königin) trat nun noch die Thronsetzung, ein Mandat mit drei Regeln für eine gerechte Herrschaft, der Heilruf von Klerus und Volk sowie das Krönungsmahl und der Fahnensegen. Diese Zutaten waren wohl angelsächsischer Herkunft[246]. Der Ordo wurde 1942 von Paul L. Ward nach 17 Handschriften herausgegeben, die zumeist auch aus Frankreich stammen[247]; die tyrensische Handschrift blieb Ward unbekannt.

Nun beweist das Vorkommen des Fulrad-Ordo im tyrensischen Pontifikale an sich noch nicht, daß der Ordo auch tatsächlich im Hl. Lande benutzt wurde, denn auch in Frankreich besaßen zahlreiche Bischofskirchen Pontifikalien mit Krönungsordines, ohne daß dort je ein König gekrönt worden wäre. Auch der Ordo für die Kaiserkrönung, der sich im Pontifikale von Apamea findet, war dort gänzlich nutzlos. Man hat also Ordines oft einfach als liturgisches Traditionsgut abgeschrieben, was die liturgische Forschung schon seit langem erkannt hat. Im lateinischen Orient haben wir jedoch die Kontrollmöglichkeit an den Vorschriften für die Königskrönung, die Johann von Ibelin um 1265 in sein Rechtsbuch aufnahm[248], sowie an dem bereits erwähnten Krönungseid

[246] Zum Fulrad-Ordo vgl. Percy Ernst Schramm ,,Die Krönung bei den Westfranken und Angelsachsen von 878 bis um 1000'', *Zeitschrift der Savigny-Stiftung für Rechtsgeschichte. Kanonistische Abteilung* 23 (1934) 182–190; derselbe, ,,Ordines Studien II'', *Archiv für Urkundenforschung* 15 (1937) 20–22. Schramm führte die angelsächsischen Zutaten auf den Edgar-Ordo zurück, was jetzt von C. A. Bouman, *Sacring and Crowning. The Development of the Latin Ritual for the Anointing of Kings and the Coronation of an Emperor before the Eleventh Century* (Bijdragen van het Instituut voor Middeleeuwse Geschiedenis der Rijks-Universiteit te Utrecht 30, 1957) S. 20 bestätigt wird; Bouman hält S. 158 die Vorlage des Fulrad-Ordos sogar für die reinste Form des Edgar-Ordos.

[247] Paul L. Ward, ,,An Early Version of the Anglo-Saxon Coronation Ceremony'', *English Historical Review* 57 (1942) 345–361.

[248] *Livre de Jean d'Ibelin* c. 7 (S. 29–31); vgl. auch die Vorschriften über die Pflichten des Seneschalks, des Konstablers, des Marschalks und des Kämmerers am Krönungstage ebd. c. 256–259 (S. 407–414).

Amalrichs II. Ibelin gibt keinen eigentlichen Ordo, da er die liturgischen Texte nicht bringt, sondern nur die Aufeinanderfolge der Zeremonien schildert. Er bietet also nach dem terminus technicus des Mittelalters keinen Ordo, sondern ein *directorium*. Gerade dadurch ist uns aber nicht nur eine Kontrollmöglichkeit für die Gültigkeit des Fulrad-Ordo an die Hand gegeben, sondern sogar noch das die Ordines normalerweise ergänzende Dokument, so daß das Bild der Krönung nur umso klarer hervortritt. Schon Schramm, ein unvergleichlicher Kenner der Ordines, vermutete allein aufgrund der Vorschriften Ibelins, daß die Kreuzfahrer dem Fulrad-Ordo folgten[249].

Hält man die beiden Texte des Pontifikales und Ibelins nebeneinander, so ergibt sich folgender Ablauf der Zeremonie: Am Morgen des Krönungstages legt (der zuvor von den Baronen gewählte) Coronandus im Palast die königlichen Gewänder an. Diese Zeremonie wird vom Kämmerer überwacht. Vor dem Vestiarium erwarten den zukünftigen König die wichtigsten Kronfunktionäre, die ihn nun in feierlicher Prozession zur Krönungskirche geleiten. Voraus geht der Kämmerer mit dem Schwert, es folgt der Seneschalk mit dem Szepter, sodann der Konstabler mit der Fahne und dann der König zu Pferde, das am Zügel vom Marschalk geleitet wird. Der Patriarch empfängt den Coronandus am Kirchenportal, betet über dem knienden Kandidaten und verlangt ihm den Eid auf die Evangelien ab. Es ist der Eid Amalrichs II., den Ibelin noch erweitert um die Verpflichtung zum Schutz von Witwen und Waisen und zur Bestätigung des alten Rechts und der Privilegien seiner Vorgänger[250]. Nach dem Eide verspricht der Patriarch dem Thronkandidaten, er werde ihm helfen, seine Krone zu bewahren[251]. Der Patriarch besiegelt das Versprechen mit einem Kuß, und darauf folgt die dreimalige Befragung des Volkes, ob es den Coronandus als rechtmäßigen Thronerben anerkenne. Nach der dreimaligen Akklamation zieht die feierliche Prozession unter den Klängen des *Te Deum* (s. dazu oben S. 188) in den Chor ein, zwei Barone tragen Krone und Reichsapfel, der Seneschalk das Szepter, der Konstabler die Fahne. Während das *Te Deum* weitergeht, wird der König in die Gewänder eines Diakons eingekleidet (ohne daß ihm damit der Weihegrad eines solchen verliehen worden wäre). Dem Rest des *Te Deum* wohnt der Coronandus von einem Faldistorium

[249] Schramm (Ann. 163) S. 130f.

[250] Diese erweiternden Bestimmungen wurden von Ibelin möglicherweise irrtümlich in die Eidesformel (s. oben Anm. 239) hineingebracht. Sie scheinen aus einem anderen Eid zu stammen, den der König vor dem homagium der Vasallen seinen künftigen Lehensleuten leistete. Dort sind die erwähnten Bestimmungen jedenfalls sachlich besser angebracht (*Livre de Jean d'Ibelin* c. 193, S. 310f.). Es ist dabei zu bedenken, daß 1265, als Ibelin seine Rechtssammlung anlegte, seit 55 Jahren kein Krönungseid mehr geleistet worden war, was den Irrtum erklären könnte. Bei Ibelin hat es den Anschein, als sei dieser Eid nach der Krönung, aber vor dem homagium geleistet worden. Der gleiche Eid findet sich im *Livre de Jacques d'Ibelin* c. 1, ebd. S. 453, nur wird er dort bei der Wahl, also vor der Krönung geleistet. Ein Eid an die Vasallen und die Leistung des homagium vor der Krönung ist ungewöhnlich, für Jerusalem aber schon bei Balduin I. belegt; vgl. Albert von Aachen, *Historia* VII 37 (S. 532), und auch 1269 bei der Krönung Hugos III. von Zypern zum König von Jerusalem mußte der König vor der Krönung und vor dem homagium die schriftlich fixierte Eidesformel beschwören („Documents relativs à la successibilité au trone et à la régence", *Recueil des Historiens des Croisades, Lois* 2 (1843) 418f.). Dennoch sind wohl zwei Eide zu unterscheiden, einer an die Vasallen, nach der Wahl und vor dem homagium, und einer an den Patriarchen unmittelbar vor der Krönung.

[251] Nach einem Zusatz zum Text des Krönungseides im Chartular der Grabeskirche wurde der Eid des Patriarchen erst nach der Krönung geleistet; vgl. Rozière (Anm. 3) S. 276 Nr. 154.

vor dem Altar aus bei. Danach spricht der Patriarch über dem Coronandus die *Invocatio super regem*, und sodann begibt sich dieser zum Thronsessel, um von dort aus der Krönungsmesse beizuwohnen. Ist die Messe bei Epistel und Sequenz angelangt, so führen ihn zwei Prälaten zum Faldistorium vor dem Altar, wo der Patriarch die *Consecratio regis* spricht und ihn am Haupte mit Chrisma salbt, ihn damit in die eigentlich königliche, semi-sakrale Sphäre entrückend. Unter den vorgeschriebenen Gebeten übergibt der Patriarch dem König sodann die Herrschaftszeichen, als erstes den Ring, der die Königswürde symbolisiert. Es folgt die Schwertumgürtung zur Verteidigung des Glaubens und der Kirche. Da der Kämmerer das Schwert nun aus der Hand gegeben hat, ist es sein Vorrecht, dem Patriarchen die weiteren Insignien zur Weitergabe an den König zu reichen. Als nächstes wird diesem die Krone aufs Haupt gesetzt, die in besonderem Maße seine königliche Würde symbolisiert. Dann bekommt er das Szepter und anschließend den Reichsapfel, der das Land des Königreiches verkörpert. Hier wich man vom Fulrad-Ordo (auch von dessen tyrensischer Version) ab, der an dieser Stelle die Übergabe der *virga*, des Gerichtsstabes der französischen Könige, vorsah, da man in Frankreich den Reichsapfel ja nicht kannte. In Jerusalem blieb dafür die *virga* weg. Dennoch stehen die hierfür vorgeschriebenen Gebete im tyrensischen Pontifikale, wieder ein Zeichen dafür, wie liturgisches Traditionsgut mitgeschleppt wurde. Nach mehreren Benediktionen wird der König dann an seine Hauptfunktionen erinnert: zu allen Zeiten den Frieden zu wahren für Kirche und Volk, in allen Ständen Raub und Ungerechtigkeit zu unterbinden und in allem Gerechtigkeit und Barmherzigkeit walten zu lassen. Darauf gewährt der König allen Prälaten den Kuß, und nun dröhnt die Kirche dreimal von dem lateinischen Ruf *Vivat rex feliciter in sempiternum*, einer neuerlichen Collaudatio. Die Krönungsmesse nimmt ihren Fortgang; der König hört ihr vom Throne aus zu und bringt als Krönungsservitium dem Patriarchen nach dem Evangelium eine Oblation (wohl Brot und Kerzen) und Wein dar. Während des Sakraments legt er die Krone ab und kommt nach der Messe zum Altar, um zu kommunizieren. Nunmehr nimmt der Patriarch dem Konstabler die Fahne ab, spricht den Fahnensegen und übergibt das Banner dem König, der es dem Konstabler zurückreicht.

Es folgt nun die feierliche Krönung der Königin, die zunächst Salbung, Ring und Krone empfängt. Unter allen Handschriften des Fulrad-Ordo sieht allein die tyrensische Version vor, daß sie dann auch noch das Szepter erhält (so die Rubrik; der Text spricht von der *virga*), wie man es etwa auch im burgundischen Ordo finden kann[252]. Diese singuläre Hervorhebung der Königin im tyrensischen Pontifikale wird kaum Zufall sein; vielleicht wollte man mit dieser zusätzlichen Zeremonie der Tatsache Rechnung tragen, daß der Thron von Jerusalem sich im 13. Jahrhundert ausschließlich über die Frauen vererbte.

[252] Die Datierung des burgundischen Ordos ist noch nicht gesichert. Während Bouman (Anm. 246) S. 22 eine Handschrift des 13./14. Jahrhunderts als die älteste Handschrift angibt, kennt Elze bei Schramm, *Herrschaftszeichen* (Anm. 144) 3 (Schriften der Monumenta Germaniae Historica 13,3 1956) 841 Anm. 4 eine Handschrift, die bereits aus dem Ende des 11. Jahrhunderts stammt. Beide Autoren (Bouman S. 158f.) sind sich aber darüber einig, daß der Text eine frühe Stufe der westfränkischen Überlieferung darstellt und dem 10. Jahrhundert angehört.

Nach der Krönung zieht der König, falls er in Jerusalem gekrönt wurde, zum Templum Domini, wo Jesus dem Simeon dargeboten worden war (Luc. 2, 25–35) und wo deshalb — so Ibelin — jetzt die bereits mehrfach erwähnte Darbringung der Krone mit dem nachfolgenden Rückkauf stattfindet (vgl. zu der Tempeltradition aber auch oben S. 159). Für diese Prozession ist genau festgelegt, daß der Marschalk, wenn der König die Krönungskirche verläßt, dem Konstabler das Banner abnimmt und diesem dafür das Pferd des Königs übergibt. Der Konstabler hat dem König den Stratordienst zu leisten und sein Pferd sicher durch die Menge zu führen, während der Marschalk als Bannerträger auf dem Pferd des Konstablers vorausreitet. Vom Templum Domini aus geht der Umritt zum Templum Salomonis (bzw. bei einer Krönung in Tyrus direkt von der Kathedrale zum königlichen Schloß), wo das Krönungsmahl stattfindet. Der Seneschalk ist bereits unmittelbar nach dem Abschluß der Krönungszeremonie hierher vorausgeeilt, weil ihm die Hauptverantwortung für das Krönungsmahl aufgetragen ist. Soweit der König nicht besondere Anordnungen trifft, liegt die Zusammenstellung und Leitung des Mahls ganz in seinen Händen. Insbesondere hat er diejenigen zu bestimmen, die bei Tisch dienen, wobei er allerdings gehalten ist, sie aus der Menge der Bourgeois (d. h. der freien, nichtadligen Franken) von Jerusalem zu wählen, deren Vorrecht und Pflicht der Tafeldienst ist. Dem Kämmerer obliegt es, dem König vor und nach dem Essen Wasser zum Händewaschen zu reichen und ihm während des Mahls den Becher zu füllen, den er als seinen Lohn behält. Der Marschalk trägt während der Mahlzeit das Banner, der Seneschalk das Szepter, das er jedoch seiner allgemeinen Aufsichtspflicht wegen an einen Mann seiner Wahl weitergeben kann. Der Seneschalk gibt schließlich auch das Zeichen, die Tafel aufzuheben. Nach dem Abschluß des Mahls hat er, wiederum das Szepter tragend, zusammen mit dem Konstabler und dem bannertragenden Marschalk den König in seine Gemächer zurückzugeleiten. Ist der König dort angekommen, erhält der Konstabler das Pferd des Königs als Lohn für seine Dienste und läßt sich dann von dem Marschalk zu seiner Wohnung geleiten, wo der letztere seinerseits das Pferd des Konstablers als Lohn erhält. Da der Konstabler ein Pferd gewann und eines verlor, ging er scheinbar leer aus, aber seine Bezahlung wird vermutlich in der ungleich kostbareren Ausrüstung des Krönungspferdes bestanden haben. Der Seneschalk hingegen begibt sich vom Königsschloß zurück zur Stätte des Krönungsmahles, nicht nur um nun selbst zu essen, sondern auch weil sein Lohn in dem übriggebliebenen Fleisch und den Schüsseln und Tellern des Tafelgerätes besteht.

Nach diesem feierlichen Ritual werden auch die folgenden Krönungen im Hl. Lande vorgenommen worden sein, nicht nur die Erstkrönungen des Königs und der Königin, sondern auch die Festkrönungen des 13. Jahrhunderts, für die uns Johann von Ibelin insofern einen positiven Hinweis gibt, als er vorschreibt, Seneschalk und Kämmerer hätten die gleichen Pflichten wie am Krönungstage auch *à quatre festes annels de l'an* (Weihnachten, Ostern, Himmelfahrt, Pfingsten) *ou as autres granz sollempnités, ou quant le rei vodra porter corone*[253].

[253] *Livre de Jean d'Ibelin* c. 256 (S. 407); vgl. auch c. 259 (S. 414).

10. Die „Selbstkrönung" Friedrichs II.

Eine Ausnahme von dem überkommenen Ritual bildet allerdings die „Selbstkrönung" Kaiser Friedrichs II. zum König von Jerusalem am 18. März 1229. Sie sprengt, wenn sie sich wirklich so zugetragen hat, wie man bisher annahm, alle mittelalterlichen Normen und stellt die Forschung vor schwierige Probleme kirchenrechtlicher und verfassungsrechtlicher Natur. Jede Interpretation der Vorgänge des 18. März 1229 muß einmal von den formaljuristischen Gegebenheiten ausgehen, zum andern von der Quellenlage.

Eine Selbstkrönung war kirchenrechtlich ein Ding der Unmöglichkeit, vielleicht nicht unbedingt in der Theorie, weil die Krönung ja nicht eigentlich konstitutiven Charakter besaß, wohl aber in der Praxis. Seit sich Ludwig der Fromme 813 in Aachen auf Geheiß seines Vaters selbst die Krone aufgesetzt und seinerseits 817 seinen Sohn Lothar zum Kaiser gekrönt hatte, seit er schließlich 838 an seinem Sohn Karl dem Kahlen die Krönung vollzogen hatte, waren Krönungen ohne einen geistlichen Coronator, und erst recht Selbstkrönungen, im Abendland nicht mehr vorgekommen, jedenfalls soweit es sich um Erstkrönungen handelt. Wohl gingen die Herrscher „unter der Krone", wozu sie des geistlichen Beistands nicht bedurften, aber eine Selbstkrönung Friedrichs II. im Jahre 1229 wäre in der Tat eine beispiellose Kühnheit gewesen, für die Friedrich bei der öffentlichen Meinung nicht eigentlich auf Verständnis, sondern allenfalls auf Konsternation rechnen durfte. Der große Erfolg der Rückgewinnung Jerusalems durch den Vertrag von Jaffa vom Februar 1229 hatte den Kaiser freilich in einen Zustand rauschhafter Siegeszuversicht gesetzt, denn der Gewinn Jerusalems bedeutete für ihn weit mehr, als nur dem Hl. Land seine Hauptstadt zurückzugeben. Sein Erfolg im Hl. Lande war ihm vielmehr, wie Hans Martin Schaller[254] gezeigt hat, die willkommene Bestätigung jener messianischen Hoffnungen, die in der staufischen Familie das Endkaisertum erblickten. Jetzt da er siegreich war, gedachte der Kaiser, sich über den Kirchenbann, den der Papst über ihn verhängt hatte, hinwegzusetzen und sich am Hl. Grab die Messe lesen zu lassen, auch dies ein Plan, den nur Maßlosigkeit ihm eingeben konnte. Der Deutschordensmeister Hermann von Salza, einer seiner engsten politischen Berater, bezeugt, daß er dem Kaiser diese Absicht gerade noch ausreden konnte[255]. Man wird kaum fehlgehen in der Annahme, daß der Ordensmeister auch gegen eine Selbstkrönung gewichtige Argumente vorgebracht hätte. Daß es keine spontane Handlung des Kaisers war, sondern sich dieser vorher beraten ließ, wissen wir[256]; man wird also die politischen Auswirkungen des — wie auch immer — geplanten Aktes wohl geprüft haben.

Die verfassungsrechtliche Situation, in der sich eine Selbstkrönung abgewickelt hätte, war delikat, wenngleich eindeutig. Der Kaiser hatte 1225 Isabella II., die Tochter König Johanns von Brienne, geheiratet. Johanns Recht

[254] Hans Martin Schaller, „Das Relief an der Kanzel der Kathedrale von Bitonto: ein Denkmal der Kaiseridee Friedrichs II.", *Archiv für Kulturgeschichte* 45 (1963) 295–312.

[255] Brief Hermanns von Salza an einen Freund, MG. Const. 2, 167 Nr. 123.

[256] Vgl. unten S. 204 den Text des in Anm. 264 zitierten Briefes.

als König von Jerusalem hatte, wie wir uns erinnern, nur darauf beruht, daß ihn die Barone zum Gemahl der eigentlichen Thronerbin Maria la Marquise gewählt hatten. Maria war aber bereits 1212 verstorben, und nach dem Präzedenzfall Guidos von Lusignan erlosch damit das Königsrecht Johanns, das er in der Praxis als Vormund seiner 1212 geborenen Tochter Isabella freilich weiter ausübte[257]. Im Jahre 1223 schloß er durch Vermittlung Hermanns von Salza einen Ehevertrag für Isabella mit dem jung verwitweten Kaiser Friedrich II. Dabei war es Johanns Bedingung, daß er die Herrschaft auf Lebenszeit behalte, aber offenbar kam es darüber nicht zu einer schriftlichen Aufzeichnung, sondern nur zu einer mehr oder minder klaren Verständigung mit dem Deutschordensmeister. Im August 1225 wurde Isabella in Akkon mit dem Kaiser ferngetraut — der Bischof von Patti fungierte als Stellvertreter Friedrichs II. — und danach in Tyrus vom dortigen Erzbischof zur Königin von Jerusalem gekrönt[258]. Die später folgenden Ereignisse lassen vermuten, daß der in Italien weilende Johann von Brienne diese Krönung nicht im voraus gebilligt haben wird, denn sie beraubte ihn ja gleichsam demonstrativ seines Herrschaftsrechtes. Darüber kam es auch gleich zum Streit zwischen dem Kaiser und Johann, als Isabella im Herbst 1225 in Italien eintraf und dort die Trauung mit dem Kaiser wiederholte. Friedrich verlangte von Johann den sofortigen Verzicht auf die königlichen Herrschaftsrechte. Es nützte nichts, wenn Johann remonstrierte, denn die syrischen Barone ließen ihn fallen und huldigten dem Kaiser als dem neuen Herrscher. Hierbei mag sich Politik mit Recht gemischt haben. Was staufischer Zentralismus bedeutete, war für die Palästinenser zu diesem Zeitpunkt noch nicht klar abzusehen, während die Herrschaft des Kaisers andererseits eine stärkere Gewähr für die Mobilisierung europäischer Hilfsquellen bot als das Regiment Johanns. Solche Erwägungen hatten noch den Vorzug, daß sie sich mit dem geltenden Recht deckten, ein Gesichtspunkt, der in dem immer stärker legalistisch empfindenden Ostreich wichtig war. Mit der Ehe zwischen Isabella und Friedrich hatte Johann auch alle familienrechtlichen Ansprüche auf Isabella und damit auf die Herrschaft verloren, denn Isabella stand ja nunmehr in der Munt ihres Gemahls. Da sich der Thron über Isabella vererbte, stand die Herrschaft dem Kaiser zu, und die frühzeitige Krönung der Prinzessin unterstrich nur diese Situation. Der Kaiser mag gegenüber Johann vertragsbrüchig geworden sein, falls er ihm wirklich in irgendeiner Form die weitere Ausübung der Herrschaft hatte zugestehen

[257] La Monte, *Feudal Monarchy*, S. 55 mit Anm. 1.

[258] *Les Gestes des Chiprois* § 89 (S. 667). Die *Estoire d'Eracles* XXXII 20 (S. 357) läßt den Patriarchen Radulf die Krönung vornehmen, aber Radulf war wohl schon Ende 1224 verstorben; jedenfalls amtiert am 10. Mai 1225 schon sein Nachfolger Gerold von Valence, der allerdings noch in Europa war, so daß es im August im Hl. Lande keinen Patriarchen gab, der die Krönung hätte vornehmen können. Vgl. zu den chronologischen Problemen Wilhelm Jacobs, *Patriarch Gerold von Valence. Ein Beitrag zur Kreuzzugsgeschichte Friedrichs II.* (Diss. Bonn 1915) S. 14f. — Die Chronik von Saint-Martin in Tours (Bouquet, *Recueil des Historiens des Gaules et de la France* 18, 311) berichtet, die Krönung sei *de mandato patris* (d. h. Johanns von Brienne) erfolgt, aber der Chronist war nicht gut unterrichtet, denn er fährt fort, es habe sich dabei um eine neuerliche Krönung (*noviter coronata*) Isabellas gehandelt (tatsächlich war Isabella noch nie gekrönt worden). Auch Ort und Tag der italienischen Hochzeit Friedrichs II. mit Isabella werden in dieser Chronik falsch angesetzt; vgl. Eduard Winkelmann, *Kaiser Friedrich II.* (Jahrbücher der deutschen Geschichte) 1 (1889) 243 Anm. 5.

lassen, aber ein solcher Vertragsbruch wurde zweifellos durch die Verfassung von Jerusalem gedeckt. Mit seiner Forderung hatte ja Johann selbst erkennen lassen, daß ihm die Herrschaft nach der Eheschließung seiner Tochter rechtens eigentlich nicht mehr zustand. Friedrich war daher im Recht, wenn er im Dezember 1225 den Titel eines Königs von Jerusalem annahm[259].

Aus der Ehe des Kaisers mit Isabella wurde am 25. April 1228 ein Sohn geboren, Konrad IV. (als König von Jerusalem Konrad II.). Seine Mutter starb jedoch am 4. Mai an den Folgen der Geburt. Dies war am Vorabend des Kreuzzuges, zu dem Friedrich am 28. Juni von Brindisi aus aufbrach. Die Rechtslage war nunmehr wiederum klar, wenn auch das Recht in diesem Falle gegen Friedrich stand: seine Rechte als Herrscher von Jerusalem waren mit dem Tode Isabellas erloschen und sein Sohn Konrad war rechtmäßiger Thronerbe. Lediglich als Vormund seines Sohnes hatte Friedrich noch Rechte im Hl. Land. Philipp von Novara, Friedrichs juristisch hervorragend gebildeter Gegenspieler auf der Seite der Ibelins und des einheimischen Adels, drückte es in seinen Memoiren sehr präzise aus: *L'emperere fu mout beau receu en Surie et tous li firent homage coma à bail, por ce que il avoit I fis petit que l'on apela le roy Conrad, qui estoit droit heir dou reyaume de Jerusalem de par sa mere, qui estoit morte*[260]. So wie die Barone den Kaiser nach seiner Eheschließung als Herrscher anerkannt hatten (dem nur die Formalität der Krönung noch fehlte), so erkannten sie ihn jetzt als Bailli, d. h. als Regenten an. Von einem eigentlichen Königtum konnte nicht mehr die Rede sein. Man findet nun in der Literatur immer wieder die Meinung vertreten, die „Selbstkrönung" Friedrichs in Jerusalem 1229 habe dem formalen Mangel abhelfen sollen, daß Friedrich bisher noch nicht zum König von Jerusalem gekrönt worden war, weil er erst jetzt ins Hl. Land kam. Aber eine solche „Selbstkrönung" wäre — ganz abgesehen davon, daß sie ohne die Assistenz eines geistlichen Coronators ohnehin den jerusalemitanischen Vorschriften flagrant widersprochen hätte — ohne jede verfassungsrechtliche Bedeutung gewesen, sie hätte gleichsam im luftleeren Raum stattgefunden, denn der Kaiser war nun einmal 1229 nicht mehr König von Jerusalem. Daß er den Titel weiterführte, schließlich auch vom Papst die Anerkennung seiner Königswürde erlangte[261], mochte vielleicht manchen Leuten Sand in die Augen streuen, in Syrien aber wußte man, wie die Aussage Philipps von Novara zeigt, genau, woran man war. Die rechtlichen Erwägungen und Gegebenheiten sprechen also durchaus dagegen, daß 1229

[259] Böhmer-Ficker, *Regesta imperii* 5,1 (1881) Nr. 1588. Der Papst erkannte den Titel, den Friedrich bis zu seinem Tode führte, erst 1231 an (Potthast Nr. 8785), als der Kaiser de iure nicht mehr König war. — Das Chronicon de rebus Siculis, ed. J. L. A. Huillard-Bréholles, *Historia diplomatica Friderici secundi* 1 (1852) 897 berichtet: *In anno incarnationis MCCXXV, indictionis decime tercie, Fredericus coronatus fuerit in regem Hierusalem.* Wenn dies wahr wäre, so wären die Vorgänge von 1229 viel leichter als „unter der Krone von Jerusalem gehen" zu erklären. Leider fehlt für die Nachricht jede Bestätigung von anderer Seite, und eine Krönung in Italien hätte auch dem jerusalemitanischen Recht widersprochen. Die Barone beharrten ja bei Konrad IV. und Konradin immer darauf, daß die Herrscher zur Krönung persönlich in den Osten kommen müßten. Vermutlich hat der Chronist die Krönung nur aus der Tatsache erschlossen, daß Friedrich sofort nach seiner Heirat den Titel eines Königs von Jerusalem zu führen begann.

[260] *Les Gestes des Chiprois* § 135 (S. 682).

[261] S. Anm. 259.

eine Selbstkrönung oder überhaupt nur eine Krönung zum König von Jerusalem stattfand, es sei denn Friedrich hätte bei diesem Akt nur die Absicht verfolgt, sich für seine europäischen Auseinandersetzungen durch den Titel eines Königs von Jerusalem eine bessere Ausgangsposition zu verschaffen, indem er den Titel durch eine Krönung legitimierte, die ihm rechtlich nicht mehr zustand. Aber dann hätte der Krönung etwas zwielichtiges angehaftet, wenigstens was ihren politischen Effekt anlangt.

Untersuchen wir nun die Quellen und wägen wir sie vor allem, ob sich vielleicht hieraus eine ,,Selbstkrönung" ableiten läßt. Die Quellen sind relativ zahlreich, entbehren aber leider der wünschenswerten Präzision. Man kann sie deutlich in zwei Gruppen scheiden, in kaiserliche und antikaiserliche. Dabei haben die Berichte von kaiserlicher Seite den unbestreitbaren Vorzug, daß sie von Augenzeugen stammen, während von der Gegenpartei, die sich aus Vertretern der Kirche und des einheimischen, durch das schroffe Vorgehen des Kaisers verprellten Hochadels zusammensetzte, kein Berichterstatter anwesend war. Vielmehr waren die Gegner des Kaisers für ihre Darstellung teilweise auf die Verlautbarungen aus dem kaiserlichen Lager angewiesen.

Wie der Kaiser die Vorgänge in der Grabeskirche am 18. März 1229 amtlich gesehen wissen wollte, zeigt uns das berühmte Manifest *Letentur in domino et exultentur omnes* vom gleichen Tage, das in mehreren Exemplaren nach Europa versandt wurde. Die für den König von England bestimmte Kopie, die bei Roger von Wendower überliefert ist, weist am Ende der hier entscheidenden Stelle wesentliche Erweiterungen gegenüber den anderen Exemplaren auf, für die hier als Muster die Überlieferung in dem päpstlichen Register diene[262].

Papstregister:

. . .*civitatem sanctam Ierusalem intravimus cum ingenti gaudio exercitus christiani et sepulchrum dei viventis reverenter visitavimus tamquam catholicus imperator ac sequenti die dominico coronam ibi portavimus ad honorem et gloriam summi regis.*

Roger von Wendower:

. . .*intravimus sanctam civitatem Ierusalem; et statim tamquam catholicus imperator, adorato sepulchro dominico reverenter, sequenti die coronam portavimus, quam dominus omnipotens de throno maiestatis sue nos habendam previdens, de speciali gratia pietatis sue inter orbis principes nos mirabiliter exaltavit, ut sic, prosequentibus nobis tante dignitatis tripudium, que nobis competit iure regni magis ac magis notorium universis appareat, quod manus domini fecit hec omnia.*

Besäßen wir nur die Überlieferung des Papstregisters und sonst keinen Bericht über den Vorgang, so wäre es niemandem zweifelhaft, daß Friedrich II. am 18. März 1229 in der Grabeskirche ,,unter der Krone ging" (*coronam ibi portavimus*), und zwar unter der Kaiserkrone, da vom Königtum überhaupt

[262] MG. Const. 2, 166 (Nr. 122) linke und rechte Spalte.

nicht die Rede ist, wohl aber davon, daß Friedrich tags zuvor *tamquam catholicus imperator* die Grabeskirche besucht habe, wie ihm das als Pilger ziemte. Denselben Eindruck könnte man bei flüchtiger Lektüre auch aus der rhetorisch wesentlich aufgeschwemmteren Fassung an den König von England gewinnen, und in der Tat hat der Editor durch seine Zeichensetzung zu erkennen gegeben, daß er den Satz so verstand, denn er hat *tamquam catholicus imperator* zu *sequenti die coronam portavimus* geschlagen. Doch ist das Komma nach *imperator* sicherlich verkehrt gesetzt. Das beweist einmal die Parallelfassung an den Papst und zum andern ist weiter unten von dem *tripudium, que nobis competit iure regni* die Rede. Nicht als Imperator hat Friedrich also die Krone getragen, sondern es muß schon die Krone von Jerusalem gewesen sein bzw. eine Krone, die der Kaiser für diesen Zweck benutzte, denn die alte Königskrone des 12. Jahrhunderts dürfte 1187 bei der Eroberung Jerusalems durch Saladin in Verlust geraten sein. Aber obwohl klar wird, daß Friedrich hier nicht als Kaiser, sondern als König von Jerusalem handelte, deutet auch der Wortlaut des Manifests an den König von England auf den ersten Blick nicht auf eine Krönung, sondern auf „unter der Krone gehen" hin. Hierbei bestand freilich die Schwierigkeit, daß Friedrich — von seinen bereits erloschenen Königsrechten einmal abgesehen — technisch als König von Jerusalem gar nicht unter der Krone gehen konnte, weil er noch der Erstkrönung ermangelte. Immerhin ließe sich das durch die schwierige politische Situation erklären: der Kaiser war in Jerusalem am Ziel seiner Wünsche, aber er war gebannt, und der Patriarch, der ihn hätte krönen müssen, saß in Akkon und dachte nicht daran, nach Jerusalem zu kommen. Für den Kaiser galt es, Coronator hin oder her, in irgendeiner Weise dem Volke seine Machtfülle zu demonstrieren. So, als Demonstration gegenüber dem Volke, hat es noch im 15. Jahrhundert Dietrich von Nieheim, der Herold der verblassenden Kaiserherrlichkeit, in seinen Privilegia aufgefaßt, wenn er die Angabe *coronam portavimus* als ein gekröntes Erscheinen Friedrichs in der jerusalemitanischen Öffentlichkeit interpretierte: *per vicos quoque ipsius urbis sanctae solemniter et publice taliter coronatus incessit*[263].

Fahren wir fort in der Betrachtung der Quellen. Schon einige Tage vor der Krönung schrieb Hermann von Salza an Papst Gregor IX.[264]: *Proponit etiam imperator cum omni populo ascendere Ierosolimam et ibi in honore regis regum omnium ferre coronam — sic enim consultum est ei a pluribus.* Im Prinzip ist dies genau dasselbe, was in dem Manifest an den Papst stand, und Gregor IX. konnte nicht daraus entnehmen, daß der Kaiser mehr vorhatte, als in Jerusalem „unter der (Kaiser-)Krone zu gehen". Aber wenige Tage nach der Krönung schrieb der Deutschordensmeister an einen Freund, wohl einen hochgestellten Kleriker an der Kurie (jedenfalls ist der Brief in den päpstlichen Registern überliefert). Nun wurde er deutlicher: *Ibi in honore regis eterni portavit coronam . . .Non audivit divina, tamen coronam simpliciter sine consecratione de*

[263] Karl Pivec, *Das Imperium in den Privilegia und im Viridarium*, in: Karl Pivec und Hermann Heimpel, „Neue Forschungen zu Dietrich von Niem", *Nachrichten der Akademie der Wissenschaften in Göttingen. Philologisch-historische Klasse*, Jahrgang 1951, Nr. 4, S. 6.

[264] MG. Const. 2, 162 Nr. 121.

altari accepit et in sedem, sicut est consuetum, portavit[265]. Dies ist die exakteste Schilderung, die wir von dem Vorgang besitzen. Sie war möglicherweise ausgelöst worden durch die ungemein zornige Reaktion des Patriarchen von Jerusalem. Er hatte jede Aktion in der Grabeskirche zu verhindern versucht, indem er von Akkon aus eilends den Erzbischof von Caesarea nach Jerusalem entsandte und das Interdikt über die Stadt verhängen ließ. Diese Maßnahme war in höchstem Maße ungerecht, denn sie traf den Kaiser nicht mehr, da der Erzbischof um einen Tag zu spät kam; wohl aber traf sie die Pilger und Kreuzfahrer, denen nach all ihren Opfern und Mühen die Erfüllung ihrer Sehnsucht, das Gebet und die Messe am Hl. Grab, versagt blieb. Hermann von Salza mußte gewärtigen, daß der Patriarch einen — möglicherweise gefärbten — Bericht an die Kurie schicken werde, und vielleicht diente der Brief an seinen Freund dem Zweck, hier ein Gegengewicht zu setzen. Vermutlich deshalb ging der Deutschordensmeister hier etwas mehr aus sich heraus und beschränkte sich nicht auf das amtliche, karge *portavit coronam*, sondern fügte hinzu, daß der Kaiser keinen Gottesdienst gehört habe und daß keine Weihe stattgefunden habe. Diese präzise Angabe entzieht aber der üblichen Interpretation von der „Selbstkrönung" im Sinne und an der Stelle einer nachzuholenden Erstkrönung den Boden, denn eine Krönung ohne Weihe konnte ja als Erstkrönung im 13. Jahrhundert keinerlei Bedeutung haben. Nach den Worten Hermanns nahm der Kaiser die Krone vom Altar und trug sie zum Thron hin (*in sedem*, nicht *in sede*, also nicht *auf* dem Thron), *sicut est consuetum*. Es wird nicht gesagt, ob eine Thronsetzung stattfand; hier bleibt der Text wiederum im Mehrdeutigen stecken. Es wird auch nicht gesagt, ob der Kaiser die Krone auf dem Kopf oder etwa in der Hand zum Thron trug, obgleich man unterstellen muß, daß er sie auf dem Kopfe hatte, denn die Alternative wäre doch gar zu lächerlich gewesen. *Sicut est consuetum* kann man nicht recht erklären. Soweit wir wissen, hörte der König nach der Krönung in Jerusalem vom Thron aus dem Rest der Krönungsmesse zu, aber das war hier gegenstandslos, da gar keine Messe stattfand.

Hören wir nun die Gegenseite. Patriarch Gerold von Jerusalem schickte in der Tat bereits am 26. März einen Bericht an den Papst: *Et ecce unanimiter sabbato dominice, qua cantatur 'Oculi mei', sunt cum principe civitatem ingressi, qui summo mane ipso die dominico sepulchrum intravit, vestibusque indutus regalibus capiti suo imposuit diadema*[266]. Aber der Patriarch tat noch mehr. In einer Enzyklika vom Mai 1229 an alle Christgläubigen versuchte er, dem kaiserlichen Manifest *Letentur in domino* ein Gegengewicht zu setzen: *Die sequenti dominica satis inordinate satisque confuse excommunicatus in ecclesia dominici sepulchri in preiudicium honoris ac excellentie imperialis manifestum suo capiti imposuit diadema*[267]. Mit dieser Formulierung trat Gerold deutlich den kaiserlichen Verlautbarungen entgegen, die stets betont hatten, die „Krönung" sei *ad honorem et gloriam summi regis* (oder ähnlich) erfolgt. Beidemale erklärte

[265] MG. Const. 2, 167 Nr. 123.

[266] MG. Epp. saec. XIII 1, 303 Nr. 384.

[267] J. L. A. de Huillard-Bréholles, *Historia diplomatica Friderici secundi* 3 (1852) 136, wohl vom Mai 1229.

Gerold aber klar, daß eine Selbstkrönung stattgefunden habe; anders kann man seinen Text kaum verstehen. Nun war Gerold ein engstirniger Mann von schier unglaublichem Fanatismus, der vor Verleumdungen des Kaisers nicht zurückschreckte. Ihn störte an dem Vertrag von Jaffa vor allem, daß die Dörfer in der Umgegend Jerusalems muslimisch und der Verwaltung eines islamischen Amtmannes in al-Bīra (*Magna Mahumeria*) unterstellt blieben. Das bedeutete, daß das Hl. Grab den Schwerpunkt seiner Besitzungen, der um Jerusalem und in *Magna Mahumeria* gelegen hatte, nicht zurückerhielt, was den Patriarchen wohl verdrießen mochte. Dennoch braucht man Gerold nicht unbedingt zu unterstellen, daß er den Kaiser mit seinem Bericht über die „Selbstkrönung" verleumden wollte; eine solche Vermutung wäre zumindest voreilig. Weder Gerold noch seine Partei waren in Jerusalem zugegen, aber der Patriarch wird wohl Erkundigungen eingezogen haben. Vor allem aber müssen ihm die kaiserlichen Verlautbarungen vorgelegen haben, in denen so einheitlich der Ausdruck *portare* (*ferre*) *coronam* auftritt, daß hier zweifellos eine sorgfältig überlegte, amtliche Sprachregelung vorliegt. Wenn Gerold aber *portavit coronam* mit *capiti suo imposuit diadema* wiedergab, so war er nach dem Sprachgebrauch des Hl. Landes im Recht, denn *porter corone* war in der französischen Landessprache ein Ausdruck, der gleichbedeutend mit einer Erstkrönung sein konnte. Zwar kannte und benutzte man im Französischen auch das Verbum *coroner*[268], aber das gab der Wendung *porter corone* darum kein anderes Gewicht; beide Ausdrücke konnten im Hl. Land synonym gebraucht werden. Das wird ganz deutlich bei dem Bericht Ernouls über die Krönung Isabellas I. anläßlich ihrer Hochzeit mit Amalrich II. im Jahre 1198: *Si l'espousa, et elle porta courone. Dont primes fu elle roine*[269]. Nicht minder klar ist der Bericht über die Krönung Johanns von Brienne 1210: *Puis ala à Sur, et espousa le dame, et porta corone*[270]. Beidemale kann es sich nur um Erstkrönungen handeln, für die durch die vorangegangene Eheschließung überhaupt erst die Voraussetzung geschaffen wurde. Gleichgültig also, was Gerold über den tatsächlichen Verlauf der Dinge wußte: er war mit seiner Darstellung im Recht, wenn er sich auf den Wortlaut der kaiserlichen Verlautbarungen stützte und diesen nach Landessitte interpretierte, woraus niemand ihm einen Vorwurf machen konnte.

Gerolds Darstellung wurde nun auch vom Papst aufgenommen. Am 13. Juni 1229 schrieb er an den Erzbischof von Mailand: *et sic idem* (scil. Friedrich II.) *in Ierusalem diruta fere penitus et deserta se sollempniter vel potius inaniter coronavit*[271]. Gregor erklärte zwar, er warte noch auf nähere Nachricht von dem Patriarchen Gerold und schildere die Sache daher vorerst nur nach den Be-

[268] *Chronique d'Ernoul* S. 11f.: *Et Foukes* (= Fulko von Anjou) *et sa femme furent couronné.* In Europa scheint *coroner* der normale Ausdruck gewesen zu sein, denn Tobler-Lommatzschs Altfranzösisches Wörterbuch belegt *coroner* häufig, dagegen *fere corone* nur ein einzigesmal (2,887) und *porter corone*, für das im lateinischen Orient viele Belege existieren, überhaupt nicht.

[269] *Chronique d'Ernoul* S. 310.

[270] Ebd. S. 409; die *Estoire d'Eracles* XXXI 1 (S. 311) verwendet hier das Verbum *coroner*. Vgl. auch Wilhelm von Tyrus, *Historia* XII 12 (S. 531), wo es im lateinischen Text heißt: *coronatus est*, was die französische Übersetzung wiedergibt mit: *porter corone*.

[271] MG. Epp. saec. XIII 1, 309 Nr. 390.

richten, die er vom Kaiser und von Hermann von Salza erhalten habe, doch war dies eine böswillige Halbierung der Wahrheit, ja geradezu erlogen, denn der von Wilhelm Jacobs durchgeführte Textvergleich zeigt schlagend, daß Gregor auch den Bericht des Patriarchen vom 26. März benutzte und ausschrieb[272], und daher stammt der Vorwurf der Selbstkrönung, sicherlich nicht aus den kaiserlichen Schreiben, die dafür überhaupt keine Handhabe boten — jedenfalls nicht für einen abendländischen Interpreten. Auch Roger von Wendower[273] berichtet über eine päpstliche Enzyklika nach England, in der der Papst *proponit autem contra eum* (scil. Friedrich II.) *inprimis, quod in die annunciationis beate Marie* (25. März!), *cum esset excommunicatus, intravit ecclesiam sancti sepulchri in Ierusalem et ibi ante maius altare propria manu sese coronavit.* Der Papst hingegen hat später den Vorwurf der Selbstkrönung offenbar fallenlassen, denn in der stark verbreiteten Enzyklika vom 18. Juli 1229, in der alle „Untaten" Friedrichs auf dem Kreuzzuge aufgezählt werden, fehlt jede Erwähnung der Krönung[274], vielleicht das sicherste Zeichen, daß es mit der schockierenden „Selbstkrönung" in Wahrheit nichts auf sich hatte.

Werfen wir nun noch einen Blick auf die Chroniken, von denen den Ereignissen nur diejenigen nahestehen, die im Orient geschrieben wurden. Sie sind alle kaiserfeindlich eingestellt und geben den Standpunkt des einheimischen Hochadels wieder. Philipp von Novara erwähnt in seinen Memoiren zwar in vier Zeilen den Vertrag von Jaffa zwischen Friedrich II. und Sultan al-Kāmil, aber den Besuch des Kaisers in Jerusalem verschweigt er völlig. Er mißgönnte dem Kaiser sichtlich den Erfolg, den er errungen hatte. In der Estoire d'Eracles lesen wir in den Hss. AB: *et le dimenche de mi caresme s'en entra ou mostier dou Sepucre et fist metre une corone d'or dessus le maistre autel dou cuer, et puis vint la, si la prist* (diese drei Worte fehlen in der Hs. A) *et la miste sur sa teste*; in den Hss. CDG heißt es nur kurz: *et porta corone un jor de mi caresme*[275]. Ernoul, wie Philipp von Novara ein Parteigänger der Ibelins, berichtet: *Li emperere i entra et si home, et porta corone, I jour de mi quaresme. Quant il ot porté corone, si dona le manoir le roi qui devant le tour David est à l'Hospital des Alemans... Quant li emperere ot porté corone en Jherusalem, se fist faire lettres et les carja I sien clerc et les envoia à l'apostole et à son fil en Alemagne et al roi de Franche*[276]. An diesem Bericht ist zunächst die Schenkung des Königspalastes (*manoir le roi*) beim Davidsturm (heute Jaffator im Westen der Altstadt) an den Deutschen Orden bemerkenswert. Die Nachricht spricht nämlich nicht dafür, daß Ernoul sonderlich gut unterrichtet war, da die darüber ausgestellte Urkunde des Kaisers wohl ein Haus eines Königs Balduin aufführt, das aber *in ruga Armeniorum prope ecclesiam sancti Thome* lag, also im Süden, nicht im Westen der Stadt[277]. Gehässigkeit oder Unkenntnis machte daraus bei Ernoul die

[272] Wilhelm Jacobs (Anm. 258) S. 40f.
[273] Roger von Wendower, *Flores historiarum*, MG. SS. 28, 65f.
[274] MG. Epp. saec. XIII 1, 315 Nr. 397.
[275] *Estoire d'Eracles* XXXIII 8 (S. 374f.). Die Hss. CDG stehen hier in Verbindung mit der Chronik Ernouls; A (eine Hs. aus dem Ende des 13. oder dem Anfang des 14. Jahrhunderts) reicht bis 1248, B (eine Hs. kurz nach der Mitte des 13. Jahrhunderts) reicht bis 1264, hat aber 1248 einen Handwechsel.
[276] *Chronique d'Ernoul* S. 465f.
[277] Huillard-Bréholles (Anm. 267) 3, 126f. Zur Lage der Kirche vgl. Vincent-Abel (Anm. 59) 2, 950ff.

eigentliche *curia regis*, die seit etwa 1150 am Davidsturm lag. Man nimmt allgemein an, daß Ernoul seine Chronik schrieb, kurz nachdem Friedrich II. aus dem Hl. Land abgereist war. Er hatte also wie der Patriarch Gerold die Möglichkeit, Erkundigungen bei Augenzeugen einzuziehen, aber sein Bericht über den *manoir le roi* zeigt, daß ihm seine Gewährsleute kaum einen sehr präzisen Bericht geliefert haben. Ernoul stützte sich aber noch auf andere Quellen; er erwähnt ausdrücklich das kaiserliche Manifest vom 18. März 1229. Da er hier *coronam portavimus* vorfand, gab er dies arglos mit *porta corone* wieder, und seinem Sprachgebrauch entsprechend wäre hierunter eine Selbstkrönung zu verstehen, wie wir auch in der Estoire d'Eracles plastisch dargestellt lesen. Auf den Bericht der Estoire hat möglicherweise der Brief Hermanns von Salza an seinen Freund mit eingewirkt, falls Hermann ihn auch im Osten verbreiten ließ.

Expressis verbis berichten von einer Selbstkrönung also nur die Gegner des Kaisers, Patriarch Gerold und der Verfasser der Redaktion AB der Estoire d'Eracles, anfänglich auch der Papst und sinngemäß auch Ernoul sowie die von ihm abhängigen Redaktionen CDG der Estoire. Philipp von Novara, der Rechtsanwalt von hohen Gaben, schweigt völlig über die Ereignisse und ist damit insofern konsequent, weil sie, wie immer sie ausgesehen haben mögen, formalrechtlich völlig irrelevant waren. Die kaiserliche Partei verwendet dagegen einhellig und offenkundig absichtlich nur den Ausdruck *portare* (*ferre*) *coronam*. Das Problem spitzt sich also dahin zu, was hierunter zu verstehen ist. *Portare coronam* ist im Lateinischen zweifellos nicht der normale Ausdruck, den man für eine Erstkrönung verwendet hätte, selbst wenn es sich um eine Selbstkrönung unter delikaten Umständen handelte. Hier wäre *coronare* am Platze gewesen oder, wie Patriarch Gerold sich ausdrückte, *suo capiti imponere diadema* (*coronam*). Mustert man die Sammlungen des Mittellateinischen Wörterbuches in München durch, die für den abendländischen Sprachgebrauch zur Bezeichnung von Krönungen doch als einigermaßen repräsentativ gelten dürfen, so findet man neben *coronare* die Ausdrücke *coronam donare, transmittere, capiti imponere, capiti restituere, accipere, in capite ponere, dare, tradere, suscipere, attribuere, concedere, mittere super caput, percipere,* aber nur ein einzigesmal ist *coronam portare* belegt, und zwar in den Annales Ianuenses und bezeichnenderweise im Zusammenhang mit dem Hl. Land: *Dixit* (scil. Gottfried von Bouillon) *se non portaturum coronam auream, ubi altissimus Ihesus Christus passus fuit coronam spineam deportare*[278]. Selbst hier bezeichnet *coronam portare* nicht eigentlich den Krönungsvorgang, sondern Gottfried erklärt, allgemein, er wolle in Jerusalem nicht König sein.

Hätte die kaiserliche Kanzlei den Eindruck einer Selbstkrönung erwecken wollen — und wenn man sich der bisherigen Interpretation der Vorgänge von 1229 anschließt, so trat der kosmokratorische Effekt der Selbstkrönung doch nur dann ein, wenn man dieses Faktum auch aller Welt bekanntgab — und wäre sie präzis gewesen, so hätte sie sich etwa so ausgedrückt wie der Patriarch Gerold oder hätte irgendeinen der oben erwähnten eindeutigen Ausdrücke

[278] *Annali Genovesi di Caffaro e de'suoi continuatori*, ed. L. T. Belgrano 1 (1890) 127.

verwendet. Sie wählte aber absichtlich das Verschwommene, Mehrdeutige und entschied sich für die wörtliche Übersetzung von *porter corone* ins Lateinische. Selbst der eingehendste Bericht von kaiserlicher Seite, der Hermanns von Salza an seinen Freund, ist nur insofern eindeutig, als er klärt, daß keine Herrscherweihe stattfand. Ansonsten bleibt er hinsichtlich der Einzelheiten der Zeremonie letztlich doch verschwommen. Der Ausdruck *portare coronam* war geeignet, in Europa — wohin die kaiserlichen Berichte gingen — gerade nicht den Eindruck einer Krönung, sondern eines rechtlich unverbindlicheren, wenngleich demonstrativen „Gehens unter der Krone" zu erwecken. Das liegt auf der vorsichtigen Linie derjenigen Ratgeber des Kaisers, die ihm auch von der Messe am Hl. Grab abrieten. Um aus *portare coronam* den unerhörten Akt einer Selbstkrönung zu entnehmen, hätte man im Abendland eines Interpreten bedurft, der in der Terminologie des Hl. Landes geschult war. Ein solcher Interpret fand sich freilich, vorsätzlich oder arglos, in dem Patriarchen Gerold, und ihm hatte die kaiserliche Kanzlei mit *portare coronam* die Möglichkeit zu seiner Interpretation an die Hand gegeben. Dabei ist freilich zu berücksichtigen, daß *porter corone* nicht nur Erstkrönungen, sondern auch Befestigungskrönungen oder „unter der Krone gehen" oder Festkrönungen bezeichnen konnte. Denn Ernoul berichtet: *Il est coustume en Jherusalem, quant li rois porte couronne al Sepucre* . . .[279], was alle Arten von Krönungen, insbesondere auch Festkrönungen umfaßt. Und von der Befestigungskrönung Balduins V. schreibt Ernoul: *Quant li roi mesiax* (Balduin IV.) *fu morz et le emfes Bauduin ot porté coronne* . . .[280]. *Porter corone* war also schon im Französischen mehrdeutig; es war der verschwommenste Ausdruck, der sich überhaupt finden ließ. Nur in Europa, wo man wohl doch mehr an der präziseren lateinischen Terminologie ausgerichtet war, mußte er — ohne eine Interpretation von kirchlicher Seite — als „unter der Krone gehen" verstanden werden. Wenn aber, wie es geschah, die kirchliche Seite aus *portare coronam* eine Selbstkrönung herauslas, so konnte die kaiserliche Seite denselben Ausdruck benutzen, um dieser Behauptung entgegenzutreten. Hermann von Salza hat das ja schon sehr frühzeitig in seinem Brief an seinen Freund an der Kurie getan, als er die Worte *coronam in sedem portavit* verband mit der Versicherung *sine consecratione de altari accepit* (*coronam*). Er wollte wohl von vornherein verhindern, daß eine kirchliche Interpretation von *portare coronam* als Selbstkrönung überhaupt gegeben werde. Ganz hat er das nicht zu verhindern vermocht, denn der Papst hat ja am 13. Juni 1229 den Vorwurf der Selbstkrönung erhoben, ihn aber am 18. Juli dann doch wieder fallenlassen (vgl. oben S. 206f.). Erst auf längere Sicht waren also die kaiserlichen Diplomaten erfolgreich, aber da der Papst den Vorwurf natürlich nicht ausdrücklich zurücknahm, sondern ihn nur stillschweigend wegließ, ist es nicht weiter erstaunlich, daß der anfänglich erhobene Vorwurf die Historiographie bis heute beeinflußt hat.

Eine Selbstkrönung im Sinne einer Erstkrönung wäre im Hl. Lande rechtlich irrelevant gewesen. Sie hätte dem Kaiser die verlorene Königswürde nicht

[279] *Chronique d'Ernoul* S. 118.
[280] Ebd. S. 119.

wiedergebracht. Sie hätte auch seine faktische Macht nicht gesteigert, denn die Herrschaftsausübung gebührte ihm als Bailli für seinen unmündigen Sohn Konrad ohnehin, und dieses Recht wurde von den Baronen nicht bestritten. Eine Selbstkrönung hätte also nur die Barone noch mehr verprellt und das Volk schockiert. Sie konnte, wenn sie überhaupt stattfand, nur auf einen politischen Effekt in Europa abzielen, aber gerade hier hat sich die kaiserliche Kanzlei alle Mühe gegeben, den Eindruck, es habe eine Krönung stattgefunden, gar nicht erst aufkommen zu lassen bzw. ihn zu zerstreuen, nachdem der Patriarch diese Behauptung in die Welt gesetzt hatte. Die kaiserliche Kanzlei hätte also durch ihre Verlautbarungen die Selbstkrönung um den einzigen Zweck gebracht, den sie allenfalls haben konnte. Unter diesen Umständen ist es sehr zweifelhaft, daß eine Selbstkrönung im Sinne einer nachzuholenden Erstkrönung überhaupt stattfand. Sie hätte keinen irgendwie erkennbaren juristischen oder politischen Nutzen gehabt. Wesentlich wahrscheinlicher ist es, daß Friedrich II. (ähnlich wie Balduin III.; vgl. oben S. 168), um dem Volke von Jerusalem seine königsgleichen, wennschon nicht königlichen Herrschaftsrechte augenfällig zu demonstrieren, in der Grabeskirche sich eine Krone aufsetzte und „unter ihr ging". Auch ein solcher Schritt war ungewöhnlich und insofern verfassungswidrig, als Friedrich ja eigentlich nicht „unter der Krone gehen" konnte, weil er die Erstkrönung noch nicht empfangen hatte, die er wiederum deshalb nicht erlangen konnte, weil er einerseits im Bann, andererseits nicht mehr König von Jerusalem war. In einer solchen Situation trat für die Kundigen, wenn wohl auch nicht für das Volk, die juristische Irrelevanz von Friedrichs Handlung nur umso deutlicher hervor, weshalb Philipp von Novara die Sache einfach ignorieren konnte. Aber wenn Friedrichs Handlung auch ungewöhnlich war, so hat sie doch nicht mehr jene alle mittelalterlichen Normen sprengenden Aspekte einer Selbstkrönung mit konstitutiver Absicht, die man dem Kaiser unterstellt hat und die bei dessen außergewöhnlicher Persönlichkeit an sich auch nicht ganz undenkbar, freilich nichtsdestoweniger politisch unzweckmäßig und juristisch nichtig gewesen wäre[281]. Der Tag für eine solche Demonstration war wohl gewählt. Am 18. Februar, dem Tage des jerusalemitanischen Bischofs Simeon, beschwor der Kaiser den Vertrag von Jaffa; als er auf den Tag einen Monat danach am Sonntag Oculi im Hl. Grab „unter der Krone ging", war es wiederum am Fest eines jerusalemitanischen Lokalheiligen, des Bischofs und Martyrers Alexander[282]. Hierin hielt sich der Kaiser also — wohl absichtlich — an die Regel, die für Krönungsakte aller Art galt, aber von einer eigentlichen Selbstkrönung sollte man künftig doch besser nicht mehr reden.

[281] Einen ähnlich demonstrativen Akt, der aber natürlich keine Selbstkrönung war, nahm Friedrich II. 1245 vor, als er seine Absetzung durch das Konzil von Lyon erfuhr. Er ließ seine Kronen bringen, griff eine von ihnen heraus, setzte sie auf und rief, noch habe er seine Krone nicht verloren (Matthaeus Parisiensis, *Chronica maiora*, ed. Henry Richards Luard, Band 4 [Rolls Series, 1877] 474). Vgl. auch Brühl (Anm. 105) S. 278.

[282] Vgl. die Kalendare von Jerusalem bei Buchthal, *Miniature Painting* S. 112 und Kohler, *Rituel du Saint-Sépulcre* S. 396, 488 (Zweitdruck S. 299, 391).

11. Die letzten Krönungen des 13. Jahrhunderts

Die zwei noch verbleibenden Krönungen im Königreich Jerusalem bieten keine besonderen Probleme mehr. Auch die Nachkommen Friedrichs II., Konrad IV. und Konradin, wurden als rechtmäßige Thronerben anerkannt, kamen aber nie in den Osten, um ihr Reich und ihre Krone zu beanspruchen. Als am 29. Oktober 1268 das Haupt Konradins auf dem Markte von Neapel unter dem Schwert des Scharfrichters fiel, erlosch mit der staufischen Dynastie auch deren Herrschaft über das Hl. Land. Die Krone von Jerusalem fiel an Hugo von Antiochia-Lusignan, den zyprischen König, der am 24. September 1269, einem Dienstag, auf den auch kein besonderes Fest fiel, unter wüsten Szenen in Tyrus gekrönt wurde. Als Coronator fungierte auf Geheiß des Patriarchen der Bischof von Lydda, da der Patriarch selbst nicht anwesend sein konnte und die Erzstühle von Tyrus, Caesarea und Nazareth vakant waren, also keiner der vorgesehenen Coronatoren amtieren konnte[283]. Hugos Sohn Johann überlebte seinen Vater nur um ein Jahr und wurde in dieser knappen Frist nicht mehr gekrönt[284]. Es folgte ihm sein jüngerer Bruder Heinrich, der am 15. August 1286, am Tage der Himmelfahrt Mariens[285], vom Erzbischof Bonacursus in Tyrus gekrönt wurde, anschließend in Tyrus das Krönungsmahl hielt und dann nach Akkon zurückkehrte, wo in dem Stadthause der Johanniter zwei Wochen lang gefeiert wurde mit allerlei Ritterspielen und Aufführungen der Geschichten von König Artus' Tafelrunde und von Lanzelot und Tristan[286]. Zum letztenmale entfaltete sich höfischer Glanz in den Kreuzfahrerstaaten. Fünf Jahre danach wurde das Hl. Land endgültig die Beute der Mamlūken. Am 19. Mai 1291 floh der Mann, der König Heinrich gekrönt hatte, aus Tyrus. Mit sich führte er jenes ehrwürdige Pontifikale, aus dem er, als er dem letzten wirklichen König von Jerusalem die Krone aufs Haupt drückte, vorgelesen hatte: *Coronet te deus corona glorie atque iusticie honore et opere fortitudinis, ut per officium nostre benedictionis cum fide recta et*

[283] *Estoire d'Eracles* XXXIV 12 (S. 457). *Chroniques d'Amadi et de Strambaldi*, ed. René de Mas-Latrie (Collection de documents inédits) Bd. 1 (1891) 210. Zur Abwesenheit des Patriarchen vgl. Röhricht, *Geschichte* S. 948. Der Patriarch starb am 21. April 1270 (*Estoire d'Eracles* S. 458), war also vielleicht schon krank. Über die Ernennung des Bischofs von Lydda zum Coronator vgl. Jean Guiraud, *Les Registres de Grégoire X. Recueil des bulles de ce pape* (Bibliothèque des Ecoles françaises d'Athènes et de Rome, Serie 2, 1892–1906) S. 36 Nr. 103. Der Erzbischof Johannes von Tyrus ging 1267 nach Europa (*Estoire d'Eracles* S. 455). Er begegnet dort in päpstlichen Geschäften am 17. Dezember 1267; vgl. Edouard Jordan, *Les Registres de Clément IV. Recueil des bulles de ce pape* (Bibliothèque des Ecoles françaises d'Athènes et de Rome, Serie 2, 1893–1904) S. 423 Nr. 1314. Wegen der Vakanz des päpstlichen Stuhles 1268–1271 ist nicht festzustellen, wie lange der Erzbischof in Europa blieb. Der Erzbischof Lociaumes von Caesarea starb 1267 (*Estoire d'Eracles* S. 455), sein Nachfolger Matthaeus ist erstmals 1277 bezeugt (Röhricht, *Regesta* Nr. 1415). Der Erzbischof Heinrich von Nazareth starb 1268 (*Estoire d'Eracles* S. 457), sein Nachfolger Guido tritt erstmals im März 1270 auf (Röhricht, *Regesta* Nr. 1373).

[284] Die Angabe von George Hill, *A History of Cyprus* 2 (1948) 179, auch Johann sei in Tyrus zum König von Jerusalem gekrönt worden, hat in den Quellen keine Grundlage.

[285] Nach Marino Sanudo, *Secreta fidelium crucis*, ed. J. Bongars, *Gesta Dei per Francos* 2 (1611) 229 fand die Krönung *in die beati Johannis*, also am 24. Juni, statt. Den 15. August berichten übereinstimmend die *Gestes des Chiprois* (Anm. 286) und Leontios Machairas, *Recital Concerning the Sweet Land of Cyprus entitled „Chronicle"*, ed. R. M. Dawkins 1 (1932) 42.

[286] *Les Gestes des Chiprois* § 439 (S. 793).

multiplici bonorum operum fructu ad coronam pervenias regni perpetui ipso largiente, cuius regnum et imperium permanet in secula seculorum. Amen[287].

12. Zusammenfassung

Bevor die Arbeit zu den rein technischen Dingen wie der Beschreibung der Handschrift des Pontifikales von Tyrus und der Zusammenstellung des Festtagsitinerars zurückkehrt, sollen hier die Ergebnisse der vorangegangenen Untersuchung kurz zusammengefaßt werden. Das Pontifikale von Tyrus läßt uns, in Verbindung mit der Schilderung der Krönung bei Johann von Ibelin, erstmals den Ablauf der Krönung der lateinischen Könige von Jerusalem im 13. Jahrhundert mit voller Klarheit erkennen. Es wird deutlich, daß die Krönung rein abendländischen Mustern folgte, wobei der französische Einfluß besonders stark hervortritt. Dasselbe läßt sich auch für das 12. Jahrhundert sagen, wo vermutlich schon derselbe Ordo galt und für das die spärlichen Texte hier zusammengestellt wurden. Diese Texte gewähren aber immerhin neue Einblicke, die besonders die Krönung Maria Komnenas 1167 und das Problem der aus dem Abendlande übernommenen Festkrönungen, Befestigungskrönungen, Beikrönungen sowie des bloßen Kronentragens betreffen. Alle diese Kategorien lassen sich in Jerusalem nachweisen, und insbesondere die sogenannte zweite Krönung Balduins III. bietet sich dabei als dankbares Studienobjekt an, das noch mancherlei neue Erkenntnisse zuließ. Auch die meist als geradezu bonapartisch geschilderte „Selbstkrönung" Kaiser Friedrichs II. zum König von Jerusalem 1229 war, genau betrachtet, sicherlich kein so revolutionärer Akt; der Kaiser ging vermutlich nur „unter der Krone", eine Lösung, mit der auch nicht alle Schwierigkeiten ausgeräumt sind, die aber doch akzeptabler erscheint als die für mittelalterliche Begriffe himmelschreiende Selbstkrönung eines Gebannten. Dem genius loci hat man in Jerusalem aus Gründen der tatsächlichen Verhältnisse und der Pietät einige Konzessionen gemacht, wie die stärkere Betonung der Königin im Ordo und die Darbringung der Krone im Templum Domini nebst der anschließenden Auslösung mit Geld. Aber prinzipiell gehört auch das zum abendländischen Brauch der Weihekrone und der Spoliation.

Es herrschte in Jerusalem, wo man von Anfang an die in Europa ja keineswegs überall und in Byzanz erst vom 13. Jahrhundert an übliche Salbung vornahm, die abendländische Auffassung vom sakralen Königtum, wie sie sich auch äußert in dem hier für die Kreuzfahrerstaaten erstmals untersuchten Königskanonikat, das sich im Königreich Jerusalem am Hl. Grabe und in Akkon nachweisen läßt, aber vielleicht auch an anderen Domkirchen bestand. Auch in den Laudes, die bei der liturgischen Einholung des Königs gesungen wurden und für die das Material erstmals hier zusammengestellt wird, tritt das Sakralkönigtum zutage. Eigentliche Krönungslaudes ließen sich direkt nicht nachweisen, sind aber aufgrund einiger Hinweise doch wahrscheinlich.

[287] Hs. fol. 68r. Die späteren Krönungen der Könige von Zypern zu Titularkönigen von Jerusalem in der Kathedrale von Famagusta liegen außerhalb des Bereiches dieser Arbeit.

Aber ganz konnte Jerusalem doch nicht verleugnen, daß es in Asien auf altem byzantinischem Reichsgebiet lag. In der Amtstracht der Herrscher tritt nämlich von Anfang an mit den Pendilien und dem Reichsapfel byzantinischer Einfluß auf. Dazu kommen in der Zeit von *ca.* 1150–*ca.* 1205 noch der Loros und die Chlamys, die kennzeichnendsten Herrschaftszeichen des byzantinischen Kaisers. Dies läßt sich unschwer aus dem starken politischen Einfluß erklären, den Byzanz damals in den Kreuzfahrerstaaten ausübte. Bezeichnenderweise verschwinden die beiden Herrschaftszeichen in Jerusalem nach dem Fall des byzantinischen Reiches 1204.

Versucht man eine Einordnung dieses Befundes in einen größeren kulturgeschichtlichen Rahmen, so zeigt sich dasselbe Bild, das wir auch von den Beziehungen der Kreuzfahrer zur islamischen Welt kennen. Die Anpassung der Kreuzfahrer an die islamische und byzantinische Welt ist nachweisbar, sie bleibt aber eher ephemer an Äußerlichkeiten hängen, ist im islamischen Bereich nur sporadisch, im byzantinischen nicht von Dauer. Eine wirkliche und dauerhafte Durchdringung irgendwelcher Lebensbereiche der Kreuzfahrer mit islamischem oder byzantinischem Gedankengut hat sich bisher nicht nachweisen lassen. Die Kreuzfahrerstaaten in Asien waren und blieben im Grunde rein abendländische Gebilde.

13. Beschreibung der Handschrift

Siena, Biblioteca comunale degli Intronati, Ms. G.V.12. Pergament, beiderseits kalziniert, Wasserschäden am oberen und unteren Rande, nach dem Bundsteg zu stärker werdend; teilweise auch Wasserschäden dem Bundsteg entlang. Geschrieben von einer, möglicherweise zwei Händen des frühen 13. Jh. mit zahlreichen liturgischen Nachträgen von einer jüngeren Hand des 13. und einer Hand des 14. Jh. am Rande (besonders fol. 61^v–62^v), sowie Nachträgen von verschiedenen Händen am Ende. Gelegentlich größere Rasuren im Text (teilweise leergelassen, teilweise neu beschrieben), um den liturgischen Text anderen Vorbildern anzugleichen. Demselben Zweck dient die Kennzeichnung langer Abschnitte mit dem Vermerk *Vacat* am Rande. Tinte braun bis schwarz, teilweise aus liturgischen Gründen rot. Initialen nach Repräsentanten am Rande, meist rot und blau, vereinzelt schwarz,. 1 Vorsatzblatt aus Pergament, 126 Pergamentblätter, 1 Nachstoßblatt aus Pergament. Blattzählung der Entstehungszeit in römischen Zahlen jeweils auf dem Recto oben Mitte, beginnend mit *I* auf fol. 2^r; diese Zählung, auf die sich die Blattangaben des zeitgenössischen Inhaltsverzeichnisses beziehen, ist großenteils dem Wasser zum Opfer gefallen. Maßgebend ist eine neue Zählung des 17./18. Jh. in arabischen Ziffern, die das Inhaltsverzeichnis als fol. $1^{r \text{ und } v}$ rechnet, aber erst mit 2 einsetzt und mit 126 (125 der alten Zählung) endet. Inhaltsverzeichnis (fol. 1) vorgeheftet, dann 15 regelmäßige Quaternionen (bei Lage 2–7 und 9 sind am Ende noch die alten Kustoden *I* bis *VI* und *VIII* erkennbar), dann ein Binio nebst einem angefalzten Blatt. Format 260 x 180 mm, Schriftspiegel 180 x 110 mm (fol. 1 größer), beiderseitig mit doppeltem Rande begrenzt.

Blinde Linierung ohne erkennbares Punctorium. Einspaltig zu 26 Zeilen. Pappeinband der Neuzeit ohne Rückentitel. Die Hs. ist aus dem Einband herausgebrochen; dadurch wird direkt auf den zusammengehefteten Lagenrücken ein aufgeklebter Papierzettel sichtbar, auf dem eine Hand des 18. Jh. vermerkt hat: *Ms. Pontificale et Rituale Tyrensis ecclesiae* [*et?*] *Bo* ... Der Rest ist ausgerissen; ihn zu *Bonacurtii*, dem Namen des letzten Erzbischofs von Tyrus vor dem Untergang der Kreuzfahrerstaaten, zu ergänzen, wäre verlockend, aber wohl doch zu gewagt. Fol. 2ʳ ein Stempel: Biblioteca pubblica di Siena. Darüber handschriftlich aus dem 17./18. Jh.: *Bibliotheca Academiae Senarum*. Fol. 1ʳ am unteren Rande in kursiver Schrift des 15. Jh. sehr schwach lesbar: [*T*]*irensi*, dahinter vielleicht *ecclae* = *ecclesiae*, dahinter die Zahl *58*. Zur Provenienz und Geschichte der Hs. vgl. oben S. 147ff.

Inhalt

Vorbemerkung: Das tyrensische Pontifikale ist sichtlich nach einem französischen Vorbild geschrieben. Die französischen Pontifikalia sind zwar von Leroquais[288] beschrieben worden, aber um in der folgenden Inhaltsbeschreibung die Herkunft einzelner Texte genau nachzuweisen, reichen diese Beschreibungen ebensowenig hin wie die einzelnen Exzerpte aus französischen Pontifikalien, die Martène[289] gedruckt hat. Nun sind aber die französischen Pontifikalia zum großen Teil aus dem gemeinsamen Grundstock des römisch-deutschen Pontifikales entstanden. Ich gebe daher in der nachfolgenden Beschreibung die vergleichbaren Stellen dieses römisch-deutschen Pontifikales nach der Edition von Vogel-Elze[290], gelegentlich auch vergleichbare Stellen des römischen Pontifikales[291] an. Nun bedeutet gleiches Incipit und gleiches Explicit bei liturgischen Texten noch lange nicht, daß es dazwischen auch im gleichen Wortlaut weitergeht. Die nachstehenden Hinweise sind darum nicht als exakter Quellennachweis aufzufassen, sondern lediglich als eine Andeutung der mittelbaren Herkunft. Im übrigen wäre im vorliegenden Falle ein genauer Nachweis der Herkunft auch dann sehr schwierig, wenn französische Pontifikalien des 12. Jahrhunderts in größerer Zahl gedruckt wären, weil durch die großen Rasuren bedeutende Verluste am ursprünglichen Text entstanden sind.

Fol. 1ʳ–1ᵛ: Inhaltsverzeichnis.

Fol. 2ʳ–21ʳ: Benedictiones episcopales. Sie sind der heutigen Liturgie fremd, waren aber im Mittelalter sehr beliebt und stellen Benediktionsformeln dar, die der Bischof im Laufe des Kirchenjahres nach dem Embolismus des Vaterunsers der jeweiligen Messe zu sprechen hatte. Die Reihe umfaßt in dieser Hs. 119 Benediktionen; sie nähert sich stark französischen Benediktionsserien, von denen eine spätere von W. J. Alberts und C. A. Bouman, *Benedictiones*

[288] V. Leroquais, *Les pontificaux manuscrits des bibliothèques publiques de France*, 4 Bde. (1937).
[289] Edmundus Martène, *De antiquis ecclesiae ritibus libri tres*, 2. Auflage, 4 Bde. (1736–1738).
[290] Cyrille Vogel und Reinhard Elze, *Le Pontifical Romano-Germanique du dixième siècle*, 2 Bde. (Studi e Testi 226–227, 1963). Ein dritter Band mit den Registern ist in Arbeit.
[291] Michel Andrieu, *Le Pontifical Romain au Moyen Age*, 4 Bde. (Studi e Testi 86–88, 99, 1938–1941).

episcopales e libro pontificali ecclesiae sancti Johannis Ultraiectensis (Fontes minores medii aevi 7, 1958) herausgegeben wurde, die gleichfalls auf französischen Mustern beruht. Bei den meisten Benediktionen genügt daher der Hinweis auf die Edition von Alberts-Bouman.

Fol. 2^r: Benedictio in vigilia natalis domini. *Deus, qui in filii sui . . .obsequiis fiatis accepti. Amen. Quod ipse prestare dignetur.* — Benedictio in nocte (Alberts-Bouman Nr. 6). — Benedictio in mane. *Omnipotens deus vos benedicat sua virtute . . .* (fol. 2^v:) *capiatis ovantes* (die liturgischen Schlußformeln *Amen. Quod ipse* etc. im folgenden bei den Benediktionen weggelassen). — Benedictio in die ad missam (Alberts-Bouman Nr. 8). — Benedictio in circumcisione domini (Alberts-Bouman Nr. 12). — Fol. 3^r: Benedictio dominica I^a post natalem domini (Alberts-Bouman Nr. 13). — Benedictio in epiphania domini (Alberts-Bouman Nr. 14). — Dominica I^a post epiphaniam domini (Aberts-Bouman Nr. 15, aber um einen Satz länger). — Fol. 3^v: Dominica II^a post epiphaniam (Alberts-Bouman Nr. 16). — Dominica III^a post epiphaniam (Alberts-Bouman Nr. 17). — Dominica IIII^a post epiphaniam (Alberts-Bouman Nr. 18). — Fol. 4^r: Dominica V^a (Alberts-Bouman Nr. 19). — Dominica VI^a (Alberts-Bouman Nr. 20). — Dominica LXXe. *Omnipotens deus ita stadium vestri cursus dirigere dignetur . . .remunerare non abnuat* (Migne, PL. 78, 53 B). — Dominica LXe. *Det vobis deus nosse misteria regni dei, qui iam dare dignatus est . . .distributione munerari faciat* (Migne, PL. 78, 54 B). — Fol. 4^v: Dominica L. *Omnipotens deus sua vos benedictione confirmet . . .percipere valeatis illesi* (Migne, PL. 78, 55 A). — In capite ieiunii (Alberts-Bouman Nr. 24). — Dominica I^a XL (Alberts-Bouman Nr. 25). — Fol. 5^r: Dominica II^a XL. *Educat vos dominus de finibus vitiorum . . .que cadunt de mensa dominorum.* — Dominica III XL. *Aperiat dominus corda vestra . . .ne faciat novissima vestra prioribus peiora.* — Dominica IIII^a XL. *Auferat a vobis dominus velamen . . . et per relevationem misterii posteriora prioribus concordare videatis.* — Fol. 5^v: In passione domini. *Det vobis deus sue passionis sacramenta . . .et precepta eius fideliter impleatis.* — In ramis palmarum (Alberts-Bouman Nr. 30). — Feria IIII de passione domini (Alberts-Bouman Nr. 31). — Fol. 6^r: In cena domini (Alberts-Bouman Nr. 32). — In sabbato sancto (Alberts-Bouman Nr. 33). — In die sancto pasche (Alberts-Bouman Nr. 34). — Fol. 6^v: Feria secunda (Alberts-Bouman Nr. 35). — Feria III^a (Alberts-Bouman Nr. 36). — Fol. 7^r: Feria IIII (Alberts-Bouman Nr. 37). — Feria V^a (Alberts-Bouman Nr. 38). — Feria VI^a (Alberts-Bouman Nr. 39). — Fol. 7^v: In sabbato (Alberts-Bouman Nr. 40). — In octabis (sic) pasche (Alberts-Bouman Nr. 41). — Per totam resurrectionem. *Benedicat vos omnipotens deus, qui vos gratuita miseratione . . .quem resurrexisse a mortuis veraciter creditis* (Migne, PL. 78, 631 C). — Fol. 8^r: Dominica I^a post octabas pasche (Alberts-Bouman Nr. 42). — Dominica II^a (Alberts-Bouman Nr. 43). — Dominica III^a (Alberts-Bouman Nr. 44). — Fol. 8^v: Dominica IIII^a (Alberts-Bouman Nr. 45). — In letania maiore (Alberts-Bouman Nr. 46). — In die ascensionis domini (Alberts-Bouman Nr. 47). — Dominica post ascensionem (Alberts-Bouman Nr. 48). — Fol. 9^r: In vigilia pentecosten (Alberts-Bouman Nr. 49). — In die pentecosten (Alberts-Bouman Nr. 50). — Alia in pentecosten

(Alberts-Bouman Nr. 53, dort aber für dominica in octavis penthecostes). — Fol. 9v: Feria II in pentecosten (Alberts-Bouman Nr. 51). — In octabis pentecosten. *Benedicat vos deus pater, qui in principio cuncta creavit...expectant ad iudicium* (Diese Benedictio hat nicht die normalen drei, sondern vier durch *Amen* beendigte Sätze). — De trinitate (Alberts-Bouman Nr. 54). — Fol. 10r: Per totam estatem. *Omnipotens dominus sua vos gratia locupletet...veniam clementer attribuat.* — Alia benedictio. *Omnipotens deus dies vestros... perveniatis securi.* — Dominica Ia post pentecosten (Alberts-Bouman Nr. 56). — Dominica IIa (Alberts-Bouman Nr. 57). — Dominica III (Alberts-Bouman Nr. 58). — Dominica IIIIa (Alberts-Bouman Nr. 59). — Fol. 11r: Dominica Va (Alberts-Bouman Nr. 60). — Dominica VIa. *Miserator et misericors dominus, qui vestram voluit...celorum lumen valeatis introire.* — Dominica VIIa. *Omnipotens fons misericordie...* (dann weiter wie Alberts-Bouman Nr. 61, dort aber für dominica sexta). — Fol. 11v: Dominica VIIIa (Alberts-Bouman Nr. 62). — Dominica IX (Alberts-Bouman Nr. 63). — Dominica Xa (Alberts-Bouman Nr. 64). — Fol. 12r: Dominica XI (Alberts-Bouman Nr. 65). — Dominica XII (Alberts-Bouman Nr. 66). — Dominica XIII (Alberts-Bouman Nr. 67). — Fol. 12v: Dominica XIIII (Alberts-Bouman Nr. 68). — Dominica XV (Alberts-Bouman Nr. 69). — Dominica XVI (Alberts-Bouman Nr. 70). — Fol. 13r: Dominica XVII (Alberts-Bouman Nr. 71). — Dominica XVIII (Alberts-Bouman Nr. 72). — Fol. 13v: Dominica XVIIII (Alberts-Bouman Nr. 73). — Dominica XX (Alberts-Bouman Nr. 74). — Dominica XXI (Alberts-Bouman Nr. 75). — Dominica XXII (Alberts-Bouman Nr. 76). — Fol. 14r: Dominica XXIII (Alberts-Bouman Nr. 77). — Dominica XXIIII (Alberts-Bouman Nr. 78). — Fol. 14v: Dominica Ia in adventus domini (wie Alberts-Bouman Nr. 1, aber ohne dessen letzten Satz). — Dominica IIa de adventu domini (Alberts-Bouman Nr. 2). — Dominica III (Alberts-Bouman Nr. 3). — Dominica IIII (Alberts-Bouman Nr. 4). — Fol. 15r: Per totum adventum. *Deus, cuius adventus incarnationis...sed remuneremini donariis sempiternis.* — In natali sancti Stephani protomartiris (Alberts-Bouman Nr. 9). — In natali sancti Iohannis evangeliste (Alberts-Bouman Nr. 10). — Fol. 15v: In natali sanctorum innocentum (Alberts-Bouman Nr. 11). — In natali sancti Siluestri. *Omnipotens deus infundat in vobis...pervenire valeatis iocundi.* — Sancte Agnetis. *Benedicat vos omnipotens deus beate Agnetis virginis...matris vestre ecclesie sponso occuratis ovantes.* — Fol. 16r: In conversione sancti Pauli. *Omnipotens deus, qui de lupo agnum...perveniatis indempnes.* — In purificationem sancte Marie (Alberts-Bouman Nr. 81). — Sancte Agathe. *Benedicat vos omnipotens deus beate Agathe martiris...inferorum flammas tribuat evadere.* — Fol. 16v: In cathedra sancti Petri. *Omnipotens deus dignetur vos sua benedictione ditare...perturbationibus concuti.* — In natali sancti Gregorii. *Omnipotens deus infundat in vobis sue benedictionis ubertatem...intrare valeatis sinceri.* — In natali sancti Benedicti. *Pretendat vobis omnipotens deus...apprehendere possitis ovantes.* — In annuntiacionem sancte Marie. *Omnipotens deus, qui hodierna die archangelum Gabrielem direxit...meruistis perpetuo resuscitari* (Vgl. Alberts-Bouman Anm. zu Nr. 84). — Fol. 17r: In inventione sancte crucis (Alberts-Bouman Nr. 85). In natali sancti Iohannis babtiste (Alberts-Bouman Nr. 87). — Fol. 17^{v}: In natalibus apostolorum Petri et Pauli (Alberts-Bouman Nr. 88). — In commemoratione sancti Pauli (Alberts-Bouman Nr. 80 mit der Rubrik: In conversione sancti Pauli benedictio). — In natali sancti Laurentii (Alberts-Bouman Nr. 92). — In assumptionem sancte Marie (Alberts-Bouman Nr. 93) mit *emicare* statt *evitare*. — Fol. 18^{r}: Alia benedictio (Alberts-Bouman Nr. 84). — De sancto Augustino (Alberts-Bouman Nr. 94). — In decollatione sancti Iohannis babtiste (Alberts-Bouman Nr. 95). — Fol. 18^{v}: In nativitate sancte Marie (Alberts-Bouman Nr. 96). — In exaltatione sancte crucis. *Benedicat vos omnipotens deus, qui per unigeniti sui*. Require in inventionem sancte crucis (oben fol. 17^{r}). — De angelis (Alberts-Bouman Nr. 101). — In natali omnium sanctorum (Alberts-Bouman Nr. 97). — Fol. 19^{r}: In natali sancti Martini (Alberts-Bouman Nr. 99). — In natali sancti Andree (Alberts-Bouman Nr. 100). — In natalibus plurimorum apostolorum (Alberts-Bouman Nr. 102). — De uno martire (Alberts-Bouman Nr. 104). — Fol. 19^{v}: In natalibus plurimorum martirum (Alberts-Bouman Nr. 105). — Unius confessoris (Alberts-Bouman Nr. 106). — Plurimorum confessorum (Alberts-Bouman Nr. 107). — Unius virginis (Alberts-Bouman Nr. 108). — Fol. 20^{r}: Plurimorum virginum (Alberts-Bouman Nr. 110). — Benedictio in sinodo (Vogel-Elze, 1 291, c. LXXX, 61) — In anniversario templi (Vogel-Elze 1, 181, c. XLIX, 3). — Fol. 20^{v}: In ordinationibus clericorum. *Dignos vos faciat omnipotens dominus . . .intercessores idonei efficiamini*. — In ordinatione episcopi (Vogel-Elze 1, 225, c. LXIII, 57). — In ordinatione regis. *Benedicat tibi dominus et custodiat te et sicut te voluit super populum suum constituere regem, ita et in presenti seculo felicem et eterne felicitatis tribuat esse consortem. Amen. Clerum ac populum, quem sua voluit opitulatione et tua sanctificatione congregari, sua dispensatione et tua administratione per diuturna tempora faciat feliciter gubernari.* (fol. 21^{r}:) *Amen. Quatinus divinis monitis parentes, adversitatibus omnibus carentes, bonis omnibus exuberantes, tuo ministerio fideli amore obsequentes et in presenti seculo pacis tranquillitate fruantur et tecum eternorum civium consortio potiri mereantur. Amen. Quod ipse* (vgl. Vogel-Elze 1, 257, c. LXXII, 23 und Migne, PL. 78, 622 B). — Fol. 21^{r}: De quacumque tribulacione. *Deus, mestorum solamen, tribulatorum refugium . . .interritos securitate constituat. Amen. Quod ipse prestare dignetur* (Migne, PL. 78, 622 C).

Fol. 21^{r}: Incipit ordo, qualiter ab episcopo sinodus agatur. Hora diei prima ante solis ortum . . .(fol. 24^{r}:) Tunc omnes surgant et ad propria redeant cum pace (vgl. Andrieu, *Pontifical romain* 1, 67; der Anfang stammt aus dem Ordo de concilio celebrando Ps.-Isidors, ed. Hinschius [1863] S. 22).

Fol. 24^{r}: Ordo dedicationis ecclesie. Ponantur reliquie in feretro . . . (Am Rande von einer Hand des späten 13. Jh. der Anfang der Kirchweihe nach dem römischen Pontifikale des 12. Jh. [Andrieu 1, 176, c. XVII, 1]: In primis erunt preparata in ecclesia . . .). Der Kirchweiheordo des tyrensischen Pontifikale ist weder mit dem römisch-germanischen Pontifikale, noch mit dem römischen des 12. Jh. in Einklang zu bringen. — Fol. 30^{v}: Postea, si voluerit, pontifex vadat ad tentorium vel ad ecclesiam et afferat reliquias et recondat eas in confessione altaris. Ordo quomodo reliquie sunt ponende in altari. Vadat pontifex cum clero... (Andrieu 1, 185, c. XVII, 41). Aufer a nobis... (Vogel-Elze, *Pontifical romano-germanique* 1, 128, c. XL, 3). Endet fol. 32^r von jüngerer Hand auf Rasur: Versus. *Elevacio manuum mearum sacrificium vespertinum* (Andrieu 1, 190, c. XVII, 60). Oratio. *Domine sancte pater*. Require infra tercio folio a (= fol. 34^r) (Vogel-Elze 1, 147, c. XL, 62). — Fol. 32^r von jüngerer Hand auf Rasur: Sequitur consecracio altaris. Sub signo B verte duo folia (= fol. 33^v). Danach geht der ursprüngliche Text fol. 32^v weiter, beginnt jedoch wegen der Rasur auf fol. 32^r mitten im Satz: ...in titulum, fundens oleum desuper, votum vovit domino... (Vogel-Elze, 1 144, c. XL, 52, Zeile 13ff.). Endet fol. 33^v: ...*ita etiam sanctificatur appare. Qui cum deo patre* (der größte Teil des Gebets stimmt überein mit Andrieu 3, 503, lib. II, c. IV, 28). — Fol. 33^v: Consecracio altaris (am Rande). Et ammonente diacono: *Oremus. Flectamus genua. Levate. Deus omnipotens, sub cuius invocatione altare hoc in honore sanctorum martirorum* (sic) *N. indigni consecramus, clemens et propicius* ... (Vogel-Elze 1, 145, c. XL, 60; vgl. auch Andrieu 1, 190, c. XVII, 62). Endet fol. 35^r: ...*et sumentium corda purificet. Per* (Vogel-Elze 1, 173, c. XL, 145). Am Rande nachgetragen: Oratio post velatum altare. *Omnipotens sempiterne deus, altare hoc*. Require retro tercio folio (= fol. 32^v). Deinde revertatur pontifex in sacrarium, donec ornetur ecclesia et accendantur luminaria (Andrieu 1, 192f., c. XVII, 70f.; Vogel-Elze 1, 173, c. XL, 146f.).

Fol. 35^r: Sequitur missa. *Terribilis est locus iste*... (Andrieu 1, 193, c. XVII, 71; Vogel-Elze 1, 173, c. XL, 148). Endet fol. 36^r: ...*ad gaudia eterna feliciter pervenire mereamini. Amen. Quod ipse* (Andrieu 1, 194, c. XVII, 79, rechte Spalte; die Postcommunio [ebd. 1, 194, c. XVII, 80; Vogel-Elze 1, 176, c. XLII 4] steht schon vor der Benedictio super populum).

Fol. 36^r: Missa in anniversario dedicationis ecclesie. *Deus, qui nobis per singulos annos*... (Vogel-Elze, 1, 181, c. XLIX, 1). Endet fol. 36^v: ...*spiritualibus amplificetur augmentis. Per dominum nostrum* (Vogel-Elze 1, 182, c. XLIX, 5).

Fol. 36^v: Benedictio cimiterii. Vadat episcopus cum clero et populo ante ianuas ecclesie, ubi meta cimiterii debet esse... Endet fol. 38^r: ...*auxilium sentiatur. Per* (vgl. Andrieu 2, 108).

Fol. 38^r: Reconciliatio violate ecclesie. Primum veniat episcopus ante ipsam ecclesiam... (Vogel-Elze 1, 182, c. L, 1). Endet fol. 39^r: ...*votorum suorum se sentiat optinuisse suffragia. Per* (Vogel-Elze 1, 184, c. L, 7).

Fol. 39^r: Denuntiatio, cum reliquie ponende sunt. *Dilectissimi fratres, inter cetera*... (Vogel-Elze 1, 123, c. XXXVIII, 1). Endet fol. 39^v: ...*pie offerentium vota sanctifica. Qui cum deo patre* (Vogel-Elze 1, 185, c. L, 10).

Fol. 39^v: Sequitur missa. *Omnipotens sempiterne deus, qui in omni loco*... (Vogel-Elze 1, 131, c. XL, 13). Endet fol. 40^r: ...*gratiam sempiterne redemptionis inveniat. Per.*

Fol. 40^r: Incipit consecratio altaris. In nomine domini. Antequam dicatur evangelium, deferatur altare, quod benedicendum est, ante pontificem... Endet fol. 42^r: ...et in piscinam mittant. Diese Anweisung für die Altar-weihe entspricht weder genau dem Wortlaut des römisch-germanischen Pontifikales noch dem des römischen des 12. Jh., doch ist der Text zusammengesetzt aus Bestandteilen, die sich im Kirchweiheordo des römisch-germanischen Pontifikales finden (Vogel-Elze 1, 124 ff., c. XL).

Fol. 42r: Benedictio crucis. *Rogamus te, domine sancte, pater omnipotens, eterne deus, ut digneris benedicere hoc lignum crucis*... (Vogel-Elze 1, 157, c. XL, 98). Endet fol. 42v: ...*et credentibus in te perpetuum perfice vexillum. Qui cum deo* (Vogel-Elze 1, 159, c. XL, 103).

Fol. 42v: Benedictio ad orarium, *Deus, qui solis predicatoribus collum et pectus orario*...*adimplere festinent. Per* (Andrieu 2, 451, c. XXXII Anm. 3 u. ebd. 2, 33).

Fol. 42v: Benedictio ad zonam. *Omnipotens eterne deus, qui Aaron et filios eius*... Endet fol. 43r: ...*ad tibi placita queant. Per* (Andrieu 2, 33).

Fol. 43r: Benedictio ad casulam. *Deus, fons pietatis et iusticie, qui tui operis* ...*te presente valeant. Per* (Andrieu 2, 33).

Fol. 43r: Benedictio ad corporale vel ad pallam. *Omnipotens deus, cuius inenarrabilis virtus*...*illud corpus domini nostri Iesu Christi filii tui. Qui tecum* (Vogel-Elze 1, 155, c. XL, 85).

Fol. 43r: Benedictio vestimentorum sacerdotalium seu levitarum. *Omnipotens sempiterne deus, qui per Moysen*... Endet fol. 43v: ...*benedicere et sanctificare digneris. Per* (Vogel-Elze 1, 152, c. XL, 79 und 1, 151, c. XL, 75).

Fol. 43v: Benediccio corporalis. *Omnipotens sempiterne deus, benedic lintamen istud*...*sanguinem filii tui domini nostri Iesu Christi. Qui tecum* (Vogel-Elze 1, 154, c. XL, 83).

Fol. 43v: Benediccio patene. *Consecramus et sanctificamus hanc patenam*... *in Christo Iesu domino nostro* (Vogel-Elze 1, 155, c. XL, 88 und 1, 156, c. XL, 91).

Fol. 43v: Benediccio calicis. *Oremus, dilectissimi fratres, ut dominus deus noster calicem istum*... Endet fol. 44r: ...*fiat tua benedictione preciosum. Per* (Vogel-Elze 1, 156, c. XL, 92–93).

Fol. 44r: Benediccione (sic) ad capillos tondendum. *Omnipotens sempiterne deus, respice propicius super hunc famulum tuum*...*atque celestium bonorum consortium. Per* (Vogel-Elze 1, 3, c. I, 3).

Fol. 44r: Ad clericum faciendum. *Oremus, dilectissimi fratres, dominum nostrum Iesum Christum pro hoc famulo suo*... (Vogel-Elze 1, 4, c. III, 1). Endet fol. 44v mit der Bartschur (ohne eigene Rubrik): ...*et presentis vite presidiis gaudeat et eterne. Per dominum nostrum* (Vogel-Elze 1, 6, c. IV, 1).

Fol. 44v: Incipit ordo ad clericos benedicendos (sic). Cum ordinaciones fiunt ab episcopo... Endet fol. 46v: ...missa ordine suo. Diesen Ordo habe ich sonst nicht nachweisen können.

Fol. 46v: Incipit ordo de sacris ordinibus. Psalmista, id est cantor, [postquam ab archidiacono instructus fuerit, potest absque conscien]tia (postquam bis conscien auf Rasur für potest absque scien)... (Vogel-Elze 1, 14, c. XV, 8; durch die Rasur korr. zu ebenda Anm. 1; für die folgenden Ordinationen ist zu bemerken, daß diese ursprünglich wie im römisch-germanischen Pontifikale angeordnet waren. Später hat man diese Anordnung in der Hs. teils durch längere Rasuren, teils durch Nachträge am Rande in die Reihenfolge des römischen Pontifikale des 12. Jh. gebracht, die die officia der sieben Weihegrade nicht mehr getrennt aufführt, sondern bei dem Ordinationsformular jedes Weihegrads). Endet fol. 46v: ...*operibus prebes* (Vogel-Elze 1, 15, c. XV, 8).

Fol. 46v: De officio hostiarii. Hostiarium oportet percutere cimbalum... (Andrieu 1, 125, c. IV, 1; vgl. Vogel-Elze 1, 12, c. XIV, 1). Ordo hostiariorum. Hostiarium cum ordinatur... Endet fol. 47r ...*mereantur habere mercedis. Per* (Andrieu 1, 125, c. IV, 2–4; vgl. Vogel-Elze 1, 15, c. XV, 9–11).

Fol. 47r: De officio lectoris. (Am Rande:) Lectorem oportet legere... et omnes fructos novos (Andrieu 1, 125, c. V, 1; vgl. Vogel-Elze 1, 12, c. XIV, 2). Ordinacio lectorum. Lectores cum ordinantur...*exemplo sanctitatis sue consulant. Per* (Andrieu 1, 126, c. V, 2–6; die Pronunciatio ist am Rande nachgetragen; vgl. Vogel-Elze 1, 15f., c. XV, 12–16 mit Anm. 3).

Fol. 47r: De officio exorciste. (Am Rande, fol. 47v:) Exorcista oportet abicere demones...in ministerio effundere (Andrieu 1, 126, c. VI, 1; vgl. Vogel-Elze 1, 12, c. XIV, 3). Exorcista cum ordinatur...*gratia curationum virtuteque celesti confirmati. Per* (Andrieu 1, 126f., c. VI, 2–4; vgl. Vogel-Elze 1, 17, c. XV, 17–19).

Fol. 47v: Ordinacio acolitorum. (Am Rande:) Acolitum oportet ceroferarium ferre...ad eucharistiam cum diacono ministrare (Andrieu 1, 127, c. VII, 1; vgl. Vogel-Elze 1, 13, c. XIV, 3, Anm. 3). Acoliti cum ordinantur... Endet fol. 48r: ...*ad eternam remuneracionem pervenire mereantur. Per* (Andrieu 1, 127f., c. VII, 2–5; größtenteils auf Rasur von kleinerer Hand. Wie sich am Anfang noch erkennen läßt, folgte der ursprüngliche Text mehr dem römisch-germanischen Pontifikale [...et ab archidiacono (korr. zu ab eo) accipiant...]; vgl. Vogel-Elze 1, 17 ff., c. XV, 20–24).

Fol. 48r: Ordo qualiter in Romana ecclesia subdiaconi vel diachoni et presbiteri ordinandi sunt. Postquam antiphonam ad introitum dixerint... (Vogel Elze 1, 20 ff., c. XVI, 1ff.). Fol. 48v: Officium subdiaconi. Subdiaconum oportet preparare aquam...et ministrare diacono (Andrieu 1, 128, c. VIII, 1; vgl. Vogel-Elze 1, 13, c. XIV, 4). Ordo (sic statt ordinatio) subdiaconorum. Subdiachoni cum ordinantur... (Andrieu 1, 128, c. VIII, 2; vgl. Vogel-Elze 1, 22, c. XVI, 5). Endet fol. 49r: ...*tuam gratiam consequantur. Per.* Tunc tradat eis episcopus manipulos dicens: *In nomine patris et filii et spiritus sancti. Amen* (Andrieu 1, 129, c. VIII, 6; vgl. Vogel-Elze 1, 23, c. XVI, 8 mit Anm. 12).

Fol. 49r: (Von kleinerer Hand) Diaconum oportet ministrare...baptizare (Vogel-Elze 1, 13, c. XIV, 5). Ordo qualiter in Romana ecclesia diaconi et presbiteri eligendi sunt. Mense primo, quarto, septimo et decimo, sabbatorum die in XII lectionibus stacio ad sanctum Petrum...ad ministerium consecratur et alloquitur populum hiis verbis (Andrieu 1, 130ff., c. IX, 1–10, linke Spalte): (Dann weiter fol. 49v in der ursprünglichen Hand) *Commune votum*... (Vogel-Elze 1, 24, c. XVI, 10). Endet fol. 50v: ...*tibi servire oportet instructi tibi* (sic) *complaceant gratia tua Christe salvator noster. Qui cum deo* (Vogel-Elze 1, 28, c. XVI, 18). Tunc det illis episcopus textum evangelii dicens:

Accipite...pro defunctis in nomine domini. Amen (Vogel-Elze 1, 27, c. XVI, 17, linke Spalte). Benedictio postquam receperunt textum evangelii: *Exaudi, domine, preces nostras* (Vogel-Elze 1, 27, c. XVI, 17a, rechte Spalte) ut supra verte folium (= fol. 49ᵛ).

Fol. 50ᵛ: Ordinatio presbiteri. Sacerdotum oportet offerre... predicare et baptizare (Vgl. Vogel-Elze 1, 13, c. XIV, 6). Post lectionem... Et ille dat orationem super eum. Prefacio (dieser Teil wieder von kleiner Hand auf Rasur; Andrieu 1, 134, c. IX, 17; danach wieder in normaler Schrift.). *Oremus, dilectissimi, deum patrem*... (Vogel-Elze 1, 32, c. XVI, 27). Endet fol. 52ʳ: ...*cui est honor et gloria per omnia secula seculorum. Amen* (Vogel-Elze 1, 34, c. XVI, 32).

Fol. 52ʳ: Incipit ordo ad vocandum et examinandum seu consecrandum electum episcopo (sic). Sabbato circa vesperam, sedente domino archiepiscopo in atrio iuxta ecclesiam, veniat archipresbiter indutus casula... (Andrieu 1, 138, c. X, 1; Vogel-Elze 1, 226, c. LXIII Appendix, 1; Andrieu, *Les ordines Romani du haut moyen âge* 4 [1956] 99 = Ordo XXXV B). Fol. 52ᵛ ist das Bischofswahldekret der Vorlage, das sich an den Papst richtet, natürlich ersetzt durch einen an den Metropolitan, hier den Erzbischof von Tyrus, gerichteten Text: *Reverentissimo archiepiscopo N. Tyrensis sedis dignitate conspicuo*... Endet fol. 53ᵛ: ...*deo annuente consecraberis. Deo gratias* (Vogel-Elze 1, 228, c. LXIII Appendix, 8). Incipit ordo vel examinacio in ordinacione episcopi. Primum faciat clerus et populus eleccionem episcopi. Postquam autem...episcopi deducant eum per manus coram metropolitano sedente in loco examinacionis, dorso verso ad maius altare, sedilia... (weiter wie bei Andrieu 1, 47 bis fol. 54ʳ:) Et respondeant omnes: *Deo gracias*. Tunc metropolitanus dicat hanc orationem: *Antiqua sanctorum patrum institucio*... Endet fol. 55ᵛ:) ...in presencia ordinetur (Vogel-Elze 1, 200ff., c. LXIII, a–f). Danach noch 9 Zeilen, für die ich ein Vorbild nicht finden konnte: Post hec deducatur ante maius altare...et sic in nomine domini fiat consecracio.

Fol. 55ᵛ: Qualiter episcopus ordinetur in Roma. Episcopus cum ordinatur, primo progreditur domnus metropolitanus... (Vogel-Elze 1, 205, c. LXIII, 1). Der dann folgende Text ist angelehnt an das römisch-germanische Pontifikale, aber kürzer und anders angeordnet. Fol. 58ʳ Marginalien von jüngerer Hand nach dem römischen Pontifikale des 12. Jh. (Andrieu 1, 149, c. X, 28 und 1, 150, c. X, 30–31). Endet fol. 58ᵛ: ...*faciat esse consortes. Per* (= Postcommunio einer Messe, die ansonsten Andrieu 1, 151, c. X ähnelt).

Fol. 58ᵛ: Missa episcopi pro se ordinacio (sic). *Deus, qui non propriis*... (fol. 59ʳ:) *gratiarum tibi referant actionem. Per dominum* (Vogel-Elze 1, 242f., c. LXVIII, 1–6).

Fol. 59ʳ: Benedictio vel ordinatio abbatis, quomodo episcopus eum debeat ordinare. In ordinacione abbatis debet episcopus missam canere et eum benedicere cum duobus vel tribus de fratribus suis... (E. Martène, *De antiquis ecclesiae ritibus* [ed. Antwerpen, Bd. 2, 1736, S. 433] lib. II, c. 1, ordo 5 nach einem Pontifikale von Sens, jedoch zuzüglich der Messe und der Thronsetzung; vgl. Andrieu 1, 87). Fol. 59ᵛ in der Interrogatio abbatis: *Vis Tyrensi ecclesie et michi meisque successoribus subiectionem et obedientiam exhibere*... Endet fol. 61r nach der Thronsetzung mit der Professio abbatis: *Ego N. humilis cenobii beati ill. abbas promitto tibi, pater N., et successoribus tuis atque matri ecclesie Tyrensi debitam subiectionem atque obedientiam secundum statuta sanctorum patrum.*

Fol. 61v: Benedictio super abbatissiam (sic). Eo modo eligatur abbatissa, quo de abbate superius dictum est...Require in consecracione abbatis (Am Rande ein Hymnus mit Noten: *Pulcra facie set pulcrior fide* [U.Chevalier, *Repertorium hymnologicum* Nr. 15803]). Alia oratio: *Domine deus omnipotens, qui sororem Moysi Mariam*... (Vogel-Elze 1, 81, c. XXXII. 10). Endet fol. 61v mit der Übergabe der Regula: ...*ac fragilitas humana permiserit* (Vogel-Elze 1, 80, c. XXXII, 9).

Fol. 61v: Consecracio sacrarum virginum, que fit in epiphania domini vel in feria Va pasce an in natale apostolorum. Inprimis benedicantur velamina virginum... (Ähnlich, aber kürzer als Vogel-Elze 1, 38, c. XX). Endet fol. 63v mit der Messe: ...*que de tua pietate confidit. Per dominum nostrum* (Vogel-Elze 1, 48, c. XXI, 9). Ein Nachtrag zur Jungfrauenweihe s. unten fol. 124r. Am Rande von fol. 61v–62v ist ein anderer Ordo für die Jungfrauenweihe von jüngerer Hand nachgetragen (sehr ähnlich Martène, *De antiquis ecclesiae ritibus* [ed. Antwerpen, Bd. 2, 1736, S. 546] lib. II, c. VI, ordo XI): Primo presententur virgines coram episcopo... Endet mit der benedictio super virgines: ...*ut cum eis celestis sponsi thalamum valeatis ingredi. Amen. Quod ipse prestare dignetur* (Alberts-Bouman, *Benedictiones episcopales* Nr. 114).

Fol. 63v: Ad sponsas benedicendas (fol. 64r:) ante ianuas eclesie. *Manda deus virtuti tue*... (vgl. Andrieu 1, 300, c. VIII, 4). Fol. 64v: Sequitur missa. Oratio. *Exaudi nos, omnipotens et misericors deus, ut quod nostro ministratur officio*... (Vogel-Elze 2, 415ff., c. CCLIII, 5–13). Endet fol. 65v: *Benedictio dei patris et filii et spiritus sancti descendat super vos. Amen.*

Fol. 65v: Incipit percunctacio sive electio episcoporum ac clericorum nec non et laicorum ad regem consecrandum. Admonicio episcoporum ad regem ita dicendo et legitur ab uno episcopo coram omnibus: *A vobis perdonari petimus*... (Der sogenannte Fulrad-Ordo, ed. ohne Kenntnis dieser Hs. P. L. Ward, „An Early Version of the Anglo-Saxon Coronation Ceremony", *English Historical Review* 57 [1942] 350–358). Es folgt fol. 70v der Ordo für die Königin: Ad reginam benedicendam. Debet enim adduci... (Ward, a.a.O. S. 358f.). Ich gebe nachstehend eine genaue Kollation dieser beiden Ordines mit der Edition von Ward, so daß sich jeder, der daran Interesse hat, den genauen Wortlaut des tyrensischen Ordos, nach dem im 13. Jh. die Könige von Jerusalem gekrönt wurden, leicht herstellen kann. Dabei habe ich lediglich folgende Abweichungen außer Acht gelassen: c–t, ae–e, u–v, Ihesus–Iesus.

Ward S. 350. Zeile 36 populorum] et laicorum *Hs.* sive ad benedicendum *fehlt Hs.* 38 admonicio *Hs.* vel clericorum *bis* populorum *fehlt Hs.* 39 ita dicendo et legatur *Hs.* 42 privilegium / ac debitam: *fol. 66r.*

S. 351. Zeile 1 regno] *folgt* debet *Hs.* 1–2 rectum exibere debet *fehlt Hs.* 3 regis] *folgt* ad episcopos *Hs.* 9 Deinde] *Initiale fehlt Hs.* 11 gratias] agracias *Hs.* omnipotenti decantantes] dicentes *Hs.* 12 episcopi] *das Folgende ist in der Hs. stark und wider alle Regeln gekürzt, außerdem am Ende unvollständig*: acci. eū p ma. et dedu. altar. añ et pst̄ 14 se usque *bis* laudamus *fehlt Hs.* 15 Invocatio super regem *fehlt Hs.* 18 usque] *folgt* in *Hs.* 19 diem presentem *Hs.* 20 pietatis *fehlt Hs.* 21 proficiscere *Hs.* 26 dominum *fehlt Hs.* 27 item] alia *Hs.* 29 famulo tuo] *folgt* N. *Hs.* 30 devotus / in regni: *fol. 66*v 32 christiana] ecclesiastica *Hs.* 35 alia] *folgt* oratio *Hs.*

S. 352. Zeile 5 subdito sibi *Hs.* simulque *Hs.* 7 cuncta] cunctam *Hs.* 10 prolixitatem] prosperitatem et prolixitatem *Hs.* 14 eternaa] eterna *Hs.* comertia] commertia *Hs.* 17 hominum / rex: *fol. 67*r 18 Abraam *Hs.* 20–21 puerum tuum Dauid *Hs.* 24 ineffabili] inestabili *Hs.* 25 tum] tuum *Hs.*, *danach folgt* N. *Hs.* 26–27 N. Albionis *bis* Francorum *fehlt Hs.* 28 tuae dexrera *Hs.* 29 Abrae *Hs.* 33 Albionis] regni *Hs.* 34 instruat] industriat *Hs.* contraque] contra *Hs.* 36 administret *Hs.* 36–37 videlicet Francorum] et *Hs.* 38 ut utrorumque *bis* debita (*S. 353, Zeile 1*) *fehlt Hs.*

S. 353. Zeile 4 protectus / armisque: *fol. 67*v 5 obstabilis *Hs.* 10 perunge] periunge *Hs.* *Danach* Per *und dann in kleinerer Schrift*: Ā. Duxerunt (*sic statt* unxerunt) Salomomen Sadoch sacerdos et Nathan propheta regem in Gyon et accedentes leti dixerunt: vivat rex in eternum. *Dann in normaler Schrift*: Hic unguatur oleo sancto *Hs.* 13 et] ac *Hs.* ac martyres] et martires *Hs.* 14 et *fehlt Hs.* 15 promissiones] repromissiones *Hs.* 16 atque *bis* descendat *fehlt Hs.* 17 adempti] adepti *Hs.* 22 aereas] aerias *Hs.* 25 spiritus] *folgt* sancti *Hs.* 26 Alia] *folgt* Oratio *Hs.* 27 primordio *Hs.* 28 deluui] diluvii *Hs.* 29 columbam / ramum: *fol. 68*r 30 demonstasti] demonstrasti *Hs.* 32 unguenti *Hs.* Israeliticum *Hs.* 34 exhilarandum *Hs.* 37 similitudinem *Hs.* 40 assequi *Hs.*

S. 354. Zeile 1 alia] *folgt* oratio *Hs.* 2 dominus noster Iesus Christus *Hs.* 3 per *fehlt Hs.* 4 unguimus] unguinis *Hs.* 7–8 temporalia regna] temporali regno *Hs.* 10 detur] *folgt* ei *Hs.* anulus *Hs.* 11 fidei sancte *Hs.* 12 quae] quem *Hs.* 13 potentia / hostes: *fol. 68*v 14 conecti] coadunare *Hs.*; *danach fehlt* per 15 datum *fehlt Hs.* 16–17 pro spiritu] prosperum *Hs.* 19 dominum *bis* filium tuum *fehlt Hs.* 26–27 in unitate *bis* saecula saeculorum *fehlt Hs.*

S. 355. Zeile 1 Hic] Deinde *Hs.* 5 regnum] *folgt* et imperium *Hs.* 6 saeculorum] *folgt* Amen *Hs.* 10 prolixa / sanitate: *fol. 69*r 13 eum] sit ei *Hs.* 14 domino] deo *Hs.* 15 dominum nostrum *fehlt Hs.* 20 prauos corrigas *fehlt Hs.* 21 et *fehlt Hs.* 23 in saecula saeculorum *fehlt Hs.* 27 ill. N. *Hs.* 28 prestitum *Hs.* 29 uber] uberi *Hs.* 30 stabilitat] stabilitate *Hs.* 31 plolixitatem] prolixitatem *Hs.* 33 dominum *bis* Christum *fehlt Hs.*

S. 356. Zeile 1 Tunc datur] Hic detur *Hs.* 3 ma/num porrige: *fol. 69*v 4 disperdasque *Hs.* et aperiat] ut aperiat *Hs.* 7 septrum] sceptrum *Hs.* Israel *Hs.* 12 imitando] imiteris *Hs.* ipsum] eum *Hs.* 21 Aneglorum apostolici *fehlt Hs.* 23 Amen] *fehlt Initiale Hs.* 24 mala] peccata *Hs.* 26–27 inimicorum visibilium et invisibilium *Hs.* 28 qui te semper et ubique *Hs.* 29 seu/gladio: *fol. 70*r 31 Amen] *folgt* Quod ipse prestare dignetur. Alia benedictio *Hs.* 35 sanctificatio] participatio et sanctificatio *Hs.* 35 Amen] *fehlt Initiale Hs.*

S. 357. Zeile 6 Amen] *fehlt Initiale Hs.* 8 felicem] *folgt* et *Hs.* 10 prestare dignetur *fehlt Hs.* (*vgl. S. 356, Zeile 31*) 11 Item *fehlt Hs.* 15 sanctifice *Hs.* 16 repperiatur *Hs.* locupletatur *Hs.* 18 optinere regnum *Hs.* 21 ammodo] amodo statum *Hs.* 23 tibi / delegatum: *fol.* 70ᵛ 24 et] ut *Hs.* 25 propinquiorem sacris altaribus *Hs.* 26 congruis] congruentibus *Hs.* 29–30 dominus noster *bis* spiritu sancto] Item alia designacio *Hs.* 34 seruens in] servet *Hs.* (in *fehlt*) 37 sua misericordia *Hs.* 38 patre] *folgt* et spiritu sancto *Hs.*

S. 358. Zeile 1 omnibus] omnes *Hs.* 3 Uiuat rex ut supra uiuat rex ut supra *fehlt Hs.* 5 sic *fehlt Hs.* ordine] nomine et ordine suo *Hs.* 7 Christi] domini nostri Iesu Christi *Hs.* 6 comunicetur *Hs.* 7–9 post *bis* item *fehlt Hs.* 10 altare] *folgt* et *Hs.* 11 dicat] dicit *Hs.* 12 oracionem / Adesto: *fol.* 71ʳ 13 domini] domine *Hs.* 15 per] *folgt* Alia oracio. Omnipotens sempiterne deus, hanc famulam tuam N. celesti benedictione sanctifica et quam in adiutorio regni reginam eligimus, tua ubique sapientia doceat atque confortet et ecclesia tua fidelem famulam semper agnoscat. Per *Hs.* 16 Tunc] *Initiale fehlt Hs.* ungi *Hs.* 18 eternam] *folgt* Amen *ohne Initiale Hs.* 19 sequitur *fehlt Hs.* 21 famulam tuam] *folgt* N. *Hs.* 24 de] a *Hs.* 25 Tunc debet anulus in digito mitti *Hs.* (*Initiale* T *und Kürzungsstrich über* i *von* in *fehlen*) 27 pravitates *Hs.* 28 prestitere] prestita *Hs.* aduocare] *folgt* per *Hs.* 29 sequitur oratio] oratio post anulum *Hs.* 31 ill.] N. *Hs.* 32 contendat] *folgt* Per Christum *Hs.*

S. 359. Zeile 1 Tunc *bis* in capite] Adveniat autem rex, qui eam coronari precipiat et tunc capiti eius corona supponatur *Hs.* (*danach Foliowechsel zu* 71ᵛ) 3 dominum] *fehlt Hs.* 4 Item oratio] Oratio post coronam *Hs.* 6 ill.] N. *Hs.* 8 dominum *fehlt Hs.* 9–S. 361 Zeile 5 *Die Missa pro regibus und die Missa cotidiana pro regibus fehlen Hs.* (*vgl. aber die Benedictio episcopalis oben fol.* 20ᵛ). *Stattdessen geht der Ordo für die Königin weiter*: d (*sic*) sceptrum. Accipe virgam virtutis et equitatis et esto pauperibus misericors et affabilis, viduis pupillis et orphanis diligentissimam curam exibe, ut omnipotens deus tibi adaugeat gratiam suam. Qui vivit. Oratio post ceptrum. Deus bonorum cunctorum auctor et distributor ... (*Das Gebet stammt aus dem burgundischen Ordo*; *vgl. E Martène, De antiquis ecclesiae ritibus* [*ed. Antwerpen, Bd. 2, 1736, 636*] *lib. II, c. X, ordo VIII*; *nachstehend Kollation mit dem Text bei Andrieu 3, 445*:) 3 Vere dignum, etc.] Deus *Hs.* honorum] bonorum *Hs.* 5 reginam] N. *Hs.* gratie *fehlt Hs.* et] quo *Hs.* 7 consilii] *folgt* et *Hs.* 8 habundantiam *Hs.* 9 quatenus] quatinus *Hs.* 11 vitiorum muniri *Hs.* 13 eligitur / vel benedicitur: *fol.* 72ʳ et] vel *Hs.* 16 fide] in fide *Hs.* 17 David] Dauid *Hs.* 19 sapientia] patientia *Hs.* 21 impietate] iniquitate *Hs.* 22 sit] sic *Hs.* 23 in hoc] et hoc *Hs.* 24 eternis] *folgt* Per dominum nostrum Ihesum Christum *Hs.*

Damit endet der Ordo in der tyrensischen Hs.; die Benedictio vexilli (Ward S. 361, Zeile 6–18) steht unten fol. 108ᵛ. Bis zum Beginn der Missa pro regibus stimmen die beiden Ordines überein mit Wards Hauptgruppe P_2–P_7 und innerhalb derselben deutlich mit der Untergruppe P_2–Ox, die folgende Hss. umfaßt: P_2, P_3, Or, T, S, P_4, G, Re, Ro, F, P_5, Ox. Da Ward aber sämtliche isolierten Lesarten seiner Hss. nicht verzeichnet hat und ebenso Lesarten wegließ, wenn sie allen Hss. einer Untergruppe gemeinsam waren, ist eine auch nur halbwegs befriedigende Identifizierung derjenigen Hs., die dem tyrensischen Text am nächsten steht, unmöglich. — Ich fahre fort mit der Beschreibung der Hs.

Fol. 72^r: Electio abbatis canonicorum eo ordine fiat, quo superius digesta est electio abbatis monachorum, et omnibus eodem ritu expletis psalmis, letaniis et precibus et dicat episcopus super electum has benedicciones post evangelium: *Adesto supplicationibus nostris, omnipotens deus, et quod humilitatis nostre gerendum est*... Endet fol. 73^v: ...*et bene vivendi aliis exemplum prebere. Per dominum nostrum* (Vgl. Andrieu 1, 49).

Fol. 73^v: Oratio inter exuendas vestes cotidianas. *Exue me, domine, veterem hominem cum actibus suis*... Es handelt sich um die Praeparatio ad missam. Es folgen weitere hierauf bezügliche Gebete: Dum lavat manus oratio... Dann einige Psalmen. Oratio post psalmos... Ad amictum oratio... Ad albam... Dann ohne Rubrik fol. 74^r: *Precinge, domine, cingulo fidei*... Ad stolam... Ad tunicam... Ad dalmaticam... Ad manipulum... Ad casulam ... Ad induendas manus... (fol. 74^v:) Ad anulum... Oratio post confessionem, cum eundum est ad altare... Oracio, dum gloria in excelsis canitur... Oratio sancti Augustini (sic statt richtig Ambrosii): *Summe sacerdos et vere pontifex*... (fol. 77^v:) *ita ut neque esuriam neque sitiam in eternum. Per* (A. Wilmart, *Auteurs spirituels et textes dévots du Moyen Age latin* [1932] S. 114–124; auch dieses Gebet gehört zur Praeparatio ad missam, vgl. Missale Romanum, Orationes pro opportunitate sacerdotis ante celebrationem et communionem dicendae. Die dominica bis sabbato). Dann folgen fol. 77^v–82^r weitere Gebete der Praeparatio ad missam und die Messe selbst (Das zeitgenössische Inhaltsverzeichnis verzeichnet hier Canon missae, doch fehlt das kennzeichnende Gebet *Te igitur*). Endet fol. 82^r: Oratio alia. *Assit nobis, quesumus, domine, virtus spiritus sancti*... (vgl. Andrieu 3, 69).

Fol. 82^r: In purificacione sancte Marie benedictio ygnis. *Domine, sancte pater, omnipotens eterne deus, benedicere et sanctificare digneris ignem*... Fol. 82^v: Benediccio super candelas. *Deus ineffabilis potentie, cuius unigenitus cum nostra humanitate*... Endet fol. 83^v: ...*assequi gracie tue luce concede. Per dominum* (Vgl. Andrieu 1, 26). Prephatio: *Omnipotens eterne deus, fons et origo tocius luminis* ... Endet fol. 84^r: Expleta oratione hac eant ad (fol. 84^v:) processionem cantando antiphona, que subsecuntur: *Ave gracia plena, dominus tecum* cum ceteris antiphonis.

Fol. 84^v: Feria IIII in capite ieiunii. Ordo quomodo penitentes in capite XL episcopo se debent representare. In capite XL omnes penitentes, qui publicam suscipiunt aut susceperunt penitenciam... (Andrieu 2, 578, c. III, 1–3). Endet fol. 85^r: ...presbiteris ecclesie liminibus representur (Am Rande von fol. 84^v und 85^r Ergänzungen der Gebetsformeln des Haupttextes von jüngerer Hand). Fol. 85^v: Absolutio penitentis in capite ieiunii. In primis dicuntur VII psalmi ... Endet fol. 86^{v} mit der Absolution: ...*cum Christo et omnibus sanctis eius sine fine manentem. Per.* Fol. 86^{v}: Benedictio cireneum (statt cinerum). *Deus, qui non mortem, sed penitentiam desideras* ... Endet fol. 87^{r}: ...*anime tutelam percipiant. Per* (Vogel-Elze 2, 22, c. XCIX, 75 und S. 21, c. XCIX, 74). Fol. 87^{r}: Exorcismus cineris. *Exorciso te, creatura cineris, per deum unum* ... Endet fol. 87^{r}: ...*continentie muniamur auxiliis. Per dominum nostrum* (Vogel-Elze 2, 22, c. XCIX, 79).

Fol. 87^{r}: Ordo in ramis palmarum incipit. Dominica die, hora secunda, convenientes omnes ad ecclesiam primitus canunt ... Fol. 87^{v}: Exorcismus florum ... Fol. 87^{v}: Benedictio palme et olive ... Endet fol. 88^{r}: ...*usque ad palmam victorie pertingere valeamus. Per eundem dominum* (das Gebet ist bis auf den Schluß identisch mit Vogel-Elze 2, 46, c. XCIX, 179; im ganzen ist der Ordo aus Bestandteilen des Ordo Romanus L gebaut, dessen auf Palmsonntag bezüglicher Teil gedruckt ist bei Vogel-Elze 2, 40ff.).

Fol. 88^{r}: Feria V^{a} maioris ebdomade, id est in cena domini. Reconciliacio penitentum (sic) in cena domini. Sedente pontifice pre foribus ecclesie, penitentibus in atrio ecclesie ... Endet fol. 91^{r} mit der Absolution: ...*intercedente beati dei genetrice Maria cum omnibus sanctis. Amen* (auch dieser Ordo ist gebaut aus Bestandteilen des Ordo Romanus L; vgl. Vogel-Elze 2, 59ff.).

Fol. 91^{r}: Incipit ordo super sanctum crisma et oleum in die cene domini. Primo mane mansionarii ordinent omnia ... in qua crisma debet consecrari (Vogel-Elze 2, 59, c. XCIX, 222f.). Ipso die sonentur campane ad missam ... (Vogel-Elze 2, 67, c. XCIX, 252). Fol. 93^{r} am Rande von jüngerer Hand Teile des Ordo Romanus XXVII, c. 26ff. nachgetragen: Qua expleta communicat episcopus solus ... (Andrieu, *Ordines Romani du haut moyen âge* 3 [1951] 353). Fol. $94^{r}/94^{v}$ sind die Abschnitte Vogel-Elze 2, 73, c. XCIX, 272 und 273 vertauscht, doch hat eine jüngere Hand den Abschnitt 273 auf fol. 94^{v} nochmals in einem freien Raum nachgetragen und danach auch noch die Einleitung zum Exorcismus: Hic exhalet ter super ampullam crismalem et dicat lenta voce exorcismum. Danach der Exorcismus (Vogel-Elze 2, 74, c. XCIX, 274). Endet, nachdem der Haupttext sehr eng dem römisch-germanischen Pontifikale gefolgt ist, fol. 97^{v}: ...similiter et oleum et ita dividat presbiteris (Vogel-Elze 2, 77, c. XCIX, 283). Dann folgt noch die Benedictio crismalis ad vascula. *Oremus, karissimi fratres, ut deus omnipotens hec vascula corporis filii sui* ...*virtute implere dignetur. Per eundem. In unitate eiusdem spiritus sancti deus per omnia secula seculorum. Amen* (Vogel-Elze 1, 155, c. XL, 86).

Fol. 97^{v}: Ordo ad mandatum faciendum. *Actiones nostras, quesumus, domine, aspirando preveni* ... Dieser Ordo für die Fußwaschung stammt nicht aus dem römisch-germanischen Pontifikale; er hat mit ihm nur das Gebet (fol. 98^{r}:) *Adesto, domine, nostre offitio servitutis, et quia tu pedes lavare* ...*interiora laventur peccata. Qui vivis et regnas* (Vogel-Elze 2, 78, c. XCIX, 290) gemeinsam; damit endet die Fußwaschung. Am Rande von fol. 98^{r-v} lange Nachträge des 14. Jh., die im Mikrofilm jedoch sehr verschwommen und nicht zu entziffern sind.

Fol. 98^{r}: Sabbato sancto in vigilia pasche benedictio ygnis novi. *Domine deus, pater omnipotens, conditor omnium rerum, te invocamus, ut benedicas et conse-*

cras hunc novum ignem sicut benedixisti rubum, in quo apparuisti Moysi... per hunc visibilem ignem illuminare digneris adiuvante domino nostro. Diese Formel für die Feuerweihe habe ich sonst nicht finden können, doch vgl. A. Franz, *Die kirchlichen Benediktionen im Mittelalter* 1 (1909) 513 über die große Vielfalt der Feuerweiheformeln.

Fol. 98^{r}: Incipit ordo ad cathecizandos (fol. 98^{v}:) infantes in sabbato sancto. Ut autem ad ecclesiam venerint infantes... Endet fol. 104^{r}: ...*templum glorie sue inhabitando perficiat. Per* (Vogel-Elze 2, 110, c. XCIX, 388). Sequitur benedictio. *Benedicat vos omnipotens deus*... (fol. 104^{v}): *templum illius effici mereamini. Amen. Quod ipse* (vgl. Andrieu 1, 66).

Fol. 104^{v}: In die sancto pasche benedictio agni. *Deus universe carnis... repleantur in bonis. Per dominum nostrum* (Andrieu 1, 263, c.XLI).

Fol. 104^{v}: Benedictio super vasa in loco antiquo reperta. *Omnipotens sempiterne deus, insere te offitiis nostris...tranquillitatis utenda* (Vogel-Elze 2, 375, c. CCXXXIII, 1).

Fol. 104^{v}: Benedictio putei. *Deprecamur, domine, clementiam pietatis tue, ut aquam*... (fol. 105^{r}:) *deo gratias agere mereamur. Per* (Vogel-Elze 1, 374, c. CCXXXXI, 1).

Fol. 105^{r}: Benedictio uve vel fabe. *Benedic, domine, hos fructus novos uve sive fabe...cum gratiarum actione in nomine domini nostri Iesu Christi. Qui tecum* (Vogel-Elze 2, 371, c. CCXXVI).

Fol. 105^{r}: Benedictio ad omnia, quecumque volueris. *Benedic, domine, creaturam istam, ut sit remedium...et anime tutelam percipiat. Per* (Vogel-Elze 2, 369, c. CCXIX).

Fol. 105^{r}: Benedictio ad fruges nove (sic). *Domine, sancte pater, omnipotens eterne deus, qui celum et terram...referant tibi deo omnipotenti laudes et gratias. Per* (Vogel-Elze 2, 370, c. CCXXIII).

Fol. 105^{r}: Benediccio panis. *Benedic, domine, creaturam istam panis...accipiant tam corporis quam anime sanitatem. Per* (Vogel-Elze 2, 370, c. CCXXIV, 1).

Fol. 105^{r}: Benedictio domus nove. *Sanctificetur, domine, domus ista*... (fol. 105^{v}:) *protegente ac conservante maiestate tua, omnipotens deus. Qui vivis et regnas* (A. Franz, *Die kirchlichen Benediktionen im Mittelalter* 1 [1909] 608).

Fol. 105^{v}: In consummacionem capsarum. *Oremus omnipotentem deum, ut qui omnia per unigenitum filium suum*... (Vogel-Elze 1, 163, c. XL, 111). Endet fol. 106^{r}: ...*consolacione ac iuvamine pociantur. Per dominum* (Vogel-Elze 1, 165, c. XL, 115).

Fol. 106^{v}: Benedictio cyborum et umbraculi altaris. *Oremus, fratres karissimi, deum rectorem ac gubernatorem*... (fol. 107^{r}:) *conservare digneris, annuente domino nostro Iesu Christo, qui tecum vivit et regnat in unitate* (Vogel-Elze 1, 165f., c. XL, 116–117).

Fol. 107^{r}: Benedictio signi ecclesie. *Benedic, domine, hanc aquam* (darüber von einer Hand des 14. Jh. *campanam*)... (Vogel-Elze 1, 187, c. LI, 5). Endet fol. 108^{v}: ...*fruges credentium et mentes et corpora salvet protectio sempiterna. Qui vivit et regnat in unitate* (Vogel-Elze 1, 190, c. LI, 15).

Fol. 108^{v}: Benedictio vexilli. *Inclina, domine, aurem tuam*... Da diese Formel noch zum Krönungsordo gehört (vgl. oben fol. 65v), gebe ich hier wieder die von der Edition Wards (*English Historical Review* 57 [1942] 361) abweichenden Lesarten: Ward S. 361 Zeile 7 Ihesu *bis* redemptor *fehlt Hs.* aurem tuam *Hs.* 8 pietatis *fehlt Hs.* 9 Michaelis *Hs.* 11 Abraam *Hs.* 16 consequentes *Hs.* 17 deo patre *Hs.*

Fol. 108v: Benedictio super proficiscendos in itinere. Psalmi: *Qui habitat. Levavi oculos* ... Dann zwei Gebete: *Adesto, domine, supplicationibus nostris et viam famulorum tuorum* ... und: *Deus infinite misericordie et maiestatis immense, quem nec spacia locorum* ... Fol. 109r die Segensformel: *Prosperum iter faciat vobis deus ... curam habeat et reduci. Amen. Quod ipse prestare.*

Fol. 109r: Ad peram benedicendam. *Domine Iesu Christe, qui tua ineffabile miseratione* ... (fol. 109v:) *resistere valeatis venenosis inpulsionibus serpentis antiqui. Per* (Andrieu 1, 265, c. XLVII, 1–3).

Fol. 109v: Exorcismus olei vel benedictio ad omnem languorem in quocumque tempore. *In tuo nomine, omnipotens deus, et in Iesu Christi filii tui, domini nostri, signo* ... (fol. 110v:) *qui regnas a* (fol. 111r, beginnend mit Wasserschaden; 5–6 Buchstaben geschwunden:) ...... *o seculis et nunc et per inmortalia secula seculorum. Amen* (Vogel-Elze 2, 79, c. XCIX, 296).

Fol. 111r: Ordo ad visitandum infirmum. Quando ingreditur sacerdos domum infirmi, dicat: *Pax huic domui* ... (Vogel-Elze 2, 246, c. CXXXIX, 1). Fol. 111v–112r die Litanei. Sie enthält keine außergewöhnlichen Heiligen, doch deuten manche Namen (Dionysius, Hylarius, Martinus, Remigius) auf französischen Ursprung hin. Fol. 113r: Hic fiat confessio. Deinde sequitur absolucio. *Dominus Iesus Christus, qui dixit discipulis suis ... absolutum perducere dignetur ad regna celorum.* (Fol. 113v:) *Qui cum patre* (Andrieu 2, 493, c. L, 2). Absolutio episcopi. *Absolvimus te, N., vice sancti Petri ... omniumque peccatorum tuorum pius indultor. Per Christum* (Andrieu 2, 484, c. XLVI, 18). Deinde unguatur ad oculos: *Per istam sanctam unctionem* ... und mit der gleichen Formel ad auditum, ad nares, ad gustum, ad manus, ad pedes (Andrieu 1, 267, c. XLIX A, 9).

Fol. 115v: Commendacio anime. Cum anima in agone fuerit et sui exitus dissolucione corporis visa fuerit laborare ... (Andrieu 3, 70). Endet fol. 117v: ... *vitam eternam possident. Per eundem dominum* (Vogel-Elze 2, 285, c. CXLIX, 21). Fol. 117v: Ad missam. *Requiem eternam dona eis.* Psalmus: *Te decet.* Oratio: *Adesto nobis, quesumus, domine, per anima famuli tui* ... Lectio ad Thessalonicos: *Fratres, nolumus vos ignorare* ... (fol. 118r:) Secundum Iohannem: *In illo tempore dixit Martha* ... Offertorium: *Domine Iesu Christe rex.* Secreta: *Adesto, domine, supplicationibus nostris* ... Communio: *Lux eterna luceat eis.* Postcommunio: *Omnipotens sempiterne deus, collocare digneris* ... (Die Messe ist zusammengesetzt aus Einzelbestandteilen verschiedener Totenmessen des römisch-germanischen Pontifikales (Vogel-Elze 2, 305, c. CL, 2–317; c. CLX, 9). Fol. 118r: Post celebracionem misse stet sacerdos iuxta feretrum et dicat: *Non intres in iudicium* ... Endet fol. 119v: ... *ac benignitate sua deleat et abstergat Iesus Christus dominus noster, qui vivit et regnat* (Andrieu 1, 278, c. LI, A 5).

Fol. 119^{v}: Benedictio sepulcri. *Rogamus te, domine, sancte pater, omnipotens, eterne deus, ut digneris benedicere et sanctificare hoc sepulcrum*... (Andrieu 1, 288, c. LIII, 1). Fol. 119^{v}: *Deus, qui fundasti terram*... (Andrieu 2, 509, c. LII, 19). Endet fol. 123^{v}: *Deus, cuius miseratione anime fidelium requiescunt... tecum sine fine letantur. Per dominum nostrum Iesum Christum filium tuum. Qui tecum. Requiescant in pace. Amen* (Andrieu 2, 512, c. LII, 31). *Et benedictio dei patris omnipotentis et filii et spiritus sancti descendat super hoc sepulcrum et super hoc corpus in eo collocatum. Amen* (Die untere Hälfte der Seite ist frei).

Fol. 124^{r}: Von kleinerer, jüngerer Hand des 13. Jh. Nachtrag zur Jungfrauenweihe. Oracio sancti Mathei apostoli in consecracione sancte Eufigenie virginis et sociarum suarum post imposicionem velamini. *Deus plasmator corporum... cursum virginitatis implere. Per ipsum dominum nostrum Iesum Christum, redemptorem animarum nostrarum, cum quo est deo patri honor et gloria cum spiritu sancto et nunc et semper per immortalia secula seculorum* (Vogel-Elze 1, 45, c. XX, 22; die Stelle gehört oben fol. 61^{v}–62^{v} eingeschoben).

Fol. 124^{v}: Von einer Hand des ausgehenden 12. Jh. Nachtrag dreier Gebete um Errettung des Hl. Landes von den Heiden. Diese Hand ist sichtlich die älteste der in der Hs. vertretenen. Sie weist zwar bereits Ligierung des d mit dem folgenden Buchstaben auf, verwendet aber neben dem allein zur Ligatur geeigneten d noch dasjenige mit geradem Schaft; vor allem spricht für ihr höheres Alter die indistinkte Schreibweise von Präpositionen und folgendem Wort (*adexibenda, apaganorum, inmanu, adauxilium*). Als Erklärung muß vermutet werden, daß der Nachtrag von einem betagten Schreiber stammt. Besonders bemerkenswert ist das letzte der drei Gebete, denn hier hat man den Text des uralten Karfreitagsgebets für den römischen Kaiser (Vogel-Elze 2, 88, c. XCIX, 317), das schon im 7. Jh. bezeugt ist und bis 1860 Bestandteil der Karfreitagsliturgie war, durch geringfügige Änderungen in eine ergreifende Bitte um Schutz vor den gegen das Hl. Land anrennenden Heiden verwandelt. Text der Gebete: *Deus, qui ad exibenda nostre redentionis misteria Terram Promissionis elegesti, libera eam, quesumus, domine, ab instantia paganorum, ut gentium incredulitate confusa populus tuus in te confidens de tue virtutis potentia glorietur. Per. — Protector noster, adspice, deus, et per hec sacrosancta misteria, que tibi devote offerimus, a paganorum nos defende periculis. Per. — Omnipotens senpiterne deus, in manu cuius sunt omnium potestates et omnium iura regnorum, respice propicius ad auxilium christianorum* (statt *ad Romanum benignus imperium* des Karfreitagsgebets), *ut gentes paganorum* (fehlt im Karfreitagsgebet), *que in sua feritate confidunt, dextera tue potentie conprimantur. Per eundem.*

Fol. 125^{r}: Von anderen Händen Nachträge zur Witwenweihe nach dem römischen Pontifikale des 12. Jh. Benedictio vidue, que fuerit castitatem professa et sub habitu monastico inter sanctimoniales regulariter voluerit vivere. Vidua soluta a lege viri, si vult se ipsam deo dare, potest. Et licet presbitero... (Andrieu 1, 165, c. XIII, 1). Endet fol. 125^{v}: ...*in utraque parte perseverante continentia ditetur. Per* (Andrieu 1, 156, c. XII, 5). Item singularis benedictio sacri velaminis. *Suppliciter te, domine, rogamus, ut super hanc vestem*... (Andrieu I, 156, c. XII, 6). Endet fol. 126v: ...*soli deo in ecclesia tua devote mente deserviat. Per.* Missa in benedictione vidue. *Tibi dixit cor meum ut* supra (Andrieu I, 166, c. XIII, 10). Bricht mit einer vollbeschriebenen Seite fol. 126v mitten in der Sekret unvollständig ab: *Respice, domine, propicius ad hostiam servitutis nostre tuo con*... (Andrieu I, 167, c. XIII, 16).

APPENDIX I

Festtagsitinerar Balduins I. und Balduins II. (1100–1101)

Das wichtigste Hilfsmittel für die Erstellung eines Festtagsitinerars sind bekanntlich die Königsurkunden. Sie versagen aber im Falle des lateinischen Königreiches Jerusalem so gut wie vollkommen, da nur ein kleiner Teil der ergangenen Urkunden überhaupt erhalten, von den erhaltenen nur ein Teil datiert, von den datierten wiederum nur ein Teil mit einer Ortsangabe versehen ist. Selbst wenn der König am 10. September 1181 in Jerusalem für den Johanniterorden urkundet (Jean Delaville Le Roulx, *Cartulaire général de l'Ordre des Hospitaliers de St.-Jean de Jérusalem* I [1894] 413 Nr. 606), so ist dies nicht recht brauchbar, denn die Urkunde legt zwar nahe, daß der König zu Kreuzerhöhung (14. September) in Jerusalem war, aber bewiesen ist das damit noch nicht. Für die ersten beiden Könige gibt es keine einzige Urkunde, die auch nur eine solche Wahrscheinlichkeitsaussage zuließe. Wir müssen uns für das Festtagsitinerar daher an die Chroniken halten. Dabei empfiehlt sich eine Beschränkung auf die beiden ersten Könige, für die wir durch die Chronik des Fulcher von Chartres (bis 1127) und die Chronik Alberts von Aachen (bis 1120) besonders gut unterrichtet sind. Die späteren Könige haben in Wilhelm von Tyrus einen Chronisten gefunden, der sich zwar weit über das historiographische Niveau Fulchers und Alberts erhob, mit der Chronologie aber auf dem Kriegsfuß stand und für das Festtagsitinerar überhaupt nur dürftige Angaben macht.

Zweifellos bemühten sich die Könige, hohe kirchliche Festtage in den Zentren des Reiches zu verbringen. Dafür zeugt eine Stelle bei Wilhelm von Tyrus (Historia XX 17, S. 970) zum Jahre 1169: *Dominus vero rex gratia vicinae festivitatis Accon properans, in vigilia nativitatis dominicae eandem attigit civitatem* und eine ähnliche Stelle zu 1182 ebenda XXII, 22 (S. 1109). Früher war es Tradition gewesen, Weihnachten in Bethlehem und Jerusalem zu feiern[292], was Fulcher von Chartres (*Historia* III 27, 1; S. 693f.) so ausdrückt: *Anno a domino Iesu nato M°C°XX°IV°, cum natale salvatoris tam in Bethlehem quam in Hierusalem, ut decuit, celebrassemus* ..., aber als das Reich größer wurde, mag es für den König schwieriger geworden sein, dieser Tradition immer gerecht zu werden. Auch für Ostern macht sich Fulcher von Chartres zum Dolmetsch der Tradition, wenn er (*Historia* II 8,1; S. 394f.) für das Jahr 1101 (zweite Redaktion, *ca.* 1124–1127 geschrieben) berichtet: *quia prope erat pascha, cuius sollemnitatem ex more cuncti qui possunt celebrant ..., Hierusalem cum rege perrexerunt.* In der Tat ist das unten folgende Festtagsitinerar für Ostern am stabilsten. Es zeigt die beiden Könige — soweit wir ihren Aufenthaltsort überhaupt feststellen können — zu Ostern mit einer einzigen, kriegsbedingten Ausnahme in Jerusalem. Es wurde auch oben (S. 170) schon erwähnt, daß das Rituale der Grabeskirche nur am Palmsonntag und am Ostersamstag der Anwesenheit des Königs gedenkt. Dieses Bestreben, die Karwoche in Jerusalem zu verbringen, ist keineswegs erstaunlich. Die bei der für Jerusalem gut verbürgten Palmsonntagsprozession gesungenen Laudes, die ja eigentlich Christus gelten, lassen den König als den Gesalbten des Herrn in besonderem Lichte erscheinen (s. oben S. 54), und genau diese Überdeckung der mit den Begriffen „Christus" und „Rex" ver-

[292] Nach der Regelung des Rituales der Grabeskirche gehen der Patriarch und die Kanoniker des Hl. Grabes am 24. Dezember nach Bethlehem, bleiben am 25 Dezember noch dort und kehren nach der Vesper nach Jerusalem zurück (Kohler, *Rituel* S. 405; S. 308 des Zweitdrucks).

bundenen Assoziationen will Albert von Aachen (*Historia* XII 7, S. 693) hervorrufen, wenn er den Einzug Balduins I. in Jerusalem beschreibt: *ipsa sancta et celebri palmarum die per portam, quae respicit ad montem olivarum, per quam et dominus Ihesus asello sedens intravit, ipse* (scil. Balduin I.) *cum suis et una cum quibusdam magnificis legatis regis Graecorum ... intromissus est.* Außerdem war Ostern der Höhepunkt der jährlichen Pilgersaison. So stark war der Andrang der Pilger, daß ein ursprünglich in der Grabeskirche aufgeführtes Osterspiel aufgegeben oder zumindest abgeändert werden mußte, denn das Rituale der Grabeskirche (Kohler, „Rituel de Saint-Sépulcre," *Revue de l'Orient latin* 8 (1900–1901) 423; S. 326 des Sonderdrucks) schreibt für den Ostersonntag vor: *Quod dum cantatur, sint parati tres clerici iuvenes in modo mulierum retro altare iuxta consuetudinem antiquorum, quod non facimus modo propter astancium peregrinorum multitudinem.* Da der Pilgerverkehr für das lateinische Königreich politisch und wirtschaftlich von Gewicht war, hatte der König ein natürliches Interesse daran, Ostern in Jerusalem zu verbringen, was auch durch das nun folgende, zweifellos fragmentarische Festtagsitinerar erhärtet wird.

Festtagsitinerar

1100 Weihnachten. Krönung Balduins I. in Bethlehem. Fulcher von Chartres, *Historia* II 6,1 (S. 384f.); Albert von Aachen, *Historia* VII 43 (S. 536f.).

1101 Epiphanias. Balduin I. in Jerusalem. Albert von Aachen, *Historia* VII 43 (S. 537).

1101 Ostern. Balduin I. in Jerusalem. Fulcher von Chartres, *Historia* II 8, 1–2 (S. 394f.); Cafaro *Annales*, MG. SS. 18, 12.

1101 Himmelfahrt und Pfingsten. Balduin I. in Caesarea oder Ramla. Albert von Aachen, *Historia* VII 56 (S. 544); Fulcher von Chartres, *Historia* II 10, 1 (S. 405f.). Wo der König sich befand, hängt davon ab, wann man die Eroberung Caesareas ansetzt; vgl. H. Hagenmeyer, „Chronologie de l'histoire du Royaume de Jérusalem," *Revue de l'Orient latin* 9 (1902) 429 Nr. 567.

1101 Mariae Geburt. Balduin I. hört die Messe im Königszelt auf dem Schlachtfeld zwischen Ramla und Askalon. Fulcher von Chartres, *Historia* II 13, 1 (S. 417f.).

1101 Exaltatio crucis (14. September). Balduin I. ist vermutlich in Jerusalem, wohin er am 10. September zurückkehrte. Albert von Aachen, *Historia* VII 70 (S. 553); vgl. Hagenmeyer, „Chronologie", *Revue de l'Orient latin* 10 (1903/04) S. 385 Nr. 611.

1102 Ostern. Balduin I. in Jerusalem. Albert von Aachen, *Historia* VIII 45 (S. 584); IX 1 (S. 591). Bei dieser Gelegenheit fand auch eine Festkrönung statt, da das Krönungsmahl im Templum Salomonis erwähnt wird. Fulcher von Chartres, *Historia* II 17, 5–18, 1 (S. 435f. mit der Lesart der ersten Redaktion von ca. 1105 in Anm. d auf S. 436).

1102 Himmelfahrt (15. Mai). Balduin I. in Jaffa. Fulcher von Chartres, *Historia* II 15, 5 (S. 427): der König bricht von Jaffa nach Ramla auf, wo er am 17. Mai gegen die Ägypter kämpft; vgl. Hagenmeyer, „Chronologie", *Revue de l'Orient latin* 11 (1905–08) 162 Nr. 645.

1103 Ostern. Balduin I. vermutlich in Jerusalem. Fulcher von Chartres, *Historia* II 22, 1 (S. 456): *cum pascha ex more in Hierusalem celebrassemus, urbem Accon...rex cum exercitulo suo adgressus obsedit.* Es wird nicht ausdrücklich gesagt, daß auch Balduin I. zu Ostern in Jerusalem war, aber es ist nach dem Wortlaut wahrscheinlich. Die Belagerung Akkons begann jedenfalls erst *post octavas paschae* (Albert von Aachen, *Historia* IX 19; S. 601).

1103 Himmelfahrt (7. Mai). Balduin I. belagert Akkon. Die Belagerung begann *post octavas paschae* (nach dem 5. April; s. oben zu Ostern 1103) und dauerte fünf Wochen, d. h. mindestens bis zum 9. Mai, längstens bis zum 16. Mai; vgl. Hagenmeyer, „Chronologie", *Revue de l'Orient latin* 12 (1909–11) 71 Nr. 690.

1103 Pfingsten (17. Mai). Balduin I. möglicherweise in Jaffa, wohin er nach der Belagerung Akkons zurückkehrte. Fulcher von Chartres, *Historia* II 22, 1 (S. 457).

1104 Ostern. Balduin I. vermutlich in Jerusalem. Fulcher von Chartres, *Historia* II 25, 1 (S. 462): *cum in Hierusalem verno florente paschae sollemnia celebrata fuissent, rex Balduinus... profectus est Accon et iterum obsedit eam*; vgl. oben zu Ostern 1103.

1104 Himmelfahrt. Balduin I. erobert Akkon. Fulcher von Chartres, *Historia* II 25, 3 (S. 464); Albert von Aachen, *Historia* IX 28 (S. 607); Abschrift einer steingemeißelten Inschrift in der Grabeskirche zu Jerusalem im Liber iurium von Genua bei C. Imperiale di Sant'Angelo, *Codice diplomatico della Repubblica di Genova* 1 (1936) 23 Nr. 18 zu 1105 (pisanischer Rechnung = 1104 annus civilis).

1106 Weihnachten. Balduin I. in der Terre de Suète östlich des Sees von Tiberias. Albert von Aachen, *Historia* X 25 (S. 642): *Dehinc...rex Baldewinus a Tabaria et terra Suet eodem anno* (= Albert X 1, S. 631: *anno septimo regni* = Weihnachten 1106–Weihnachten 1107) *celebrato ibidem natali domini Ptolomaidam reversus est anno regni sui octavo.* Demnach hätte es sich um Weihnachten 1107 gehandelt, doch verlegt die Forschung diese Ereignisse allgemein in das Jahr 1106.

1107 Epiphanias. Festkrönung Balduins I. in Bethlehem. Albert von Aachen, *Historia* X 27 (S. 644; dort zum Jahre 1108).

1107 Ostern. Festkrönung Balduins I. in Jerusalem. Albert von Aachen, *Historia* X 31 (S. 646; dort zum Jahre 1108).

1110 Pfingsten. Balduin I. in Jerusalem. Albert von Aachen, *Historia* XI 18 (S. 671).

1110 Weihnachten. Balduin I. in Jerusalem. Albert von Aachen, *Historia* XI 35 (S. 680).

1111 Ostern. Balduin I. in Jerusalem. Albert von Aachen ebenda.

1112 Ostern. Festkrönung Balduins I. in Jerusalem *propter regis Graecorum legatos iussu domni patriarchae.* Albert von Aachen, *Historia* XII 7 (S. 693).

1119 Ostern. Balduin II. in Jerusalem. Albert von Aachen, *Historia* XII 33 (S. 713).

1119 Assumptio Mariae (15. August). Balduin II. auf dem Schlachtfeld im Fürstentum Antiochia. Walter der Kanzler, *Bella Antiochena*, hg. v. H. Hagenmeyer (1896) II 12, 8 (S. 104). Die Schlacht fand am 14. August statt (ebenda II 12, 9, S. 105; zu dem abweichenden Datum Fulchers von Chartres vgl. Fulcher, *Historia* S. 631 Anm. 13); danach blieb der König noch zwei Tage auf dem Schlachtfeld (Fulcher von Chartres, *Historia* III 5, 3, S. 630).

1119 Weihnachten. Balduin II. wird in Bethlehem gekrönt. Fulcher von Chartres, *Historia* III 7, 4 (S. 635).

1123 Ostern (15. April). Balduin II. befindet sich in der Grafschaft Edessa, wo er am 14. oder 18. April gefangengenommen wird. R. Röhricht, *Geschichte des Königreichs Jerusalem* (1898) S. 155 Anm. 5 und 6.

1125 Weihnachten. Balduin II. in Jerusalem. Fulcher von Chartres, *Historia* III 50, 1 (S. 784f.).

1126 Ostern. Balduin II. in Jerusalem. Fulcher von Chartres, *Historia* III 53–54 (S. 799).

Ich danke auch an dieser Stelle Herrn Professor Reinhard Elze sehr herzlich, daß er das von ihm gefundene Pontifikale mir zur Auswertung überlassen und mir seine große Erfahrung in Krönungsfragen jederzeit in großem Umfang hat zuteil werden lassen. Ferner danke ich ganz besonders dem Dumbarton Oaks Center for Byzantine Studies, wo ich die Möglichkeit sorgloser und freier Arbeit erhielt. Ich habe von den dortigen Fachgenossen auch vielerlei Anregungen empfangen, für die ich besonders Herrn Professor Ernst Kitzinger, Herrn Professor Ihor Ševčenko, Herrn Professor Alfred R. Bellinger und Herrn Michael Hendy danke. Die deutsch-amerikanische Fulbright-Kommission in Bad Godesberg hat meine Forschungen durch ein Reisestipendium unterstützt, die Monumenta Germaniae Historica und die Universität Innsbruck haben mir durch Beurlaubung die Arbeit in Dumbarton Oaks ermöglicht. Ich sage allen diesen Institutionen meinen Dank.

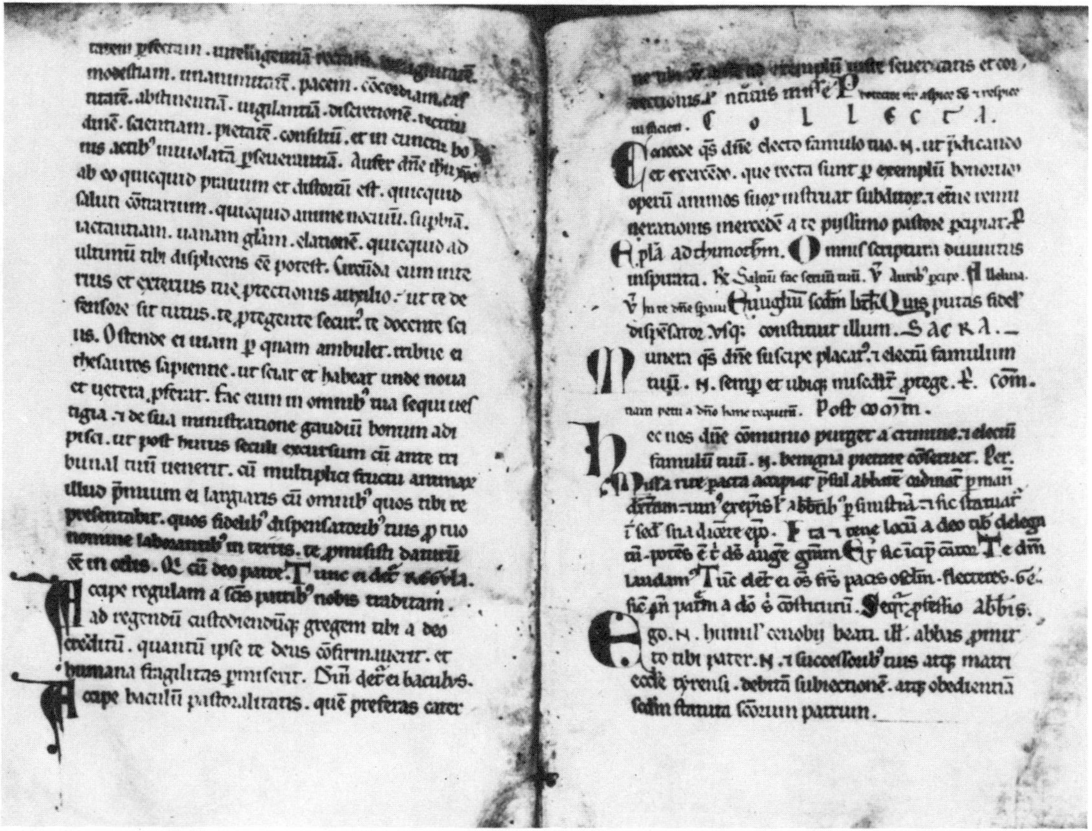

1. Pontifikale von Tyrus, Fols. 60v–61r

2. Balduin I., 1115

3. Amalrich I., 1168

4. Amalrich II., 1198

5. Balduin III., 1150

6. Amalrich I., undatiert

7. Johann von Brienne, undatiert

Siegel der lateinischen Könige von Jerusalem

II

JÉRUSALEM ET ANTIOCHE AU TEMPS DE BAUDOUIN II

Dès le début de son règne, le roi Baudouin II de Jérusalem (1118-1131) se heurta à une puissante opposition de la part de la noblesse[1]. Son accession au trône avait été controversée de façon véhémente. Les pragmatiques, avec à leur tête le patriarche Arnulf de Jérusalem et Joscelin de Galilée, avaient mené et soutenu sa candidature ; les légitimistes avaient tenté, de leur côté, d'installer sur le trône le comte Eustache III de Boulogne, frère de Godefroy de Bouillon et de Baudouin Ier. Cette tentative échoua par suite de la présence de Baudouin II lors de l'enterrement de Baudouin Ier, alors qu'Eustache se trouvait dans une Europe qu'il quitta à regret ; mais c'est volontiers qu'il repassa les Alpes en apprenant la situation créée entre-temps par Baudouin II à Jérusalem[2].

Si Baudouin II reçut l'onction à Pâques 1118, ce n'est qu'à la Noël 1119 qu'il fut couronné, et cela pour des raisons qui nous échappent aujourd'hui. Peu après, en janvier 1120, il fit à l'Église, lors de ce qu'il est convenu d'appeler le concile de Naplouse, des concessions importantes en renonçant au contrôle royal des revenus de l'Église, contrôle qui avait été rigoureusement exercé par Baudouin Ier. Il essaya de s'attirer une clientèle non-lorraine dans un royaume à majorité lorraine et flamande[3]. Aussi n'est-il pas étonnant qu'une opposition contre Baudouin se soit constituée au sein de la noblesse.

Les démêlés violents ne manquèrent pas. En 1122, le roi dut prendre les armes pour faire échouer une tentative du comte de Tripoli d'ébranler la suzeraineté de Jérusalem[4], et vers la fin de son

1. Jean Richard, *Le royaume latin de Jérusalem*, Paris, 1953, p. 69.
2. Guillaume de Tyr, *Historia rerum in partibus transmarinis gestarum*, XII, 3 dans *Recueil des Historiens des Croisades. Historiens occidentaux*, I, Paris, 1844, p. 513-516.
3. L'exemple de l'inféodation de Hugues du Puiset (dans l'Orléanais) survenue à Jaffa peu après l'arrivée de Baudouin II au pouvoir en constitue la caractéristique. En Galilée, qui était la plus importante seigneurie du royaume, le roi après le départ de Joscelin Ier pour Édesse, éleva Guillaume de Buris au rang de seigneur ; certes, ce dernier avait été auparavant un des plus importants vassaux de Joscelin, mais il était originaire de la région de Paris.
4. Foucher de Chartres, *Historia Hierosolymitana*, III, 11, ed. Heinrich Hagenmeyer, Heidelberg, 1913, p. 648.

règne apparut la première révolte ouverte de la noblesse dans le royaume de Jérusalem. Elle fut conduite par le seigneur d'Outre-Jourdain et eut pour conséquence de le déposséder de son fief[5].

Mais nous voulons aujourd'hui nous consacrer à un autre cas d'opposition féodale au roi Baudouin II. Elle fut menée en partie ouvertement, en partie secrètement contre sa politique d'intervention à Antioche qui ne cessait de devenir impopulaire.

Baudouin II n'avait pas seulement hérité du royaume de Baudouin Ier mais aussi de sa politique vis-à-vis du Nord. Baudouin Ier, en apparaissant en 1109 au camp dressé devant Tripoli, était devenu l'arbitre incontesté de l'Orient latin. Il avait, à l'époque, mené à bonne fin un des problèmes les plus épineux des États croisés, à savoir le problème de la dépendance féodale du comté de Tripoli. Tous les princes chrétiens, y compris le régent — formellement indépendant — Tancrède d'Antioche, durent reconnaître sa sentence arbitrale : Baudouin Ier fut appelé à juger les princes chrétiens d'Orient et devint, de ce fait, leur autorité morale suprême pour ce qui concerne le domaine temporel.

Tout cela ne constituait pas un problème de droit puisque ce n'était pas en tant que roi que Baudouin avait fait venir les princes à Tripoli, mais au nom de l'Église de Jérusalem[6]. Ce fut une démonstration de puissance et de prestige politique. Elle engendra une hégémonie fragile de Jérusalem, mais cette hégémonie était pleine d'impondérables. Si les rois de Jérusalem voulaient conserver cette position, ils devaient aussi protéger au Nord les principautés d'Antioche, d'Édesse et de Tripoli en période de crise, ainsi que le faisaient les empereurs romains du Moyen Âge, en allant en Italie. Cela imposait aux vassaux de Jérusalem des charges supplémentaires, alors qu'ils avaient suffisamment à faire dans leur propre royaume. C'est ainsi, par exemple, que sur vingt-six mois ils durent en passer dix-huit ou dix-neuf en campagne entre mars 1110 et avril 1112, dont de juin à août 1110 à Édesse, entre avril et septembre 1112 à Antioche. A la fin, le roi et sa troupe étaient, selon les mots de Foucher de Chartres, *taedio et labore valde fatigatus*[7] et ne pouvaient rentrer chez eux aussi vite qu'ils l'auraient désiré.

Lorsqu'on examine les choses rétrospectivement, il semble qu'il dut paraître évident aux vassaux de Jérusalem que les campagnes antiochiennes œuvraient en leur faveur à longue échéance, étant donné qu'elles conservaient intacts les États croisés du Nord qui

5. Hans E. Mayer, *Studies in the History of Queen Melisende of Jerusalem*, dans *Dumbarton Oaks Papers*, XXVI (1972), p. 105 *sq.*

6. Albert d'Aix, *Historia Hierosolymitana*, X, 3, dans *Recueil des Historiens des Croisades. Historiens occidentaux*, IV, Paris, 1879, p. 667.

7. Foucher de Chartres, *Historia*, II, 46, p. 559.

servaient de tampon vis-à-vis d'Alep, Mossoul et Damas. Mais les vassaux du Moyen Âge constituaient des noyaux égocentriques plus intéressés aux gains à brève qu'à longue échéance. On peut arguer que les interventions couronnées de succès de 1110 et 1111 en Syrie du Nord déterminèrent Maudoûd de Mossoul à attaquer directement la Palestine en 1113, estimant qu'elle était à l'origine du mal. S'il avait mis à profit ses premiers succès en 1113 à Sinn-al-Nabra, il est certain qu'il en serait résulté une situation critique. Mais il se retira et fut assassiné la même année, cependant qu'à Alep la mort de Ridwân conduisait à l'anarchie. Lorsque le sultan reprit le combat, il nomma général en chef Boursouq, un Perse aussi peu populaire à Alep et à Damas qu'il l'était à Jérusalem. Il se fit battre à Tell-Dânîth en 1115 par une puissante coalition musulmano-chrétienne menée par Roger d'Antioche.

Antioche jouit d'une période de paix de 1115 jusqu'à la mort de Baudouin Ier en 1118. Mais, en juin 1119, Roger d'Antioche fut écrasé par Ilghâzi d'Alep au cours d'une bataille qui porte à juste titre le nom de « Champ du Sang » *(ager sanguinis)*. Roger y mourut, l'armée d'Antioche fut massacrée, la noblesse antiochienne décimée, réduite à néant même. Seule Jérusalem pouvait apporter une aide. Le roi Baudouin II prit la route du Nord après avoir reçu, peu avant la bataille du Champ du Sang, un appel du prince d'Antioche. Mais il n'arriva sur place qu'après la bataille. C'est à la demande des Antiochiens qu'il assuma la régence de la principauté d'Antioche au nom de Bohémond II, fils du défunt prince Bohémond Ier. Ce fils était encore un enfant et vivait en Apulie. Il devait attendre tout d'abord sa majorité puis venir en Orient. L'implication du roi, et par là même de son armée, dans les affaires d'Antioche était devenue permanente depuis des années, et ce fait ne constituait pas une perspective agréable pour les vassaux du roi.

Après s'être chargé de la régence et avoir pris les premières mesures d'urgence pour la réorganisation de la force de combat de la principauté, le roi rentra à Jérusalem. L'opposition se déclara ouvertement lorsqu'il reçut, en juin 1120, un appel au secours d'Antioche où on avait besoin de lui pour combattre une invasion musulmane. Le roi, voulant apporter son aide, exigea du patriarche et du clergé du Saint-Sépulcre, la relique de la Vraie Croix[8]. Le roi avait dû être averti des difficultés qu'il rencontrerait en formulant cette demande. En effet, il ouvrit le débat en exerçant sur son auditoire une forte pression, déclarant qu'il ne partirait pas en guerre sans la relique. Ainsi, il reportait sur le clergé l'entière responsabilité (avec toutes les conséquences qui s'en suivraient), d'un refus de l'aide

8. *Ibid.*, III, 9, p. 639.

demandée par Antioche. Ce fut l'origine d'une discussion animée qui a été presque entièrement négligée par la littérature historique[9]. Elle eut lieu entre ceux qui voulaient entrer en guerre et ceux qui voulaient rester à Jérusalem *(inter euntes ad bellum et remanentes in Hierusalem)*, les uns arguant que les nécessités de la chrétienté exigeaient la présence de la relique au sein de l'armée, les autres disant qu'on ne pouvait dépouiller l'Église de Jérusalem d'un tel trésor. Une lecture trop superficielle du chapelain du roi, Foucher de Chartres, pourrait faire penser tout d'abord à une divergence d'opinions au sein du clergé, d'autant qu'il précise ensuite l'opinion de ce dernier. Mais il ne fait aucune allusion à une division de ce même clergé. Aussi le clergé ne partait généralement en guerre qu'en petit nombre, et seulement pour prier et prendre soin de la relique. La divergence d'opinions se trouvait, de toute évidence, à l'intérieur de la noblesse, car Foucher introduit l'opinion du clergé par *dicebamus*, nous avons dit. Et il poursuit, en relatant la remise finale de la relique : « Nous fîmes ce que nous ne voulions pas, et ce que nous ne voulions pas nous le voulûmes » ; cela signifie donc qu'aussi bien le refus initial que la capitulation finale du clergé furent unitaires.

Le clergé prit argument de ce que la précieuse relique pouvait être perdue au cours de la campagne. Que devrait-on faire alors ? L'argument était vraiment étonnant. A cette époque, la tradition voulait qu'en temps de guerre, la relique se trouvât au sein de l'armée. Elle y était en 1099, en 1101, 1105 et 1119[10]. Le roi Baudouin Ier fut soumis de tous côtés à de vives critiques lorsqu'il partit en campagne en 1102 tout d'abord sans la relique. Bartolf de Nangis a écrit que ses gens se seraient jetés dans la bataille « comme des boucs en rut »[11]. Le droit du roi d'avoir, en cas de guerre, la relique à l'intérieur du royaume et le long de ses frontières était, en 1120, incontestable ; la relique n'avait jamais été refusée. Aux yeux du peuple, cela aurait été une initiative suicidaire. Les chanoines du Saint-Sépulcre qui en avaient la garde étaient dans l'obligation d'autoriser le patriarche à l'apporter en tout lieu, pour toute situation d'urgence *(necessitas)* et la *necessitas* fut formellement définie en 1169, comme étant une campagne militaire[12]. Ce droit du patriarche impliquait naturelle-

9. On trouve seulement une mention de quelques mots du refus de la relique dans René Grousset, *Histoire des croisades*, I, Paris, 1934, p. 576 et dans Steven Runciman, *A History of the Crusades*, II, Cambridge, 1952, p. 158.

10. Foucher de Chartres, *Historia*, I, 31 ; II, 11 ; II, 21 ; II, 32 ; III, 4, p. 312, 409, 453, 495, 625.

11. *Ibid.*, II, 21, p. 453 *sq.* Bartolf de Nangis, *Gesta Francorum expugnantium Iherusalem*, dans *Recueil des Historiens des Croisades. Historiens occidentaux*, III, Paris, 1866, p. 533 : *quasi hoedi petulantes.*

12. Reinhold Röhricht, *Regesta regni Hierosolymitani*, Innsbruck, 1893, no 25. 167.

ment un devoir : celui d'apporter la relique à l'armée en cas de guerre. L'argument de l'opposition, en 1120, ne portait pas sur le fait de savoir si la relique devait être exposée aux dangers de la guerre, mais si on devait la porter à Antioche, c'est-à-dire « à l'étranger ». Cela dévalorisait naturellement l'argument invoqué : la relique de la Croix pouvait être perdue sur le champ de bataille tout aussi bien à l'intérieur du royaume (et c'est ce qui se passa réellement en 1187). Mais le clergé avait encore contre lui un argument plus sérieux : la relique avait déjà été auparavant à Antioche : elle était, selon toute vraisemblance, avec l'armée le 14 septembre 1115, jour de l'Exaltation de la Sainte Croix, lors de la bataille de Tell-Dânîth[13]. Foucher de Chartres préféra passer sous silence ces événements car le roi était alors allé réellement très loin en laissant la relique au prince d'Antioche alors que lui-même regagnait Jérusalem. De toute manière, un fait est certain : la relique était avec le roi Baudouin II à Antioche en 1119[14].

Le clergé n'avait aucun motif de repousser la demande du roi, mais les vassaux en avaient un, dans la mesure où ils étaient contre une implication permanente dans les affaires d'Antioche, ce qui signifiait pour eux un service militaire d'une plus longue durée. Les vassaux n'étaient pas tous d'accord. Nous considérons toute l'affaire non pas comme étant de nature ecclésiastique mais féodale. Si la noblesse de Jérusalem s'était montrée unanime pour partager avec le roi les charges nouvelles d'Antioche, le clergé n'aurait pu refuser la relique. Les choses prennent un tout autre aspect si nous interprétons Foucher de la manière suivante, à savoir qu'il y avait trois partis impliqués dans la dispute :

1 – celui du roi et des vassaux désirant la guerre ;
2 – celui des autres vassaux préférant demeurer chez eux ;
3 – celui du clergé, devenu porte-parole du deuxième groupe.

L'opposition cléricale qui, en fait, n'était que le couvert de celle de la noblesse, n'était possible que si une scission apparaissait sur ce problème au sein de la noblesse. Le but était clair : si l'opposition au sein de la noblesse pouvait obliger le clergé à refuser la relique au roi, alors ceux qui désiraient rester chez eux auraient une bonne justification à leur refus. En outre, ils auraient bloqué la première campagne du roi à Antioche depuis le jour où il y avait pris en main la régence en 1119, car sans la relique il ne voulait ni ne pouvait mener une guerre. Il est plus vraisemblable que toute sa régence

13. Gautier le Chancelier, *Bella Antiochena*, I, 5, 3 et I, 5, 5, ed. Heinrich Hagenmeyer, Innsbruck, 1896, p. 72.

14. Foucher de Chartres, *Historia*, III, 4, p. 625 *sq* ; Gautier le Chancelier, *Bella Antiochena*, II, 12, 4, p. 103 *sq*.

antiochienne s'écroulerait s'il n'apportait pas maintenant son aide.

Étant donné que, dès le début, le roi avait menacé de ne pas partir en campagne s'il n'avait avec lui la relique, il est évident qu'il avait prévu des difficultés. En effet, ces dernières n'avaient pas éclaté d'une façon inattendue : elles avaient, à la vérité, déjà commencé un an auparavant[15]. Roger d'Antioche avait, avant le Champ du Sang, demandé l'aide de Baudouin II. A cette époque le roi et son armée *(cum suis)* étaient occupés par une expédition contre les Damascènes sur les rives du Jourdain. Comme le voulait la tradition, le patriarche et la Vraie Croix accompagnaient l'armée. Lorsqu'il reçut l'appel à l'aide d'Antioche, le roi interrompit aussitôt la campagne en cours et marcha vers le Nord. Mais le patriarche ne l'accompagna pas, et ce fut l'archevêque de Césarée qui porta la relique. Avec le contingent mis à sa disposition par le comte de Tripoli, 250 chevaliers servaient dans l'armée : c'était à peine l'importance de l'armée féodale, c'était à peine tout ce que le roi avait eu avec lui sur les bords du Jourdain.

Nous pouvons donc supposer que l'opposition se concentrait déjà contre la campagne antiochienne de 1119. Ceci expliquerait pourquoi le patriarche y envoya certes la Vraie Croix mais refusa de la porter lui-même. C'est ainsi qu'il demeura entre les partis en 1119. Après que le roi eût brillamment gagné une bataille le 15 août 1119 dans le Nord, le souverain et la relique furent fêtés à Antioche[16]. Le séjour fut de courte durée : le roi était dans l'obligation de demeurer à Antioche afin de remettre sur pied la principauté qui avait été durement touchée. Mais ses vassaux de Jérusalem décidèrent de rentrer au plus vite dans leurs domaines et prirent la relique avec eux ; celle-ci arriva à Jérusalem pour l'Exaltation de la Sainte Croix, le 14 septembre[17].

La rapidité avec laquelle, à Antioche, les vassaux demandèrent leur mise en congé et le rapatriement rapide de la Vraie Croix laissent entrevoir le mécontentement des vassaux, dû au fait que la campagne militaire s'était étendue vers le Nord. Il semble que le roi ait essayé de les calmer en libérant ses troupes aussi vite que possible et en renvoyant immédiatement la relique à Jérusalem. C'est à partir de ce moment que Foucher de Chartres nota religieusement, dans sa chronique, chaque retour de la relique dans la ville[18].

L'opposition de 1119 devait naturellement avoir également une base juridique. Nous croyons qu'en ce qui concerne l'opposition de

15. Foucher de Chartres, *Historia*, III, 4, p. 624 *sq.*
16. *Ibid.*, III, 5, p. 631.
17. *Ibid.*, III, 6, p. 632 *sq.*
18. *Ibid.*, III, 6 ; III, 9 ; III, 11 ; III, 19 ; III, 25 ; III, 36, p. 632, 642, 651, 668, 690, 746.

1120, la question de savoir dans quelle mesure les vassaux étaient tenus de remplir l'obligation du service militaire à l'étranger joua un rôle. Cette obligation avait déjà pu, en 1119, entrer en ligne de compte mais il semble qu'un autre problème ait figuré au premier plan. Les vassaux avaient reçu la semonce non pas au service d'Antioche, mais pour servir à l'intérieur du pays et à ses frontières pour une campagne qui, de toute évidence, était une expédition punitive servant les intérêts du prince de Galilée[19]. La durée pendant laquelle les vassaux étaient obligés de servir a été souvent mal comprise. Jadis on croyait qu'ils devaient servir jusqu'à une année, alors qu'en Europe la période d'obligation de service était beaucoup plus courte[20]. Mais dans les ouvrages de droit de Jérusalem se trouvait une distinction très subtile que seul Riley-Smith a bien comprise[21] : le vassal devait rester à l'armée pour toute la durée de la semonce, mais il ne pouvait être convoqué que pour un maximum d'une année. Le laps de temps d'un an ne concernait généralement pas le service militaire qui, dans ce cas, aurait pu être illimité, — comme Dodu le supposa —, si le roi avait promulgué plusieurs semonces de douze mois l'une après l'autre. Une année était la durée maximale pouvant être promulguée pour une semonce, et lorsque cette dernière expirait, une interruption devait intervenir, ou bien les vassaux n'avaient plus à servir sinon volontairement et contre un paiement supplémentaire, même si la semonce avait été faite pour moins d'une année. Cela plaçait le roi face à des restrictions considérables et à des décisions difficiles. Il devait, de ce fait, déjà avant le début d'une campagne, décider de sa durée, et par là-même, de la durée de la semonce. On peut se demander dans quelle mesure ces règles qui se concrétisèrent au treizième siècle, étaient déjà valables au douzième. Mais il semble qu'elles étaient déjà en vigueur en 1166 lorsque l'armée fut convoquée pour un nombre fixe de jours *(ad dies constitutos)*[22]. Jean d'Ibelin définit, vers 1265, comme manquement à l'obligation de service, le fait qu'un vassal quitte l'armée sans l'autorisation du seigneur *(sans congié dou seignor)* pendant la période pour laquelle

19. Pour ce qui concerne les causes *cf.* Reinhold Röhricht, *Geschichte des Königreichs Jerusalem*, Innsbruck, 1898, p. 129 et René Grousset, *Histoire des croisades*, I, p. 547 *sq.*

20. Gaston Dodu, *Histoire des institutions monarchiques dans le royaume de Jérusalem 1099-1291*, Paris, 1894, p. 185 ; John L. La Monte, *Feudal Monarchy in the Latin Kingdom of Jerusalem 1100 to 1291*, Monographs of the Mediaeval Academy of America n° 4, Cambridge, Mass., 1932, p. 141 *sq.* ; Peter Edbury, *Feudal Obligations in the Latin East*, dans *Byzantion* XLVII, 1977, p. 331.

21. *Livre de Jean d'Ibelin*, c. 217, dans *Recueil des Historiens des Croisades. Lois*, I, Paris, 1841, p. 346. Jonathan Riley-Smith, *The Feudal Nobility and the Kingdom of Jerusalem, 1174-1277*, London, 1973, p. 8.

22. Guillaume de Tyr, *Historia*, XIX, 4, p. 904.

il avait reçu semonce[23]. Guillaume de Tyr pensait que cette règle était en vigueur en 1118, lorsque les troupes de Baudouin II rentrèrent chez elles après avoir reçu l'autorisation du roi *(sumpta a domino rege licentia)*[24]. Étant donné que les vassaux avaient reçu semonce au printemps 1119 pour une expédition punitive afin de venger une défaite du prince de Galilée à Pâques de la même année, la durée prévue de la campagne militaire, et de ce fait celle de la semonce, n'avait pas pu être très longue. Mais lorsque la campagne fut détournée sur Antioche, il devint évident qu'elle durerait beaucoup plus, et elle dura en effet jusqu'à la mi-septembre. Si la semonce avait été établie pour une durée beaucoup plus courte, une opposition contre la campagne antiochienne pouvait se constituer étant donné qu'il était prévisible que sa durée dépasserait alors de beaucoup celle prévue par la semonce.

Mais l'expédition de 1119 avait été au moins provoquée par des circonstances imprévisibles, intervenues au cours d'une campagne normale aux frontières du royaume. En 1120, la situation fut toute autre : Antioche demanda l'aide du roi alors que celui-ci était chez lui à Jérusalem. Pour ce qui est de la durée prévue de l'expédition, le roi pouvait l'estimer plus exactement que l'année précédente. L'opposition ne pouvait donc plus invoquer le fait qu'elle devait servir plus longtemps que prévu. Les vassaux n'osèrent pas non plus utiliser ouvertement l'argument selon lequel ils n'étaient pas réellement obligés de servir à l'étranger. Selon les règles du droit féodal du XIIIe siècle, ils n'y étaient tenus que dans trois circonstances : le service de messagerie en relation avec les mariages de la famille royale, la protection de l'honneur du roi, les besoins impérieux du royaume ou les intérêts communs du pays[25]. Le roi pouvait interpréter largement la troisième condition, mais les vassaux pouvaient, de leur côté, la traiter à leur avantage en y fixant des limites. C'était au roi d'en apporter la preuve ; alors qu'il pouvait lever simplement des troupes à l'intérieur du pays, il devait pour le service à l'étranger

23. *Livre de Jean d'Ibelin*, c. 222, *Lois*, I, p. 353.
24. Guillaume de Tyr, *Historia*, XII, 6, p. 519.
25. *Livre de Jean d'Ibelin*, c. 217, *Lois*, I, p. 347 *sq.* Nous ne savons pas dans quelle mesure cette règle était déjà valable au cours des années 1119/1120, mais il semble qu'elle se soit développée à la suite des interventions des rois de Jérusalem dans la Syrie du Nord. Déjà, en 1110, le roi n'avait demandé qu'une aide volontaire à l'occasion du soutien apporté à Édesse ; *cf.* Albert d'Aix, *Historia*, XI, 18, p. 671. Le *Livre au roi*, c. 29, *Lois*, I, p. 626 est plus restreint et ne reconnaît qu'une obligation des vassaux de remplir à l'étranger le service de messageries. Mais il faut souligner que le *Livre au roi*, écrit entre 1198 et 1205, est d'un esprit moins monarchique et centraliste que M. Grandclaude n'avait supposé ; *cf.* Riley-Smith, *op. cit.*, p. 142 *sq.*, 155 *sq.* L'époque de sa composition était une période où fut tentée la reconquête du royaume ancien. Il n'y était pas donc question d'une guerre en dehors les frontières de ce dernier, mais, bien sûr, des ambassades aux cours étrangères.

convaincre ses vassaux que les besoins du royaume ou les intérêts du pays étaient en jeu. Il devait, dans tous les cas, rémunérer leur service à l'étranger.

De toute façon, la dénégation ouverte d'une obligation de service à l'étranger n'aurait pas, en 1120, été un moyen adéquat pour atteindre le but politique réel, à savoir la fin de la régence antiochienne du roi en bloquant toute campagne militaire. Même d'après les règles du XIIIe siècle, qui étaient certainement plus favorables aux vassaux que celles de 1120, cela n'aurait pas été un moyen valable. Et c'est peut-être pour cela qu'il ne fut pas utilisé. Jacques d'Ibelin déclara, en 1271, à l'occasion d'un litige célèbre avec le roi de Chypre, concerné par la question du service à l'étranger, que le roi pouvait toujours obtenir ce service à condition qu'il fut volontaire et moyennant une bonne rémunération. Pour quarante qui désirèrent servir sous de telles conditions, un seul refusa[26]. Il y avait, sur le plan juridique, une différence entre « subsistance » et « bonne rémunération ». Lorsqu'il y avait accord sur le fait que l'intérêt général exigeait le service à l'étranger, le vassal était entretenu mais il devait servir. Si cet accord n'intervenait pas, le vassal n'était pas obligé de répondre présent, mais s'il le faisait, il ne devait pas seulement être entretenu mais il devait en outre être rétribué d'une façon lucrative. Si Jacques d'Ibelin explique que les vassaux accomplissaient toujours de bonne grâce cette manière de servir, c'était parce que la bonne rémunération était plus avantageuse que la subsistance. Lorsqu'en 1120 il s'était non seulement agi d'empêcher la campagne à l'étranger mais aussi de torpiller la régence antiochienne, il est évident qu'il serait plus efficace pour l'opposition de se servir du patriarche qui déjà, en 1119, s'était montré très ouvert en faveur de ces arguments. Comme jadis, il louvoya entre les partis, tout d'abord en refusant au roi la Vraie Croix ainsi que le désirait l'opposition ; mais il justifia cette attitude à l'aide d'arguments tellement dénués de valeur qu'en considération des précédents au cours desquels la relique s'était trouvée avec l'armée, et ce même à Antioche, il dut céder au roi.

Étant donné que ce dernier avait, comme nous l'avons vu, prévu le refus initial de la relique en 1120, et que le patriarche avait, en partie, manifesté son hostilité à l'égard de la campagne de 1119 à Antioche en n'y prenant pas part, nous pouvons donc avec certitude penser qu'il avait déjà, en 1119, soulevé le problème, — à savoir si la relique devait être amenée à Antioche —, en tant que porte-

26. *Document relatif au service militaire*, dans *Recueil des Historiens des Croisades. Lois*, II, Paris, 1843, p. 433.

parole des vassaux opposants. Que le patriarche prenne ou non part à une campagne, cela ne faisait pas de différence ; son refus de participer n'avait pour le roi aucune conséquence et n'apportait aux vassaux opposants aucun soutien direct, si ce n'est une manifestation officielle. Le patriarche devait savoir, en 1119 et 1120 que le seul moyen efficace à sa disposition était le refus de la relique : sans elle toute guerre devenait impopulaire et pratiquement impossible. Si le patriarche voulait offrir à l'opposition plus qu'un simple spectacle dénué d'intérêt et sans signification pratique, il devait miser sur la relique. Toute discussion sur un droit possible du patriarche de ne pas livrer la relique lors d'une bataille était dangereuse et soulevait une question de principe sur laquelle le roi ne pouvait pas céder : si le patriarche avait eu un droit matériel de contrôle afin de pouvoir décider si la relique devait être donnée ou non à l'armée, il aurait été *de facto*, celui qui aurait décidé ou non d'une guerre, qui aurait tranché si une campagne devait ou non être menée. Mais cette décision ne pouvait qu'être entre les mains du roi, conseillé par les vassaux. Si une telle décision était prise, le roi ne pouvait alors tolérer aucune situation permettant au patriarche de la remettre en cause ; le roi devait exiger son droit à posséder avec lui la relique dans la guerre, et lorsqu'il la prit avec lui à Antioche en 1119, il se montra plus fort que l'opposition. Mais il prévoyait que sa résistance sur ce point serait à nouveau mise à l'épreuve, et dans des conditions normales, à savoir à l'occasion d'une campagne qui, contrairement à celle de 1119, aurait a priori, été prévue vers Antioche. Alors, la relique ne serait pas avec l'armée lorsque le débat commencerait.

Pour le roi, deux principes étaient en jeu :

1 – il devait rester le maître des décisions concernant la guerre et la paix,

2 – il devait imposer à la partie récalcitrante de ses vassaux sa politique à longue échéance d'intervention à Antioche.

La cour royale était, par principe, consciente de la signification de cette question. Le 30 décembre 1119, la chancellerie du roi, dans un diplôme destiné à l'Ordre de Saint-Jean, mit l'accent d'une manière inhabituelle en ce qui concerne la date, sur le fait que le roi avait emporté la Croix à Antioche et, qu'avec l'aide de la relique, il avait remporté une victoire : « En l'an de l'Incarnation du Seigneur 1120, en la deuxième année de mon règne, lorsque Dieu, par le signe de la Sainte-Croix, accorda la victoire à sa Chrétienté en terre syrienne et au royaume qui lui était confié, mardi, le 30 décembre » *(anno ab incarnatione domini MCXX regnique mei II, quo deus per signum sancte crucis dedit victoriam sue christianitati in terra Sirie suoque regno comisso, III kl. ianuarii, feria III)*[27].

Toute la dispute autour de la Vraie Croix ne fut pas de si tôt oubliée. La Croix fut encore emmenée avec l'armée à Antioche par exemple en 1122[28]. Mais encore en 1135, la chancellerie du roi Foulques fit noter dans un diplôme que le roi, à cette époque, en tant que régent d'Antioche, y avait emmené la Vraie Croix[29]. Cela renforçait l'idée que le roi désormais avait le droit indiscutable et non pas contestable, d'y emporter la relique.

Après que, finalement, le roi Baudouin II eût reçu cette dernière, la campagne se déroula sans encombre. Mais le roi tint compte des discussions passées dans la mesure où, comme en 1119, il renvoya la relique le plus tôt possible à Jérusalem alors qu'il restait dans le Nord et s'occupait de la protection d'Antioche[30].

Mais peut-être, lisons-nous dans le récit de Foucher sur la dispute de 1120, plus de choses qu'il n'en existe en fait ? Peut-être la Vraie Croix ne fut-elle mentionnée dans la date de la charte de décembre 1119 que par hasard et non pour des raisons politiques ? Je ne le crois pas car il est facile de démontrer que les obligations du roi envers Antioche demeurèrent très impopulaires à Jérusalem. Il ne se heurta à aucune difficulté lorsqu'il exigea le service des vassaux en 1121 pour la destruction de Jerash, en Outre-Jourdain, ni ne rencontra d'opposition, l'année suivante, lorsqu'il obligea de nouveau le comte de Tripoli, en théorie vassal rebelle à Jérusalem, à l'obéissance. Et le roi se vit remettre à cet effet la Vraie Croix à sa disposition. Alors qu'il était à Tripoli, il reçut un nouvel appel à l'aide d'Antioche. Le roi réagit de la manière suivante : il prit avec lui trois cents chevaliers choisis *(milites lectissimos)* et quatre cents mercenaires *(clientes advecticios)*. En d'autres termes, le roi compta, pour sa campagne militaire du Nord sur un service volontaire et sur des troupes recrutées. Il est fort possible que le problème de la durée initiale de la semonce à destination de Tripoli se soit à nouveau posé. Le roi prit avec lui

27. Röhricht, *Regesta* n° 90a. On trouvait, à l'occasion, de telles références à des événements contemporains dans les chartes non-royales, comme par exemple celle à la construction du château-fort Chaubak dans la date d'une charte de 1115 (Röhricht, *Regesta*, n° 81a). Mais dans les diplômes royaux de Jérusalem, l'évocation de la victoire remportée grâce à la Vraie Croix constitue un fait pratiquement unique, étant donné que la datation d'après les années écoulées depuis la conquête de Jérusalem n'est pas seulement très rare, mais constitue un phénomène comparable à celui de la datation d'après les années de règne. En fait, on ne peut comparer la mention de la Vraie Croix qu'à celle du premier Concile de Latran dans ce qu'on appelle le *Pactum Warmundi* (*ibid.*, n° 102) de 1123, mais elle n'apparaît pas dans la date mais dans la *narratio*.

28. Foucher de Chartres, *Historia*, III, 11, p. 650.

29. Röhricht, *Regesta*, n° 157.

30. Foucher de Chartres, *Historia*, III, 9, p. 641 *sq*.

la Vraie Croix en allant à Antioche. Mais lorsqu'il retourna de la campagne qui s'était déroulée sans incident et fut rappelé de Tripoli à Antioche à cause d'une affaire urgente, mais vraisemblablement de nature pacifique puisqu'il ne prit que peu de gens, il fit rapporter auparavant la relique à Jérusalem[31].

Le 18 avril 1123, Baudouin II fut fait prisonnier par les Musulmans. Un conseil de régence fut constitué. Les régents s'écartèrent aussitôt de la politique antiochienne du roi. Cette régence étant la première du royaume de Jérusalem, il était naturel que la position des régents vis-à-vis des vassaux soit plus faible que ne l'était celle du roi, sans tenir compte de leur opinion personnelle en ce qui concerne la question d'Antioche. Baudouin II resta prisonnier pendant seize mois jusqu'à l'été 1124. Il ne fut libre qu'une seule fois, et pour une courte durée, lorsqu'il prit possession, grâce à un coup de main spectaculaire, du château-fort dans lequel il était retenu prisonnier. Pendant toute la durée de sa captivité, les régents n'envoyèrent qu'une seule fois une armée et la Vraie Croix vers le Nord, et cela afin de porter secours au roi qui, à ce moment-là occupait le fort dans lequel il était auparavant prisonnier. Le devoir absolu des régents et des vassaux était d'aider le roi. Mais lorsqu'ils apprirent que ce dernier était de nouveau prisonnier, ils interrompirent la campagne et retournèrent chez eux[32]. Au lieu de cela, ils combattirent à Ashdod en 1123[33]. De janvier à juillet 1124 ils assiégèrent Tyr où, comme le remarqua amèrement Foucher de Chartres, ils ne reçurent aucune aide d'Antioche[34]. Il semble bien que les relations entre Jérusalem et Antioche n'étaient pas, à cette époque, très amicales, puisque la politique antiochienne du roi avait été abandonnée depuis sa captivité. Antioche se sentait délaissée. Déjà, à la fin de 1123, les régents avaient fait grise mine à Antioche. Dans le *Pactum Warmundi*[35] signé avec les Vénitiens, ils ne traitaient pas en détail les affaires qualifiées d'antiochiennes et seulement en termes qui ne les liaient pas. Ils concédaient que le roi avait fait aux Vénitiens certaines promesses au sujet d'Antioche, mais ils doutaient fort que la noblesse antiochienne soit prête à les honorer. S'il n'en était pas ainsi, alors ils s'engageaient à suivre, dans cette affaire, les instructions du pape, mais cela aurait lieu après la prise espérée de Tyr.

Lorsque le roi fut libéré, en été 1124, il voulut assiéger Alep afin

31. *Ibid.*, III, 10-11, p. 643-651. Pour les mercenaires v. *ibid.*, p. 649 et *cf. clientela conductitia*, *ibid.*, III, 27, p. 694.
32. *Ibid.*, III, 24 *sq.*, p. 687 *sq.*
33. *Ibid.*, III, 18, p. 664-667.
34. *Ibid.*, III, 34, p. 739.
35. Röhricht, *Regesta*, n° 102.

de réunir sa rançon[36]. Nous ne savons pas l'étendue exacte de l'aide qu'il obtint réellement de Jérusalem pendant ces quatre ou cinq mois. Il n'en reste pas moins que Foucher certifie que des troupes étaient venues de Jérusalem et qu'elles rentrèrent dans cette ville après la levée du siège d'Alep[37]. Le roi, quant à lui, retrouva sa capitale en avril 1125, après trois ans d'absence. Il n'y resta que peu de temps, car déjà en mai, il reçut un nouvel appel à l'aide d'Antioche. Comme jadis, il put emmener les troupes du comte de Tripoli, mais le soutien de Jérusalem fut réservé. Foucher exprime clairement que les vassaux se sentaient à présent surchargés. Le roi n'avait, selon le chroniqueur, que peu d'entre eux à ses côtés « parce qu'ils avaient été fortement épuisés par l'année présente et l'année passée » *(paucos habebat, quoniam in praesenti et in praeterito anno valde fatigati fuerant)*[38]. Il ajoute que, depuis le début de 1124, ils n'avaient pratiquement pas été chez eux, mais cela n'était valable que pour ceux qui avaient participé au siège d'Alep. Foucher n'avait cité ces vassaux qu'en passant, ce qui fit croire à Guillaume de Tyr qu'il n'y avait presqu'aucun vassal de Jérusalem devant Alep, car il décrit le roi, en avril 1125, rentrant à Jérusalem avec seulement un petit nombre de familiers *(cum familiari comitatu)*[39]. Le roi laissa, lors de sa nouvelle campagne à Antioche — et peu en importe la raison — la Vraie Croix à Jérusalem. A la suite de cela, Foucher ne pouvait que rapporter que le roi avait chevauché dans la bataille, « armé du signe de la Croix » *(signo crucis armatus)*[40]. Il portait une croix sur ses vêtements mais il n'avait pas la relique avec lui.

C'est seulement avec une partie de ses vassaux, et non avec toute l'armée *(partem de equitatu suo relinquens, partem secum ducens)*, que le roi partit en campagne une nouvelle fois de Jérusalem à Antioche en été 1126[41]. Il s'y trouvait encore à la mi-octobre lorsque Bohémond II, héritier légitime de la principauté d'Antioche arriva enfin, venant d'Apulie. La régence de Baudouin avait duré sept ans. Il transmit sans difficultés et rapidement la principauté à Bohémond. Dès l'arrivée de ce dernier, on négocia les conditions de la passation des pouvoirs. Bohémond épousa une des filles de Baudouin (qui selon toute apparence, était présente à Antioche). Après le mariage, Bohémond fut élevé au trône et reçut foi et hommage de la noblesse,

36. Foucher de Chartres, *Historia*, III, 38, p. 751 ; Guillaume de Tyr, *Historia*, XIII, 15, p. 576.
37. Foucher de Chartres, *Historia*, III, 39, p. 756.
38. *Ibid.*, III, 42, p. 763.
39. Guillaume de Tyr, *Historia*, XIII, 15, p. 577.
40. Foucher de Chartres, *Historia*, III, 42, p. 765.
41. *Ibid.*, III, 55, p. 801.

le tout en présence et avec l'approbation du roi Baudouin II qui ensuite rentra à Jérusalem[42].

Compte-tenu de l'impopularité de sa politique antiochienne, il est vraisemblable que le roi fut content d'être libéré de la régence. Lorsqu'il en avait pris la charge, moins d'un an et demi après son accession au pouvoir, il se peut bien qu'il ait sous-estimé l'étendue de l'opposition féodale. Elle fut visible dans toute son ampleur lorsqu'on tenta, en 1120 de le priver de la Vraie Croix. A ce moment-là, Antioche devint pour lui une gêne politique dont il ne put se débarrasser pendant de nombreuses années. Démissionner de la charge de la régence n'aurait pas été conciliable avec le rôle de puissance garante et de suzeraineté dans l'Orient latin que les rois de Jérusalem avaient revendiqué depuis 1109. Baudouin II ne pouvait prévoir que l'héritier d'Antioche, qui aurait pu prétendre à son héritage à l'âge de douze ans, attendrait d'en avoir dix-huit[43]. Foucher ne cache pas qu'on attendait impatiemment l'arrivée de Bohémond à Jérusalem parce qu'elle mettrait fin à une régence impopulaire qui retenait sans cesse le roi au Nord. Tout Jérusalem parlait de la venue ou de la non-venue de Bohémond. Ainsi que l'écrit Foucher, on avait été souvent informé faussement de son arrivée imminente. Il circulait des rumeurs qui tenaient le peuple en haleine. Une fois il avait envoyé au-devant de lui ses faucons de chasse, ses fauconniers et ses chiens de chasse, ce qui avait provoqué une rumeur selon laquelle il avait débarqué à Antioche[44]. Lorsqu'il arriva, on fut soulagé. Le roi fit aussitôt porter la nouvelle à Jérusalem. « Et tous n'étaient pas peu réjouis, et tous nous louons Dieu de l'avoir amené ici bien portant » *(omnibus non mediocriter placuit, sed deum, qui adduxit sanum, cuncti laudavimus)*[45].

Tout ceci constituait de vieux sentiments politiques auxquels Foucher prêtait une expression, et avec lesquels le roi avait dû compter auparavant. Antioche avait dû, pour le peuple de Jérusalem, prendre l'aspect d'un tonneau sans fond, qui faisait disparaître les ressources du royaume, imposait aux vassaux des campagnes durant de longues années et était responsable des longues absences du roi hors de ses frontières, alors que la défense du royaume était en danger et que l'exercice de la justice était retardé. Les années passant, la politique antiochienne du roi devait devenir, dans une partie croissante de la population de Jérusalem, de plus en plus impopulaire, bien que le roi ait consacré plus d'attention en 1125 et 1126 aux affaires du royaume qu'avant sa captivité. Il construisit à côté de

42. *Ibid.*, III, 61, p. 819-822.
43. Guillaume de Tyr, *Historia*, XIII, 21, p. 589.
44. Foucher de Chartres, *Historia*, III, 57, p. 805 *sq.*, 808 *sq.*
45. *Ibid.*, III, 61, p. 820.

Beyrouth un château-fort, entreprit deux expéditions contre Damas et combattit à Ascalon[46].

Mais tout cela ne put infléchir l'opposition de principe des vassaux à sa politique vis-à-vis du Nord. Cette opposition était déjà apparue au début de la régence. Les raisons sont contenues, de manière visible, dans les conditions sous lesquelles Baudouin II prit en charge la régence. Mais cela n'explique pas l'appui timide que le roi trouva, lors de sa campagne d'Antioche en 1119, c'est-à-dire avant la bataille du Champ du Sang, auprès de ses vassaux. Il serait plutôt explicable, bien que je puisse me tromper, par le fait que la campagne fut détournée des rives du Jourdain vers le Nord. Car cela devait mettre en lumière l'acuité du problème, à savoir que les vassaux n'avaient pas été convoqués pour le temps nécessaire. Mais les conditions de la régence expliquent pourquoi la chancellerie, en décembre 1119 après la bataille, insista sur le fait que la Vraie Croix avait été à Antioche et y avait apporté la victoire. Ces conditions de la régence expliquent avant tout les difficultés rencontrées avec la relique en 1120 : elles avaient été une tentative de sapement de toute la régence.

Lorsqu'en automne 1119, le roi prit la charge de la régence, les conditions en furent fixées par un contrat en bonne et dûe forme, qui fut affirmé par serment *(verbis et manu regia sancitum et confirmatum)* par le roi, devant un parlement en l'église Saint-Pierre d'Antioche[47]. Les deux partis défendaient leurs intérêts essentiels : Baudouin devait recevoir la régence jusqu'à ce que Bohémond vienne réclamer la principauté. Baudouin reconnaitrait Bohémond II comme héritier légitime de la principauté, quand il viendrait en Orient. Mais Baudouin avait des conditions à poser et que le parlement accepta : Bohémond ne recevrait, à son retour, la principauté que s'il reconnaissait une influence prolongée du roi de Jérusalem. Il devait épouser une fille de Baudouin, comme cela eut lieu en 1126. Bohémond fut obligé par le parlement, dès le début, à défendre la principauté avec le conseil et l'aide de Baudouin *(ipsius consilio et auxilio). Consilium et auxilium* était une des formules les plus fondamentales du droit féodal[48]. Cela garantissait au roi Baudouin, bien plus que le mariage de sa fille, une influence dans la politique antiochienne, même après la fin de la régence. La politique extérieure du prince nécessitait l'approbation du roi.

Mais la noblesse d'Antioche avait, elle aussi, des conditions à for-

46. *Ibid.*, III, 45 ; III, 46 ; III, 50, p. 771, 772-774, 784-793.
47. Gautier le Chancelier, *Bella Antiochena*, II, 10, p. 98 *sq.*
48. Sur cette formule *cf.* Michel François, *Auxilium et consilium dans la langue et la pensée médiévales*, dans *Bulletin de la Société nationale des Antiquaires de France*, 1967, p. 111-120.

muler et qui ne se limitaient pas toutes à la sauvegarde des intérêts de l'héritier légitime. Une grande partie de la noblesse avait été tuée sur le Champ du Sang. Une nouvelle répartition des fiefs était inévitable. Elle devait être entreprise par le roi, en qualité de régent. Il en résultait un danger, celui que le roi utilise les fiefs vacants ou les veuves des victimes — dont le mariage dépendait de lui —, au profit de ses vassaux jérosolymitains. C'est pour cette raison qu'il fut formellement fixé dans le contrat qu'aucun changement au sein de la domination chrétienne sur Antioche ne serait un motif suffisant pour modifier la carte féodale de la principauté. Ce qui avait été acquis soit par cadeau du seigneur (c'est-à-dire du prince Bohémond Ier ou des régents Tancrède et Roger), soit par des efforts pénibles et des effusions de sang, devait rester propriété héréditaire de ceux qui possédaient ces biens en 1119. Il fut fait mention de l'effusion de sang des feudataires mais aussi, expressément, de celle de leurs proches. Le sens de cette clause était parfaitement clair : le roi était ainsi amené à redistribuer les fiefs vacants de manière à ce qu'ils restent dans la famille. Éventuellement il devait les donner aux héritiers collatéraux du dernier propriétaire, même si pour cela on devait aller les chercher en Occident[49]. En ce qui concerne le remariage des veuves, le roi devait éviter non seulement une mésalliance mais il devait les marier au sein de la noblesse antiochienne. D'après Guillaume de Tyr, c'est exactement ce qui eut lieu en 1119[50]. Afin de réorganiser la défense de la principauté, il veilla à ce qu'il y ait des troupes, des denrées alimentaires et des armes dans les châteaux-forts. Il réorganisa l'armée féodale en accordant les fiefs aux enfants de ceux qui étaient tombés au Champ du Sang, le cas échéant aux collatéraux et ceci « comme le dictaient l'ordre et les coutumes du pays » *(prout ratio vel regionis consuetudo deposcebat).* Il maria les veuves à des hommes de rang social égal (et naturellement d'origine normando-antiochienne). Les vassaux d'Antioche garantissaient, avec cette clause précédemment nommée, la maintenance du caractère normand de la principauté et que cette dernière

49. Claude Cahen, *La Syrie du Nord à l'époque des croisades et la principauté franque d'Antioche*, Paris, 1940, p. 289 n. 13 a indiqué qu'Orderic Vital, *Histoire ecclésiastique* XI, 25, éd. Marjorie Chibnall, VI, Oxford, 1978, p. 108 signale que Gervais le Breton, fils du vicomte de Dol (c'est-à-dire un non-Normand) fut armé chevalier alors par Cécile, veuve de Tancrède d'Antioche. Il y a ici une confusion de la part d'Orderic entre Cécile, fille de Philippe Ier de France, veuve de Tancrède et, en 1119, femme du comte Pons de Tripoli, et Cécile, sœur de Baudouin II de Jérusalem et femme de Roger d'Antioche, qui fut tué sur le Champ du Sang. Mais il faut souligner que dans l'Histoire d'Orderic il n'est pas question d'une inféodation de Gervais le Breton et que les aventures de celui-ci semblent n'être entrées dans l'œuvre d'Orderic que par l'intermédiaire d'un récit épique, la *Chanson des Chétifs* ; *cf.* Cahen, *op. cit.*, p. 574, n. 23.

50. Guillaume de Tyr, *Historia*, XII, 12, p. 531.

ne deviendrait pas le butin des Lorrains de Jérusalem. Ceci n'était pas un choix ethnique mais une mesure de précaution matérielle dictée par les intérêts du clan féodal.

Cette clause fut très désagréable aux vassaux de Jérusalem. Lorsque la guerre fut menée contre Damas et que les frontières du royaume furent élargies, le pays fut partagé, sous forme de fiefs, entre les vassaux de Jérusalem. Dans un royaume qui avait été fondé vingt années auparavant par la conquête, à l'époque de celle de l'Italie du Sud et de l'Angleterre par les Normands, ceci était un point d'importance pour les vassaux. Mais de même qu'à Jérusalem, les Lorrains avaient empêché la prise du pouvoir par le patriarche Daimbert et ses Pisans, afin que soit sauvegardé un royaume à influence lorraine, de même les vassaux se trouvaient à présent écartés d'Antioche. En dehors des butins, ils ne pouvaient rien espérer en gains lors des campagnes militaires antiochiennes. Bien au contraire, ces expéditions éloignaient le roi de campagnes dans le Sud où les vassaux gagneraient non seulement du butin mais aussi des fiefs. Le roi avait été obligé de prendre en charge la régence d'Antioche afin de maintenir la position politique de Jérusalem. Mais aux yeux des vassaux, les gains possibles étaient incommensurables avec les risques et les dépenses qu'ils entraînaient. Les vassaux étaient opposés à la politique vis-à-vis du Nord faite par le roi car ils formaient une classe sociale égoïste, ne pensant qu'à ses propres intérêts et non pas à ceux de tout le royaume — et encore moins à ceux du roi.

Le contrat de régence de 1119 ne fut jamais remis en question car le transfert rapide d'Antioche à Bohémond s'effectua exactement selon les dispositions du contrat. Et c'est justement parce que la validité du contrat ne fut jamais mise en doute que l'on peut facilement reconnaître les raisons pour lesquelles la régence du roi fut impopulaire au sein des vassaux de Jérusalem, et le devint de plus en plus au fur et à mesure que la régence se prolongea. Le profit par la conquête n'était pas seulement une spécificité normande, il constituait aussi le rêve de tous les croisés. La chose est visible dans les ouvrages de droit féodal de Jérusalem du XIIIe siècle où un fief qui a été donné pour la première fois à une famille est désigné par le terme de *fié de conquest* même s'il s'agit d'un fief établi depuis longtemps au sein du royaume de Jérusalem, et qui est retombé entre les mains du roi et a été redistribué non point selon les règles de l'héritage mais au seul gré du roi.

Une politique royale qui refusait à ses vassaux des conquêtes au nom des dispositions grâce auxquelles cette politique avait été définie, ne pouvait pas compter sur l'appui des vassaux. Bien au contraire, une telle politique ne pouvait donner naissance qu'à une opposition.

III

STUDIES IN THE HISTORY OF QUEEN MELISENDE OF JERUSALEM

MOST recent histories of the crusades, including my own, devote hardly more than a page to the civil war of 1152 in the Latin Kingdom of Jerusalem[1] and offer little by way of explanation beyond what is to be found in the chronicle of William of Tyre.[2] We get the impression from both the chronicle and these histories that this *cause célèbre* erupted rather suddenly because there was discontent among the barons about the arrogance of the constable Manasses of Hierges, who was conducting a major part of the politics of the day. It has been reiterated time and again, on the basis of William's chronicle, that the power of Manasses rested on his having struck an alliance with the clan of the powerful Ibelin family by means of a cleverly arranged marriage. Since the death of King Fulk the kingdom had been ruled by Queen Melisende and the constable, and Melisende acted in the capacity of regent on behalf of her son, Baldwin III, at that time still a minor. The discontented barons are said to have approached the King and to have advised him that, having reached maturity, he should no longer be subject to the command of a woman and should take the government into his own hands. Baldwin heeded this advice, demanding that he be crowned without his mother. In this he was refused and was advised to be crowned along with her, but shortly afterward he realized his wish to be crowned alone. He then exacted from his mother a share of the kingdom, and the realm was divided between them, Jerusalem and Nablus going to Queen Melisende, Acre and Tyre to her son Baldwin III. This arrangement did not prove long-lived. Under the influence of those barons who had persuaded him to revolt, Baldwin advanced with military forces into his mother's part of the kingdom, captured and exiled the constable Manasses, occupied Nablus, and besieged his mother in the citadel of Jerusalem until she agreed to withdraw completely from the government on the condition that she retain Nablus to the end of her days. "Thus," William of Tyre concludes, "they were restored to the good graces of one another; and as the morning star which shines forth in the midst of darkness, tranquillity again returned to the kingdom and the church."[3]

In the absence of other sources, historians have told William's story many times, but have not reached agreement as to when these events took place

[1] J. L. La Monte, *Feudal Monarchy in the Latin Kingdom of Jerusalem 1100 to 1291*, Monographs of the Mediaeval Academy of America, 4 (Cambridge, Mass., 1932), 17f.; R. Grousset, *Histoire des croisades et du royaume franc de Jérusalem*, 2 (Paris, 1935), 315–20; J. Richard, *Le royaume latin de Jérusalem* (Paris, 1953), 65; S. Runciman, *A History of the Crusades*, II (Cambridge, 1952), 333f.; *A History of the Crusades*, ed. K. M. Setton and M. W. Baldwin, I (Philadelphia, 1955), 534f.; A. Waas, *Geschichte der Kreuzzüge*, II (Freiburg im Breisgau, 1956), 109; H. E. Mayer, *Geschichte der Kreuzzüge*, Urban-Bücher, 86 (Stuttgart, 1965), 111; J. Prawer, *Histoire du royaume latin de Jérusalem*, I (Paris, 1969), 401f.

[2] William of Tyre, *Historia rerum in partibus transmarinis gestarum*, in *Recueil des historiens des croisades. Historiens occidentaux*, I,1 and I,2 (Paris, 1844). Quoted throughout as WT, followed by book and chapter.

[3] WT, XVII.14. English trans. E. A. Babcock and A. C. Krey, *A History of Deeds Done beyond the Sea*, II, Records of Civilization, 35, 2 (New York, 1943), 207.

since the chronological sequence of William's report is very confused on this point. Most historians have opted for the year 1152, some have placed them in 1151, and some even as early as 1150.[4] The same mistakes have been repeated over and over again because they were derived from the pages of William's chronicle, especially if it was not read carefully: the power of Manasses rested on his alliance with the Ibelins; the King demanded to be crowned because he had now attained maturity, being twenty-one years of age; and he was now crowned for the first time. Even Grousset's treatment, more acute than all the others, repeated these errors and canonized them for generations to come. Yet Grousset himself did not do much to explain the background of this dangerous internal strife. When I wrote on the subject in 1965, I had doubts about the suddenness of the outbreak of the civil war as well as about some points of detail, and tried to phrase the story as cautiously as possible, thinking to return to it at some later time. I was able to deal with the coronation aspect in 1967,[5] but other duties prevented me from conducting a closer investigation until the leisure of a Visiting Scholarship to Dumbarton Oaks in the winter of 1970/71 afforded me the necessary time for this, and also gave me the opportunity to expand my source material.

Historians would, in principle, have been well-advised to take into account the royal charters when they wrote the story of the civil war of 1152 in Jerusalem. But it is doubtful whether they would have derived much practical use from doing so, for, unfortunately, most of the royal charters of those years are dated only by the year, and lack any indication of month and day. In preparing my critical edition of the charters of the Latin kings of Jerusalem—which also advanced a great deal during my stay at Dumbarton Oaks and will eventually be published by the German Historical Institute in Rome—it became clear to me that the chronological sequence of the charters as given in Röhricht's *Regesta regni Hierosolymitani*[6] must be revised and that only after this revision can they be usefully employed as evidence for the events with which I am here concerned. Our source material, then, is of a twofold nature. First, we have the report in the chronicle of William of Tyre. William was a great historian and his account of the actual civil war must be accepted as basically trustworthy. In general he is reliable, but must be read very carefully and interpreted very exactly. Having been trained not only in theology but also in both canon and civil law, he is normally very precise in stating points of law. Regarding political struggles for power, legal arguments are always employed and are in many cases revealing. This having been said I must, however, make a few reservations about William. For one thing he was very poor at making calculations. He is perfectly hopeless at dating events.

[4] Richard, *Le royaume latin*, 65, argues for 1150. As for other dates see *A History of the Crusades*, ed. Setton and Baldwin, I, 535 note 6.

[5] H. E. Mayer, "Das Pontifikale von Tyrus und die Krönung der lateinischen Könige von Jerusalem," *Dumbarton Oaks Papers*, 21 (1967), 166ff.

[6] All royal and other charters from the Holy Land are here quoted as *RRH* plus number, after R. Röhricht, *Regesta regni Hierosolymitani* (*MXCVII–MCCXCI*) (Innsbruck, 1893); *Additamentum* (Innsbruck, 1904).

Attempts have been made to show that his chronology is better than it is reputed to be,[7] and while this may well be true, it remains bad enough. The chronicler presents us with dates which are manifestly wrong for the reigns of various kings, misdates important battles and, although he was an archbishop, did not even know that the feast of the Sts. Peter and Paul is the 29th of June, and placed it on the 27th.[8] It has even been suggested that a chronological framework was superimposed on William's *Historia* at a later date.[9] This, however, does not concern the historian, who must work with what is available to him; it is up to the editor or the scholar specializing in William of Tyre to inquire further into this matter. What we must retain is the fact that the chronology of William is often seriously wrong. And not only are his dates wrong, but very often his sequence of events is irreconcilable with what we know from other sources or with the simple laws of logic.

In part this chronological uncertainty must be due to the fact that William's chronicle was composed over a period of years (1167–82), with long intervals during which he wrote little or not at all; that in its present form it was pieced together from several historical projects he had begun at various times; and that this patching up was done hastily.[10] To this must be added the further handicap that William was out of the country when the civil war took place. In fact, he was in Europe for twenty consecutive years obtaining his higher education (1145–65)[11] and therefore wrote his history a considerable time after the events. He had no written sources at his disposal for these years, and this meant that while it may have been easy to obtain an account of the events themselves by interviewing participants and eyewitnesses, their proper sequence could easily become confused. It is a frequent experience for any of us that even after a few years we sometimes have difficulty in remembering, for instance, whether we went to Spain in 1966 or 1967, and only by distinctly recalling that it was in the year before we went to Italy, which was surely in 1967 because this was the year our grandmother died, can we finally arrive at a safe relative and absolute chronology. If we had to reconstruct events of Australian history of thirty years ago by interviewing Australians and without having access to newspapers as repositories of daily events, I should not be surprised at all if we were to arrive at a wrong relative chronology while actually discovering the most important events—and the more Australians we were to interview, the more confused we would become. This same holds true of the civil war of 1152 in Jerusalem. Surely people would remember in the late seventies or early eighties that around the middle of the century the King had

[7] The first attempt to wrestle with William's faulty chronology and to show that it was not quite as bad as it seems was made by T. A. Archer, "On the Accession Dates of the Early Kings of Jerusalem," *English Historical Review*, 4 (1889), 89–105.

[8] WT, XVII.9.

[9] Archer, *op. cit., passim*; W. B. Stevenson, *The Crusaders in the East* (Cambridge, 1907), 361 ff. (Appendix B: William of Tyre's Chronology).

[10] The way in which William's work was composed was best described by A. C. Krey, "William of Tyre. The Making of an Historian in the Middle Ages," *Speculum*, 16 (1941), 149–66.

[11] See R. B. C. Huygens, "Guillaume de Tyr étudiant. Un chapitre [XIX, 12] de son 'Histoire' retrouvé," *Latomus. Revue d'études latines*, 21 (1962), 811–29.

revolted against his mother, that at first the kingdom had been partitioned and that finally Baldwin III had gone to war against his mother in Jerusalem and had driven her from power. All this would have remained clear in their memories; but to determine whether these events had taken place before or after the Count of Tripoli was murdered or with which of the innumerable military expeditions they had coincided would have been an entirely different matter.

Lastly, it must be taken into consideration that William was a court historian and, more specifically, the court historian of King Amaury I, brother and successor to Baldwin III, whom I am here discussing. Amaury was responsible for the advancement of William in the hierarchy, furthered his career against the opposition of influential ecclesiastics, entrusted his son to him for his education, and was the patron of William's historiographical enterprises. In his chronicle William may be expected to protect the reputation of the royal house in general, in particular that of Amaury I and of his mother Melisende, who had always relied heavily on the assistance of the Church as a political factor and bought the Church's support by lavish grants, which made her legendary in her own day. That William was a partisan of Melisende against Baldwin III will be clear from what follows. I also propose to show that William tactfully chose not to speak of a break in Amaury's career which was caused by his having sided with his mother against his brother to the very end of the civil war.

This then is our principal source. The other, as I have mentioned above, are the royal charters which, it is hoped, will reveal some of the preludes that must necessarily be connected with a major political event such as this. It can be demonstrated from the charters and from the history of the chancery how the kingdom gradually disintegrated after 1149, and how the rift between Queen Melisende and King Baldwin III grew wider and wider until the clash became inevitable.

In assessing the events which were to lead to the civil war of 1152, we must go back to the year 1128, when King Baldwin II of Jerusalem regulated his succession. His wife Morphia had borne him no sons, only four daughters of which Melisende was the eldest. Of the younger sisters, Alice married the Prince of Antioch and proved to be as domineering and given to politicking as Melisende herself, Hodierna married Count Raymond II of Tripoli, and Iveta took the veil in the convent of St. Anne in Jerusalem and later became abbess of St. Lazarus at Bethany. Melisende, being the eldest daughter, was chosen to succeed to the Crown. Late in 1127 or early in 1128 an embassy was sent to France from the Holy Land to choose a husband for Melisende. The choice fell upon the mighty Count Fulk V of Anjou to whom it was promised, in the name of the King and the magnates, who had unanimously assented, that within fifty days of his arrival in the Holy Land he would be given the hand of the King's eldest daughter *cum spe regni post regis obitum.*[12]

[12] WT, XIII.24. The chronology of these events was established by R. Hiestand, "Chronologisches zur Geschichte des Königreiches Jerusalem um 1130," *Deutsches Archiv für Erforschung des Mittelalters*, 26 (1970), 220–29.

In other words, he was assured that he would rule not only as prince consort but as king in his own right. And, having come East and been wedded to Melisende shortly before Pentecost 1129, even before the fifty days had elapsed, he did indeed loyally assist Baldwin II in governing the country until the King's death on 21 August 1131.[13] The charters of Baldwin II reflect in successive stages how the agreement between Baldwin II and Fulk was carried out. In March 1129 Baldwin II issued a charter for the Holy Sepulchre to which his daughter gave her consent: *Milissenda filia regis hoc laudat et consentit.*[14] This indicates that Baldwin II considered her his successor even before the Count of Anjou's arrival, and therefore allowed her some say in public affairs for she is listed before all other ecclesiastical and secular dignitaries. At some time in 1129 the power of her position increased. An undated charter was issued by the King for the abbey of St. Mary Josaphat which cannot in any case be later than the middle of the year 1129.[15] Here we find that the list of witnesses is headed by *Milissenda filia regis et regni Ierosolimitani haeres.* A third undated charter, which must be placed in 1130 or 1131, issued again by Baldwin II for the Holy Sepulchre, mentions that his grant was made *in praesentia comitis Andegauensis atque Milissendis filie mee.*[16] That the *haeres regni* title for Melisende was now dropped while the consent of the Count of Anjou was included, would seem to confirm my opinion that the second charter here under consideration (*RRH*, No. 137a), in which the Count is not mentioned and Melisende is styled *haeres regni*, should be dated before the third one and, in fact, be placed in the early part of 1129, before the wedding of Melisende and Fulk had actually taken place. Otherwise, the charter would have been a manifest violation of an agreement recently concluded with the Count of Anjou and would have been insulting and humiliating for him. At the time *RRH*, No. 137a, was issued, Melisende was still the sole heir to the kingdom. After Fulk married her, he became the only heir to the throne by virtue of the treaty concluded with King Baldwin II. The chancery took due notice of this by dropping the *haeres regni* title for Melisende and by mentioning the Count of Anjou. That the agreement of 1129 was understood in this way is shown by

[13] WT, XIII.24: *Adstitit autem praedictus comes...domino regi tota vita sua fideliter in negotiis regni ingrediens et egrediens, filii devote implens officium.* R. Hiestand, in another article (see *infra*, note 32), even believes that Baldwin II adopted Fulk.

[14] *RRH*, No. 121. Hiestand, "Chronologisches," 223ff., has shown that this charter must be placed in March 1129 (not in 1128, as was formerly believed).

[15] *RRH*, No. 137a. Hiestand, "Chronologisches," 223, and 224 note 27, has established that this charter cannot be later than the summer of 1129 but must be dated after the death of Queen Morphia, which occurred on 1 October 1126 or 1127. While this is perfectly true, I think that this period can be narrowed. *RRH*, No. 137a, was written by the vice-chancellor Hemelinus acting for chancellor Paganus. Hemelinus is mentioned as vice-chancellor for the first time in *RRH*, No. 130, of 1129, but here Paganus had already been made archbishop-elect of Caesarea. Hemelinus was promoted from vice-chancellor to chancellor in 1130 (*RRH*, No. 134). Since Hemelinus is not referred to at all before 1129, we may assume that *RRH*, No. 137a, was issued shortly before *RRH*, No. 130, that is, in the first half of 1129. Had it been issued earlier, we should not expect to see Hemelinus mentioned. In note 86 of the article quoted *infra*, note 32, Hiestand has convincingly argued in favor of placing this charter early in the year 1129.

[16] *RRH*, No. 137. Since this charter was written by chancellor Hemelinus, it must be dated between his promotion to the chancellor's office (1130) and the death of King Baldwin II (21 August 1131). Hiestand, "Chronologisches," 229 note 60, has limited it convincingly to some time between the end of 1130 and 21 August 1131.

RRH, No. 127, a charter granted by the Archbishop of Tyre, in which King Baldwin II and Count Fulk of Anjou are listed as witnesses, while no mention at all is made of Melisende.

However, when King Baldwin II fell seriously ill in August 1131 and had himself carried to the house of the Patriarch so that he might die closer to the Lord's Sepulchre, he slightly altered the agreement he had with Fulk. He summoned his daughter Melisende, his son-in-law Fulk, and his little grandson Baldwin—born of the marriage of Fulk and Melisende and then in his second year[17]—to his bedside, and in the presence of the lord Patriarch and the prelates and such nobles as happened to be there *curam regni et plenam eis tradidit potestatem*.[18] The whole event shows how powerful the monarchy was in the days of Baldwin II, for the King unilaterally altered the agreement he had with Fulk to the disadvantage of the latter by now conferring the *cura regni* and the *plena potestas*, that is the kingdom and the government, on three persons: Fulk, Melisende and the little Baldwin, whereas in 1129 Fulk had been promised the succession without any limitations. The settlement of 1129 had been made with the express and unanimous approval of the Church and the barons, as custom demanded. The change, apparently, was Baldwin's exclusive decision. No consent of Church and nobles is mentioned. In fact, it is expressly said that those of the nobility who were present, were there by chance (*qui forte aderant*). They had not been formally summoned, or at least they had not been summoned to approve a new succession order, but may have been called in to attend on the dying King. In any case, William of Tyre makes it quite clear that whoever these nobles were they were not in a position to speak with authority for the entire body of the nobility. If they had been chosen at all, they had been chosen at random and were certainly not empowered to support in the name of their class a step of so far-reaching consequences.

Yet, although no one had apparently been asked to approve the decision of the dying King, this was carried out without opposition after his death. Fulk and Melisende were crowned on 14 September 1131 without an election having taken place. The change in the succession settlement probably did not amount to very much at the time, as far as the magnates were concerned. It certainly did not mean that Baldwin II had divided his kingdom into three well defined portions to be held by his daughter, his son-in-law, and his grandson, respectively. Such a partition in a small kingdom faced by external threats would have been suicidal and would certainly not have been accepted by the nobility. But on his deathbed Baldwin II quite definitely did not assign the government to Fulk only, but gave also a share in it to his daughter Melisende and to his little grandson. In an age when symbolism meant so much, the symbolic meaning of this designation was a weighty one, and one of which the dying King must have been fully aware. Clearly, Baldwin II considered the monarchy to be hereditary, almost a private property of which he could

[17] Baldwin III was born in the first half of 1130, at the latest in August 1130; cf. Hiestand, "Chronologisches," 225f.

[18] WT, XIII.28.

dispose at his discretion, even if it meant violating a previous agreement concerning a problem for which in the past he had felt it necessary to obtain the consent of the magnates. There was probably not much that Fulk could do about it at the moment, since in coming out East he had burned his boats at home. He had turned over his county of Anjou to his son Geoffrey, whom he had married to the Empress Maud before leaving France. It was most unlikely that Geoffrey would be willing to step down again in favor of his father had Fulk, in disappointment, returned from the Holy Land. For, like Fulk, Geoffrey too must have believed that the various settlements of 1128/29 were intended as final. Thus, the last act of Baldwin II must have been a real blow for Fulk, especially after he had so loyally served the King. It undermined his future position in that it meant that he could never be as strong as Baldwin II had been, because he would always have to share the royal dignity and power with his wife and his son. Probably this prospect was not at all displeasing to the nobles and it explains why they did not object to the violation of the agreement of 1129, even though the new arrangement had not received their rightful consent.

Baldwin II, in altering the settlement of 1129, may have intended to ensure that the throne of Jerusalem would remain in his family and not go to the house of Anjou. Fulk had two sons from his first marriage, Geoffrey, who was now count of Anjou and certainly had no interest in Jerusalem, and Elias, who himself had been deceived by his father-in-law, Count Rotrou of Perche. At the time of Elias' wedding, Count Rotrou had undertaken not to marry again, thus ensuring that his entire inheritance would go to his only daughter and her husband. But, failing to keep his promise, he subsequently married an English lady who bore him several children, so that Elias was cheated out of his expectancy. Baldwin may have feared that, had Fulk been invested with unlimited royal power, he might make use of it to provide for Elias in the Latin Kingdom. He may also have thought of Fulk's own father, Count Fulk IV of Anjou. This gentleman changed his wives more frequently than his coat-of-mail and had been married at least four, if not five times. When Baldwin was about to die, the marriage of his daughter Melisende to Fulk V was less than three years old. It is true that Fulk was no longer a young man, but if, after Baldwin's death, Fulk were to imitate his father's habit of discarding wives, Melisende might be deprived of her rights should Fulk become the only ruler according to the agreement of 1129.[19] By assigning a share in

[19] As precedent, there was the case of King Baldwin I, who in 1113 had repudiated his second wife in order to marry the Countess Adelasia of Sicily on the understanding not only that the issue of this marriage was to succeed to the throne of Jerusalem but that, in the event there was no issue, Adelasia's son from her first marriage, Count Roger II of Sicily, should become king of Jerusalem. When it seemed that this latter possibility might come about and the prospect was not to the liking of either Church or nobility, the precedence of Adelasia's claim over all others was so strong that it could not be broken in any other way than by Baldwin I's repudiation of Adelasia. In repudiating his second wife the King had used the pretext that she had been in Muslim captivity and was suspected of having committed adultery during that time; cf. R. Röhricht, *Geschichte des Königreiches Jerusalem* (Innsbruck, 1898), 8 note 6. This is interesting in view of the rumors spread later that Melisende had a lover. The case of Adelasia might have served as precedent for repudiating Melisende.

the kingdom and government to Melisende and to his grandson, the dying King made sure that they would still have a legitimate claim to the Crown, should a marital crisis between Fulk and Melisende occur.

Soon after the beginning of Fulk's reign such a crisis took place and was linked with the first revolts of the nobility known to us in the Kingdom of Jerusalem. William of Tyre[20] reports that Count Hugh of Jaffa and Romanus of Puy, lord of Transjordan, conspired against the King. He says that the enmity between the King and the Count arose for unknown reasons, but he also reports the diffused opinion that Queen Melisende had been seeing altogether too much of the Count, who was young and very handsome, and that Fulk was extremely jealous. In recounting this rumor, William also clearly implies that he himself did not believe this to be the true reason for the estrangement between King and Count; otherwise he would not have stated that the true reasons were unknown. The Count was openly accused by his stepson Walter of Caesarea, who presumably had been incited to this, of *lèse majesté* and of having conspired with his companions against the King's life. The Count denied the charge, although even those who did not believe the gossip of his love affair with Melisende admitted that he had refused to obey the King's commands and was not willing to behave as his subject like the other magnates (*domino regi nolebat more aliorum regni principum subici et eius detrectabat cerviciose nimis imperiis oboedire*). When the Count denied the accusation he was challenged to judicial battle but defaulted by not appearing on the appointed day and was thereupon pronounced guilty. Under the *Etablissement du roi Baudoin*, conviction for *lèse majesté* involved confiscation of the fief, and this was probably what the King had been driving at. Threatened by such a severe penalty Count Hugh resorted to a desperate measure by calling in the Egyptians from Ascalon. By this rash act he thoroughly estranged himself from public opinion and, worse still, from the loyalty of his vassals, especially that of his constable Barisan. His vassals left their fiefs in the county of Jaffa and switched over to the King's side. This shows that, until the time when he allied himself with the Egyptians, Count Hugh could depend on the support of his vassals against the King, so that there must have been considerable opposition to Fulk by some of the nobility—it was not just a case of rebellion of single individuals. The King laid siege to Jaffa, but at this point the Patriarch of Jerusalem intervened, and finally it was decided that the Count, together with those of his followers who still sided with him, should be exiled for three years and in the meantime his crown fiefs should be held by the King in order to pay the Count's debts—which is William's way of saying that the King was to enjoy the revenues of the fiefs for three years, after which they would be restored to the Count. While the Count was waiting in Jerusalem for convenient passage to Europe, he was stabbed by a knight of Brittany one night when he was playing dice in the street of the furriers. He did not die from his wounds and was allowed to remain in the kingdom until the wounds had healed, then he betook himself to Apulia where he

[20] WT, XIV.15–18.

met with a premature death. He never returned to the kingdom, and the county of Jaffa permanently reverted to the Crown. The stabbing of Count Hugh created a colossal uproar in the city and everyone immediately accused the King of having arranged the attempted assassination, by which he would, of course, have circumvented the verdict of exile and reached his true goal of acquiring for the Crown the county of Jaffa.[20a] Feeling for the Count ran high in Jerusalem, as it usually does for the victim of an injustice. The knight was put on trial and condemned to mutilation. Although he did not confess to having committed this foul deed at the King's request, he did admit that he had hoped thereby to gain the favor of the King. In spite of William's statement that this saved the King's reputation, it was still very damaging for him. The knight's admission cleared Fulk legally of any responsibility, but revealed that, in the mind of the assassin at least, the King had a motive. The Queen was outraged by all this. All those who had sided with the King against the Count thought it safer not to appear in her presence and, indeed, to avoid public gatherings altogether. More than against all the others, the Queen's wrath was directed against Rohard the Elder, who she thought had more than anyone influenced the King in this affair. Rohard was a man of great standing in the city of Jerusalem and I shall speak of him again. King Fulk himself found that he was not safe when partisans of the Queen were present; consequently the court was very much disrupted. At long last, things between the King and the Queen were patched up through the mediation of third parties, and the King, by persistent efforts, obtained the Queen's pardon for Rohard and the other nobles so that they could at least appear again at court. William concludes his report on this revolt with the statement that from this

[20a] Fulk acquired both the county of Jaffa and, illegally, the possessions of Hugh's wife, especially Jericho, a rich prize indeed. The bishopric of Jericho had been united with the patriarchate of Jerusalem (Jaffé-Loewenfeld, No. 11379; E. de Rozière, *Cartulaire de l'église du Saint-Sépulcre de Jérusalem* [Paris, 1849], 319, No. 180). WT, XI.15, reports that Patriarch Arnulf gave to his niece Emma *ecclesiastici patrimonii optimas portiones*, i.e., Jericho and its dependent possessions, as a dowry when she married Eustace Granier, the first lord of Sidon and Caesarea. It is just possible that this explained the stipulation in the patriarch's oath of office that he strictly refrain from reducing the property of the *mensa patriarchalis* (Rozière, *Cartulaire du Saint-Sépulcre*, 274, No. 152). We do find Jericho and vicinity in the possession of Eustace Granier and his wife Emma in 1116, when they disposed, through Viscount Arnulf of Jericho, of land and water rights which had once been owned by the inhabitants of St. Quarantena on Čabal Ḳaranṭal immediately west of Jericho. After the death of Eustace, the same lands and water rights were in the possession of his widow Emma and her second husband "Prince" Hugh of Jaffa, and were still administered by Viscount Arnulf of Jericho (*RRH*, Nos. 82 and 104; Rozière, *Cartulaire du Saint-Sépulcre*, 222, No. 119). If Emma's possessions were confiscated along with those of Hugh, this would easily explain why Queen Melisende could dispose of Jericho in favor of the nunnery of St. Lazarus at Bethany, which she founded in the late forties or early fifties (WT, XV.26). It would seem to confirm my dating of Hugh's downfall in 1134 (*infra*, p. 104f.) that the Holy Sepulchre tried to strengthen their hold in this region, which had once belonged in its entirety to them, precisely at the time when Hugh's fall offered them a chance. In 1134 the Patriarch donated Quarantena to the canons of the Holy Sepulchre and at the same time elevated it to the rank of a dependent priory (*RRH*, No. 152; Rozière, *Cartulaire du Saint-Sépulcre*, 50, No. 27). From the role played by the Patriarch in Emma's two charters concerning Quarantena it may be deduced that the Holy Sepulchre had retained the church at Quarantena when they lost Jericho. In 1136 the Patriarch gave the new priory (where he consecrated a new altar, which presumably means that a new church had been erected) the ecclesiastical tithes of Jericho (*RRH*, No. 167; Rozière, *Cartulaire du Saint-Sépulcre*, 52, No. 28). These donations must be understood as an attempt on the part of the Holy Sepulchre to establish more firmly their hold on Quarantena, perhaps with a view to recovering Jericho some day. As it turned out, Jericho went to Bethany.

day on King Fulk became very uxorious and did not act without Melisende's knowledge even in small matters.

It is extremely difficult to date this revolt. William of Tyre links it chronologically with the capture of Banyas, which can be dated from Ibn al-Qalānisī[21] as having taken place in December 1132; to this, two other statements by the same author may be added: first, that the kingdom of the Franks was thrown into trouble and disorder after the death of King Baldwin II because the actions of the Count of Anjou revealed faulty judgment; and second, that in November 1132 news was received in Damascus of the breaking out of serious discord among the Franks, which was said to be unusual with them.[22] Surely Fulk did not lack the knowledge of how to reduce unruly vassals to obedience. In Anjou he had coped with the Sablé and the Amboise, had taken the rebellious castles Doué and Ile-Bouchard in 1109, Brissac in 1112, Montbazon in 1118, and Montreuil-Bellay in 1124. It is more likely, that in referring to the troubles in the Latin kingdom, Ibn al-Qalānisī was thinking of the revolt of Count Pons of Tripoli who tried to throw off the yoke of Jerusalem's suzerainty immediately after Fulk had ascended to the throne, but was quickly brought to reason by Fulk in the battle of Chastel Rouge in 1132. From the very beginning of his reign the King was almost continuously engaged in the affairs of Antioch, Edessa, and Tripoli, at least until 1133. During this period only once we hear of him as having been in his kingdom for some length of time in 1133,[23] and he certainly was in Antioch when he issued his two charters *RRH*, Nos. 149 and 157, of 1134 and 1135. This might just leave time for the revolt to have taken place in 1132, after the King had defeated the Count of Tripoli in the battle of Chastel Rouge, were it not for the fact that William of Tyre expressly says that after his victory the King was successfully petitioned by the people of Antioch to remain in Syria and administer the country. Yet other chronological difficulties speak against the date of 1132. Hugh of Jaffa appears last among the witnesses to a charter of Princess Alice of Antioch, issued in her palace at Laodicea in July 1134 (*RRH*, No. 151a). This is not, at first sight, surprising because, since he had to go into exile, it would have been only natural for Hugh to go to Alice, who was a sister of Queen Melisende and had been fighting against both her father King Baldwin II, and her brother-in-law King Fulk. However, we must recall that at the time Alice was not ruling Antioch but was in Laodicea, her dowry, while the principality was being administered by King Fulk as regent; there he granted a charter to the Holy Sepulchre before 1 September 1134.[24] Thus, as long as Fulk was at Antioch it would not have been advisable for Hugh to go there,

[21] R. Le Tourneau, *Damas de 1075 à 1154. Traduction annotée d'un fragment de l'*Histoire de Damas *d'Ibn al-Qalānisī* (Damascus, 1952), 237.

[22] *Ibid.*, 197, 202.

[23] WT, XIV.6.

[24] *RRH*, No. 149. This charter is dated in the chartulary A of the Holy Sepulchre *a. inc. 1133, indictione 12, epacta 24,* which is surely incorrect, for neither does the indiction agree with the year of the Incarnation nor could there ever have been an epact 24. The more reliable chartulary B shows *a. inc. 1134, indictione 12, epacta 23,* which is in perfect order. We therefore must place *RRH*, No. 149, in 1134, not in 1133 as has been done.

had the revolt already occurred. Moreover, we find Hugh granting a charter to the Knights Hospitallers in 1133, in which he not only styles himself *dominus Ioppensis*, but is still surrounded by an impressive entourage of vassals, a seneschal, a marshal, a chancellor, and is still attended by his constable Barisan, who we know sided with the King along with others of the Count's vassals during the revolt.[25] It is thus unlikely that the revolt occurred before late 1134, since in 1133 Hugh was still in full control of Jaffa and in 1134 he was at the palace of Alice, possibly conspiring with her against the King, but certainly not having yet openly revolted.

A last chronological difficulty is presented by William of Tyre connecting the revolt of the Count of Jaffa with that of Romanus of Puy, whom he calls lord of Transjordan. He does not exactly say what the role of Romanus was, but historians have generally separated the two revolts and referred that of Romanus to the later years of Baldwin II since, as a result of this rebellion, the fief of Transjordan was taken away from Romanus and his son Ralph and given to the King's butler Paganus.[26] Paganus of Montroyal (the principal fortress in Transjordan) appears already in 1126 and 1132 in two charters.[27] If this Paganus is the lord of Transjordan, then Romanus had been dispossessed as early as 1126. The confiscation of his fief, if it had indeed occurred so early, had not meant exile for Romanus, for in 1129 he is found witnessing a charter of King Baldwin II in which the King granted to the Holy Sepulchre a village in the territory of Nablus, with the exception of certain villagers which Romanus of Puy had earlier transferred to another village in the same region.[28] So he had now been given lands from the royal domain in Samaria. Being an interested party, he was asked to witness this charter as a matter of routine. In 1133 (*RRH*, No. 147) he is definitely found in the camp of the Count of Jaffa, signing the last charter issued by the latter in this capacity. The revolt of Romanus of Puy has been linked with the promulgation of the *Etablissement du roi Baudoin*, and it has been surmised that the clauses providing for the confiscation of the fief in case the vassal infringed on the royal prerogative of building ports or made roads into the territory of the Saracens, were specially formulated for dealing with Romanus'

[25] *RRH*, No. 147.
[26] WT, XV.21.
[27] *RRH*, Nos. 115 and 142. One must seriously reconsider whether this Paganus of Montroyal is one and the same as the former royal butler and subsequent lord of Transjordan. Not only does the butler Paganus sign his name in the witness list of *RRH*, No. 164, of 1136, still as *Paganus pincerna* without mentioning that he is lord of Transjordan (which undoubtedly he was), but, what is more important, both *RRH*, No. 115 and No. 142, are charters issued by the Prince of Galilee in which the entourage of the Prince, his vassals in other words, must be expected to predominate; and, indeed, in *RRH*, No. 142, in spite of his name, Paganus of Montroyal is listed among those *de Tiberiade et confinio* and among a number of people who can be identified as coming from Tiberias or the area west of the Sea of Galilee. It is just possible that this Paganus was only a vassal of the Prince of Galilee who for some obscure reason had come from Montroyal to Galilee and had kept the name derived from the fortress which King Baldwin I had built in 1115. In this case there would no longer be any problem in linking the revolt of Romanus of Puy with that of Hugh of Jaffa. While the possibility that the two Pagani were different persons should not be dismissed, in this article I shall assume that the Paganus of Montroyal of *RRH*, Nos. 115 and 142, is identical with the royal butler and lord of Transjordan.
[28] *RRH*, No. 121. For the date, see *supra*, note 14.

revolt,[29] although we have no evidence that he ever did either of these things. He was in a position to do so, but so were other lords. I should like to suggest that actually Romanus revolted twice, once in the late years of Baldwin II, when he was dispossessed of Transjordan (if the Paganus of Montroyal appearing in the documents of 1126 and 1132 is really identical with the King's butler and lord of Transjordan), and the second time together with Hugh of Jaffa in whose entourage he is found in 1133. The fact that a dispossessed lord had strong reasons to oppose the monarchy has never so far been considered a possible factor in this revolt, although the discontent of men out of favor has certainly always been a strong incentive to rebellion.

Apart from the significance all this may have in itself in relation to the history of the Latin Kingdom of Jerusalem, I have dealt at such length with these early revolts of the nobility against King Fulk because they must have been prompted by motives far deeper than just jealousy on the part of the King. If Hugh of Jaffa was able to build up a considerable party against the King, he must have had some arguments in his favor. That does not mean that one must discard the jealousy story altogether, especially since it would have given Fulk a convenient pretext had he wanted to rid himself of Melisende. Certainly the events were so dramatic that people would remember these juicy stories for a long time, and William probably felt that he could not afford to suppress them, although he himself did not believe in them. These rumors must have been widespread at the time, or else William would probably have tried to hush them up. If one wishes to penetrate to the true reasons, which, according to William, were unknown, one must start from his statement that, when all was over, the King became so uxorious that he would not act without the knowledge of his Queen even in matters of little or no consequence. This can only be interpreted to mean that, earlier, Fulk had acted without the Queen's knowledge. Further, the Queen's wrath over the affair was quite disproportionate—not only could the King's partisans no longer be introduced to her presence but the King even feared for his own life. Indeed, what William of Tyre cautiously describes as *nec domino regi inter fautores et consanguineos reginae tutus omnino erat locus* is interpreted by his French

[29] Richard, *Le royaume latin*, 69. Cf. also J. Prawer, "La noblesse et le régime féodal du royaume latin de Jérusalem," *Le Moyen Age*, 65 (= 4th Ser., 14 [1959]) 51 note 31, who takes the same view as Richard, namely that there were two separate revolts, one of Hugh of Jaffa and one of Romanus of Puy, without, however, trying to date them more precisely. Richard had proposed that the *Etablissement* had been made basically to deal with Romanus' revolt, which he dated tentatively in 1128, and that other measures which provided for the confiscation of the fief in case of armed revolt with Saracen assistance against the King were promulgated at the time of the revolt of Count Hugh of Jaffa and were a later addition to the *Etablissement* issued by King Baldwin II. In a more recent article, J. Prawer "Etude sur le droit des Assises de Jérusalem. Droit de confiscation et droit d'exhérédation," *Revue historique de droit français et étranger*, 4th Ser., 40 (1962), 41f., suggested that it was not Baldwin II, but Baldwin III who promulgated the *Etablissement*. This would make it unnecessary to assume later additions to the *Etablissement*. Similarly, one need not separate one from the other the revolts of Hugh of Jaffa and of Romanus of Puy. Two alternatives would eliminate the need to refute the statement of William of Tyre that Hugh and Romanus conspired together: 1. Paganus the butler had not become lord of Transjordan as early as either 1126 or 1132 (see *supra*, note 27), in which case there would have been only one revolt, of Romanus together with Hugh; 2. Paganus was lord of Transjordan already in 1126, in which case there would have been *two* revolts of Romanus, as I suggest in the text.

translator of the thirteenth century far more explicitly: *Li rois meismes fu aucune foiz en tel point qu'il se dota moult qu'il ne fust en perill de son cors.* Fulk was probably well advised to remain in Antioch in August 1135 (*RRH*, No. 157). While William of Tyre does not say how long the Queen persisted in her anger, the French translator—whose importance is greater than is generally realized because he interpreted William's story with an almost contemporary mind—informs us that it lasted until after the death of the Count of Jaffa in Apulia, *porce que li quens estoit morz hors de son païs por li.*[30] In other words, the wrath of the Queen lasted for quite a while and is described as having known no bounds. Such a reaction would have been quite monstrous had it been based on nothing else than the rumor of a secret love affair between the Queen and the Count. In reality, the Count probably had never been the Queen's lover, simply because affairs of this kind presented exceeding difficulties. Mediaeval queens were constantly attended by members of the household and the court; they were hardly in a position to go about having secret rendezvous.

Could the fact that the Queen was enraged because the Count had died for her far from home perhaps be interpreted in a different way? Since William of Tyre leaves us in the dark one is entitled to advance a hypothesis, as long as it is not totally improbable. I should like to suggest that King Fulk, having been cheated out of the agreement of 1129 concerning the succession to the throne by the amendment made by Baldwin II on his deathbed, may have tried to overrule Baldwin's will, and brush aside Melisende and rule without her. This would have been not at all incompatible with his character, for he came to the Holy Land with the reputation of having ruled sternly in his French territories, of having turned them into the most centralized fief of the Capetian kingdom, and of having suffered no one to interfere with his government. It is more than likely that he should have tried to do the same in Jerusalem, especially after he had been tricked at his father-in-law's deathbed. Such a policy would have split the nobles into two opposing camps; one contending with the King that, under the agreement of 1129 which earlier had been approved with the unanimous consent of Church and magnates, the rule belonged to Fulk and to him only; the other advancing Melisende's claim to a share in the government by virtue of her father's designation in 1131. If such positions were indeed taken, Fulk's claim would have been the stronger one, from a legal point of view, because the agreement of 1129 had been approved by the nobles while the alteration made in 1131 had not. On the other hand, to uphold Fulk's claim meant to establish a rule as strong and single-handed as that of Baldwin II had been. While the majority of the nobles apparently sided with Fulk and the law in this matter, a number of them supported the Queen. Of her party, Hugh must necessarily have been the leader. He was related to the Queen, their fathers having been cousins-german, i.e., sons of

[30] The French translation is cited here by page rather than by book and chapter, and under its more usual name *L'Estoire de Eracles et la conqueste de la terre d'outremer*. It is printed below the Latin text in the edition of William's chronicle as given in note 2. *L'Estoire de Eracles*, 633.

two sisters; he was one of the highest ranking lords of the kingdom, destined to play a leading role in whatever he did, and finally, both his father and he himself owed their appointments as counts of Jaffa to the favor of Melisende's father, Baldwin II. For reasons of clannishness and loyalty the Count of Jaffa must have tried to uphold the will of Baldwin II. The very deep split in the kingdom would be more credibly explained by the supposition that constitutional principles of this importance were at stake than by court gossip which, in all likelihood, had no foundation. The refusal of the Count Hugh of Jaffa both to obey the King's command and to be his subject, as William of Tyre says (see *supra*, p. 102), even before being accused of high treason, was a case of felony for which Hugh must have had some legal excuse, and a good excuse could have been his assertion that the King was ruling unconstitutionally, having disregarded the will of Baldwin II. All evidence seems to show that Hugh's party was far from small and did by no means consist only of the dispossessed like Romanus of Puy. This too must mean that there was some justification in Hugh's cause. The cause he fought for was not really lost until he called in the archenemy, the Egyptians of Ascalon, at which point even his own vassals felt constrained to abandon his camp. From then on he was doomed; yet the sentence eventually pronounced on him was extremely mild, certainly milder than the original one, when he had been judged in default. Since the charge had then been high treason and conspiracy to take the King's life, the penalty could only have been the confiscation of his crown fief. Indeed, only a harsh verdict such as this would explain Hugh's desperate move of calling in the Ascalonites. Eventually, however, the verdict was much more moderate: exile for three years, with subsequent restitution of his fief. This was due to the mediation of the Church, represented by the lord Patriarch of Jerusalem, and certain nobles. For the first time we see the Church openly come out in support of the Queen—for, whatever the reason of Hugh's revolt had been, it was certainly closely linked with the person of the Queen. In effecting a compromise in difficult negotiations the mediators were mindful, in the words of the chronicler,[31] of Matthew 12:25: *Omne regnum in seipsum divisum desolabitur*, that is to say, the internal rift was so grave that they felt that the safety of the kingdom was threatened.[31a]

[31] WT, XIV.17.

[31a] We should, perhaps, also take into account the title of Hugh of Jaffa. He is generally known as count of Jaffa, although the title more commonly used for him is *dominus Ioppensis*, which probably was his only rightful one. Aside from that, we occasionally find *comes Ioppensis* in 1123 and 1127 (*RRH*, Nos. 102a and 120, in charters issued by himself and his constable Barisan le Vieux). Whether he was a self-styled count or had been formally appointed, we do not know. The former is more likely because the kings of Jerusalem in their charters never called him anything but *dominus Ioppensis*, while he himself did so only once, in 1133 (*RRH*, No. 147). Some left the matter open: the Archbishop of Tyre in 1129 called him only *Hugo Ioppensis*, as did Alice of Antioch in 1134 (*RRH*, Nos. 127 and 151a). Besides calling himself count, he occasionally also styled himself *princeps Ioppe* (*RRH*, Nos. 104, 113, and 114, of 1124 and 1126). In 1122 his constable Barisan even called him *consul Ioppensis*. For this title there was a precedent among the counts of Anjou, who called themselves *consul Andegavorum*, implying by this that they were truly great counts and claimed factual independence from the Capetian king. Weighing these various titles—*consul, comes, princeps*—against the official one, *dominus*, one must seriously consider the possibility that Hugh aspired to an independent or semi-independent position. Since no other count existed in the Latin Kingdom, the title must inevitably

Having acted with such folly Count Hugh could not be saved. This, however, does not mean that his original cause was generally felt to be unjust. When the King was about to capture Jaffa and the Count was deserted by his own vassals, the Church and some of the high nobility came out strongly in favor of the Count to save him from an almost certain death penalty and his fief from complete wreckage. Fulk must have realized that even with the Count's removal the problem was not solved. He cannot have been unaware that public opinion was running high against him, as evidenced by the general anger when the Count was stabbed. The Queen could afford to be highly incensed for a considerable length of time and make the King fear for his own life. All this shows that Fulk felt it advisable to deal leniently with the Count—he preserved his own dignity by exiling him, but otherwise he eliminated the problem, whatever this may have been, by renouncing his original intentions. That these were detrimental to Melisende's interest is shown by her disproportionate wrath over the affair and by her rather prolonged grief over the death the Count eventually met on her behalf (*por li*). The key to the matter is, of course, William's statement that from then on the King became unusually uxorious and would no longer take any action without the consent of his wife. He certainly did not ask her consent when he did not have to. It is not found in either of the two charters issued in his capacity as regent of Antioch (*RRH*, Nos. 149 and 157, of 1134 and 1135), because in Antioch his

---

have evoked a comparison with the independent counts of Tripoli and Edessa. There was certainly no other *consul* in the kingdom, and in France the meaning of the title was probably not unknown. There was another prince, that of Galilee, who was a vassal of the king. But this principality had been created in 1099/1100 by the mighty figure of Tancred, who most likely had no intention of submitting for long to Godfrey of Bouillon and his successor, but went to Antioch before matters could come to a head in the Latin Kingdom. In any case, this precedent could not be eliminated later on, but remained a case which went back to the days when the state was founded, although the subordination of the prince of Galilee to the king of Jerusalem was never seriously questioned after Tancred's emigration. Aside from the prince of Galilee, however, there was also the independent prince of Antioch. If the titles of Hugh of Jaffa are an indication that he aspired to a more or less independent position in the southwest of the Latin Kingdom, it becomes quite clear why King Fulk had to solve the problem of Hugh in one way or another. Under no circumstances could the King tolerate the creation of yet another independent crusader state in the Latin East at the expense of his kingdom. Such a theory would provide a further reason for Hugh's revolt. His attempt to uphold the will of Baldwin II, in which, according to my interpretation, a genuine constitutional problem was at stake—combined with the efforts of the nobility in the interest of their class to prevent the sole rule of Fulk (with the ever-present possibility of a change in dynasty looming on the horizon)—may very well also have been inspired by personal political ambition on the part of Hugh for a greater degree of independence. He may have held the hope that he would rise to such a position more easily with Queen Melisende than with King Fulk, whose past spoke against his approving any such plan. Indeed, Hugh's championing of Melisende's political interests may have been part of a political deal he had with the Queen, in which he would support her claims to a share in the kingship while she would support his position in Jaffa. We must, in any case, disregard the feudal map of 1151–1291, during which time a county of Jaffa existed as a matter of course. The creation of this important crown fief was apparently a long and involved process, and for the early decades of the twelfth century its existence cannot be taken for granted. One cannot altogether discard the possibility that, had Hugh's plan been successful, Fulk's role would have been reduced to that of the unimportant consort of the Queen, with Melisende and Hugh holding the real power in the kingdom. Such a plan would not have been inconsistent with Melisende's thirst for power, but it would have gravely underestimated the political insight and potential of Fulk. In any case, even if these considerations reflect only potential political possibilities rather than real events, they do indicate that Hugh's revolt was an extremely serious political crisis of far-reaching consequences; much more significant than has so far been realized.

powers rested exclusively on the decision of the magnates of the principality, and even under the will of Baldwin II Melisende could not claim any part in the affairs of Antioch. But in all his other charters which relate to the Kingdom of Jerusalem he mentions Melisende's consent. The fact that *RRH*, No. 205, a charter issued in 1141 by the patriarch of Jerusalem, has only Fulk's consent, is unimportant, since both Fulk's and Melisende's consent appear in *RRH*, No. 201, another charter issued by the patriarch in 1141 and concerning the same transaction. In all likelihood both *RRH*, No. 205, and *RRH*, No. 201, were issued on the same occasion and it was only by accident that Melisende's consent was omitted in the former.

In view of all these facts I should like to sum up my suggestions as follows: After his coronation Fulk tried to remove Melisende from power; in doing so he ran into the opposition not only of his wife but also of part of the nobility led by Count Hugh of Jaffa; the King, perhaps, tried to bring matters to a head by having rumors spread of a love affair between Count Hugh and Queen Melisende; such rumors were not only intended to get rid of Hugh but might also have served as a convenient pretext for repudiating Melisende and locking her up in a convent, as King Baldwin I had done before—which would have been the easiest way of circumventing Baldwin II's will; certainly Hugh and Melisende must have feared the consequences of these rumors; the King intentionally drove Hugh into open revolt after the middle of 1134; he managed to get rid of him for the time being, but had now to abandon all attempts to remove Melisende from power, especially after the attempted assassination of Count Hugh had morally impaired his position, which was already weakened by the continuing opposition on the part of the Church and some quarters of the nobility which had forced on him the mild verdict on Count Hugh; only such high stakes explain the violent reaction of the Queen; and, finally, all this may also explain why the Queen, in later life, clung to power so desperately.

Among all the charters of Fulk, one stands out as unique, which has recently been published for the first time by Rudolf Hiestand.[32] The document concerns a grant to the royal hospital of Nablus in which Fulk speaks of his father-in-law as *bonae memoriae rex Balduinus, qui me Ierosolimitani regni fecit heredem.* Clearly Fulk alludes here to the agreement of 1129. I am convinced that this undated charter, which has come down to us only in an eighteenth-century excerpt and which puts great emphasis on Fulk's hereditary rights to the throne, should be attributed to the early part of Fulk's reign, when it would have been necessary to stress such claims. From a confirmation of Fulk's charter, issued by King Baldwin III in 1156 (*RRH*, No. 321), it is evident that the previous diploma had been made *Milisende venerabili regina volente.* No mention, however, is made in the confirmation that Baldwin III too had in his youth given his consent to his father's grant, and, indeed, had he done so, there would have been no need of his reconfirmation in 1156. More likely, it was the fact that, although having a share in the government under the

[32] R. Hiestand, "Zwei unbekannte Diplome der lateinischen Könige von Jerusalem aus Lucca," *Quellen und Forschungen aus italienischen Archiven und Bibliotheken*, 50 (1970), 1–57.

will of Baldwin II, he had been excluded from Fulk's diploma for Nablus that led to the reconfirmation. Since from 1138 on the consent of Baldwin III is invariably included in Fulk's charters, I must conclude that the one for Nablus should be placed in the years 1131–1138. This persuades me that I am justified in thinking that the great internal problem of the early years of Fulk's reign consisted in who should really be *haeres regni*. This title seemed to imply sole rulership, since it had been applied by Baldwin II's chancery to Melisende before she married Fulk (see *supra*, p. 99). It was used later on in Melisende's favor as expediency demanded. William of Tyre, clearly an admirer of Melisende, emphasized her hereditary claim whenever it might have been or actually was challenged. In relating the death of King Fulk in 1143, he said: *reseditque regni potestas penes dominam Milisendem deo amabilem reginam*,[33] thus stressing the fact that Melisende, who now was ruling alone, did so not only as guardian of King Baldwin III, a position which legally she would have to relinquish two years later, but also by virtue of her own rights under the will of her father. And when he wrote about Baldwin's III clash with his mother in 1152 over the problem of who should really rule the kingdom, he again said that after the death of her husband Melisende *regni tanquam iure hereditario sibi debiti curam et administrationem sortita est*.[34]

My explanation of the revolt of Count Hugh of Jaffa is as good as any which has been given so far. But even if it were not correct, the will made by Baldwin II on his deathbed, by which he altered the agreement he had concluded in 1129 with Fulk of Anjou, is of capital importance in the history of the Latin Kingdom of Jerusalem, and its vital meaning has only recently begun to be realized.[35] It is my belief that this will is at the root of Count Hugh's revolt

[33] WT, XV.27.

[34] WT, XVII.13.

[35] Mayer, "Das Pontifikale von Tyrus," 167; Hiestand, "Zwei unbekannte Diplome," 1–57. Although I read the first typescript draft of Dr. Hiestand's article and also had a copy of his text of Fulk's charter, unfortunately I could not postpone the writing of the present study until publication of Dr. Hiestand's paper. I wish to thank him here for having made available to me his page proof, which reached me shortly after I had finished the final version of my own study. I should like to emphasize here some points in which Dr. Hiestand's opinions differ from mine. Quite correctly he recognized (p. 31) that Baldwin II's main purpose was to prevent at all cost that the throne of Jerusalem might go to Fulk's children from his first marriage or from, possibly, a third. The throne was eventually to go to the children from the marriage of Fulk and Melisende; not, under any circumstances, to a foreign ruler—foreign in the sense of having an agnate claim through the person of Fulk (which would have thrown open the succession to the children of any of Fulk's marriages). This would have canceled the cognate principle established for the first time in Jerusalem in 1127 by Baldwin II and his nobles, before they sent the embassy to France to choose a husband for Melisende and, thereby, a new king. It is a great achievement of Hiestand's paper to have pointed out the establishment in that year of the cognate principle in the Jerusalem laws of succession. That the decision of 1127 was really meant to be basic and a matter of principle, as Hiestand seems to think, is quite possible though not a certainty. Since Baldwin II had no sons and there was no other relative who could have succeeded him under the agnate principle followed before, the decision in favor of cognate succession was an absolute necessity; the only alternative being to relinquish any idea of hereditary succession and resort to free election by the clergy and nobility. But surely the decisions of 1127 became an inviolable precedent in the course of time. This would be all the more true, if I am correct in interpreting the revolt of Hugh of Jaffa as centering around this problem, for, if Fulk attempted to rule alone after 1131, he would certainly have been opposed to the cognate principle. But it must not be overlooked that, before 1127, precedents for the agnate principle had occurred—in the succession of Baldwin I to Godfrey of Bouillon, in that (which very nearly took place) of Eustace of Bouillon to Baldwin I, and even in that of Baldwin II to Baldwin I. It must not be overlooked either that Fulk had partisans among the nobility before, during, and after Hugh's revolt. This

but, while this may be a matter of opinion, undoubtedly up to 1152 it dominated all considerations as to who should rule the kingdom. Under its terms the kingdom had been given to Fulk, his wife Melisende, and their son Baldwin. Constitutionally speaking, this amounted to a case of *Samtherrschaft* in which the kingdom remained undivided but was administered in joint rulership.

---

points to the possibility that the cognate principle, certainly championed by Hugh of Jaffa, was not universally accepted by the nobles and that therefore the decision of 1127 was not altogether a matter of principle, as Hiestand suggests, although it must be stressed again that eventually it became the basis for a legal principle and that Hiestand's determining this is of great importance. The way in which Fulk's position was limited in order to prevent him from providing for children born of any other marriage of his, has been extremely well and succinctly formulated by Hiestand. Where we differ, however, is in our estimate as to when these limitations were imposed upon him. Hiestand is of the opinion that Fulk's position was limited as early as 1128, when he concluded his treaty with the Jerusalem embassy and agreed to marry Melisende and become king of Jerusalem after her father's death. It is only fair to point out that Hiestand could have adduced in favor of this theory the argument that Fulk had no option, for he could not become king of Jerusalem unless he agreed to the limitations imposed upon him. My answer to this would be that, had this been the case, he would have done better to remain at home and continue as count of Anjou, where he, and he alone, after many years of effort, was lord and master. I presume that in 1128 Fulk could not be told about Baldwin II's ultimate intention to limit his position, for, unless he was prepared to sacrifice political power for the glory of only a crown, he would not have been a candidate for the throne, and Fulk does not seem to have been a vain man. The way in which he arranged for the marriage and betrothal of his children shows that he always aimed high; why, then, would he have settled for less himself? While Hiestand interprets the designation made in 1131 only as a confirmation of the 1128 arrangement, I interpret it as a drastic revision of the treaty of 1128, to the disadvantage of Fulk. While neither Hiestand nor I can absolutely prove at which of the two stages of development Fulk's position was actually limited, we can probably agree that on Baldwin II's death Fulk might at least have contended that his understanding of the 1128 agreement had been totally different—namely, that he alone would be king. His contention would have carried more weight if Baldwin II, as Hiestand suggests (p. 29f.), had indeed adopted him when he married Melisende in 1129. He would then have had all the rights of an actual son and his claim to succession would thus have overridden that of Melisende. Had Fulk been adopted, his legal position could not have been limited at all unless, again, one assumes, contrary to Hiestand, that his rights as an adopted son were brushed aside by the designation of 1131, for certainly, legally, adoption counted for more than a designation, which, after all, was only a recommendation, if a very strong one. Also the theory of Fulk's adoption, for which Hiestand can, indeed, adduce the passage from William of Tyre, quoted *supra* in note 13, creates another difficulty. Agnate kinship did not mean only the relationship of males through other males; it comprised all males who would have been under the same *patria potestas*, had their common ancestor been still alive. Under Roman law agnate kinship was established not only by ties of blood but also by legal transaction, specifically by adoption. In adopting Fulk, Baldwin II would have made possible for his son-in-law the building of a strong case for agnate succession, the last thing he, in fact, wanted—in this I most emphatically concur with Hiestand's judgment. On yet another point there is a slight divergence of opinion between Hiestand and myself. Hiestand (p. 30 and p. 31 note 102a) correctly points out that only the Latin text of William of Tyre says that three persons were designated for the succession or, in a narrower interpretation, that three persons were present and more than one of them, two at least, were designated; whereas the French translator specifically states that only Fulk and Melisende were designated, and that Baldwin III was only present. On the other hand, I continue to believe that Baldwin III was formally designated for the succession along with his parents, in spite of the French translator whose interpretation, in fact, came to my notice only through Hiestand's article. I still think that three arguments point to a formal designation of Baldwin III: 1. If, as Hiestand and I agree, Baldwin II wished to block all possible attempts by Fulk to establish at any time any successor to the throne other than himself, Melisende, or a child of this marriage (and of this marriage only), the formal designation of the young Baldwin III was a political necessity, since it predetermined the succession in favor of the dynasty of Baldwin II even after the death of both Fulk and Melisende. Omitting the designation of Baldwin III would have been a serious blunder on the part of the dying King; 2. In 1152 Baldwin demanded a part not of his father's heritage, but of his grandfather's to which he must, therefore, have had some claim (*cf.* p. 166); 3. In Fulk's charters there is the consent of Baldwin III. Hiestand emphasizes the fact that this consent does not appear until 1138, which, in his opinion, does not speak in favor of a designation in 1131. But, then, why does it appear in 1138? Hiestand (p. 28 note 93) considers the possibility that Baldwin attained some sort of legal competence at the age of eight, in 1138. This line of thought should perhaps be pursued (in view of similar cases also), but, as far as I know, only at the age of twelve and fifteen were people partially or fully legally competent, and the consent of Baldwin III's brother Amaury (which, I believe, was poli-

Clear evidence of this can be discerned in the Jerusalem charters of Fulk (not in the Antioch ones) which begin only after any initial doubts about the validity of Baldwin II's will had been removed as a result of the revolt of Count Hugh. In all of them the consent of Queen Melisende is mentioned. Beginning with 1138 the consent of little Baldwin, then eight years old,[36] was also included. My view is corroborated by the fact that the consent of Amaury, younger son of Fulk and Melisende, was not included in any of these charters, even though he was born in 1136.[37] He had no share in the kingdom under his grandfather's will, which is thereby proved again to be of paramount importance. Thus, Fulk's charters show us quite clearly the *Samtherrschaft* at work.

When King Fulk died in 1143, there was no question of an election because the joint rule initiated in 1131 continued. It did not come to an end with the death of King Fulk, who was only one of the three persons sharing in it. William of Tyre simply says what I quoted above, that the royal power was now vested in Melisende, to whom it belonged by hereditary right. William did not suppress the fact that in 1131 Baldwin III had been made to share in the kingdom, but he certainly did not emphasize it in his account. Actually, he played it down to such a degree that, until recently, historians have neglected to take notice of it. Probably it would have been recognized, had William subsequently, at some point, stressed Baldwin's hereditary claim to the kingdom. But, being a partisan of the Queen, William had no interest in doing so and only underlined the hereditary nature of Melisende's claim. Unless one reads his chronicle very attentively, one might get the false impression that Baldwin's royal rights dated only from 1143, when his father died. Instead, the rights of Baldwin III went back, like those of Melisende, to 1131. Admittedly, Baldwin was not given a very fair deal in the joint rulership and this may have further helped to obscure the origins of his royal rights. As I have already mentioned, his consent to his father's charters was omitted up to 1138. In other words, his royal rights were disregarded for fully eight years. They were disregarded also in that he was not crowned during his father's lifetime, although the *Livre au roi* in the early thirteenth century stipulated that a king who had not reached the majority was to be crowned at the age of twelve.[38]

---

tically rather than legally prompted) does not appear in Baldwin's charters until Amaury was ten or eleven years old. But even assuming that Baldwin III when he was eight attained some legal competence which made it possible for him to give his consent and have it included in Fulk's charters, this would still not explain why at any age he was at all entitled to give his consent to his father's charters, unless he held a part in the kingdom under his grandfather's will. It is certainly not accidental that his consent was included in Fulk's charters while that of his brother was not. It is only fair to say that Hiestand, in considering the various possibilities, while not inclined to admit outright that Baldwin III was designated in 1131, does not commit himself and leaves the matter open. In this case in particular, but also in the other points discussed above, I do not wish to create the impression that I take issue with his opinions or in any way doubt the excellence of his scholarship, to which, both in seminars and in private discussions, I have yielded many times. On the contrary, I wish to emphasize by this long note that there are ways of looking at these events which differ from my own. And the importance of such events for the constitutional history of the Latin Kingdom certainly is so great that they should be studied from every possible angle.

[36] For the date of his birth, see *supra*, note 17.

[37] He was eight years old in 1143; cf. WT, XV.27.

[38] *Le Livre au roi*, chap. 6, in *Assises de Jérusalem, Recueil des historiens des croisades. Lois*, I (Paris, 1841), 610.

On the 14th of September 1131 Fulk and Melisende were crowned and consecrated in Jerusalem but no mention is made of Baldwin III.[39] That he was not crowned when his father was alive is obvious from William of Tyre's statement that on Christmas Day 1143 he was solemnly anointed, consecrated, and—together with his mother Melisende—crowned.[40] A king could be crowned many times in his life, but he could be consecrated and anointed only once and the crowning could not take place until the consecration and anointment had been performed. In 1143, therefore, Baldwin was crowned for the first time, even though part of the kingdom had been his since 1131. Apparently it was not custom that prevented his coronation during his father's lifetime for, apart from the passage in the *Livre au roi* mentioned above, we have the case of King Baldwin V, who, later in the century, was crowned when his uncle and predecessor Baldwin IV was still alive. It is to the will of his parents that we must attribute the circumstance that Baldwin III was not crowned before 1143. Young Baldwin may well have pondered about this matter at times.

Not much changed for Baldwin after his coronation. His mother had taken good care to be crowned together with him. William of Tyre is stating things quite correctly when he implies by his choice of words (*solemniter inunctus, consecratus et cum matre coronatus est*) that in 1143 only Baldwin was anointed, consecrated, and crowned, whereas Melisende was merely crowned, having already received the sacrament of anointment in 1131. Yet, her new coronation together with that of her son made it clear to everyone that she was the one who from now on would rule the kingdom. She rightfully claimed a share in the kingship under the will of Baldwin II, and, in addition, was guardian for Baldwin III, who was then thirteen years old and, therefore, still under age. The kings of Jerusalem came of age at fifteen.[41] In the case of Baldwin III this occurred in the first half of 1145. Under normal circumstances the regency of Melisende would have ended then; but she was made of stern stuff and continued to rule. By so doing she could maintain that, even though her guardianship had terminated, she still had, since 1131, a share in the kingdom; a share that was hers to have and to hold until her death, and that gave her the right to intervene in the affairs of the kingdom, or rather, conduct them herself. This she did until 1152, despite the displeasure of both the King and some of the nobles about this state of affairs, which bears ample testimony to the high degree of legality of her claim. In his chronicle William leaves no room for doubt that Baldwin's share in the government was merely nominal, or at

[39] WT. XIV.2.

[40] WT, XVI.3.

[41] *Livre de Jean d'Ibelin*, chap. 169, in *Assises de Jérusalem, Recueil des historiens des croisades. Lois*, I (Paris, 1841), 259. Herein is the ruling on what should happen to fiefs held by a guardian for a minor, which doubtless applied also to the kingdom. Had the minor completed his fifteenth year, and wanted to get possession of his fief, he was obliged to come into the court of the guardian and say: *Sire, je ais quinse anz complis....* This is confirmed by *RRH*, No. 242: *Et hoc factum fuit post duos annos mortis regis Fulconis, quo scilicet termino filius eius Balduinus rex fuit constitutus.* Fulk died in November 1143; so Baldwin's kingship is made to begin in 1145 in *RRH*, No. 242, which must be placed in the same year. Cf. also *RRH*, No. 1102. The same *venia aetatis* was valid for Jews; cf. *RRH*, No. 1114 (p. 290).

least that such it was meant to be. The young King's fortunes did not really change when he came of age in 1145. It is true that he issued charters of his own at least from 1144 (*RRH*, No. 226). However, this was not very significant, for many cases are recorded in European history of kings who had not attained majority and were not actually ruling, but who issued charters in their name. The fact that a king issued a charter does not necessarily imply that he was the one who made the grant. He might issue it legally, but the power to make or to withhold the grant might be vested in some other person. That no mention at all was made of Melisende in *RRH*, No. 226, is probably due to the fact that this charter is simply the confirmation of *RRH*, No. 174, of 1138 which had been issued to the Holy Sepulchre jointly by Fulk and Melisende. In so far as it was not only a routine confirmation at the beginning of a new reign which the king must perform according to custom, but also an act which did not need the consent of the royal guardian, since Melisende herself had made the original grant with Fulk, back in 1138, she could not prevent Baldwin from confirming it now, nor would her consent have been necessary, since her grant of 1138 still remained binding on her as long as she lived. However, while in this case the charter issued by the King under age and without his guardian's consent was certainly legal, it might give rise to doubts as to whether Melisende still had a share in the power and rulership. I believe that she quite deliberately decided not to permit any charters to be issued in the future in the King's name only. In the same year, *RRH*, No. 227, although drawn up by the same chancery clerk as *RRH*, No. 226, was issued no longer by Baldwin III alone but jointly with his mother—which stresses her role more strongly than a consent clause would have done. That it was a deliberate decision may safely be inferred from the fact that joint issuance was to remain the normal procedure for the next few years, until Melisende began to push Baldwin into the background in the charters. The decision to appear as a joint grantor in *RRH*, No. 227, is a clear indication that the Queen was now determined to emphasize her legal role in the joint rulership, for this charter involved a case entirely similar to that of *RRH*, No. 226; it was a routine confirmation of a grant to the Lepers of St. Lazarus which had originally been made jointly by Fulk and Melisende. The case could, therefore, have been handled exactly as that of *RRH*, No. 226, with a charter made by Baldwin III without his mother's consent, let alone her joint issuance. The introduction of joint issuance and its continuation even after the King had attained his majority unmistakably proves that Melisende denied to her son that part of the joint rule which had belonged to him since 1131 and which he certainly should have been allowed to exercise after his coming of age. When the civil war openly erupted in 1152 Baldwin III was a man of twenty-one or twenty-two years. If he was to assert his kingship at all in an age when kings did not normally live to be very old, it was high time that he did so.

At this point and in the future it will be helpful to examine in some detail the development of the royal chancery under Baldwin III. The concept of a realm indivisible, ruled by two or three people, allowed of only one chancery, and indeed only one existed until Melisende created her own scriptorium, as we shall presently see. The last charter of Fulk, *RRH*, No. 210, of 1142, had still been authenticated by his chancellor Elias. In *RRH*, No. 226, the first diploma of Baldwin III, we no longer find him. But we do find here for the first time a bishop Elias of Tiberias, and, since the chancellor's office had been from the beginning a springboard for ecclesiastical advancement, I believe I am on relatively safe ground in assuming that the former chancellor had become a bishop. In fact, since as chancellor he must have been the confidant of the late King and since his advancement coincided roughly with Fulk's death, I even suppose that he had been promoted when the old King died. In the absence of a chancellor, there was, strictly speaking, no chancery. However, charters had to be issued, especially at the beginning of a reign, when the grants made by the predecessors must be confirmed as a matter of routine. And, indeed, the chancery continued to function. Without going here into detailed comparison of the *dictamina* of the various chancery clerks, which I shall do in my edition of the charters of the Latin kings of Jerusalem, I should like to present in this paper the results I have reached in respect of the charters of these years.

The new reign also ushered in a new clerk in the chancery, who had not been employed before and whose *dictamen* cannot therefore be really tracked down, since he worked only on *RRH*, Nos. 226 and 227, both of 1144, and *RRH*, No. 226, is for the most part a *verbatim* copy of *RRH*, No. 174, of 1138. Yet it can be said with some degree of certainty that this man had received his training in Fulk's chancery. His appointment to the position of main clerk of the chancery, together with the disappearance of the old chancellor, proves that the new reign brought in new people. Whether this new man was a confidant of the Queen Mother or of the new King, I cannot say, but the former supposition is much more likely because Baldwin, still under his mother's guardianship, had not much say in anything, while she was shrewd enough to realize that she must fill the vital government positions with trusted followers. Immediately after Fulk's death she appointed her kinsman Manasses of Hierges to serve as royal constable, thus filling the main crown office with an utterly reliable, although not too capable man.[42] Manasses was a newcomer who had been in the Holy Land from 1140 only and was consequently wholly dependent upon royal favor. The constable was the chief military officer of the kingdom, and as such held extensive powers, especially when the king happened to be under age and the regent was a woman. According to the *Livre au roi*, the constable presided over the Haute Cour, the land's highest assembly, whenever the king was absent. He was second in command of the army after the king, and he appointed the commanders of the various army subdivisions. He had himself the prerogative of commanding a group twice as large as those of the others and was to lead the vanguard of the heavily armed knights. He exercised military justice in the army. Under his competence came also *la devision des casaus et des terres dou seignor et d'autruy*, that is, the estab-

[42] WT, XVII.13.

lishing of the extent and the limits of the royal domain in cases of dispute.[43] The prompt appointment of a dependent and reliable constable proves that Melisende knew what steps she had to take to secure her political power. Undoubtedly she must have had an eye on the chancery too. Since Fulk knew from his Angevin experience how valuable a good chancellor was, we may be sure that he would have appointed only chancellors he could rely on. If she wanted to put selected men in the top positions, Melisende can have had no desire to retain Elias, while Elias could not possibly refuse promotion from chancellor to bishop of Tiberias. This the Queen could do without great difficulty if a bishopric was vacant because, contrary to the canon law, the monarchs of Jerusalem up to the end of the twelfth century had a large and sometimes predominant role in the appointment of bishops. Why a new chancellor was not appointed immediately I cannot tell. Presumably Melisende at this time would have had the power to impose even a candidate unacceptable to Baldwin III. Perhaps baronial opposition had to be overcome, for, as we shall see, baronial approval was needed for the appointment of new chancellors. But with or without a chancellor, the emergence of a new clerk in 1144 and the change from a charter issued by Baldwin alone to another issued jointly with his mother in the same year and with the same chancery official, shows that Melisende looked after her own interests in the chancery.

There was one field in which Baldwin III had an advantageous position in respect to his mother, and that was warfare. A mediaeval king and especially a king of Jerusalem must necessarily be a warrior. He was thought of as such and had to meet certain expectations. In this, nature imposed certain limitations on Melisende. She could not lead the army into battle, but, being an energetic woman, she did indeed deal with military problems on several occasions, as we shall see; but the actual operations had to be conducted by someone else. It was in this field that the King immediately tried to assert himself. In his first year, that is, in 1144, the native population of Wadi Musa revolted and called in Muslim forces who seized the fortress of the same name in Transjordan. On hearing of it the King, although still a minor (*licet tener adhuc nimium*), led a military force into these regions. He found the fortress impregnable but managed, by cutting down the olive trees, their main source of livelihood, and by granting them a pardon, to reduce the inhabitants to his rule and make them agree to send back the Muslim contingent. It was undoubtedly a successful expedition,[44] which Melisende apparently resented, for, on the next occasion, things were handled differently. When late in 1144 Zengi laid the fatal siege to the city of Edessa, the Edessenes sent messengers to the King of Jerusalem (*ad regem Hierosolymorum*) for help. But it was Melisende, *quae regni moderabatur imperium*, who made the decisions. She conferred with her nobles and dispatched the royal constable Manasses of Hierges, Philipp of Nablus, and Elinard of Tiberias to assist the county of Edessa which, as we know, could not be saved.[45] No mention is made of the King—this time he had

[43] *Le Livre au roi*, chap. 14, p. 615f.
[44] WT, XVI.6.
[45] WT, XVI.4.

definitely been brushed aside. The omission could not be excused on the grounds that the King was still not of age, for had this been a valid reason to keep him from going into battle, he should not have been able, or allowed, to conduct the Wadi Musa campaign mentioned above. Melisende's intention in preventing the King from taking part in warfare was obviously to preclude the possibility of his acquiring a reputation as a military leader which might soon lead to the feeling that he was also a political leader. A king who waged war could not be confined to the role of a commanding general still taking orders from the government. This was a constable's position, and even a constable had a high degree of independence once he was in military action; but a king on the battlefield was a commander-in-chief and, at the same time, the evident supreme leader of his nation and state in a time of crisis. As Baldwin was rapidly approaching the time of his majority, the Queen Mother certainly had no interest in promoting his military career, if she wanted to hold on to power.

The choice of Manasses, Philip of Nablus, and Elinard of Tiberias for dealing with the Edessa crisis was by no means accidental. Their names reveal quite clearly the foundations of Melisende's power—control of the crown offices and feudal support. Elinard of Tiberias was prince of Galilee, and he held the largest crown fief. In the years 1170–85 this principality, according to the list preserved in the *Livre de Jean d'Ibelin*, owed the Crown a service of one hundred knights out of the total 675 listed by Ibelin.[46] He mentions only two other lordships that owed that much, but in 1144 only one of these was under a single hand. Thus, if we accept Ibelin's list as representing the number of knights roughly owed, in 1144 or in 1152—the period we are dealing with—the list would still have been quite different. The two super-lordships owing a service of one hundred knights which were in existence by the mid-twelfth century were Jaffa and Galilee, and Jaffa at the time did not yet include Ascalon. That Elinard of Tiberias, the prince of Galilee, was a supporter of the Queen must be deduced from his being dispatched to Edessa in 1144, when the King was ignored, as well as from the fact that, when Elinard died, a dispute over Galilee seems to have arisen between the King and the Queen Mother. As for Philip of Nablus, he came of the family of Milly that had been in the royal service since 1108 and possessed fiefs around Nablus which had been carved out of the royal domain. It is quite evident that in Samaria, that is, in one of the centers of the royal domain, Philip, who in fact if not in name was lord of Nablus,[47] was the only serious competitor for the crown. It was important for the Queen Mother to have him on her side

[46] *Livre de Jean d'Ibelin*, chap. 271, p. 422ff. On the interpretation of this list, see R. C. Smail, *Crusading Warfare (1097–1193)*, Cambridge Studies in Mediaeval Life and Thought, N.S., 3 (Cambridge, 1956), 89ff.

[47] He calls himself Philip of Nablus but never specifically "lord of Nablus." The city of Nablus itself was certainly part of the royal domain and was not fortified, which made it unsuitable as the seat of a lordship. Also, we never hear of a *Cour des Bourgeois* of Nablus which would not have been that of the royal viscount. In fact, however, Philip's holdings in this region were so large that he certainly deserves to be called lord of Nablus. He is, indeed, given this title in the fourteenth-century *Lignages d'Outremer*, in *Assises de Jérusalem, Recueil des historiens des croisades. Lois*, II (Paris, 1843), 452.

for, had he been against her, he could make serious trouble for her in Samaria. It is doubtful whether Philip was as powerful in Samaria in 1144 as we find him later in 1161, when the King felt that he ought to make the lordship of Nablus revert to the royal domain and therefore exchanged the lands which Philip had accumulated in the vicinity of Nablus for the huge crown fief of Transjordan and the lordship of Hebron.[48] There is reason to believe that Philip had acquired some of his very extensive holdings in Samaria as a result of his association with Queen Melisende, since it is unlikely that in 1144 he would have had the fief mentioned in the exchange of 1161 which Rohard the Elder, viscount of Jerusalem, held before him. But undoubtedly Philip in 1144 was, like Elinard of Tiberias, a baron of the first magnitude and one whose possessions were so located that any ruler wishing to control Samaria effectively could not disregard him. We know that Philip remained loyal to Queen Melisende to the end of her political struggle. In addition, having his support meant having also the loyalty of several other families to which Philip, as a member of the high, landed aristocracy, was connected through marriages. For one thing, he was the stepbrother of Renier, lord of Ramla' and his sister Helvis.[49] Ramla, which at the time was already united with the little lordship of Mirabel, was one of the larger crown fiefs, owing a service of forty knights, as many as did the lordship of Transjordan, and guarded the approaches from the plain of Saron on the coast to Jerusalem, the other great center of the royal domain. His sister Helvis was married to Barisan of Ibelin[50] whom Fulk, toward the end of his reign, had established in the lordship of Ibelin, which, though small—owing only ten knights—was important nonetheless as a protection against the Egyptians in Ascalon and because it was in the hands of a family which was to rise quickly to great prominence. Philip of Nablus was not only stepbrother of the lord of Ramla and his sister, wife of the lord of Ibelin; he was also, by virtue of his relation to Helvis of Ibelin, the uncle of Ermengarde, daughter of Barisan and Helvis, and the wife of the prince of Galilee, Elinard of Tiberias. Thus, all things considered, it was a closely knit clan which supported the Queen. I shall add here that Melisende had also managed to secure the loyalty of Rohard the Elder, viscount of Jerusalem from 1135 to 1147—that same Rohard whom she had earlier persecuted with hatred after the explosion of the revolt of Count Hugh of Jaffa

[48] *Ibid.*, 452, 462, for Hebron. For Transjordan see *RRH*, No. 366.

[49] The genealogy of the early Ibelins as well as that of the early Millys (the family of Philip of Nablus) and of the early lords of Ramla and Mirabel has been revised by W. H. Rüdt de Collenberg, "Les premiers Ibelins," *Le Moyen Age*, 71 (=4th Ser., 20 [1965]), 433–74. Anyone using this article will be well advised to check the author's every point, though his most important conclusion is undoubtedly correct: Baldwin I of Ramla had not only a daughter, Helvis, who married Barisan le Vieux of Ibelin and eventually brought him the lordships of Ramla and Mirabel, but also three sons, Hugh, Baldwin, and Renier, who were successively lords of Ramla and Mirabel until these lordships went to Helvis and her husband shortly after 1148. The existence of an entire generation of lords of Ramla, which must be inserted into the traditional genealogies, has been obscured by the not uncommon circumstance that in the following generation two of the three sons of Helvis and Barisan le Vieux were also called Hugh and Baldwin.

[50] Rüdt de Collenberg, *loc. cit.*, distinguishes this Barisan from the former constable of Jaffa of the same name.

(see *supra*, p. 103). Rohard was a powerful man, entrenched in his possessions around Jerusalem and Nablus and, above all, he was of great importance for anyone wishing to control the capital, because, as viscount, he represented the city lord and the royal power. In view of the earlier events at the time of Hugh's revolt one may doubt that there was friendship between Rohard and the Queen Mother, but, as we shall see, there certainly was loyalty based on mutual self-interest. Melisende, therefore, controlled through loyal vassals a solid block of the country stretching from Galilee through Samaria to Judaea with tentacles spreading towards the plain of Saron and into the country of the Philistines at Ibelin. This, together with the virtual possession of the greater part of the royal domain around Jerusalem, Hebron, and Nablus and with the control of the most powerful crown offices, assured Melisende the undisturbed exercise of government.

For the time being Baldwin III had no opportunity of undermining Melisende's position and, therefore, had no choice but to collaborate or to accept the place his mother had assigned to him. In 1145 Count Raymond II of Tripoli made a donation to the Knights of St. John *nutu regis Balduini et regine Melissendis sancte Iherusalem*.[51] So, to all outward appearances the King and his mother worked in close agreement. The same we find in *RRH*, No. 244, of 1 February 1146, for the Knights of St. John.[52] King and Queen Mother confirmed a previous sale made by Robert of Casal St. Gilles to the Order of St. John of the land of Emmaus which was to become one of the important centers of Hospitaller possessions in the Holy Land. This Emmaus (not to be identified with the biblical Emmaus [*'amwās*] although the crusaders believed the biblical events to have taken place in their Emmaus) was situated to the west of Jerusalem. Robert had held this land in exchange for military service, and now sold it for an annual rent of five hundred bezants, which was the equivalent of one knight's fee as expressed in terms of a money fief. Since he now, instead of possessing land, would draw an amount of money worth one knight's service and was entitled to reclaim his possessions in case the Hospitallers failed to pay him, his military service continued, and he therefore had no difficulty in obtaining his lord's consent to the transaction. His lord was none other than Rohard the Elder, viscount of Jerusalem, who must have had considerable possessions in the vicinity of Jerusalem if he could afford to have a subtenant for the "land of Emmaus with the villages belonging to it," which cannot have been exactly a tiny unit.

RRH, No. 244, which I am here discussing was again issued jointly by Baldwin III and Melisende. It is also interesting in that we now find that the chancellor's office, vacant in 1144, had in the meantime been filled. The successor of Elias was a certain Ralph, who was to become one of the greatest among all chancellors of Jerusalem, to be surpassed only by his own successor William of Tyre. William did not think very highly of him.[53] Although he

[51] *RRH*, No. 236.

[52] This charter has always been placed in the year 1147 owing to an incorrect reading by J. Delaville Le Roulx (*Cartulaire général de l'Ordre des Hospitaliers de St.-Jean de Jérusalem [1100–1310]*, I [Paris, 1894], 135, No. 173). But the year of Incarnation should definitely be read as 1146.

[53] WT, XVI.17.

admitted that this Englishman was learned and good looking (perhaps a compliment of dubious quality) he considered him *nimis secularis*. His opinion was undoubtedly influenced by Ralph's intruding for some years in William's own church of Tyre. Unless chancellor Ralph wrote his own *dictamina*, which I very much doubt, he brought with him a new notary, whose *dictamen* is immediately recognizable and who stabilized the formulas of the Jerusalem chancery for a long time to come. It is to be presumed, however, that the responsibility for this basic reform of the Jerusalem diploma is attributable to both this notary and his superior, chancellor Ralph. In the High Middle Ages heads of chanceries did not normally busy themselves with the daily routine of their chancery. Rather, they were engaged in establishing the guidelines of the policy together with the ruler, went on diplomatic missions, and strictly speaking were more cabinet ministers than chancery clerks. Besides, they generally held high ecclesiastical offices and were burdened with the administration of a bishopric or archbishopric and the liturgical functions which went with their church office. William of Tyre certainly was this kind of chancellor. One can surmise that Ralph, too, was of the same type when he later became bishop of Bethlehem, although he seems, more than William, to have attended on the King and followed the court. But at the time under consideration, 1146 and 1147, Ralph did not yet hold high ecclesiastical office; like his predecessors, he was primarily a chancellor. This meant that he could devote more time to the King's correspondence. He also had a motive to look after the charters himself. Baldwin III having come of age in 1145, the balance and division of political power were now obviously a delicate matter. Ralph was certainly intelligent enough to foresee that the joint rule of mother and son might perhaps not last long and that he would need the favor and the patronage of one of the two or of both (according to how things would develop) for his own promotion. It is, therefore, not altogether surprising that in the first charter issued by the new chancellor (*RRH*, No. 244, of 1 February 1146, of which I am speaking) we find the chancery cautiously serving two masters by inserting into the date clause: *regnante feliciter supra dicto rege Balduino et matre sua regina Melisenda*. Keeping in mind that the charter is for the Order of St. John, we may trace this clause to the influence of the destinee by comparing it to another charter issued in the previous year by Gilbert of Tyre, head of the Order of St. John in this town (*RRH*, No. 242; for the date, cf. note 41). Here we read in the date: *regnante Balduino rege supra dicto et regina Milisenda matre eius feliciter regnum obtinente*. We shall see below that the Hospital of St. John maintained the strictest neutrality in the conflict between Baldwin III and his mother, and as early as 1146 the Hospitallers made a point of listing both rulers in their date line, in contrast to other "private" charters, where only the King or the King and the Patriarch were named. But in 1145, when the conflict had not yet broken out, the Hospitallers, while certainly not omitting Baldwin III and his rights (cf. note 41), correctly stated the truth of the situation by saying that Baldwin was ruling but that actually Melisende was holding the kingdom in her possession (*regnum obtinente*). It may very well have been the Hospitallers who insisted on having both rulers mentioned in the date of *RRH*, No. 244, but if they did so, the chancery moderated their formula and used an expression indicating something like an equal division of rulership between mother and son.

Chancellor Ralph and his notary also produced the next charter, *RRH*, No. 240, of 19 February 1146, for the abbey of St. Mary Josaphat. Officially at least, and probably also in fact, the King and his mother were still collaborating, issuing their charter jointly, as had been habitual since 1144. In this charter they are rounding off and consolidating the royal domain in the north, at Casel Imbert halfway between Acre and Tyre. The cities of Tyre and Acre and the fertile coastal plain between them formed the third nucleus of the royal domain after Jerusalem and Nablus. A dispute over certain lands and olive groves had arisen between the inhabitants of the royal village of Thaerisibena in the vicinity of Toron-Tibnīn and those of Bethfella in the territory of Tyre which belonged to the abbey of Josaphat. The King and the Queen Mother now waived their claims on the condition that the abbey of St. Mary Josaphat give them the land and olive groves which it had possessed since 1123 in Casel Imbert.[54] The royal purpose was to obtain complete possession of Casel Imbert in order to establish a rural Latin settlement there (see *infra*, p. 172). Since power in the kingdom was not equally divided between Baldwin and Melisende and Baldwin's position was reduced in the following charters, I assume that this charter really indicates an attempt by Melisende to create for herself partisans in the northern part of the domain. Nothing came of it because it was actually Baldwin who initiated the Latin settlement in that region and apparently not until he had removed Melisende from power. So, whoever it was who intended to create influence in his own favor at Casel Imbert, he (or she) was not successful, since at the time nothing more seems to have happened there than the acquisition of land. This shows that Melisende was not as strong on the coast as she was in the center of the kingdom, while Baldwin was not yet strong enough to create his own sphere of power in the coastal part of the royal domain, as opposed to that of Melisende in Jerusalem and Nablūs. Since this land was obviously acquired to serve eventually as a settlement for Latin inhabitants but for fully seven years nothing happened, one may presume that at first there was a kind of stalemate in the northern royal domain between King and Queen Mother, while during the years of conflict there may have been no time for the creation of the settlement.

In the spring of 1147 a local Muslim commander of the castle of Bosra in the Ḥaurān, the agricultural hinterland of Damascus, offered to the Jerusalem government to turn over his castles of Bosra and Salkhad to the Franks, either against payment or by receiving them back as Frankish fiefs.[55] The reason was that this commander had fallen from the good grace of the Damascus government. He made his offer to the King and the Queen Mother and at a

[54] On this exchange and its purposes, see J. Prawer, "Colonization Activities in the Latin Kingdom of Jerusalem," *Revue belge de philologie et d'histoire*, 29 (1951), 115ff.
[55] WT, XVI.8–13.

subsequent assembly of the nobles it was decided to accept the proposal. Politically this was foolish because since 1139 the alliance with Damascus had protected the northern flank of the Latin Kingdom and was needed now more than ever in view of the increasing menace of Nūr ad-Dīn of Aleppo, who had his eye on Damascus. An attack on the Ḥaurān constituted a great danger for Damascus, whose basic food came mainly from the Ḥaurān. From the beginning of the crusaders' invasions, the Damascus government had always been very sensitive about this region. It had blocked all attempts by the Franks to conquer it and had only agreed in some treaties of 1108–10 to make the Ḥaurān a kind of condominium with the Franks by dividing its agricultural production into three equal parts, one to go to Damascus, one to the Franks, and one to remain for the local population. Later on, however, Damascus had recovered full control of the area which it enforced from three castles: Dar'āt—the *Cité Bernard d'Etampes* of the crusaders—Bosra, and Salkhad. The Damascus government could not remain inactive if Jerusalem now tried to wrest control of the Ḥaurān from its hands; so it called in every ally it had or could obtain, among others Nūr ad-Dīn, whom it did not trust. At the same time every possible effort was made to talk the Franks out of the whole campaign. With the envoy of the King the atabeg of Damascus argued that the Franks were violating the treaty of 1139, which was vital to both Damascus and Jerusalem. The atabeg offered to defray all the King's expenses if he would only desist from his purpose. It is evidence of the political wisdom of the King, still only seventeen years old, and of his political advisers that he now reconsidered the advisability of this whole venture, which was to end unsuccessfully. He tried to save his face by offering to call off the campaign if he would be allowed to reinstall the Muslim commander in Bosra and Salkhad. He would then leave it to Damascus to deal with this man as they saw fit.

By then, however, it was too late, and the King was under severe public pressure, for the *arrière ban* had been summoned (*universus regni populus voce praeconia congregatur*) and the people wanted action. The *arrière ban* was summoned only seldom, when the feudal army would not seem to be of sufficient strength. It meant that every able-bodied man had to join and serve. Once it had been assembled, presumably at considerable expense to the individual, it was not so easy to disperse such an army, for its very summons meant that the country was greatly imperiled; how could it then be explained that the matter had better not be pursued at all, as the King and his retinue tried to do? Also, the common people wished to find compensation for the expenses they had incurred, by taking booty. It was with tumultuous uproar that the people forced the King into this unfortunate expedition. Even though no aim was achieved and the Christian army suffered severe losses, the young King proved to be an energetic leader of the army. When it became apparent that things were going wrong the barons advised the King to abandon the army and take himself and the True Cross to safety on John Gotman's horse, reputed to be the swiftest and most enduring in the army. It is hard to say whether this advice was given in good faith or whether it was an attempt to ruin Baldwin's military reputation. That a king had fled the battlefield had not happened, if I am not mistaken, since King Baldwin I had done so in 1102 and 1113, but then only after the battle had been lost. That a king should desert his army before any battle had been fought, simply because it seemed that the campaign would not meet its aims and because the army was sorely pressed by the enemy and suffering from lack of water, was without precedent. Baldwin scorned the suggestion with youthful daring and regal magnificence, as William says. In fact, he could not have failed to realize that, were he now to desert his army and his people, never again would he command their respect. By mediaeval standards he would indeed have been unfit to rule. Whatever his motives, he had no choice but to remain with his army until the end. Instead of running away he ordered a retreat which took place under highly perilous conditions and with severe losses, but was eventually accomplished. What part the King had in this retreat William of Tyre does not choose to say, but he does give the credit of guiding the army through unknown territory to the superhuman element, represented by the well-known figure of an unknown knight on a white horse appearing out of the blue. Presumably he had no special achievements to report on Baldwin's part. By the end of June 1147 the campaign was over, for the two Muslim armies which had fought in it returned to Damascus on 28 June 1147.[56]

The King had conducted himself very well, from a moral point of view, but the fact that the campaign had failed was inescapable. If Melisende wanted to lay the blame upon the King, and we can be sure that she did, she could easily do so. This may explain why Melisende chose and was able to reduce Baldwin's position in the next royal charter, *RRH*, No. 245, of 4 July 1147, immediately after the end of the campaign. This diploma is issued jointly not only by Baldwin III and Melisende, but also by Melisende's younger son Amaury. Born in 1136, Amaury suddenly comes here into prominence. The joint issuance by the three of them can only mean that Amaury was now included in the *Samtherrschaft*. While Baldwin III can have had no motive to do so, Melisende had one. Not only did her younger son remain loyal to her throughout, against Baldwin III, but one can also interpret his being brought in to share in the joint rule as an application of the principle *divide et impera*, by which only Melisende stood to gain. How legal this step was we do not know. Certainly the barons, after the death of both Melisende and Baldwin III, did not accept Amaury as their king as readily as they had accepted Fulk and Baldwin III. That Amaury's first marriage was uncanonical did not really trouble the barons, only the Church. William of Tyre,[57] however, states that there was a minority of the barons who opposed his succession. They may have used the argument of canon law, but certainly this would not have been their true motive, which remains unknown to us. The opposition of these barons

[56] Ibn al-Qalānisī, *Histoire de Damas*, trans. Le Tourneau, 283.
[57] WT, XIX.1. For the mediation of the clergy mentioned below, see *L'Estoire de Eracles* (*supra*, note 30), 883.

was eventually overcome by the clergy's mediation, as the French translator says. Thus, although William of Tyre does not speak of an election, he does speak of considerable debate on the matter, which amounted to an election in the sense that it was partly the result of the debate which decided Amaury's succession; the position taken by the Church on his marriage, which had first to be dissolved, did the rest. That there was debate at all and that so many obstacles could be put between the throne and Amaury show that Amaury's admission into joint rule cannot have been considered altogether legal by the barons, and, indeed, there was no foundation for it under the will of Baldwin II. The argument that Amaury had not yet been born when his grandfather died and that the latter might have included him in his will had he already been born at the time was not very forceful because it could not be proved. The fact remained that under the will of Baldwin II Amaury was not one of the beneficiaries and that his inclusion in joint rule, however it was done, could not but diminish the rights of those who legally held a share in it, specifically the rights of Baldwin III. Yet, it is clear that a definite share in joint rule had been established, which later on was occasionally recognized not only by Melisende but even by Baldwin III himself, once he had driven his mother from power, by inserting a consent clause of Amaury into their charters. William of Tyre[58] repeatedly emphasizes that after Baldwin III's death his brother claimed that the throne belonged to him by hereditary right. Indeed, it seems that on his deathbed Baldwin III named his brother, who had served him well once the clash with Melisende was over, heir to the throne, since William of Tyre says that the King died *fratre regni herede instituto*.

In charter *RRH*, No. 245, discussed here, an unidentifiable *Casale Altum* was given to the Knights of St. John, and this gift was combined with an exchange of territory. The Knights relinquished the casalia they held by virtue of a donation made by Geoffrey of the Tower of David in the *Terre de Suète*, an exposed region east of the Sea of Galilee. In return, the Hospital received two casalia closer to *Altum Casale*, so that, by giving up undesirable outposts, the Order's possessions were evidently consolidated. Strangely enough, however, the two casalia were described as being *propinquiora Alto Casali ex qua parte voluerimus* (not *voluerint*, which would make much more sense). That is, it was up to the King and his mother to choose which casalia they would give to the Order. In other words, the Order was to relinquish its lands in the *Terre de Suète* without exactly knowing what it would get in return. It is possible that this was a loan against the future and that at the time the government had no free casale available in the vicinity of *Altum Casale*. The matter remains somewhat of a mystery. It is unfortunate that we do not know in what part of the country this transaction took place. If we did, perhaps some inference could be drawn from it as to where Melisende or Baldwin expected to have lands available which they were willing to give up.

The charter is interesting on yet another count. It provides evidence, so far unnoticed, of the militarization of the Order of St. John. It is well known

[58] WT, XVIII.34; XIX.1,4.

that the Order had originally been founded for charitable purposes only. The Hospitallers of Jerusalem, in contrast to the Knights Templars, originally did not fight. It is equally well known that after they were assigned the castle of Bait Ǧibrīn by King Fulk (*RRH*, No. 164, of 1136), they began to take on military duties. Jonathan Riley-Smith has recently shown that these military duties were regarded as an extension of their charitable work and that the change to a military order was much slower than had previously been believed.[59] But what has not been noticed is that this donation of *RRH*, No. 245, was made *ad provectum et ad ampliationem et liberationem regni Ierosolimitani*. This clause is at first puzzling, especially coming immediately after the end of an unsuccessful campaign. But it reflects undoubtedly a political program for which the grantors were trying to enlist the help of the Knights of St. John—which could be of a military nature only if it involved the enlargement of the kingdom. In accepting this donation the Order accepted military responsibilities. Presumably what was really meant was the *ampliatio regni et liberatio Terre Sancte* because, while the kingdom of Jerusalem had no need to be liberated, the county of Edessa as part of the Holy Land did. The county had been lost in 1144 and just at the time this charter was issued the German army was marching through Hungary on its way to the Holy Land. Already for some time it must have been known in the Holy Land that the Second Crusade was assembling, and I assume that the help of the Order of St. John for this crusade had to be secured. The Master of the Order later took part in the great war council held at Acre in 1148, which decided on the attack on Damascus, and Hospitaller troops did eventually participate in the campaign.[60]

RRH, No. 245, was the last charter to be issued by chancellor Ralph and his notary for quite a while. There came now a crisis in Ralph's life which we must review in order fully to comprehend subsequent events. When Patriarch William of Jerusalem died in September 1145, Archbishop Fulcher of Tyre was chosen as his successor on 25 January of the following year.[61] On 19 February 1146, in *RRH*, No. 240, Fulcher was still qualified as patriarch-elect and, therefore, had not yet been consecrated. It must be assumed that his old see was kept vacant until his consecration as patriarch, to prevent his being left with neither one nor the other should he not be confirmed. After a vacancy which apparently was not very short, the new Patriarch met in Tyre with the King, his mother, *penes quam regni cura et universum residebat moderamen*, and the suffragans of the Archbishop of Tyre in order to elect a successor. Needless to say, the chapter was also present. But the election turned out to be one of many disputed ones. While the church of Tyre and the suffragans favored someone unknown,[62] the royal court quite definitely supported the candidacy of chancellor Ralph. The opposing party, led by the Patriarch,

[59] J. Riley-Smith, *The Knights of St. John in Jerusalem and Cyprus c. 1050–1310*, A History of the Order of the Hospital of St. John of Jerusalem, I (London, 1967), 52ff.

[60] *Loc. cit.*

[61] WT, XVI.17.

[62] Perhaps Peter of Barcelona, the prior of the church of the Holy Sepulchre, who later became archbishop of Tyre by unanimous consent after the succession crisis had been solved. Cf. WT, XVI.17.

took every step within its power to prevent Ralph from rising to a position which in the hierarchy of the land was second only to that of the patriarch, but to no avail. Relying on royal pressure, Ralph took hold of the church of Tyre by violence and held it along with its possessions for two years, until he was removed by the Pope, to whom his opponents had appealed. The disputed election must have taken place after July 1147, because in *RRH*, No. 245, Ralph signs his name as chancellor without adding an ecclesiastical office, which, as can be proved, was not customary for him when he had such an office. As for the political pressure in favor of Ralph's candidacy, William of Tyre leaves no doubt that the King's role in political affairs such as this was still merely nominal and that the Queen Mother was the one who actually ruled the country.

The next major event in the history of the Latin Kingdom was the abortive attempt to capture Damascus with the help of the armies of the Second Crusade. Much ink has been spilled over the causes of such a foolish decision and the persons responsible for the decision itself and its execution. Without going into the very difficult details of this debate here, suffice it to remember that the decision was made at a general war council at Acre (or at Palma near Acre, according to Otto of Freising) on 24 June 1148.[63] Both Baldwin III and his mother were present. Which of the two was more influential we do not know, but I should like to point out a fact that so far has gone almost unnoticed, namely, that in a much more restricted meeting which had taken place previously it had already been decided to attack Damascus, thus predetermining the results of the debate at Acre—a meeting of King Conrad III of Germany, King Baldwin III of Jerusalem, and the Patriarch of Jerusalem as well as representatives of the Knights Templars. The report by Otto of Freising is precise and reliable because the great chronicler, a relative of Conrad III, was with him in the Holy Land and had first-hand information from the German court. No mention is made of Queen Melisende and although the Patriarch, who usually favored her rather than Baldwin, was present, one must remember that at this very moment he was at odds with the Queen Mother over the appointment of chancellor Ralph to the archbishopric of Tyre. In considering how the decision at the war council at Acre was made, one would be well advised in the future to take into account this first restricted meeting, where the Acre decision was obviously hatched and prepared, especially in view of the fact that the Patriarch of Jerusalem was then dispatched to the King of France to induce him to come also to Jerusalem. I can see no reason why Otto of Freising should have omitted to mention the presence of the Queen Mother at the first meeting had she been there. If Baldwin and Conrad agreed to attack Damascus, if they had the support of the lord Patriarch and the Templar Knights, if the Patriarch could persuade Louis VII of France to adopt this same view (and this he must have done else Louis would not have participated in such an event; at least he must have informed the French

[63] WT, XVII.1; G. Waitz ed., *Ottonis et Rahewini Gesta Friderici I. imperatoris*, 3rd ed., in MGH, *SS.Rer.Germ.* (Hannover-Leipzig, 1912), 89f.

King about the understanding that had been reached); then the war council could not but follow suit and Melisende would have been powerless to change the original decision. This by no means implies that she was opposed to it. We simply do not know. If she was well advised politically she must have been against the expedition, which would destroy the vital alliance with Damascus and drive that city into the arms of Nūr ad-Dīn. Considering the odds for Melisende and Baldwin, it seems that Melisende could not have been in favor of the expedition. If it did not take place, things would not be any worse for Jerusalem or for her. If it did take place and was successful under the King's leadership of the army of Jerusalem while she, being a woman, had no part in it, it would establish Baldwin III as true king because the European kings who came to help would eventually go home and he would remain and be considered the conqueror of the city of St. Paul. Precisely this aspect must have been tempting to Baldwin III, for a military success in this campaign would surely have given him the upper hand, politically, over his mother. Melisende, having nothing to lose if the expedition did not take place, stood only to gain, internally, if it failed. The game, however, would have been dangerous because the alliance with Damascus was not likely to be patched up again for a long time, once a serious attempt to conquer it had been made; besides, one could not foresee its failure with any certainty unless, of course, Melisende managed to engineer the obstruction and maneuvers on the part of the barons of Jerusalem to force the lifting of the siege. All considered, her political interests could not favor her support of the expedition, unless one would accuse her of such recklessness in politics as to make her first support the campaign, and then engineer its failure with the help of her partisans in the camp before Damascus, in order finally to cause the collapse of Baldwin's military and political reputation. The price would have been too high, the outcome too uncertain. Besides, although the expedition eventually did fail, yet Baldwin was not totally crushed. On the other hand, if Baldwin's odds in the game are weighed, he obviously had reasons for favoring it. While he might hope to survive a failure, he would have won everything by a success that would be spectacular. Like Conrad, who needed something to show back home, he must have been eager for something really striking. In view of these considerations it is not at all surprising that the two Kings should have conferred without the Queen Mother, who, of course, could not be excluded from the Acre meeting, which, according to the Jerusalem constitution, was also a meeting of the Haute Cour in which Melisende as one of the joint rulers certainly had a vote. When the crusaders finally did advance on Damascus, we know that King Baldwin III led the vanguard.[64] Nothing else is recorded of his actions during this campaign.

The failure of the campaign must have been a serious setback for Baldwin III. If he had entertained any hopes that now he might get a larger share in the government, his hopes had been destroyed by the miserable failure of the siege of Damascus. The following year, however, offered him again a chance to

[64] WT. XVII.3,

acquire military and political stature. On 29 June 1149 Raymond of Antioch and many of his knights were killed in the disastrous battle of Inab, Nūr ad-Dīn's greatest victory. On hearing this Baldwin III immediately collected some troops in haste and marched toward Antioch, unsuccessfully besieged the fortress of Ḥārim on the Orontes, and dispatched Humphrey of Toron, a lord of large holdings in the vicinity of Tyre, to reinforce the fortress of Ezaz with sixty knights.[65] Whether Baldwin gained much stature as a military leader from this campaign remains doubtful. Up to this time he had conducted only one successful campaign, that to Wadi Musa in 1144. Both the Ḥaurān expedition of 1147 and the Second Crusade had been failures, although back in 1147 Baldwin had shown moral courage in remaining with his army. But the 1149 expedition to Antioch is important in that the King now for the first time assumed political responsibilities by administering the principality of Antioch as regent upon the invitation of the local barons, as his father and his grandfather had done. In affording protection to Antioch and the remainder of the county of Edessa he was living up to a traditional responsibility of the kings of Jerusalem. He could not remain there very long. His campaign in the north must have taken place in the second half of 1149. Apart from the fact that William of Tyre says that he did not stay long because the affairs of his own kingdom called for his presence in the south, in the spring of 1150 we find him engaged in rebuilding Gaza in the southern part of Palestine.

The Queen Mother was taking advantage of the setback which Baldwin III must have suffered from the unsuccessful Damascus campaign. This much can be gathered from the fact that now, in 1149, she went one step further in reducing his legal position in the charters. It should be recalled that at the very beginning of his reign Baldwin had issued a charter in his own name, without including his mother's consent. This procedure had been replaced by joint issuance, and lately Melisende's younger son had been included in the joint rule, as joint issuance of charters clearly shows. Melisende now issued *RRH*, No. 256, in her own name and mentioned only Baldwin's consent, at least in the first part of it. This charter deals with an exchange she made with the Knights of St. John. The Knights relinquished the public baths in the street of St. Leonard in Acre and received in return a loggia opposite their church of St. John the Baptist and the houses which had once belonged to the châtelain Franco of Acre, for which the Queen Mother had once filed a suit that they be returned *in potestatem et dispositionem regni*. She now apparently waived her claim to these houses. By issuing her charter alone in its first part, she did not wish to imply that the joint rule had come to an end, since in the same charter she confirmed, jointly with Baldwin (*ego cum prenominato filio meo rege Balduino omnino ratam et inconvulsam haberi decerno*), the sale of a house with an adjacent tower, made by the former Viscount Robert of Acre to the Order. This is important, for it shows that the Queen Mother approved of the Order now having a fortified residence in the economic center of the kingdom. In addition she gave to the Order the village of Assera,

[65] WT, XVII.10.

not far from Caesarea. She only announced her own seal—apparently it was not her intention to have the charter corroborated by Baldwin's seal also. Whether she deliberately ignored him in the first part of this charter or whether she merely took advantage of his being in Antioch after the battle of Inab, I cannot tell, since the charter bears no indication of either month or day and cannot be dated more closely otherwise. But most likely the affront was intentional, for even if Baldwin was away it would have been proper to issue charters jointly, the way they had been issued before. Another indication that Melisende was deliberately pushing Baldwin into the background is found in the fact that from this point on there is no return to joint issuance. A consent was the most Melisende would from now on concede to Baldwin.

It is evident from all that has been said and from the gradual reduction of Baldwin's position in the royal charters that relations between the King and his mother must already have been strained at this time. Since Melisende controlled a solid block of power stretching from Galilee to Judaea, the King, if he wished to counter her effectively, must establish his control over the royal domain on the coast, more especially over Acre and Tyre. *RRH*, No. 256, shows that in 1149 the Queen Mother wished to prevent this, for we see her spread her own tentacles toward Acre. Like *RRH*, No. 240, of 1146 (see *supra*, p. 122), *RRH*, No. 256, must be regarded as a definite attempt by the Queen Mother to widen her influence and to establish herself also in the northern part of the royal domain. We must stop to ask ourselves how she could ever have obtained Baldwin's consent to this charter, a consent which I do not regard as an empty formula. It is evident that the charter is also an attempt by Melisende to win over to her side the Knights of St. John in the event the Hospitallers should side with her son, for they could nibble at her possessions from the south, where King Fulk had granted them the castle of Bait Ǧibrīn in 1136. They could also create difficulties for the Queen Mother in the center of her power, since the Order had large holdings around Jerusalem. In 1150 we shall find Melisende making yet another important concession to the Order; also in the past she had wooed the Knights with royal grants. In this way she succeeded at least in buying the strict neutrality of the Order in her conflict with her son. While Templar Knights appear as witnesses in charters of both sides in the following years, the Hospitallers are totally absent. The failure of Melisende to obtain active support from the Order may be explained on the grounds that Baldwin took great care never to offend the Order. We shall see this again in the next charter of Melisende (*RRH*, No. 262), but Baldwin's attitude is also apparent in *RRH*, No. 256, now under discussion, to which the King gave his consent although he must have been displeased by his mother's attempt to extend her sphere of power to Acre.

The real importance of *RRH*, No. 256, however, is not revealed until we assign it its place in the history of the chancery of Jerusalem. *RRH*, No. 245, of July 1147, had been the last charter issued by chancellor Ralph and his notary. In *RRH*, No. 256, they both have disappeared from the scene. Ralph does not reappear as chancellor until immediately after Baldwin III had definitely removed his mother from power. Quite obviously he had been dismissed from office. By 1149 the storm about Ralph's intrusion into the church of Tyre must have reached its peak. The lord Patriarch and the episcopate were against Ralph (probably because the elevation of a royal chancellor to the position, at the same time, of archbishop of Tyre meant the collapse of all hope to regain the northern suffragans of Tyre which actually were controlled by Antioch) and consequently against the Queen Mother, who had forced his appointment. But Melisende needed the Church as an ally. She had always behaved lavishly toward the Church, to such an extent that her gifts soon became legendary. Because of these gifts, she was considered a devoutly religious person, which she may have been. But she also was a shrewd politician and her gifts to the Church must be viewed as an attempt to buy its political support. Apart from the quarrel over Ralph, no case is recorded in which she was at odds with the Church. On the other hand we shall see that in the final fight between her son and herself the Church repeatedly intervened in her favor. Having limited Baldwin's share in the kingship, as his position in the royal charters shows, Melisende must have been expecting a showdown. She knew that, when it came, she would need the support of the Church. I assume, therefore, that she realized that Ralph's position as chancellor had become untenable since his succession to the church of Tyre had developed into a major scandal. The details of what actually happened, whether chancellor Ralph was officially dismissed or whether he was persuaded to resign, are not known. But I believe it is safe to assume that he would not have given up the chancellorship voluntarily. It would not have been his way of conducting his affairs, for it would have removed him from the court, the center of power, and also because his resignation, voluntary or enforced, could not but make his position in the struggle over Tyre even more difficult, since he had now openly lost that support which had procured Tyre for him in the first place—royal favor.

One argument could conveniently be used to pressure Ralph into resigning, the argument of existing precedents. Two of his four predecessors in the chancery, Paganus and Elias, had resigned from that office upon being promoted to a bishopric or archbishopric, while in the case of the other two, Hemelinus and Franco, it is not known whether they ever ascended to the top of the hierarchy.[66] Employing this argument meant to present Ralph with the choice of giving up either Tyre or the chancellorship. So much for the argument itself—but who would have used it against him? Certainly not his ecclesiastical opponents, for what his choice would be must have been clear to them, and primarily they wanted to oust him from Tyre, not from the chancery. In allowing him a choice they would have recognized his rights to Tyre, in the event he gave up the chancellor's office. For Melisende, instead, if she wanted to get rid of him the argument was very convenient. I do not

[66] Unless Franco is to be identified with Archbishop Franco of Hierapolis, which I rather doubt because chancellor Franco authenticated the two Antioch charters of King Fulk, *RRH*, Nos. 149 and 157, of 1134 and 1135 respectively, without adding any ecclesiastical office to his name, while the Archbishop certainly held office as early as 1134 (*RRH*, No. 153a).

know whether she pressured him to this end, but, had I been in her position, I should certainly not have failed to do so. It must be realized that it would have been quite a different matter whether it was the high clergy or Queen Melisende who might have presented Ralph with such an option. In giving him a choice the clergy would implicitly recognize his rights to Tyre. If Melisende presented him with the same choice she would force him to abandon the chancery without maneuvering the clergy into a tacit approval of Ralph's position in Tyre. Ralph might have argued that in this case, also, to give him a choice between two things amounted to granting him whichever of the two he chose. But such an argument would have been only a sophism, since by removing him from the chancery the court withdrew that protection which had procured Tyre for him in the first place. To have granted Ralph this choice would have been a clever move on Melisende's part. She would thereby have given him an option in which he could not but choose Tyre, would have rid herself of a chancellor who had become a political liability, and would have designated him to the higher clergy as someone without adequate protection, who might then successfully be hunted down. It is true that the Queen Mother had originally used pressure and patronage to procure Tyre for Ralph, without apparently wishing to deprive him of the chancellor's office, for at the time of the election he had not been chancellor long enough for it to be assumed that the reason for promoting him was to replace him in the chancery. Also, as events were to show after his downfall, there was no one around nearly as capable as Ralph and his notary to succeed him. Yet, had Ralph argued that while the Queen Mother now demanded the separation of the two offices, she had previously wanted them under a single administration, Melisende could always have found a convenient excuse—for instance, that public opinion insisted that precedents be followed. To produce an excuse in order to explain her change of sides would have been the easiest part in the handling of this difficult case, as everyone who has dealt with politics at any level knows. We should, however, consider the possibility that, at the time when Melisende made Ralph archbishop of Tyre, she may already have been following some precedent and asked him to relinquish the chancellorship. The matter of precedents spoke for such a policy, which in all likelihood was founded on a ruler's fear of the concentrated power that a chancellor-bishop or chancellor-archbishop might have. However, at a time of friction between herself and her son, Melisende should, on the contrary, have been interested in just such a concentration, if Ralph was her chosen man, as we must assume he was. It would especially have strengthened her position versus her son in that it would have given her a great influence in that part of the royal domain where she was weakest, namely in Tyre. We have no reason to suppose that she had any interest in taking the chancellor's office away from Ralph when she created him archbishop, since the following events showed that it was not possible for her to appoint a new chancellor; thus she ought to have made every attempt to keep Ralph in both positions as long as he did not turn into a political liability. If this was the case, she clearly underestimated the Patriarch's opposition to the scheme. We may leave aside the question whether or not a patriarch was likely to oppose the concentration of power deriving from the accumulation of the offices of chancellor and archbishop. Probably it would not have endangered his position as spiritual lord of the kingdom. But for the reasons mentioned above, he must surely have been utterly opposed to the appointment of the royal chancellor to this particular archbishopric, whose obedience (*oboedientia*) was a matter of hot dispute between the patriarch of Jerusalem and that of Antioch, the northern suffragans being actually controlled by Antioch. By persistent efforts the patriarchs of Jerusalem tried to restore the province of Tyre to its old extent. The appointment of the royal chancellor to the Tyre archbishopric meant creating there so much royal influence that both the patriarch and the prince of Antioch would be antagonized and all chances for a peaceful settlement of this thorny question must be shelved. Melisende may have felt that the patriarch of Jerusalem, who surely had not been appointed against her will in 1146, would not seriously oppose her; but to a patriarch of Jerusalem this was a problem of the utmost importance, a problem which he could not afford to neglect. I suggest, therefore, that at first Melisende wished to create Ralph archbishop of Tyre while keeping him in the chancellor's office, and that only subsequently, when the storm broke, did she drop him as chancellor, thereby ruining his position in Tyre as well.

This is a hypothetical reconstruction of what may have happened. It is based, however, on certain undeniable facts, namely that: (a) Melisende must have felt politically encumbered by retaining Ralph, for it was bringing her into serious conflict with the Church, (b) Ralph, as his later career proves, was a man who would have liked to hold both offices, and (c) resignation from the chancellorship would seriously weaken his Tyre position and therefore such resignation cannot have been truly voluntary. It still might be argued that Baldwin III must have had as much interest as Melisende in getting the Church's support and that it could well have been he who overthrew Ralph. But any such speculation is denied by the fact that the following year we find Ralph, no longer chancellor but still archbishop-elect of Tyre, supporting King Baldwin III at a desperate moment of the latter's struggle (see *infra*, p. 150). There are, therefore, good reasons to suppose that Ralph was removed from the chancellorship against his will and at the instigation of Queen Melisende.

When Ralph departed he took with him his chancery clerk, of whom we find no trace in the *dictamina* until he returns at the same time as Ralph—as is shown by *RRH*, No. 291, of April 1152, which is written in his unmistakable style. In the meantime there was no chancellor, and the chancery was vacant. From Ralph's last mention in *RRH*, No. 245, until his reappearance in *RRH*, No. 291, we have seven royal charters, six by Melisende and one by Baldwin, in which nothing is said of a chancellor. Practically, the chancery collapsed, for the two most able men had left and no one having the same degree of professional efficiency could replace them. *RRH*, No. 256, the first royal charter after Ralph's downfall and the first one to be issued by Melisende alone, is a diplomatic disaster, such as would have never emanated from Ralph's notary nor ever obtained the chancellor's final approval. The man who wrote the piece was faced with the task of combining an exchange between the Queen Mother and the Knights of St. John with the confirmation of a previous sale and a previous grant by third parties to the Order. For a trained chancery clerk this would not have presented insurmountable difficulties, but the man who prepared it failed miserably. All he managed to do was to draw up the exchange and then add to it what he more or less copied from the two previous acts, which had to be confirmed. The result was a royal charter which, among other irregularities, contained two promulgations, three dispositions, three announcements of the seal and two corroborations—in fact, a total monstrosity. One would certainly try to explain this as having been composed by the destinee were it not that, on the basis of textual similarities, we must ascribe it to the same man who wrote *RRH*, No. 259, of 1150, for another destinee. In fact the monstrous *RRH*, No. 256, opens a series of charters by Melisende which were all drawn up by a man from her chapel, who twice signed his name as Guido and once listed his vocation: *regine clericus*.[67] He drafted all of Melisende's charters up to her death, with the possible exception of *RRH*, No. 262, of 1150. As his first charter shows, he was not a trained chancery man. His second charter, *RRH*, No. 259, of 1150, which dealt with a simpler case, is considerably better but still reveals that he did not come from the royal chancery and that his background was rather that of a man accustomed to composing so-called "private," i.e., non-papal and non-royal charters, for there are still irregularities, such as putting the contents of the grant after the announcement of the seal insted of with the dispository clause. Another indication that he was a man used to drafting "private" charters is his way of mentioning the King in the datelines of his early products. In *RRH*, No. 256, of 1149, he lists the regnal year, although incorrectly, in *RRH*, No. 262 (if indeed he wrote this), of 1150, he lists the King as reigning, and so he does in *RRH*, No. 259, of the same year. This was typical of private charters, although a few times in the past it had also appeared in royal ones. Later on Guido's charters became simpler and, in spite of the fact that he liked to vary his expressions, he developed his own formulary, in which he adopted a simple date consisting only of the year of the Incarnation and the indiction—not always correctly computed. His computational uncertainty is again a sign that he had not previously been affiliated with the Jerusalem chancery.

What do these results of formal diplomatic research mean when translated into terms of political history? The chancellor, apparently, had been removed from office. The vacancy had not been filled. The chancery had lost not only its head but its only capable notary. The Queen Mother had turned to a member of her chapel to whom she entrusted the task of drawing up her charters. Guido, however, did not work in the chancery. This is obvious from what happened after the return of chancellor Ralph to his office in 1152.

[67] *RRH*, Nos. 313 and 359.

While from that year on the chancery was again functioning for the King, with Ralph's name in the bottom line and the *dictamen* of his notary clearly apparent, the Queen Mother continued to have her charters drawn up by Guido until her death. In other words, Guido did not run the chancery but rather the scriptorium of the Queen, which continued to function even after the chancery had been revived. At first sight this might not seem much of a change, for, whatever the office was called, there was in fact a place where the Queen Mother could have charters drawn up and issued. It would not matter very much to the destinees whether these charters emanated from a chancery or a royal scriptorium. The main thing, it would seem, was that government continued. But actually the change did make a difference. In the first place it shows what Melisende could, and what she could not, do. It was one thing to remove a chancellor from office—this could be done behind the scenes. It was quite another thing to create a new chancellor—an act involving much more formality. William of Tyre, himself a chancellor and therefore in a position to know, informs us that the appointment of a new chancellor required the assent of the magnates and involved a formal investiture (*de consilio principum suorum nos ad praedictum vocavit officium et cancellarii nobis tradidit dignitatem*).[68] If such an appointment needed the approval of the magnates, it needed *a fortiori* the consent of Baldwin III as a sharer in joint rule. It is more than doubtful whether Melisende would have received his approval for a new appointment. The rift between mother and son was clearly widening, as evidenced by the slow downgrading of Baldwin in the royal charters. Melisende must have realized that in all likelihood she would not be able to exclude her son from power forever. She could not totally eliminate him from the political scene, because as a woman she could not fulfil all functions of a king, and the barons would have refused to be ruled by a woman alone. She would certainly try to keep the power to herself, but, if that was no longer possible for the whole kingdom, she was apparently prepared to undertake creating an area of her own within the kingdom itself in which her son would have no say; in other words, she would work toward an actual division of the kingdom into two distinct entities while avoiding a formal partition, a dangerous solution for a small kingdom constantly exposed to the pressure of external threats to its existence. Quite logically the Queen Mother prepared for such an eventuality with the creation of a separate administration by breaking up the official chancery and replacing it with her own scriptorium. She would not have objected to her scriptorium recognizing Baldwin as King in the datelines of the early charters issued from this office because she was willing to acknowledge in theory the barest minimum of Baldwin's rights, having nothing to gain by his complete downfall. To appoint a new chancellor without Baldwin's approval would have meant to transgress the limits of prudency. It would have amounted to assuming unilaterally the kingship for herself and herself alone, and that would have brought the country to the brink of civil war or to formal partition, neither of

[68] WT, XXI.5.

which she wanted. Thus, while she had the power to cause the downfall of chancellor Ralph, she was not powerful enough to install a successor without seriously endangering her own cause. Besides, there was a great practical advantage in not filling the vacancy in the chancery. Had she appointed a chancellor, there would have been a royal chancery, the use of which she could not very well have denied to her son. He would then certainly have insisted on having charters issued again under both names. Indeed, this question would have been raised by any new chancellor. By resorting to her own chaplains and her own scriptorium Melisende was able to exclude Baldwin III from the use of this instrument of power, and that she did this is shown, as we shall see, by Baldwin having to resort to his own devices whenever he himself wanted to issue a charter. The supposition of such an ulterior motive is confirmed by the fact that, when Baldwin was strong enough to revive the chancery and reappoint chancellor Ralph after his mother's complete withdrawal from power, he apparently denied her the use of the chancery (although he may have permitted his brother to use it), for she went right on issuing charters through her own scriptorium and through Guido her chaplain. In 1149 there seems to have been a tacit agreement that for the time being neither party would appoint a chancellor, but each would issue its charters through its own scriptorium and deny the use of its own facilities to the other.

The establishment of two separate scriptoria was a compromise which brought certain advantages to both sides, and at the same time saved the country from an open break between Queen Mother and King, a break which the King apparently did not yet feel strong enough to face, and from which the Queen had nothing to gain. In fact, however, it meant a division of royal power such as had not existed before. The creation of Melisende's scriptorium marked the beginning of the partitioning of the kingdom into two distinct blocks of power.

During this time the Queen Mother must have suffered a setback with the death of Elinard of Tiberias, the prince of Galilee who, it should be recalled, had been a trusted follower of hers and had secured her control of Galilee. His death seems to have removed the greatest crown fief from Melisende's obedience and to have swung the balance somewhat in favor of Baldwin. With Galilee being disputed it would seem that he had at last a fair chance to build up a zone of his own influence which might match and balance that of his mother. Only by way of hypothesis can we reconstruct from later events what happened in Galilee. In June 1150 we find Simon of Tiberias witnessing a charter of Baldwin III, at a time when the King had been deserted by most of the crown vassals (see *infra*, p. 150f.). Simon must have succeeded Elinard, who is last heard of at the war council of Acre in June 1148. The appearance of Simon's name would seem to indicate that the principality had gone over to Baldwin's side. What reason had the Prince of Galilee to attend on the King at a moment in Baldwin's life which was desperately critical? Since some time later it appears that there was a second claimant to the principality,

Simon's rule of, or claim to, Galilee cannot have been altogether undisputed and this would indeed have given him a reason to seek his fortunes with the King had the other claimant tried to win the Queen Mother's support. Apparently, from the legal point of view, Simon's competitor had the better claim, for, while nothing is known of Simon's background, his rival was William III of Buris, the younger brother of the late Prince Elinard.[69] Unfortunately, we do not hear of him until after Baldwin had removed his mother from power, but since he was clearly not the King's candidate I am inclined to conclude that he had enjoyed the support of the Queen Mother already before 1152. It is indicative of William's better claim that eventually it was acknowledged by the King, not, however, until after the downfall of his mother. Simon, as I have mentioned, attended the King in June 1150 (*RRH*, No. 258) and again, immediately after the end of the civil war of 1152, in *RRH*, No. 291, of April 1152. He was present at the siege of Ascalon in the King's army from January to August 1153, and William of Tyre[70] lists him among the barons of the first magnitude, thus indicating that he considered him the Prince of Galilee. On 28 October 1153 William III of Buris granted some land to the Knights of St. John and his charter (*RRH*, No. 283) is witnessed by an impressive retinue of men from the principality. Although he does not style himself Prince of Galilee or Lord of Tiberias, his retinue would seem to indicate that he so considered himself. On 30 July 1154 a charter of Baldwin III (*RRH*, No. 293) is witnessed by William of Tiberias, Simon of Tiberias, Gormond of Tiberias, and Mahengot of Tiberias with his son Ralph. Gormond obviously is the same Gormond who heads the list of witnesses in *RRH*, No. 283, mentioned above, and therefore he was not Prince of Galilee, but rather a vassal of the prince. So was Mahengot, since he appears in the same year 1154, in *RRH*, No. 297, as lord of Gerin, a dependancy of the principality of Galilee, and there is a seal which must be ascribed to his son Ralph.[71] Thus, by way of exclusion only William III and Simon remain, and as William takes precedence over Simon in signing, I must conclude that Baldwin III now recognized his claim rather than that of Simon and that Simon's position had been reduced to that of the principal vassal of the Prince of Galilee. In the same year the Viscountess Ermengarde of Tiberias donated lands to the Lepers of St. Lazarus in Tiberias and the first witness after the Bishop of Tiberias is William III, who is styled *dominus Tyberiadis* (*RRH*, No. 297). There cannot be any reasonable doubt that by 1154 William was recognized as prince of Galilee by the King as well as within the principality; on the other hand, it is certain that the King had upheld Simon's claim at least from 1150 to 1153. Unless William III's claim was entered very suddenly in 1153 (which I would question, for, whatever its basis, William's claim must have existed at the time of Elinard's death and before Simon's appearance), I must assume

[69] This matter was studied in detail by H. Pirie-Gordon, "The Reigning Princes of Galilee," *English Historical Review*, 27 (1912), 452f.

[70] WT, XVII.21.

[71] G. Schlumberger, *Sigillographie de l'Orient Latin*, Bibliothèque archéologique et historique, 37 (1943), 47; Richard, *Le royaume latin*, 83 note 2.

that the principality was disputed between the two for a number of years. Since the King backed Simon, William's support must necessarily have come from the Queen Mother. Whatever the details of this strife, for the Queen Mother Galilee was certainly no longer a totally dependable source of help.

The first practical problem which in these years arose from the actual division of the country, as the establishment of two distinct scriptoria shows, was whether a charter issued by one of the competitors would be honored by the other in a country which, in theory, was still united. Potential destinees had somehow to evade the risk of seeing rejected by the King what the Queen Mother had granted, or vice versa. How people coped with this problem can be seen first in *RRH*, No. 262, of 1150, a curious document in many respects. Let me first try to establish its date more precisely. Very surprisingly, it is witnessed by Humphrey of Toron, the only witness in all the charters issued by Melisende alone who was a usually loyal supporter of King Baldwin III against his mother. He went to Syria with the King in 1150, when very few others did, and the King appointed him his constable in 1152. From then on Humphrey served him with unfailing loyalty and was a source of strength to Baldwin III and his two successors, his brother Amaury I and his nephew Baldwin IV. Humphrey met his death as a result of wounds he had received on the battlefield while protecting Baldwin IV, the leper king. In 1150, however, he must have had some doubts as to Baldwin's chances. When he went north to Antioch and Edessa with the King in the summer of 1150 he requested that he be given possession of the fortress of ʿAintāb, in the county of Edessa west of the Euphrates, which he felt strong enough to hold against the Turks. He certainly did not need this fortress, for in the Latin kingdom of Jerusalem he held the lordship of Toron-Tibnīn which had been in the hands of his family from the beginnings of the crusader states and which comprised all the land between Tyre and the mountains. In addition, we find him holding the castle of Banyas as a fief of the lord of Bairut, half of which he gave to the Hospitallers in 1157 to bring down the expenses of its defense (*RRH*, No. 325). Given the geographical position of his possessions, he was outside the orbit of the Queen Mother; but if he was ready in the summer of 1150 to relinquish his comfortable holdings in Toron for an extremely insecure position east of the Orontes, he must have had serious doubts as to the King's chances. The impression is that he wished to evade the whole conflict by emigrating to Edessa. At the time he showed this desire, in the summer of 1150, he had already cast his lot with the King by going with him to Syria, an action which Melisende, as we shall see, had tried to prevent at all costs. Having gone to Syria with the King, Humphrey thought it better not to remain too close to the Queen Mother. The fact that he is attending on her as a witness in *RRH*, No. 262, forces me to place this document earlier than her charter *RRH*, No. 259, of 1150, which in turn can be shown to be immediately prior to Baldwin's *RRH*, No. 258, of 22 June 1150 (see *infra*, p. 146). Thus *RRH*, No. 262, should be placed early in 1150, when Humphrey was still undecided as to the course he should take and was keeping open to himself more than one avenue of action, as his witnessing of Melisende's charter *RRH*, No. 262, and his accompanying the King on the march to Syria seem to show.

The charter *RRH*, No. 262, itself has come down to us in its original form, but it is a strange charter. At first it was not intended to serve as the actual document. The invocation is written in normal script rather than in *elongata*, the names of all the ecclesiastical witnesses are abbreviated, one of the initials was added afterward having first been forgotten, and there is another later insertion of the word *in*. The document originally ended with a list of witnesses. Later on, a line and a half were added in much smaller script: *Anno ab incarnatione domini M⁰C⁰L⁰, indictione duodecima, data est hec pagina per manum Frederici capellani fratribus Hospitalis, regnante quarto rege Balduino, Fulchero patriarcha, quod sui iuris est, regente.* Below this, there is a *plica* through which holes were pierced to accommodate two seals. One of them must obviously have been the seal of Melisende, which is announced in the charter. The second, surprisingly, was that of Baldwin III, which is not announced but was still seen by Sebastiano Pauli when he examined the piece in the eighteenth century.[72]

There are only two ways of explaining the curious outer traits of this document. Possibly it was a sort of petition drawn up by the destinees and then handed to Melisende's scriptorium where it was considered satisfactory enough to pass as an original after a few corrections had been made. This I rather doubt, for in many ways the document stresses the superiority of Melisende's claim to the rule of the kingdom over Baldwin's, and from all we know the Hospital tried to remain neutral in the conflict and would not have drawn up such a document. The only alternative explanation I can offer is that we have here the unusual case of a first draft used as an original after it had been revised. The script is a very careful one, showing distinct traces of the influence of papal chancery script, especially in the long "s" and the "f," and more particularly in the ligatures "st" and "ct." It was not unsuitable for use as an original once some minor mistakes had been corrected. Its being a rough draft would explain these mistakes as well as the abbreviation of the names of the high ranking ecclesiastics and even the addition of the date and the authentication by the chaplain Frederick. It is puzzling to find him signing his title, for lack of space, only as *Fredericus* $\frac{a}{c}$, which might mean either *cancellarius* or *capellanus* although neither word is normally abbreviated in this way. I prefer the reading *capellanus* in consideration of the fact that there was no chancery at the time, while we know that both the Queen Mother and the King had their own chapels, which issued charters. Since the document

[72] *Codice Diplomatico del Sacro Militare Ordine Gerosolimitano oggi di Malta*, S. Pauli ed., I (Lucca, 1733), 30, No. 28; drawing of the seal, *ibid.*, pl. II, No. 17. There is some slight evidence that there may have been another charter sealed by both Baldwin III and Melisende as early as 1148. In this year the Jacobite convent of St. Mary Magdalen in Jerusalem filed a lawsuit before the King and his mother for the possession of a certain village and was allowed to repurchase it from the current owner for 1,000 gold dinars. A Syriac fragment says that for this the convent received "a deed of purchase duly witnessed and sealed with the royal seals"; cf. W. R. Taylor, "A new Syriac Fragment Dealing with Incidents in the Second Crusade," *The Annual of the American Schools of Oriental Research*, 9 (1929/30, published 1931), 124.

was also presented to the scriptorium of the King for the affixing of his seal, the question arises whether chaplain Frederick's addition was made in the scriptorium of the Queen Mother or in that of the King. Without wishing to commit myself just yet I am inclined to prefer the first possibility because, if I am not mistaken, the script of the addition, although much smaller and less formal than that of the main text, is by the same hand as that of the document proper. Consequently, a hierarchy in Queen Melisende's scriptorium, in which Guido would have made the rough draft and Frederick would have corrected and authenticated it, is precluded. The assumption of such a hierarchy would indeed be doubtful in a small kingdom like Jerusalem and especially in a semi-official scriptorium, when the existence of such an organization is hard to demonstrate even in the larger chanceries of Europe. If, however, the handwriting of the addition is not the same as that of the main body of the text we must either assume that a hierarchy existed or else attribute the addition to the scriptorium of the King. The simplest solution would seem to be that a rough draft, though written carefully by Frederick, was nevertheless meant to be only a draft; he then liked it so well that he decided to use it as an original after he had corrected it and added the authentication. Methodically speaking, the simplest solution is usually preferable, but in this case it depends on whether or not the two scripts are by the same hand. The differences in the scripts certainly are not an obstacle to my supposition. It follows that Melisende's scriptorium did not have a hierarchy, but only more than one chapel clerk—Guido, who wrote most of the documents, and Frederick, who wrote this particular one. The *dictamen* may be related to that of Guido, but not without difficulties. This again makes it more likely that the whole document was Frederick's work.

It must have been known to the scriptorium of Melisende that Baldwin would be asked to affix his seal to this charter. Otherwise, the holes for Melisende's seal would have been pierced in the middle of the document, i.e., equidistant from either margin. In this instance they were not; they were pierced halfway between the middle of the document and either the left or the right margin. Later, the holes for Baldwin's seal could be pierced in the corresponding place on the other side in relation to the middle, so that at present the two sets of holes are evenly spaced along the bottom of the charter; to be exact, at one and at two thirds of its width. In other words, they are arranged symmetrically, and this could have happened only if it had been known in advance that a second seal was to be affixed.

In the document the Queen Mother again concerned herself with the royal domain at Acre, for she gave to the Knights of St. John the village of Beroeth which was very close to that city. Although we must presume that by this time Acre was in the King's zone of influence, since there is evidence that in the summer of the same year it was under his control, Melisende still tried to meddle in his affairs in that area. If she did not actually control Acre it would make it all the more easy for her to grant parts of the royal domain there to the Hospitallers; these, however, made sure that the King too would affix his seal to the grant in order to make it operative. In a way Melisende had the King in a tight corner since a refusal to confirm the grant she had made might have driven the Hospitallers into her camp. He must in advance have given his assurance that he would ratify his mother's grant, for his consent, as well as that of his brother, is mentioned; his seal was added later.

A close examination of the text reveals several interesting features. Melisende made her grant *consilio itaque discretorum et maxime rectiora nobis consulencium studiosissime percunctato*, i.e., after she had carefully pondered on the advice given her by discerning men and especially by those who generally gave her the more correct advice. The Queen Mother is unusually reticent in not specifying who these discerning men were, but undoubtedly she is referring to the advice of certain of the vassals. The phrase can only be interpreted as meaning that there were two opposing camps among the barons, those who (in her opinion) gave her sound counsel and those who did not. It does not necessarily mean that both camps had been consulted; only that there existed a different body of opinion which perhaps she did not choose to consult at all. Those who gave her the better advice must surely have been her own partisans, whereas those who gave her the worse advice must have been the King's. In fact, in view of later developments, I suggest that here is the first indication that Melisende was now deliberately creating a vassalry of her own—an act which would really split the kingdom. That things were not going at all well in the kingdom can be sensed from the sentence in which she stated that she was making the grant to ensure the continuance of peace in the rule which had been entrusted to her (*ad consequendam in commisso regimine pacis perseverantiam*). Baldwin's royal position was considered only as an appendix to her own, for she said that the proceeds of the village were to be used by the Hospitallers for the feeding of the poor *me regnante cum filio meo rege Balduino*. She granted him the position of a *coheres*, co-heir, but that meant only that she had once more relegated him to the same position as his brother Amaury, whose consent she here implied by saying that anyone violating this charter would incur her own wrath and that of her *coheredes*—which can refer only to Baldwin III and Amaury. As for Amaury, her younger and favorite son, the Queen Mother was again deliberately attempting here to create for him a share in joint rule under the will of Baldwin II, and this time the attempt was made much more clearly than the first time (see *supra*, p. 124f.). One must remember that Baldwin III was not married yet and could not foresee that he would die without offspring. He must, therefore, have resented very much his brother being called a co-heir, because if Amaury really was a co-heir, the succession of Baldwin's children, which he no doubt hoped to have some day, would be seriously jeopardized.

In announcing her seal the Queen Mother said: *dono et concedo, literarum etiam et sigilli nostri, quod maius est, auctoritate confirmo*. This can mean one of three things: 1. Melisende is making her grant by means of the royal authority of a charter (*litera*) and, what is more (*quod maius est*), of her seal; 2. Melisende has two seals—one small and one large—and is having the larger one affixed to this charter to lend it additional weight; 3. Melisende is sealing this charter with her seal, which is larger (*maius*) than others—in other words, is more important than that of Baldwin III which she knew was to be affixed to the charter. There is no evidence that the rulers of Jerusalem ever had a smaller and a larger seal, a simple and a solemn one, as some European rulers had. We may therefore safely discard the second possibility. The first is not very likely either because, if the grant is made by charter, the charter must be sealed in order to be valid. The seal would not increase (*quod maius est*) the validity of the charter but would in fact constitute its validity. We are left with the third possibility, the one which assumes that, just as Melisende's scriptorium subtly hinted that there was now a vassalry of the Queen Mother as distinct from that of the kingdom, so did it as subtly hint that her seal was more important than that of the King, because she was the true ruler and Baldwin was king in name only. The punctuation of the original would seem to confirm this assumption. I am giving here in parallel two passages from this charter, with their mediaeval punctuation:

ad consequendam in commisso regimine pacis perseverantiam · sive quod devocius esse percipitur · pro predecessorum nostrorum animabus	*dono · et concedo; literarum etiam et sigilli nostri quod maius est · auctoritate regia confirmo;*

It will be noted that the punctuation with regard to the *quod*-clause is different in the two instances. In the left column the whole clause appears enclosed within *puncta*. The meaning is clear. It is stated that the grant is made for the continuance of peace in the kingdom and, what is even more pious, for the souls of the predecessors. In the right column, instead, the *quod*-clause is not enclosed within *puncta* and must be a qualification of the preceding nouns *litera* or *sigillum*. For obvious grammatical reasons the *quod*, if indeed it qualifies one of these two nouns, can refer only to *sigillum*. I am, therefore, convinced that the meaning of the sentence is the following: "I give and concede and confirm by the royal authority of a charter and of our seal which is the more important one ...."

More than any other charter, *RRH*, No. 262, emphasizes the leading role of Melisende and reduces the position of Baldwin to a merely nominal one. This, of course, does not mean that the charter actually reflects the exact political situation. The King could not but confirm Melisende's grant to the Hospitallers in the vicinity of Acre, if he wanted the Order to remain neutral. However, now for the first time he deliberately interfered in that part of the kingdom which Melisende had so far rightly considered to be her own zone of influence, for in the spring of 1150 he rebuilt Gaza near Ascalon in the south. If the Queen Mother meddled in Acre in the north, where Baldwin was trying to establish his own influence, surely he could do likewise in Gaza in the south. We assume that Gaza was rebuilt after *RRH*, No. 262, had been issued, since this charter must be placed before *RRH*, Nos. 259 and 258, which in turn were issued immediately after Gaza was rebuilt. By rebuilding Gaza the

King cut off Ascalon, still in Egyptian hands, from Egypt and completed the ring of fortresses with which King Fulk had surrounded Ascalon between 1136 and 1142. William of Tyre[73] reports that Gaza was reconstructed shortly after the events of 1149 in Antioch, previously described by him, when Baldwin III had marched north to administrate the principality of Antioch after its ruler's death in the battle of Inab. William goes on to say that the rebuilding was completed within a short time (*in brevi consumant feliciter*)[74] and that the King and the lord Patriarch returned to Jerusalem in the early spring when the inner castle was partly finished, that is, before completion of the whole project (*Circa veris autem initium domino rege dominoque patriarcha completo ex parte municipio interiore . . .Hierosolymam reversis*). The castle was committed to the care of the Knights Templars. Again I shall attempt to date these events more precisely and clarify their political meaning. Ibn al-Qalānisī[75] assures us that in the spring of 1150 the Franks made a raid into the Ḥaurān east of the Sea of Galilee. This brought on a counterattack by Nūr ad-Dīn of Aleppo which alarmed the ruler of Damascus, who feared Aleppine dominance and consequently invoked the alliance he had had with the Latin Kingdom of Jerusalem since 1139 against Nūr ad-Dīn. Instead of plundering the Ḥaurān, the Franks decided to make common front with Damascus against Nūr ad-Dīn. Ibn al-Qalānisī says that the Franks were heading toward Ascalon with the purpose of rebuilding Gaza, but changed direction and marched north to Banyas, to help the Damascenes. This cannot refer to the Frankish main force but only to a contingent on its way to join the King at Gaza, for no source mentions that the King himself set out to march against Nūr ad-Dīn. In fact, Ibn al-Qalānisī, the contemporary Damascus chronicler, calls it a vanguard. Nūr ad-Dīn campaigned in the Ḥaurān from 4 to 26 April 1150 (these dates are specifically mentioned by Ibn al-Qalānisī). He did not achieve anything and made peace with Damascus in May 1150. The rebuilding of Gaza, therefore, must be placed at some time between March and May 1150. It presented a definite threat to the interests of Queen Melisende. With Galilee being disputed, with the King trying to establish his control over Acre, as evidenced by the addition of his seal to Melisende's *RRH*, No. 262 (and having actually established it, as will be shown by his own *RRH*, No. 258), it would have been very dangerous for her if he now got control of a fortress in the south. This would mean that he could threaten the Queen Mother's possession from two sides, having managed to catch her in the middle. Melisende herself apparently was not present at Gaza, but the Patriarch was, and presumably was to look after her interests after chancellor Ralph's removal from office. If the King built a fortress in the spring of 1150, at a time when the situation between himself and his mother was extremely tense, he must have intended to place in it a reliable vassal, else his effort would result only in strengthening

[73] WT, XVII.12.

[74] From the evidence of better documented cases, one is surprised to find how quickly the Franks could build their fortresses; sometimes is took only a few months.

[75] *Histoire de Damas*, trans. Le Tourneau, 311 f.

Melisende's position. Melisende, on the other hand, must have had every intention of preventing the establishment of a royal vassal in Gaza, which would endanger her own position as well as that of the Ibelins. Barisan of Ibelin and his son Hugh had witnessed her charter *RRH*, No. 262, and were therefore in her camp. They were now more important to the Queen Mother than they had been in 1144 (see *supra*, p. 119) because, after the death of Renier, lord of Ramla and Mirabel, Barisan of Ibelin had acquired these two lordships, in addition to his own in Ibelin, his wife being now the only surviving child of Baldwin I of Ramla. He owed the service of forty knights for Ramla and Mirabel and ten for Ibelin. Eventually, the fortress of Gaza was entrusted to the Knights Templars. This, we must assume, was a compromise acceptable to both parties since it made Gaza neutral in respect to the internal struggle of Jerusalem, yet ensured that the fortress would serve its military purpose against Ascalon. The Templars did not maintain such a strict neutrality as the Hospitallers, but that they were neutral is shown by the fact that we find Templars witnessing for both sides—although it must be admitted that Melisende had to show on her charters Templars of far greater importance than Baldwin III did. Yet, the politically significant fact is that Gaza was not entrusted to either a partisan of the Queen Mother or one of the King. We may be sure that the Patriarch had had a hand in this solution for, as soon as this decision was made, the Patriarch lost interest in Gaza and returned to Jerusalem. Baldwin's attempt to establish himself in the old Philistine lands in the south had failed—but he had shown what he could potentially do.

At this point I must stop to inquire whether the civil war between Baldwin and his mother—the open fight for power—might not have taken place in 1150 rather than 1152. The earlier date has been proposed long ago by Jean Richard.[76] Any suggestion of so distinguished an expert cannot be lightly discarded. Indeed, as we have seen, the stage was set, the rift was deep enough, and Richard can base his theory on William of Tyre, who tells of the rebuilding of Gaza in the chapter immediately preceeding the two in which he reports the civil war. The war itself, however, was triggered by Baldwin's demand to be crowned at Easter, which in 1150 was on 16 April, and on this day the King was most likely still at Gaza. Moreover, immediately after the Easter events and before the fighting broke out, the kingdom was formally divided, and Baldwin received Acre and Tyre. In this case the Queen Mother would have been unable to dispose of royal lands near Acre, as she did in *RRH*, No. 262, unless we place *RRH*, No. 262, before Easter 1150. We know that in the summer of 1150 the King again went north to deal with Syrian affairs. Because of all this, it seems apparent that there would not have been enough time for the civil war to have occurred in the year 1150; besides, I am convinced that the King was still at Gaza on Easter Day 1150.

The strongest indication that by the summer of 1150 the kingdom had not yet been formally divided comes from the two charters *RRH*, Nos. 259 and 258, issued by Melisende and Baldwin, respectively. They both deal with

[76] Richard, *Le royaume latin*, 65.

a transaction in the plain of Bethlehem, namely, in that area which, when the kingdom was finally divided, was assigned to Melisende. As in *RRH*, No. 262, the destinee, given the political instability prevailing in the kingdom and in view of the fact that there were now two competing scriptoria issuing charters, wanted to make sure that the transaction was approved by both rulers, but in this case the method employed was different. Had the kingdom already been formally partitioned the approval of the King would not have been needed. Both charters were issued for the Lepers of St. Lazarus outside the walls of Jerusalem. *RRH*, No. 259, is clearly a charter of Guido, emanating from the Queen Mother's scriptorium. Textually it is closely related to *RRH*. No. 256, of 1149, Guido's first charter, which I have already discussed, In her charter Melisende approved the sale to the Lepers of four plots of vineyards in the plain of Bethlehem, made by a Syrian called Mozageth for the price of 1,100 bezants and a horse. The Queen Mother still recognized Baldwin's kingship in the dateline, but his consent is no longer mentioned. This must be considered a deliberate insult, for she replaced the King's consent by *laudamento baronum meorum*. Baldwin's charter *RRH*, No. 258, issued from Acre on 22 June 1150, concerns the same transaction. In this document he confirmed to the Lepers thirteen *carrucae* of vineyards they had bought in the plain of Bethlehem from the Syrian *rais* (i.e., village chief) Melenganos for the price of 1,050 bezants and a horse. Both charters have come down to us in the thirteenth-century chartulary of the Convent of the Lepers of St. Lazarus. This source is notoriously unreliable in its transcriptions and the texts have suffered additionally at the hands of their editor, Comte de Marsy. But even Marsy could not help noting that *RRH*, Nos. 259 and 258, dealt with the same sale.[77] It is true that the Syrian seller is called Mozageth by Melisende and Melenganus by Baldwin; that Melisende states that the price was 1,100 bezants and a horse while Baldwin fixes it at 1,050 bezants and a horse. Furthermore, Melisende speaks of four pieces of vineyards, while Baldwin specifies thirteen *carrucae*. But the two figures might very well indicate the same thing. The *carruca* was a fiscal unit of approximately thirty-five hectares, thus thirteen *carrucae* were lands of thirteen times thirty-five hectares, but did not necessarily form a single plot. On the contrary, usually a given number of *carrucae* consisted of various plots which together made up the total amount of *carrucae* recorded in the royal Secrète as the basis for assessments. In both cases, then, we have a sale of vineyards by a Syrian at almost the same price—and *MC* may easily have been misread by a copyist as *ML*, or vice versa. The fact that in each case a horse was included in the transaction makes it more than likely that both charters refer to the same sale, as does the reference to the vineyards, which in both cases are located in the plain of Bethlehem. That the same price was paid in both cases for vineyards in the same location confirms my assumption that the four plots are to be identified with the thirteen *carrucae*. The implications are clear enough:

[77] Comte de Marsy, "Fragment d'un cartulaire de l'Ordre de Saint-Lazare, en Terre Sainte," *Archives de l'Orient Latin*, 2^b (1884), 128 note 19.

the Lepers had their acquisition confirmed first in one scriptorium and then in the other.

One can also determine which of the two charters is the earlier. Although Baldwin's charter was issued not by the Queen Mother's but by his own scriptorium, it reveals a notable resemblance in text and formulary to that of Melisende, which was certainly a product of Guido. The only explanation is that the royal chaplain Daniel, who drew up Baldwin's charter, had before his eyes that of Melisende and used it as model. The opposite explanation is not possible since Melisende's document is, in turn, closely related to an earlier charter of hers (*RRH*, No. 256). Melisende is not mentioned in Baldwin's charter nor is her charter *RRH*, No. 259, which he was regranting. The rift by now must have been very deep indeed. Evidently, it was impossible in this case to follow the same procedure that had been employed in *RRH*, No. 262, of the same year. That document (*supra*, p. 140) had been issued by Melisende in full knowledge that it would be submitted to the approval of Baldwin. But then, in *RRH*, No. 262, Melisende had meddled in the northern part of the royal domain which I believe was already under Baldwin's control. In the present case she did not intend to have the King reconfirm a charter concerning a destinee just outside of Jerusalem and a property in the plain of Bethlehem which she considered to be in her own zone of influence. The destinee had, therefore, to approach Baldwin for a separate charter, which he would readily grant—at the moment it would cost him nothing, since he had no control of the plain of Bethlehem anyway and furthermore it would furnish him with the opportunity of pretending that he did have royal rights there, which, in theory, was still true. That he did not mention his mother at all and even in the dateline named only the Patriarch's year of office shows that, as far as he was concerned, the *Samtherrschaft* was finished. On parchment he considered himself the sole ruler, while Melisende paid at least lip service to him in the dateline of her charter. In doing this Baldwin assumed for himself a position he did not have, for, as we shall presently see, his situation in July 1150 was desperate.

Baldwin's charter was written by a certain Daniel, who styled himself *clericus regis, frater Salientis in bonum Hugonis*. We know this brother better than the clerk himself; he was a bourgeois of the King of some importance. But to state this relationship in the royal charter proves that Daniel, like Guido, had not received his training in the royal chancery. The expression is most peculiar and so is his announcement of the witnesses: *Huius igitur vinee perpetuo a pauperibus illis predictis possidende gratia testes sunt.* It makes grammatical sense only if *gratia* is taken as a postposition meaning "because of." But even the construction of the sentence is shockingly incorrect: *Huius igitur vinee . . .testes sunt*, instead of *Huius igitur rei* (*donationis, concessionis, confirmationis*) *testes sunt.* Daniel would have found it very hard to explain his version to a senior clerk in a chancery. He certainly came from the royal chapel but had not previously been associated with the royal chancery. It is obvious that with the collapse of the chancery and the setting up of the Queen Mother's own scriptorium, to which Baldwin had no access, the King had been forced to open a scriptorium of his own.

It was not only the chancery that had collapsed. Melisende had in general begun to create government offices of her own as distinct from those of the Crown. In her charter for the Lepers a chamberlain Nicolaus appears for the first time and then reappears in *RRH*, Nos. 269 and 278, of 1151–52; he must have been her personal chamberlain, since he is not qualified as *regis* or *regius camerarius* but styles himself simply *camerarius*. When in 1152 Melisende was forced to retreat into the citadel of Jerusalem to defend herself against her son she did so, in the words of William of Tyre, *cum familiaribus suis et fidelibus*. Taken together with her creation of a separate scriptorium the evidence can be interpreted in only one way: the Queen Mother had set up her own household, separate from the official royal household. Thus she prepared herself for the oncoming showdown by creating an administrative machinery which was inaccessible to the King and, in the case of a major conflict, would enable her to continue to exercise the functions of a ruler. She went even further. She now created for herself a party of adherents among the barons. Her charter to the Lepers of 1150 is made *laudamento baronum meorum*. So she now considered herself to have her own barons, who owed allegiance only to her and not to the kingdom in general, let alone to the King. Doubtless she had always had a party of supporters among the barons or else she would have been overthrown long before. It had consisted of true and loyal followers as well as of men who would always be on the side of the stronger forces. But now she came out in the open. Apparently, this vassalry of the Queen Mother was a very new thing at the time *RRH*, No. 259, was issued, in the summer of 1150. In the earlier *RRH*, No. 262, of the same year, the Queen Mother had only cautiously hinted at the existence of such a party of barons which was now ready to come out into the open at any moment (see *supra*, p. 141). Indeed, only a short time later, the moment arrived for her to issue *RRH*, No. 259, *laudamento baronum meorum*.

If now there were barons who owed allegiance only to the Queen Mother, the implication is that much more had happened than just the creation of a separate scriptorium and a separate household. Both these measures might still be regarded as constitutional, if only in a formal way, if one were prepared to stretch one's conscience and imagination. But the establishment of a vassalry of her own was really a *casus belli*. No one could overlook this, no one could ignore the fact that now the kingdom had been completely disunited and broken up into two distinct entities. It was not, of course, a state of affairs which could be tolerated for any length of time if the best interests of the kingdom were to be considered. It seriously impaired, in fact it destroyed, the military establishment on which the very existence of the kingdom was based. Melisende can have entertained no illusions as to the seriousness of her step. She must have been prepared for a showdown. To mention Baldwin in the dateline of *RRH*, No. 259, was merely to pay lip service to a past rapidly receding; indeed, it is the last mention of Baldwin in her charters until a truce was reached in the fight. We can be reasonably sure that Melisende herself cannot have entertained any unrealistic expectations that this situation could be maintained for very long. The barons in the long run would not find it advantageous, and the moment a major military attack threatened the kingdom this system must come to an end and unity be restored, or the kingdom would collapse. In taking so drastic a step the Queen Mother must have labored under the impression that Baldwin III's progress had reached the point where it was very detrimental, if not fatal, to her power and that any further advance of his must be halted at all cost. If she was to prevail, she must break down his position at once. And she had indeed serious reasons for trying to stop him from his next enterprise.

While the King was still rebuilding Gaza, disaster again befell the north, with the capture of Count Joscelin II of Edessa. News of it reached Aleppo on 5 May 1150.[78] This was presumably what brought King Baldwin III back to Jerusalem although the work at Gaza was not yet completed. He realized that once again he had to go to Syria. But he now found that political conditions had already deteriorated to a point where the cohesion of the state was threatened. It has been duly recorded by William of Tyre[79]—but it has escaped, at least in its full impact, most historians—that when Baldwin III marched to Antioch in the summer of 1150 he encountered serious difficulties: *Assumptis sibi Henfredo constabulario* (an anachronism, because Humphrey was not made constable until 1152) *et Guidone Berythensi, nam de iis, qui in portione dominae reginae erant, licet singillatim evocasset, neminem habere potuit, ad partes pervenit Tripolitanas, ubi et comitem cum suis militibus assumens Antiochiam celer pervenit.* In other words, Baldwin III, on learning of the capture of Joscelin II of Edessa (5 May 1150), summoned his army, but those who sided with Queen Melisende did not show up. The King then resorted to an unusual measure. Instead of issuing a general summons, proclaimed by heralds, he summoned the reluctant lords individually, by written mandate, as the French translator tells us.[80] They refused to comply with it, and this is why the King was still at Acre on 22 June 1150, where he issued *RRH*, No. 258, when he should already have been in Antioch. This dramatic event clearly shows that my interpretation of the consent of "my barons" in Melisende's *RRH*, No. 259, as meaning the creation of her own vassalry is not idle speculation. It was a grim reality. In terms of feudal law the barons who refused to serve were committing felony of the worst kind—they were

[78] Ibn al-Qalānisī, *Histoire de Damas*, trans. Le Tourneau, 314.

[79] WT, XVII.15. Among modern historians only Röhricht, *Geschichte des Königreichs Jerusalem*, 265 note 7, and Grousset, *Histoire des Croisades*, II, 317, mention this extraordinary event. Röhricht completely misses the point by implying that the story could not be true because the civil war took place in 1152, not in 1150. Evidently Röhricht thought that William of Tyre had here erroneously attributed to the year 1150 a refusal that took place in 1152, or that such refusals of a summons could happen only in times of open civil war. Grousset also partly misses the significance of this event, for he says that it was the vassals of the Queen Mother's personal fiefs who refused Baldwin's summons. Thus, while admitting that this amounted to open treason, he does not realize that it is evidence of a *de facto* partition of the kingdom, since the Queen Mother had no personal fiefs but a part of the kingdom which she controlled. It was, therefore, not her personal vassals who refused to serve, but vassals of the Crown.

[80] *L'Estoire de Eracles* (*supra*, note 30), 783.

neglecting the principal requirement of their military obligation to the King. Without doubt a legal argument was also needed for ignoring the summons. William of Tyre hints at it when he says that the King could not enlist service from those who were *in portione reginae*, i.e., in that part of the kingdom which was under the control of the Queen Mother. Apparently the defiant barons now misconstrued Baldwin II's will as having intended a partition of the kingdom. This was an argument of a sort, but, in view of the two decades which had elapsed, not a very valid one. They cannot simply have argued that they did not owe service at all. Whenever anyone refused service he always took care to explain why he did not owe the service at all, or at least why he did not owe it in the particular case in question. In any event Melisende's party must have contended that they owed service only under summons of the Queen Mother, not under those of the King. This in turn must mean that the Queen Mother had not summoned them and was not willing to do so. She did not approve of Baldwin going north again, where he would inevitably act as regent of Antioch for a second time and also administer the county of Edessa and again acquire the reputation of a political leader. She tried to prevent his going to Syria by cutting him off from the vassals he would need. But if she had hoped that she could thus wreck his position she was wrong. Baldwin went anyway, with whatever troops he could muster, and picked up the army of Tripolis on the way. Humphrey of Toron and Guy of Bairut went with him, says William of Tyre. Toron owed fifteen knights, Bairut twenty-one. If he was in control of Acre and Tyre, as I believe he was, his forces would have been further increased by eighty and twenty-eight knights respectively, assuming the figures in Ibelin's list (see *supra*, p. 118) to be correct. He would also have whatever Simon of Tiberias could muster from Galilee, if Simon was in control there. Yet, undoubtedly the King would have only a fraction of what he had expected when he issued the general summons and, given the situation in the kingdom, he could take along with him to the north only a small force, leaving the larger part behind to ensure that his holdings would not in his absence be occupied by the Queen Mother and her vassals. But go he must, and for the present he had no time to deal with his mother. Had he refrained from taking upon himself the responsibilities of Antioch and Edessa, he would have forsaken an almost venerable tradition established by his predecessors. Since the time of Baldwin I, the Latin kings of Jerusalem had gained political strength from the fact that they mediated the quarrels of the north and made every effort to protect the northern principalities. In public opinion, therefore, Baldwin III's role as king would have been destroyed if he had not rallied to the cause of Antioch and Edessa. This most likely was Melisende's intent, when she prevented her followers from obeying his summons. By persevering in his plan in spite of all opposition, Baldwin revealed a strength and firmness which explain why Melisende's followers were quick to leave her when her fortunes began to turn.

The King must suddenly have realized that he had lost the greater part of the vassals even for warfare. This impression is confirmed by the pathetic state of his entourage when he issued his charter for the Lepers on 22 June 1150 (*RRH*, No. 258). First, he was attended by members of the royal chapel, his chaplain Adam, his almoner William, and his clerk Daniel. Then, we find as witness the archbishop-elect Ralph of Tyre, who now was on the King's side. He is the former chancellor who had been removed from the chancery by the Queen Mother, according to my interpretation (see *supra*, p. 133). If in 1150 he was attending on the King not as chancellor but as archbishop-elect, it follows that his downfall cannot have been brought about by the King. As the kingdom was disintegrating—with Melisende setting up her own scriptorium, her own household, and her own vassalry—Ralph went over to the King's court (if court it can be called) because there was no place for him on the Queen Mother's side. He may have had his doubts about the King's chances, for certainly he did not support the King to the extent of helping him in the matter of charters. Surely Daniel's poorly written charter could have provoked but pity for the royal clerk on the part of the former chancellor. He did not take an active part in the King's correspondence, not wishing unduly to annoy the opposing side, but, since in his struggle over Tyre he could no longer hope for the support of Melisende and her party, he had go to the King if he wished to survive. Precisely because he did attend on the King, none of the higher clergy was present—neither patriarch, archbishop, bishop, nor abbot. They would not have anything to do with Ralph. The argument can be reversed. Because the higher clergy was firmly on Melisende's side, the King could have Ralph witness his diploma. Had he been able, as was customary, to enlist the attendance of other members of the higher clergy, he might gladly have omitted Ralph from his list of witnesses; but, as it was, Ralph must have been the only high ranking ecclesiastic he was able to muster in his support. Next, a Templar knight named Hugh of Bethsan is mentioned in the list. La Monte[81] has made several speculations about him, none of which is really convincing. He has tried to tie him in some way to the family of the lords of Bethsan, but his case is by no means proven since the Hugh of Bethsan who appears shortly before and after this charter was not a Templar. This other Hugh was certainly a member of the family of Bethsan, and it must be assumed, therefore, that the Templar knight was a different person. Only by making, on insufficient grounds, two different and succeeding persons of the secular Hugh was La Monte able to identify his elder Hugh with the Templar knight, maintaining that the elder Hugh had joined the Order. While this possibility cannot be altogether dismissed, it is not very probable. The truth is that one cannot say anything definite about this man except that he was certainly not a prominent member of the Order, for he is never mentioned again as a Templar. Next to him in the list of witnesses comes Simon of Tiberias. I have already had occasion to mention that, in all likelihood, the principality of Galilee was disputed at the time and that Simon was the candidate of the King up to the end of the latter's fight with his mother; then Baldwin III

[81] J. L. La Monte and N. Downs, "The Lords of Bethsan in the Kingdoms of Jerusalem and Cyprus," *Mediaevalia et Humanistica*, 6 (1950), 59ff.

began to back the better legal claim of William III of Buris. But it is not at all surprising that in 1150 we should find Simon throwing in his lot with the King's. Thus, although a baron of the first magnitude was attending on the King, we must admit that this Prince of Galilee had no other choice, because, like Ralph of Tyre, he had nothing to hope from the Queen Mother. Next follows the Viscount Clarembald of Acre. It is not at all strange that he should appear in a charter issued from Acre. He had been appointed, it seems, in 1149 or shortly before. At least, Melisende mentions him in her charter *RRH*, No. 256, of 1149, as having transacted a property sale in Acre, although he himself does not witness it. As his two predecessors, one of whom is his father Robert, are mentioned in that same charter, Clarembald's appointment cannot have been made very long before. What caused Clarembald to side with the King is not known, but that he did cannot be doubted, for he reappears in Baldwin's next charters, *RRH*, Nos. 291 and 281, of 1152 and 1153, and several times thereafter until 1169 (*RRH*, No. 465), whereas he is conspicuously absent from the witness lists of Melisende's charters. Perhaps he took the King's side because, when Baldwin III still had little or no power in Acre, the office of viscount had been taken from Clarembald's family and given to a certain Gerald of Valence (*RRH*, Nos. 245 and 246), who may have been a protégé of Melisende and could not continue in office when Baldwin's position in Acre grew stronger. Clarembald's siding with the King meant that the King was now in firm control of Acre, for the Viscount was the representative of royal power in the city. Next in Baldwin's witness list of 1150, we find one William of Barra who was first attested as a vassal of King Fulk in 1142 (*RRH*, No. 210). His next appearance is in this charter of 1150, and after that he is found in the King's entourage four times, in 1155 and 1156 (*RRH*, Nos. 299, 307, 309, and 321). In *RRH*, No. 299, he is qualified as *homo regis*, a royal vassal, not a baron. The appearance of Hugh of Aulans is politically irrelevant since he is expressly said to represent the destinee.

To sum up: Baldwin's charter for the Lepers of St. Lazarus of 22 June 1150 shows the King in control of Acre, but otherwise deserted. His entourage consists of his chapel, a dispossessed archbishop and fired chancellor, an unknown and certainly unimportant Templar knight, a prince of Galilee who was fighting for his principality, and an obscure vassal. The support of the Prince of Galilee would have been important had he been able to back it up with full power; but, as it was, the Prince must have been relying on the King as heavily as the King relied on him. The only man who undoubtedly carried not only full authority but also considerable political weight is the Viscount of Acre. The high clergy and the barons of the first and second magnitude are absent from the King's court. They either had abandoned his cause or had held aloof. We must concede that some of the nobility were perhaps still at Gaza, but the fact remains that the King, who was on the point of embarking on a major military expedition to Syria and should have been attended by a fair number of barons, stood more or less alone, surrounded by the dispossessed, the upstarts, the unimportant, and the faithful but powerless servants of his chapel.

It is true also that some of his partisans were not present, since no mention is made of Humphrey of Toron and Guy of Bairut, both of whom accompanied him to Antioch. However, we have seen that even Humphrey, who remained loyal throughout, had some doubts and seriously considered trading his comfortable lordship in the mountains around Tyre for a very insecure position east of the Orontes.

Let us compare the King's position with that of the Queen Mother. We must turn to her charters' lists of witnesses if we wish to find who belonged to her party, and to do this we must go back to the time when she began to issue charters from her own scriptorium and in her own name. From this time on we may expect to find mention of only her loyal partisans, whereas, previously, witnesses could not be attributed with any degree of certainty to either one side or the other. My purpose is to try to discover in these charters the emergence of a definite retinue of people attending on the Queen Mother. And, indeed, this can be done, even though the charter material that has come down to us is very scanty, for surely both the King and the Queen Mother issued far more charters than we now possess. Lists of witnesses are found in her charters *RRH*, Nos. 262, 259, 268, 269, and 278, extending from 1150 to 1152. It is an impressive array. Of the high ecclesiastics, we find Archbishop Baldwin of Caesarea, Archbishop Robert of Nazareth, and (twice) Abbot Geoffrey of the Temple of the Lord whose abbey had grown very rich through the favor of Melisende and her political followers, as is amply attested by *RRH*, No. 422 a. We may list here also Andreas of Montebarro, the seneschal of the Knights Templars and second highest dignitary of the Order, who rose to be Master between 1152 and 1155 and who appears twice, providing quite a contrast to the unknown Templar Hugh of Bethsan, who witnessed for Baldwin. Of laymen we have (twice) the Queen's son Amaury, who rose to the county of Jaffa during these years; (twice) Philip of Nablus, later lord of Transjordan and Master of the Knights Templars; and Rohard the Elder of Jerusalem, who is attested since 1120 (*RRH*, No. 91), was viscount of Jerusalem from 1135 to 1147 (*RRH*, Nos. 160 and 245), and was now qualified by Melisende as *dominus*, that is, baron. This Rohard appears four times as witness to Melisende's charters of these crucial years and is listed by William of Tyre,[82] together with her son Amaury and Philip of Nablus, as still adhering to her cause in 1152, when others were already leaving her sinking ship. His successor as viscount of Jerusalem, a certain Bencellinus, appears three times but was viscount in 1150 only (*RRH*, No. 259), being replaced in this office in 1151 (*RRH*, No. 269) by Ralph Strabo, who appears twice. Likewise a person of great standing and large holdings was Viscount Ulric of Nablus, who appears twice in these five charters together with his son Baldwin, who became viscount of Nablus in 1163 and certainly held this office in 1166.[83] Ulric not only held his family properties in and around Nablus but had also

[82] WT, XVII.14.

[83] On Ulric and his two successors in the viscounty, see J. L. La Monte, "The Viscounts of Naplouse in the Twelfth Century," *Syria*, 19 (1938), 272–76.

large possessions in Transjordan. *RRH*, No. 562, proves that it had been Melisende who had enriched the family in Transjordan. Between Ulric and his son Baldwin we find Baldwin the Buffalo (*Balduinus Bubalus*), who held the office of viscount of Nablus in 1159/60; he, too, appears once in Melisende's charters of the years of conflict. Her chamberlain Nicolaus is mentioned three times, Walter Mauduit, a nobleman of some standing in the lordship of Caesarea, makes his appearance twice and so does John of Valenciennes, obviously a newcomer, as his name betrays, who was one of the lesser vassals of the Queen and might be inferred to be at least a knight from his position in these and later lists of witnesses, except that he is expressly qualified as *burgensis* of Jerusalem in *RRH*, No. 433, of 1167.[84] Apparently John was a drifting soldier who served successively Queen Melisende, King Baldwin III, and King Amaury I. Peter of Perigord, Tosetus, and Herbert (Albert) the Lombard, all of whom are mentioned twice as witnesses in the five charters under consideration, are known to have been influential *bourgeois* of Jerusalem. These people whose names occur more than once in the five lists of witnesses may be considered the hard core of Melisende's followers. And, indeed, some of them were still attending on her after her removal from power, when she issued her charters *RRH*, Nos. 313, 338, and 359, between 1155 and 1159–60. In these we find Abbot Geoffrey of the Temple of the Lord; Philip of Nablus, Rohard the Elder (now called Rohard of Nablus), and Baldwin the Buffalo, viscount of Nablus (each twice); and John of Valenciennes along with John Vaccarius, a knight from a well-known Jerusalem family who also had appeared once before attending on Melisende during the conflict.

Thus Melisende certainly had a group of trustworthy followers, some of whom remained loyal when she retired to Nablus after the struggle was over. To these we may add those witnesses who appeared only once in the five charters, and who neither are high ecclesiastics nor reappear in the documents issued after the Queen Mother's retirement. Among them are some clerics, foremost of whom is Ernesius, the chancellor of the Jerusalem patriarchate. The Patriarch Fulcher himself is never mentioned—perhaps he did not want to take sides officially, although from his behavior in 1152 it is clear that he supported the Queen Mother. His chancellor (who rose to be archbishop of Caesarea in 1158) would not have dared to attend on the Queen against the express desire of the lord Patriarch. Apart from him we find a canon of Bethlehem and a canon of the abbey of the Temple of the Lord, both signing with their bishop and abbot. Then there are some completely unknown people: the scribe John, Fulk of Gerin, Herbert Strabo, Herbert de Rethel, Semoreth the tailor (*li palmentirs*), Petros (a Greek), Guido Gallicus, Gilbert de Lisuncurt, Ralph the nephew of Rohard the Elder, Fulk, Salem (a Syrian Christian),

[84] We must, however, observe that among the *burgenses* listed in *RRH*, No. 433, there is also Luvellus *miles de Serre*. A knight living in the city and holding a *tenure en bourgeoisie* might thus actually become a member of the bourgeoisie. We would be well advised not to consider the social strata as strictly closed classes into which one was born. Around the middle of the twelfth century this was true only of the high landed aristocracy. Others could still move up or down the social ladder, although this became more and more infrequent.

Ermenaudus and his brother Elias, Odo de Turcame, and Ralph the Falconer (*li Fauchenirs*). Probably most of these were citizens of Jerusalem because, with the exception of *RRH*, No. 262, for the Knights of St. John, all of Melisende's charters issued between 1150 and 1152 are either for the Holy Sepulchre or for the Lepers of St. Lazarus outside Jerusalem. It would have been only natural to call on the *bourgeois* of Jerusalem as witnesses. Yet, these persons must have been partisans of the Queen Mother, or else they would not have been called upon to serve as witnesses. Others among the witnesses are better known. Babinus was the eponymous hero of a well-known noble family in Jerusalem and Cyprus; the following generation of this family owed knights' service from holdings in Jerusalem and Nablus. Further, there were members of the Jerusalem patriciate, like Bricius, Rainald Sechir, Robert de Franlos, Umbertus de Bar, Simon Rufus. Before and after the conflict these *burgenses*, like Peter of Perigord, Tosetus and Albertus Lombardus, are known to have been influential in the capital. Likewise, Rorches of Nazareth must have been a citizen of Jerusalem, for he is a witness later on, in 1167 (*RRH*, No. 435), in the settlement of a dispute between the Holy Sepulchre and the abbey of St. Maria Latina in Jerusalem.

The list is impressive; yet, the absence of several barons of eminent distinction must be noted. No prince of Galilee or lord of Tiberias appears in Melisende's charters of these critical years, and this confirms me in my opinion that Galilee had passed from Melisende's control to that of the King after the death of Elinard of Tiberias (who died after 1148). Also, the great barons of Sidon, Caesarea, and Transjordan are absent. They carried enormous weight but appear neither on Baldwin's nor on Melisende's side. Apparently they were waiting to see how the conflict would develop. As soon as it was over they emerge again, in the retinue of the King: Gerard of Sidon and Maurice of Transjordan at the siege of Ascalon in 1153,[85] Hugh of Caesarea in *RRH*, No. 293, of 1154.

Three more names occur in *RRH*, No. 262, of 1150. We have already dealt with the surprising appearance in this charter (*supra*, p. 138) of Humphrey of Toron. Besides him we find as witnesses also Barisan and his son Hugh. This Barisan was none other than Barisan le Vieux, head of the Ibelin family. Sometime after 1148 Renier of Ramla-Mirabel died without offspring.[86] This meant that Barisan le Vieux, husband of Renier's sister Helvis, who was already lord of Ibelin, became lord also of the two important lordships Ramla and Mirabel. By his wife he was related to Philip of Nablus, and his own daughter Ermengarde had been the wife of the late Prince Elinard of Galilee. This meant, of course, that the Ibelins were partisans of Queen Melisende, and very important partisans, too, after they had added Ramla and Mirabel to their holdings and thus controlled the access to Jerusalem from the coast. Because of their family ties and the geographical location of their fiefs, they could count on exerting much greater influence on Melisende than on Baldwin.

[85] WT, XVII.21.

[86] Rüdt de Collenberg, "Les premiers Ibelins," 457, enters in his genealogical table a son of Renier named Baldwin, but for him I cannot find any evidence.

Barisan le Vieux must, indeed, have been one of the most powerful supporters of the Queen Mother.

With the death of Elinard of Galilee, the predominant position of Philip of Nablus and Barisan le Vieux, as well as that of the Queen Mother, was seriously upset or at least endangered, should the King succeed in establishing his candidate Simon in the principality of Galilee. In any event, the death of Elinard must have tied the Ibelins all the more closely to the Queen Mother. We do not know precisely at what time Baldwin III and Simon of Tiberias entered the latter's claim for Galilee. This claim is known from *RRH*, No. 258, of June 1150. In the same year Barisan le Vieux is mentioned for the last time in Melisende's *RRH*, No. 262, of early 1150, and must have died soon afterward. At this point something very surprising happened: the constable Manasses of Hierges, a relative and a trusted follower of the Queen Mother, married Barisan's widow Helvis. This marriage must have been concluded before Manasses was exiled from the kingdom in 1152, never to return. From this marriage two daughters were born. While the younger daughter may have been born after the constable was exiled (though she would have been conceived before this event, which took place in the spring of 1152), the elder must surely have been born while the constable was still in power—unless they were twins. This means that the older daughter could not have been conceived later than the spring of 1151—and even that would have put the couple on a tight schedule. It is more likely that the wedding took place sometime in 1150. By virtue of this marriage Manasses was now lord of Ramla and Mirabel. That Manasses actually came into the possession of Ramla and Mirabel is proved by the fact that Baldwin III in 1152, before exiling the constable, besieged him *in castello quodam eius, cui nomen Mirabel.*[87] The match was satisfactory to the Queen Mother because it immediately replaced the loyalty of Barisan le Vieux with that of the trusted Manasses. It was a splendid coup for Manasses, who suddenly entered the tightly closed ranks of the high, landed aristocracy. Having come to the Holy Land in 1140, he had not been a member of this august circle. The basis of his power was his crown office and the Queen's favor. When eventually, after ten years, the opportunity arose for him to join the ranks of the *barons de la terre,* he took it, of course. The marriage, however, was a threat to the rise of the house of Ibelin. Barisan le Vieux had three sons, Hugh, Baldwin, and Balian. They now inherited the small lordship of Ibelin, which was not much for three brothers, but were cheated out of their expectancy of Ramla and Mirabel, the acquisition of which had been the first big step up for this illustrious family. They would lose Ramla and Mirabel forever should male issue result from the marriage of Helvis and Manasses.

The prospect of this marriage cannot have been a pleasing one to Hugh of Ibelin, now the head of the Ibelin family. In early 1150 Hugh still attested *RRH*, No. 262, of Melisende, together with his father, but at this time, of course, the marriage could not be foreseen. Hugh does not appear on Me-

[87] WT, XVII.14.

lisende's charters again, but when Baldwin III issued his next charter, *RRH*, No. 291, of 1152, Hugh is found attending on him and later on he remains at the King's court. The marriage between Helvis and Manasses, while strengthening the Queen Mother's control over a vital part of her zone of influence, thus preventing a possible repetition of the dispute over Galilee, must have cost her the support of the Ibelin family, whose star was rapidly rising. In 1164 Hugh of Ibelin was in a position to marry Agnes, the repudiated wife of King Amaury I, daughter of Count Joscelin II of Edessa, and he held Ibelin and Ramla (after Manasses' exile) and whatever dowry Agnes possessed. Hugh was succeeded as head of the family by his brother Baldwin, lord of Mirabel (again after Manasses' fall), who acquired by marriage the castle of Bethsan. Balian, the youngest son of Barisan le Vieux, made a most brilliant match by marrying in 1176 the Byzantine princess Maria Comnena, widow of King Amaury I, who brought him her dowry, the lordship of Nablus. It is quite clear that a family with such aspirations and such determination to arrive at the top, a family which had so completely grasped the concept that to belong among the magnates one had to be among the *potentes parentela et turribus fortes*, was not willing to be brushed aside by the constable Manasses in its claim to Ramla and Mirabel. It is equally clear that Hugh of Ibelin cannot have been exactly a *quantité négligeable* at the time his mother remarried. It is quite likely that in allowing this marriage to take place Melisende committed a fatal mistake. When eventually a baronial opposition began to form against Melisende, as William of Tyre says it did, before matters came to a head in 1152, the Ibelins cannot have failed to have been part of it, especially in view of the fact that William attributes the formation of the opposition to the barons' dissatisfaction with the constable Manasses, who now apparently was felt to have concentrated too much power in his hands.[88] No one had more reason to be dissatisfied with the régime of Manasses than the Ibelins. This view is a reversal of the traditional opinion, for in all histories of the crusades one reads that the influence of Manasses derived from his marriage to Helvis, by which he won the support of the Ibelin clan. Historians did not realize that this marriage, while enlarging the basis from which Manasses conducted his policies, posed, on the other hand, a considerable threat to the ascendancy of the house of Ibelin and cannot, therefore, have been taken very well by them. Probably the reason for this is that historians did not look carefully enough into chronological problems, for, had they done so, they would have realized that this marriage can have lasted, at most, no longer than two years and in fact had taken place during the very last period of Manasses' long constableship (1143–52).

This prompts me to revert once more to the question of the precise date of *RRH*, No. 262, of 1150, Melisende's charter which shows Humphrey of Toron still somewhat undecided between her and the King (see *supra*, p. 138), and Barisan le Vieux still alive. The earlier in the year it can be dated, the more time is allowed for the death of Barisan and the remarriage of Helvis to take

[88] WT, XVII.13.

place. It inevitably follows that we must place it earlier than *RRH*, No. 258, of 22 June 1150, Baldwin's last charter before he marched north with Humphrey. In all likelihood it must also be placed earlier than *RRH*, No. 259, Queen Melisende's charter for the Lepers of St. Lazarus concerning the same matter as *RRH*, No. 258, for it must be assumed that immediately after having received *RRH*, No. 259, the Lepers applied for King Baldwin III's confirmation.

I have now reviewed Queen Melisende's party. This review not only revealed what was her base of power in the kingdom (and how it was beginning to crumble), but also showed that the Queen Mother was in a position to do much toward obstructing her son's going north to Syria, since a large part of the feudal army was usually recruited from that part of the kingdom now under her exclusive control. That Melisende must have had a great interest in preventing Baldwin from going to Syria to protect Edessa and Antioch, and that nonetheless he went, has already been mentioned (*supra*, p. 149).

It must have been sometime in the summer of 1150 that Baldwin III marched to Syria after hearing of the capture of Count Joscelin II of Edessa (5 May 1150). The situation there grew worse when Sultan Maʿsūd of Iconium invaded the county of Edessa that same summer, news of which was received in Damascus on 28 July 1150.[89] In Antioch Baldwin had to carry out difficult negotiations with the Syrian nobles and the representatives of the Byzantine Emperor Manuel Comnenus. Manuel saw in the predicament of the county of Edessa an interesting possibility of reestablishing Byzantine authority in northern Syria. He offered to buy from the Countess the remaining Christian fortresses between the Orontes and the Euphrates. These definitely international dealings must have brought Baldwin into great prominence. He was establishing his leadership especially by managing to convert to his own views some of Antioch's nobles, who had felt that such desperate measures as selling out the fortresses to the Byzantines were not yet called for. But Baldwin, who was again in charge of the administration of Antioch and Edessa, knew that he would be unable to remain in the north very long and apparently did not believe that the fortresses east of the Orontes would remain in Christian hands much longer—William of Tyre expressly links Baldwin's dealings with the Byzantines with his refusal to take the blame for the total fall of Edessa. His mother would have held him principally to blame had the Muslims captured the remaining six fortresses, even though she had done all she could to let this happen by refusing to summon her own vassals to follow the King. Certainly Baldwin's own strength was not sufficent to hold the area between the Orontes and the Euphrates. By selling it to the Byzantines a splendid bargain could be struck, since the price offered by Manuel was very high, and if the fortresses then were captured, as indeed they all were within a year,[90] the blame would fall on Manuel rather than on

[89] Ibn al-Qalānisī, *Histoire de Damas*, trans. Le Tourneau, 315. For the story of Baldwin's northern campaign, see WT, XVII.15–17.

[90] See C. Cahen, *La Syrie du Nord à l'époque des croisades et la principauté franque d'Antioche* (Paris, 1940), 388f.

Baldwin. Here for the first time the political foresight and the diplomatic skill of Baldwin III emerged fully. After having talked the nobles into accepting the offer made by the Byzantine Emperor, the King and the Count of Tripoli immediately went to the fortress of Turbessel to install the Greeks there and to lead the Latins to safety. It was a sad exodus and the Christians were much harassed by Nūr ad-Dīn until they reached ʿAinṭāb. Here Humphrey of Toron and Robert of Sourdeval, a nobleman from Antioch, proposed that the fortress of ʿAinṭāb be given to one or the other of them, each feeling strong enough to hold it against the Turks. Baldwin III, however, thought otherwise and would not violate the treaty with the Byzantines, ʿAinṭāb being also one of the fortresses he had sold to Manuel Comnenus. Quite evidently he was able to impose his will, for the Greeks were installed in ʿAinṭāb and the march continued, with the King leading the vanguard and Humphrey of Toron and the Count of Tripoli protecting the rear. The people suffered not only from the dust and thirst but (fortunately for the historian) also from the heat of August (*calor quoque qualem solet Augustus ministrare*), so that a date for this march can be established—August 1150. After the King had successfully led the people back to Christian territory he returned to Antioch.

The next important question now is whether the King returned to the south in 1150 or 1151. William of Tyre stresses repeatedly that the King felt he could not remain in Antioch very long,[91] yet, in reading William's account, one gets the impression that remain he did. On the basis of William's chronicle one would assume that, after returning from Turbessel to Antioch, the King endeavored to find a suitable husband for Princess Constance of Antioch, who refused every candidate he proposed. Always according to William, he then summoned a meeting of the Haute Cour to be attended by the nobility of Jerusalem and Antioch and to be held at Tripoli, where it was also attended by the local nobility. Not only did all the barons of Jerusalem come, but also Baldwin's mother Melisende. The assembly first dealt with public matters, then the question of the marriage of Princess Constance, also present, was discussed. Nothing was accomplished and the assembly broke up. Queen Melisende returned to Jerusalem with her sister Hodierna, countess of Tripoli, who had been quarreling with her husband. The Count of Tripoli, having escorted Princess Constance part of the way toward Antioch, returned to Tripoli, only to be murdered by an assassin as he entered his city. The King of Jerusalem, instead of looking after his interests in his own kingdom, was playing dice in Tripoli when the news of the Count's murder arrived, causing an enormous uproar. He then recalled his mother and the Countess of Tripoli and had the nobles of Tripoli swear allegiance to the Countess and her children; after that he returned with his mother to the Kingdom of Jerusalem.[92]

This story, as told by William, places the assembly at Tripoli at the latest in early 1151, and this is incompatible with the actual events for two reasons. The first is that one cannot see how or why Melisende's vassals should have

[91] WT, XVII.16,18.
[92] WT, XVII.18,19.

obeyed the King's summons to the Haute Cour in Tripoli when in 1150 they had rejected his summons to go to the aid of Antioch and Edessa. Why should Melisende, who had prevented their going in 1150, have let them go in 1151, and even have gone herself, whereas, by not permitting them to attend, she could have precluded the meeting altogether? The second reason, which more fundamentally disrupts William's sequence of events, is that Count Raymond II of Tripoli, who was certainly murdered shortly after the Tripoli assembly, was still alive in 1151 and in early 1152. In 1151 he confirmed a property transaction with the Knights of St. John in his county (*RRH*, No. 270). Even more interesting is a charter recently published by Jonathan Riley-Smith.[93] It is a confirmation made in June 1157 of an agreement between the Master of the Templars and the Bishop of Tortosa in which the Knights were given a tract of land in the city of Tortosa in order to build there a new castle, *quod civitas Tortosa a Turcis capta et combusta miserabiliter remansit deserta et destructa*. This agreement was witnessed by Raymond count of Tripoli, son of Count Pons, which leaves no doubt that this witness was Raymond II of Tripoli, later murdered by an Assassin. The agreement, therefore, was drawn up before the Count's murder and after Tortosa had been first destroyed by the Muslims and subsequently recovered by the Franks. News of the capture of Tortosa by Nūr ad-Dīn was received in Damascus in April 1152.[94] We learn that Nūr ad-Dīn placed a garrison there, but this is all we are told. The Christian chronicler does not even tell us that Tortosa was ever captured, while the Muslim sources mention only that it was captured but fail to say when it was regained by the Franks. Riley-Smith dated the agreement "from the months between February—because Nūr ad-Dīn's occupation of the town could hardly have taken place earlier—and the end of the year." Here Riley-Smith allows a considerable amount of time, about two months, for the news of the capture of Tortosa to travel to Damascus. This is very unlikely. Good news travelled fast, and if it reached Damascus in April we should place the capture of the city in the same month. We should allow also for only a short time for the Muslims to have held the town. In reading the sources one is struck by the generally short duration of military campaigns. Neither side was able to keep its army in the field for a long time. If it was a campaign not entailing a prolonged siege of a major town, it would usually last only a few weeks. Since Tortosa had been destroyed, it may be assumed that the garrison placed there by Nūr ad-Dīn was not really meant to stay, and that destruction had been the main purpose of the campaign. Surely the capture of a town like Tortosa was a highly dramatic event, which would not have left the government of Jerusalem impassively looking on, but would have brought the King up to Syria again, had he been in his kingdom. This, then, would have induced the Muslim garrison to abandon the place, as surely they must later have done. We may assume that this agreement between Bishop and Templars was

[93] J. Riley-Smith, "The Templars and the Castle of Tortosa in Syria: An Unknown Document Concerning the Acquisition of the Fortress," *English Historical Review*, 84 (1969), 278–88.
[94] Ibn al-Qalānisī, *Histoire de Damas*, trans. Le Tourneau, 327.

drawn up some time in April or May of 1152, after the Muslim garrison had left, for the town had first to be inspected before these arrangements were made. This means that Count Raymond II of Tripoli was still alive in April or May 1152 and that the meeting of the Haute Cour at Tripoli, convened by Baldwin, cannot have taken place before 1152, since Raymond II was murdered immediately after the meeting. To be more precise, the assembly did not meet until after this agreement of April or May 1152 had been concluded. Now surely Baldwin III had not remained in Syria from the summer of 1150 to the early summer of 1152 without returning to Jerusalem, for it was during that period that the civil war had broken out there, and Baldwin campaigned actively within his own kingdom. My conclusion is that he must have been in the north at least twice during those years; once in the summer of 1150 to come to the aid of Antioch and Edessa, and again in the summer of 1152 to hold his assembly at Tripoli.

Not much is known about the events of 1151. On 20 June 1151 we find Baldwin III campaigning in the Ḥaurān against Nūr ad-Dīn and returning between 28 June and 7 July. In July 1151 an Egyptian fleet of seventy vessels attacked the regions around Jaffa, Acre, Sidon, Bairut, and Tripoli, and it is hardly imaginable that the King should not have been busy fighting them off. Could the civil war in Jerusalem possibly have taken place in this year? There would have been enough time for it between Easter and the campaign in the Ḥaurān in June. But the assumption is unlikely. Michel le Grand in his *Syriac Chronicle* told a story on the civil war, but just at the very point where he begins there is a lacuna of ten leaves in the manuscript.[95] He places it in the year 1464 of the Seleucids (which should be corrected to 1463) and goes on to say that this corresponded to A.D. 1134 and A.H. 531, all of which is very wrong, because 1463 of the era of the Seleucids does not correspond to 1134 but to 1153 (which is indeed 622 plus 531, disregarding the lunar calendar); neither is it A.H. 531 but, rather, A.H. 548. Nor is the equation A.D. 1134 = A.H. 531 correct, for A.D. 1134 would be A.H. 528, while A.H. 531 would be A.D. 1137. In short, all this is a great chronological jumble. Fortunately, however, the faithful excerptor of Michel le Grand, Bar Hebraeus, corrected the mistake in the thirteenth century. Like Michel he places the quarrel between Baldwin and his mother in the year of the Greeks 1464, but he equates this with the year 547 of the Arabs, which ran from 8 April 1152 to 28 March 1153.[96] Nothing new is to be gained for the story of the civil war except that the short excerpts confirm William of Tyre's account of the last stages of the conflict. The same holds true of another source which briefly mentions the civil war in Jerusalem. This is the continuation of the chronicle of Sigebert of Gembloux, written by a Premonstratensian monk of the diocese of Laon or Reims. The author was roughly contemporary with the events he narrates, for he did not carry his

[95] *Chronique de Michel le Syrien patriarche jacobite d'Antioche (1166–1199)*, ed. J.-B. Chabot, III (Paris, 1905), 309.

[96] *The Chronography of Gregory Abû'l Faraj commonly known as Bar Hebraeus*, ed. and trans. from the Syriac by E. A. Wallis Budge, I (London, 1932), 279.

additions to Sigebert beyond the year 1155. A fierce enemy of Melisende, he accused her of having poisoned Alphonse-Jordan of St. Gilles, who had come to the East and presented a threat to the rule of Raymond II of Tripoli, the husband of Queen Melisende's sister. The continuator also accused Melisende of having had dealings with the Saracens and gives this as the reason for Baldwin III's revolt against her rule.[97] Be this as it may, the continuator tells essentially the same story of the last stages as do William of Tyre and Bar Hebraeus, and definitely dates the events in the year 1152. I would, therefore, be very reluctant to place the civil war as early as 1151, especially since I interpret the Tripoli assembly, which cannot have been held before 1152, as a great demonstration on the part of Baldwin III of his victory.

The Queen Mother in 1151 issued two charters, *RRH*, Nos. 268 and 269, for the Holy Sepulchre and the Lepers of St. Lazarus, respectively. Relations with Baldwin had apparently deteriorated grievously, for hardly any mention of him is made in either of these charters. Only in *RRH*, No. 268, is it mentioned in passing that the sons of Melisende saw and approved the grant. It is only Baldwin's later confirmation of the same act (*RRH*, No. 306) which reveals that his participation was, legally speaking, exactly as weighty as that of his mother. This was certainly not made clear in *RRH*, No. 268, especially since the Queen Mother was now active only within her zone of influence. In *RRH*, No. 268, she confirmed an exchange that had been made between John Patricius and the Holy Sepulchre. John had given his two villages Megina and Mezera, in the vicinity of Jerusalem, and had received from the canons two other villages, Caphermelich and Anquina, the second of which was in the vicinity of Jerusalem and the first in the territory of Nablus. This exchange had originally been made in the days of King Fulk. But while King Fulk was still alive John had apparently changed his mind and, according to the canons of the Holy Sepulchre, had been raising difficulties. Consequently, the transaction had never been fully completed. The Queen Mother now declared that she was upholding the exchange, having been present when it was originally made and having now again examined the matter. This was obviously an attempt to ingratiate herself with the Church. That Baldwin III had also been present (*RRH*, No. 306) she ignored completely. In her next charter of the same year (*RRH*, No. 269) Melisende wooed the population of Jerusalem, and since she did so again the following year her attitude—given the scantiness of our evidence—may almost be considered a deliberate policy. In 1151, in order to increase the usefulness of the Gate of David, the capital's main entrance, she ordered the confiscation and destruction of a mill belonging to the Lepers of St. Lazarus. In compensation for their loss she gave them a vineyard of five *carrucae* in the plain of Bethlehem, where the convent seems to have been concentrating its wine production. Melisende appears here in complete control of the city, and busy improving it. She is attended, among others, by her chamberlain Nicolaus and by Ralph Strabo and Bencellinus, the current and the former viscounts of Jerusalem. In the previous charter she

[97] *Sigeberti continuatio Praemonstratensis*, MGH, *SS*, 6 (Hannover, 1844), 454f.

had been attended by an impressive retinue of high ecclesiastics and nobles from her camp and five leading citizens of Jerusalem.

Yet her position was not really sound. The King had first tried to meddle in her zone of influence by rebuilding Gaza, and she had been able to block this only by contriving to have the castle turned over to the Templars. By 1150 Galilee had slipped from her control and at the same time the King had entrenched himself in Acre, where Melisende earlier had endeavored to extend her power. With the south and the center of the kingdom under the Queen Mother's control, the King had taken the only possible course of action open to him and had built a zone of influence of his own in the north. The Queen Mother had to make sure that he would stay there and not try again to become active in the south. This was all the more important for her after she had lost the support of the Ibelins in the south. To secure her position there, apparently, she created her younger son Amaury count of Jaffa in 1151. In *RRH*, Nos. 262 and 259, of 1150, Amaury had no title and was only called *filius regine* (not *frater regis*, thus being clearly placed with Melisende's party), whereas he appears as *Amalricus comes Ioppe* in *RRH*, No. 268, of 1151, and again as *Ioppensium comes* in *RRH*, No. 278, of 1152.[98] This appointment meant that Melisende now had firm control of the plain of Saron in the southwest. We can be sure that Baldwin III had no part in this nomination, given the loyalty which Amaury showed toward his mother to the bitter end of her struggle with the King. One of the reasons for remaining loyal to her when her cause was almost lost could have been that Baldwin might revoke this appointment, as indeed I believe he did. To create Amaury count of Jaffa was an effective move, which Baldwin cannot have liked. Added to the increasing power of the constable Manasses (revealed by the place he has in the lists of witnesses[99]), it threatened the position for which the King had fought so hard during the past years. It must especially have thwarted his hopes of ever expanding south again, for, should one of the royal family now become active in the south, it would be the Count of Jaffa, not Baldwin. Besides, a cursory glance at the map will reveal that Melisende, in spite of having been forced in recent years to contract the areas under her control, had succeeded in building up around the capital a solid power block consisting of the royal domain in Samaria and Judaea down to Hebron, the lordship of Nablus, those of Ramla and Mirabel between Jerusalem and the coast, and the county of Jaffa on the coast itself. From the center of the kingdom she now firmly

[98] Using strictly the evidence provided by William of Tyre, L. de Mas Latrie, "Les comtes de Jaffa et d'Ascalon du XIIe au XIXe siècle," *Revue des questions historiques*, 26 (1879), 188, also arrived at the conclusion that Amaury was raised to the county of Jaffa at the age of 15, in 1151.

[99] Manasses is the first to sign *RRH*, No. 240, but then no barons of the first magnitude were present, only crown functionaries, among whom he was the most important, a viscount, and petty nobility. In *RRH*, No. 245, of 1147, he is indeed listed before such great magnates as Humphrey of Toron, Gerald of Sidon, Walter of Caesarea, and even Philip of Nablus, but after Elinard of Galilee and Guy of Bairut. In *RRH*, No. 262, of early 1150, he signs after Barisan le Vieux and his son Hugh; in *RRH*, No. 259, of the summer of 1150, he is listed after the Queen Mother's son Amaury, Rohard the Elder, the Viscount Bencellinus of Jerusalem, and Philip of Nablus. But in *RRH*, No. 268, of 1151, because of his marriage to Helvis of Ibelin, he has climbed to the top and signs, among the laymen, immediately after Amaury and before Philip of Nablus and Rohard the Elder.

controlled its entire width, thus cutting off Baldwin in the north from his (presumably) new allies, the Ibelins in the southwest. The appointment of her younger son in Jaffa provided the finishing touch to a policy by which she had successively brought the region between Jerusalem and the coast under her sway, for, with Manasses in Ramla and Mirabel, she was more secure than she had been with Barisan le Vieux because Manasses was her kinsman and had also for a long time been dependent upon her patronage. And surely she could rely on her younger son in Jaffa. She may have felt that this solid block of lordships was impregnable for her enemies and would outweigh any ill effects deriving from the loss of the Ibelins' support.

King Baldwin III cannot have been unaware of what was happening. Relations between his mother and himself, never good, had been steadily deteriorating since 1149. He had made some headway against his mother, had suffered some setbacks, but on the whole the balance had been slightly in his favor until Melisende managed to entrench herself so firmly in her part of the kingdom to the point that she apparently no longer recognized the King at all. In order to stay in power she had years before embarked on a policy of gradually splitting the kingdom without formally dividing it. In, or before, 1149 she had removed an able chancellor and opened her own scriptorium. She had created her own household. In 1150 she had created her own vassalry and prevented it from following the royal summons to war. What she did now, however, transgressed all limits: she created a baron of the first magnitude, a count of Jaffa, without consulting the King. Such an act could not be tolerated by Baldwin unless he was prepared practically to abdicate. No matter how one looks at it, Baldwin had not a single reason to make his brother count of Jaffa. So far, Amaury, had only been used against Baldwin in the game of power politics in which his mother was engaged; she had assigned him a part in the joint rule without being empowered to do so under her father's will. This had decidedly diminished Baldwin's part in the joint rule while not endangering Melisende, who could count on her younger son's loyalty. For Baldwin, his brother had up to this time been only a competitor whom he could have no interest in elevating, especially to the county of Jaffa. If Melisende went so far, there was no way of telling how much further she might go. The King must certainly have realized that his mother might now at any moment raise the Count of Jaffa to the position of a counter-king. It would have been a daring move but not one that should be put past her. It would have antagonized only those barons who were already against her, whereas it would doubtless have won the approval of those who had gone so far in opposing Baldwin III as to refuse, in 1150, to render him the military service they owed him. The setting up of a counter-king who owed everything to her would have been a firm step toward the overthrow of Baldwin and the restoration of the kingdom's unity under Melisende's rule, with a boy of fifteen on the throne who, at least for a couple of years, might be expected to obey her command. Had such a scheme been successful, it would have provided a much better solution for Melisende than the de facto partitioning of the kingdom, to which she was reduced in order to save part of her power. It would have been much better, too, than any formal partitioning, which had not as yet been undertaken but to which her policy of gradually splitting the kingdom was sooner or later bound to lead. The barons would not agree to a formal partition for very long, since it would jeopardize the safety of the kingdom and the interests of their class. Once the kingdom was formally divided the end of Melisende would be in sight because, if unity was to be restored to the kingdom, it would not be under her rule but under that of Baldwin who had proved himself an able military leader and, moreover, a clever diplomat and a sound administrator during his various expeditions to the north. In spite of all the praise William of Tyre heaps on Melisende's abilities, Baldwin was decidedly better suited to rule now that he was grown up. At this point I should state most emphatically that I do not imply that Melisende was actually planning to set up Amaury as counter-king. I am merely assessing the potentials of the situation. What she planned is not important. It is what Baldwin III must have envisaged as the worst possible turn of events that counts. The King must have realized that if the kingdom and its unity were to be preserved he must act, not only to affirm his power once and for all but also to prevent the consolidation of the power block established by Melisende in 1150/51 by means of the marriage of the constable Manasses and the creation of the count of Jaffa.

In the spring of 1152 Baldwin began to move.[100] His aim was to be solemnly crowned on Easter Day in Jerusalem. The Patriarch, who alone could perform such a ceremony, immediately realized the significance of this event, for Baldwin demanded to be crowned without his mother being present. This was the whole point. He had first been crowned in 1143, together with her; now he wished to have a confirmatory coronation without her. This, for mediaeval minds, would automatically signify that he was now the sole ruler and that his mother's rule had come to an end; if her rule were meant to continue, it would be only proper that she, too, be accorded the honor of a confirmatory coronation. The ceremony would receive the widest publicity possible since on Easter Day the Holy Sepulchre would be packed to capacity. Baldwin's plan was clever. The King's presence at the Holy Sepulchre on Easter Day being customary,[101] Melisende could not very well prevent him from going there. His absence would have caused great disturbance among the population. Moreover, it was also customary that a feast-day coronation should be held on Easter Day.[102] The final word was with the Patriarch, for surely Melisende was also expected to be in the church on Easter Day. Baldwin was in fact demanding that the Patriarch, who was the only legitimate authority for performing the coronation ceremony, should crown him but refuse to crown his mother. For Baldwin this would have the additional advantage of making the responsibility for the decision, the recognition of the legality of his claim to sole rulership, and finally the removal of Melisende from rulership appear to rest on the

[100] For the following, see WT, XVII.13,14.
[101] Mayer, "Das Pontifikale von Tyrus" (*supra*, note 5), 170, 230ff.
[102] *Ibid.*, 170.

Church. Actually, the Church sided with Melisende, but Baldwin tried to maneuver the Patriarch into an awkward position, in which he would appear to have changed sides. Although refusal to perform the ceremony was within a patriarch's power, it was not completely at his discretion. He could not refuse without sufficient grounds. Furthermore, it was difficult to refuse Baldwin's principal request, namely, that he be crowned on Easter Day, because custom dictated a festival coronation on this day and the Patriarch would have overstepped the bounds of civility and violated the obligations of his office had he refused outright to crown Baldwin. The Patriarch took the only way out of the dilemma by earnestly entreating Baldwin to let his mother share in the glory of the ceremony. But, while such an event would have been something not seen in Jerusalem for several years, it would also have wrecked Baldwin's plan; indeed, it would have counteracted it. A joint coronation of mother and son would have made it appear that the break between them had been patched up—and that was the last thing Baldwin wanted. Also, the ceremony would then have acquired the character of a festival coronation of no particular significance. The compromise suggested by the Patriarch was in fact no compromise at all. Baldwin may have foreseen this development, which, after all, was the only course of action open to the Patriarch and, in addition, served the Church's interests. He decided, therefore, to resort to deception. He offered an alternative compromise to the prelate. Since the latter was evidently unwilling to crown him alone, Baldwin proposed that neither he nor his mother should be crowned. He said that he would defer his coronation on Easter Day, *ne matrem haberet consortem*. This expression meant more than simply that he did not want his mother to be included in the coronation: it meant that he did not want it to appear to the people that she was still *consors regni*, sharer in his rule. This proposal the Patriarch was able to accept. It was at this point that Baldwin outwitted him. Neither he nor his mother was crowned on Easter Day, but on the following day Baldwin III unexpectedly appeared in public wearing a crown, without his mother having been either invited to appear or informed of his intentions. While the simple act of wearing a crown was not as impressive an event as the coronation of Baldwin alone in the church of the Holy Sepulchre would have been, it was striking enough. It clearly conveyed the idea that Baldwin was now asserting that he was the sole ruler in all the kingdom; what is more, he staged his performance in the very center of Melisende's zone of influence. Since he had declined to be crowned together with his mother, declaring that he would rather not be crowned at all, there is every reason to suppose that the King had induced the Patriarch to promise that he would, likewise, not perform the coronation of his mother alone. Having first argued that Baldwin could not be crowned alone, the Patriarch would certainly have been forced to give the King this assurance. When Easter Day had passed without either of the two having been crowned, Baldwin staged his demonstration. This is again evidence of his abilities as a politician.

The event was dramatic enough to warrant debate by the Haute Cour. Both the King and the Queen Mother were present, and Baldwin demanded that his mother divide the kingdom with him officially and solemnly and assign to him part of his grandfather's heritage (*avitae hereditatis portio*). The Haute Cour debated at length on the request, which was finally approved. The law was undeniably on Baldwin's side. His grandfather had established joint rule in 1131, but it was easily proved by the events of recent years that the joint rule could no longer work. It had been the Queen Mother and her vassals who, by refusing to obey the summons of 1150, had clearly demonstrated that in their opinion the kingdom was actually divided into two distinct parts, under two separate rulers. They could not very well refuse now to ratify by their assent what they had been practicing for two years. The King's partisans, although aware that they were violating the will of Baldwin II, did, of course, support the King's request, which would only legalize existing conditions and might put an end to Melisende's power. The Queen Mother surrendered to the inevitable. Had she been wise, she would have taken this opportunity to withdraw honorably and with dignity. But, as in the past, her thirst for power was greater than her wisdom. She agreed to the partition, but, in doing so, used a most curious argument which reveals what position she was taking and can only have been intended to serve as the basis for regaining sovereignty. Her argument is found only in the thirteenth-century French translator of William of Tyre:[103] *Tant parlèrent li baron à la reine qu'ele dist qu'ele voudroit bien que li roiaumes fust partiz, et que li rois en preist l'une moitié, ele en eust l'autre, porce que tout estoit de son héritage.* From the legal point of view this was an enormity, totally incompatible with the will of Baldwin II. What Melisende said was that she was willing to surrender one half of the kingdom and retain the other half—although all of it belonged to her by hereditary right. This proposition not only left the door open for a recovery of power but at the same time defended her past behavior. If the whole kingdom was hers by hereditary right, then she had been justified in everything she had done, like creating a count of Jaffa, setting up her own scriptorium, and preventing her partisans from obeying the King's summons. On the basis of her argument Baldwin III appeared as the troublemaker. It was not she who had withheld from him what was rightfully his, but he who had taken from her things to which he had no claim. William says that Baldwin was given a choice in the partition and took Acre and Tyre, leaving to his mother Jerusalem and Nablus (and, of course, Jaffa). Actually, this was not a choice. No other division would have been possible in view of the loyalties created in the two parts of the kingdom during the past years. The formal division only legalized a situation that had existed for some time.

I now propose to show that this state of affairs lasted only an extremely short time. Melisende's vassals must surely have realized that the Queen Mother was doomed. In my opinion Melisende's charter *RRH*, No. 278, must be placed within this short period, in the month of April 1152, during which

[103] *L'Estoire de Eracles*, 781.

the kingdom was formally divided. This charter is dated 1152 and is thus later than her charters *RRH*, Nos. 268 and 269, of 1151. While in these charters of 1151 relations with her son had been seemingly irreconcilable and he had not been mentioned either in a consent or in the dateline and, therefore, was no longer recognized by her as king, now we find a change. Again, there was no formal recognition in the dateline—the only official place for recognizing the rule of a king. But, if the charter was indeed issued during the short duration of the partition, there would not have had to be a recognition in the dateline, because the charter was obviously issued in Jerusalem where the Queen would then have been ruling in her own right. But the consent of King Baldwin and Count Amaury of Jaffa (*assensu...regis scilicet Balduini et Amalrici Ioppensium comitis*) was again included. This seems to indicate that the breach had been mended, and that friendly relations within the family had been restored, at least outwardly. The Queen Mother did not go quite so far as to speak of her "beloved" son Baldwin, as she did in her late charters, but at least she mentioned him and did not behave as if he altogether did not exist, as she had done in *RRH*, Nos. 268 and 269. She would not have adopted this new attitude before the events of Easter 1152. On the other hand, the charter cannot have been issued after her removal from power, for then she retained only Nablus, while the charter I am now discussing is definitely concerned with Jerusalem. The Queen Mother waived a suit she had brought against the church of the Holy Sepulchre over some Syro-Christian inhabitants of the village of Bait Surik near Jerusalem. The Holy Sepulchre was now to own these people in peace as it was known to have held them since the days of Godfrey of Bouillon. To them Melisende added certain Syro-Christians of the village of Calandria, also near Jerusalem, as well as certain Syrians in ar-Ram, again in the district of Jerusalem. Once restricted to Nablus, she would have been in no position to make such a grant, which would then have fallen within the competence of the King. Thus, the only possible conclusion is that the charter must be dated to April 1152, the only period when the kingdom was formally divided. It is interesting to note that once more the Queen Mother tried to buy the support of the population of Jerusalem. The place she gave to the prominent citizens of Jerusalem in her charters was far from insignificant; apparently she tried to win their support as well as that of the Church and the nobility. Previously, she had improved the Gate of David; now she was building a new street in the capital. In the case of the villagers of Calandria, there was actually an exchange in which she received from the canons of the Holy Sepulchre a shop that had once belonged to William the Bastard, and, in addition, the share which the canons had held in two money-changer tables. All this she received *ad perficiendam ruam novam in Iherusalem*. In providing the new street she was acting in her capacity as highest city official. This again is evidence that the charter could not have been issued after her withdrawal to Nablus.

Once King Baldwin had forced his mother to agree, against her will, to the formal partition of what she considered to be her own heritage, he moved swiftly. His advantage lay in the fact that he had enforced his will upon his mother in open assembly, within her own capital. This betrayed a serious, though possibly only momentary, weakness in her position, which Baldwin was quick to exploit. First, he appointed his own constable, his choice being Humphrey of Toron, a wise choice indeed. He could do this because now he did not have to obtain his mother's consent to such appointments. Then, he argued that the way the division had been made would deprive him of the financial resources needed for the kingdom. Admittedly, the Queen Mother had retained the vast royal domain in Judaea and Samaria, but the King had received the two port cities of Acre and Tyre where enormous amounts of money were collected in duties and market fees. Quite likely he had more money than Melisende, but he argued that, now that he was King (with its concomitant military responsibilities), one half of the kingdom would not be enough for him.[104] Melisende realized immediately that the King intended to deprive her of the rest of her possessions also. She left Nablus, which was not fortified,[105] to some of her followers and retired to the city of Jerusalem. In the meantime the King collected as large a force as he could and laid siege to the castle of Mirabel where the constable Manasses had gone. He forced Manasses to surrender and leave the kingdom and "all regions this side of the Sea." After that Baldwin occupied Nablus without too much effort, since it had no fortifications, and then moved toward Jerusalem in pursuit of his mother. The Queen Mother was now deserted by those of the barons who held possessions within her part of the country but had been bound to her by nominal loyalty only (*fide media*). These must have been the usual opportunists who invariably go over to the stronger side. The few who now still adhered to her cause served her with strictest loyalty. Among them was Count Amaury of Jaffa, Philip of Nablus, Rohard the Elder, and a few others whose names William of Tyre said were unknown to him. When the Queen Mother learned that the King was advancing against her with an army she retired to the citadel in the Tower of David with her household staff (*de familiaribus*) and her faithful followers, relying for safety upon the strength of the fortress. The Patriarch Fulcher of Jerusalem now openly gave the full support of the Church to the Queen Mother. Accompanied by several of his clergy he went out of the city to meet the King, whom he implored to call a halt to his base project, to keep to the agreement that had been concluded with his mother, and to leave her in peace. It was to no avail. The King had committed himself too far to turn back; besides, why should he listen to the arguments of the Patriarch, whom he well knew only represented the interests of his mother? When the Patriarch realized that his mission would serve no purpose he angrily returned to the city, but not without having first uttered sinister threats in public: *s'en retorna en Jerusalem, mès bien dist au partir devant touz qu'il avoit mauvès conseill et trop felon.*[106] This was a last attempt to save

[104] *Ibid.*, 781f.
[105] WT, XIV.27; XVII.20. There was, however, a royal castle there (*RRH*, No. 303), but the town proper had no walls or fortifications.
[106] *L'Estoire de Eracles*, 782.

Melisende since it was, of course, generally understood that the Patriarch was thereby implying that the Church would not support a King who was so ill-advised. Baldwin, however, failed to be intimidated and pitched camp before the city. Now even the citizens of Jerusalem began to abandon Melisende, in spite of all she had done to embellish their city. William of Tyre says that, fearing the royal indignation, they opened the city gates to Baldwin; the French translator is even more explicit and says that the people within the city realized that Baldwin was their lord and king, meaning by this that they now broke the oath under which they must have been bound to Melisende, who since the formal division of the kingdom had been the rightful city lord, and switched their loyalty to the King. Baldwin then besieged the Tower of David, erecting siege engines and storming it with *balistae*, bows, and hurling machines, giving no respite to the besieged. The latter put up a valiant defense, repaying their attackers in equal coin. The battle continued for several days because the King neither made much progress nor forsook his objective. The Tower of David was a very strong fortress and doubtlessly well stocked, but it could not resist indefinitely. Realizing that Melisende's position was hopeless, some unidentified persons came forward to negotiate a settlement. The Queen Mother was content to settle for Nablus and its district, and surrendered the capital (*caput regni*) to the King. The possession of the capital, of course, greatly enhanced Baldwin's position. He offered sufficient guaranties, sworn to under oath, that he would not molest his mother in her possession of Nablus during her lifetime, a promise he very nearly kept (see *infra*, p. 179). The arrangement must be understood to have meant that Melisende would receive Nablus not as a part of the kingdom to be ruled by her, but as a sort of dowry to provide for her living. From the subsequent history of the kingdom it can be assumed that, as part of the compact, the Queen Mother had agreed to abstain from politics and to act in Nablus only as any other city lord would. Indeed, it can be proved that the influence she had in other parts of the kingdom was minimal. To accord her Nablus meant to give her a substantial income without giving her a center of military power, for Nablus, as I have already pointed out, was not fortified. It must have been agreed that whatever her actions in the future they would require the consent of the King.

The conflict was over. Melisende had lost, and had finally gone into retirement. Baldwin was now sole ruler, after a struggle that had lasted over eight years. Its final stages had started on Easter Day 1152, which fell on March 30. Less than a month later all had ended—in this light Baldwin's charter *RRH*, No. 291, of 20 April 1152, must be interpreted.[107] It is a charter for the abbey of St. Mary Josaphat outside Jerusalem and contains a general confirmation of the possessions of the abbey such as it had last received in 1130 from Baldwin II (*RRH*, No. 134). This in itself is revealing. The abbey of St. Mary Josaphat was always dear to Melisende; it was to be her burial place and her mother Morphia was already buried there; it was situated in the center of her former

[107] This document has often been dated in 1154, but that it belongs in 1152 was established already by Röhricht in the *Additamentum* to his *RRH*, No. 291.

sphere of power, immediately east of Jerusalem in the Kidron valley. The abbot must have been concerned about the close relations which his abbey had entertained with Queen Melisende and, in order to feel safe, he was now eager to have his abbey's possessions confirmed by the new ruler. This, Baldwin did. He was determined not to be overly severe, being well aware that, like any ruler, he would need the support of the Church, which up to this time had firmly sided with his mother. Thus, he fully confirmed the possessions held by St. Mary Josaphat, this also providing him the opportunity to show that he was now the sole ruler, even in Jerusalem and vicinity. His mother's consent was no longer needed and in fact was not mentioned. The King was now surrounded by an impressive retinue of high ecclesiastics and great barons, among them the new Archbishop Peter of Tyre who had been installed in Tyre after the Pope had removed the intruder Ralph. Peter had been prior of the Holy Sepulchre, that is, head of a house of Austin canons very closely linked with Queen Melisende. That he was now called to witness a charter of the King meant that the Church had decided officially to support King Baldwin. The same applies to Archbishop Baldwin of Caesarea, who had formerly witnessed Melisende's *RRH*, No. 262, of 1150, and to the seneschal of the Knights Templars, Andreas of Montebarro. Among the great barons we find in *RRH*, No. 291, Simon of Tiberias, Philip of Nablus, Hugh of Ibelin, the Viscount Clarembald of Acre, Paganus de Voh, who had been appointed new viscount of Jerusalem, and Baldwin of Lille, a trusted vassal of the King. That even Philip of Nablus, who had accompanied the Queen in her last flight into the citadel of Jerusalem, was now on the King's side is positive evidence that the conflict was over. The dramatic events that had begun with Baldwin's attempt to be crowned on Easter Day, followed by his wearing of the crown in public after Easter; the assembly during which the kingdom had been formally divided; the appointment of Humphrey of Toron to the office of constable; the attack on Mirabel and the exile of the former constable Manasses; the occupation of Nablus, the negotiations with the Patriarch outside Jerusalem; the siege of the Tower of David; and the final negotiations which removed Melisende from power—they had all taken place between 30 March (Easter) and 20 April 1152, when *RRH*, No. 291, was issued from Tyre. Baldwin had moved swiftly, and the very swiftness of his actions cannot have failed to impress people.

He had appointed a new constable and a new viscount for Jerusalem because, like his mother, he realized how vital it was to control the crown offices by means of trusted partisans. He had also reestablished the chancery, for *RRH*, No. 291, was authenticated by chancellor Ralph, former archbishop-elect of Tyre and, before that, royal chancellor, whom Melisende had overthrown and who had now been reinstalled together with his capable notary, whose *dictamen* appears unmistakably in *RRH*, No. 291.

This charter was not the only general confirmation of the possessions of ecclesiastical institutions. The Knights of St. John received a similar general confirmation on 30 July 1154. The case concerning the church of the Holy

Sepulchre was somewhat different in that the King waited until July 1155 before giving this church, which had so consistently supported Melisende, a general confirmation (*RRH*, No. 309). Doubtless the church itself would have wished to receive it sooner. But it had to wait until June 1155 before the King would confirm at least Melisende's *RRH*, Nos. 268 and 278, by his *RRH*, Nos. 306 and 307. Obviously, relations between the King and the Holy Sepulchre were not restored to amicability until some time after the end of the conflict. Once he had resumed good terms with this church, however, Baldwin reiterated the general confirmation in *RRH*, No. 354, of 1160—at the time when Melisende was suffering from her long, final illness.

Shortly before Baldwin's victory, which was complete by 20 April 1152, Nūr ad-Dīn must have taken Tortosa (see *supra*, p. 159f.). This event must have brought Baldwin III to the aid of the Count of Tripoli. So once more he went north. It is with this expedition, which William of Tyre does not mention, that I associate the assembly held by the King at Tripoli, according to William. Let me recall here that the Count of Tripoli was murdered immediately after the assembly but was still alive in April or May 1152. Consequently, I presume that the summons for the assembly was issued after the King had assisted the Count of Tripoli in recapturing Tortosa. This would explain why the assembly was held at Tripoli, for Tortosa was in the county of Tripoli. William's choice of words when he writes about the assembly at Tripoli is hardly accidental. He says that the King called for an assembly of the nobility of both Jerusalem and Antioch to be held at Tripoli (*rex apud Tripolim principibus utriusque tam regni quam principatus curiam indicit generalem*);[108] *indicit* points to a formal summoning. The nobility of Tripoli was already there, of course, and the presence of the Count and Countess of Tripoli is attested. The King also invited (*invitat*) the Patriarch of Antioch and his suffragans, and Princess Constance of Antioch, for, aside from dealing with public matters, Baldwin wished to exercise pressure on Constance to choose a husband, in order that he himself might be relieved of the responsibility for the principality of Antioch. This had been a cause of concern to him already in 1150, when he was in Antioch. The Princess then had refused all candidates he had suggested to her. Queen Melisende "took part" in this assembly (*interfuit*). Apparently she had been neither summoned nor invited; she just came, and William of Tyre expressly mentions strictly private reasons for her journey. She had come, he says,[109] with the purpose of composing a marital crisis which had arisen between the Count of Tripoli and his wife, who was her own sister, and of visiting her niece, the Princess of Antioch (*ut principissam neptem suam videret*). However we look at it, the Queen Mother's presence had a personal character, and although she did participate in the debate on Constance's marriage, she is not reported to have done so when general public matters were discussed. It was only in the settling of family affairs (even though they might be linked with public interest) that she was given a voice. The meeting broke up having failed to

[108] WT, XVII.18.
[109] WT, XVII.19.

induce Constance to choose another husband. Furthermore, the crisis in the Tripoli family had not been resolved and Melisende took her sister with her on her trip home. However, after the murder of the Count of Tripoli the two ladies did not proceed to Jerusalem but were recalled for the funeral and then, naturally, the Countess remained in Tripoli while Baldwin, whose good relations with his mother were now outwardly restored, went home to Jerusalem with her. Nothing had been accomplished in Tripoli, but the importance and significance of the assembly is revealed by its nature, rather than its results. What Baldwin convoked was a *curia generalis*, a meeting of the Haute Cour, the highest body of the vassals of the Latin Kingdom, in which law would be determined and interpreted, verdict given on royal tenants, and debates held on the general policies of the kingdom. To attend the meetings of the Haute Cour was the obligation of the crown vassals, resulting from their right to give counsel to the king. In 1150 a large part of the vassalry had ignored Baldwin's summons to war in Syria. He now showed everyone that he was in complete control of his kingdom by summoning his vassals to a meeting of the Haute Cour even outside his realm and having them obey him. He also made the higher levels of society of Antioch and Tripoli attend it. In so doing he was no doubt following the example of Baldwin I, who had established himself as the arbiter of the whole Latin East at a similar assembly held at Tripoli in 1109. Since precedent was, as it were, sacrosanct for the barons of Jerusalem, the significance of a meeting of the Haute Cour held at Tripoli, with the nobility and clergy of Antioch and Tripoli in attendance, cannot have gone unnoticed in the Latin East. Even though Baldwin III had not achieved his immediate aim of settling the affairs of Syria, as Baldwin I had done at Tripoli, he had held a great court, had received the full obedience of his vassals, and his mother, although she had been present, had been allowed to come only for a private visit to members of her family. No one could now doubt that the King was in complete control of his kingdom.

In the royal domain he now did as he pleased. It was he who forthwith brought to a successful conclusion the enlargement of the domain at Casel Imbert, a project begun in 1146, presumably by his mother (see *supra*, p. 122). On 26 February 1153, while besieging Ascalon, he confirmed the contract concluded by the former Viscount of Acre, Gerald of Valence, with those Latins whom he had settled at Casel Imbert *iussu meo*, i.e., under orders of the King (*RRH*, No. 281). Even at Nablus it was now the King who transacted all affairs which were properly the business of the overlord. It was he, not Melisende, who issued *RRH*, No. 321, of 1156, in which the possessions of the royal hospital at Nablus were confirmed. General confirmations of possessions were royal business and therefore fell within his competence, not that of Melisende, who held Nablus only as her dowry. Nothing could illustrate more clearly that she held it from the Crown, that is, from her son, and not in her own right as ruler or sharer in joint kingship.

What place was Baldwin willing to allow his mother now that he had won? After all that had happened they must have hated each other intensely. Yet both sides made it a point to pretend that relations were not at all strained and were actually as they should be in a happy family. Evidently, it had been agreed that whatever Melisende did from now on would be done with the consent of Baldwin III. This consent is included in all her charters after 1152, of which we have four (*RRH*, Nos. 313, 338, 339a [only an abstract], and 359). She did not include simply his consent, but the consent of her beloved son (*dilectus filius*) King Baldwin. He, on his part, was willing to accord to his mother all honors due to her exalted station in life and grant her the possibility of advising him. Practically speaking, this amounted to little, but it spared her public humiliation. Baldwin was capable of restraint and had no interest in insulting his mother once he had driven her from power, an attitude that might only have induced her to attempt to reestablish her sovereign power. He allowed her consent to reappear in his charters in 1154 (*RRH*, No. 293), and there in general it was added until 1157 (*RRH*, No. 325). His charters were issued *consilio et consensu* (*RRH*, No. 293), *assensu* (*RRH*, No. 306), *assensu et concessione* (*RRH*, No. 307), *consilio et concessione* (*RRH*, Nos. 321 and 322), *assensu* (*RRH*, No. 325), and *precibus matris* (*RRH*, No. 336). These formulas seem to indicate that he permitted Melisende to give her advice on certain political matters. In most cases this would have been a matter of courtesy only; in some others he may have allowed her something more substantial. The cases of *RRH*, Nos. 306, 307, 321, and 336, are explained by the fact that the King was either confirming Melisende's earlier charters or dealing with property in Nablus. The inclusion of her consent, her advice, even her concession, meant that the King was keeping his promise never to disturb the Queen Mother in her Nablus possessions and that, in confirming her earlier charters, he was implying that she had done nothing wrong in having issued them under her name only. In point of fact, she had then infringed on Baldwin's royal rights; but nothing could be gained by emphasizing it now. Occasionally, however, the King seemed to allow her a genuine right to counsel. In 1155 or 1156 he confirmed an important sale to the Holy Sepulchre of properties which Hugh of Ibelin held in fief from the King's brother Amaury (*RRH*, No. 299). In this charter no mention was made of Melisende's consent, but she was allowed to confirm the sale by a charter of her own (*RRH*, No. 313). So was Count Amaury of Ascalon in *RRH*, No. 300, though in his case he was directly involved, the lands that were sold being held in fief from him. Melisende, on the other hand, was not involved because the land, being apparently part of the lordship of Mirabel, was neither held from her at this time nor did it lie within her part of the royal domain at Nablus. As far as we can identify the properties involved, they were very close to Jerusalem and thus outside Melisende's dowry. Why she issued a charter confirming their sale is not entirely clear, but the fact that she did indicates some degree of influence. She had also been allowed to retain some private property around Jerusalem, for in *RRH*, No. 338, of 1159, she disposed of a *gastina* in the vicinity of the capital in favor of the Lepers of St. Lazarus. Her other two charters, *RRH*, No. 339a, and *RRH*, No. 359, concern property in and around Nablus.[110] It is only in the years 1156 and 1157 that she achieved once more some degree of political influence—not very much, it is true, but some. I am unable to explain this and must limit myself to recording the fact. When on 2 November 1156 Baldwin III negotiated an important treaty with Pisa, restoring the peace and harmony with that city which had been disturbed, creating a Pisan establishment in Tyre, and getting the Pisans to agree that they would not sell arms or iron, wood, and pitch (i.e., shipbuilding material) to Egypt, he did so *consilio et concessione Milisendis regine* (*RRH*, No. 322). In the following year Melisende and her younger son Amaury were permitted to add their consent to Baldwin's confirmation (*RRH*, No. 325) of a grant of lands and castles which the constable Humphrey of Toron had made to the Knights of St. John. The consent of the Queen Mother and of the Count of Jaffa-Ascalon had certainly a public, not a private character. The grant comprised both patrimonial and feudal lands of the constable. The latter were held from the lord of Bairut and, like the patrimonial lands, were situated in the north of the kingdom, where neither Queen Melisende nor Count Amaury of Jaffa-Ascalon had, at the time, any interests or rights stemming from family properties. Their intervention, therefore, can be explained only by the assumption that in this instance they exercised some kind of public function, the exact nature of which I cannot, unfortunately, determine; nor can I discover the reason for it. In the same year—1157—the Queen Mother insisted that a Muslim stronghold on the eastern bank of the Jordan should be attacked. Her part in this matter is not quite clear. William of Tyre says that the fortress was captured *studio et industria dominae Milissendis reginae,* but leaves no doubt that the actual operations were carried out by Baldwin of Lille, the King's regent, since the King himself was busy in Syria. In this same year the Queen Mother, together with some other ladies of the royal family, unquestionably took a hand in the election and promotion of Amaury of Nesle, prior of the church of the Holy Sepulchre, to the office of patriarch of Jerusalem.[111] It is not surprising to find that Bishop Ralph of Bethlehem, whom Melisende had first compelled to become bishop of Tyre and then abandoned and even removed from the royal chancery, opposed this election and appealed to Rome, nor that the Patriarch Amaury witnessed Melisende's charter *RRH*, No. 359, of 1159 or 1160.

On the whole, it may be said that, after 1152, Baldwin III allowed his mother just enough influence to prevent her feeling totally excluded, without, however, allowing her actually to share in his rule. From William of Tyre's chronicle it is clear that the royal constable Humphrey of Toron, for instance, exercised a far greater influence on politics than did Melisende herself. The latest of Baldwin's charters in which her consent was included was *RRH*, No. 325,

[110] I believe that *RRH*, No. 359, belongs to 1159 rather than 1160, although it is dated *a. inc. 1160, indictione VIII*, which is correct. But Baldwin's *RRH*, No. 336 of 1159, which is also correctly dated, expressly mentions the privilege *RRH*, No. 359, and must, therefore, have been issued after it. This leaves two alternatives: either *RRH*, No. 359, must be placed in 1159 or *RRH*, No. 336, in 1160. I chose the first solution because I believe that in 1160 Melisende had already contracted her final and incurable illness, which caused her death in September 1161, and was no longer in a position to issue charters.

[111] WT, XVIII.19, 20.

of 1157, but *RRH*, No. 336, confirming one of her charters, was issued *precibus matris*. Thereafter she disappears from the royal charters. She is not mentioned in *RRH*, Nos. 341, 344, 353, 354, 355, and 366, which extend from 28 January 1160 to 31 July 1161, even though *RRH*, No. 353, of 25 July 1160, dealt in part with the confirmation of her own charter *RRH*, No. 278, of 1152. The explanation is probably to be sought in the fact that Melisende, who died on 11 September 1161, had been suffering for quite some time from an incurable disease. She died, William of Tyre reports, *longo macerata languore*.[112] It would seem that this illness had already taken hold by the end of January 1160 and that from then on she was in no condition to give her consent. We must not totally discard the other possibility that, when she fell seriously ill and the King was informed by her doctors that her disease was incurable, he felt it no longer necessary to include her consent, for she would have been unable even to voice a complaint. This, perhaps, charges Baldwin with excessive callousness, but we shall see that at the time of Melisende's death not all the accounts originating from the events of 1152 had been fully settled.

It was not only Melisende who was overthrown in 1152, it was also her whole party. The majority of her followers abandoned her when her luck turned, and tried to gain favor with King Baldwin who had emerged as the new strong ruler. Many of them probably succeeded, since the King could not eliminate all of Melisende's former vassals. On some, however, he took his revenge. The most prominent ecclesiastical supporter of Queen Melisende had been the Patriarch Fulcher of Jerusalem. Although he lived until the end of 1157 (and was out of the country only in 1155, on a mission to Rome), after 1152 he did not appear in Baldwin's charters. Archbishop Robert of Nazareth also did not return as a witness, but then his successor Letardus was in office by 1154. Similarly, Bishop Gerald of Bethlehem remained excluded, even though he held office until 1156. On the other hand, Archbishop Baldwin of Caesarea apparently was allowed to return to court immediately, for he appears in *RRH*, No. 291, of 20 April 1152. His successor Ernesius, former chancellor to the Patriarch Fulcher of Jerusalem, who had signed one of Melisende's charters during the conflict, was promoted to the archbishopric in 1158 and admitted to court service in 1160 (*RRH*, No. 354). Before him, in 1155 or 1156, abbot Geoffrey of the Temple of the Lord had made his reappearance (*RRH*, No. 299). Of the laity, Count Amaury of Jaffa was the most prominent partisan of Queen Melisende and one who remained at her side to the very end. In reading William of Tyre's account, one would assume that Amaury suffered no harm. William had told how Amaury was created count of Jaffa in 1151. He further told how Baldwin III distributed or sold the lands around Ascalon after its capture in 1153 to those whose conduct during the siege had been worthy of recognition, and that in this he followed his mother's advice. The greatest prize of all went to Count Amaury, who was given the county of Ascalon in addition to that of Jaffa.[113] It would seem that there was no setback in Amaury's

[112] WT, XVIII.27, 32.
[113] WT, XIX.1; XVII.30.

career. He is still called count of Jaffa in Melisende's last charter *RRH*, No. 359, and William of Tyre referred to him as count of Jaffa in 1161, at the time of Baldwin IV's baptism.[114] However, after 1153 Amaury in his own charters calls himself always count of Ascalon, never of Jaffa. Again, whenever he is mentioned as count in his brother's charters he is called count of Ascalon only. Yet, the inference that he had been forever deprived of the county of Jaffa would be wrong. It is true that later counts or countesses of the double county would bear the title of both Jaffa and Ascalon, but in Amaury's time this was not the case. Most likely the county came to be regarded as a single fief and to be called the county of Ascalon until people remembered that the county of Jaffa had existed long before the creation of the county of Ascalon. In 1157 Amaury granted rights in the city of Jaffa to Pisa (*RRH*, No. 324), and the Viscount of Jaffa repeatedly witnessed charters issued by Amaury as count of Ascalon. Surely, therefore, he held both Jaffa and Ascalon. Yet, something had happened to him about which William, who was Amaury's court historiographer after the latter had risen to kingship, is silent. William of Tyre says nothing about Amaury participating in the siege of Ascalon.[115] He does not specify at just what time after the capture of Ascalon Baldwin gave the city to his brother. If it is true that the King distributed and sold lands in the southwest—of which the assignment of Ascalon to Amaury was part—upon the advice of his mother, it may very well have been at some time after the city was captured, for, as we have seen, Melisende's consent in the charters and her counsel are not found again until 1154 (*RRH*, No. 293). It is precisely in this document of 1154 that Amaury makes his first reappearance after the civil war of 1152 and here he is qualified only as *Amalricus frater regis*. We possess the original document, so there is no question of faulty transmission. It was written by one of the most careful chancery scribes we know, and there is little likelihood of clerical error. We are forced to assume that Amaury, who before 1152 had first been referred to as *filius reginae* and then as count of Jaffa, had lost the county of Jaffa in 1152, and in 1154 had not yet regained it. Nor had he at that time been awarded the county of Ascalon. I believe that it was only after charter *RRH*, No. 293, of 30 July 1154, that Jaffa was returned to Amaury and Ascalon added to it. This is indeed confirmed by the chronicler Ernoul, a well-informed man of the early thirteenth century, who says that Amaury received the counties of both Ascalon and Jaffa after the siege of Ascalon.[116] All this shows that, at least for some time, Amaury must have felt his brother's wrath.

A few others also returned to Baldwin's court and were named in his charters. The Knights Templars came back immediately, with their seneschal Andreas of Montebarro (*RRH*, No. 291, of April 1152). Other important citizens of Jerusalem returned in 1155 or 1156 (*RRH*, No. 299): Bricius, Peter of Perigord, and Rainald Sechir. Presumably they were so influential in the city that the

[114] WT, XIX.29.
[115] Cf. the list of the great personages participating in the siege, WT, XVII.21.
[116] *Chronique d'Ernoul et de Bernard le Trésorier*, ed. L. de Mas Latrie (Paris, 1871), 14.

King could not afford to exclude them from court service forever—all three had been members of the *Cour des Bourgeois* of Jerusalem as early as 1149 (*RRH*, No. 255), thus serving under the viscount in the administration of royal justice in the city. Babinus and John of Valenciennes were readmitted in 1155 (*RRH*, No. 307). Rohard the Elder, who had held the position of viscount of Jerusalem from 1135 to 1147 and later had been one of the three who supported Melisende to the last, accompanied the Queen Mother in her retirement. For him there was no longer a place in Baldwin's Jerusalem. A certain Rohard of Nablus turns up as a witness to Melisende's charters *RRH*, Nos. 313 and 359, and it is from William of Tyre that we learn that Rohard the Elder did actually later call himself Rohard of Nablus.[117] In 1160 and 1161 Rohard eventually makes his reappearance on the charters of Baldwin III (*RRH*, Nos. 344 and 366). Herbert de Rethel, who had signed Queen Melisende's charter *RRH*, No. 278, of 1152, also returned to the King's service in 1160 (*RRH*, Nos. 352 and 353). It is perhaps not accidental that some partisans of Melisende, such as Ernesius, Archbishop of Caesarea, Rohard the Elder, and Herbert de Rethel were readmitted to the King's presence in 1160, at a time when it was known that the Queen Mother was afflicted by an illness which was expected to lead to her death.

The list of those who remained permanently excluded from Baldwin's charters, i.e., from court service, is much longer. We hear nothing, after 1152, of John the scribe, Fulk de Gerin, the Queen Mother's chamberlain Nicolaus, Herbert Strabo, Ralph Strabo (who had been viscount of Jerusalem in 1151), Semoreth the tailor, Petros, Guido Gallicus, Tosetus (who had been an influential citizen of Jerusalem before 1152), Gilbert de Lisuncurt, Rohard's nephew Ralph, Ermenaudus and his brother Elias, Ralph the Falconer, Odo de Turcame, and Walter Mauduit. Some of them may have died shortly after 1152. This is certainly true of Tosetus—who is last mentioned in Melisende's *RRH*, No. 278, of 1152—for his sons Andrew and Rohard appear in *RRH*, Nos. 301 and 391, of 1155 and 1163. But not all these people can have died; most of them may simply have slipped back into the anonymity whence they had once been called to attend the Queen Mother, an honor which had given them a position of prominence and of course a chance for getting on in the world. Of others who remained excluded from Baldwin's charters we know that they carried on, some in important posts. Among them is Bencellinus, who had been made viscount of Jerusalem by Melisende. He had sat on the *Cour des Bourgeois* as early as 1149 (*RRH*, No. 255) and was still alive in 1154 (*RRH*, No. 295). Peter Salomon, also on the *Cour des Bourgeois* in 1149, was still one of its members in 1155 and 1163 (*RRH*, Nos. 255, 310, and 391). Robert of Franlos was still living in 1153 (*RRH*, No. 284) and was a citizen of some standing in Jerusalem. Umbertus of Bar had been on the *Cour des Bourgeois* in 1149, was still a *burgensis regis* in Jerusalem in 1158, and is last mentioned in 1160 (*RRH*, Nos. 255, 333, and 360). Similarly, Simon Rufus sat on the *Cour des Bourgeois* in 1151 and was still a *burgensis regis* in 1158 (*RRH*, Nos.

[117] WT, XIV.18.

273 and 333). Albert (Herbert) the Lombard, who had been an important member of the Jerusalem patriciate, remained such until 1174 (*RRH*, No. 516). The knight John Vaccarius is last mentioned in Melisende's *RRH*, No. 359, of 1159 or 1160; he probably died not long afterward since his son is mentioned in 1167 (*RRH*, No. 433). Viscount Ulric of Nablus, of whom we first heard in 1115, was last mentioned in Queen Melisende's *RRH*, No. 268, issued in 1151; he was certainly dead by 1159. However, neither his immediate successor Baldwin the Buffalo nor his son Baldwin, who succeeded the Buffalo in the viscounty of Nablus, ever reappear in the charters of Baldwin III, although we know that the King had dealings with Baldwin, the son of Ulric. It is only under King Baldwin's successor Amaury that the younger Baldwin was finally readmitted to court. La Monte, who has disentangled the history of the family of the viscounts of Nablus in the twelfth century,[118] is of the opinion that the viscounty was restored to the younger Baldwin not during the reign of Baldwin III but only on the accession of Amaury I.

The evidence available points to the following conclusions. Very few of Melisende's partisans were restored immediately to the good graces of Baldwin: Archbishop Baldwin of Caesarea, the seneschal Andreas of Montebarro of the Knights Templars, and Philip of Nablus, of whom I shall speak presently. These were evidently persons whom the King could not spurn if they wished to serve him. Obviously, he could not refuse the Archbishop of Caesarea, third in ecclesiastical rank in the kingdom, at a time when he must have been eager to show that the Church was with him. Nor could he refuse the man second in rank in the Order of the Knights Templars, especially since he accompanied the Master of the Order himself to attend upon the King. As for Philip of Nablus, he was too powerful in Nablus and environs to be punished with the King's contempt. Next to Melisende he was by far the greatest landowner in this region and had powerful relatives in the Ibelin clan—men who, although they had changed sides from the Queen Mother to the King, would hardly have been prepared to tolerate the elimination of Philip. The King needed their support and was in no position to offend them. They now held the lordships of Ibelin, Ramla, and Mirabel, the latter two of which had formed part of the county of Jaffa from the days when the family of Le Puiset had held the county in the twenties and thirties. This meant that the Ibelins were vassals of the King's brother when the county of Jaffa was restored to him, but, as long as the King could command their loyalty, they would also serve as a very effective check on Amaury. A glance at the map suffices to show that, with Ibelin, Ramla, and Mirabel, they virtually encircled the county of Jaffa proper. In the north, too, the King had to reckon with Philip: *RRH*, No. 293, reveals that Philip had important possessions outside Acre. But most important of all reasons for not dealing sternly with Philip of Nablus was Baldwin III's agreement with his mother, made in 1152 (see *supra*, p. 169). Had he attempted to punish Philip, he would have deprived Melisende of the support of the most powerful lord of the region near her, which indisputably would have been a

[118] La Monte, "The Viscounts of Naplouse in the Twelfth Century," 276.

breach of their agreement. Since the King could not strike at Philip, it was in his own interest to readmit him into his service so as not to have him as an enemy. Philip of Nablus and Count Amaury of Ascalon were the only two magnates who, after 1152, could afford to serve both King and Queen Mother, and, indeed, they appear in the charters of both. They could not be touched. Thus, while only very few of Melisende's old partisans were readmitted to court service immediately after the civil war, others, headed by Amaury, returned after 1154, and still more in 1160, when it became clear that the days of Queen Melisende would soon be over. A fair number of the Queen's followers were never recalled to the court of King Baldwin III, though they can be shown to have still been men of no little standing. A considerable group just fade away in 1152. By and large, the King did settle his accounts with Melisende's followers after he had removed her from power. The civil war of 1152 had not only a long prelude but also a comparatively long aftermath.[119]

It was in 1161 that the King finally settled his last account—that with Philip of Nablus. The Queen Mother died on 11 September 1161. When the King received the news he gave a fine public show of grief and is said to have been inconsolable for several days.[120] But a month and a half before Melisende's death, at a time when she must already have been completely incapacitated, the King moved into Nablus and acquired Philip's vast holdings there, giving him in exchange the lordships of Transjordan and Hebron (*RRH*, No. 366).[121] In so doing he established himself as the second largest landholder in Nablus and was in a position where he could easily molest the Queen Mother at any time. It was undeniably a violation of the 1152 agreement, but no one cared now, except perhaps Philip. Knowing that his mother was dying the King determined not only to inherit her holdings in and around Nablus but to make the whole region revert to the royal domain. In order to achieve this, he had to remove Philip, whom he compensated royally with Transjordan and Hebron. The gift would, however, have been less generous than it seemed had Philip already had a claim to Transjordan. The *Lignages d'Outremer*[122] of the fourteenth century made him the nephew of the royal butler Paganus and his successor as lord of Nablus. But documentary evidence is lacking; the story probably developed from the fact that Paganus had a nephew, Maurice, who succeeded him in the lordship of Transjordan. Etienne of Lusignan in the sixteenth century made Philip of Nablus the son-in-law of Maurice of Transjordan,[123] which would also have given Philip a claim to Transjordan; for this, no evidence whatsoever exists. In any case, Philip did not seem to like his new

[119] In discussing the aftermath of the civil war I have omitted all mention of the witness list in *RRH*, No. 276, for Marseille, dated 23 September 1152. The charter is manifestly a forgery and the list of witnesses must have been copied mostly from a charter of Queen Melisende, not from one of King Baldwin III, who supposedly issued this document. I discuss the problems of this charter in my book, *Marseilles Levantehandel und ein akkonensisches Fälscheratelier des 13. Jahrhunderts*, Bibliothek des Deutschen Historischen Instituts in Rom, 38 (Tübingen, 1972), 31 ff.

[120] WT, XVIII.32

[121] For Hebron see *Lignages d'Outremer* (*supra*, note 47), 462.

[122] *Ibid.*, 452.

[123] *Les Familles d'Outre-mer de Du Cange*, ed. E.-G. Rey (Paris, 1869), 403.

position very much, for now his life became very unstable. Before 1168 he had given Transjordan to his daughter and her husband Humphrey III of Toron, the constable's son, and had joined the order of the Knights Templars under his old name of Philip of Nablus (*RRH*, No. 449); by 1169 he was Master of the Knights Templars (*RRH*, No. 466) but resigned from that position before 1171, when he accompanied King Amaury I on his state visit to Constantinople.[124] This is the last we hear of him. The instability of his life after he relinquished his ancestral lands in Nablus—which he had held since 1138—seems to indicate that he had not yielded his old holdings voluntarily. It was, in my opinion, the final account from the time of the civil war of 1152 that was settled here, and its settlement at last gave the King control of the remnants of Queen Melisende's original possessions.

I have followed the career of Queen Melisende, one of the most energetic among mediaeval queens, in its more significant stages. However, I have investigated here only some parts of her history and this study should by no means be considered an attempt at a biography, which would have to deal also with such questions as her foundation of the convent of Bethany or her patronage of the arts, as evidenced by the very beautiful psalter in the British Museum known under her name. My only purpose here has been to give the story of her struggle for power, to discover its causes, and to recount how eventually she lost it. In so doing I have offered a number of suggestions which—if they can be accepted by specialists—revise several points in the history of the Latin Kingdom of Jerusalem between 1131 and 1161. These revisions have varying degrees of certainty, owing to the paucity of the available evidence. I explicitly invite the comments of, and debate with, those who may be inclined not to share my opinion. For their benefit I should like to summarize those points on which I beg to differ from the traditional interpretation. I believe that the will of King Baldwin II altered the agreement concerning his succession which he had concluded with Count Fulk of Anjou in 1128 and which was rendered effective by the marriage of Fulk and Melisende in 1129. I also believe that this will was of major importance in determining the claims to power of Fulk, Melisende, and Baldwin III. I suggest that the revolt of Count Hugh of Jaffa cannot have taken place until 1133—more likely after July 1134—rather than in 1132. I further suggest that the revolt of Romanus of Puy was closely linked with that of Count Hugh, that they were in fact one and the same; but that a previous revolt of Romanus may have occurred in Transjordan as early as 1126, if the Paganus of Montroyal who appears in 1126 and 1132 is actually to be identified with the royal butler Paganus. The reason for this revolt of Hugh and Romanus I find in an attempt made by King Fulk to brush aside Melisende at the beginning of his reign and rule alone. While Fulk could rest his claim on the 1128 agreement, the rebellious nobles apparently upheld King Baldwin II's will in favor of the Queen. The revolt determined the fate of Count Hugh; but the leniency of the sentence pronounced on him, the exaggerated wrath of the Queen over the matter, and

[124] WT, XX.22.

the fact that from that time on Fulk became very deferential—even uxorious—barely conceal that on the main point at issue, namely how royal power should be distributed in the kingdom, Fulk had lost his fight. The real power of Melisende dates from the end of Count Hugh's revolt. This power, as has long been known, she was not willing to relinquish on her husband's death. I have been able to show, from a study of the royal charters, how she increasingly and successfully downgraded the constitutional position of her older son Baldwin by diminishing his participation in the charters from that of joint issuance with her to that of mere consent—after having (probably not quite legally) made her younger son Amaury a sharer in the rule. From 1144 Baldwin tried to resist this situation, without much success at first. His chances lay only in that he could be a military leader. I suggested that during the Second Crusade the decision to attack Damascus, which proved fatal to the enterprise, was not made originally at the Acre war council of June 1148, but had previously been agreed upon in a meeting of King Baldwin III, King Conrad III of Germany, the Patriarch of Jerusalem, and the Knights Templars; and I think that this decision carried sufficient weight to predetermine the vote of the council itself, especially since the King of France was informed beforehand. I presume that Melisende was excluded from this first meeting and had no reason to support the expedition against Damascus (unless she was playing a reckless game), while her son had strong motives to favor it. As Baldwin grew older I believe one can observe an increasing rigidity in his relations with the Queen Mother and from 1149 I see Melisende embarking on a hazardous policy directed at severing the kingdom. This is the year, in my opinion, in which she caused the downfall of the chancellor Ralph and created her own scriptorium to which her son had no access. The following year—during which Baldwin III managed to establish a zone of influence of his own in the north, in Acre and probably also in Galilee, and meddled in his mother's zone of influence at Gaza in the south—saw the further disintegration of the Latin Kingdom, for Queen Melisende appointed other household officials of her own and finally created her own vassalry, whom she successfully induced to refuse to follow the King on a military expedition to Syria in the summer. It was probably in the same year, 1150, certainly not earlier, that her constable Manasses married Helvis, the widow of Barisan le Vieux of Ibelin, and thus acquired the lordships of Ramla and Mirabel. Contrary to the traditional view which would make this marriage strengthen Manasses' position by giving him the support of the powerful Ibelin family, it can be demonstrated with a high degree of probability that this match cost Manasses and the Queen Mother the support of the Ibelins, since the young members of the family found themselves in danger of being cheated of their expectancy of Ramla and Mirabel, should the marriage of Manasses to Helvis produce male offspring. Further, I have suggested that the civil war, to which all these events were inevitably leading, took place in 1152 and was very brief, lasting not longer than from 30 March to 22 April. After that the King settled his accounts with Melisende's partisans: some he admitted back to court service immediately because he could not refuse them, others after a few years, in the mid-fifties, and some not until 1160, when Melisende had become so ill that her death was imminent; but he excluded the majority, though not the most powerful, throughout his reign. I believe that in dealing with his brother Amaury the King temporarily deprived him of the county of Jaffa to punish him for his support, to the very end, of the Queen Mother, who had raised him to that county and had thereby created a *casus belli*. In my opinion it was at some time in 1154 that the county of Jaffa was restored to Amaury and that the county of Ascalon was added to it—not in 1153 as is commonly believed. Finally, I submit that the extensive exchange of lands between the King and Philip of Nablus in 1161 was the ultimate settling of accounts from the time of the civil war, and that in making this exchange King Baldwin III was violating his agreement with his mother that he would leave her undisturbed in Nablus for the rest of her life. At that time, however, Queen Melisende was very close to answering her final summons.

IV

Kaiserrecht und Heiliges Land

Die Frage, welche Rechte ein mittelalterlicher Kaiser in concreto aus seinem Kaisertum herleiten konnte, ist bekanntlich überaus schwierig zu beantworten, und je länger sich die Forschung mit diesem Problem, insbesondere mit den kaiserlichen „Rechten“ in den aufstrebenden westeuropäischen Nationalstaaten, aber etwa auch in der sizilischen Monarchie, befaßt hat, desto klarer ist geworden, daß das Kaisertum mehr ein theoretisches Bedürfnis des mittelalterlichen Denkens in Ordines erfüllte, als daß es wirklich Macht und Rechte verliehen hätte, daß es sich bei dem Amt mehr um eine Kaiserwürde als um Kaisergewalt handelte und daß eben für die nicht zur Trias Deutschland-Italien-Burgund gehörenden Königreiche vor allem anderen der für Sizilien wie für England belegte Satz galt: *rex imperator in regno suo*[1]. Auch für den Bereich der Liturgie und das Kirchenrecht hat Reinhard Elze[2] gezeigt, daß es ungemein schwierig ist, konkret zu definieren, ob beziehungsweise welche Rechte hier dem Kaiser wirklich zukommen und inwieweit sie von seiner kaiserlichen Würde abzuleiten sind und nicht etwa aus seinem Königtum oder seiner Patriciuswürde in Rom, die ihm viel konkretere Rechte verlieh als der kaiserliche Titel. Nur in den großen Auseinandersetzungen mit anderen universalen Gewalten des Mittelalters, mit dem Papst und dem byzantinischen Kaiser, scheint sich das Kaisertum wirklich mit Inhalt zu füllen. Daß universale Gewalten sein müssen, hat im Mittelalter niemand bezweifelt, auch wenn man konkrete Einmischungen in die eigenen Angelegenheiten nach Möglichkeit abwehrte, was auch die Päpste zu spüren bekommen haben. Wenn sich nun unter den denkbaren Universalgewalten wie zwischen Karl dem Großen und Byzanz, im Investiturstreit oder zur Zeit der kosmokratorischen Überhöhung Friedrichs II. der Streit erhob, ob alle Universalgewalten gleichberechtigt seien oder ob einer die Vorherrschaft gebühre – was, konkret gesprochen, meist auf die wahre Herrschaft über Italien hinauslief –, dann blühte plötzlich das theoretische und propagandistische Schrifttum über die Natur und die Rechte der einen oder anderen Universalgewalt auf und die wechselseitige Polemik wurde erbittert. Dabei wurden von allen Seiten die eigenen Ansprüche zweifellos bis zum äußersten Extrem getrieben, so daß auch

[1] Dazu zuletzt, unter Anführung der älteren Literatur, H. E. *Mayer,* Staufische Weltherrschaft? Zum Brief Heinrichs II. von England an Friedrich Barbarossa von 1157, Fschr. Karl Pivec (Innsbrucker Beiträge zur Kulturwissenschaft 12, 1966) S. 265–278.

[2] R. *Elze* im Artikel „Kaiser“, Lexikon für Theologie und Kirche ²5 (1960) Sp. 1250 f.

diese Auseinandersetzungen für die Frage der wirklichen Rechte einer Universalgewalt unergiebig sind. Wie immer man die Sache betrachtet, sie erweist sich als ein Problem, das einem sofort wieder entschlüpft, sobald man es zu fassen glaubt. In der Regel wird man gut daran tun, der Universalgewalt möglichst wenig konkrete Rechte beizumessen.

Nur in Notfällen hat man dem Kaiser außerhalb des Reichs Rechte zugestanden. In der äußersten Bedrängnis der deutschen Gefangenschaft vergab sich Richard Löwenherz nach außen hin nichts, wenn er England von Heinrich VI. „als dem Herrn aller Menschen" zu Lehen nahm, zumal ihm klar war, daß dieser Akt eine reine Formalie mit nur fiskalischen Konsequenzen bleiben werde. Die Herrscher von Zypern und Kleinarmenien erbaten sich vom gleichen Kaiser die Königskrone und erhielten sie auch; die Reichslehnschaft verband sich damit[3]. Auch sie waren in Not, denn König zu werden ist, wie Reinhard Elze[4] gezeigt hat, im Mittelalter gar nicht so einfach. Am leichtesten ist der Weg über die Erhebung durch Papst oder Kaiser, was dann natürlich mit gewissen Abhängigkeiten verbunden ist, die im Falle kleiner Königreiche wie Zypern und Armenien keineswegs nur formaler Natur waren wie bei England, und auch aus päpstlichen Königserhebungen ließen sich hier Beispiele anführen. Es bedurfte des ganzen organisatorischen und politischen Genies Rogers II. von Sizilien sowie einer langen, planvoll ausgestalteten Anlaufzeit, wollte man den Aufstieg zum König und die Anerkennung ohne Auflagen vollziehen; ohne den Papst ging es auch hier nicht.

Diese Dinge sind bekannt. Wir wollen hier der Frage nachgehen, ob man auch im Heiligen Land, das sich bekanntlich in semipermanenter Notlage befand, irgend jemandem Kaiserrechte zugebilligt hat. Die Frage erscheint zunächst müßig angesichts der engen Bindungen des Hl. Landes an Frankreich, dessen König man immer wieder und viel häufiger als den Kaiser um Hilfe angegangen hat, wie man selbst den englischen König häufiger bemüht hat als den Kaiser. Zudem ist nur ein einziger Kaiser jemals im Hl. Land gewesen. Der Kreuzzugsplan Heinrichs IV. von 1103 gedieh nie bis zur Ausführung, Konrad III. war kein Kaiser, Friedrich Barbarossa ertrank im Saleph, ehe er die Terra Sancta erreichte, Heinrich VI. starb kurz vor dem Aufbruch. So bleibt nur Friedrich II., dessen rauschhafte Idee seiner Weltherrschaft mit seinem „Krönungsmanifest" aus Jerusalem vom 18. März 1229 einsetzt[5]. De facto aber hat sich zeigen lassen, daß die angebliche Selbstkrönung

[3] Walther *Hubatsch,* Der Deutsche Orden und die Reichslehnschaft über Cypern, Nachrichten Göttingen 1955 Nr. 8, S. 245 ff.

[4] R. *Elze,* Zum Königtum Rogers II. von Sizilien, Fschr. Percy Ernst Schramm 1 (1964) S. 102–116.

[5] Vgl. dazu H. M. *Schaller,* Das Relief an der Kanzel der Kathedrale von Bitonto: ein Denkmal der Kaiseridee Friedrichs II., Archiv für Kulturgeschichte 45 (1963) S. 295–312.

in Jerusalem selbst in seinem eigenen Verständnis nichts anderes war als ein unverbindliches „Unter-der-Krone-Gehen", das Friedrich als weiterhin im Besitz der königlichen Rechte im Hl. Land ausweisen sollte[6]. Die Gegenseite hat dies zu Recht bestritten, denn nach der Verfassung des Landes war Friedrichs Königtum in Jerusalem erloschen, als seine Gemahlin Isabella im Kindbett starb. Seitdem hatte nur noch Konrad IV. einen Anspruch auf die Krone von Jerusalem, während Friedrich wohl noch Herrscherrechte ausüben konnte, aber nur als Vormund und Bailli seines unmündigen Sohnes, nicht aus eigenem Königsrecht. Es hätte nahegelegen, in einer solchen Situation ersatzweise kaiserliche Rechte geltend zu machen. Daß dies dem Denken der Zeit nicht fremd gewesen wäre, beweist der in England gefälschte zeitgenössische Brief Barbarossas an Sultan Saladin von 1188, in dem der Kaiser dem Sultan kraft seiner kaiserlichen Herrschergewalt, die, wie er in einer Aufzählung darlegt, nicht nur Europa, sondern auch die gesamten Ostprovinzen des antiken Imperium Romanum, mithin auch die Terra Sancta umfaßt, bei Kriegsandrohung die Räumung des Hl. Landes befiehlt[7]. Es ist das extremste Zeugnis für Machtansprüche im Hl. Land, die ihren Ursprung im Kaisertum gehabt hätten. Aber der Brief ist bezeichnenderweise fingiert, und der wahre Kaiser hat sich wohl gehütet, solche Forderungen aufzustellen und sie so zu begründen. Wenn Friedrich II. keine Kaiserrechte geltend machte, so wahrscheinlich nicht nur aus Zurückhaltung (zumal doppelt strittig sein mußte, welche Rechte ein exkommunizierter Kaiser noch habe), sondern auch deshalb, weil er für seine Zwecke der Weltherrschaft des Nimbus eines Königs von Jerusalem nicht entbehren wollte. Er hat deshalb den Titel eines Königs von Jerusalem ungeachtet der Rechtslage bis zu seinem Tode weitergeführt und seinem Sohne Konrad mit Ausnahme zweier Urkunden von 1236 bis zum Jahre 1250 nur den Titel *haeres regni Hierosolymitani* zugestanden[8].

Dennoch hat die öffentliche Meinung das Kaisertum in Verbindung mit dem Hl. Land gebracht. Das zeigen nicht nur der auf den Namen Barbarossas gefälschte Brief an Saladin, sondern auch die Epik und die Legende. In der berühmten Dichtung von der Pèlerinage de Charlemagne wird schon dem Prototyp aller westlichen Kaiser des Mittelalters eine Pilgerfahrt ins Hl. Land zugeschrieben, die seinem Kaisertum gewissermaßen letzten Glanz und Schliff verleiht, und auch in der Legende ist es bisweilen der Endkaiser, der in Jerusalem seinen Schild an den dürren

[6] H. E. *Mayer*, Das Pontifikale von Tyrus und die Krönung der lateinischen Könige von Jerusalem, Dumbarton Oaks Papers 21 (1967) S. 200–210.

[7] Dazu H. E. *Mayer*, Der Brief Kaiser Friedrichs I. an Saladin vom Jahre 1188, DA 14 (1958) S. 488–494.

[8] BF V 2 n° 4383p. 4384. 4385.

Baum hängt und damit, je nach der Überlieferung, das Ende der Welt einläutet oder eine Ära steten Friedens beginnen läßt[9].

Wir wollen die Frage hier von einem anderen Gesichtspunkt aus angehen, nämlich von den Interventionen abendländischer Herrscher im Hl. Land im allgemeinen. Wir beginnen mit der jedermann geläufigen Feststellung, daß sowohl Richard Löwenherz wie Ludwig der Heilige während ihrer jahrelangen Aufenthalte im Hl. Land dort nach Belieben geschaltet und gewaltet haben. Sie haben das Land regiert. Sie haben auch geurkundet, als hätten sie im Osten königliche Rechte. Sofort nachdem Richard Löwenherz im Hl. Lande angekommen war, leisteten ihm die Pisaner *homagium et fidelitates,* während er ihnen *carta sua libertates et consuetudines, quas habere solebant in terra Ierosolimitana,* bestätigte[10]. Wir werden hierin vermutlich kein Deperditum, sondern eine Anspielung auf die allgemeine Bestätigung der pisanischen Rechte und Besitzungen zu sehen haben, die der englische König im Hl. Land am 13. Oktober 1191 für Pisa ausstellte[11], obwohl zu dieser Zeit Roger von Hoveden, der unsere Quelle für dieses zweifelhafte Deperditum ist, das Hl. Land bereits wieder verlassen hatte[12]. Richards Urkunde stellt eine Rechtshandlung dar, die an sich dem König von Jerusalem vorbehalten war. Ebenso handelte Richard in der Rechtssphäre des jerusalemitanischen Königs, wenn er 1191 Jaffa und Caesarea an Gottfried von Lusignan verlieh, der der Bruder König Guidos von Jerusalem war[13]. Das war mehr als die Übertragung faktischer Herrschaft, denn Gottfried wird im gleichen Jahr in einer Urkunde seines Bruders *comes Ioppensis* tituliert[14], d.h. Richard hatte ihn in eines der größten Kronlehen befördert. Immerhin läßt sich eine Rechtsgrundlage für Richards Aktionen konstruieren. Als Graf von Poitou war er eo ipso der Lehnsherr der Lusignans, die ihm in Frankreich freilich mehr zu schaffen gemacht als genützt hatten. Als er nun auf seiner Reise nach Akkon noch in Zypern war, kamen ihm Guido und Gottfried von Lusignan und andere Barone des Hl. Landes dorthin entgegen *et obtulerunt regi servitia sua et homines sui devenerunt et fidelitates ei iuraverunt contra omnes homines*[15]. Da die Brüder Lusignan ohnehin schon Vasallen Richards waren, kann dies nur bedeuten, daß sie nunmehr auch für das Hl. Land seine Oberhoheit anerkannten, daß insbesondere König

[9] Franz *Kampers,* Die deutsche Kaiseridee in Prophetie und Sage (1896) S. 75, 80 f.
[10] Chronica magistri Rogeri de Hovedene, ed. W. *Stubbs* 3 (Rolls Series, 1870) S. 113.
[11] R. *Röhricht,* Regesta regni Hierosolymitani (1893; gekürzt RRH.) Nr. 706. Zum Datum vgl. A. *Cartellieri,* Philipp II. August König von Frankreich 2 (1906) S. 301 Nr. 167 u. L. *Landon,* The Itinerary of King Richard I. (Publications of the Pipe Roll Society 51 = N.S. 13, 1935) S. 56.
[12] D. *Stenton,* Roger of Howden and Benedict, EHR 68 (1953) S. 579 ff.
[13] Roger von Hoveden (Anm. 10) 3, 174.
[14] RRH. Nr. 698.
[15] Roger von Hoveden (Anm. 10) 3, 108.

Guido dem englischen König lehnsherrliche Rechte in seinem Reiche einräumte. Richard hatte um so mehr Gelegenheit zum Eingreifen, als Guidos königliche Rechte nach dem Tod seiner Gemahlin im Herbst 1190 strenggenommen erloschen waren und ihm von dem Markgrafen Konrad von Montferrat als dem Gemahl der Stiefschwester der verstorbenen Königin in der Tat auch abgestritten wurden. Es fehlte dem Hl. Land ein in seinen Rechten unbestrittener König, vielmehr gab es zwei Prätendenten: die klassische Situation zugunsten des mächtigen Dritten. In England glaubte man ohnehin, daß Richard gar nicht die Absicht habe, vom Kreuzzug wieder heimzukehren, daß er also im Hl. Lande bleiben werde[16], und noch am selben Tage, an dem er im Februar 1194 aus der deutschen Gefangenschaft freikam, schickte er einen Boten ins Hl. Land an seinen Neffen Heinrich von Champagne, der dort nach Konrads Ermordung inzwischen ungekrönt herrschte, er werde nach Überwindung seiner Feinde zum festgesetzten Zeitpunkt nach Syrien zum Heidenkampfe zurückkehren[17]. Dann hätte er natürlich auch das Land wieder regiert.
Ludwig der Heilige hat im Hl. Lande nicht minder energisch geherrscht. Wir haben zwar keine Spuren von einer urkundlichen Tätigkeit in den Kreuzfahrerstaaten, wohl aber hat er 1249 urkundlich das Erzbistum Damiette begründet und ungemein reich mit Ländereien in Ägypten ausgestattet, die er nicht nur noch nicht besaß, sondern auf die schon spätestens seit 1218 der König von Jerusalem einen freilich von der Kirche nicht unbestrittenen Anspruch angemeldet hatte, indem er Münzen mit der Aufschrift *rex Damiatae* herstellte. Daß er diese Rechte verletzte, hat den französischen König nicht gekümmert. Jean Richard[18], dem wir die Edition dieser Urkunde verdanken, hat dargelegt, daß Ludwig damals an eine Eroberung Ägyptens dachte und dieses Land kraft Eroberungsrechts für sich beanspruchte. Richard hat auch darauf hingewiesen, daß Ludwig dabei an ältere kapetingische Pläne habe anknüpfen können, denn schon Philipp II. hatte im August 1190 den Genuesen die ausgedehntesten Versprechungen im Hl. Land gemacht[19]: *Habeant omnimodam libertatem in tota terra, quam ... acquisierimus per nos vel per barones seu homines nostros ..., quam in manu et potestate nostra retinuerimus seu alii concessimus vel concedemus.* Auch sicherte er zu, er werde den Genuesen in den so beschriebenen Teilen des Landes, die er sich selbst vorbehalte, ihre alten Besitzungen zurückgeben und ihnen in jeder neu eroberten Stadt ein Quartier mit eigener Jurisdiktion einräumen. Hier spricht in der Tat nur noch der Eroberer, Rechte des Königs von Jerusalem werden nicht einmal am

16 *Landon* (Anm. 11) S. 197.
17 Roger von Hoveden (Anm. 10) 3, 233.
18 J. *Richard,* La fondation d'une église latine en Orient par Saint-Louis: Damiette, BECh 120 (1962) S. 39–54.
19 C. *Imperiale di Sant'Angelo,* Codice diplomatico della Repubblica di Genova 2 (Fonti per la storia d'Italia, 1938) S. 378 n° 198.

Rande erwähnt. Die Könige von England und Frankreich haben dann bei der Eroberung Akkons diese alte Königsstadt nach Beuterecht als ihren Privatbesitz behandelt. Heinrich Fichtenau[20] hat gezeigt, daß sie geradezu ein Beutekartell schlossen, aus dem man unbequeme Eindringlinge wie den Markgrafen von Österreich mit roher Gewalt fernhielt, und die beiden Könige waren es, die den Pisanern und anderen Kaufleuten ihre alten Häuser durch *servientes regum* wieder zurückgaben[21].

Soweit lassen sich die Interventionen europäischer Herrscher mit dem Eroberungsrecht und dem Fehlen eines Königs erklären, denn während des dritten Kreuzzuges gab es nur zwei Prätendenten, zur Zeit Ludwigs des Heiligen saß der rechtmäßige König Konrad IV. fern in Deutschland. Aber das Problem nimmt ganz andere Dimensionen an durch eine unbekannte Besitzbestätigung Konrads III. für ein bisher unbekanntes Kloster im Hl. Land aus der Zeit des zweiten Kreuzzuges, die Rudolf Hiestand gefunden hat und publizieren wird. Im Grunde hatte Konrad hierfür nicht den Schatten eines Rechtes. Nach Eroberungsrecht handelte er nicht, denn das Kloster hatte den Besitz ja ohnehin schon inne. Das Hl. Land hatte in Balduin III. auch einen ordnungsgemäß gekrönten König, so daß Konrad III. nicht etwa „faute de mieux“ urkunden konnte oder gar mußte. Wohl waren die Beziehungen zwischen Balduin III. und der für ihn die Regentschaft führenden Königinmutter Melisendis zunehmend gespannt, aber wo Balduin III. nicht herrschte, dort regierte mit Sicherheit seine Mutter, die viel zu energisch war, als daß sie Machtvakuen ungefüllt gelassen hätte. Aus der Verfassung wie aus den Umständen ist für Konrads Urkunde schlechterdings keine Rechtsgrundlage zu erkennen. Man weiß aber, daß er sich als präsumptiven Kaiser verstand, dem es lediglich noch an der Formalie der Kaiserkrönung mangelte[22]. Ob wir Konrads Urkunde als Ausfluß kaiserlicher Rechte ansehen dürfen? Wir wissen es nicht und dürften zweifellos auf der Basis dieses einen Diploms nicht von kaiserlichen Herrschaftsrechten im Hl. Land reden. Wohl aber können wir, von hier ausgehend, uns danach umsehen, ob auch anderes in diese Richtung deutet.

Mit Konrad III., Richard Löwenherz, Philipp II. August und Ludwig IX. ist nämlich die Aufzählung der Interventionen oder Interventionsmöglichkeiten von europäischen Königen noch keineswegs beendet, vor allem dann nicht, wenn wir den umgekehrten Weg gehen und fragen, welchen Grad der Einmischung man in

[20] H. *Fichtenau,* Akkon, Zypern und das Lösegeld für Richard Löwenherz, Archiv für österreichische Geschichte 125 (1966) S. 17 ff.

[21] Roger von Hoveden (Anm. 10) 3, 123. Für das Heiliggeistspital der Pisaner in Akkon ist ausdrücklich bezeugt, daß es nach der Rückeroberung der Stadt zuerst von den Franzosen besetzt, dann aber vom König von England den Pisanern restituiert wurde (RRH. Nr. 982).

[22] W. *Ohnsorge,* „Kaiser“ Konrad III., MÖIG 46 (1932) S. 351 ff.

Jerusalem den europäischen Herrschern oder dem Papst zu geben bereit war. Daß das lateinische Königreich unter Amalrich I. in einer gewissen Abhängigkeit von Byzanz war, ist nicht neu[23], weniger bekannt ist, daß Amalrich darüber in Europa klagte[24]. Aber noch anderes ist hier anzuführen, wovon das meiste von Smail[25] bequem zusammengestellt, nach der Rechtsgrundlage freilich nicht untersucht wurde. Schon als König Balduin II. 1123 in Gefangenschaft geriet, was ein Novum in der Geschichte des Hl. Landes war, soll man nach einer späten und nicht gerade zuverlässigen Nachricht dem Grafen Karl von Flandern die Krone Jerusalems angeboten haben[26], was zweifellos die Rechte Balduins II. verletzt hätte, der 1125 ja wieder entlassen wurde. Wir brauchen diese Nachricht nicht zu glauben; sie zeigt nur, daß man in späterer Zeit in der bloßen Vorstellung keinen Skandal sah. Während der Gefangenschaft des Königs haben die Regenten den Venezianern 1123 aufgrund vorangegangener Versprechungen des Königs ein umfangreiches Privileg ausgestellt[27]. Der König hatte freigebig auch in Antiochia Versprechungen gemacht, von denen man nicht wußte, ob die Antiochener sie einhalten würden, und deren rechtliche Basis offenbar dubios war, weil mit der Gefangennahme des Königs seine antiochenische Regentschaft erloschen war. Deshalb überließen die Regenten Jerusalems die Entscheidung dem Papst. Was er ihnen in dieser antiochenischen Angelegenheit schreiben werde, das wollten sie treulich erfüllen. Sie gestanden also dem Papst als einer Universalmacht das Recht zu, über Versprechungen ihres eigenen Königs zu urteilen.

Im Jahre 1127, als Balduin II. sein Haus bestellte, wählte eine Reichsversammlung im Königreich Jerusalem den Grafen Fulko von Anjou zum Gemahl der ältesten Tochter des Königs cum spe successionis, ja mit deren ausdrücklicher Zusicherung. Wie das in Europa teilweise falsch interpretiert wurde, nämlich als ein Angebot, die Krone Jerusalems noch zu Lebzeiten Balduins II. zu tragen, zeigt Ordericus

[23] J. L. *La Monte,* To what Extent was the Byzantine Empire the Suzerain of the Latin Crusading States?, Byzantion 7 (1932) S. 253–264.

[24] R. C. *Smail,* Latin Syria and the West, 1149–1187, Transactions of the Royal Historical Society Fifth Series 19 (1969) S. 10.

[25] Ebd. S. 1–20.

[26] G. *Dodu,* Histoire des institutions monarchiques dans le Royaume de Jérusalem (1894) S. 142 Anm. Im Pactum Warmundi (RRH. 102) rechneten die Barone freilich mit der Möglichkeit, sich einen landfremden Herrscher suchen zu müssen, wenn der König nicht entlassen werde: *Si vero alter ad Ierosolimitanum regnum in regem promouendus advenerit,* so soll er die Urkunde ebenso bestätigen wie der entlassene Balduin II.

[27] RRH. 102.

Vitalis: *Diadema quoque maturus socer illi obtulit, sed illo vivente iunior ferre recusavit*[28]. Gewiß spielte dabei die Tatsache eine Rolle, daß die kapetingischen Thronfolger häufig schon zu Lebzeiten ihres Vorgängers gekrönt wurden. Mit einer anderen Begründung, nämlich: *Ego autem de vestris naturalibus hominibus natus et nutritus ad iussum vestrum adimplendum paratus sum,* also weil er aus dem kapetingischen Herrschaftsbereich stammte, unterstellte sich Rainald von Châtillon auch in seiner Eigenschaft als Fürst von Antiochia im Jahre 1155 dem Gebot des Kapetingers Ludwig VII[29]. Ohne jegliche rechtliche Begründung, sondern nur weil er dem König von Frankreich besonders zugetan sei und sich von ihm und seinem Reich so viel erhoffe, erklärte sich König Amalrich I. von Jerusalem nach seinem gescheiterten Einfall in Ägypten im September 1163 bereit, dem französischen König zu dienen *(servire)*[30]. Das mag noch als Höflichkeitsfloskel hingehen. Was Ende der sechziger Jahre folgte, als Amalrich I. 1167 und 1168 wiederum in ägyptische Kampagnen verwickelt war, war weit mehr. Schon im Januar 1168 kam in seinem Auftrag ein gewisser Sinibaldus nach Pisa, um die (Flotten-)Hilfe der Stadt zu erbitten[31]. Die Pisaner, seit 1162 in einem mörderischen Krieg mit Genua verwickelt, sagten die Hilfe zu, falls sie Frieden haben könnten. Deshalb reiste Sinibald weiter zum Kaiser und den Königen von Frankreich und England, um diese zu Friedensvermittlungen im Interesse des Hl. Landes zu bewegen. Hier ging es nicht um die Ausübung von Herrschaftsrechten, wohl aber diktierte man den europäischen Herrschern offenbar eine besondere Verantwortung für das Hl. Land zu. Ein viel stärkeres Gewicht hatte die Gesandtschaft des Erzbischofs Friedrich von Tyrus und des Bischofs Johannes von Banyas, die im Juni 1169 beim Papst in Rom, im September desselben Jahres in Paris beim französischen König und anschließend beim König von England waren. Sie gingen im offiziellen Auftrag des Reichs und hatten Briefe des Königs und der Bischöfe an den Kaiser (trotz des Schismas!), die Könige von Frankreich, England und Sizilien sowie die Grafen von Flandern, Champagne und Chartres bei sich. Ihre Aufgabe war es, nach der im Januar 1169 fehlgeschlagenen ägyptischen Kampagne Amalrichs I. ausländische Hilfe für das Hl. Land aufzutreiben. In Frankreich und England wurden die Gesandten mit schönen Worten abgespeist und mit der wahren Erklärung, daß das wechselseitige Mißtrauen zwischen Frankreich und England beiden Königen den Kreuzzug

[28] Zu der Regelung der Thronfolge 1127 vgl. R. *Hiestand,* Chronologisches zur Geschichte des Königreiches Jerusalem um 1130, DA 26 (1970) S. 223; R. *Hiestand,* Zwei unbekannte Diplome der lateinischen Könige von Jerusalem aus Lucca, QFIAB 50 (1970) S. 25 ff. Orderici Vitalis Historiae ecclesiasticae libri tredecim, ed. A. *Le Prevost* 4 (1852) 499. Auf diese Stelle hat erstmals R. *Hiestand* in QFIAB 50 (1970) S. 29 Anm. 96b hingewiesen.

[29] RRH. Nr. 319; *Bouquet,* Recueil des Historiens des Gaules et de la France 16, 15.

[30] RRH. Nr. 382; *Bouquet,* a. a. O. 16, 59. Ähnlich wohl 1164 in RRH. Nr. 394; *Bouquet* 16, 40.

[31] Annales Pisani, MG. SS. 19, 257.

unmöglich mache. Als einzigen Erfolg konnten sie einen Ehekontrakt zwischen Graf Stephan von Blois und Chartres und Amalrichs Tochter abschließen, den Stephan sich jedoch zu erfüllen weigerte, als er im Hl. Land angekommen war. So blieb auch diese Hoffnung vergeblich. Noch ehe Erzbischof Friedrich von Tyrus von seiner glücklosen Mission wieder heimgekehrt war, riet eine Reichsversammlung 1171 König Amalrich I. erneut zu einer Gesandtschaft nach Europa, die den Papst, den Kaiser, die Könige von Frankreich, England, Sizilien und Spanien sowie die hervorragendsten Herzöge und Grafen dieser Länder um Hilfe bitten sollte. Die Notabeln sahen, wie Wilhelm von Tyrus versichert, keine andere Möglichkeit, den Nöten des Landes zu steuern. Sie hielten dies also offenbar für eine extreme Maßnahme und müssen bereit gewesen sein, einen hohen Preis zu zahlen. Wie hoch dieser Preis war, zeigt sich daran, daß Erzbischof Friedrich in Paris 1169 nicht nur das Schreiben seines Königs, sondern auch die Schlüssel der Stadt Jerusalem überreichte, eine ganz deutliche symbolische Übertragung der Herrschaft oder mindestens einer Oberherrschaft[32]. Daß man diese und spätere Gesandtschaften in Europa auch so verstanden hat, zeigt die bissige Bemerkung des Giraldus Cambrensis[33], Heinrich II. von England habe sich wie ein Hund am Futtertrog verhalten, da er selbst nicht ins Hl. Land gegangen sei, andere aber auch daran gehindert habe. In der Tat soll er 1176 den Grafen von Flandern ersucht haben, seine Pilgerfahrt ins Hl. Land aufzuschieben, da dort König Amalrich I. 1174 gestorben und sein Nachfolger Balduin IV. durch Lepra behindert war, so daß Heinrich II. befürchtete, Philipp von Flandern wolle die Herrschaft im Hl. Lande an sich reißen[34]. Daß diese Befürchtung nicht unbegründet war, berichtet Wilhelm von Tyrus[35]. Der Graf lehnte 1177 im Hl. Land das Angebot ab, die Regentschaft für den kranken König zu übernehmen. Als der König daraufhin einen anderen zum Regenten ernannte, der unter Zuziehung des Grafen regieren sollte, da intervenierte der Graf gegen diese Lösung und verlangte statt dessen die Einsetzung eines Statthalters, der im Falle eines Sieges oder einer Niederlage Ruhm oder Schande allein trage und dem das Königreich Ägypten zu-

[32] Zu den Gesandtschaften von 1169 und 1171 vgl. Wilhelm von Tyrus, Historia rerum in partibus transmarinis gestarum XX 12, 25, 22, ed. Recueil des Historiens des Croisades. Historiens occidentaux 1, 2 (1844) S. 960 f., 988, 980 f. Zur Schlüsselübergabe 1169 Annales Cameracenses, MG. SS. 16, 550. Die Gesandtschaft des Jahres 1171 stand unter der Leitung des Bischofs Wilhelm von Akkon, der erst den König zu Verhandlungen mit dem byzantinischen Kaiser nach Konstantinopel begleitete, von dort nach dem Westen geschickt und 1172 auf der Rückreise bei Adrianopel ermordet wurde (Wilhelm von Tyrus XX 25, a. a. O. 1, 989).

[33] Giraldi Cambrensis Opera 8 (Rolls Series, 1891) 251.

[34] Gesta regis Henrici secundi. The Chronicle of the Reigns of Henry II and Richard I Known Commonly Under the Name of Benedict of Peterborough, ed. W. *Stubbs* 1 (Rolls Series, 1867) S. 116.

[35] Historia (Anm. 32) XXI 14, 15, S. 1027 ff.

zusprechen sei, falls dessen Eroberung gelänge. Dies war jetzt offenbar das Ziel der Ambitionen des Grafen, und der König ließ sofort antworten, er könne einen Funktionär mit so weiten Befugnissen nicht einsetzen, ohne selbst auf die Königswürde zu verzichten, wozu er nicht bereit sei. Der Graf wandte sich nun einem neuen Projekt zu, indem er die Verheiratung der Schwester und der Stiefschwester des Königs, von dem man wußte, daß er keine Kinder haben werde, mit den beiden Söhnen des Vogtes von Béthune betrieb, der ihm dafür seinen umfangreichen Allodialbesitz in Flandern zusagte. Da an den Ehen mit den beiden Damen die Nachfolge im Reich sehr wohl hängen konnte, insbesondere da die ältere der beiden, wenngleich verwitwet, zwar schwanger war, aber den Thronfolger Balduin V. noch nicht geboren hatte, lehnte der König das Projekt ab, zumal der Graf den Namen seines Kandidaten auch auf Aufforderung nicht preiszugeben bereit war, sondern zuerst die bedingungslose Zustimmung der Notabeln zu seinem Inconnu verlangte, worauf sich natürlich niemand einließ.

Man war also 1169 bereit, einem europäischen Monarchen königliche Rechte im Hl. Land zuzugestehen[36], aber 1177 war Balduin IV. keineswegs gewillt, zugunsten des Grafen von Flandern abzudanken oder seine Schwester an einen Unbekannten zu verheiraten. Der Vogt von Béthune und seine Söhne wären auch in der Tat keine akzeptablen Thronfolgekandidaten gewesen; so weit war Jerusalem noch nicht gesunken. Zu solcher Verzweiflung war zunächst auch um so weniger Anlaß, als die Franken Saladin 1177 bei Montgisard die vernichtendste Niederlage beibrachten, die er jemals einstecken mußte. Aber der Sieg entschied nur die Schlacht, nicht den Krieg. Unter den andauernden Schlägen des Sultans wurde die Lage des Reichs fortlaufend prekärer. Der Gesundheitszustand des Königs verschlechterte sich, er konnte seine Extremitäten nicht mehr gebrauchen, und seine Sehkraft ließ nach[37]. Man legte ihm die Abdankung nahe, was er aber zurückwies. Erst als sich seine Gesundheit noch mehr verschlechterte, ließ er 1182 durch seine Gesandten bei der Zusammenkunft der Könige von Frankreich und England in La Grange-St. Arnoul seine Abdankung anbieten, falls einer der beiden in sein Amt eintreten wolle[38]. Als hieraus nichts wurde, visierte er andere Lösungen an, die ihm die formale Abdikation ersparten.

[36] Im Jahre 1174 überbrachten Gesandte des Königs von Jerusalem denn auch dem Kaiser unter anderen Geschenken moschusgefüllte Goldäpfel; vgl. Chronica regia Coloniensis, ed. G. *Waitz,* MG. SS. rer. Germ. (1880) S. 125. Hierin ist wohl weniger das Angebot konkreter Rechte im Hl. Land zu sehen als vielmehr eine höfische Schmeichelei an den Kaiser, bei der der Globus als Symbol der kaiserlichen Weltherrschaft benutzt wurde.

[37] Hierzu und zum Folgenden vgl. Historia (Anm. 32) XXII 25, 29, XXIII 1, S. 1116 f., 1127 f., 1133 f.; L'Estoire d'Eracles, Recueil des Historiens des Croisades. Historiens occidentaux 2 (1859) S. 7; Chronique d'Ernoul et de Bernard le Trésorier, ed. L. de *Mas-Latrie* (1871) S. 117.

[38] Sigiberti continuatio Aquicinctina, MG. SS. 6, 420; vgl. Annales de Theokesberia, in:

Als nämlich ein akutes Fieber 1183 sein Leben gefährdet erscheinen ließ, setzte er seinen Schwager, Graf Guido von Jaffa und Askalon, der auf die Nachfolge hoffen durfte, zum Regenten ein und behielt sich selbst nur Jerusalem mit einer Jahresrente von 10 000 Goldstücken vor, legte freilich großen Wert auf die quasi amtliche Feststellung, daß er weiterhin alleiniger König sei. Seine wohl ohnehin nie guten Beziehungen zu Guido verschlechterten sich, als der König Jerusalem gegen das weitaus besser befestigte Tyrus eintauschen wollte und der Regent ihm diese Bitte abschlug. Daraufhin setzte der König, der sich als noch durchaus handlungsfähig erwies, den Regenten ab und durchkreuzte alle dessen Hoffnungen auf die Nachfolge, indem er seinen Neffen Balduin V. in einem höchst ungewöhnlichen Akt noch zu seinen Lebzeiten zum König salben und krönen ließ und alle Barone mit Ausnahme Guidos zur Huldigung an das erst fünfjährige Kind bewog. Darüber hinaus betrieb er, um Guido den Weg zum Thron weiter zu verlegen, die Annullierung von dessen Ehe mit seiner Schwester. Er war bereits so weit, daß er vom Patriarchen von Jerusalem die Festsetzung eines Tages für die Scheidungsverhandlung verlangte, aber dann scheiterte das Projekt an der gemeinsamen Obstruktion Guidos und des Patriarchen. Ein Versuch des Patriarchen und der beiden Ordensmeister, den König zur Begnadigung Guidos zu bewegen, schlug unter dramatischen Umständen fehl. Guido hatte sich zweifellos ins Unrecht gesetzt, als er mehreren königlichen Vorladungen keine Folge leistete, selbst dann nicht, als der todkranke König 1184 persönlich vor Askalon erschien und dreimal erfolglos die Vorladung und die Bitte um Einlaß aussprach. Die Begnadigung erschien dem Patriarchen so wichtig, daß er um dieser Angelegenheit willen die festgelegte Tagesordnung einer Reichsversammlung in Akkon durchbrach und statt über eine Gesandtschaft nach Europa eigenmächtig über die Versöhnung zwischen König und Graf zu reden begann. Als der König sich weigerte, die Petition sofort zu hören, also auf die Änderung der Tagesordnung nicht einging, verließ der Patriarch empört die Versammlung. Die Stellung des Königs auf dieser Versammlung war sehr schwach, denn zwar konnte der König die Durchbrechung der Agenda verhindern, die alte Tagesordnung jedoch gar nicht mehr behandeln. Die Estoire d'Eracles[39] sagt nämlich ausdrücklich: *Si n'i ot riens fait de la besoigne, por que il estrient venus et assemblez.* Als man später, vielleicht auf der bald folgenden Reichsversammlung, die den Grafen von Tripolis zum Regenten bestellte, die Gesandtschaft nach Europa zusammenstellte, betraute man mit diesem Geschäft

Annales monastici 1 (Rolls Series, 1864) S. 52. In diese Zeit gehört wohl auch die Stilübung des Donaueschinger Briefstellers, ed. A. *Cartellieri* (1898) S. 32 n° 148, in der ein von Lepra gepeinigter „letzter König von Jerusalem" seine Abdankung anbietet, wenn sich die französischen Barone auf einen Nachfolger einigen könnten; zur Datierung vgl. A. *Cartellieri,* Philipp II. August König von Frankreich 1 (1899–1900) S. 99 Anm. 1.

[39] L'Estoire d'Eracles (Anm. 37) S. 3. Freundlicher Hinweis von Dr. Rudolf *Hiestand.*

ausgerechnet diejenigen, die dem König seine *curia generalis* durch ihren Auszug gesprengt hatten und ohne deren Anwesenheit eine Mehrheit des Adels offenbar gar nicht mehr beraten wollte.

Erst vor diesem Hintergrund wird man verstehen, daß diese Gesandtschaft willens war, in Europa das Königreich meistbietend zu veräußern. Der König würde von selbst nicht abdanken, soviel war jetzt jedem klar. Die Meinungen über die Erhebung Balduins V. zum König waren geteilt. Einige sagten, es sei sinnlos, einen leprösen König durch ein Kind zu ersetzen; was man brauche, sei ein starker Feldherr. Andere sagten, zwar sei das Königtum Balduins V. unter den gegebenen Umständen in der Tat nutzlos, aber doch nicht ganz, denn immerhin verbaue es dem Grafen von Askalon den Weg zum Thron. Balduin IV. plante selbst über den möglichen Tod des Kindes hinaus, der in der Tat schon 1186 eintrat, indem er für diesen vorzeitigen Fall testamentarisch verfügte, daß der Papst, der Kaiser und die Könige von Frankreich und England über die Thronfolge entscheiden sollten, d. h. darüber, ob in diesem Falle Balduins Schwester Sibylle aus der ersten Ehe seines Vaters und deren Gemahl Guido oder aber seiner Stiefschwester Isabella aus der zweiten Ehe seines Vaters und ihrem Gatten der Vorzug zu geben sei. Das heißt, daß Balduin IV. selbst für den Fall des vorzeitigen Todes seines Neffen die Thronfolge nicht automatisch dem Grafen von Askalon als Sibylles Gemahl zuwandte, sondern die Möglichkeit offenließ, Isabella und den mit ihr verheirateten Humfred IV. von Toron zur Herrschaft kommen zu lassen. Um der Ausschaltung Guidos willen war Balduin IV., der zu allen Zeiten so sehr an seiner Königswürde gehangen hatte, bereit, die Intervention und das Urteil der beiden Universalmächte und der westeuropäischen Könige zu akzeptieren. Daß dieses Urteil so nie gefällt wurde, hing mit einem nicht vorhersehbaren Coup d'état Guidos 1186 zusammen. Aber es ist doch ein Nachhall dieser Affaire, daß ausgerechnet Guido sich 1190 darauf berief, als Konrad von Montferrat ihm nach Sibylles Tod sein Königsrecht streitig machte und den Thron für sich selbst beanspruchte, da er inzwischen Isabella geheiratet hatte. Da erklärte Guido plötzlich, er werde sein Recht *in curia regum Franciae et Angliae* darlegen, die ja bald kämen[40]. In der Tat hat sich auch Konrad dazu bequemen müssen, 1191 die Entscheidung der beiden Könige zu akzeptieren, die auf einen Kompromiß hinauslief, der Guido auf Lebzeiten zum König machte, ihm aber Konrad als Nachfolger bestimmte[41]. Auch hier sind also herrscherliche oder oberherrscherliche Befugnisse von europäischen Monarchen ausgeübt worden.

Daß dies alles so kommen werde, war 1184 nicht vorauszusehen, aber der Patriarch scheint aus den Erwägungen derjenigen heraus, die weder einen Leprösen noch ein Kind als König wollten, auf seiner europäischen Reise eine grundsätzliche Flur-

[40] Roger von Hoveden (Anm. 10) 3, 71.
[41] Ebd. 3, 124.

bereinigung im Hl. Land versucht zu haben[42]. Da Guido sich dem König gegenüber formell ins Unrecht gesetzt hatte, da der Versöhnungsversuch, der doch gerade die Wiedereinsetzung Guidos in seine Thronfolgerechte intendierte, gescheitert war, da der kranke König alles tat, um Guido vom Thron fernzuhalten, da zudem ein neuer Regent amtierte, der Guido nicht gewogen war, war Guido im Moment kaum eine ernstzunehmende Figur auf dem politischen Schachbrett; nützlicher war es für das Land, wenn in diesem Falle die ganze Dynastie abgelöst würde. Die einzige Alternative wäre gewesen, nur auf die Absetzung Balduins V. hinzuarbeiten und als Nachfolger für Balduin IV. nach einem neuen Gemahl für Sibylle Ausschau zu halten, was freilich voraussetzt, daß der Patriarch jetzt zu einer Scheidung Sibylles von Guido bereit gewesen wäre, wofür wir keine Anhaltspunkte haben. Der Patriarch verhandelte zunächst in Verona im November 1184 mit Kaiser und Papst. Der Kaiser war geneigt, einen Kreuzzug für 1186 zu versprechen. Sofort konnte er natürlich nicht kommen, da er mitten in einer großen Revision seiner Italienpolitik stand. Am 16. Januar 1185 war die Gesandtschaft in Paris, wo der Patriarch dem französischen König die Schlüssel Jerusalems und des Hl. Grabes überreichte. Philipp II. August gab diese geradezu heißen Insignien sofort zurück und schob die Gesandten nach England ab, wo sie Anfang Februar in Reading mit Heinrich II. zusammentrafen. Auch hier übergaben sie die beiden Schlüssel und das *vexillum regni* und boten in klaren Worten dem König das Königtum an: *totius tam cleri quam populi unanimi voto et acclamatione regni dominium cum castellis quoque, quae ante petierat, eidem obtulit et subiectionem*[43]. Aber auch Heinrich gab die Insignien sogleich zurück

[42] Die Details seiner Reise sind mit allen Quellenbelegen bequem zusammengestellt bei *Cartellieri* (Anm. 11) 2, 18–25. Zum Aufenthalt in Paris vgl. Oeuvres de Rigord et de Guillaume le Breton, ed. H.-F. *Delaborde* 1 (1882) S. 46 ff.

[43] Giraldus Cambrensis, Opera (Anm. 33) 8, 203; vgl. auch Gesta regis Henrici secundi (Anm. 34) 1, 325 (wo wie bei Roger von Hoveden [Anm. 10] 2, 299 auch die Schlüssel des Davidsturms genannt sind, denen Roger v. Wendover, Flores historiarum, ed. H. G. *Hewlett* [Rolls Series, 1888] 1, 134, noch die der Geburtskirche in Bethlehem hinzufügt, wohl nur irrtümlich), 335 f.; Radulf de Diceto, Opera historica, ed. W. *Stubbs* 2 (Rolls Series, 1876) S. 33. Gervasius von Canterbury, Historical Works, ed. W. *Stubbs* 1 (Rolls Series, 1879) S. 325, zieht in der Tat infolge Balduins IV. Lepra die Idoneität des Königs in Zweifel und begründet des Patriarchen Aufforderung zur englischen Intervention (trotz des Königtums Balduins V.) mit dem Verwandtschaftsverhältnis zwischen Balduin V. von Jerusalem und Heinrich II. von England: *Rex etenim Ierosolimitanus ante paucos annos lepra percussus toti regno scandalum ingessit et inimicis crucis Christi, paganis videlicet, non modicam contulit audaciam. Interim tamen adolescentem quendam regis Anglorum consanguineum regem Ierusalem constituerunt, quo magis regis Anglorum captarent benivolentiam.* Dabei wird geflissentlich verschwiegen, daß Balduin IV. immerhin um einen Grad näher mit Heinrich II. verwandt war als Balduin V., denn während Balduin IV. der Stiefvetter Heinrichs II. war, war Balduin V. der Sohn einer Stiefbase, ein Verwandtschaftsverhältnis, das ich jedenfalls mit einem Wort schon gar nicht mehr bezeichnen kann.

und erklärte, er müsse sich erst mit seinen Baronen beraten. In der Reichsversammlung von Clerkenwell ließ er sich im März 1185 an seinen englischen Krönungseid erinnern, der ihm den Schutz Englands und nicht des Hl. Landes vorschreibe. So mit einer Ausrede versehen, sagte der König dem Patriarchen ab, versprach ihm aber als Trostpflaster 50000 Mark Silber. Empört rief der Patriarch: „Wir suchen einen Fürsten, nicht Geld. Aus allen Landen erhalten wir Geld, aber nirgends einen Fürsten. Wir wollen einen Fürsten, der Geld braucht, nicht Geld, das einen Mann braucht!“[44] Diese reichlich dokumentierten Aktionen des Patriarchen lassen nur die Ausdeutung zu, daß er unter völliger Negierung der Königsrechte Balduins IV. und Balduins V. dem Land einen völlig neuen Herrscher zu geben suchte. Es war eine Wiederholung der Vorgänge von 1169, nur mit weitaus dramatischerem Akzent.

Es ist ganz klar, daß der Patriarch nicht in Isolierung von den Notabeln Jerusalems handelte, sondern daß hinter ihm eine entschlossene und nicht kleine Gruppe von Prälaten und Adligen, ja wahrscheinlich sogar eine Mehrheit stand, denn sonst hätte man unter den gegebenen Umständen in jener dramatischen Versammlung in Akkon zu Ende verhandelt und die Gesandtschaft anders zusammengesetzt und auch königliche Parteigänger mit hineingenommen. Ebensowenig wie der Patriarch allein handelte, handelte die zur Änderung der bestehenden politischen Verhältnisse entschlossene Gruppe in einem staatsrechtlichen Vakuum. Eine so spektakuläre Offerte mit den Schlüsseln Jerusalems und dem Banner des Reiches machte man nicht ohne eine Erklärung, um so mehr, als man ja darlegen mußte, warum und mit welchem Recht man einen neuen König suche, wenn man doch bereits deren zwei habe. Worauf konnte man sich berufen? Die Begründung braucht rechtlich gesehen nicht zu stimmen, sie muß nur politisch betrachtet plausibel klingen, sie muß das Angebot akzeptabel machen. Wir haben gesehen, daß man in Jerusalem in vielfältiger Weise der Präsumption Nahrung bot, die europäischen Monarchen hätten königliche Rechte im Hl. Land, insbesondere wenn sie persönlich dort waren. Auch die Vielzahl von Interventionen und Interventionsangeboten bedarf einer theoretischen Erklärung, denn diese communis opinio über königliche Rechte europäischer Herrscher im Hl. Land, auf die sich jedermann berief, selbst der König von Jerusalem, wenn es gerade ins Konzept paßte, reichte schon recht lange zurück, und seit Beginn der sechziger Jahre kommen die Belege in dichter Folge. Dabei sind die Höhepunkte im rechtshistorischen Sinne zweifellos die mit der Schlüssel- und Bannerübergabe verbundenen Offerten von 1169 und 1185 sowie die besitzbestätigenden Urkunden Konrads III. von 1148 und Richards I. von England von 1191. Sie lassen sich zugleich nicht, wie andere Phänomene, mit dem Beuterecht oder dem Fehlen eines Königs erklären. Wohl aber konnte man auf Karl den Großen zurückgreifen, dem eine

[44] Giraldus Cambrensis, Opera (Anm. 33) 8, 208.

Gesandtschaft des Patriarchen von Jerusalem unmittelbar einen Tag vor seiner Kaiserkrönung die Schlüssel und das Banner Jerusalems überbracht hatten[45]. Dieser Akt war vom Patriarchen aus gesehen ein reines Ehrengeschenk, das nach dem Wortlaut der Annalen *benedictionis gratia* erfolgte, in der Umdeutung des fränkischen Hofhistoriographen natürlich war es dennoch die Anerkennung der Rechte des schon Kaisergleichen über das Hl. Land. Von der fränkischen Historiographie kannte man

[45] Annales regni Francorum und Annales qui dicuntur Einhardi, beide ed. F. *Kurze*, MG. SS. rer. Germ. (1895) S. 112 f. Über die Interpretation dieser Stelle gibt es eine ganze Literatur: vgl. zuletzt S. *Runciman*, Charlemagne and Palestine, EHR 50 (1935) S. 609 ff. mit Anführung der älteren Literatur S. 606 Anm. 1. E. *Joranson*, The Alleged Frankish Protectorate in Palestine, AHR 32 (1926–27) S. 246 Anm. 22, weist darauf hin, daß in der älteren Fassung von den Schlüsseln des Hl. Grabes und des Kalvarienberges der Stadt und des Berges (Sion) sowie dem Banner die Rede ist, während die Schlüssel der Stadt und des Kalvarienberges in der revidierten Fassung fehlen. Seine hieraus gezogene Schlußfolgerung, die Stadtschlüssel hätten in der Vorlage der Revision gefehlt, ist quellenkritisch unzulässig, da alle erhaltenen Manuskripte der älteren Fassung die Stelle so haben. Ebenso unzulässig und von L. *Bréhier*, Charlemagne et la Palestine, RH 277 (1928) S. 283 f. sowie von *Runciman*, a. a. O. S. 610 Anm. 5, zu Recht verworfen ist die Gleichsetzung von *vexillum* mit einem Kreuz, die A. *Kleinclausz*, La légende du protectorat de Charlemagne sur la Terre Sainte, Syria 7 (1926) S. 216–218, vorgeschlagen hat. Angebote von Schlüssel und Banner haben im Mittelalter immer einen herrschaftsübertragenden Symbolwert, jedenfalls kann der Annehmende sie stets so deuten. Ob der Vergebende wirklich das Vergaberecht besitzt, ist eine ganz andere Frage, und ich stimme mit *Runciman* völlig überein, daß durch diesen Akt weder de iure noch de facto ein fränkisches Protektorat über das Hl. Land begründet wurde. Aber die Verwendbarkeit dieses Aktes in der fränkischen und hochmittelalterlichen Herrscherideologie ist ein ganz anderes Problem, das mit der Rechtsfrage nichts zu tun hat. Schon dem fränkischen Zeitgenossen mußten sich als Parallele die in der einschlägigen Literatur eingehend behandelte Übergabe der Schlüssel von St. Peter und des Banners von Rom durch Leo III. an Karl den Großen 796 und die Übersendung von Schlüsseln an Karl Martell durch Gregor 739 in Verbindung mit einem Hilfsgesuch gegen die Langobarden aufdrängen, und es ist ganz gewiß unzulässig, wenn *Runciman*, a. a. O. S. 610, sowohl Banner wie Schlüssel politische Bedeutung abspricht. Als Karl der Große am 24. November 800 in Rom einzog, wurden ihm die Banner der Stadt entgegengetragen und die *laudes* gesungen (Annales regni Francorum a. a. O. S. 110), was doch ganz gewiß seine Herrscherrechte in Rom dokumentieren sollte. Die Stelle ist in der Diskussion um das fränkische Protektorat in Palästina bisher nicht verwendet worden; auch sie fehlt in der revidierten Fassung der Annales qui dicuntur Einhardi, was *Joransons* These, der Redaktor habe dies nicht in seiner Vorlage gefunden, gewiß erledigt, denn sie ließe sich bestenfalls auf *eine* isolierte Stelle anwenden. Schon bei zwei gleichartigen Stellen erfordert es die methodische Logik, statt einer Lücke in der Vorlage eine bewußte Unterdrückung des politischen Symbolwertes – aus welchen Gründen auch immer – anzunehmen. Alkuin, MG. Epp. 4, 358 n° 214, sah es anders und durchaus politisch-ideologisch, denn er stellte die Gesandtschaft des Patriarchen in einem Brief an Karls Schwester auf eine Stufe mit der Kaiserkrönung und der Reinigung Papst Leos III.

im Hl. Land mindestens Einhards Vita Karoli, aus der Wilhelm von Tyrus[46] den Austausch von Gesandten mit dem Kalifen ausschreibt, wenngleich in der Vita der Schlüsselübergabe nicht gedacht ist, so daß hiervon bei Wilhelm nichts verlautet. Man konnte nunmehr auf kaiserliche Rechte im Hl. Land schließen, die mit Zusammenbruch des fränkischen Reiches auf die Herrscher der Nachfolgestaaten übergegangen waren. Die Schwierigkeit bei der Hypothese, die wir hier zur Diskussion stellen wollen, liegt vor allem in der Einbeziehung Englands, das bekanntlich nie zum fränkischen Reich gehört hatte. Aber aus der normannischen Eroberung ließ sich natürlich unschwer ableiten, daß auch England jetzt zu den Ländern gehörte, auf die Karls des Großen Kaiserrecht im Hl. Land übergegangen war, ganz abgesehen davon, daß das Königshaus von Jerusalem mit dem englischen geblütsrechtlich verbunden war[47]. Wir vermögen weder für die symbolträchtigen Übergabeangebote des Königreichs 1169 und 1185 noch für die Diplome Konrads III. und Richards I. eine andere theoretische Begründung zu erkennen.

[46] I 3, a.a.O. (Anm. 32) 1,1 S. 14.

[47] Ließ das aus der Zeit des dritten Kreuzzuges stammende Itinerarium peregrinorum, ed. H. E. *Mayer* (Schriften der MGH. 18, 1962) S. 335, eine Genealogie der Könige von Jerusalem erst mit Fulko von Anjou beginnen, über den die Verwandtschaft der Königshäuser von England und Jerusalem verläuft, so schreibt die etwa 1194 unter Benutzung des Itinerarium verfaßte lateinische Fortsetzung des Wilhelm von Tyrus, ed. M. *Salloch* (1934) S. 52, das Königreich Jerusalem sei *iure agnationis* an Heinrich II. von England und seine Söhne devolviert (freundlicher Hinweis von Herrn Dr. Rudolf *Hiestand*). Diese Theorie beweist zumindest, daß man nach Begründungen für Interventionsrechte gesucht hat.

V

IBELIN *VERSUS* IBELIN: THE STRUGGLE FOR THE REGENCY OF JERUSALEM 1253–1258

THE HOUSE OF IBELIN, in the thirteenth century, had almost no rival in the Latin Kingdom of Jerusalem, and in Cyprus it was second only to the royal family of Lusignan. There was not, to our knowledge, any one family which so much controlled a medieval state as did the Ibelins in Cyprus and even more so in Jerusalem. It is true that this was due not only to their extraordinary sense for power and their stubborn determination to climb to the top and stay there, but also to the fact that in rapid succession this family produced outstanding figures for many generations without showing signs of decadence. Their hold on the Latin Kingdom of Jerusalem was also facilitated by the waning royal power as well as by the shrinking of the kingdom's territories. The smaller and weaker a state is, the easier it is to bring it under one's control. Notwithstanding this favorable situation, it needed a family well versed in politics, law, and the game of power to establish and maintain itself to the degree in which the Ibelins succeeded in the crusader states.

Most of their struggles had a certain grandeur and, if not, the Ibelins saw to it that they were nevertheless presented to the public as having had this quality. Although it was, perhaps, not the peak of their achievement, this grandeur was never more obvious than when John of Ibelin, the Old Lord of Beirut, rose up against none other than Emperor Frederick II over the confiscation of his fief in Beirut and led the nobility of *Outremer* in a long, bitter, and successful struggle against the Hohenstaufen. The more one studies—and admires—the Ibelins' tireless bravery as well as their capacity for all kinds of *rancunes,* the less one is surprised that one of their most bitter feuds (which, at the same time, was also one of their most intriguing for the spectator who can enjoy it as *l'art pour l'art*) was fought among themselves, although in general the family demonstrated a well-knit cohesion and intra-family discipline.

Two generations of Ibelins energetically set the stage for the family's brillant performance in the thirteenth century. From the beginning they had been anything but a *quantité negligéable,* but had risen through a mixture of cunning, military service and counsel for their lords as well as through loyalty up to the point where their family interests were threatened. Whenever this point was reached they would not hesitate to change sides or steer a course of opposition. By encouraging partisan historiography they also showed, at a relatively early stage of their history, a remarkable talent for what we would nowadays call public relations. They cherished advantageous marriages, and from the fact that there was always a clearly recognizable head of the family, we may deduce that they clearly recognized that one of their sources of strength lay in strict solidarity and united action. It is a rare thing to see one Ibelin turn against another, although we shall review such a case. We cannot go into detail concerning the history of the family. Suffice it to repeat from La Monte[1] that six Ibelin ladies married into the royal family of Cyprus, of whom five rose to be queens of Cyprus (including Eschive who died as Lady of Cyprus before her husband gained the crown). Five Ibelins became constables of Jerusalem. Four became seneschals of Jerusalem, six were constables of Cyprus, and five attained the office of seneschal of Cyprus. Six Ibelins, finally, were *baillis* (regents) of Jerusalem or Cyprus in the thirteenth century. Indeed, a formidable list.

What follows now in the beginning of the third generation is rather muddled, but such were the troubled times during and after the Third Crusade. In July, 1191, an arrangement was brought about by the kings of France and England, who were then in the Holy Land, to maintain Guy of Lusignan in the kingship for life, while assigning Tyre, Sidon, and Beirut as crown fiefs to Conrad of Montferrat, Guy's competitor for the crown since 1187. Jaffa (which Guy had possessed before becoming king) was given as a crown fief to Godfrey of Lusignan, Guy's brother. Conrad was to follow Guy in the kingship. As is known, things developed differently when King Guy decided to accept Richard's offer of Cyprus, but the county of Jaffa had gone to his brother Godfrey,[2] and when Godfrey returned to France it came to their brother Aimery of Lusignan who held it along with the constableship. In any case he held both about the time when Guy died in Cyprus in 1194. Count Henry of Champagne, who was then ruling over the kingdom of Jerusalem, demanded that Aimery return both to him and had him arrested upon his refusal. This being a very grave incident indeed,

---

[1] John L. La Monte, "John d'Ibelin, the Old Lord of Beirut, 1177–1236," *Byzantion* 12 (1937): p. 418.

[2] Roger of Hoveden, *Chronica* 3, ed. William Stubbs, Rolls Series 51, 3 (London, 1870; repr. New York, 1964): p. 124 f.

the liegemen talked sternly to Henry, who set his constable free within a matter of days. As the death of his brother on Cyprus opened much larger possibilities to Aimery, he returned both the county and the crown office voluntarily to Henry and went to Cyprus.[3]

The ruler now gave the county of Jaffa along with the constableship to John of Ibelin, son of the late Balian II, the defender of Jerusalem in 1187. Through his mother the imperial blood of the Comneni ran in his veins; through her he was also a half-brother of Queen Isabel of Jerusalem, daughter from his mother's first marriage to King Amaury of Jerusalem and now wife of Henry of Champagne. He could not be overlooked and was apparently willing to be loyal to his half-sister, at least after Henry had succeeded in chasing the Lusignans altogether to Cyprus, because through his uncle Hugh of Ibelin who had married Agnes of Courtenay, John was also a half-cousin of the late King Baldwin IV of Jerusalem and the late Queen Sibyl of Jerusalem, wife of the deceased King Guy of Jerusalem from the Lusignan family. John held the constableship from 1194 to 1200, although Aimery resumed the title of constable of Jerusalem in 1197 shortly before becoming King of Jerusalem as well as King of Cyprus.[4] This may not have been a mere act of usurpation because, according to Marino Sanuto,[5] John of Ibelin later argued before Emperor Frederick II, when the latter claimed John's crown fief, Beirut, that he had lawfully received it from Isabel and Henry through an exchange of the constableship (which presumably included John's claim to Jaffa, as the two at the time evidently went together). According to the *mémoires* of Philip of Novara as incorporated into the *Gestes des Chiprois*[6] he claimed to have effected that change with Isabel and her next husband Aimery of Lusignan. Perhaps both authors were correct, as Aimery had good reasons to repeat and confirm the exchange. In 1197 Henry of Champagne and Aimery of Lusignan had finally made peace. Aimery renounced again formally all his claims to Jaffa and the constableship. It was agreed that Aimery's three sons should marry Henry's three daughters upon reaching their respective majorities. The dowry of the girl marrying the eldest of Aimery's sons was to be the county of Jaffa. When the appropriate moment arrived in 1208, the clause concerning Jaffa had become obsolete, because the two elder sons of Aimery had died unmarried, and so had Henry's eldest daughter. Consequently his second daughter Alice married Aimery's last surviving son Hugh. It was a marriage of great consequence because it established the dynastic claim of the house of Lusignan to furnish the regent for the kingdom of Jerusalem in case of the king's absence or incapacity. The Jaffa clause in the marriage contract between Henry and Aimery clearly violated the rights of John of Ibelin, who had to be compensated. It is therefore very probable that Henry as well as Aimery, after he had succeeded to the throne of Jerusalem, gave Beirut to John in exchange for his giving up his claims to Jaffa and the constableship. Beirut had just returned to the royal domain after having been reconquered with the help of the troops of Emperor Henry VI. It does not much matter that this took place shortly after Henry of Champagne had died. He may still have assigned Beirut to John in advance because its conquest must have been one of the objectives of the crusade of Emperor Henry VI because it restored an overland connection with Tripoli and the Syrian North. Jaffa would not have been a more agreeable possession because shortly before Henry's death in 1197 it fell to the Muslims although Aimery did what he could to defend it and had, therefore, been invested with it.[7]

What matters in these affairs is that an Ibelin claim to Jaffa had been established, and the Ibelins never let go of something they believed they were entitled to. Why Emperor Frederick II should have considered Beirut an unlawful possession of John of Ibelin is not clear, but our sources for this *cause célèbre* are almost all from the Ibelin side. We need not retell here the story of the struggle over Beirut, first between the emperor and John of Ibelin and later between the imperial legate for Syria, Richard Filangieri, and John, because it has been told many times. Suffice it to say that, while Frederick had left the matter undecided in 1229, Richard confiscated the fief without trial in 1231, thereby setting in motion the most famous constitutional conflict in the history of the whole Latin Orient, which lasted until the Hohenstaufen administration collapsed in 1243. The soul of baronial resistance was John of Ibelin, who by then had great governmental experience because he had been regent of the kingdom from 1205 to 1210, the first Ibelin to reach this exalted position. Controlling Ramla, Mirabel, Beirut, and Arsur—Ibelin, Mirabel, and Nablus had been lost in 1187—as well as having estates on Cyprus, he was

---

[3] *Estoire de Eracles* XXVI, 21, *Recueil des Historiens des Croisades* (hereafter abbreviated as *RHC*). *Historiens occidentaux* (hereafter abbreviated as *Hoc*) 2 (Paris, 1859) : pp. 208 f. *Cf.* also *ibid.*, p. 203; Reinhold Röhricht, *Geschichte des Königreichs Jerusalem* (Innsbruck, 1898), p. 664; Jonathan Riley-Smith, *The Feudal Nobility and the Kingdom of Jerusalem 1174–1277* (London, 1973), p. 153 f.

[4] Reinhold Röhricht, *Regesta regni Hierosolymitani* (hereafter abbreviated as *RRH*) (Innsbruck, 1893; *Additamentum, ibid.*, 1904; repr. Burt Franklin Bibliographical and Reference Series 24, New York, *sine anno*), no. 737.

[5] *Liber secretorum fidelium crucis super Terrae Sanctae recuperatione et conservatione* III, 11, 11, ed. Jacques Bongars, *Gesta Dei per Francos* 2 (Hanau, 1611; repr. Jerusalem, 1972) : p. 212.

[6] Gestes des Chiprois 127, *RHC Documents arméniens* (hereafter abbreviated as *Doc arm*) 2 (Paris, 1906) : p. 678.

[7] For these events see George Hill, *A History of Cyprus* 2 (Cambridge, Engl., 1948) : pp. 57 f.

almost the richest of the magnates, as Galilee and Transjordan were also in Muslim hands.

Only Walter of Brienne could rival him. He was in the Holy Land since 1235 and became Count of Jaffa.[8] But even he had lost his southern possession of Ascalon which returned to the kingdom in 1241 only to be given to the imperial administration, and in 1243 Frederick II, who considered it a crown possession, gave it to the Knights of St. John.[9] Before Walter could effectively do something about this, he was taken prisoner in the battle of Gaza in 1244 and died in an Egyptian prison.[10] Perhaps the lords of Caesarea and of Sidon and Beaufort were on equal footing with John of Ibelin, but the rebuilding of Caesarea did not begin until 1218 and the magnificent fortifications one sees there today were not finished until Louis IX of France (Saint Louis) came to the Holy Land and paid for them. The lordship of Caesarea in the early thirteenth century was a liability rather than an asset. Walter III of Caesarea was married to a sister of John of Ibelin and was his strong supporter in the early stages of his struggle with the emperor, while his son John of Caesarea was even more firmly entrenched in the Ibelin camp. Balian of Sidon and Beaufort, as his name betrays, was half Ibelin himself, being the son of Renaud of Sidon and Helvis of Ibelin, the daughter of Balian the Younger and Maria Comnena. He served the emperor loyally until the latter had Richard Filangieri arbitrarily confiscate Beirut, an order which earlier had reached Balian but which he seems to have deferred. At this moment Balian, who had a reputation for being a "great pleader," solidly went over to the baronial side and in a magnificent speech in Acre defended John's right to Beirut. He led the opposition until John could personally come from Cyprus early in the following year. Balian later on tried to mediate the conflict, but whenever an emergency arose we find him solidly in the Ibelin camp. He may have been among those who turned the obscure Confraternity of St. Andrew into the commune of Acre, thereby changing the whole nature of the government of the land.[11]

But John of Ibelin became the real soul of this commune when he was elected its mayor in 1232. La Monte[12] was entirely right in stating that in this contest John became a figure of international significance, because since 1234 the case was being discussed between the emperor and the pope, as we must conclude from papal actions on behalf of the emperor. When John of Ibelin died in early 1236, victory was still years away, but he had led his family to the first zenith of its political importance. We consider today that his nephew John of Jaffa was the greatest member of this august family because of his superb achievement in recording the feudal law of his time, but there can be little doubt that the age considered John of Ibelin, the Old Lord of Beirut, as the dominating figure of this clan. Riley-Smith[13] pointed out that in Europe he was suspected of corruption and over-ambition. He certainly was a capable administrator who very energetically pushed the interests of the port of Beirut, the spectacular rise of which began only under him.[14] He was also a magnifico who took over Beirut when it was so far destroyed that nobody had wanted it, as he explained in 1228 to the emperor, but by 1212 he had built a marvellous palace there which drew an enthusiastic description from the pen of Wilbrand of Oldenburg[15] with its rich marble decoration, its cooling and artistic fountain in the center and its mosaic floors which imitated a surface of water rippled by a soft breeze. But above all he became a legend as the champion of baronial liberties. Much of this legend was created by a very astute Lombard lawyer named Philip of Novara who had entered John's service and, after victory had been achieved in 1243, wrote a fiercely partisan account which he proudly called "The History of the War which was between Emperor Frederick and Messire John of Ibelin, Lord of Beirut," and if we are to believe this ardent admirer, John even died in great style. Having been mortally wounded by a beast, he made an orderly will, atoned for his real sins as well as for things which other people would not have considered sins, paid all his debts from the great riches he had accumulated, surprising people that he remembered them all, and granted fiefs to his children. Yet—in typical Ibelin fashion as well as in accordance with long-established practice—he ordered that they all be held as rear-fiefs from his eldest son, thus keeping the family property together. Finally, over the protest of his children who may have been afraid the inheritance might then go another way, he entered the Order of the Knights

[8] Henry d'Arbois de Jubainville, "Catalogue des actes des comtes de Brienne," *Bibliothèque de l'Ecole des Chartes* 33 (1872): p. 174 nos. 169–172.

[9] For these events see Rudolf Hiestand, "Zwei unbekannte Diplome der lateinischen Könige von Jerusalem aus Lucca," *Quellen und Forschungen aus italienischen Archiven und Bibliotheken* 50 (1971): pp. 34–38.

[10] *Estoire de Eracles* XXXIII, 57, *RHC Hoc* 2: p. 430. *Cf.* Jean de Joinville, *Histoire de St.-Louis. Credo. Lettre à Louis X,* ed. Natalis de Wailly (Paris, 1874), §537 f.

[11] For the speech of Balian and the setting up of the commune see *inter alios* Joshua Prawer, *Estates, Communities and the Constitution of the Latin Kingdom,* The Israel Academy of Sciences and Humanities. *Proceedings* 2, 6 (Jerusalem, 1969): pp. 15–20; Riley-Smith, *Feudal Nobility,* pp. 176–178.

[12] La Monte, *John d'Ibelin,* p. 430.

[13] Riley-Smith, *Feudal Nobility,* p. 162. See Alberic of Troisfontaines, *Chronicon, MG SS* 23: p. 933 and *Breve chronicon de rebus Siculis,* ed. Jean L. A. Huillard-Bréholles, *Historia diplomatica Friderici secundi* 1, 2 (Paris, 1852): p. 900.

[14] Riley-Smith, *Feudal Nobility,* pp. 76–78.

[15] Wilbrand of Oldenburg, *Peregrinatio* I, 5, 15, ed. J. C. M. Laurent, *Peregrinatores medii aevi quatuor,* 2nd ed. (*Leipzig,* 1873), p. 167.

Templars and had himself carried to Acre where he died kissing the crucifix which Philip of Novara held before him.[16]

When Emperor Frederick's son Conrad IV came of age in 1243, the marriage of 1208 between Hugh of Lusignan and Alice bore its fruit. The barons of Jerusalem considered that Frederick's regency for his son had terminated (they had not recognized him as king after the premature death of Conrad's mother in 1228 notwithstanding the royal title of Jerusalem which Frederick continued to bear). They appointed Queen Alice of Cyprus as new regent for Conrad, who still had to come to the East to claim his kingdom before the regencies would end, and the barons very well knew that Frederick would not allow him to travel East. Riley-Smith[17] has shown that the arguments which were put forward by Philip of Novara, who was later handsomely provided for by Alice for this service, were somewhat shady in that they claimed the sanction of law for Alice's appointment, although no precedent of having to appoint a regent for an uncrowned king who was not a minor had ever before occurred. With Alice begins the long series of Cypriote regents for Jerusalem which has been admirably investigated by Riley-Smith.[18] In 1246 Alice died and was succeeded as regent by her son Henry I of Cyprus, who held the office until his death in January, 1253.

The next royal regent from the house of Lusignan was not appointed until 1258, and we shall see why. This was King Hugh II of Cyprus. As he was still a minor, this posed a new problem because now guardians had to be appointed for the regent. This was a quite different problem from the normal case of having to appoint administrative *locumtenentes* for absentee regents. One must clearly differentiate between these two kinds of functions which in the sources are indiscriminately referred to as *bailliage.* The administrative *bailli* was appointed by the regent. The regent himself, also called *bailli,* had to have a claim to the regency as a relative, and this claim had to be discussed in and approved by the *Haute Cour* of Jerusalem. Conflicting claims had to be resolved. Only if there was no one with a valid claim for the regency or when the claimant did not appear, was the Haute Cour free to appoint one of the crown vassals to the regency. In this thoroughly feudalized state the claimant had to come in person into the Haute Cour and put forward his claim, or else he could not be appointed. In this respect the succession to the regency did not at all differ from that to any fief. It will be convenient to use Riley-Smith's terminology here of regent and lieutenant, the latter being the inferior kind of administrative *bailli.* Although this terminology cannot be applied in all languages, for English it is admirable.

In 1258 the Haute Cour appointed Queen Plaisance of Cyprus to be warden for her minor son Hugh II, the regent of Jerusalem, as wardship was determined by relation to the regent Hugh, not to the absentee King Conrad IV. Riley-Smith[19] has pointed out that thus Queen Plaisance became *de facto* regent although she was only very distantly related to Conrad IV. After her death in 1261 the wardship passed during the years 1263–1264 to Isabel of Cyprus, the sister of Hugh's father King Henry I of Cyprus. When she died in 1264 the Haute Cour, after a much noted debate, appointed her son Hugh of Antioch-Lusignan, although in all probability another grandson of Queen Alice of Cyprus, Hugh of Brienne, had a better claim. But the Haute Cour was never above twisting the law to suit its purpose. Hugh of Antioch-Lusignan exercised the *de facto* regency until Hugh II of Cyprus died in 1267, still a minor. Now Hugh of Antioch—Lusignan became King of Cyprus as Hugh III and as such he received the full regency of Jerusalem in his own right, upon claiming it in 1268, for young Conradin. When this boy was beheaded in Naples in 1268, Hugh, in a turbulent debate, claimed the crown of Jerusalem, which he passed on in 1284 first to his son John, and in 1285 to his son Henry II in Cyprus who was crowned King of Jerusalem in 1286 and lost the mainland in 1291. Where there are gaps in this succession of regents and wards, they were filled by vassal regents appointed by the Haute Cour. And it is these who interest us here, more precisely during the gap from 1253 to 1258.

When Louis IX arrived in the Holy Land in 1250, he found the country more in control of the Ibelins than ever as a survey of the lordships will show. The Old Lord of Beirut in 1236 had left his main fief Beirut to his eldest son Balian, but had also made Balian the tenant-in-chief for the whole of the family possessions. Whatever shares of these his brothers had, they held as rear-fiefs from Balian. Whether this still applied in 1250 is not known, but it may have been so according to a practice established in the twelfth century.[20] In 1250 Beirut was held by Balian's son John II of Beirut. The second son of the Old Lord of Beirut, named Baldwin, was seneschal of Cyprus until his death in 1267[21] and may have centered his possessions there. The third son, Hugh the Strong, was already dead by 1241.[22] The fifth son, Guy, was constable of Cyprus in 1249 and execu-

[16] *Gestes des Chiprois* 212, *RHC Doc arm* 2: pp. 724 f.

[17] Riley-Smith, *Feudal Nobility,* p. 211.

[18] *Ibid.,* pp. 210–218.

[19] *Ibid.,* p. 217.

[20] *Ibid.,* p. 15.

[21] *Chroniques de Chypre d'Amadi et de Strambaldi,* ed. René de Mas-Latrie, 1, Collection de documents inédits sur l'historie de France, 1st ser., Histoire politique (Paris, 1891), p. 208; Röhricht, *Jerusalem,* p. 938 note 2.

[22] *Gestes des Chiprois* 221, *RHC Doc arm* 2: p. 729.

tor of the will of King Henry I of Cyprus in 1253. By 1256 he had been replaced as constable of Cyprus by the fourth son of the Old Lord of Beirut, John of Arsur, who derived this name from having received, after the death of his father in 1236, the lordship of Arsur. If the *Lignages d'Outremer*[23] are correct he owed it to a rather condescending attitude of his brothers, for it is said that John, son of John of Ibelin, Lord of Beirut, was Lord of Sur (to be read as Arsur) through his mother, "for his brothers let him have it." Arsur was, indeed, not an old Ibelin possession but had been acquired by the Old Lord of Beirut through his marriage with the heiress Melisende of Arsur sometime around 1206. It was not a very splendid possession because the town had been destroyed in 1187 and remained so in 1212 and 1217. It was not until 1241 that John of Arsur began to fortify it. His great opponent John of Jaffa did not list any knights' service from Arsur in his list dating back to *ca.* 1186. This may be more than just a slip and may reflect the bitter hostility between these two Johns.[24]

After the Ibelins, to whom we shall later add John of Jaffa, the most important baron in the land around 1250 was Philip of Montfort, Lord of Tyre and Toron. He was half an Ibelin, because he was the son of Guy of La Ferté-Alais and Helvis of Ibelin, a sister of the Old Lord of Beirut and a widow of the Lord of Sidon. Philip was thus the son of a brother of the ill-famed Simon IV of Montfort, Earl of Leicester and Duke of Narbonne, who had eradicated Albigensian heresy in the Languedoc. This means that he was of the highest extraction. He had been born in the Holy Land in the barony of Sidon but had been raised in France. In 1239 he came east again with the crusade of Count Theobald IV of Champagne, the fortunes of the main branch of the family in France having suffered bad luck. He acquired Toron by marriage, but Tyre quite unlawfully. When Queen Alice of Cyprus was made regent of the kingdom of Jerusalem in 1243, it was agreed that the custody of the royal fortresses was to go to Balian of Beirut and Philip of Montfort. This was interpreted by Philip as giving him the royal domain of Tyre as a lordship. Philip of Novara considered him a full member of the Ibelin family, because he wrote that in 1241, when the imperial lieutenant Richard Filangieri wanted to capture Acre, he chose a moment when of all Ibelins there was only one in the city, Philip of Montfort, and then he goes on to spell out in detail where the others were.[25] This is not only interesting with regard to Philip of Montfort but also to the whole Ibelin clan. To Philip of Novara's mind Richard had no chance of capturing Acre when the Ibelins were there and would not even have tried it.

The lords of Caesarea were solidly in the Ibelin camp since Walter III (1216–1229), even more so since the days of John, the "young lord of Caesarea" who had been one of the more violent partisans of the Old Lord of Beirut and who was dead by 1241.[26] He was succeeded by his daughter Margarete and through her marriage the lordship of Caesarea came into the hands of John Aleman, the son of a distinguished Alsatian nobelman named Garnier Aleman or Werner of Egisheim, who had come with the Fourth Crusade, had risen to prominence under King John of Brienne, and also served Emperor Frederick II.[27] The Alemans were clearly no Ibelin supporters. Werner is found in the imperialist camp as late as 1242 (*RRH* no. 1107). Caesarea had been one of the great baronies of the twelfth-century kingdom and its territory remained intact long into the thirteenth century. But in order to finance the baronial war against the emperor, the young Lord of Caesarea had in 1232 sold an unknown part of his domain,[28] probably to the Templars who developed their possessions around Château Pèlerin at the expense of Caesarea. In 1250 Château Pèlerin is mentioned for the first time as a separate territorial unit.[29] While the lords retained Caesarea they were constrained to sell their large holdings in and around Acre to the Teutonic Knights and the Knights of St. John (*RRH* nos. 1175, 1210, 1234). Caesarea was still a political force but it was not what it used to be, even though Walter III's wife had succeeded in snatching away from the Ibelins their very own lordship of Ibelin when it was reconquered in 1241. As is dispassionately reported by the great Ibelin lawyer John of Jaffa, Margarete cleverly employed a precedent and won the case against Balian of Beirut, the eldest son of the Old Lord, thus transferring Ibelin to Caesarea.[30] As long as Caesarea supported the Ibelins it did not matter too much, but under the Alemans this must have become different.

---

[23] *Lignages d'Outremer* c. 8, *RHC Lois* 2 (Paris, 1843): p. 449.

[24] For the history of Arsur see Gustav Beyer, "Die Kreuzfahrergebiete Südwestpalästinas," *Beiträge zur biblischen Landes- und Altertumskunde (hervorgegangen aus der Zeitschrift des Deutschen Palästina-Vereins)* 68 (1946/1951): pp. 157 f.

[25] *Gestes des Chiprois* 221, *RHC Doc arm* 2: p. 729.

[26] *Ibid.*

[27] Reinhold Röhricht, *Die Deutschen im Heiligen Lande* (Innsbruck, 1894), p. 94, *cf.* p. 84. The identity of Werner of Egisheim and Garnier l'Aleman is established by *RRH* nos. 933, 934 in which Werner occurs with both his names accompanied by his *cognatus* Aimo Aleman whose full name of Aimo of Ostheim (near Colmar in Alsace) is given by *RRH* no. 1002 and who is called Garnier's nephew in *RRH* nos. 1003, 1004 ff.

[28] *Gestes des Chiprois* 181, *RHC Doc arm* 2: p. 711.

[29] *RRH* no. 1191. Gustav Beyer, "Das Gebiet der Kreuzfahrerherrschaft Caesarea in Palästina siedlungs- und territorialgeschichtlich untersucht," *Zeitschrift des Deutschen Palästina-Vereins* 59 (1936): pp. 62, 64.

[30] See on this Riley-Smith, *Feudal Nobility*, pp. 15 f.

Sidon was another of the great early lordships, but its Lord Julian of Sidon and Beaufort is described as a gambler who mismanaged his estates.[31] He does not emerge very much in politics but was busy from 1253 on in selling his barony piecemeal to the knightly orders. Having sold his most important rear-fief in the Lebanese Shuf region to the Teutonic Knights, he sold both Sidon and Beaufort in 1260 to the Templars and ended his life in 1275 after having been a member of various knightly and religious orders.[32] While Julian stayed out of politics, he did not care to consult the crown or its representative when selling his barony. King Hugh III, who embarked on an energetic policy of recovering sold fiefs and lost services for the crown, as far as the unruly country and especially Charles of Anjou and his men would let him, had to pardon Julian for this offense, concluding at the same time an agreement with him concerning his own service as well as that of his two sons from the money rent received for the sold barony.[33] Haifa belonged in 1250 to a Spaniard by the name of Garzio Alvarez, who had married the heiress Helvis (*RRH* no. 1189). By 1257 the lordship had passed to John of Valenciennes (*RRH* no. 1259) who was, perhaps, the next husband of Helvis. We do know that John of Arsur was married to a sister of Helvis, which may explain why John of Valenciennes later generally sided with John of Arsur. The lordship of Scandalion was in the hands of Peter in 1252 (*RRH* no. 1200) who was on the imperial side as late as 1241 and 1242.[34] It had passed by 1263 (*RRH* no. 1327) into the hands of the Calabrese family of Amigdala whose first representative in the East had married the younger daughter of Joscelin III of Courtenay, holder of the very rich *Seigneurie de Joscelin* in the royal domain of Acre. One of the women of the Amigdala family married Thibaut of Bethsan which was a purely titular lordship in those days because it was in Muslim hands. Yet Thibaut participated in politics. The old Beirut family which had been transferred to Blanchegarde in 1160, still maintained the name of Beirut and also the title of Lord of Blanchegarde, but Blanchegarde itself was destroyed since 1191 [35] and we hear nothing of it later on, although it must have been returned to the kingdom in 1241. Its Lord Raoul must have had other fiefs elsewhere, perhaps money fiefs in Acre, and did not use a leaden bull and the formula of *dreiz coins* which was shortly after 1250 usurped by the true *barons de la terre*.[36]

There was yet another Ibelin, the greatest of all: John of Jaffa, the most famous lawyer which the crusader states ever had, and they were not lacking in these. He was Count of Jaffa and Lord of Ramla. He had been born in 1215 as son of Philip of Ibelin, a brother of the Old Lord of Beirut.[37] Hardly of age, he became involved in the struggle of his great-uncle against the Imperialists and at the age of seventeen was so badly wounded in the battle of Caselimbert in 1232 that he remained physically handicapped for life. When and how he received the lordship of Ramla is not clear. It was back in Christian hands through the treaty of Jaffa negotiated by Emperor Frederick II in 1229. We must presume that the Old Lord of Beirut had a claim to it because his father Balian had last been in seisin of Ramla, after Baldwin of Ramla had emigrated to Antioch, where in 1186 he appears for the last time as Baldwin of Ibelin without being styled Lord of Ramla, having turned this over to his younger brother Balian.[38] Why Ramla should then have gone not to one of the Old Lord's sons but to his nephew John of Jaffa,[39] is unclear.

In his capacity as regent of Jerusalem, King Henry I of Cyprus gave the county of Jaffa and Ascalon to John before 1247.[40] This was confirmed on 26 March, 1253, by Pope Innocent IV [41] but had taken place before June, 1247, when John issued a charter in which he styled himself Count of Jaffa and Lord of Ramla (*RRH* no. 1149). He was well advised to have the grant of the county confirmed because there is good reason to believe that it was of dubious legality. The county of Jaffa had been in the hands of Walter IV

---

[31] *Gestes des Chiprois* 304, 374, *RHC Doc arm* 2: pp. 752, 775.

[32] Röhricht, *Jerusalem,* p. 968 note 6.

[33] Livre de Philippe de Navarre 57, *RHC Lois* 1 (Paris, 1841): pp. 530 f. For Hugh's policy see the case of Arsur below p. 56. Perhaps a somewhat similar case was at issue in *RRH* no. 1378.

[34] On Peter see Marie-Luise Favreau, "Die Kreuzfahrerherrschaft Scandalion (Iskanderune)," *Zeitschrift des Deutschen Palästina-Vereins* 93 (1977): p. 14.

[35] Beyer, *Südwestpalästina,* p. 174.

[36] On this see Hans Eberhard Mayer, *Das Siegelwesen in den Kreuzfahrerstaaten* (to be published in the near future in the *Abhandlungen der Bayerischen Akademie der Wissenschaften, phil.—hist. Klasse, Neue Folge*).

[37] On John of Jaffa see Riley-Smith, *Feudal Nobility,* pp. 125 f., 30 f.

[38] *RRH* no. 649, although one must confess that this had not been unusual earlier, for he is also called only Baldwin of Ibelin in *RRH* nos. 624 f., but Baldwin of Ramla in *RRH* no 619. In any case he did not pay homage to King Guy at all in 1186 (Estoire de Eracles XXIII, 22, *RHC Hoc* 2; p. 33) or only invalid homage without the kiss (*Chronique d'Ernoul et de Bernard le Trésorier,* ed. Louis de Mas-Latrie [Paris, 1871], p. 138 f.). Consequently he was no longer in seisin of Ramla nor was his son Thomas (who makes one fleeting appearance in *RRH* no. 611), but rather his brother Balian to whom he had entrusted both son and fief which he had returned to the king until his son should come of age.

[39] On his offspring see Peter Edbury, "The Ibelin Counts of Jaffa: A Previously Unknown Passage from the 'Lignages d'Outremer,'" *English Historical Review* 89 (1974): pp. 604–610.

[40] The year 1253, in the opinion of Hiestand, *Zwei unbekannte Diplome,* p. 40 is an obvious *lapsus calami* caused by the fact that Innocent IV confirmed this enfeoffment in 1253 (see note 41).

[41] Potthast no. 14927. *Registres d'Innocent IV* no. 6465.

of Brienne who was taken prisoner by the Saracens in the battle of Gaza in 1244 and died at an unspecified time in an Egyptian prison. His children remained in Europe, succeeding to the counties of Brienne and Lecce. It seems that the regent King Henry may have given Jaffa somewhat hastily to John of the Ibelin family, because in 1247 no news of Walter of Brienne's death had as yet been received in France [42] and Walter's bones were not returned to Christian hands until 1251, when he was buried in the Hospitallers' church in Acre with such splendor that Jean de Joinville still remembered it well when he wrote his *mémoires* as an old man.[43] When King Henry died on 18 January, 1253,[44] John of Jaffa may have had the urgent desire to get a papal confirmation of the grant before any new regent could change it, although one must in this case suppose that the Count of Jaffa sent his petition to Rome during the winter when shipping normally was interrupted. Yet there was shipping also in the winter, even if it was scarce, and the nine and a half weeks until the pope issued his confirmation were not an insufficient time for the petition to have been brought to Rome, to have been heard and acted upon.[45] It cannot be overlooked that the confirmation stresses the legality of the original grant in saying that the county of Jaffa and Ascalon had been *ad collationem suam* when the regent gave it to John.

Riley-Smith has already pointed out that John of Jaffa was a magnifico, but much more than that. Joinville described vividly the splendid arrival of his galley in Egypt which was said to have had three hundred oars, each having a shield with the Ibelin arms upon it, a cross with thickened ends. It may be admired today on one of the most beautiful seals that have come down to us from the Latin Orient, again an example of Ibelin magnificence: on a red wax seal there is a raised shield of wax of natural color on which in black wax is the Ibelin cross. It is a seal of Baldwin of Ibelin, Seneschal of Cyprus, of 1261.[46] The same arms were seen, according to Joinville, more than five hundred times on the city walls of Jaffa when Louis IX came to visit it in 1252.[47] Such magnificence was not out of place because the French king strengthened the fortifications of Jaffa in that year. It was an appropriate honor to the French king but also an appropriate self-representation to impress the king with Ibelin greatness. John's greatest achievement was, of course, his law book which he wrote or finished *ca.* 1265/1266, but he also was an energetic defender of his possessions and a very astute politician.

The nobility of the realm had never been monolithically united. Even in the Ibelin wars against Emperor Frederick II there was a middle-of-the-way group of moderates and a small group of imperialists. These wars had established the Ibelin fame for all eternity, and our survey of the lordships in 1250 shows that there was nobody who could compare with the Ibelin family, not even Philip of Montfort in Tyre and Toron, and he was considered an Ibelin anyhow. Caesarea and Sidon which might have counted were already dwindling. There was now a potential situation in which clashes among various camps in the nobility would almost inevitably have to amount to clashes between various branches of the Ibelin family, such was the hold of this family on the kingdom. It was unavoidable as soon as the principle of having a generally recognized head of the family—one who held all Ibelin possessions as tenant-in-chief from the crown and allotted rear-fiefs to his relatives—was abandoned. While the family possessions grew larger by the acquisition of new lordships like Beirut, Arsur, or Jaffa, the kingdom as such shrank drastically in 1192 as compared to 1187. It was enlarged in 1229 and 1241, but still its size was considerably smaller than before 1187. Thus the effect of growing Ibelin power became even stronger because, roughly speaking, in a smaller kingdom the Ibelins grew bigger. Royal power was distant most of the time, although it would be wrong to assume that it did not make itself felt at all. Louis IX was in a position to keep the vassals at bay during his four-year stay in the Holy Land, but after he had left, the stage was set for Ibelin *versus* Ibelin, and it had started when he was still present.

It began when, for the first time, there was an Ibelin who was a centralist supporting, against the interests of his class and family, any central power in the land, whether for opportunistic motives or because he saw the overriding need for it. John II of Arsur was the fourth son of the Old Lord of Beirut.

[42] d'Arbois de Jubainville, *Catalogue des actes des comtes de Brienne*, p. 175 no. 174.

[43] Jean de Joinville, *Histoire de St.-Louis* §466.

[44] Louis de Mas-Latrie, *Histoire de l'île de Chypre sous le règne des princes de la maison de Lusignan* 1 (Paris, 1861): p. 358. Hill, *Cyprus* 2: p. 147. We shall deal with the date of his death in greater detail in our future study on the seals in the Latin Orient (see note 36).

[45] The very careful lawyer Philip of Novara (*Livre* c. 9, *RHC Lois* 1: p. 482) made large allowances for the halt of shipping during the winter. Writing on Cyprus, he said that a court should grant a period of fifteen days for a witness to be called if he was on the island; forty days if he was in Palestine and if it was summer; three months if he had to be fetched from Palestine during the winter; a year and a day if he had to be brought from Europe. But Philip was at his best when advising on how to protract a lawsuit. In reality the required and acceptable time seems to have been considerably shorter. On 9 November, 1269, when the shipping season was already over, Amaury Barlais promised in Acre that he would re-issue *RRH* no. 1367 within fifteen days on Cyprus.

[46] Venice, Archivio di Stato, S. Maria dei Teutonici (SS. Trinità) no. 55.

[47] Jean de Joinville, *Histoire de St.-Louis* §158 for the galley, §516 for the wall of Jaffa.

He had all the Ibelin energy but directed it in different ways. If he wished to survive politically, he could not but defend his father when Beirut was arbitrarily confiscated. Family considerations demanded this as much as feudal law. He was found, therefore, in the Ibelin camp in 1232. His father then directed him with a galley full of Ibelin retainers to run the blockade which Richard Filangieri and the imperial fleet had thrown around Beirut castle, and in this John was successful. This led to a noteworthy clash between the Old Lord of Beirut and his eldest son Balian because Balian claimed that, as he was the main heir, it was also his prerogative to break the blockade in order to take over the defense of Beirut castle from within. The other sons also offered to go and were angry at their father when he denied their request. The claims are as interesting as the answer because the Old Lord of Beirut appeased his sons by saying that he had greater need for them outside the city than within.[48] This points to definite tensions within the family. The undertaking was murderously risky because there was only a small entry open into the port whereas the imperial ships lay in a semicircle side by side tied together with a heavy iron chain. For some time the Old Lord had not tried to run the blockade but had sent individuals swimming into the port at night. He only decided on more action when this proved to be insufficient. Under feudal concepts Balian's request was reasonable. In 1179 Baldwin of Ramla had successfully claimed from the king the right to attack first in the battle of Montgisart on the grounds that it was being fought in his lordship. A man had to prove his valor in battle to be recognized as a valiant lord and such prerogatives carried, of course, with them the right of an increased share in the booty. Balian's argument in 1232 that, as he was the heir, he should be allowed to run the blockade is of particular interest because evidently he saw his position as heir being endangered if one of his younger brothers should be preferred to him on such an adventurous mission.

It is equally interesting that the Old Lord felt apparently that, if he should have to lose one of his sons, it had best be John. Other than his father, who was formally loyal but politically determined not to permit the introduction of Sicilian centralism in the Holy Land, John of Arsur had initially sided with the emperor. When Frederick came to Cyprus on his way to Palestine and the quarrel broke out there, a truce was reached and the Old Lord gave his sons Balian and John as hostages to the emperor. They were set free before the year 1228 was finished. But although the conflict over Beirut was evidently only postponed, the emperor retained John in his service while he was on crusade until 1229 whereas he only received Balian as his *familiaris* and gave him much, so that Balian served him "willingly." One must remember that the Ibelins maintained an attitude of strict legality and as they recognized Frederick as regent for Conrad IV, they had to serve him as long as he remained within constitutional principles. With John, however, the emperor intended greater things. Not only did he keep him in his service while in the Holy Land but he offered him Foggia in the Capitanata as a fief, and hence he is called in the *mémoires* of Philip of Novara John of Foggia.[49] In this form the promise cannot have been made in good faith because Foggia (which is wrongly placed in Apulia in the chronicle) was one of the favorite residential towns of the emperor which he would never have given away outright. Either Frederick promised John fiefs in Foggia or else he promised him all of it without having any intentions of ever carrying out his promise. We have no evidence for John ever having been in Foggia or having had possessions there[50] but we must see the promise of the emperor as a very handsome bribe to split the Ibelin camp in two. While John of Arsur (as we already call him, although he did not receive Arsur until 1236) would not have added substantially to the emperor's position, it lay in his interest to make tensions and rifts within the Ibelin family visible in order to discredit them. Although John went over to his father's side when Richard Filangieri confiscated Beirut, thus alienating the whole nobility of the Latin Orient, it is not difficult to see why the Old Lord's son Balian was upset when he was not chosen to run the blockade and also why the Old Lord would have sacrificed John rather than one of the others and why his brothers let him have only the destroyed Arsur after his father's death.

In 1232 John of Arsur met in Sidon with King Henry I of Cyprus, who gave many fiefs to him and his brother Balian,[51] perhaps in order to offset the emperor's promise in Foggia which was now worthless because the emperor considered all the Ibelins to be in open rebellion. From this time dated an association between King Henry and John of Arsur which was to bring John great prestige. It is clear that the war with the Imperalists was a strain on the Ibelin resources. Already early in the game the young lord of Caesarea lavishly created rear-fiefs to retain followers and later

[48] *Gestes des Chiprois* 164, *RHC Doc arm* 2: p. 705.

[49] *Gestes des Chiprois* 133, *RHC Doc arm* 2: p. 682.

[50] The assertion by Röhricht, *Jerusalem*, p. 775 that John followed the emperor to Italy and became administrator of Foggia has no basis in the sources. He is not listed as having possessions in Foggia in the *Quaternus de excadentiis et revocatis Capitinatae de mandato imperialis maiestatis Frederici secundi*, ed. by the monks of Monte Cassino (Monte Cassino, 1903), where his name should have occurred if, like many of the people attending on the emperor or belonging to his court and administration, he had had possessions in Foggia. I am indebted to Professor Hans Martin Schaller for having directed my attention to the *Quaternus*.

[51] *Gestes des Chiprois* 182, *RHC Doc arm* 2: p. 712.

sold part of his barony.[52] It is not surprising therefore that, as the affair dragged on, the barons reached a point where they were willing to compromise. In 1241 they offered to dissolve the commune of Acre, if the emperor would appoint Simon of Montfort, Earl of Leicester, to be his lieutenant (*RRH* no. 1099). Although confusing him with the later lawyer John of Jaffa (which is understandable, given the frequency of this name in the Ibelin family), Prawer[53] has advanced the plausible hypothesis that it was John (of Arsur) who was mainly responsible for this offer of peace. It is true that his brother Balian is named first, but as it is said that "we, Balian of Ibelin lord of Beirut, and our brothers and *I*, John of Ibelin" issued the document, Prawer's theory is plausible. The announcement of the seal makes it quite clear that we are dealing here with John of Arsur, not John of Jaffa. But the "I" instead of "we" is interesting not only in pointing to John being the author of this document but also as setting him apart from Balian and his other brothers. Here, as at any time when we meet with him, except for 1232, he was apart from the Ibelin mainstream. There was a rift in the Ibelin clan and it is clearly discernible here.

The year when this offer was sent to Frederick, who does not even seem to have replied to it, John was busy fortifying Arsur and still in the same year he is found in Sur (Tyre), the center of the Imperialists.[54] His relations with King Henry of Cyprus were not damaged by this but Henry may have sensed that John was not as much an imperialist as a centralist, and as such he was well suited for Henry's purposes when Henry became Regent of Jerusalem in 1247 and again in 1249 after a brief interlude of a certain John Fuinon. He then remained lieutenant until the death of King Henry on 18 January, 1253.[55] This king has suffered at the hands of Jean de Joinville, who mentions him only once in passing, to make it known that the wife of Walter of Brienne, Count of Jaffa, was his sister.[56] Thus Joinville, of course, threw the activities of Louis IX into a more advantageous light, but we have shown that Henry was not quite the weakling he has been painted as by Mas-Latrie and Hill.[57] He did what he could to make his presence felt next to the towering figure of Louis IX, who would have overshadowed bigger men than Henry.[58] Henry ruled as much as the circumstances would permit him. Given the rift which had existed from early days between John of Arsur and his brothers, Henry showed great courage in appointing an Ibelin who cannot have been to the liking of the rest of the clan.

How much this was so became apparent in 1251 when John of Arsur tried his hand at an administrative reform which was to the obvious benefit of the crown and to the obvious disadvantage of the nobility. We have a detailed report about this from a mid-fourteenth-century lawyer from Cyprus.[59] In February of 1251[60] the lieutenant John of Arsur convened a common meeting of the Haute Cour and the *Cour des Bourgeois* in Acre. This in itself indicated not only a matter of importance, but also something in which the lieutenant wished to bring pressure on the Haute Cour by appealing to a wider populace. It was a risky course to steer because the stormy precedent of Richard Filangieri calling together the liegemen as well as the bourgeois in 1231 in order to make himself and his appointment as lieutenant by the emperor more easily acceptable to the nation cannot yet have been forgotten. Although the proposals were such that the Cour des Bourgeois as the representation of the non-noble Franks had to be consulted, for they were directly concerned, this did not justify a common meeting, and, in fact, the assembly seems to have

52 *Gestes des Chiprois* 163, 181, *RHC Doc arm* 2: pp. 704, 711 f.

53 Prawer, *Estates*, pp. 25–26.

54 *Gestes des Chiprois* 220 f., *RHC Doc arm* 2: pp. 728 f. The assumption of Charles Kohler, *Mémoires de Philippe de Novare* 161, Les classiques de l'histoire de France au moyen âge 10 (Paris, 1913), p. 127 note a, that Sur should be corrected to Arsur, is not the correction of an obvious error, as John L. La Monte, *The Wars of Frederick II against the Ibelins in Syria and Cyprus*, Columbia University Records of Civilization 25 (New York, 1936): p. 171 note 1 supposed, although the correction was already made in the sixteenth century by Francesco Amadi, *Chronique* (see above, note 21), p. 187 and applies to the *Gestes des Chiprois* 164, *RHC Doc arm* 2: p. 705. That it is reported on the preceding page that John began the fortification of Arsur in this year, does not help to support Kohler's correction because this passage, according to his own theories, was never a part of the *Mémoires* of Philip of Novara but was inserted in the fourteenth century by the compiler of the *Gestes des Chiprois* from the *Annales de Terre Sainte*, ed. Reinhold Röhricht and Gaston Raynaud, *Archives de l'Orient latin* 2b (1884): p. 440.

55 Riley-Smith, *Feudal Nobility*, p. 319 f. The inference that John of Jaffa was lieutenant in 1253 is not convincing, as it is based only on the fact that John received the same (and more) papal privileges as Balian of Beirut had received before.

56 Jean de Joinville, *Histoire de St.-Louis* §527.

57 Mas-Latrie, *Chypre* 1: p. 354; Hill, *Cyprus* 2: p. 148.

58 On one of Henry's attempts to assert himself in the kingdom of Jerusalem see Hans Eberhard Mayer, "Die Kreuzfahrerherrschaft Arrabe," *Zeitschrift des Deutschen Palästina-Vereins* 93 (1977): p. 207.

59 *Abrégé du Livre des Assises de la Cour des Bourgeois* 13–19, *RHC Lois* 2: pp. 246–251.

60 The *Abrégé* 13, p. 246 says February, 1250, but goes on to say that the meeting took place in the town house of the Lord of Beirut, as Saint Louis was still residing in the royal castle of Acre. Since Louis did not arrive in Acre after his release from Egyptian captivity until May, 1250, Victor Foucher, *Les Assises du royaume de Jérusalem* (*texte français et italien*) 1, 2 (Rennes, 1841): p. 48 note 2, followed by Comte Beugnot, *RHC Lois* 2: p. 246 note b, assumed the month to be in error. While this is not impossible, we prefer to believe that the year was considered to begin in the spring (Easter or 25 March), as was usual then in France. In secondary literature 1250 is throughout given as the year of this assembly.

deliberated the issues separately for the Haute Cour and for the Cour des Bourgeois. But it is obvious that the mere presence of the bourgeois who may have participated in the debate must have exercised a certain pressure on the Haute Cour in favor of the lieutenant's proposal, because his plan was acceptable to the bourgeois as a whole but not to the nobles. In substance the proposal was to establish the office of a Frankish scribe in each of the two courts who should be charged with keeping registers in which the proceedings and decisions of the courts should be recorded. There is no doubt that this was as progressive as it was revolutionary. It amounted to proposing the decisive step toward a government based on written administration, for it must be remembered that the Haute Cour was both a governmental and a judicial body, whereas the Cour des Bourgeois was administrative as well as judicial.

It was also a step clearly in the interest of the crown as the central power and adverse to the interests of the nobility as a class. This becomes evident from the proposal concerning the keeping of these registers. They were to be kept in a strong box which could only be opened by employing (simultaneously) three keys, one of which was to be kept by the king (or the regent or the lieutenant, whoever happened to be in actual charge of the government), whereas the other two were to be in the hands of two liegemen elected by the Haute Cour. It seems at first glance that this ensured an equal balance between *chef seignor* and crown vassals. The king or his representative could block access to the register by refusing to use his key, but so could the liegemen. But the central government could use its power more effectively because the whole strong box was to be kept in the Hôtel du Roi or by his regent. If he wished to prevent access to the register, it was sufficient not to let the liegemen enter his palace in Acre, whereas if he wished to consult the register against the will of the liegemen, at least he possessed the box and conceivably could break open the locks. If there was any doubt that the motion was submitted in favor of the crown, it was removed by the lieutenant's statement that also the *coumandemens des fiés* were to be recorded in this register, i.e. the summons issued for the service due from the fiefs. These summonses took place under an extremely formalized procedure and the slightest mistake was enough to render the summonses invalid. If every step of this procedure were recorded in a register, the vassals could no longer disregard summonses on the grounds that the prescribed forms had been disregarded.

Such a proposal was potentially highly explosive and John of Arsur, whose administrative capacities are well demonstrated by it, was enough of an astute politician to try hard to create favorable conditions for the ensuing debate. Our source is very careful in listing the participants of the meeting. Of the liegemen it says that the lieutenant assembled all those he could have and who happened to be present at Acre. Miraculously but not very surprisingly they happened to be almost all of the party among the nobility which also supported him politically later. Of the Ibelin clan there was only—aside from the lieutenant himself—Philip of Montfort, Lord of Tyre and Toron, if he is to be considered an Ibelin in accordance with the testimony of Philip of Novara. He was independent enough to hold his own. The others were definitely of John of Arsur's party (see above p. 29; below pp. 43, 48) which emerges here for the first time: John Aleman, Lord of Caesarea; Peter, Lord of Scandalion; Thibaut of Bethsan; Philip de Cossie, who was known as Philip the Chamberlain because this crown office was hereditary in his family in the third generation. At the same time he was marshal of the kingdom. He represented the Haifa family, the lord of which, either Garzio Alvarez or John of Valenciennes, was absent but is seen later to side with John of Arsur. Then there was Raoul of Beirut, Lord of Blanchegarde, Eudes de la Fierté, Viscount of Acre, who through his office must have been from the lieutenant's camp, and a number of lesser lieges who are enumerated here and who will be seen to be on the side of John of Arsur later on: Walter Aleman and his brother Aimo of the Aleman-Caesarea clan, of whom Aimo appears as a witness to a charter of John of Caesarea of 1253 (*RRH* no. 1210), Balian Anteaume, who witnesses a charter of Garzio Alvarez, Lord of Haifa, in 1250 (*RRH* no. 1189) and his brother Raymond Anteaume whom we do not know otherwise but whose name at least ran in the family,[61] Stephen of Sauvigny who is first found in 1244 (*RRH* nos. 1120, 1121), was a vassal of John of Jaffa in 1256 (*RRH* nos. 1245, 1246), but also of Julian of Sidon in 1257 (RRH no. 1257) and later changed sides to John of Arsur (see below p. 48), James Vidal, whose career from 1249 on has been narrated by Riley-Smith[62] and who held fiefs from the lords of Caesarea, Scandalion, and Arsur (*RRH* nos. 1175, 1327, 1370), Simon of Malenbec and his son John of whom Simon is only known as a crown vassal supporting John of Arsur. They may have been the brother and nephew of Daniel of Malenbec who had risen in the service of King John of Brienne. Then there was Walter of Saint Bertin who seems to have been an Ibelin follower, as he witnessed a charter of King Hugh I of Cyprus and later was a vassal of John of Jaffa (*RRH* nos. 846, 1149), John of Crees who makes one fleeting appearance as a member of the Cypriote nobility (*RRH* no. 1049 of 1233), as does John Poilevilain, a good Ibelin man as he is mentioned as a vassal of John II

[61] *RRH* no. 710. *Abrégé* 28, *RHC Lois* 2: p. 339.
[62] Riley-Smith, *Feudal Nobility,* p. 37.

of Beirut in 1261 (*RRH* no. 1307). His son Odo is known only as a participant in the debate of 1251. Albert Embriaco, who is then named, must have been a member of the family of the lords of Byblos, but he cannot have been very prominent because we have no other knowledge of him in the Palestinian sources. John of Fleury was the grandson of a viscount of Acre with the same name appearing in 1197 who had lost this office after the arrival of King John (*RRH* nos. 736, 857), although another family member named Gilbert [63] had held the office for a long time under Baldwin IV and Baldwin V. The younger John of Fleury seems to appear for the first time in the assembly at Acre and was later marshal of the titular lordship of Tiberias (*RRH* nos. 1322, 1370). Gerard of Picquigny is seen first in the entourage of John of Arsur (*RRH* nos. 1200, 1220). His sister was married to James Vidal, whom we have seen firmly linked with the Arsur side, but after the death of John of Arsur he switched sides and he is found as John of Jaffa's châtelain in Jaffa in 1264.[64] John Grif is first found in Acre in 1235 (*RRH* no. 1067) but had risen to be viscount of the town in December, 1253 (*RRH* no. 1209). As John of Arsur was then lieutenant, he must have been in John's confidence. It is not entirely clear whether he had lost the office in 1260 when as *miles* he transacted business before the Cour des Bourgeois in Acre (*RRH* no. 1291) which was presided over, however, not by the viscount himself but by his *locumtenens* which may have been because John Grif could not preside over the alienation of his own property. But on the other hand there had been another viscount of Acre officiating in February, 1254 (*RRH* no. 1212).[65] Nothing is known about Thomas Guale. Raoul Aleman was an imperialist of long standing in 1241 (*RRH* nos. 1104, 1120). Gerard Maineboeuf was a crown vassal who appeared in the entourage of John of Arsur in 1252 (*RRH* no. 1200; see also *RRH* nos. 1212, 1234, 1370). Thomas Coste cannot otherwise be found in those years, but the family was there, as there was a John Coste, knight of Acre, in 1250 and 1255 (*RRH* nos. 1189, 1227).

As has been shown, the list, although long, is of first-rate quality in that most of the men named can be traced otherwise in the charters of those years. The mid-fourteenth-century author of the *Abrégé* must have had a very reliable source before him.[66] The list is also clearly partisan as it was overwhelmingly composed of those who showed themselves later on to be supporters of John of Arsur against John of Jaffa. From the high nobility only the Lord of Tyre may be considered not to be a clear adherent of John of Arsur, although it will be seen that even he, at times, lent him his support (see below p. 48), and for most of the lesser nobles definite vassalage to the high families represented in the debate or old anti-Ibelin imperalist connections can be demonstrated. Of the Ibelin vassals of Beirut and Jaffa there were but a few, mostly of lesser importance: Stephen of Sauvigny, Walter of Saint Bertin, and John and Odo Poilevilain. What weighs more than this is the conspicuous absence of four barons of whom Julian of Sidon was probably rather indifferent to these matters, whereas the Lord of Haifa was a supporter of John of Arsur as is shown later (see below p. 48) and, while he was not there, some of his vassals were. But the main figures of the house of Ibelin—the lieutenant excepted—were missing: John II of Beirut, grandson of the Old Lord of Beirut, and John of Ibelin, Count of Jaffa and Lord of Ramla, the great jurist. They cannot have been bypassed. If they could be reached, they had to be summoned, or else the lieutenant would have committed a very grave procedural mistake. And the source stresses that he summoned all the liegemen then present at Acre which was sufficient. Obviously, John of Arsur had carefully picked his time for the assembly when the two main figures of the Ibelin clan would be out of town, if not out of the country and in Cyprus. Among the nobility he had a safe majority of supporters, if they were willing to swallow this proposal, and we must presume that the lieutenant had been carrying on negotiations behind the scenes before coming out with such a bold motion.

The Lord of Tyre, who was the most powerful magnate present after the lieutenant, took it upon himself to lead the opposition but the carefully veiled and polite way in which he phrased his speech makes it clear that he was taking into account that there must have been a group favorably disposed towards the motion. We must, indeed, assume that the nobility

---

63 Gilbert can hardly have been the younger John's father, as was believed by Charles DuCange, *Les familles d'Outremer*, ed. Emmanuel G. Rey, Collection de documents inédits sur l'histoire de France, 1. Histoire politique (Paris, 1869): pp. 539 f., but may have been his brother.

64 *Annales de Terre Sainte*, p. 451.

65 This charter may have to be referred to 1255, as is implied by the indiction, when John of Jaffa had replaced John of Arsur as regent and would have rid himself of the Arsur administration. If the charter were of 1254, it would be one of the notary's few slips in the indiction, which is otherwise correctly stated in his charters and transcripts *RRH* nos. 39, 233, 908, 1209, 1232, 1234, 1237, 1291, but is completely wrong in *RRH* no. 1259.

66 It would not be useful to go through the list of bourgeois participants with the same amount of detail, as their individual political leanings are unknown and are also not of interest here, because as a whole class they must have been in favor of the lieutenant's proposal. Suffice it to say that of the fourteen bourgeois listed, ten are recorded in the charters shortly before or not too long after 1251 with the exception of Nicole da la Mounée who is first mentioned in 1274 (*RRH* no. 1400) but had apparently already died then because his wife Margaret is referred to as *espouse qui fu de sire Nicole de la Monée*. Only of Eude of Conches, Pierre Carcadel, Pierre le Petit, and Benoit du Puy we have no other notice, but the first and the third are at least from an otherwise well documented family in the Holy Land.

as a whole was interested to have the motion carried for the Cour des Bourgeois, and it was a very clever move to bring forward the motion for a scribe with a register in both courts, as the lieutenant could hope that it would be introduced in the Cour des Bourgeois and that this would constitute a precedent which could not be overlooked in the Haute Cour. One of the most essential tasks of the Cour des Bourgeois was to transact sales and donations of real estate in the towns which did not have the status of a fief but was held as a *teneure en borgesie,* also known as *héritage.* The sale of fiefs, on the other hand, had to be carried out in the Haute Cour and was much restricted whereas a *héritage* could freely be sold. The nobility took a vital interest in the *héritages* because the nobles dwelt in the cities, not on their estates. One must not be deceived by the expression *teneure en borgesie.* This does not mean that this kind of holding was reserved for the non-noble Franks. The nobility, too, possessed a great many *héritages* in the cities.[67] It was tempting for the nobility, and was apparently carried on on a large scale, to declare feudal holdings to be *héritages* in order to circumvent the rules against selling one's fief and to be able to sell the possession freely in the Cour des Bourgeois, especially as in this lower court one did not have to prove ownership. Under the *Assise de l'an et jour* which had been passed in the early days of the twelfth century to repopulate Jerusalem,[68] it was sufficient to prove that the possession had been held for a year and a day undisturbed, as it was then owned by the possessor anyway. *The Assises des Bourgeois* are full of procedural rules for cases in which the litigants on the one side maintained that the possession to be sold was a *héritage* which had been held by the seller peacefully and undisturbed for a year and a day, whereas the opponent always argued that it was a fief and therefore should not be sold in the Cour de Bourgeois at all but the case should be sent up to the Haute Cour, because the *Assise de l'an et jour* did not apply to fiefs, while the restrictions of the *Assise de vente* would have to be applied there. The nature of holdings became finally so unsure and unknown that King Henry II of Cyprus had to order a registering of all Cypriote *héritages* which were also parts of fiefs.[69]

As the trend of the nobility was to sell not only genuine but also pretended *héritages* in the Cour des Bourgeois, registration there would have protected the sellers and buyers from having the sale challenged in court later. Consequently, part of the lieutenant's proposal was in the interest of the nobility. The Lord of Tyre, taking this into account, therefore did not openly contradict the motion of the lieutenant but said that he basically agreed with the lieutenant and was in favor of registration in the Haute Cour—because the debate on the register for the Cour des Bourgeois had not yet begun—but only on the condition that the *recort de la court* would in case of doubt be the stronger evidence. The *recort de la court* was the memory of the court assembled as to the nature and the validity of its own precedent decisions.[70] As long as the *recort* was the principal evidence for the precedent, this sacred cow of the Latin East, one could approve of registration, but it was then almost useless. The *recort* could always be manipulated in the interest of the nobility. If the Haute Cour wished to decide against a precedent on record, the very able feudal lawyers so prevalent in the Latin Orient were not hard put to change it with subtle arguments in their presentation to a court sharing with the lawyers the same class interests, until it fitted the present situation and the nobility's interests at that moment. This was precisely what happened when the claims to the regency were decided by the Haute Cour in 1243 and 1264. Registration would have killed this very convenient means of preservation of class interests.

The suggestion of the Lord of Tyre was unanimously seconded by the assembly, as he had shown a way which would permit the introduction of a register in the Cour des Bourgeois while prohibiting it from becoming effective in the Haute Cour. John of Arsur himself was constrained to support the opinion of the Lord of Tyre. Then the debate on registration in the Cour des Bourgeois was opened and it was unanimously decided that there a register should be installed and be kept. We find, indeed, Aliotto Uguccio, a notary public mainly working for the Knights of St. John, as the first scribe of the Cour des Bourgeois from 1253 to 1260 (*RRH* nos. 1209, 1211, 1291). But when the decision was taken in 1251, the matter had not yet been settled for the Haute Cour. The assembly had only agreed that, if there should be a register for the Haute Cour, it should carry less weight as evidence than the *recort.* Even the debate on the register in the lower court was not a short one, although the writer reports the decision immediately after having mentioned the opening of the debate. But there was evidently a group which filibustered. One does not look among the bourgeois for them because for them the register meant more safety for their holdings all the way around. One may safely assume that the stalling came from those nobles who did not want a register in the Haute Cour at all,

67 Joshua Prawer, *The Latin Kingdom of Jerusalem, European Colonialism in the Middle Ages* (London, 1972), pp. 74 f. *Idem,* "The Assise de Teneure and the Assise de Vente. A Study of Landed Property in the Latin Kingdom," *Economic History Review,* 2nd ser., 4 (1951) : pp. 85 f.

68 Joshua Prawer, "The Settlement of the Latins in Jerusalem," *Speculum* 27 (1952) : pp. 494 f. There is Biblical precedence for this; *cf. Levit.* 25, 29.

69 *Abrégé* 16 p. 315.

70 Riley-Smith, *Feudal Nobility,* p. 132.

lest it might some day be considered as the stronger evidence. This group took advantage of the fact that the King of France had gone to Caesarea to fortify it. This was in March of 1251.[71] As, of course, a good many of the nobles went with him, it was argued that the debate should be deferred and this was done. Whoever was behind this was successful enough, so that when the debate was resumed it concerned only the scribe and the register of the Cour des Bourgeois, which was then established by common agreement. The debate about the register of the Haute Cour was apparently silently dropped; it was not even established as a corollary means of evidence and public record. The author of the *Abrégé* goes on to inform us that such a register was not established in the Haute Cour until King Henry II of Jerusalem and Cyprus (1285–1324) ordered it with the consent of his lieges, and this may have applied only to Cyprus where the king had more power than in Jerusalem.

It is obvious that the magnates must have had their reservations from now on about the lieutenant John of Arsur, and John of Jaffa especially must have felt rebuked, as the lieutenant had evidently chosen the timing of the debate so that John of Jaffa and John II of Beirut would not be present. While this was not unconstitutional, it amounted to an offense as the agenda was a very important piece of administrative reform which, if enacted, could not but strengthen the central forces against the centrifugal aims of the nobility. The nobility was not necessarily antiroyal, but it preferred to have a weak and absent king. It was, in fact, no longer accustomed to having a king around. Even Louis IX had his share of troubles with the Knights Templars, vividly described by Joinville, before he succeeded in banishing one of their knights from the Holy Land, and he was certainly not a man to be pushed around. In the eyes of the nobility there should be a king but he should be no more than the *primus inter pares*. No one defined this concept more succinctly and in a more determined fashion than John of Jaffa in his law book of 1265/1266. He saw the kingdom basically only as a lordship. In countless instances in his law book he calls the kingdom a *seigneurie* and speaks of the king as *chef seignor*. This corresponded to the current situation as it had developed since the collapse of the imperial administration in 1243 and it corresponded to John of Jaffa's distorted view of the history of the land. As early as 1231 Balian of Sidon had declared to the imperial lieutenant Richard Filangieri: "When this land was captured, it was not done by any *chef seignor*. It was conquered by a Crusade and a movement of pilgrims and people foregathered. And when they had conquered it, they made a *seignor* by accord and by election and they gave him the seigniorship of the kingdom." [72] Scholars have already noted that the theory of a leaderless crusade was false.[73] John of Jaffa, of course, knew the precedent of 1231 and only echoed Balian of Sidon when he wrote in the first chapter of his book that Jerusalem was captured by pilgrims, and when he let an election follow which made Godefrey of Bouillon the *rei et seignor dou roiaume* and gave him *la seignorie*. He did not fail to point out that Godefrey was not anointed as king because this underlined that the kingdom was but a *seigneurie* which could well be governed by a *chef seignor* (the silent inference being that he could be a king but did not have to be).

When the regent, King Henry I of Cyprus, died on 18 January, 1253, the Haute Cour promoted John of Arsur from lieutenant to regent, because the next one to have a dynastic claim to the regency was the infant Hugh II of Cyprus, who had been born shortly before King Henry's death. He did not come forward to present his claim nor did anyone else press it. As now the Haute Cour was free to elect one of the vassals to be regent, John of Arsur could put out a stake, having been lieutenant since 1247 with one brief interruption. This was hard to defeat, and John of Arsur had shown that, although he had consistently been strengthening the central forces, he would give in if he met with determined resistance as he had done in the case of the proposed Haute Cour register where he had done everything to make his motion pass but had gone over to the side of the Lord of Tyre when he saw that the contrast could not be won. John of Arsur may also have had the backing of Louis IX who dubbed his son a knight at Easter, 1254. Joinville,[74] an ardent admirer of Louis IX, speaks favorably of John of Arsur when the latter did not give in to Saracen pressure before Acre in June, 1253. Joinville speaks of him as constable (which he was) and as such he had to deal militarily with hostile Saracens, but he was undoubtedly already regent because the Saracens had threatened that they would devastate the farms around Acre if they were not given 50,000 gold pieces which John of Arsur declined to give to them. This was definitely not the constable's affair but the regent's. Only when later John led his troops out of the city to confront the

[71] Jean de Joinville, *Histoire de St.-Louis* §470 much later wrote that it was at the beginning of Lent (1 March) but the *Annales de Terre Sainte*, p. 445 give 29 March and the *Continuation de Guillaume de Tyr de 1229 à 1261, dite du Manuscrit de Rothelin* 74, *RHC Hoc* 2: pp. 627 f. says only March. *RRH* no. 1196 gives 1 April as the date of arrival in Caesarea.

[72] *Estoire de Eracles* XXXIII, 24, *RHC Hoc* 2: p. 389. Translation by Prawer, *Estates*, p. 15 f.

[73] Prawer, *Estates*, p. 15 f.; Riley-Smith, *Feudal Nobility*, p. 138. William of Tyre, *Historia rerum in partibus transmarinis gestarum* IX, 16, *RHC Hoc* 1 (Paris, 1844): p. 389 had already advanced a different concept when he wrote that Godefrey of Bouillon had received his *regnum a victoribus principibus*.

[74] Jean de Joinville, *Histoire de St.-Louis* §547.

Saracens did he act in his capacity as constable, although he could do this also as regent. He had reached the first peak in his career. He, whom his brothers had condescendingly allowed to have only the destroyed Arsur out of his father's estate, he who had earned himself the name of John of Foggia which cannot have had a good sound in the ears of the anti-imperialist nobility of *Outremer,* was now theoretically the biggest man in Acre politics, outshadowed only by the moral authority and the political strength of Louis IX.

John of Arsur may also have had the support of the Latin Church in the East, which in general stood more to gain from strong central government than from a weak clannish one. The very serious conflict between the Emperor Frederick II and Patriarch Gerold of Jerusalem should not lead us into the assumption that the Church was anticentralist. The patriarch's fight had not been against central royal power but against an excommunicated emperor who wore the crown in the Holy Sepulchre without being first crowned by the patriarch, thus grossly violating his prerogatives, an emperor who understandably did not pay much attention in his negotiations with the sultan to have the possessions of the Holy Sepulchre restored and who seriously played with the outrageous thought of having mass sung to him in the Holy Sepulchre, although he was under excommunication. One can hardly blame the patriarch for his resistance to the emperor, although he did go too far when he placed Jerusalem under the interdict thus trying to deprive the pilgrims and followers of the emperor from the service at the Holy Places which meant so much to them. Gerold was not a man of restraint, but his combat with the emperor was a clash between two high-handed personalities rather than a clash between Church and State. The Church was anti-Hohenstaufen, but not anti-royal.

It seems to have been a very open question what would happen to the county of Jaffa after the death of King Henry and the appointment of John of Arsur as regent and it seems that the interested parties were afraid that John as regent might revoke Henry's grant of the county to John of Jaffa, who must be considered as a political opponent of John of Arsur because he was bypassed in the assembly of 1251. We have already pointed out that no sooner had King Henry died than John of Jaffa, his envoy braving the dangers of a winter voyage, saw to it that the pope confirmed Henry's grant on 26 March, 1253. On the other hand the Knights of St. John successfully petitioned Conrad IV, the rightful king, in February of 1253 and again in January, 1254, for a confirmation of everything the order had acquired in the kingdom of Jerusalem and especially of everything given to the order by the privileges of Conrad's maternal grandfather, John of Brienne, and by the charters of the other kings, his predecessors (*RRH* nos. 1202a, 1211a). The reference to the charters by King John was probably to *RRH* nos. 858a, 892 concerning the valuable possession of Manueth near Acre, over which a long-standing litigation had been settled in December, 1251, by the papal legate Odo of Châteauroux in the presence of the lieutenant John of Arsur (*RRH* no. 1198a). But the confirmation must also have had in view conditions at Ascalon which had since 1154 been a part of the county of Jaffa. It had been ravaged and had become Muslim in 1192, had been regained and refortified by Richard of Cornwall in 1240/1241, and had been given by him to the imperial châtelain of Jerusalem in March, 1241. In August, 1243, Emperor Frederick II had given Ascalon to the Knights of St. John on the condition that he should have the right to take Ascalon back into crown possession if he indemnified the Knights for the expenses they would have incurred for it less the income they would have derived from it. This was repeated in November, 1243, by Conrad IV and again, modified in favor of the Knights, in March of 1244 and once more in March of 1252. When the pope deposed Emperor Frederick II at the Council of Lyons in 1245, the Knights petitioned for a papal confirmation of their possession of Ascalon and their right to damages in February, 1246, in case it should pass into somebody else's hands.[75] This question became virulent when Ascalon was lost again to the Muslims in October, 1247. As by June, 1247, John of Jaffa had already received the county of Jaffa (–Ascalon) from Henry I of Cyprus (*RRH* no. 1149), the loss of Ascalon came under him. Obviously John had the support of the regent Henry and his lieutenant John of Arsur in his claim to Ascalon, as it was unassailable in law—provided that the grant of the county of Jaffa was legal—and was the natural consequence of the grant of Jaffa made by Henry himself. But things could become different when John of Arsur's hands were no longer tied by the decision concerning Jaffa which Henry had made and which in all likelihood had violated the rights of the previous count, Walter of Brienne, imprisoned in Egypt. It is symptomatic that the Knights of St. John apparently never petitioned King Henry I of Cyprus or his lieutenant John of Arsur for a confirmation of their rights to Ascalon because as long as Henry was alive they would not have received it. It is also revealing that whereas the Count of Jaffa immediately after Henry's death petitioned the pope for a confirmation of Henry's grant of Jaffa, the Knights went to the pope's arch-enemy Conrad IV for a confirmation of their rights to the city. Both parties were taking sides for a contest over Ascalon, should it be reconquered, or over the

[75] On all this see Hiestand, *Zwei unbekannte Diplome,* pp. 34–39.

thorny problem of damages to the Knights, should it remain in the hands of the infidel.

John of Jaffa had in the meantime concentrated his activities on the northern parts of his double county around Jaffa. He had successfully solicited the physical and financial help of Louis IX to refortify Jaffa, and Joinville reports enormous amounts which the king is said to have spent on Jaffa: 30,000 *livres tournois* for the gate and the wall in the estimate of the papal legate Odo of Châteauroux, although the legate may have been overestimating the expenditure, as Joinville himself, who cannot have been an ignoramus in such matters, had thought it worth only 500 pounds.[76] On 1 April, 1253, the pope, following an expressly mentioned petition by John of Jaffa, granted an indulgence of forty days to those who would help the Count of Jaffa repair the port, if indeed the open and notoriously dangerous roads of Jaffa can be given this name.[77] Count John must have been in very good grace then at the Roman Curia, as we shall see below on p. 41.

Possibly John of Jaffa used these connections to make an attempt to revive the old bishopric of Jaffa of pre-crusade days. There is more to this than Beyer [78] thought. As early as the twelfth century the Jacobite patriarch Michael the Syrian († 1196)[79] stated that the crusaders installed a bishop of Jaffa. Beyer was probably correct in his assumption that this was a misnomer for Ramla-Lydda, because this oldest Latin bishopric in the kingdom of Jerusalem, which surrounded Jaffa, is conspicuously absent from Michael's list, as, however, are others, most notably Acre and Tiberias. Michael's statement with regard to Jaffa may also echo two Latin twelfth-century attempts to create a bishop there which miscarried.[80] Jaffa remained a bishopric without a bishop under the direct administration of the prior and the canons of the Holy Sepulchre, who conducted their affairs there through the dean of St. Peter of Jaffa, a church belonging to the canons which, however, enjoyed episcopal rank (and, what is more, the episcopal revenues consisting of the complete diocesan tithes, as these were not paid to the parish in the Latin East but rather to the bishop). It would, indeed, have been very much in John of Jaffa's style if he had made a new attempt in the mid-thirteenth century, as it would have further enhanced the status of his county if it had been the seat of a proper bishop.

Although the matter cannot be decided with any degree of certainty, the evidence must once again be reviewed. The *Estoire de Eracles* [81] reports that in 1253 there died *l'evesque de Jaffe Gui de Nimars.* The same chronicle mentions a bishop of *Jaffe* who went with others to the council of Lyons in 1273 to represent the Latin church of Palestine and Cyprus.[82] It is true that Pope Alexander IV in 1259 placed Jaffa twice expressly in the diocese of Lydda (*RRH* nos. 1273 b, c). Alexander may have been misinformed about the diocesan status of Jaffa, but one also should not preclude the possibility that Alexander had truly altered the status of Jaffa and had actually placed it under Lydda. Whoever touched the status of Jaffa, be it the pope or be it John of Jaffa through the pope, was bound to trigger the opposition of the Holy Sepulchre. But then it must be remembered that this church was now in exile in Acre and had lost most of its possessions in the East and could be much more easily trodden underfoot in the second half of the thirteenth century than in the twelfth. Whatever lies behind Jaffa being placed in the diocese of Lydda twice, does not in itself, as Beyer thought, speak against Jaffa having had a bishop of its own for a short period, because it does not reflect, as Beyer assumes, a static condition prevailing throughout the thirteenth century but is only a stage in a developing history, unless it was simply a Roman mistake.

There is more in the hypothesis of Riley-Smith [83] that the Bishop of *Jaffe* in 1273 (who could, in any case, only have been a titular bishop, as Jaffa had fallen to the Muslims in 1268) ought perhaps to be read as Bishop of *Baffe* (Paphos in Cyprus). This is, in fact, an old conjecture which had already been advanced for Guy of Nimars, the bishop who died in 1253, by Röhricht,[84] and it may have been made as early as the thirteenth century by the author of the *Annales de Terre Sainte* [85] who reported in 1253 the death of *Guis de Nimars, evesques de Balfe*—if *Balfe* stands for Paphos instead of Jaffa. Contrary to what has been assumed so far, Guy of Nimars is not otherwise unknown. In July, 1247, the pope gave to one *Guido de Minars,* a canon in the cathedral of Nicosia, permission to accumulate prebends.[86] Guy, therefore, belonged to the Cypriote Church and could conceivably have risen to the dignity of a bishop of Paphos. But the episcopal list of Paphos in these years does not contain his name and is in great confusion because of the troubles created by Bishop Giovanni Romano of Paphos. In the late thirties [87] he seems to have

76 Jean de Joinville, *Histoire de St.-Louis* §562.

77 *Registres d'Innocent* IV no. 6463. Riley-Smith, *Feudal Nobility,* p. 30.

78 Beyer, *Südwestpalästina,* p. 162 revising his formerly positive statements, *Caesarea,* p. 80.

79 *Chronique de Michel le Syrien, patriarche jacobite d'Antioche (1166–1199),* ed. and transl. J. B. Chabot, 3 (Paris, 1905); p. 191.

80 Hans Eberhard Mayer, *Bistümer, Klöster und Stifte im Königreich Jerusalem,* Schriften der Monumenta Germaniae Historica 26 (Stuttgart, 1977): pp. 13–18, 202–212.

81 *Estoire de Eracles* XXXIV, 2, *RHC Hoc* 2: p. 441.

82 *Estoire de Eracles* XXXIV, 17, *RHC Hoc* 2: p. 464.

83 Riley-Smith, *Feudal Nobility,* p. 223 note 186 (on p. 307).

84 Röhricht, *Jerusalem,* p. 891 note 3.

85 *Annales de Terre Sainte,* p. 445.

86 *Registres d'Innocent* IV no. 2007.

87 Comte Paul Riant, *Etudes sur l'histoire de l'église de Bethléem* 1 (Genoa, 1889): p. 34 note 2.

been elected Bishop of Bethlehem but appears to have been deposed under Gregory IX. In any case, Innocent IV did no longer recognize him as bishop or even as elect of Bethlehem but referred to him repeatedly as *Iohannes Romanus nunc Paphensis electus* (and later: *episcopus*), *qui tunc pro electo Bethleemitane eccelsie se gerebat.*[88] Working hand in glove with some of the canons, Giovanni sold and mortgaged the possessions of the Church of Bethlehem, alienating its houses in Acre, several villages, part of its archives and precious relics. In a whole series of letters of 1245/1246 the pope tried to help the newly elected Bishop of Bethlehem, Godefrido de' Prefetti, to recover these possessions. It seems that Giovanni made himself as much disliked in Paphos as he had done before in Bethlehem because the pope ordered the legate Odo of Châteauroux on 30 May, 1254, to appoint Master Emmanuele Frangipani, canon of Paris, to the see of Paphos—*si vacat,* about which apparently there was no certainty. The year before Rome had at least known the whereabouts of Giovanni Romano because when Innocent IV issued his five charters confirming John of Jaffa in his possession of the county of Jaffa-Ascalon and protecting him against possible episcopal harassment (see below p. 41), he made the abbot of the monastery of the Savior on Mount Thabor and *Iohannes episcopus quondam Paphensis apud Ioppen commorans* executors of two of the charters.[89] The pope, therefore, no longer recognized Giovanni as Bishop of Paphos, perhaps not even as bishop at all. But whether Giovanni accepted this deposition is another matter; the *si vacat* clause is revealing. He may also not have accepted his former transfer to Paphos (which, given the circumstances, amounted to a deposition) because his successor in Bethlehem never seems to have been consecrated. Although Godefrido was elected in 1244, he was in Jaffa with Louis IX in March of 1253 (*RRH* no. 1203), still as bishop-elect. This must have created an awkward situation because as far as was known in Rome, the former Bishop-elect of Bethlehem, Giovanni Romano, who must have been on very bad terms with Godefrido de' Prefetti, was in the same town. For any bishop of Bethlehem, Jaffa, the capital of the double county Jaffa-Ascalon, was an important place because Ascalon (when in Christian hands) was the most important parish of the bishopric after Bethlehem itself. Time and again the subjection of this old episcopal see under Bethlehem had to be enforced by the popes Paschalis II, Calixtus II, Innocent II, Lucius II, Lucius III, Honorius II, Gregory IX, Urban IV and Clement IV (*RRH* no. 983). Godefrido de' Prefetti as elected Bishop of Bethlehem had to come to some *modus vivendi* with the Count of Jaffa in case Ascalon should be reconquered. The same was true, however, of Giovanni Romano if he still clung to his old title in Bethlehem.

Unfortunately we do not know whether Giovanni was in Jaffa in the *entourage* of Louis IX who fed more than one former bishop, or of John of Jaffa. But if John wished to create a bishop of Jaffa, he certainly would have found in Giovanni a willing, albeit unsuitable candidate. If Guy of Nimars had been Bishop of Jaffa and not of Paphos, he had been the creation of the count who could have used his strong influence in Rome to such an end, as this would, at least, have given him one firm supporter among the episcopate. When Guy died in 1253, Giovanni Romano, who had lost two sees and was present in Jaffa, would have been the likely choice for the count, who would have found in him an unscrupulous ecclesiastic who had held episcopal office before. Such an appointment might have solved various problems. It might have served to remove the obstacles to the consecration of Godefrido de' Prefetti as Bishop of Bethlehem, because Giovanni would have been provided for. The pope would have been able to fill the see of Paphos without having to expect difficulties. The violent opposition

---

[88] *Registres d'Innocent IV* nos. 957, 1066, 1532, 2057. A bishop of Paphos is mentioned but not named *ibid.*, no. 3698 of February, 1248. It seems that we have to distinguish between two bishops of Paphos called John in these years. Not long before 30 December, 1237, a bishop of Paphos had died, because on this day Pope Gregory IX confirmed to the abbess of St. Mary and All Saints in Acre, among other things, a plot of land in the city of Paphos donated by Queen Alice of Cyprus, where the convent had begun to erect a church in honor of St. Mary of Egypt with the permission of the late Bishop of Paphos and his chapter (*Registres de Grégoire IX,* no. 4013 = Potthast no. 10695). His successor was in Genoa on 9 August, 1237, when the church of San Siro was consecrated in the presence of *Iohannes Paphensis episcopus de Cypro;* see *Historiae patriae monumenta. Chartarum* 1 (Turin, 1836): col. 1335 no. 893. *Registres de Grégoire IX,* no. 4551 of 9 October, 1238, mentions an unnamed bishop of Paphos as being in office. *Ibid.*, no. 4753 of 2 March, 1239, permits the patriarch of Jerusalem to appoint the Bishop of Paphos to the archbishopric of Nazareth, because he cannot *propter loci infirmitatem* remain in his diocese and because it would be useless for him to remain there, as he is unfamiliar with the language and the rites of the Greeks who furnish the bulk of the population there. The same was doubtless also true of his successors, and the papal charter reveals that an appointment to Paphos cannot have been much sought after. Aside from the episcopal dignity as such the see brought no real advantage to its incumbents, unless they could use it as a stepping stone for better appointments. But a transfer from Bethlehem to Paphos, as happened to Giovanni Romano, who must be distinguished from the earlier bishop of Paphos named John (because Giovanni Romano in 1245 was still only Bishop-elect of Paphos; see the letters by Innocent IV quoted above), was certainly dishonorable. Because of the first John's transfer to Nazareth, Conrad Eubel, *Hierarchia catholica medii aevi,* 2nd ed., 1 (Münster 1913): pp. 358, 388 identified him incorrectly as the later Archbishop Henry of Nazareth, because he is unnamed in the papal letters concerning his time in Paphos and Eubel did not know about his participation in the consecration of San Siro where he is named John.

[89] *Registres d'Innocent IV* nos. 6455, 6465.

of the Holy Sepulchre would have been absolutely certain, but it had been predictable in the twelfth century and, while it had prevented two attempts to create a bishop of Jaffa, it had not deterred the interested parties from making these attempts. If such a scheme was successful, the Count of Jaffa won at least one supporter among the episcopate and finally had a bishop in his capital, as the lords of Galilee, Caesarea, Sidon, Beirut, Transjordan, and Hebron had already had in the twelfth century. It is almost needless to point out that John of Jaffa, in his law book, did not list having an episcopal see as one of the characteristics of a lordship or, at least, of one of the four great baronies which he introduced into the constitutional framework of the Latin kingdom. Legally speaking, the diocesan organization was independent of the political situation, and this was certainly true of the twelfth-century county of Jaffa-Ascalon where the Bishop of Bethlehem ruled the southern part of Ascalon and the canons of the Holy Sepulchre had the nothern part of Jaffa and both had their seats outside the double county. But in political reality this was an anomaly because it entailed a lack in social prestige to which no lord, and certainly no Ibelin, whould ever have been indifferent. Ever since in the early days of the Latin kingdom the Norman Tancred had founded sees in Galilee, the consistent desire of the lords to have their capitals elevated to episcopal sees can be demonstrated, and this met with the long-established practice of the Church to make the ecclesiastical unit roughly correspond to the political ones.

It must be stressed that the question whether Jaffa in the thirteenth century was raised to a proper bishopric with a bishop, must remain unanswered, but if it happened, it was done under Count John of Jaffa and the source material available does not preclude the possibility of such an event, short-lived as it may have been. Placing Jaffa under Lydda, as the pope did in 1259, may have been his way out between the conflicting claims and ambitions of the canons of the Holy Sepulchre and the Count of Jaffa with regard to the diocesan status of Jaffa. The question of Paphos had apparently been solved; the problems in Bethlehem certainly had come to an end when on 18 April, 1259, Thomas Agni arrived in Acre, for he was not only the new Bishop of Bethlehem but also enjoyed legatine powers. A bishop of Jaffa, especially if he should have been Giovanni Romano, could now conveniently have been dropped by the Curia, in which case it would have been advisable to remove the problem of the bishopric of Jaffa from the two contestants by making Jaffa subject to Lydda. One may ask whether the animosity existing between Patriarch James Pantaleon (1255–1261, see below p. 47) and John of Jaffa did not have something to do with this enigmatic problem.

But regardless of whether or not a bishopric had been founded in Jaffa by exploiting the good relations of Count John of Jaffa with Innocent IV as well as the turmoil in the sees of Bethlehem and Paphos, the count must have felt threatened in 1253 after the death of King Henry. Not only the papal confirmation of Henry's grant of Jaffa points to this but also the fact that this business was not the only one he had then transacted in Rome, for on 24 and 26 March, 1253, when the pope confirmed the county of Jaffa-Ascalon to him, he also received at his own request from the pope privileges which Riley-Smith [90] justly calls unparalleled for an ordinary layman in Palestine. He was accorded papal protection for himself and his family and for five years he and his dependents could only be excommunicated by a papal legate or anyone else, if they carried a special papal mandate to that effect. It was also granted to him that he need not answer, for the duration of his privileges, any summons to appear before a court outside of the kingdom of Cyprus or the city of Acre, unless the pope expressly so commanded, and he and his family were allowed to hear mass even in time of an interdict.

These are indeed enormous concessions and they bring us back to the question whether John of Arsur had the support of the Church in the East. As regent he might have summoned John of Jaffa into court in Jersualem over the question of Jaffa if he felt that it should and—what is more important—could be done. As any vassal had to answer for his fief in the Haute Cour of Jerusalem under all circumstances and as this had never been questioned, the pope could not protect John of Jaffa from this. On the other hand, it was very difficult for any regent to dispossess John of his fief in the Haute Cour. The nobility had not fought for a whole decade against the emperor to prevent arbitrary confiscation of a fief in order to allow a regent to do it. John of Jaffa's position was better now with regard to the county than when it had been granted to him because the bones of his predecessor Walter of Brienne had been received from the Egyptians and had been buried in Acre with such splendor that proof of this was easy to establish. It is true that Walter had heirs, but they were not in the East. Under these circumstances the Haute Cour would hardly have passed judgment against the Count of Jaffa, not wishing to establish a precedent which nobody wanted.[91] But the regent could choose to

[90] Riley-Smith, *Feudal Nobility*, p. 214. *Registres d'Innocent* IV nos. 6455–58.

[91] One should once again consider John of Jaffa's theory of the "quatre baronnies" in the Latin kingdom which has been investigated by Jean Richard, "Pairie d'Orient latin. Les quatre baronnies des royaumes de Jérusalem et de Chypre," *Revue historique de droit français et étranger*, 4th ser., 28 (1950) : pp. 67–80. Richard explained the four baronies as a twelfth-century institution having more or less fallen into oblivion in the thirteenth century except in John of Jaffa's

harass John of Jaffa through the episcopate, and it was against this that John of Jaffa sought and obtained papal protection. Contrary to Riley-Smith who feels that these extraordinary grants meant that John of Jaffa had become Henry's lieutenant, which is improbable, or was afraid of the followers of Conrad IV, we submit that he was primarily afraid of John of Arsur, although the two interpretations might be merged if it is assumed that John of Arsur, who had always supported the crown, was now supporting Conrad IV, whose representative he was indeed in his capacity as regent. He may not have forgotten that he was known as John of Foggia.

Like any Ibelin, John of Jaffa was, of course, not a man who would have felt that it was enough to procure a papal charter. Being a lawyer of most outstanding qualities, he must have known that getting a papal charter was easier than putting it into effect. It was better to have the regent John of Arsur replaced, preferably by John of Jaffa himself. And this is precisely what happened in 1254 after a very brief interlude when Philip le Chamberlain was regent so briefly that we must seriously consider that Philip was not regent at all but was filling in on that one occasion for John of Arsur. John of Jaffa could argue that a vassal regent who had no dynastic claim to the regency could be ousted from office by the Haute Cour which had first created him, as opposed to a related regent whose claim was investigated by the Haute Cour but remained in force once it had been recognized. It was true that this case had not yet arisen because the case of the regent Raymond of Tripoli was not comparable. In 1174 he had claimed and received the regency, among other reasons because he had claimed that he was the nearest relative of the king. His regency had ended when King Baldwin IV came of age in 1176, but when he was appointed regent again in 1185 for the young Baldwin V it was as vassal regent, not as relative, because now the claims of the king's mother Sibyl could no longer have been disregarded (as had been the case in 1174) if she had made a claim for the regency based on relationship or if Raymond had done so. The rights of a mother were obviously stronger than those of an unmarried sister. One cannot see how Raymond could possibly have been appointed regent in 1185 as nearest relative. However, his case could be easily construed as two vassal regencies, especially as between the two regencies he had held a third term of office as lieutenant for Baldwin IV, who was incapacitated by leprosy (1184–1185). It was all the easier to represent the case in this light, as Raymond had based his first claim on being the most powerful of the vassals as well as the nearest relative of the king. This bit of information is contained in the chronicle of William of Tyre.[92] Since the king or his regent were relatively free to appoint a lieutenant and to revoke their appointment—although customarily the vassals had their say in this also—it could be argued that the Haute Cour should enjoy the same degree of liberty of action in appointing or revoking a vassal regent when no dynastic claim was pressed.

The decisive circumstance in favor of John of Jaffa was the fact that whatever supporters John of Arsur may have had outside the nobility were now gone. As John of Jaffa himself succeeded John of Arsur, we may presume that it was also the Count of Jaffa who engineered John of Arsur's downfall, especially as he felt threatened by this man. He did this in a power vacuum which was without precedence or parallel in

legal mind. But Richard, with his usual critical acumen, noted already that at least one of John's baronies seemed to be artificially composed of elements which had practically never formed one fief and that only by throwing them together, could John arrive at a barony owing a service of 100 knights, which was one of his characteristics of these four baronies, another one being that it had to have a household modeled after the king's. Richard also noted that the *barones* cited in twelfth-century documents do not fit John of Jaffa's list of the four baronies: Jaffa-Ascalon, Galilee, Sidon-Caesarea including Bethsan, and either Transjordan or Tripoli on the inclusion of which John reported divided opinions (*Livre de Jean d'Ibelin* 269, *RHC Lois* 1: p. 418) which points to a public discussion speaking against the assumption that the insitution was a forgotten thing only of interest to esoteric lawyers. Could it not be that the whole theory of the four baronies was a thirteenth-century creation by John of Jaffa in order to protect himself against having the dubious grant of the county of Jaffa-Ascalon of 1247 revoked after 1253 as having been illegal? It must be remembered that the most important distinction in John's theory between a baron and an ordinary liegeman was that, while the baron sat in the Haute Cour with the other liegemen casting his vote on all business transacted there, he himself could only be judged in all matters relating to his person and his fief by his peers, the other three barons. Of these, Galilee in John's days was insignificant, Transjordan had been lost for almost a century and was not even retained in the title of Philip of Montfort who would have had a claim to it, and Caesarea and Sidon were split. Given these circumstances there was really nobody at all, who, under John's theory, could have taken Jaffa from him except the Count of Tripoli (then Bohemund VI of Antioch-Tripoli). It is significant that he included him, although the county of Tripoli had for a very long time been considered as being outside the kingdom altogether and had only been briefly under the suzerainty of King Baldwin I. Putting forward Tripoli as one of the baronies of the kingdom was therefore bound to raise the debate reported by John. But, at least when he finished his law book in 1265/66, John could firmly rely on the support of Bohemund VI of Antioch-Tripoli because he had installed Bohemund's sister in 1258 as regent of Jerusalem, as we shall see. I believe we must seriously consider John's theory of the four baronies as an attempt to create a special peerage which would have absolutely ensured him in the possession of the county of Jaffa-Ascalon, if he could successfully introduce this theory into the constitutional reality of the kingdom. Whether he was successful or not, we do not know, but the attempt is interesting in itself and the advantages for John are very clearly to be seen.

[92] William of Tyre, *Historia* XXI, 3, *RHC Hoc* 1: p. 1007.

the history of the kingdom. Things had, of course, already become shaky when King Henry I of Cyprus died on 18 January, 1253, but there Louis IX was still in the land against whose will nothing could be done. At that time people did not expect a regency by John of Arsur or, in any case, a long regency by him. Rather it was believed that a dynastic claim would soon be made for the baby king of Cyprus, Hugh II. When the Teutonic Knights on 6 June, 1253, reached a *finalis concordia* with Amaury Barlais concerning certain contested possessions, Amaury had to promise that he would endeavor to the best of his abilities to procure, by 1 May, 1254, a charter of confirmation from "the lord king of Cyprus, the illustrious lord of the kingdom of Jerusalem" which can refer to nobody but Hugh II.[93] But nothing happened with regard to a regency by Hugh. In 1254 things began to develop fast. In May, Conrad IV died. The legitimate heir to the throne, he had been a mere shadow in day-to-day politics in the East. The new heir was little Conradin who was two years old and could not become king until he came of age in March, 1267, and must then come East in order to be crowned. Nobody entertained many illusions about this as already Conrad IV had failed to come East. On 24 April, 1254, Louis IX had already embarked to travel home to France. He left not only because his mother and regent had died (she had died in November, 1252), but also because his task of fortifying the cities of the kingdom was finished and the barons very indelicately told him so and said they saw no further need for him to remain.[94] As if the departure of the French king, pleasing as it may have been to the magnates on whom he had imposed a check, had not been enough of a misfortune, the patriarch Robert of Jerusalem died on 8 June, 1254. His successor James Pantaleon, Bishop of Verdun, was not created patriarch until April, 1255, and did not arrive in the East until 3 June, 1256. Thus the Church was without a head. This was not changed by the arrival of the Patriarch of Antioch who came on 22 June, 1254, aiming to become Patriarch of Jerusalem himself, a plan that miscarried. When the patriarchate was vacant, the task of ruling over the church of Jerusalem and of the kingdom fell upon the Archbishop of Tyre, but he had died in 1253 and his successor Giles is mentioned on 17 July,[95] 29 August and in September, 1254, with the extraordinary title of Tyrensis *electus et consecratus* (*RRH* nos. 1216, 1221). This means that he had not yet received either the confirmation by the pope or the archiepiscopal pallium and was therefore not in the full possession of his archiepiscopal office.[96] The fact that in a letter written by the episcopate, the masters of the knightly orders and the magnates to King Henry III of England in September, 1254,[97] he is listed *electus et consecratus* after the archbishops of Caesarea and Nazareth, although in the traditional hierarchy [98] he should have preceded them, proves that he was definitely still archbishop-elect only. The Church was governed, inasmuch as one can talk of government during such massive vacancies, by the Archbishop of Caesarea. One must certainly take into account, too, that the most important bishopric of the whole kingdom, that of Acre, was also vacant because Bishop Walter II had died in 1253 and his successor Florentius, formerly canon of Lyon, did not arrive in Acre until 24 June, 1256. The Church was practically without a leader, especially after Cardinal Odo of Châteauroux, who had been in the Holy Land as papal legate since 1250, left for Rome on 17 September, 1254, one day after he had issued his last charter in the East (*RRH* no. 1219).[99]

At about this time when the King of France and the legate went away, when Conrad IV had died, when the Church was without leadership, there was also a change in the regency which could hardly have been accidental. Chronicles report dryly that in 1254

---

93 *RRH* no. 1206. On this *finalis concordia see* Mayer, *Arrabe*, p. 207 f.

94 Jean de Joinville, *Histoire de St.-Louis* §615 f. It is of course, a mistake of *Röhricht, Jerusalem*, pp. 892 f. to believe that Louis IX begged the barons' permission to leave.

95 On this day he issued an *inspeximus* of *RRH* no. 1012. Venice, Archivio di Stato, S. Maria dei Teutonici (SS. Trinità) busta 2 no. 29. The title of the archbishop-elect is printed by Riccardo Predelli, "Le reliquie dell'archivio dell'Ordine Teutonico in Venezia," *Atti del Reale Istituto veneto di scienze, letter ed arti* 64 (1904–1905) : pp. 1426 no. 29.

96 On the constitutional position of a metropolitan-elect see Robert L. Benson, *The Bishop-Elect. A Study in Medieval Ecclesiastical Office* (Princeton, 1968), p. 177, especially note 21 where Benson quotes Christian II of Mainz with a similar title. Another example is Archbishop Hugh of Nicosia in 1251; see Louis de Mas-Latrie, "Histoire des archevêques de l'île de Chypre," *Archives de l'Orient latin 2a* (1884) : pp. 231 f. The question of consecration was irrelevant in the case of Giles with regard to Tyre. Normally it followed the election and the confirmation. But Giles had already been consecrated when he was elected to Tyre. Therefore we do not know whether he had already been confirmed in the summer of 1254. It may have been either this or the pallium which he was still lacking. He had been the first and only incumbent of the archbishopric of Damiette 1249–1250, for the loss of which he had been compensated by the founder of the see, Louis IX, with an annual rent of 200 Parisian pounds in July, 1252, but only as long as he was not provided for with another bishopric or archbishopric; see Etienne Baluze, *Miscellanea novo ordine digesta,* 2nd ed., ed. Giovanni Domenico Mansi, 3 (Lucca, 1762) : pp. 100–101. Even if the confirmation and the pallium should already have arrived, Giles might have been reluctant to accept it, because the rent from the French king was payable on 1 November and Giles may have wished to collect it for the last time.

97 *RRH* no. 1221. *Annales de Burton,* in: *Annales monastici,* ed. Henry Richards Luard 1, Rolls Series 36, 1 (London, 1864) : p. 368.

98 The traditional hierarchical order of the archbishops is given in *Livre de Jean d'Ibelin* 6, *RHC Lois* 1: p. 29.

99 For the dating of these events see the evidence assembled by Röhricht, *Jerusalem*, pp. 893–896.

John of Ibelin, Count of Jaffa, took the regency and governed the land.[100] Judging from John of Arsur's later return to power, it is obvious that he yielded only to pressure. The fact that there was an interlude during which his partisan Philip le Chamberlain filled in for him or actually was regent for a very brief time—and then presumably as the puppet of John of Arsur, who retained his crown office of constable—points in the same direction. On 22 September, 1254, a notary public drew up a charter (*RRH* no. 1220) describing in great detail how Julian of Sidon had put the master of the Knights Hospitallers in seisin of Casal Robert which he had alienated to the Order. Although the text does not bear out the assumption, it could possibly be that 22 September is the date the charter was drawn up and that the investiture took place some time earlier, but, regardless of who was regent that day, the Arsur party was still in power. The investiture was transacted before Philip le Chamberlaine *existens ista die loco Signorie* (which is not an unsual term for a regency), John of Ibelin, Lord of Arsur and constable of the kingdom, who is not styled as regent, Gerard of Picquigny, Raoul Lord of Blanchegarde, Walter Aleman, James Vidal, Raoul Aleman, all firmly from the Arsur camp and participants in the debate of 1251 concerning the register of the Haute Cour. The other Ibelin clan represented by John II of Beirut and John of Jaffa was absent again, as was Philip of Montfort, Lord of Tyre, this time. Yet still in the same month, John of Jaffa was in office as regent; he is called so in the letter to King Henry III (*RRH* no. 1221) and listed with Philip of Montfort before John of Arsur, who is given the title of constable of the kingdom.

It is generally assumed that the Latin kingdom of Jerusalem was a weak and feeble state at this time and one may wonder why John of Jaffa would have sought the office of regent. The kingdom was indeed feeble but it was John's land, and the office was surely a lucrative one, even given the weakness of the land. From closely looking at the scarce evidence we have of the regency of King Henry I of Cyprus but much more so from looking at the government of King Hugh III around 1270 when the country was in a much worse shape, we must conclude that the central government had more power than is currently believed. We shall show in one of our next papers dealing with the seals of the crusader states that elaborate precautions were taken to deceive the central government about certain forbidden sales of fiefs, which means that the concluding parties evidently did not dare openly to defy the central administration. There was power to be had from being regent, and the Ibelin who was not power-hungry had not yet been born. It was more a matter to what ends the powers of the office would be employed. It was clear that John of Jaffa was a kind of regent totally different from John of Arsur. As opposed to that old centralist who, although an Ibelin himself, had tried to rule against the Ibelin family and the interests of the magnates, John of Jaffa saw the kingdom more than anyone else as an oligarchy of the nobles. He must have been brought to power by those who shared this view with him, and after Louis IX had left the country, his power was much more real than that of John of Arsur had been, even though Arsur and King Henry I of Cyprus had tried hard to give royal power as much substance as was possible with Louis IX present. As far as we can see from the source material still extant, it was shortly before John of Jaffa was installed as regent, i.e. in August, 1254 (*RRH* no. 1217), that the vassals began to adopt in their charters a new formula for the announcement of the seal to which the *Livre au roi* would already have entitled them for half a century but which they had not used and which even King Henry I of Cyprus as Regent of Jerusalem had only begun to use as recently as 1252,[101] i.e., the announcement of a *bulle de plomp empreint en mes dreis coing de ma seignorie.* If this was not done with the advice of John of Jaffa, who must have known the *Livre au roi* very well, it was certainly not stopped by him. The formula spread rapidly.[102] From the fragmentary material it seems that John of Jaffa did not intervene when a vassal alienated part of his fief. At least he is not mentioned, not even as witness, in *RRH* nos. 1233, 1234, 1239, 1241, although some of these possessions may have been *héritages* in cities and all with exception of *RRH* no. 1239 (an alienation of part of the lordship of the Archbishop of Nazareth) came decidedly from the Arsur camp, especially *RRH* no. 1241, an alienation by John of Arsur himself, who could not reasonably be expected to bother much about the consent of John of Jaffa (who may not have cared to give it) as inactivity in such matters would have been well in accord with his point of view that the kingdom was but a lordship and consequently all *seigneurs* were more or less equals of the king, as was demonstrated by the usurpation of the new seal formula. That this noninterference was most likely not accidental, is shown by the fact that no sooner was John of Arsur back in the office of regent that he saw to it that he was asked to witness the ten-year lease of Caselimbert to the Teutonic Knights (*RRH* no. 1250), even though no service was owed for Caselimbert (*RRH* no. 1208).

[100] *Annales de Terre Sainte,* p. 446; *Estoire de Eracles* XXXIV, 2, *RHC Hoc* 2: p. 441.

[101] *RRH* no. 1208 dated October, 1253 in a copy of the second half of the thirteenth century. As the text is otherwise very good, we assume a scribal error for 1252, because King Henry I died on 18 January, 1253.

[102] See on this problem in the near future Mayer, *Das Siegelwesen in den Kreuzfahrerstaaten* (see above, note 36).

In foreign policy John of Jaffa concluded a truce for ten years, ten months, and ten days with the Saracens, but all chronicles mentioning it are agreed that either the county of Jaffa was excluded from it or it comprised the kingdom from the river of Arsur (also known as river of Jaffa, the Nahr el-Audj north of Jaffa) to the river of Beirut, which comes to the same thing.[103] This was a true piece of Ibelin politics, as it allowed the regent to concentrate the whole fighting power of the kingdom on enlarging the county of Jaffa. That he could persuade the Haute Cour to follow him on such a transparently selfish project, although the kingdom stood to gain from expansion in the southwest, also shows the degree of influence which he now had in the Haute Cour. The whole spring of 1256 was filled with fighting around Jaffa under the leadership of the erstwhile confidant of Louis IX, Geoffrey of Sargines, who was now marshal of the kingdom (*RRH* no. 1221). As marshal he was the substitute for the constable in times of war and was in command of the army for him, and, as John of Arsur is not mentioned in the sources on these battles and had no reason at all to go and fight for the aggrandizement of John of Jaffa, the task of commanding the army fell necessarily to Geoffrey of Sargines. The Count of Jaffa naturally took part and was almost killed in a battle on 17 March, 1256, fought outside of Jaffa.[104] In 1256 John of Jaffa had to resign the regency, which passed back to John of Arsur.[105] Whether the resignation of John of Jaffa was only due to the fact that he was absent in the southwest,[106] is doubtful because the war must have had the approval of the Haute Cour, if the marshal was leading the army, and the Christians were not doing too badly by way of prisoners and booty.

But the main objective of the war, which seems to have been Ascalon, had not been reached. In January, 1256, the fighting had taken place between Gaza and Ascalon, and John of Jaffa seems to have envisaged the reconquest of Ascalon, because in this month and the next he came to terms with the Knights of St. John concerning the thorny question of their right to repayment of expenses they had incurred when they administered Ascalon from 1243 to 1247. In January, 1256, he promised them 650 *charruées* of land in his lordship of Ascalon as compensation and sealed the charter with his seal of his "county of Jaffa and Ascalon" (*RRH* no. 1245). On 2 February, 1256, he became more specific, assigning the 650 *charruées* in fourteen named villages around Ascalon (*RRH* no. 1246). Three arbiters were to be appointed for the actual distribution, one to be named by each party and one by the prior of the Friars of Acre. The count was obliged to comply by the decisions of the arbiters and hand over the land within forty days after having been requested to do so by the Knights. He must have been optimistic about the chances for the reconquest of Ascalon because he carefully specified that he would retain for himself all land in the fourteen villages exceeding a total of 650 *charruées* and reserved for himself the right of supervising and controlling the highways and the possession of all villagers born in these villages within two years after Ascalon returned into Christian hands under a truce. This proved to be the crucial point: Ascalon had to return to the kingdom under an official truce. The whole settlement was not of any value to the Knights, if this was not the case. One is surprised to find the Knights accepting this charter. Either they had no choice or else the lawyer John of Jaffa pulled the wool over their eyes. While his whole claim to Ascalon rested on the fact that since 1154 it had been considered part of a double county, firmly connected with Jaffa, the count now carefully distinguished between his lordship of Jaffa and of Ascalon, and while he promised all kinds of alternative land within the fourteen villages or elsewhere around Ascalon to the Hospitallers, if the land assigned was not good enough, and although he even took into account the possibility that the land in the fourteen villages would not suffice for 650 *charruées*, assigning in this case a rent of 15 besants for each *charrué* missing, he assigned this only from revenues from his domain of Ascalon. Unless Ascalon was returned to him, he was under no obligation at all to compensate the Hospitallers for their old expenses from his lands or his revenues in Jaffa. It is for this reason that in later charters concerning the matter, no reference is made to *RRH* nos. 1245, 1246. When in March, 1256, it became apparent that Ascalon would not be reconquered, matters became difficult because the Hospitallers apparently insisted on some kind of com-

---

[103] *MS de Rothelin* (see above, note 71) 76, p. 630; *Chronicon de Lanercost,* ed. J. Stevenson, Bannatyne Club 65 (Edinburgh, 1839), p. 61; *Estoire de Eracles* XXXIV, 3, RHC Hoc 2: p. 442; *Annales de Terre Sainte,* p. 446. There is much confusion in the sources as to whether this truce was concluded with Damascus or with Egypt or with both. The confusion is probably due to the fact that after the battles of early 1256 reported below, it was renewed for the same period. This led Jean Richard, *Le royaume latin de Jérusalem* (Paris, 1953), p. 273 note 1, to the reasonable question whether the truce of 1255 had, perhaps, been concluded with Damascus only and the truce of 1256 was concluded with both Damascus and Egypt, whereas René Grousset, *Histoire des croisades* 3 (Paris, 1936): p. 532 had left the matter open with regard to the truce of 1255 by saying only that it was concluded with the Muslims. He believed (3: p. 533), however, and was followed in this by Richard, that Jaffa was included in the second truce, but our only source, the *MS de Rothelin* 79, p. 633, says expressely that Jaffa was excluded from the truce of 1256. Riley-Smith, *Feudal Nobility,* p. 30 f. states this correctly and believes that the truce of 1255 was only with Damascus and the truce of 1256 only with Egypt.

[104] *MS de Rothelin* 77, pp. 631 f.

[105] *Estoire de Eracles* XXXIV, 3, *RHC Hoc* 2: p. 442; *Annales de Terre Sainte,* p. 446.

[106] Riley-Smith, *Feudal Nobility,* pp. 30, 215.

pensation by the count which he was not willing and, in fact, not obliged to pay, because the old compensation clauses of 1243 and 1244 as well as their papal confirmation of 1246 and the repeated confirmations of Hospitaller possessions in the Holy Land by Conrad IV (*cf.* above p. 38) were obsolete and the count was not bound by his own grants of January and February, 1256. It is therefore not surprising that when it came to new arbitration in the spring of 1256 under the three arbiters Philip of Montfort for John of Jaffa, the grand commander of the Hospitallers Hugh Revel and the constable of Tiberias, no mention was made of the earlier charters by the then Count of Jaffa. The completion of the arbitration was prolonged by the Hospitallers until 24 June, 1256 (*RRH* no. 1247), but on 23 June, 1256, was prolonged again, although in July John of Jaffa declared once more that he would abide by the decision of the arbiters (*RRH* nos. 1249b, 1249c). Perhaps there was an agreement between the parties in 1257.[107]

The failure of the early objective of the war, the following antagonizing of the Hospitallers by John of Jaffa over the question of their compensation for Ascalon and especially the fact that in January or February, 1256, the Saracens had invaded the kingdom's territories protected by the truce, when they could not make progress against Jaffa,[108] must have been enough to make the war unpopular with the Haute Cour, which had originally approved it. One late source links the reappointment of John of Arsur as regent to his being needed around Jaffa.[109] If John of Arsur was to go down to Jaffa and lead the army, he may have put the condition that John of Jaffa be replaced as regent.[110]

While John of Arsur may have employed the favorable moment in his interest, he would not have been an Ibelin if he had not begun earlier to prepare his comeback. Politically speaking the heart of the matter was still the fact that Hugh II of Cyprus had a dynastic claim to the regency which would eliminate everybody else from the office if he were brought to the Haute Cour in Acre and if his claim were presented. John of Arsur saw this clearly, although he had as little intention to bring Hugh across the sea as had John of Jaffa. None of them could have continued in, or regained, the regency if this had been allowed to happen. It needed major misfortunes much bigger than the war around Ascalon and Jaffa in 1256 to bring this about. But John of Arsur tried to tie Hugh's family close to him, so that he could either prevent him from coming or else benefit from his relationship to continue in power as Hugh's lieutenant in case Hugh's claim should be presented. Shortly after John of Arsur's son Balian had been dubbed a knight by the French king at Easter, 1254, he was married by his father to Plaisance of Antioch,[111] the daughter of Bohemund V of Antioch and the younger sister of Bohemund VI. King Henry I of Cyprus had taken her for his third wife in September, 1250. Their son, Hugh II of Cyprus, was born in 1252. After Henry's death in January, 1253, Queen Plaisance was accepted as guardian for her infant son and as Regent of Cyprus, and if Hugh ever should become Regent of Jerusalem, she would still remain his guardian until he came of age in 1267. It is quite possible that Hill[112] is right in his estimate that Plaisance entered into the marriage in order to strengthen her hand in Cyprus by striking an alliance with the Ibelins, although she must have realized that John of Arsur represented only one branch of the now divided family and that the other branch was in all probability the stronger of the two on the island. But it seems that the marriage was concluded before John of Arsur had to leave the regency in 1254, as all the sources report it immediately after the knighting of young Balian of Arsur and before the departure of King Louis IX of France on 24 April. It must have seemed, therefore, to Queen Plaisance that she was marrying into the Ibelin branch which was stronger on the mainland.

---

107 Hiestand, *Zwei unbekannte Diplome,* p. 42 note 33a from an unpublished source. He is surprised (p. 41), in view of the negotiations dragging on, that *RRH* nos. 1245, 1246 contain nothing to the effect that they were only preliminary. But in fact they were considered as final, if Ascalon were to be reconquered. Only when this expected event did not occur, did it appear that they were far from final and, in the view of John of Jaffa, not even preliminary.

108 *MS de Rothelin* 76, p. 631.

109 *Documents relatifs à la successibilité au trône et à la régence, RHC Lois* 2: p. 401.

110 That such conditions were, on occasion, indeed posed, is shown by Jean de Joinville, *Histoire de St.-Louis* §530–532, who reports that Walter of Brienne as Count of Jaffa refused to go and fight the Saracens unless he were first absolved from the excommunication which the patriarch had imposed upon him. When the patriarch refused to comply with this request, he did ride out to war but repeated his request immediately before the battle, and when the patriarch still refused, he received absolution from the Bishop of Ramla. Apparently the count made it quite clear that, unless he was absolved, he would not fight. John of Arsur himself at first refused the lieutenancy in 1249, doubtless to set down his conditions before accepting it; *cf. Annales de Terre Sainte,* p. 443. It is true that the truce of 1256 was concluded by Geoffrey of Sargines and the Count of Jaffa, but this may already have been the result of pressure exercised by John of Arsur on behalf of the Haute Cour and the condition may have been that after the renewal of the truce there should be a change in the regency to prevent a reappearance of John of Jaffa as regent mobilizing the kingdom's army on behalf of Jaffa which was not included in the truce.

111 *Estoire de Eracles* XXXIV, 2, *RHC Hoc* 2: p. 441; *Annales de Terre Sainte,* pp. 445 f.; Marino Sanuto, *Liber secretorum fidelium crucis* (see above, note 5) III, 12, 4, p. 315; Amadi (see above, note 21), p. 203. Louis de Mas-Latrie, "Généalogie des rois de Chypre de la famille de Lusignan," *Archivio veneto* 21 (1881): p. 7.

112 Hill, *Cyprus* 2: p. 149.

Plaisance must have been about fourteen years old when she was married to Balian of Arsur. Her brother Bohemund VI of Antioch completed his fifteenth year in August, 1253.[113] This means that he was born in August, 1238, which agrees with the statement of the *Estoire de Eracles*[114] that Bohemund V married Lucienne of Segni, Plaisance's mother, in the year 1238. Plaisance cannot have been born, therefore, before the summer of 1239, a year after her brother, unless they were twins. When she married Henry I in September, 1250, she would have been in her twelfth year, having completed her eleventh year in the summer of 1250. This would, with a somewhat generous margin, have been within or at least close to canon law which prescribed the completion of twelve years for girls to be married. She would have been thirteen years old when she gave birth to Hugh II of Cyprus and fourteen years of age when she married Balian of Arsur who himself was not much older as he had been knighted by Louis IX at Easter, 1254, being then presumably fifteen years old.

It was no doubt a political marriage, and, when things turned sour for the Arsur family on the mainland, Plaisance began to look about for a new husband. In 1256 she sent an embassy to England to offer herself to Edmund Crouchback, then about sixteen years old and the second son of King Henry III of England.[115] Of this prince it must be remembered that he had been granted Sicily by the pope in 1255, even though this came to nothing against the regime of the Hohenstaufen Manfred because the baronial parliament was opposed to the conditions imposed by the pope in connection with this enfeoffment.[116] The same happened to the marriage project. Plaisance, therefore, stuck to Balian for the time being, but obviously there must have occurred a bitter rift between husband and wife if the wife made official attempts to find another husband. It has long been noted that Plaisance's search for a new husband was also prompted by the fact that Pope Alexander IV had already pronounced against her marriage to Balian on 28 August, 1255[117] because, according to canon law, the couple was related in the third degree. We see in this the hand of John of Jaffa, who must have tried to undermine this marriage at the Curia, because if the marriage was a success it meant that John of Arsur might no longer have had any objections to bringing Hugh II to Acre to claim the regency for him, as he had a hold on Plaisance who was Hugh's guardian for a long time to come. John of Jaffa was on as good a footing with Alexander IV as he had been with Innocent IV; Alexander on 10 October, 1256, assigned 1,000 marks of silver which had been deposited by a past patriarch of Jerusalem with the Templars to be spent on Jaffa, having been informed that the count had spent all his movables and much of his immovable goods on the defense of his castle of Jaffa and was now deeply in debt. Apparently nothing came of this order to the patriarch, so that in the next year (20 August, 1257) the pope ordered the Knights Templars directly to pay the money to the count.[118] John of Jaffa retained the financial support of the papacy also under Urban IV whom he knew personally from his days as patriarch in the Holy Land. But the support was now lukewarm. Urban in 1264 ordered that the hundredth which was collected for five years on all ecclesiastical incomes in the dioceses of Cambrai, Toul, Liège, Metz, and Verdun was to be spent on the repairs of the walls of Jaffa, but it was not to pass through the hands of the count.[119] This seems to point to a fear that the count might spend it on other purposes if it were paid into his hands, which is unlikely given the stubbornness with which, as Riley-Smith[120] has shown, he clung to his fief. It seems to denote a personal dislike of the pope for the count.

John of Arsur was certainly back in the regency

---

113 *Registres d'Innocent IV* no. 6070 of 7 November, 1252. The statement of Jean de Joinville, *Histoire de St.-Louis* §523 that Bohemund at the end of 1252 had still four years of guardianship before him, which would make him eleven years old at that time, conflicts with this, but Joinville wrote much later and also reports that Louis IX knighted Bohemund late in 1252, which he would hardly have done for a lad of eleven. In fact, Joinville who must have been confused, reports §522 that he was not yet sixteen (i.e., fifteen) in 1252.

114 *Estoire de Eracles* XXXIII, 41, *RHC Hoc* 2: p. 408.

115 *Close Rolls of the Reign of Henry III* 9 (London, 1931) [40 Henry III]: pp. 445 f. Thomas Rymer, *Foedera, conventiones, litterae et acta publica inter reges Angliae et alios habita et tractata* 1 (London, 1816): p. 341.

116 Maurice Powicke, *The Thirteenth Century 1216–1307*, The Oxford History of England (London, 1953), pp. 121–123.

117 Potthast no. 16005. *Registres d'Alexandre IV* no. 741. At that time Plaisance was already separated from Balian, who then suddenly produced an earlier papal dispensation from the obstacle to the marriage which he had not shown Plaisance before (or at least so she had argued in Rome) and withheld certain properties of hers.

118 *Registres d'Alexandre* IV nos. 1492 f., 2174 f.

119 *Registres d'Urbain IV. Registre ordinaire* nos. 473.869. The money may have been paid to the Patriarch of Jerusalem, but if so, either not much was forthcoming from Europe or else the patriarch used it for different purposes. In instructions given to Amaury de La Roche, the commander of the Knights Templars in France in 1267 (G. Servois, "Emprunts de Saint-Louis en Palestine et en Afrique," *Bibliothèque de l'Ecole des Chartes*, 4th ser., 4 [1858]: p. 293 the patriarch stressed the need for the further fortification of the citadel of Jaffa reporting that he had completed the whole *eschace* of the moat around the castle. Joshua Prawer, *Histoire du royaume latin de Jérusalem* 2 (Paris, 1970): p. 477 note 59, believes that this may refer to the pavement of the moat which is likely. In any case the patriarch did not make a whole new construction but only completed whatever had already been begun. The bigger part of the work was still to be done and financed: four gate towers and a second ditch behind the main moat, for which he requested the aid of the Church and the king of France because he himself could not put up any more money for this purpose.

120 Riley-Smith, *Feudal Nobility*, pp. 30 f.

on 15 September, 1256 (*RRH* no. 1250), but all the sources (which again only dryly note the change without giving reasons) are agreed that the event took place before the customary arrival of the June convoy from Europe.[121] The arrvial of the convoy in this year triggered the first great colonial war between the Italians in the East known as the War of St. Sabas because, among other things, it was over the possession of houses in Acre belonging to the monastery of St. Sabas.[122] This matter had been smouldering since 1251 when Pope Innocent IV, himself a Genoese, ordered the monastery to sell or lease these houses to the Genoese (Potthast nos. 14347–48). This was apparently to the disadvantage of the Venetians in Acre, who caused Alexander IV to order the prior of the Hospitallers in Acre and the priest of the Venetian church of St. Mark's there on 12 July, 1255, to see to it that the monastery should not sell the houses to the Genoese, thus reversing Innocent's orders. When the 1256 convoy arrived, matters came to a head because with the new patriarch and the new Bishop of Acre there also arrived Marco Giustiniani and Ansaldo Ceba and Leo de Grimaldis, the new Venetian *bailli* and the new Genoese consuls, respectively. They both presented a curiously contradictory set of papal letters, perhaps issued at different times, one ordering the patriarch to put the Venetians into possession of the house and the other ordering the prior of the Hospitallers to see to it that the Genoese should have it. This and other rivalries led to a series of clashes in which the Genoese at first allied with the Pisans against the Venetians, although in Sardinia Genoa was simultaneously carrying on a bitter war with Pisa. Some attempts to make peace between the rivals failed and a showdown became inevitable after Venice had concluded a formal alliance with Pisa directed against Genoa, in the Treaty of Modena of 18 July, 1257, ratified in Venice on 19 August. One of the stipulations of the treaty was that the ships of both cities should carry the Venetian as well as the Pisan flag, and since the *Templier du Tyr*[123] marveled at the Venetian fleet under Lorenzo Tiepolo arriving in Acre (in 1257) with the flags of both cities, it follows that this fleet was sent in the autumn of 1257 from Venice. In Acre the Pisans left their unnatural Genoese allies and went over to the Venetian side, and from now on the Genoese luck turned for the worse. Tiepolo's fleet broke the Acre harbor chain and burnt all Genoese ships in the port and also captured the house of St. Sabas. Now the war really began and it devastated Acre. While the numbers may be grossly exaggerated, some impression of the dimensions may be gathered from the information that sixty stone-throwing engines were employed, of which ten were capable of throwing stones weighing 1,500 pounds of Champagne, that all the towers and fortified houses of Acre were destroyed except those of the knightly orders and that some 20,000 people lost their lives.[124]

It was inevitable that the nobility in Acre should have to take a stand. But it was badly split, following the recent change in the regency, which can have given little satisfaction to John of Arsur. Whether the new regent tried to prevent the use of the new formula of the *dreiz coins* for the announcement of the seal which had been usurped by the vassals under John of Jaffa's regency and shortly before, is not certain. *RRH* no. 1250, the first charter to show the regent John of Arsur back in office, does not have this formula, but is sealed with a wax seal anyway and may therefore have been considered only of temporary nature.[125] If this was a conscious attempt by John to prevent this formula, he was not successful, because it was back in *RRH* no. 1253 of January, 1257. The War of St. Sabas seems not to have allowed John of Arsur to exercise with his usual energy the preservation of the crown rights. While he saw to it that on 15 September, 1256, when the war was still in its early stages, he was present when the lord of Beirut alienated his fief of Caselimbert to the Teutonic Knights for ten years (*RRH* no. 1250), Julian of Sidon could embark on a large scale selling of his most important rear fief in the Shuf in 1257[126] without the slightest sign of any participation of the regent, but all his charters were issued in Sidon far from troubled Acre.

John of Arsur was firmly on the Genoese side. It must be recalled that they had the upper hand at first in the war and above all had the total support of Philip of Montfort, Lord of Tyre, as the Venetians had been expelled by him from their main possession in Tyre after 1243 and had been replaced by the Genoese. But John of Arsur had had Genoese leanings before. When he took up positions against the Saracens in the spring of 1253 outside of Acre,

---

121 *Estoire de Eracles* XXXIV, 4, *RHC Hoc* 2: p. 442; *Annales de Terre Sainte,* p. 447; Amadi (see above, note 21), p. 204.

122 On the War of St. Sabas see Röhricht, *Jerusalem,* pp. 897–905; Georg Caro, *Genua und die Mächte am Mittelmeer 1257–1311* 1 (Halle, 1895): pp. 28–43.

123 *Gestes des Chiprois* 268, *RHC Doc arm* 2: p. 742.

124 *MS de Rothelin* 79, *RHC Hoc* 2: p. 635.

125 On the use of wax seals in the Latin Orient see the forthcoming study by Mayer on sealing practice in the Latin East (see above, note 36). *RRH* no. 1259, issued by John of Arsur and also sealed in wax, was certainly preliminary.

126 *RRH* nos. 1252–56, all dated January, 1256. They must, however, be referred to 1257 because of the presence of the Master of the Teutonic Knights, Anno of Sangershausen, who was still in Frankfurt as the order's Master of Livonia on 29 June, 1256; see Dieter Wojtecki, *Studien zur Personengeschichte des Deutschen Ordens im 13. Jahrhundert,* Quellen und Studien zur Geschichte des östlichen Europa 3 (Wiesbaden, 1971): p. 154.

he put a Genoese knight by the name of Jean le Grand (Giannone) in charge of the infantry which had sallied forth from the city and was in danger of being cut down.[127] In August of 1257 John of Arsur made a strong attempt to strengthen the Genoese position and his by concluding a preliminary treaty of alliance with Ancona (*RRH* no. 1259). It had been negotiated by one John de Guide and Bienvenu de Vidal for the city of Ancona and by Stephen of Sauvigny for the kingdom of Jerusalem. As Stephen had been a vassal of John of Jaffa as late as 1256, he must have switched sides after John was ousted from the regency, especially inasmuch as he also held fiefs from Sidon (see above p. 34). In any case he was now firmly on the Arsur side. The treaty was approved and sealed by John of Arsur, styled constable and regent, and a considerable number of lieges, most of whom had already taken part in the register debate of the Haute Cour in 1251, where Stephen had also participated: Philip of Montfort, John Aleman, Lord of Caesarea, Thibaut of Bethsan, Simon of Malenbec, Balian Anteaume, and John of Fleury. The new names, John of Valenciennes, Lord of Haifa, and James Amigdala, were nevertheless from the Arsur camp (see above p. 30). The treaty gave substantial customs concessions to Ancona both on importing and on exporting goods by sea to and from Acre, except on what was brought by sea from Saracen lands and sold in Acre. The Anconitans were also given the right to try their own cases according to their own law. A piece of land was given to them between the city walls and the sea, close to the Genoese quarter, where they were allowed to build a church of their own, a *palais* for their commune and a place to put up their merchants when they were in town. If this should prove to be impossible for the regent to do—a very interesting reference to the turmoil prevailing in the city which had sharply curtailed the regent's possibilities—three named houses should be given to them close to the sea to establish their quarter. If the Anconitans were to purchase additional houses, the government waived all its rights over these. Ancona was obliged to furnish in return ten iron-clad men for the royal army against any foe every time the territory or port was attacked for two years from All Saints next, with special provisions for those serving at sea. Elaborate provisions were made for the compensation of all damages the Anconitans might suffer from enemies of the kingdom, again a reference to the war which was going on in the city. The Anconitans were obliged to produce a sealed public instrument of the ratification by the city of Ancona and hand it to the regent. They furthermore promised that they would insert the text of the treaty unchanged into their municipal statutes. This was transacted before six Genoese witnesses led by their consul, which clearly shows that the treaty was concluded in the interest of Genoa, and before seven witnesses for the Anconitan side, of whom one, however, was a knight of Haifa and another no other than Philip of Cossy, known as le Chamberlain who had also taken part in the debate of 1251.

It will by now not surprise the reader to find John of Jaffa as firmly on the Venetian side as John of Arsur was with the Genoese. The chronicles report unpleasant experiences which John of Jaffa had had with the Genoese. When he was still regent, he had punished a Genoese boy, probably for theft, because he had his hand cut off. This may, indeed, have been an infringement on Genoese prerogatives. Since the late twelfth century (*RRH* nos. 691, 707, 724) cases concerning homicide, theft, and rape committed by Genoese had to be heard first in their own court before coming before the royal court. After John of Jaffa resigned the regency, the Genoese tried to murder him for this matter when he came to their quarter in Acre and he barely made his escape into the Pisan quarter. Another time when he was inspecting the tower of the Pisans, a Genoese marksman on the Genoese tower wanted to kill him with his crossbow and could barely be prevented from this outrage by the consul Ansaldo Ceba.[128] The war became more and more intense, until the Genoese were beaten decisively by the Venetians in a sea battle off Acre on 24 June, 1258. By that time Pope Alexander IV had already begun energetic moves to bring about a truce. The war now subsided after many months of street fighting and destruction in Acre.

The situation there had clearly become untenable, and John of Jaffa decided to do something about it after having consulted with the master of the Knights Templars. He now did what neither he nor John of Arsur had been prepared to do before: he brought in Hugh II from Cyprus, his mother Plaisance, and her brother Bohemund VI of Antioch, thereby dismissing all hope that he himself should regain the office of regent. Naturally under these circumstances he must have wanted to settle his old bills with John of Arsur. The plan was sound in two respects. If Hugh was made regent, John of Arsur was out of office. As a deep rift had developed between Queen Plaisance and her brother Bohemund VI on one side and John of Arsur and his son Balian on the other over the marriage between Plaisance and Balian, against which Pope Alexander IV had again pronounced on 27 February, 1258,[129] John of Jaffa could

[127] Jean de Joinville, *Histoire de St.-Louis* §548.

[128] Amadi (see above, note 21), p. 204; *Gestes des Chiprois* 269, *RHC Doc arm* 2: p. 743.

[129] *Registres d'Alexandre IV* no. 2510. At this point Plaisance was petitioning in Rome for divorce or annulment of the marriage. Balian again mentioned a papal dispensation, and this time it was specified that it had been issued by Pope Innocent IV. But Plaisance replied that the marriage con-

hope that the installation of Hugh as regent would once and for all terminate the influence of John of Arsur. Queen Plaisance as well as the prince of Antioch could be relied upon to take the Venetian side against the Genoese and terminate a war which was in nobody's interest except that of the Italians. The official Annals of Genoa [130] sketched the situation: against the Genoese there were now the nobility with the exception of Philip of Montfort, the prince of Antioch, who brought in a good number of fresh troops, the Provençals and all the confraternities of the land which were playing a bigger and bigger part in politics. Also against Genoa were the Knights Templars and the Teutonic Knights, whereas Genoa could count on the Knights of St. John and Ancona and the Catalans who, however, offered little practical help. It was already noted in a contemporary marginal note to one of the manuscripts that this constellation correctly reflected only the later stages of the war and that in the beginning things looked better with Pisa and a good part of the nobility (under John of Arsur) on the Genoese side. The first setback came when the Pisans went over to the Venetians and the second one, according to the marginal note and also to our estimate, came about with the arrival of the prince of Antioch and his sister and her son Hugh II, which had been engineered by John of Jaffa. The Venetian victory at sea was only the final act in a war which had already been lost by Genoa in the Levant and was increasingly transferred to other parts of the Mediterranean where it dragged on interminably but brought Genoa the very real advantage of the Treaty of Nymphaion in 1261.

Hugh, Plaisance, and Bohemund arrived in Acre on 1 February, 1258,[131] claiming the regency and thus doing what the country had been expecting since June, 1253 (see above p. 43). Riley-Smith [132] has pointed out the extraordinary situation. Hugh II for whom a claim to the regency was now pressed was himself a minor and, in fact, died a minor in 1267. John of Jaffa overruled all opposition, such as there was, by applying the laws governing an ordinary wardship, which was also called *bailliage,* for the first time to the crown. The law prescribed that the minor should be brought to court by whoever wished to be recognized as his warden. By this very neat piece of courtroom tactics John persuaded the Haute Cour to recognize the dynastic claim of Hugh II to the regency and, as there was now a minor regent for the minor King Conradin, Queen Plaisance, who as mother of Hugh was entitled to be his guardian and had been recognized as such already in Cyprus, was given the wardship also in Jerusalem and thus received the regency, although she was only very distantly related to Conradin, but as closely as possible to Hugh II. She and Bohemund VI at once began an energetic war on the Genoese in Acre. Queen Plaisance ordered all crown vassals to leave the Genoese side and to support the Venetians and Pisans [133] and her brother tried to starve out the Genoese in their Acre quarter. They continued, however, to receive victuals through the Hospitaller compound,[134] and to the present day a long subterranean passage exists in Acre as a sad testimony to the War of St. Sabas, starting in the great hall of the Hospitaller's compound and surfacing again in the *fondaco* (the khan) of the Genoese.

But what of John of Arsur? He had to resign from the regency, of course, but he would not have been an Ibelin if he had accepted this without fighting back. Riley-Smith [135] in his otherwise excellent survey of the regency misses the dramatic pitch of the events in saying that John of Arsur seems to have given in gracefully. This he did only with regard to the nobility's position in the War of St. Sabas. But apart from sacrificing the Genoese, it was John of Arsur who won the match against John of Jaffa because in fact he remained in power. That certainly cannot have been the intention of the Count of Jaffa but must have been quite distasteful to him. In a surprising move worthy of any Ibelin and reducing to nothing the success which John of Jaffa seemed to have scored, John of Arsur and his son Balian made their peace with Queen Plaisance and Bohemund VI and mutually agreed to dissolve the marriage between Balian and Plaisance. In return Plaisance, who soon went to Tripolis and Cyprus, appointed John of Arsur to be her lieutenant for the kingdom of Jerusalem.[136] As Bohemund left him 800 French mercenaries whom he paid for a year, John of Arsur had a substantial force at his disposal and was not to be pushed around by

tract had been concluded on the condition that it be approved by her brother Bohemund VI of Antioch, who, according to Plaisance's lawyers, had not only not approved it but had always been expressly against it. The pope now decided that Plaisance should have those possessions on Cyprus which Balian held occupied and thus withheld from her.

130 *Annali Genovesi di Caffaro e de' suoi continuatori* 4, ed. Cesare Imperiale di Sant'Angelo, Fonti per la storia d'Italia (Rome, 1926): pp. 35 f.; *cf.* also p. 33 note b.

131 Estoire de Eracles XXXIV, 3, *RHC Hoc* 2: p. 443 and Marino Sanuto, *Liber secretorum fidelium crucis* (see above, note 5) III, 12, 5 p. 220, both under the year 1257 *more Veneto,* i.e., A.D. 1258. See on this also Mas-Latrie, *Chypre* 1: p. 373 note 4.

132 Riley-Smith, *Feudal Nobility,* p. 217, with an exhaustive enumeration of the sources p. 305 note 150, also pointing out the error of *MS de Rothelin* 79: p. 634.

133 *Annali Genovesi* 4: p. 33 note b.

134 *Gestes des Chiprois* 274 f., *RHC Doc arm* 2: p. 745.

135 Riley-Smith, *Feudal Nobility,* p. 217.

136 *MS de Rothelin* 79: p. 634. *Estoire de Eracles* XXXIV, 3, *RHC Hoc* 2: p. 443; *Annales de Terre Sainte,* p. 448. In October, 1258, John of Arsur is styled *bailli* of the kingdom as witness to a *finalis concordia* between the Hospitallers and the Teutonic Knights (*RRH* no. 1269).

anyone.[137] He remained in office until he died in the same year (after 9 October, 1258; *cf. RRH* no. 1269) and was succeeded in May, 1259, by the Frenchman Geoffrey of Sargines.

We now come to a problem which is as thorny as it is delicate in nature, i.e. whether John of Jaffa late in life took Queen Plaisance for a mistress. If so, he certainly had political reasons, and they are easy to see. John's plans had partly miscarried in 1258. He had succeeded in installing Plaisance in power as regent, but he had failed to remove John of Arsur from the political scene. Plaisance remained between the parties of the nobility by supporting John of Jaffa and the Venetians against Genoa but returning John of Arsur to power as lieutenant. John of Jaffa would not have been a good Ibelin if he had resigned himself to this setback. If he wished to regain power, he had to undo the influence of John of Arsur and, after the latter's death, of Geoffrey of Sargines. Geoffrey had either come with Louis IX to the Holy Land or had joined him there.[138] His strength rested on the French contingent which Louis IX left behind under his command when he returned to France. As we have seen, he later commanded the troops paid for by Bohemund VI of Antioch. He also gained the crown office of marshal of the kingdom of Jerusalem in 1254 and that of seneschal of the kingdom in either 1254 or 1258.[139] In a letter of 1267 written by the Patriarch of Jerusalem to the commander of the Knights Templars in France, it is said that Geoffrey also commanded a contingent of fifty French knights who had come with Count Eudes of Nevers in 1265 from France. According to Geoffrey, he then had need of 10,000 *livres tournois* annually to pay the wages of the troops under his command. As the patriarch's letter was a desperate plea for money, the sum may have been exaggerated and, lest he be accused of having done this, the patriarch added "according to what he (i.e. Geoffrey) says." But it is evident that Geoffrey commanded a substantial force. He also knew it was the basis of his power because he was prepared to sell his patrimony in France if an amount of 3,000 *livres tournois* for which also the patriarch and the masters of the Knights Templars and the Hospitallers had pledged securities, should not arrive from Europe.[140]

The sources are agreed that as lieutenant and regent (which he became after the death of Plaisance) Geoffrey conducted a relatively strong government.[141] He is clearly applauded for this, but what the *Gestes des Chiprois* tell of his government cannot have been to the liking of the nobility, least of all of John of Jaffa. It is said that he had many thieves and murderers hanged. To this no one would have objected in principle. It was correct but perhaps annoying for the nobles that neither high extraction nor bribes nor friendship would induce him to grant any favors. But the author of the *Gestes* reports one incident in detail because it was apparently unusual. Geoffrey not only had common murderers hanged but on one occasion also a knight named John Renia who had, indeed, committed an outrageous crime by killing the Bishop of Famagusta. He tried to escape prosecution in the usual way by fleeing into the Pisan quarter in Acre but Geoffrey had him arrested there, and this time the Pisans were in agreement, the crime being too monstrous for argument about judicial privileges. The same may have applied to the nobility especially as the criminal was apparently not a very high-ranking vassal, since we do not find his name in the charters. But the nobility cannot have liked the incident, no matter what the nature of the crime. Geoffrey may have been respected or feared by them, but he can hardly have been popular among them, especially as the old landed aristocracy could not but see a *homo novus* in him who occupied the high position of lieutenant which they probably felt should be filled from their own ranks.

It was in the interest of the power-hungry John of Jaffa to unseat John of Arsur or Geoffrey of Sargines or, if this could not be done, at least to diminish their influence by getting a hold on the regent Plaisance of Cyprus. One promising course of action would be to have a relationship with her. This would have imitated what John of Arsur had tried before to do legally when he married his son Balian to Plaisance. One does not see why John of Jaffa should not have tried to repeat this as best he could. He could not marry Plaisance because he was already married, but he could have a *liaison* with her. It must be remembered that, although a widow since 1253, she was only twenty-two years and a few months old when she died. It should also be remembered that the short-lived attraction of her second marriage with Balian of Ibelin-Arsur had been the prospect of an alliance with that branch of the Ibelin family which then seemed to be the strongest one on the mainland. After the death of John of Arsur in 1258, the strongest line of the family was certainly Ibelin-Jaffa.

Two papal letters refer to this delicate situation and a considerable amount of ink has been spilled over the problem as to who sent them and what precisely

[137] *MS de Rothelin* 79: p. 634.

[138] There is a reference to his being in Jaffa in 1243; see *Gestes des Chiprois* 254, *RHC Doc arm* 2: p. 740. On Geoffrey *cf.* now Jonathan Riley-Smith, *What Were the Crusades?* (London, 1977), pp. 65–70.

[139] John L. La Monte, *Feudal Monarchy in the Latin Kingdom of Jerusalem 1100 to 1291,* Monographs of the Mediaeval Academy of America 4 (Cambridge, Mass., 1932): pp. 253 f.

[140] Servois, *Emprunts* (see above, note 119), p. 292.

[141] *Estoire de Eracles* XXXIV, 3, *RHC Hoc* 2: 444; *Annales de Terre Sainte,* p. 448; *Gestes des Chiprois* 289, *RHC Doc arm* 2: p. 750.

they refer to. Unfortunately they are undated. They are transmitted in *Registrum Vaticanum* 29A as nos. 1 and 2, also in MS Bordeaux, Bibliothèque municipale 761 as nos. 1 and 2 and in MS Paris Lat. 4311 (*Epistolae notabiles*) as nos. 7 and 8, in MS Vat. lat. 6735 as nos. 7 and 8 and in Rome, Biblioteca Vallicelliana MS C 49 as nos. 279 and 3. All of these are manuscripts of the famous collection of papal letters compiled by the papal notary Berardus of Naples. It must be stressed that Reg. Vat. 29A is not, in spite of its shelf number, a part of the series of official papal registers but one copy of Berard's private collection. It did not reach the Vatican archives until 1754, although it is not impossible that it was already kept there for some time at an earlier stage of its history. It is for this reason that uncertainty prevailed as to the pontificate to which the two letters should be referred. Consequently, they were inserted first by E. Jordan into his *Registres de Clément IV* (Paris, 1893–1904) as nos. 865, 866 with the (supplied) date "Viterbo 1268" and again by J. Guiraud, *Registres d'Urbain IV* vol. 4 (Paris, 1906–1929) as nos. 2807 and 2808 of the appendix I without assigning them a date. When last printed by Tàutu[142] they were again referred to Clement IV and given an approximate date 1267–1268. Tàutu, however, was not aware of the fact that Guiraud had assigned them to Urban IV nor did he have any knowledge of the discussion which had taken place about these two documents.

One of them (Tàutu no. 28a) is a papal letter admonishing an unnamed queen to give up her unchaste life which is raising a scandal among her subjects. She ought to return to chastity or, if she cannot repress her carnal desires, marry rather than burn (in hell). When Léopold Delisle printed this letter

[142] *Acta Urbani IV, Clementis IV, Gregorii X (1261–1276) e registris Vaticanis aliisque fontibus*, ed. Aloysius L. Tàutu, Pontificia commissio ad redigendum codicem iuris canonici orientalis. Fontes 3, 5, 1 (Rome, 1953) nos. 28. 28a. The two letters are also contained in the collections of Marinus of Eboli and Richard of Pofi. *Cf.* Fritz Schillmann, *Die Formularsammlung des Marinus von Eboli*, Bibliothek des Preussischen Historischen Instituts in Rom 16 (Rome, 1927): p. 304 nos. 2434 (*Quod regina recedat ab adultero et contrahat, si abstinere non potest.-Regine* [*Cipri*]. *Audi filia et vide*) and 2433 (*Efficax monitio, quod nobilis dimittat adulteram et redeat ad uxorem.—Nobili viro I. comiti. De sinu patris in te pergenda*), both assigned by Schillmann to 1268. *Cf.* also Ernst Batzer, *Zur Kenntnis der Formularsammlung des Richard von Pofi*, Heidelberger Abhandlungen zur mittleren und neueren Geschichte 28 (Heidelberg 1910): p. 112 *Audi filia* and p. 106 *De sinu patris*, both printed in full. Batzer, pp. 110–117 argues convincingly that the shorter and rhetorically more polished text of Richard of Pofi is reworked, whereas Berard's collection preserves the text of the original rough drafts. In the collection of Richard of Pofi, the two letters are definitely linked to the same affair, because the letter to the Queen of Cyprus contains one addition of subject matter not found in Berard's text: *O filia, non ignoras, quod nobilis . . . comes* (evidently her lover) *sororem regis matrimoniali sibi vinculo copulavit et prolem ex ipsa suscepit quodque te voluptatis impulsu aut forte potius lascivie ad illiciti thori conmixtionem, quare sine dubio divinam maiestatem offendis et opprobrio magno confunderis, dum laceraris exinde labiis popularum.* On the other hand, Richard of Pofi omits the admonition to the queen to marry rather than to burn. In the letter to John of Jaffa he softened the end by giving it the same general threat of papal intervention in case the order should be disobeyed which is also found in the letter to the Queen of Cyprus. He thus omitted the much harsher and more direct threat of sending the papal legate to deal with the count. The text of the letters in the collection of Marinus of Eboli has not yet been published or investigated. Friedrich Bock, "Annotationes zu den Registern Urbans IV.," *Miscellanea archivistica Angelo Mercati*, Studi e Testi 165 (Città del Vaticano, 1952): pp. 95–97, also ascribes the first ten letters of *Reg. Vat.* 29A to the pontificate of Urban IV although he makes this estimate on the basis of the other letters in this group while saying that the evidence for Tàutu nos. 28. 28a is not conclusive. In other words, he only ascribes them to Urban IV because they form part of this group. He also correctly states that we do not know whether the two letters were ever sent to the East (because *Reg. Vat.* 29A is a collection of Berard's drafts), but this need not concern us here, for even if they were not sent, they would still give evidence as to the situation criticized in them. What they contain is what the papal Curia knew. Bock developed his theory in more detail in another paper "Annotationes zu der Sammlung Berards von Neapel, *Reg. Vat.* 29A," *Orientalia Christiana Periodica* 22 (1956): pp. 214–220. Here he expressly declared the two letters to be *Stilübungen*, rhetorical exercises without any historical value. He arrived at this conclusion because he brought them together with the papal letter directed to Julian of Sidon concerning a marital affair of his which will be dealt with more closely below, p. 55. Bock, in fact, believed that the letter to *I. comes* (John Count of Jaffa) was directed to *I. dominus* (Julian Lord of Sidon) and that consequently also the letter to the Queen of Cyprus which can under no circumstances be separated in substance matter from the letter to Count J., concerned Julian of Sidon. The theory has no merits. It is based on the fact that both John of Jaffa and Julian of Sidon had married into the royal house of Armenia. Julian's wife was a daughter, John's wife a sister of the King of Lesser Armenia. As the letter to Count J. makes him a husband of a sister of the King of Lesser Armenia, it cannot refer to Julian of Sidon. Bock's mistake (or trick) lay in the fact that on p. 214 he stated correctly that John of Jaffa was married to a sister of the Armenian king, whereas on p. 215 he states wrongly that Count J., according to the text of the papal letter written to him, was married to a daughter of the King of Armenia. Having made this small change, he was bound to arrive at Julian of Sidon. That the title of a count was too high for Julian, did not bother Bock, generous as he always was in putting forth his arguments. He had no knowledge whatsoever of the extensive debate which had been going on for a long time concerning these two letters, or else even he would have been more careful. He knew nothing of the arguments of Kaltenbrunner, Otto, and Jordan and, in particular, nothing about the occurrence of the two letters Tàutu nos. 28, 28a in the collections of Marinus of Eboli and Richard of Pofi, where the letter to Julian of Sidon of 1264 (Tàutu no. 8, see below, note 155) is *not* included, so that only the first two letters belong together, whereas the third one is not a part of the group. Nothwithstanding this, there may have been similar political considerations triggering the marital affair of Julian of Sidon; see below, p. 55.

for the first time,[143] he also printed a marginal note only contained in Bordeaux MS 761: *Ad reginam Cipri super peccatis.* The letter was therefore addressed to a widowed queen of Cyprus as there was never an unmarried queen there, not even Queen Charlotte of Lusignan, the first queen of Cyprus in her own right, who married her consort Louis of Savoy shortly before succeeding King John II in 1458. Delisle already realized that for dating the letter it was crucial to find out to which pontificate the group surrounding it belonged. As he felt they belonged to Clement IV, he also assigned Tàutu no. 28a to this pope (1265–1268), especially as he found a widowed queen of Cyprus in this period, Isabel of Ibelin, the widow of King Hugh II who had died in December, 1267, aged fourteen. On the strength of Delisle's authority Jordan also assigned the letters to Clement IV, and as Isabel did not become a widow until December, 1267, whereas Clement died in November, 1268, he dated them in 1268 and thought them issued in Viterbo where Clement was residing from the beginning of the year until his death.

But Jordan also printed the second letter, and this presented him with a problem which was more than "une petite difficulté chronologique," as he put it. It was addressed *Nobili viro J. comiti.* The text says that this count had rejected his wife, who was the sister of the King of Armenia, and had instead allegedly taken up a nefarious relationship with a noblewoman for whose name and/or title a rather large blank space is left in *Reg. Vat.* 29A for which the text is not supplied by the other manuscripts. The count is ordered to give up this adulterous affair and take his wife and children back. In case he should not comply, the pope threatened that he would instruct the papal legate to see to it that the papal command would be made effective. This is very strong language, especially when one compares it with the much more vague threat to the widowed Queen of Cyprus that if she would not obey, the pope would take care to effect the papal intercession in other (suitable) ways. The pope clearly treated the queen more lightly than the count. Jordan correctly identified the addressed count as John of Jaffa because he was married to Marie, a sister of King Hetoum I of Lesser Armenia. This follows clearly from a letter by Marie's brother, the constable Sempad of Lesser Armenia, to King Henry I of Cyprus and others which the papal legate Odo of Châteauroux in 1249 inserted into a letter of his to Pope Innocent IV (*RRH* no. 1174). The constable addressed himself to the King of Cyprus and his first wife Estienette, who was the constable's sister, and also to John of Ibelin, whom he calls his brother because he was married to Marie, whom he calls his sister. In the only printed version we have[144] her name reads *Maria Rembach* which is very likely a misprint for *Rembath,* in itself a misnomer for the Armenian Smpad, commonly rendered into European tongues as Sempad.

There cannot be any doubt that the recipient of the stern warning from the pope was John of Ibelin, Count of Jaffa. Jordan was all the more inclined to accept Delisle's dating because he found a marginal note in *Reg. Vat.* 29A which turned the adulterous relationship of which the pope spoke into an incestuous one and which reads *arguitur de incestu quod dicebatur committere cum regina Cipri.* This brought Jordan back to Queen Isabel of Cyprus because in terms of canon law she was related to Balian the Younger of Ibelin (her and John's common ancestor) in the fourth degree, she being Balian's great-great-grandchild. John of Jaffa was related to Balian the Younger in the second degree, being a grandchild of his. It will be remembered that canon law, as opposed to Roman law, determines the degree of relationship by the number of begettings between the persons related, not by the number of persons involved. In other words, the common ancestor is included in Roman law in counting the degrees, whereas in canon law he is excluded. Hence two persons related in the third degree according to canon law are related in the fourth degree according to Roman (and Germanic, and consequently, in general, modern civil) law. Queen Isabel and John of Jaffa were canonically related in the fourth degree or, to use the more precise terminology of modern genealogists as well as of the medieval Roman Curia, in the fourth degree touching on the second. They were thus prohibited from marrying each other which made a carnal union between them incestuous.[145] But while Jordan found

[143] Léopold Delisle, "Notice sur cinq manuscrits de la Bibliothèque Nationale et sur un manuscrit de la Bibliothèque de Bordeaux contenant des recueils épistolaires de Bérard de Naples," *Notices et extraits des manuscrits de la Bibliothèque Nationale et autres bibliothèques* 27, 2 (1879): pp. 124–126.

[144] Lucas d'Achéry, *Spicilegium sive collectio veterum aliquot scriptorum,* 2nd ed. by Etienne Baluze, 3 (Paris, 1723): p. 626.

[145] This is, perhaps, difficult for modern minds to accept but Roman law prohibited marriage down to the seventh degree. This was also the position held by the early Church, although the seventh canonical degree was the eighth Roman degree. By mechanically taking over the Roman prohibition as far as the seventh degree into canon law and using, however, a different way of counting, the Church even increased the very severe limitations already imposed upon people by Roman law. They were all the more severe, for in a society where the majority of people were *glebae adscripti* and therefore could not move around, they were bound to reach very quickly the limits of the permissible. How monstrous the prohibition was is shown by the fact that, if every couple is assumed to have two children, there would have been, in the seventh canonical degree, 16,129 persons related within prohibited degrees (of which one-third to one-half would have to be eliminated as having already died). Apart from this numerical problem there was also the practical one that in our hypothetical example there are 128 persons related in direct ascendency. Of these only very few would have

an incestuous relationship, this got him into trouble with his date (which must clearly be 1268 if the letters were sent by Clement IV and refer to John and Queen Isabel), because John of Jaffa died on 7 December, 1266.[146]

Jordan was aware that Ferdinand Kaltenbrunner [147] had already referred the two letters to the pontificate of Urban IV, but rather than pursue this line of thinking, he proposed that the chronicles were in error. He did not suggest outright that John of Jaffa did not die until 1268 but this is what his argument amounts to. He did what he could to keep Kaltenbrunner's arguments from the reader. He did not quote Kaltenbrunner's publication but only his opinion and gave a reason for it which Kaltenbrunner himself had never given, i.e. that if John of Jaffa died in 1266, the letter could not have been sent by Clement IV. Jordan also gave as authority for the death of John of Jaffa only the late Marino Sanuto, and with a wrong chapter too, and either suppressed or did not know that the date was also given in better thirteenth-century chronicles. He also pointed out incorrectly that the difficulties would be just as big if the letters were assigned to Urban IV, because one could not see which queen of Cyprus would then have been involved in the affair. Apparently he was obsessed with the marginal note about the incest. If this is taken literally, then it could have been Queen Isabel with whom John was involved. But while the remark is contemporary, it is by a different hand from that of the codex *Reg. Vat.* 29A itself and the text of the letter does not bear out the accusation of incest but only of adultery. The author of the marginal note [148] could very well have been misled by not reading the text carefully enough, especially if he himself made the same mistake as Delisle and Jordan by identifying the queen of Cyprus in question with Isabel of Ibelin.

But there was virtue in Kaltenbrunner's theory, and Jordan was in the end brought to admit this. Kaltenbrunner's argument was that the collection of Berardus of Naples was arranged according to papal pontificates and as Berardus had started his career in the chancery under Urban IV, it was only fitting that the letters he composed in Urban's name should open the collection. Kaltenbrunner referred the first eleven letters of *Reg. Vat.* 29A, among which Tàutu nos. 28, 28a are found, to Urban's pontificate.[149] He employed the same argument with regard to other manuscripts in which the two letters are found.[150] Otto [151] pushed this theory further by advancing the hypothesis that at least in *Reg. Vat.* 29A the collection was not only chronologically divided according to pontificates, but that within the individual pontificates there were subdivisions based on similar subject matter or the same addressee and that within these subdivisions the letters were once again arranged chronologically. While Otto admitted that this was only a general principle to which there were exceptions, he postulated that the compiler of the collection at least endeavored to achieve a division based on these principles. Under this theory Otto, even stronger than Kaltenbrunner, argued that the two letters Tàutu nos. 28, 28a, should be referred to the pontificate of Urban IV, and according to him they were also grouped together because they were related in subject matter, in other words because they concerned the same adulterous relationship.[152] He identified the queen of Cyprus in

---

remembered more persons of their direct ascendency than two parents and four grandparents. In other words, even if they wanted to, they were in no position to determine whether or not they were related in the seventh degree or closer with the person they intended to marry. The postulation of the seventh degree was untenable and one is surprised that it took until the Fourth Lateran Council of 1215 to see it abandoned and replaced by the principle that marriage was prohibited down to the fourth (canonical) degree.

146 *Estoire de Eracles* XXXIV, 9, *RHC Hoc* 2: p. 455; Marino Sanuto, *Liber secretorum fidelium crucis* (see above, note 5) III, 12, 8: p. 222; *Gestes des Chiprois* 349, *RHC Doc arm* 2: p. 766; Amadi (see above, note 21), p. 208.

147 Ferdinand Kaltenbrunner, "Römische Studien III. Die Briefsammlung des Berardus de Napoli," *Mitteilungen des österreichischen Instituts für Geschichtsforschung* 7 (1886): pp. 21–118, 555–635.

148 Many notes regarding cancelations of letters go back to the rough drafts of Berard's letters from which his collection was compiled. In other words they were composed by Berard himself, as they are also found in MS Bordeaux 761, although they were not entered into *Reg. Vat.* 29A by Berard personally but by the man who compiled this particular codex. Other marginal notes, mostly of a drastic nature concerning the contents of the letters, are only found in *Reg. Vat.* 29A, as is the case with the note concerning the incest, and were in all probability entered by a later person using the MS in the papal chancery. *Cf.* Kaltenbrunner, *Römische Studien III,* pp. 33–40, especially pp. 33, 40 of the original article here always quoted (as there is also a separate book edition with a pagination of its own).

149 Kaltenbrunner, *Römische Studien III,* pp. 25, 84 f., 557.

150 Kaltenbrunner, *Römische Studien III,* p. 83. The arrangement is different in MS Vallicelliana C 94 (*ibid.,* pp. 94 f.): The first part contains letters to royalty only, hence Tàutu no. 28a as no. 3, whereas the second part contains all other correspondence, so that Tàutu no. 28 is here separated from Tàutu no. 28a as no. 279.

151 H. Otto, "Berardus-Studien," *Mitteilungen des österreichischen Instituts für Geschichtsforschung* 22 (1901): p. 248.

152 *Ibid.,* p. 249 f. The two letters were already grouped together by subject matter in *Reg. Vat.* 29A, which Otto could not know because Jordan had not only not printed the marginal note to his no. 865 = Tàutu no. 28a from *Reg. Vat.* 29A, written in a different hand and reading *Ad reginam Cipri super eodem* (the preceding letter being the one to John of Jaffa), but had even created the impression that there was no marginal note at all because he stated in note 1 to no. 865 that the text read only *Idem regine* to which he supplied the following word (*Cipri*) from the marginal note in MS Bordeaux 761 (see above, p. 53): *Ad reginam Cipri super pe(ccatis)*. The marginal note in *Reg. Vat.* 29A was first printed by Bock, *Annotationes zu den Registern Urbans IV.*, p. 95 and repeated by Tàutu no. 28a note 1.

question as Queen Plaisance, but only tentatively, saying that it was "perhaps" she who was meant. Presumably he was not more positive in this respect because a relationship between John of Jaffa and Plaisance would not have been incestuous as is claimed in the marginal note. As far as we can make out from the genealogical tables John and Plaisance had no blood relationship with each other, be it consanguineous or uterine. They were not even related by marriage. It was, perhaps, a bit unfair to E. Jordan that Otto did not discuss at all the marginal note about the incest which spoke against his identification. But this may be left aside here because Jordan himself conceded the point to Otto and agreed with him that Tàutu nos. 28, 28a emanated from Urban IV while vigorously defending himself against Otto's basic theory as to how the letters were arranged in *Reg. Vat.* 29A.[153] He arrived at the following results: Of Otto's thirteen groups the first one followed a strict chronological arrangement, on the arrangement of the second, third, and tenth nothing definite and certain could be said, in the fourth to the eighth the chronological sequence of the letters was demonstrably out of order, and in the ninth and the eleventh to thirteenth the question was pointless because these groups consisted only of one letter or of several expeditions of the same letter.

For our purpose we can retain from this discussion that everything points to the two letters having been composed by Berard of Naples on behalf of Urban IV and not of Clement IV. Then Otto's reasoning for dating them is sound. As Queen Plaisance died most likely in September, 1261,[154] and as Urban IV did not become pope until 29 August, 1261, Otto argued for a date of September to October, 1261, for the two letters. Actually they may have been composed a little later, as Rome may not have learned about the death of Plaisance until some time during the winter or the next spring, and until news of Plaisance's death had been received the letters could still be composed. It is not an uncommon occurrence to see the Curia put aside Holy Land business until shortly before shipping to the East was resumed in March.

If thus the latest possible date of the letters must be thrown forward until the spring of 1262, this does not affect the political side of the affair. We are led to conclude from the two letters that Count John of Jaffa left his wife Marie of Armenia for Queen Plaisance. This was, of course, potentially explosive for anyone opposed to John of Jaffa, for the liaison might lead to an undesirable influence of John on Plaisance as regent of Jerusalem and to more power on John's part than he was constitutionally entitled to. If we judge his (and her) personalities correctly, the affair was politically motivated for both of them, as queens and very high magnates such as the Count of Jaffa could not afford to disregard the political implications of their marriages as well as their affairs. As death apparently put an end to it, we do not know whether John of Jaffa ever took back his Armenian wife.

But one must point out that the times were not good then for the women from the Hetoumid family in the kingdom of Jerusalem because on 26 March, 1264, Urban IV wrote to the Patriarch of Jerusalem reporting that Julian of Sidon and Beaufort had been left by his wife who was the daughter of the same King Hetoum I of Lesser Armenia whose sister Marie was the wife of John of Jaffa.[155] She had gone back to her father with Julian's permission but refused to return. This will not surprise anyone, as Julian was a wasteful spender and gambler (see above p. 30). She may have been better off without him. The patriarch was ordered to see to it that husband and wife resume their common life and that Julian treat her with marital affection. This may have been a standard admonition but may also point to his not having done so earlier, and, while the text does not even hint that Julian rejected her, we also cannot preclude this possibility. It would be much easier to venture a guess if we knew what John of Jaffa did about his own Armenian wife, whether he took her back or whether he might have connived with Julian to rid themselves of both these Armenian ladies. It must be remembered that since 1254 there was a deep rift between Hetoum I and the crusader states as to the policy to be pursued against the Mongols. Armenia and Antioch advocated a close alliance with the Mongols, whereas Jerusalem remained neutral, allowing the Mamluks free passage in order to administer to the Mongols the decisive defeat at 'Ain Jālūt near Nazareth in September, 1260, which checked the Mongol advance into Syria and Palestine only to render them victims to the Mamluks. The Armenian-Mongol alliance may have seemed to be the wrong thing in the eyes of the Palestinian nobility, who since 1260 had to deal with the Mamluks, the Mongols' arch enemies. In fact, the sacking of Lesser Armenia by Sultan Baybars in 1266 demonstrated that it had been the wrong policy. From at least 1260 on the Palestinian nobility may have found it politically expedient to separate from their Armenian wives,

[153] E. Jordan, "Zur Chronologie der Briefe der Berardus-Sammlung," *Mitteilungen des österreichischen Instituts für Geschichtsforschung* 23 (1902): pp. 481–486, dealing with Tàutu nos. 28, 28a on p. 481.

[154] Hill, *Cyprus* 2: p. 151 note 4. Only the *Annales de Terre Sainte,* p. 450 give 25 December; all other thirteenth-century sources give dates in September.

[155] *Registres d'Urbain IV. Registre ordinaire* no. 1466; Tàutu, *Acta* no. 8. The text of the register abbreviates the name of Julian's wife as S. (instead of E. for Eufemia) and thus confuses her with Sibyl, Hetoum's other daughter, who married Bohemund VI of Antioch.

and *vice versa* King Hetoum I may have found it politically expedient to have his sister and daughter back in Armenia.

If the two letters written to the Queen of Cyprus and John of Jaffa are referred to Urban IV, as we believe is correct, then the strong language against John does not surprise us because we saw already that in all probability Urban IV had, from his days as Patriarch of Jerusalem, a dislike of John of Jaffa and had been a supporter of John of Arsur. He also had first-hand knowledge of what went on in the Holy Land and, as patriarch, may have seen the beginning of the affair between John and Plaisance—although it cannot have started until after the War of St. Sabas had come to a stop in the summer of 1258 if it is to be seen as a means to make headway against John of Arsur, and must have started even later (not before May, 1259) if Geoffrey of Sargines was the target. We do not know how much of 1259 James of Pantaleon, later Pope Urban IV, spent still in the Holy Land. He is last attested to there on 9 October, 1258, in *RRH* no. 1269. This is also the last mention of John of Arsur alive; he died in the same year. In this charter James is identified not only as patriarch but also as apostolic legate. On 18 April, 1259, a new legate *a latere* arrived, Thomas Agni, Bishop of Bethlehem.[156] There was great friction between the patriarch and the bishop because the patriarch took it very ill that the bishop, who was his suffragan, was placed over him as legate.[157] This must mean that either his own legation ceased with the arrival of Thomas Agni or else there were conflicting claims as to who had the legation. James left the Holy Land soon on the pretext of representing in Rome the nuns of St. Lazarus in Bethany in their attempt to fight off the incorporation of their nunnery into the Order of St. John. In March and April, 1260, we see Thomas Agni officiate unopposed as papal legate in the Holy Land (*RRH* nos. 1287, 1292), and we assume from this that James left the Holy Land either some time between the spring and the fall of 1259 or in the spring of 1260; we have no knowledge of him in Europe until he was elected pope on 29 August, 1261.[158] It was, of course, Thomas Agni to whom Pope Urban IV threatened to write concerning the adultery of John of Jaffa when he sternly commanded John to give it up in late 1261 or early 1262. The strong language of the letter implies that the pope was alarmed about the potential results of this affair.

As it was, the effects of which he seems to have been afraid did not develop nor did he have to use any ecclesiastical sanctions against John of Jaffa, because Queen Plaisance died in September, 1261. But, as is often the case in such power struggles such as we have reviewed between John of Jaffa and John of Arsur, in the end it appeared that the energies spent had not been commensurate with the possible gains. The kingdom was weak from within and this became apparent under the blows which Sultan Baybars (1260–1277) dealt it. In 1261 Balian of Arsur began to sell out his lordship to the Knights of St. John, and when he took it back in 1269 in the presence (and under the pressure, as we believe) of King Hugh III of Jerusalem and Cyprus (*RRH* nos. 1370, 1371), it was too late, for Arsur had been conquered by Baybars in March and April, 1265.[159] It was still the old Arsur clan of 1251 which witnessed these charters: Philip le Chamberlaine, Simon de Malenbec, John of Fleury, Balian Anteaume, James Vidal, Gerard Maineboeuf. John of Jaffa held on to his county until his death in 1266, but two years later Jaffa also fell to Baybars. John II of Beirut, a grandson of the Old Lord of Beirut, was taken prisoner by the Saracens and had to pay a ransom of 20,000 gold pieces which he borrowed from his cousin Julian of Sidon and for the repayment of which he had to alienate definitely in a very complicated and fraudulent transaction[160] his large fief of Caselimbert which he had already leased to the Teutonic Knights for ten years in 1256 (*RRH* nos. 1250, 1307–10).

Although John II retained Beirut until the total loss of the mainland in 1291, history had closed its book on the Ibelin family on the mainland. Their future role was on Cyprus where they still had a long and varied history from which two episodes may be quoted. In 1271 a serious dispute arose between King Hugh III of Cyprus and Jerusalem and his Cypriote vassals when he requested them to serve him for an unlimited time in his mainland kingdom. They owed unlimited service from their mainland fiefs within the Latin kingdom of Jerusalem and a restricted service outside the kingdom, at least as far as we can judge from the thirteenth-century law books, whereas in twelfth-century practice their obligation to serve abroad seems to have been considerably larger than the later law books allowed. King Hugh now demanded unlimited service abroad, thus stretching his demands as far as he could, and argued that, as

[156] *Annales de Terre Sainte*, p. 449.

[157] *Estoire de Eracles* XXXIV, 4, *RHC Hoc* 2: p. 445. On the friction between the two men see also Pope Urban's letter in Karl Hampe, *Urban IV. und Manfred (1261–1264)*, Heidelberger Abhandlungen zur mittleren und neueren Geschichte 11, (Heidelberg, 1905), p. 93 no. 11.

[158] We only hear that he was in Ferrara at an unspecified time after having left the Holy Land and before becoming pope but this may have been one of Salimbene's many stories. *Cf. Cronica fratris Salimbene de Adam*, MG SS 32: p. 317 f.

[159] See on this Jonathan Riley-Smith, *The Knights of St. John in Jerusalem and Cyprus, c. 1050–1310* (London, 1967), p. 133 f.

[160] See on this the forthcoming study by Mayer, *Das Siegelwesen in den Kreuzfahrerstaaten* (see above, note 36).

Cyprus was governed by the same laws as Jerusalem, the precedents from the mainland, which he quoted richly, should be considered binding upon the Cypriote vassals. Although the landed aristocracy had possessions on the mainland as well as on Cyprus and, although it was in their interest to see the kingdom of Jerusalem well defended, they were more afraid of the reduction of their rights on Cyprus. In a famous debate held before Prince Edward of England (Longshanks), then in the East, James of Ibelin, the son of John of Jaffa, argued on behalf of the Cypriote vassals. Although he built a very careful argument, not even he could deny the force of earlier precedents on the mainland, but he refused to admit their binding force. That he failed to argue against some of the precedents which King Hugh had cited and that in 1273 a compromise was reached whereby the Cypriote vassals had to serve for four months every year abroad, shows that there was some virtue in the king's demands. James used the proud position of his family as one of his arguments in his speech of 1271:

> Further we can certainly show by the testimony of men still living that the vassals of the kingdom of Cyprus have served the house of Ibelin outside the said kingdom more often than they have my lord the king or his ancestors; and if the custom of their service binds them, then the house of Ibelin can call upon their services in the same way as can my lord the king.[161]

The prospect of an Ibelin family allowed to call on the service of the royal vassals of Cyprus because they had led them onto the mainland earlier must have been insufferable to King Hugh. But while the argument was clever, it was also an ample testimony to the unshaken self-confidence of the Ibelins.[162]

Another Ibelin, Philip, titular Lord of Arsur, took part in the stabbing of the tyrannical King Peter I of Cyprus in January, 1369. He was a member of a baronial committee appointed immediately thereafter to draw up, from the law book of his great ancestor John of Jaffa, the version of the *Assises de Jérusalem* most favorable to the nobility. In the preface of this document the foul deed was justified as God's judgment upon King Peter. Philip was finally beheaded by the Genoese in the war which was triggered by the famous incident at the coronation of King Peter II in 1372 when the Genoese and the Venetians disputed as to who should hold the right-hand rein of the king's horse as he rode from the cathedral after the coronation. Like many instances in the history of the house of Ibelin, this one was not edifying, but it did not lack a *grandeur* of its own. All in all, there is still much truth in a statement found in the sixteenth-century chronicle of Francesco Amadi which may have been the true ending of the *Mémoires* of Philip of Novara:[163]

> The king of Cyprus and the house of Ibelin lived a long time thereafter in great honor, and they governed and maintained the two realms of Jerusalem and Cyprus in good condition with the thanks of all the people, as those who knew how to maintain each in his rights by their loyalty, goodness and liberality to all; but because it is too long a story to attempt to tell all that they did in their lives, I shall be silent, assuring you that in all Christendom there is not a more valiant house than that of the Ibelins.

[161] *Documents* (see above, note 109), p. 434. Translation by Riley-Smith, *Feudal Nobility,* p. 24.

[162] That neither this nor their sense for displaying themselves most magnificently had at all diminished is amply proven by Ludolf of Sudheim, *De itinere Terre Sancte,* ed. F. Deycks, Bibliothek des litterarischen Vereins Stuttgart 25 (Tübingen, 1851) : p. 34, who visited Cyprus between 1336 and 1341 and reported that Hugh of Ibelin, titular Count of Jaffa and a grandson of the great jurist John of Jaffa, kept 500 hounds for the chase and allegedly 250 servants to take care of them and bathe and anoint them. While the 250 caretakers may be grossly overestimated, there must have been something to this lavish love for the chase, because when King Hugh IV of Cyprus politically and materially destroyed Count Hugh of Jaffa in 1341 because of the support he had given to Ferdinand II, Infante of Majorca, the king is said to have sold in Limmasol at half the market value all the count's horses, mules, falcons, greyhounds and hounds, as was reported by Ferdinand II to his brother King James II of Majorca. *Cf.* Mas-Latrie, *Chypre* 2 (Paris, 1852) : p. 201 and Edbury, *Ibelin counts of Jaffa,* p. 607 f.

[163] Amadi (see above, note 21), p. 197, translated by John L. La Monte, *Wars of Frederick II* (see above, note 54), p. 184, where in note 2 a case is made for this being the original end of Philip's *Mémoires* in which it is not found in their present form.

SEIGNEURIALE PROBLEME

VI

LATINS, MUSLIMS AND GREEKS IN THE LATIN KINGDOM OF JERUSALEM

If I am not mistaken, the Muslim inhabitants of the Latin Kingdom hardly ever appear in the Latin chronicles. 'Saracens' are very often mentioned, and almost invariably the term refers to the Muslims outside the kingdom, to the enemy attacking, winning or losing battles. True, this is partly a matter of personal taste, as we find Fulcher of Chartres slightly less taciturn on the subject than Albert of Aachen or William of Tyre. But it must also be traced to a deeper reason. The Muslims living within the confines of the Latin Kingdom could safely be ignored (a) because normally they were not much of a problem, and (b) they hardly ever appear to have acted politically in the broadest sense of the word, either in helping or in damaging the interests of the ruling Latins. It is of course evident that there must have been some sort of rudimentary social life among the Muslims and that they were not without their own internal social—and consequently in a broad sense political—organization; but as long as these activities only concerned their own Muslim internal affairs, the Latins who were faced with an extremely colourful mosaic of various ethnic and religious units had a natural tendency to ignore these matters as simply without interest and certainly not worthy of record. A record comes only on the few occasions when the Muslims are acting *vis-à-vis* the Latins, reacting in some sort of way to their presence. The picture would, of course, look different if we had any traces of written charters or records from within this Muslim community, or an internal Jerusalemite Muslim chronicler. But this is not the case and even the external Muslim chronicles do not normally refer to the Muslims living in the kingdom in more than a cursory manner or in the vaguest general terms, because as long as they stayed quiet, they were almost as uninteresting to the Muslim chroniclers as to the Latin ones.

Within the framework of the Latin crusader states the Muslims had no way of acting politically in any legal way because they were devoid of any political rights and did not even enjoy the limited political rights which the Arabic-speaking Syro-Christians had. They were truly living in what we and their mediaeval contemporaries called a Latin kingdom. The king from about 1115 onwards styled himself King of the Latins in Jerusalem; he was not king of the Greeks or king of the Syro-Christians or king of the Muslims in his country. All political power was vested in the Latins, and by and large the big social gap was not between noble and non-noble, but between Frank and non-Frank. There was a *Staatsvolk*, the Latin Christians of Roman

Reproduced by permission of the editor of History.

obedience, and it was exclusively the Latins who advised the king in council or later on, as the constitution of the kingdom developed, in the *Haute Cour*. Only Latins had a voice in such matters as peace and war, marrying off the king's daughter, deciding the royal succession or the appointment of a regent and other state matters. It may be argued that these were matters traditionally reserved for the high nobility and the high clergy, for it was, of course, they who decided such things also in Europe. But it is possible also to discern a certain participation of the non-noble Frankish class of bourgeois which existed demonstrably as a social *ordo*, or distinct social class, since at least 1110 when they are first mentioned in documents.[1] Before the death of King Baldwin II in 1131 they had been allowed to organize themselves into the *Cour des Bourgeois* under the viscounts.[2] And this participation took place not only when the bourgeois were directly concerned, as in the *Assise* (i.e. the law) of the *bailliage des rues* which in the thirteenth century was held to be unconstitutional because the consent of the bourgeois had not been asked.[3] The participation of the 'people' as they are often called in the sources (but which refers always to the Frankish people) was felt to be necessary for certain occasions even of great importance as, for instance, the coronation of a king and, before that, the settling of the succession.[4] Their participation was in most cases a formality, but one which could not be dispensed with. When a chronicler wanted to throw doubts on a royal coronation in Jerusalem he complained that it had been held behind closed city gates which prevented the people from attending.[5] The bourgeois of the city of Jerusalem had the prerogative to wait on the king during the ceremonial coronation dinner; from among them the seneschal could pick whom he wanted, but he had to take bourgeois from Jerusalem.[6] In an age when politics had to be visible and tangible in order to be understandable, when Frederick II replied to excommunication and deposition by the Pope by having a chest with all his crowns brought before him and, as reported by Matthew Paris,[7] putting them on his head one after the other, the importance of ceremonial procedures cannot be underestimated. But it was not only in these matters that the bourgeois were admitted to court. The same King Fulk, who as fifth count of that name of Anjou, had not found anyone acceptable as witnesses to his Angevin charters unless they were his own vassals, clergy or household officials, was constrained in Jerusalem to admit the bourgeois for the first time and in large numbers into the witness lists of his charters dealing with such important matters as the foundation of a nunnery in Bethany intended as a place of abode for a royal princess.[8]

[1] Reinhold Röhricht, *Regesta regni Hierosolymitani* (Innsbruck, 1893) with *Additamentum* (*ibid.*, 1904) (henceforth *R.R.H.*), no. 59.

[2] Joshua Prawer, *The Latin Kingdom of Jerusalem: European Colonialism in the Middle Ages* (London, 1972), 150–1.

[3] Jonathan Riley-Smith, *The Feudal Nobility and the Kingdom of Jerusalem, 1174–1277* (London, 1973), 140.

[4] H. E. Mayer, 'Das Pontifikale von Tyrus und die Krönung der lateinischen Könige von Jerusalem', *Dumbarton Oaks Papers* XXI (1967), 161, 197.

[5] *Ibid.*, 161. 'Estoire de Eracles', book XXII, chapter 17, *Recueil des Historiens des Croisades: Historiens occidentaux* (Paris, 1844. ff) (henceforth *R.H.C.*), II, 27, 29.

[6] Mayer, *op. cit.*, 199.

[7] Matthaeus Parisiensis, 'Chronica maiora', *M.G.H. S.S.* XXVIII, 268.

[8] *R.R.H.*, nos. 157, 164, 174. Baldwin II's charter, *R.R.H.*, no. 91 of 1120, is an exception. It lists as last witnesses at least four burgesses without qualifying them as such, but this

It is with this distinct presence of the Frankish bourgeois that one has to compare the total absence of Muslims, Greeks and Syro-Christians from the witness lists. They were given various degrees of internal administration, the Muslims receiving the smallest share, but in the affairs of the state proper they had no voice. Whenever the Muslims appear, unless they revolted, which they did rarely, they appear as chattels of this state. And it was here, as objects of taxation, that the Muslims had their economic importance for the kingdom. We sense this as well as their total lack of any political rights in the decree which shares with similar measures introduced in England and France the dubious distinction of being one of the first general state income taxes on record.[9] The decree was voted in 1183 by a special assembly with the consent of the nobility, the clergy and all the people (*universa plebs*) of the realm, by which we have to understand, of course, all the Latin people. The privileged classes were the only ones to possess political rights, and here determined a general property and income tax for all, in order to meet urgent defence needs. With the political situation of the kingdom desperate, the tax had become unavoidable and it has been seen as a common effort. But I feel that not enough attention has been paid to the way in which the common burden was shared. It has always been noted that it was a measure without precedent in the kingdom's history[10] and that it was expressly decreed that it should not constitute a precedent for the future. In other words, it has been noted that the ruling class protected its interests: but not to what degree.[11] The

charter was of particular importance to the burgess class of Jerusalem, as it did away with all levies on the basic foodstuffs brought to the city. The fact that, as far as we can see, burgess representation does not occur in the other charters of Baldwin II, underlines that their representation in *R.R.H.*, no. 91 is still quite exceptional. For Fulk's usage in Anjou see his charters printed by J. Chartrou, *L'Anjou de 1109 à 1151: Foulque de Jérusalem et Geoffroi Plantegenet* (Paris, sine anno [1928]), 321–76.

[9] The text of the decree is given by William of Tyre, 'Historia rerum in partibus transmarinis gestarum', book XXII, chapter 23, *R.H.C.*, I, 1110–2. For its European precedents and the tax of 1183 itself see B. Z. Kedar, 'The General Tax of 1183 in the Crusading Kingdom of Jerusalem: Innovation or Adaptation?', *E.H.R.*, LXXXIX (1974), 339–45.

[10] As for another tax voted in 1166 at the request of King Amaury of Jerusalem in an assembly at Nablus, it has already been shown by John L. La Monte, *Feudal Monarchy in the Latin Kingdom of Jerusalem, 1100 to 1291* (Cambridge, Mass. 1932), 179–80 and by Kedar, *op. cit.*, 341 that, notwithstanding the fact that it was to be levied *nemine excepto* (which presumably meant that no appeal or immunity would prevail against it for those subject to it), it was an aid applying only to those not serving in the king's army. This concerned, first of all, the clergy but also the laity (William of Tyre, XIX, 14, pp. 903–4). This should not be misunderstood as a sign of royal weakness. In principle, the vassals were obliged to serve. There could be no dispute on such a vital question. But there were, in the lawbooks of the thirteenth century, important restrictions with regard to their duty to serve abroad (*cf.* Riley-Smith, *op. cit.*, 8), and some of these may already have applied to the expedition to Egypt, before which the tax of 1166 was voted. At the end of the tax decree of 1183 it is said that the proceeds are not to be spent for regular budgetary purposes but exclusively for defence needs and that as long as money from the proceeds shall remain unspent, all levies from churches and cities commonly known as *talliae* are to cease. It is not entirely clear what *talliae* refers to, but see William of Tyre, XXI, 25, pp. 1048–9, where it is reported that for the repair of the crumbling walls of Jerusalem in 1177, the nobility and the church obliged themselves to pay annually a certain amount of money, until the repairs were finished. This is a tax veiled as a voluntary contribution which the mediaeval French translation calls 'une taille'.

[11] Only Kedar, *op. cit.*, 344, pointed to the unequal distribution of the tax load, but felt that the main burden fell on the townspeople, in other words on Franks. This was because he considered that the property tax dealt with in the first part of the decree fell only on

wording of the decree that the property as well as the income tax should fall on every one, irrespective of language, nation, faith or sex, served to cover very conveniently the fact that the burdens were shared very unequally and that those in possession of political rights used them in order to shift the main burden onto others, as it was their approval which had to be bought by the king, not that of the minorities outside the law. The protective clauses written into the law were not explicitly for the benefit of the Franks but of the rich in general. An occasional rich Syro-Christian or Muslim could avail himself of the same advantages, but in general the Latins constituted the bulk of the rich, while the Muslims and others formed the bulk of the poor. Consequently the ruling Latins did much more to cover their interests than just watch out against a repetition of the tax.

The methods of collection have not sufficiently been examined under this aspect but have been studied more from the general point of view of how the state collected taxes. How the taxpayer built in loopholes for himself is equally interesting. Four men of discretion were to be appointed for every district or town in order to assess people. If in their estimation a man had more than a hundred bezants (gold pieces) worth of property, they were to compel him in principle to a payment of 1 per cent. Small as this may seem to us, there was a loophole. If the man protested that he was being overcharged, he could declare the value of his possessions himself and the assessors were bound by his statements under oath and had to accept 1 per cent of what he declared. They were under additional obligation to keep their assessment or his declaration and certainly his payment in strict confidence, thus neither making public a man's wealth or poverty nor giving malicious neighbours a chance to denounce him. By making a declaration lower than the assessment and keeping the matter a state secret, the rich could get away with less than they ought to have paid. The large mass of Muslim peasants were not allowed such loopholes. Their property value would generally remain under 100 bezants, and in this case a very simple method of collection was used: they had to pay one bezant per hearth. This was a flat rate which was necessarily higher than the 1 per cent which the rich man had to pay, as one bezant out of less than 100 resulted in more than

the inhabitants of towns and castles (having townships around them) and that the *loca* mentioned, where the property tax was also collected, must correspond to the castles (*ibid.*, 339 n. 4). If I continue to maintain my opinion that the property tax was collected both in the towns and in rural settlements, it is because Professor Kedar pointed out to me that the Old French translation of William of Tyre (p. 1111) equates *loca* with *casiaus* (misprinted to *casians*). In our friendly discussion of the tax decree we have found two more points which are very worrisome: In the Latin text of William of Tyre (p. 1112), the *châtelain* of Jerusalem is to have one of the three keys to the common chest in which the tax from the region between Haifa and Jerusalem is to be collected. The French translation renders this inexplicably as *li chasteleins du Rufaut*. Much more disquieting is the fact that the decree contains provisions only for the collection of the tax between Haifa and Jerusalem (proceeds there to be delivered to Jerusalem) and between Haifa and Beirut (proceeds to go to Acre), but says nothing about the kingdom's territories south of Jerusalem, although we cannot possibly assume that Bethlehem, Hebron, Ascalon, Gaza and all of Transjordan went untaxed. There must be either something missing in the manuscripts, or the decree must have been drawn up by a very slipshod clerk. Comparing it to the tax decree of Henry II of England of 1166 as printed in Gervase of Canterbury, *Opera historica*, ed. W. Stubbs (Rolls Series, London, 1879), I, 198–9, the Latin of the decree of 1183 compares rather unfavourably.

1 per cent; if the poor man's property amounted to only ten bezants, it would have been a rate of 10 per cent. Provision was made for such overly stiff rates: if the assessors could not receive one bezant, they ought to be satisfied with one half; if the hearth did not yield one half, then they ought to accept one quarter. But the decisive difference was that the decision whether the poor man was being overtaxed was entirely up to the assessors, as the poor peasant was not allowed to make his own declaration. The assessors would, of course, take as much as they could get out of him.

With regard to income, the tax was set at 2 per cent for the mass of the Franks: churches, monasteries, barons, small vassals and all enjoying revenues of an unspecified kind. Mercenaries were to get away with 1 per cent, presumably because they were paid less than one knight's fee. There were no loopholes in this case, but then the rates for the Frankish layer of society were modest. In any case they were less severe than for the mass of peasants. Here there was a definite problem of collection because, as Prawer and Riley-Smith[12] have shown, the landlords resided in the cities and not on their estates. They did not know their peasants nor did they really know how much they made. If anyone, it was their dragoman (steward) who knew. Collection of a general income tax was difficult under such circumstances. The problem was solved by throwing the tax burden first on the landlord. He had to pay a bezant for each hearth in his village (in addition to the one already levied on the peasant directly as property tax) and it was up to him to distribute whatever he paid to the state among his rustics according to their ability. This solved the technical problem for the state and left it to the lord and we may presume that the provision that the tax be shared among the peasants according to their ability to pay was only theoretical. It was the immediate lord exercising justice over them who was to have done this, but any unequal distribution would have resulted in endless debates and protests. For the lord the simplest thing was to pass on the tax in the way he had paid it: one bezant per hearth. He had the means to do this; the state certainly would not have minded if he chose to be arbitrary. Indeed, the state could not have done anything about it, as the decree left it up to the discretion of the lord how he divided the tax he had advanced. What is more interesting is that again the tax rate was very high for the peasants.

Let us consider the case of the peasants of Borca belonging to Henri d'Alençon.[13] They were being used by the monks of Josaphat to settle a waste place in the neighbourhood around 1130. They owed half their crops on cultivated land to the monks. However, if the monks desired to have money rather than kind, they had to pay slightly less than two bezants. If about two bezants equalled half the harvest of a year, an additional average bezant per hearth would have pushed the family's income tax up from 50 per cent to 75 per cent, to which the property tax had to be added, indeed an extremely stiff rate for 1183. It shows that either the allowances for the reduction of the property tax had to be granted or else the landlord had to advance the income tax and collect from his peasants over more than a year, as otherwise they would have been taxed their entire income. From whatever angle one looks at the tax law of 1183, it shows clearly that the main burden fell largely on

[12] Joshua Prawer, *Histoire du royaume latin de Jérusalem*, I (Paris, 1969), 508; Riley-Smith, *op. cit.*, 47.

[13] *R.R.H.*, no. 104a.

the non-Frankish population. Yet there were no political rights in return for this overproportionate fiscal maintenance of the state.

As far as I can see the only occasions when the Muslims were allowed to participate in public life were when they mourned a dead king. Fulcher of Chartres[14] speaks of the Saracens who saw the dead body of King Baldwin I being carried into Jerusalem on Palm Sunday 1118 and mourned him together with the Franks and the Syrians. This may only be a figure of speech, but there seems to be more to William of Tyre's report that in 1163 a multitude of infidels came down from the mountains to follow the funeral cortège of King Baldwin III who had died in Beirut and was being carried back to Jerusalem.[15] Muslim mourning for a dead king was, of course, not officially required nor unofficially desired by public opinion to enhance a king's prestige because William reports nothing of this kind when his special protector King Amaury I died in 1174, nor is any Muslim participation in royal funerals ever recorded when a king died in the city of Jerusalem, as no Muslims were allowed to live there. They could have been brought in for the occasion, but it seems that their presence was not desirable but rather a curiosity which was noted when it happened. It was politically and socially unimportant to have them participate. Even when King Fulk died in a hunting accident near Acre in 1143 and was borne with fitting honours to Jerusalem, his body was met by the entire clergy and people—but we must assume that these were only Franks. In any case he would not have been a very pretty sight to mourn over, as the accident had so smashed his skull that his brain was coming out by his ears and nostrils.[16]

The standard policy of the Franks toward the Muslim population was at first very simple. When a town was captured the Muslims were slain. The example was set in the massacre in Jerusalem in 1099 which profoundly shocked the Muslim world. The same happened in Caesarea in 1101, and in Tortosa in 1102, with certain exceptions to be mentioned later. When Acre was captured in 1104, part of the population was murdered, mainly by the Italian sailors, although the king had assured the Muslims that they could leave. The same was even more true of the capture of Tripoli in 1109 when the Genoese *soldateska* did not adhere to a royal promise of safe-conduct and slaughtered everybody except those Muslims who were close enough to the king to be protected by him.[17] We note here a change of attitude. The Franks of Palestine had already discovered that wholesale murder damaged their reputation, kept cities from capitulating and drove out the bulk of manpower needed to till the land. The Italians, on the other hand, were still in the stage at which they came East primarily to make booty and therefore had not only no scruples, but an incentive to kill in order to be able to rob better. The change came with the capture of Sidon in 1110 when the military garrison capitulated in return for permission to leave freely, whereas the remainder of the population (classified by Fulcher of Chartres as *ruricolae* and *agricolae*—peasants in other words) who had fled from the surrounding

[14] Fulcher of Chartres, *Historia Hierosolymitana*, ed. H. Hagenmeyer (Heidelberg, 1913), 613.

[15] William of Tyre, XVIII, 34, p. 880.

[16] *Ibid.*, XV, 27, p. 701.

[17] Fulcher, *op. cit.*, 402–3, 434, 464, 532–3. Albert of Aachen, 'Historia Hierosolymitana', book IX, chapter 29, *R.H.C.*, IV, 607.

countryside, had to stay behind in order to be employed later on to cultivate the land around it.[18]

This is what was done. Agricultural production was firmly in the hands of the Syro-Christians and the subjected Muslim population. If we make a large jump to the end of the century we find a much-quoted passage from the accounts of the Spanish traveller Ibn Jubayr who came East in 1184.[19] Travelling from Tibnin to Acre he paints an almost idyllic picture of rural conditions. The Muslim peasants lived peacefully in the country and were not only little molested by the Franks but were better off than their co-religionists in neighbouring Muslim countries. He considered their obligations to be light. They had to give half their crops to the Franks, pay a poll tax of roughly one and one-fifth dinars and a light tax on the fruits of trees, presumably olives, as we know olive trees to have been considered a direct property of the lord even if the land on which they grew had been farmed out.[20] The Muslims owned all their other goods or, in Ibn Jubayr's words, they had been left in their possession. Apparently he had expected something else. They also owned their houses. So advantageous was their condition that he was afraid that they might be led into conversion if they compared their own conditions to that of the Muslims working on Muslim *iqtaᶜ* estates or for the great Muslim charities. He stressed that in the coastal region the use of the land remained entirely in the hands of the Muslims in villages and farms. He himself spent one night in such a village and was entertained by the Muslim village chief who was acting on behalf of the Frankish lord as his estate steward.

Too much has been made of this account, I believe. I am not in a position to judge whether Muslim peasants were better off under the Latins then in the surrounding Muslim states. But I cannot find that they were particularly well off in the Frankish states. Let us first examine the poll tax which amounted to about one Byzantine *nomisma* in value. If one accepts the

[18] Fulcher, *op. cit.*, 548.

[19] *The Travels of Ibn Jubayr*, trs. R. J. C. Broadhurst (London, 1952), 316–17—It is odd to see Ibn Jubayr paint such a canvas of peace and light obligations, when just in the year before, the tax decree discussed above must have set crushing burdens. But Islamists have time and again stressed (and the Birmingham audience was reminded of this by Professor Cahen who had warned against overestimating Ibn Jubayr as early as 1934 in his article 'Indigènes et croisés. Quelques mots à propos d'un médecin d'Amaury et de Saladin', *Syria* XV (1934), 356–60) that Ibn Jubayr's report must be seen as a piece of propaganda directed at Muslim rulers and trying to shame them into a better behaviour by presenting the Franks to them as an example. If Ibn Jubayr was informed that the tax decree of 1183 was an exception, he could disregard it in his report of prevailing conditions. On the whole his report tallies with what we know about normal taxation of the Muslims, but he considered this as light, whereas I consider it as stiff.

[20] *R.R.H.*, nos. 281, 393c. *Cf.* H. E. Mayer, *Bistümer, Klöster und Stifte im Königreich Jerusalem* (*Schriften der M.G.H.* XXVI, Stuttgart, 1977), 318–9. In *R.R.H.*, no. 281 this monopoly seems to be the basis for the provision that of the collectively gathered olives, wherever they are in this village, the king as lord and proprietor must receive two-thirds from the Latin peasants, whereas he receives only one-fourth of wine and vegetable production and only one-seventh of the yield from the land assigned to the prospective Latin settlers, presumably for the growing of grain, as there was a flour mill outside the village, the use of which was reserved for the Latin peasants three days and nights a week, as well as a royal oven and also a measuring fee for buying grain in this particular village, so that there can be no doubt that grain was one of the main products here. The details of this settlement have already been studied by J. Prawer, 'Colonization Activities in the Latin Kingdom of Jerusalem', *Revue belge de philologie et d'histoire*, XIX (1951), 116–8.

findings of Schilbach[21] one *nomisma* would normally have bought one Byzantine trade *modios* (as opposed to the much smaller ordinary *modios*) or 230 kilograms of grain in the market. This then would roughly have equalled the head tax per Muslim. According to Prawer's estimates[22] one hectare of land yielded a ratio of 1 : 5 or 1 : 7 in grain when one compared the grain sown with the harvest, depending of course on the fertility of the soil. He calculated an average of 200 kilograms per hectare. Very roughly speaking, therefore, the poll tax amounted to the average grain yield of one hectare of land. Now we know that for assessment purposes all land was divided into taxable units or *carrucae* of 35 hectares each. Apart from this official *carruca*, there was the local one which expressed the amount of land needed to sustain one family.[23] The size of the local *carruca* therefore again depended on the fertility of the soil, yet the official *carruca* must have had originally a rough correspondence to the average amount of land needed for this purpose, as it cannot have been completely detached from its original meaning. On average 35 hectares must have been enough for one family. When Frankish peasants had to be attracted to settle Beit Djibrin and had to be given attractive terms, they were assigned two *carrucae* each. If we assume then that the less well treated Muslim peasant tilled only one *carruca*,[24] the poll tax which was levied on the individual, not on the family, would have amounted to the equivalent of one *nomisma* or 200 kilograms of grain or the harvest of one out of 35 hectares or, in other words, 2·9 per cent of the grain harvest, although it must be remembered that every second year the peasant could harvest summer crops in addition to the grain from the same land.

[21] Erich Schilbach, *Byzantinische Metrologie* (Handbuch der Altertumswissenschaft, Abt. XII = Byzantinisches Handbuch, part 4, Munich, 1970), 103–8 and the tables on pp. 270, 272.

[22] Prawer, *Latin Kingdom*, 373 and, in greater detail, in his article 'Étude de quelques problèmes agraires et sociaux d'une seigneurie croisée au XIIIe siècle', *Byzantion* XXII (1952), 51.

[23] Prawer, *Latin Kingdom*, 371–2 and 'Étude', 28–9.

[24] Ibn Jubayr mentions simply a poll tax without saying whether it was levied on all or only on certain members of the family, but as he calls it *jizya*, one may, perhaps, assume that in this respect it equalled the Muslim *jizya* levied on non-Muslims which fell only on the able-bodied adult males, excluding women, children and old people. This is, perhaps, the reason why in the tax decree of 1183 it was twice and, therefore, very strongly stressed that the property tax should fall on everybody irrespective of sex. In this way one could oppose the taxpayer's argument that womenfolk were *prima facie* not taxable. The text of Ibn Jubayr seems to point to a flat rate of taxation. This is also likely for the later Ayyubid time in Islam, though far from certain; there are statements pointing to a flat rate of two dinars prevailing in Egypt at the end of the twelfth century, but other mediaeval Muslim authors refer to a poll tax graded according to wealth between $4\frac{1}{6}$ and $1\frac{5}{6}$ dinars. A graded poll tax finds some confirmation in the Geniza material and Professor Cahen does not wish to preclude it. (Cl. Cahen, 'Djizya', *Encyclopedia of Islam*, new edition II [1965], 559–62 and H. Rabie, *The Financial System of Egypt A.H. 564–741/A D 1169–1341* [London, 1972], 108–10). We have no sure evidence as to this problem in the crusader states with regard to the poll tax falling on Muslims, but apart from Ibn Jubayr, who certainly does not mention a graded tax, there is the analogy of the poll tax at the flat rate of one bezant on every adult male Jew in the Venetian quarter in Tyre (G. L. F. Tafel and G. M. Thomas, *Urkunden zur älteren Handels- und Staatsgeschichte der Republik Venedig* 2 [Fontes rerum Austriacarum 13, 2, Vienna, 1856], 359). If the rate of 2·9 per cent arrived at above may not seem high, one must add it to the other taxes paid by the Muslims and consider that one male child would double the tax upon his reaching majority at 15, a second male child would triple it, without the family's economic basis in terms of land necessarily being increased.

As we all know, such calculating games are a dangerous sport in the middle ages. But they show that the poll tax was not a trifle only, especially as it was levied in addition to the normal tax already amounting to one half of the crops. The normal rate given in literature as one third or one quarter of the crops[25] may be a more or less correct average rate, but one has to reckon with much local fluctuation, and perhaps not enough attention has been paid to who paid what. The third was probably the average rate for the Syro-Christians, although I know of two cases where they paid one half.[26] The Latins also paid one half in two cases plus the tithe, but this is exceptional.[27] In other cases they got away with one seventh or with one fourth on grain and vegetables and one fourth or one fifth on wine and olives.[28] But there was in this last case the express proviso that they also pay the ecclesiastical tithe. The total thus would have come up to 35 per cent for grain and vegetables and 30 per cent for wine and olives and thus we are back to one third. In all other cases the tithe was included in the tax paid to the landlord, because in the Latin Orient it was not the peasant but the landlord who had to pay the tithe, so that the very low rates of one fourth and one fifth can only be explained because the tithe in this case was added. One half is the stiffest rate we know of, exception being made for the rates east of the Lake of Galilee prevailing from 1108 to 1110 when a truce was bought by establishing a Muslim–Frankish condominium under which one third of the crops of the Muslim peasant population went to Damascus, one to Jerusalem and the peasant could keep only one third.[29] Ibn Jubayr's findings of one half as the going rate for Muslims is, therefore, quite likely. Adding to it a head tax of 2·9 per cent and the customary fees for using the lord's mill, oven, bath etc., I find the taxation of the Muslims quite high.

In fact, relations were not always as peaceful as Ibn Jubayr would have us believe. While the absence of demesne land and consequently of *corvées*,[30] that is forced labour to till the lord's land, somewhat eased taxation, one cannot imagine that the large castles could have been built without recruited slave labour. The strong castle at Jacob's Ford was built in the surprisingly short time of eight months, although we hear in this case precisely not of slave labour but of enormous expenditures for labour, 80,000 dinars alone for the masons to hew the stone.[31]

Yet revolts of the Muslims were few and far between. In 1113 they revolted when the kingdom was invaded and helped to pillage Nablus.[32] Occasionally punitive expeditions had to be undertaken into the remote corners of the kingdom as when in 1144 the Muslims in Wadi Musa in southern Transjordan called in Muslim troops, seized the fortress and had to be brought back to Latin rule by the king moving troops to Wadi Musa and cutting down their olive trees, which threatened their economic exist-

[25] Prawer, *Latin Kingdom*, 375; Riley-Smith, *Feudal Nobility*, 44.

[26] *R.R.H.*, nos. 267, 269.

[27] *R.R.H.*, nos. 340 (vineyard of Stephen Pastinace), 362. In both cases the payment of the ecclesiastical tithe was additional. The same applies to one particular vineyard in *R.R.H.*, no. 346.

[28] *R.R.H.*, nos. 281, 346.

[29] Prawer, *Histoire*, I, 274–5.

[30] Prawer, *Histoire* I, 508; *Latin Kingdom*, 374; Riley-Smith, *Feudal Nobility*, 45–6.

[31] Prawer, *Histoire* I, 556.

[32] *Ibid.*, I, 292.

ence.[33] Such incidents, in spite of Ibn Jubayr's idyllic picture, show that the Muslim population was never totally reliable.

If Muslim revolts were relatively rare it was, perhaps, because of the reason adduced by Ibn Jubayr: that conditions were even worse under the Muslim rule. But they certainly were not light under the Franks. Ibn Jubayr travelled in an organized caravan. Having paid the caravan dues upon entering the kingdom, this group could rely on safe travel and correct treatment. Individual Muslim travellers, especially when they were travelling by sea, threatened by the ever-present Italian pirates, found it advisable to procure a royal letter of safe-conduct. A fragment of one issued to a Muslim merchant named Bohalius (Abu Ali) who resided in Tyre and traded by ship to Egypt has come down to us.[34] And when the emir Usāmah ibn Munqidh fled from Egypt to Damascus in 1154, he also got a safe-conduct from the king for his family to come after him.[35] It was good for travel on land or by sea which shows that these letters were not only issued for maritime travel but were also necessary for the land routes. Around this time of Usāmah's trip there was unrest among the Muslims in Samaria.[36] In the lordship of Mirabel the lord had increased corporal punishment for the Muslims and had stepped up the head tax to four times the amount customarily levied in the rest of the country. He was definitely, even by Frankish standards, oppressing the Muslims, but then he was a member of one of the most determined families the Latin East ever knew, the Ibelins. With exemplary Muslim patience his peasants endured this, but matters came to a head when the lord intervened against the sermons of a Muslim jurist who attacked these aggravations, although the lord used another pretext, namely that the lawyer was preventing the Muslims from working in the fields on Fridays. As a result eight whole villages were left vacant by secret emigration of the Muslims to Damascus where, in one of the suburbs, they were to form one generation later, after proper use had been made of the schools of Damascus, a most active centre for counter-crusading propaganda. This was, however, an extreme case because no lord could be interested in having eight villages evacuated as he had no Syro-Christians and certainly no Franks to replace the emigrants.

The incident is interesting in two other respects also. It confirms Ibn Jubayr's statement that the Muslims owned complete villages. Indeed all our evidence points to the villages in the country being strictly segregated and being either Muslim, Syro-Christian or Frankish. Only a few Jews were allowed to settle with the others, perhaps because they were too small in number to form villages of their own, perhaps because they were in demand in certain specialized trades like dyeing. Also it is interesting that matters came to a head in Mirabel when the affair entered the religious field. The jurist argued that Islamic law prescribed emigration when it became impossible to practise religion, and this was precisely the case when the lord wanted

[33] H. E. Mayer, 'Studies in the History of Queen Melisende of Jerusalem', *Dumbarton Oaks Papers*, XXVI (1972), 117.

[34] *R.R.H.*, no. 598a.

[35] *Memoirs of an Arab-Syrian Gentleman, or an Arab Knight in the Crusades: Memoirs of Usāmah ibn Munqidh*, translated by P. K. Hitti (Beirut, 1964), 60.

[36] E. Sivan, 'Réfugiés syro-palestiniens au temps des croisades', *Revue des études islamiques*, 1967, 135–47.

the Muslims to work on Friday. As a rule there was no freedom of religion in the Latin Kingdom for the Muslims, at least not in their sense, as they had neither mosque nor *qadi*. Professor Cahen has found one *qadi* representing the Muslim community in Djabala in Northern Syria in the late twelfth century,[37] but he already warned us that we do not know whether he was invested with the full judicial powers of the normal Islamic *qadi* or whether the whole arrangement was not a late concession in order to pacify the ever more powerful enemy Saladin. It was in any case an exception. Otherwise the Muslims may have had their own court for low civil cases, known as the *Cour du Raïs*. In Muslim days the *raïs* had been some sort of local police chief and certainly did not retain this position in Frankish days when arms were carried only by the Latins.[38] But I must confess that it is still not clear to me whether the *raïs* represented also the Muslim population or only the Syro-Christian one, in other words whether we have to distinguish between Syrian *raïs* and Muslim *raïs* as judicial officers. The Syrian *raïs* was certainly the chief of the various *Cours des Syriens* and there may and must have been local Muslim notables representing their community *vis-à-vis* the Frankish lord. But I have not yet found convincing evidence for a Muslim court in the Holy Land, although the explanation may be that if it existed it would have dealt only with the most petty cases fit for a justice of the peace. But it is a fact that when it comes to the *Cour du Raïs* and to the *raïs* himself, most authors, with the exception of Riley-Smith, become rather vague and speak of the *raïs* as representing the 'indigenous' population, leaving it to the reader to decide whether these are Syro-Christians or Muslims or both.[39] From the evidence in the towns it seems to me that there was not even rudimentary jurisdiction among the Muslims for themselves. In the towns the Syrian *Cour du Raïs* definitely existed but was swallowed up later by the *Cour de la Fonde* having four Syrian and two Frankish jurors under the chairmanship of the viscount as another Frank.[40] But the *Cour de la Fonde* did not only judge what it had been created for, that is commercial cases concerning markets, debts, leases etc., but all cases pertaining to Syrians, Jews, Saracens and Greeks. Even this sweeping competence covered only civil cases and lower criminal jurisdiction, whereas cases involving life and limb were transacted in the exclusively Frankish *Cour des Bourgeois*, as was necessary if Frankish rule was to be enforced. I must say that I find the evidence for Muslim courts, as opposed to Syro-Christian ones, rather elusive, to say the least.

[37] Cl. Cahen, *La Syrie du Nord à l'époque des croisades et la principauté franque d'Antioche* (Paris, 1940), 428, 462.

[38] Cl. Cahen, 'La féodalité et les institutions politiques de l'Orient latin', *Oriente ed Occidente nel medio evo. Convegno di scienze morali, storiche e filologiche* (Accademia nazionale dei Lincei. Fondazione Alessandro Volta. Atti dei Convegni XII, Rome, 1957), 185.

[39] *Ibid.*, 185–6. La Monte, *Feudal Monarchy*, 108, says nothing on jurisdiction over Muslims and devotes only nine lines to the *Cour du Raïs* which he believes to have been competent only for the Syro-Christians. *Cf.* also Jean Richard, *Le royaume latin de Jérusalem* (Paris, 1953), 128; H. E. Mayer, *The Crusades* (Oxford, 1972), 178 (also ambiguous); Prawer, *Latin Kingdom*, 152–3. Only Prawer, *Histoire* I, 520–1 and Riley-Smith, *Feudal Nobility*, 88, clearly point to the predicament that owing to the paucity of the source material it is almost impossible to make any precise statements about jurisdiction among or over Muslims.

[40] For a stimulating different view that this amalgamation applied only to Acre see J. Riley-Smith, 'Some Lesser Officials in Latin Syria', *E.H.R.*, LXXXVII (1972), 6–7.

Certainly the Muslims had no freedom of worship in the sense that mosques would have been tolerated. On the contrary they had been converted into Christian churches.[41] We have a drawing of a seal of Baldwin, the first Latin lord of Ramla. It shows a donjon flanked by two buildings with cupolas and a cross and a crescent on top of them, respectively. Gustave Schlumberger, with the innocence of the pure numismatist who considers coins and seals out of their historical context as pure *objets d'art*, was seriously of the opinion that this represented the cathedral and the mosque of Ramla. This is to think the unthinkable. We have another drawing of the same seal a century later which shows that this Frankish lord was far from showing either church or mosque, as the two objects on top of the cupolas are here clearly floating banners.[42] We must continue to insist that the Muslims were allowed neither mosques nor public worship. Only private prayer was allowed, and it was apparently a great favour which the Knights Templars accorded to Usāmah ibn Munqidh, an emir after all, that they allowed him to enter the al-Aqsa mosque, then the Templar headquarters and one of Islam's holiest places, every time he came to Jerusalem. But not even he was admitted to pray there. The Knights would vacate a little adjoining church, for him to pray in. This was clearly a personal privilege, but even so Usāmah could not always pray in peace. Once, a Templar newly arrived from Europe mistook him for a Christian, seized him several times and turned him to the East telling him that this was the right direction to pray to; and apparently Usāmah did not dare inform him that he was a Muslim who had to pray in the direction of the *mihrab*, towards Mecca.[43]

The fragmentary picture which emerges is that the Muslims formed a sizable segment of the population who were perhaps better off economically

[41] The best known examples of such conversions are those of the Dome of the Rock in Jerusalem and the principal mosques of Jaffa, Caesarea and Ascalon. The only exception of a mosque still functioning under the Franks is again provided by Ibn Jubayr, 318. R. Chr. Schwinges, *Kreuzzugsideologie und Toleranz* (Monographien zur Geschichte des Mittelalters XV, Stuttgart, 1977), 266 is, I believe, correct in assuming that this may have been a concession by William, archbishop of Tyre, although I am disinclined to agree with him that it would have been a sign of special tolerance on William's part; *cf.* my forthcoming review of Schwinges in *Deutsches Archiv*. That the Tyre mosque was exceptional is shown by the arrangements in Jerusalem und Acre (see below, n. 43).

[42] Gustave Schlumberger, *Sigillographie de l'Orient latin* (Bibliothèque archéologique et historique XXXVII, Paris, 1943), 54 nos. 126, 127, reproductions of the drawings *ibid.* plates 19, no. 3 and 18, no. 4.

[43] Usāmah, *Memoirs*, 163–4. A similar arrangement for private Muslim prayer in a mosque converted into a Christian church was encountered by Ibn Jubayr in Acre, both in the former principal mosque, where an oratory with a *mihrab* had been permanently set aside for them, as well as east of the city at the famous Ox Spring where in the mosque the Christians, who possessed it, and, therefore, had converted it into a church, had installed an apse facing east for the Christian altar but had left the old *mihrab* intact and allowed private Muslim prayer there; *cf.* Ibn Jubayr, 318–9. That the arrangement inside the cities was different in Acre and Jerusalem, was probably due to the fact that no Muslims were allowed to live in Jerusalem, whereas the trade centre Acre always had a Muslim segment of population (at least temporarily present merchants). At the Ox Spring the arrangement was so unusual that Ali of Harat in 1173 attributed it to the miraculous intervention of a son-in-law of the Prophet to whom the mosque had been dedicated and who had warned the Christian in charge of the church in a dream that he would destroy him, unless the place remained a mosque, and had done so when he was not obeyed. *Cf.* Le Strange, *Palestine under the Moslems* (London, 1890), 330–1. But Ibn Jubayr leaves no doubt that there was not a mosque left functioning at the Ox Spring, but only a place for Muslim prayer in the Christian church.

than their co-religionists in the Islamic countries, but were certainly taxed stiffly in comparison to the Franks, were on occasion oppressed, were denied the most basic religious and civil liberties and, more likely than not, had no other form of rural organization than the rule of a Muslim estate steward who, for his own survival in office, necessarily had to work hand in glove with the Frankish lord. It goes without saying that these Muslim rustics were tied to the soil and considered to be among the movable property of their lord, and not a small number of them were serfs. Muslim prisoners of war were always reduced to slavery unless they were of high class and could be used for exchanges or for ransom.[44] Fulcher of Chartres describes the Saracen women who were spared in the conquest of Caesarea in 1101 only to be turned into slaves condemned for life to turn the Oriental horizontal mill wheel.[45] The way out of this condition and up the social ladder for a happy few was baptism. This was the essential prerequisite. Fulcher assures us that *connubium* between the crusaders and baptized Saracen women was not an uncommon thing.[46] The will which the Syrian merchant Saliba made in Acre in 1264 offers an interesting glimpse into these fringes of society.[47] Saliba himself was quite wealthy, as he and fellow investors had sustained losses when their ship had been captured by a Genoese fleet in the Armenian port of Corycos, for which they now claimed damages from Genoa to the amount of 14,900 pounds Genoese.[48] This Saliba was apparently a former Syro-Christian who had embraced the Latin rite, as he was a *confrater* of the Knights of St. John and made bequests only to Latin churches in Acre. But his household was full of former and present Muslims. He left 40 bezants to Mary, 'my baptized one', and one Marinetus, called 'the baptized one of Saliba', served as witness. Saliba also ordered that his two slaves Ametus and Sophia (who had a Greek name but was still a pagan) be set free on the condition that they be baptized first. And finally mention may be made of Baldwin, a former Muslim whom King Baldwin I himself had held over the font, given his own name and taken him so much into his confidence that he was *quasi cubicularius* (as William of Tyre put it), practically his chamberlain; he then tried to murder the king but was discovered and hung.[49]

My time for the Greeks has now become very short. Politically speaking they were without influence in the kingdom of Jerusalem because of their small numbers, but in Antioch they formed the largest segment of the population. There they once, in the commune of Antioch formed in the 1190s against the threat of an unwanted Armenian regime, gained a predominant political position, but this was slowly undermined by the Latin church when the Greeks began to apply their own church law to Latin church possessions and (without pressure from the Byzantines) installed a Greek patriarch. The

[44] A famous case is that of Isa, one of the principal advisers of Saladin, who was captured by the Franks in 1177 and whose ransom was set at 60,000 dinars; *cf.* Cahen, 'Indigènes et croisés', 354.

[45] Fulcher, *op. cit.*, 403.

[46] *Ibid.*, 748.

[47] *R.R.H.*, no. 1334. Jean Richard, *Royaume latin* (*supra*, n. 39), 282 and *idem*, 'La confrérie des Mosserins d'Acre et les marchands de Mossoul au XIIIe siècle', *L'Orient syrien* XI (1966), 454, first drew attention to Saliba's will and his commercial activities. *Cf.* also Riley-Smith, *Feudal Nobility*, 79–80.

[48] L. de Mas-Latrie, *Histoire de l'île de Chypre sous le règne des princes de la maison de Lusignan*, II (Paris, 1852), 74–9.

[49] William of Tyre, XI, 14; pp. 477–8.

Armenians won the struggle for the Antioch succession, but maintained the Latin church in power, refraining from all attempts to install the Armenian church, which they seem to have tried to do in the beginning when they threatened to change the title of the church of St. Hilary of Poitiers to that of an Armenian saint.[50]

In Jerusalem the position of the Greeks before the crusades had not been too bad. Professor Cahen has pointed out that, except for the short period of persecution under the caliph Hakim, who was obviously mad as was known even then, there was only one religious pogrom in Jerusalem and this was unleashed by the Turcomans and directed mainly against the rule of the Fatimids.[51] The Greek hierarchy had not only been left unmolested, but the Fatimid caliphs had created in Jerusalem an enormous Christian immunity, the quarter of the patriarch which they signed over to him with full administrative and judicial power, including those of taxation.[52] It comprised the whole north-western quarter of the city populated by the Christians. This exempt status was preserved in crusader days, although this meant the expulsion of the Greeks from the Holy Sepulchre. When the Latins conquered Jerusalem in 1099, they found a situation very favourable to them in that the Greek patriarch had fled to Cyprus and had died there shortly before the conquest. This opened the way to the establishment of a Latin patriarchate which may not have been the Pope's intention. The first proper Latin patriarch, Daimbert, formerly archbishop of Pisa and a notorious hater of the Greeks, completed the expulsion of the Greeks from the Holy Sepulchre, but he only finished the work of his great contemporary Arnulf of Chocques, a very able and reform-minded administrator, who had been installed as first leader of the Latin church in Jerusalem and had been pushed out of this office by Daimbert. The two men hated each other intensely and the expulsion of the Greeks is the only point on which they saw eye to eye. The expulsion of the Greeks had already started under Arnulf, because when Raymond of Aguilers reports that Arnulf robbed certain ecclesiastics who held prebends at the altars of the Sepulchre of their benefices, he cannot have been referring to the Latins who had just been installed by Duke Godfrey de Bouillon and who were not manhandled by Arnulf until 1114 when he forced them to turn from secular to regular canons[53].

The problem involved was probably not so much one of religious dissent —the schism of 1054 and all that—as material in nature. Apart from Arnulf as leader, Duke Godfrey installed 20 Latin canons in the Sepulchre and assigned 21 villages for their maintenance.[54] This was not exactly 'chicken-feed' but it surely was not adequate for the holiest church of the land which

[50] The latest treatment of the commune of Antioch is J. Prawer, 'Estates, Communities and the Constitution of the Latin Kingdom' (*Proceedings of the Israel Academy of Sciences and Humanities*, vol. II, no. 6, Jerusalem 1969), 27–36, but see also the standard work by Cahen, *Syrie du Nord*, 583–623.

[51] Cl. Cahen, 'Notes sur l'histoire des croisades et de l'Orient latin. 1. En quoi la conquête turque appelait-elle la croisade?', *Bulletin de la Faculté des Lettres de Strasbourg* XIX (1950), 122; Cahen, 'An Introduction to the First Crusade', *Past and Present* VI (1954), 12.

[52] William of Tyre, IX, 17–8; pp. 389–93. On the development of the quarter of the patriarch see Mayer, *Bistümer* (*supra*, n. 20), 5–11.

[53] *Le 'Liber' de Raymond d'Aguilers*, ed. J. H. and L. L. Hill (Documents relatifs à l'histoire des croisades IX, Paris, 1969), 154. *Cf.* also Mayer, *Bistümer*, 3, 410.

[54] *Ibid.*, 1–5.

(as was known even in Europe) had held enormous possessions in pre-crusade days; the abbot of Moissac near Toulouse had regularly collected the Provençal income of the Sepulchre on behalf of the Greek clergy.[55] The problem was how to get at the Greek possessions of the Sepulchre. In the troubled days of conquest they may not have been exactly known and *conquistadores* like the Norman Tancred did not trouble much about church possessions; he freely signed out fiefs to his knights from the estates of the abbey of the Saviour on Mount Tabor which, at the time of his arrival, was of course also settled by Greeks; and it was after the Greeks had been ejected that the bickering began between the Latin abbot and the secular power over these knights' fiefs.[56] Surely, however, in Jerusalem it was known that the Greek patriarch had been lord of one quarter of the city, and on Christmas Day 1099 when he invested Godfrey in a much-debated ceremony with the rule over Jerusalem, Daimbert of Pisa also wrested a donation from Godfrey of basic importance in that it gave to the Sepulchre all the possessions which the Greek patriarch had had in the days of the Greeks. There could be no doubt that this comprised at least the partiarch's quarter. But Daimbert, using the presence of the Pisan fleet in Jaffa as a means of blackmail, began immediately with an extensive interpretation claiming that all of Jerusalem and all of Jaffa (which was certainly wrong) now belonged to him.[57] In a compromise Godfrey gave him one quarter of Jaffa, but this was not enough. He had to give him the rest of Jerusalem and Jaffa also, reserving for himself only the usufruct for life or until he would have made sufficient conquests elsewhere in Egypt or Palestine. In dying he was finally brought to cede everything to the church. But at this point Daimbert had overtaxed the patience of the vassals of the House of Lorraine who had no intention of exchanging Lorraine rule for a Pisan one which would most likely have robbed them of their newly-won fiefs. Under the energetic leadership of one of Godfrey's companions, Werner of Grez who himself was sick unto death, and acting in connivance with Arnulf of Chocques and a part of the Latin clergy in Jerusalem, the vassals ignored Godfrey's will and installed his brother Baldwin as king, holding the citadel for him until he could arrive from Edessa.

Baldwin was a man who knew the issues perfectly well because he had himself originally been trained for the clergy. He was also cut from harder wood than Godfrey. He made Daimbert crown him king and then quickly rid himself of the unpleasant Pisan. Daimbert came under severe criticism from William of Tyre who acknowledged none of his claims except that to the quarter of the patriarch in Jerusalem.[58] This retained its privileged status of an exempt immunity under the crusaders, although it is rarely mentioned. Prawer was of the opinion that it was another ecclesiastical lordship like those of the bishop of Ramla and the archbishop of Nazareth.[59] But as opposed to these two, the patriarch did not owe any knights' service to the king's army for his quarter. However, it must be said in fairness to Professor

[55] A. Gieysztor, 'The Genesis of the Crusades, The Encyclical of Sergius IV (1009–12)', *Medievalia et Humanistica* VI (1950), 25, n. 102. *Cf.* Mayer, *Bistümer*, 8.

[56] *R.R.H.*, no. 36. *Cf.* Mayer, *Bistümer*, 91.

[57] On this and the following events up to Godfrey's death *cf.* Mayer, *Bistümer*, 11–43.

[58] William of Tyre, IX, 16; p. 389. *Cf.* Mayer, *Bistümer*, 25–28.

[59] Prawer, *Histoire* I, 263.

Prawer that the question of the military service of the patriarch was hotly debated in a noteworthy clash between Daimbert and Baldwin I when the king demanded 40 knights' service from the patriarch—which was a lot when compared to some of the lordships. Daimbert rejected the claim, asking the king in a fashion very typical of this hardheaded Gregorian reformer: 'Do you dare to make the Holy Church a tributary servant?' But the claim of the king was not without foundation, because even the Papal legate saw its justification and effected a compromise under which Daimbert agreed to pay 30 knights voluntarily, although very soon after he stopped his payments. We do not believe that this debate was only a far echo of the world-wide investiture debate—because by accusing the king of turning the church into an *ancilla* Daimbert was pointing to the essential code word from the Investiture Contest, that of the liberty of the Church. We rather believe that the clash was specifically over the question whether the patriarch's quarter was an immunity free from government interference and exempt from military service like the later concessions to the Italian cities, or whether it was a lordship which would then owe service.[60]

It is well known that, under Byzantine influence and pressure, the Greek clergy were finally readmitted to the Holy Sepulchre.[61] Such pressure was particularly strong under Emperor Manuel I Comnenus from 1158 to 1176. When Manuel had neutralized Northern Syria in his Syrian campaign of 1158, he made it clear that he saw himself as the protector of the crusader states against Nur-ad-Dīn of Damascus. By office and tradition he was also the protector of the Greek church wherever it existed, and he extended this protection to Jerusalem. This was bound to raise problems, even though Manuel never demanded the re-installation of a Greek patriarch in Jerusalem but kept the patriarchate in exile in Constantinople. The alliance with Byzantium became the backbone of the Kingdom's foreign policy until the Byzantine defeat at Myriocephalum in 1176. It continued to be advocated by the chancellor William of Tyre until the Latins were massacred in Constantinople in 1182. During this time King Amaury of Jerusalem married a Byzantine princess in 1165 and paid a brilliant state visit to Constantinople in 1171 when perhaps he accepted some kind of Byzantine suzerainty. This had repercussions in church life. Emperor Manuel had repairs done in the Holy Sepulchre and in 1169 he commissioned new mosaics for the Church of the Nativity in Bethlehem. This was immortalized in a Latin and Greek inscription of which the Latin one only mentions the payments of the Emperor whereas the Greek one implied some sort of overlordship of the Emperor. Manuel did not remain unrewarded for his expenses in Bethlehem. The bishop of Bethlehem, probably the rather secular Englishman Ralph[62] who always sided with the powers in being, had him painted in various places of the church as a sign of gratitude. At least so the Greek traveller Phocas tells us,[63] but we may doubt whether the Latins did not find such open

[60] See in greater detail Mayer, *Bistümer*, 9–10.

[61] *Ibid.*, 406–7; Mayer, *Pontifikale*, 175–6; J. L. La Monte, 'To what Extent was the Byzantine Empire the Suzerain of the Latin Crusading States?', *Byzantion* VII (1932), 243–64.

[62] William of Tyre, XVI, 17, p. 733 characterizes him as *virum utique litteratum, sed nimis secularem.*

[63] *The Pilgrimage of Johannes Phocas in the Holy Land*, transl. by A. Stewart (Palestine Pilgrims Text Society, London, 1896), 31.

intervention by the Emperor in the Holy Places somewhat embarrassing; a Maecenas is not always welcome. And Phocas may have mistaken two twelfth-century paintings, oddly out of place there and still to be seen today, of two royal saints which he himself can hardly have known: Saint Knut of Denmark and Saint Olav of Norway. Phocas may have taken these to be crude Latin representations of his Emperor or he may have been fed the story by the Latins in Bethlehem.

Suddenly in 1173 a Greek orthodox archbishop of Gaza witnesses a charter in Jerusalem surrounded by a community of Greek clerics serving at the Anastasis.[64] This readmission of the Greek clergy is certainly the highlight of Byzantine influence in Jerusalem church life. Already Patriarch Fulcher (1146–57) had adopted a leaden seal not only clearly cut after Greek models but also carrying the Greek inscription on the reverse *H ANACTACIC*.[65] But it is more than doubtful whether this already points to a readmission of Greek clergy under a Latin patriarch at the Sepulchre. One might offer another explanation.[66] The problem of creating suffragans for the patriarch of Jerusalem was a very difficult and delicate one. In the middle of the twelfth century he still had only two, the bishop of Ramla and that of Bethlehem. But a metropolitan had to have at least three suffragans, and it was only in 1168 when Hebron was elevated to a bishopric that he received the third suffragan. A list of his suffragans given in a thirteenth-century lawbook is odd as it lists not only these three, but also the abbots and priors of the capital, and even the abbesses of the nunneries in Jerusalem as suffragans of the patriarch. The root of the problem was that the Greek patriarch had never had any suffragans because, like the patriarch of Constantinople, he had been outside of the provincial organization of the church. He only had *Synkelloi*, originally household members, from whom rose the *Protosynkelloi* who unsuccessfully in 1065 tried to get hierarchical precedence over the archbishops. It seems that the Greek patriarch of Jerusalem had caused his archbishops to perform the services of the *Synkelloi*. The Latins definitely knew of this, and James of Vitry, bishop of Acre, wrote that Ramla, Bethlehem and Hebron were under the patriarch *nullo mediante*, that is directly with no archbishops between them. This shows clearly that the Latins on the one side wished to preserve this extraordinary status of the patriarch of Jerusalem, and when the lawbook of the thirteenth century wrote that the archbishops of the provinces Palestine I to III and Syria I (Tyre) were subject to the patriarch of Jerusalem they were called *arcevesques suffraganz*, in Latin thinking certainly a *contradictio in adiecto*. While wishing to maintain in some way this old special status, which may explain the Greek inscription on the patriarchal bull, a patriarch of the Western Church could not do without suffragans. The difficulty was how to create them, because any creation had to be made at the expense of one of the old archbishoprics of Palestine. Ramla, however, had been transferred to Jerusalem at the expense of Caesarea, and this had been easy as Ramla had been created a bishopric in 1009 and Caesarea was not conquered and re-established as an archbishopric until 1101. The Greek inscription on the seal, and the consequent stressing of the

[64] *R.R.H.*, no. 502.
[65] Schlumberger, *Sigillographie* (*supra*, n. 42), 75 no. 8bis.
[66] Mayer, *Bistümer*, 113–4.

Greek origins of the Latin patriarchate, may not have been more than to pursue what we may call the 'Greek solution' in which the patriarch could do without direct suffragans if he had archbishops as *Synkelloi*, or *arcevesques suffraganz* in Jean of Ibelin's terminology. This may be all the more so as the Greek inscription on the patriarchal seal outlived not only the collapse of Byzantine influence in Palestine, but even the downfall of the kingdom in 1187 because it was still being used by James Pantaleon, patriarch from 1255 to 1261.[67]

Returning to the readmission of the Greek clergy of the Holy Sepulchre, however, one must ask whether it ought not to be placed considerably earlier than 1173, in line with the development of Byzantine influence since 1158. The Greek archbishop of 1173 is named Meletos and is, therefore, perhaps identical with Meletos, abbot of the famous orthodox monastery of Mar Saba near Bethlehem. In 1164 he sold three villages to the Holy Sepulchre.[68] It has not been noticed that he did not sell them just to the canons at the Sepulchre, but expressly to the *Latin* canons there, a phrase which presupposes the existence of non-Latin clergy, that is Greeks, at the Sepulchre as well as of Latins. This would be nine years before they officially emerge as witnesses to the charter of 1173 and would show how delicate the problem was and how much tact it required on both sides. It might be argued that it would be only natural for a Greek abbot to refer expressly to *Latin* canons. But we must add the further fact that the Latin lord of Caesarea in 1166 made a donation to the Holy Sepulchre expressly to the *Latin* canons there.[69] It is suddenly during these years that the patriarch's quarter in Jerusalem makes a reappearance in the charters. Nothing had been heard of it since 1100 or only indirectly, as in 1135 a *pars regis*, a part of the king, is mentioned, which must mean that there was also somebody else's part, that is the patriarch's, in which the king was not city lord. But between 1167 and 1175 we find the *quarterium patriarchae* expressly mentioned three times in the documents,[70] and I have no doubt that this was because Greek clergy had been readmitted to the Sepulchre under Byzantine influence and precautions had to be taken to stress the patriarch's ownership of the quarter lest the Greeks claim it as a possession for themselves.

[67] Schlumberger, *Sigillographie*, 80 no. 18.
[68] *R.R.H.*, no. 409. *Cf.* Mayer, *Bistümer*, 407.
[69] *R.R.H.*, no. 425.
[70] *R.R.H.*, nos. 430, 469, 474.

* I wish to express my sincere gratitude to Dr. Anthony A. M. Bryer and Dr. Peter Edbury who very kindly read this paper for me at the shortest notice at the Eleventh Spring Symposium of Byzantine Studies in Birmingham in March 1977. It has been very slightly changed for publication. I also wish to record my gratitude for the friendly and constructive criticism I received from Professors Claude Cahen, Peter M. Holt and Benjamin Z. Kedar.

VII

Die Seigneurie de Joscelin und der Deutsche Orden

Im Jahre 1176 wurde nach zwölfjähriger Gefangenschaft bei den Sarazenen Joscelin III. von Courtenay, Titulargraf von Edessa, freigelassen. Da seine Grafschaft Edessa schon seit der Mitte des Jahrhunderts unwiderruflich sarazenisch war, ging er ins Königreich Jerusalem, wo seine Schwester Agnes von Courtenay als Königinmutter am Hofe einen sehr starken Einfluß ausübte. Er selbst brachte es bald zum Seneschalk des Königreichs Jerusalem[1]. Unter Ausnutzung dieses Kronamtes und seiner Verwandtschaft mit dem König, dessen Onkel er war, baute er seit 1179 in der Krondomäne von Akkon ein Konglomerat von Besitzungen an Landlehen, Geldlehen, Vormundschaftsrechten, Abgabenbefreiungen, Gerichtsgefällen etc. auf, das später als *Seigneurie de Joscelin* bekannt war[2].

1) Als solcher tritt er erstmals 1176 auf; vgl. R. RÖHRICHT, Regesta regni Hierosolymitani (1893 nebst Additamentum 1904; künftig gekürzt als RRH) n° 537.

2) Literatur zur *Seigneurie de Joscelin*: H. PRUTZ, Die Besitzungen des Deutschen Ordens im Hl. Lande (1877); R. RÖHRICHT, Studien zur mittelalterlichen Geographie und Topographie Syriens, Zeitschrift des Deutschen Palästina-Vereins 10 (1887) 195–345; L. DE MAS-LATRIE, De quelques seigneuries de Terre Sainte oubliés dans les Familles d'Outremer de Ducange. Seigneurs de St.-Georges, du Bouquiau et du Saor, Rev. hist. 8 (1878) 107–120. E. G. REY ohne Titel im Bulletin de la Société nationale des Antiquaires de France 1878, S. 68 f.; DERSELBE ohne Titel ebenda 1880, S. 72–74; J. L. LA MONTE, The Rise and Decline of a Frankish Seigneury in Syria in the Time of the Crusades, Rev. hist. du Sud-Est européen 15 (1938) 301–320; G. BEYER, Die Kreuzfahrergebiete Akko und Galilaea, Zeitschrift des Deutschen Palästina-Vereins 67 (1944/45) 183–260; W. HUBATSCH, Montfort und die Bildung des Deutschordensstaates im Hl. Lande, Nachr. der Akad. der Wiss. in Göttingen, philol.-hist. Klasse 1966 Nr. 5; K. FORSTREUTER, Der Deutsche Orden am Mittelmeer (Quellen und Studien zur Geschichte des Deutschen Ordens 2, 1967); R. L. NICHOLSON, Joscelyn III and the Fall of the Crusader States 1134–1199 (1973). Manches auch bei W. COHN, Hermann von Salza (Abhandl. d. Schlesischen Ges. f. vaterl. Cultur 4, 1930) und MARIE-LUISE FAVREAU, Studien zur Frühgeschichte des Deutschen Ordens (Kieler Historische Studien 21, 1974). Am eingehendsten wird die *Seigneurie de Joscelin* von La Monte und Hubatsch behandelt. Eine wesentliche Hilfe war mir die ungedruckte Staatsexamensarbeit von O.-H. SCHMIDT-DURDAUT, Joscelin III. von Edessa und die »Seigneurie de Joscelin« (Kiel 1973). Der Schwerpunkt seiner Arbeit liegt vor 1220, das Hauptgewicht dieser Arbeit danach. Eindringlich muß gesagt werden, daß neue Ergebnisse aus der Literatur kaum, sondern nur durch den Rückgriff auf die Quellen zu gewinnen sind: Philipp von Novara und die Lignages d'Outremer (s. unten Anm. 29) und das Archiv der

Diese Herrschaft ist in zweierlei Hinsicht unter den weltlichen Seigneurien des Königreichs Jerusalem ein Unicum. Zunächst ist sie die einzige, von der das Archiv überlebt hat. Es kam 1220 mit dem Verkauf der Herrschaft in den Besitz des Deutschen Ordens und wurde um 1244 im Kopialbuch des Deutschen Ordens abgeschrieben[3]. Zum anderen ist es die einzige Herrschaft, die nicht nach ihrem zentralen Ort hieß, sondern nach ihrem Gründer. Johann von Ibelin, Graf von Jaffa, führt sie um 1265 in seinem berühmten Assisenbuch eindeutig unter den Herrschaften des Königreiches auf und bezeichnet sie noch immer als *Seignorie dou fié dou conte Jocelin*[4], obwohl ihr Gründer Joscelin III. von Courtenay schon vor 1200, wahrscheinlich um 1190 verstorben[5] und die Herrschaft seit 1220, wenn auch wahrlich nicht unangefochten, im Besitz des Deutschen Ordens war. Johann von Ibelin wies ihr eine Cour des Bourgeois und dem Herrn ein Feudalgericht über seine Vasallen und das Recht auf Bleisiegelführung (*droit des coins*)[6] zu. Damit ordnete er ihr die Merkmale zu, durch die eine Baronie im Hl. Lande charakterisiert wurde.

Als Herrschaft, die nicht nach ihrem Hauptort genannt wurde, könnte man der *Seigneurie de Joscelin* allenfalls noch die Herrschaft Transjordanien zur Seite stellen, für die in den Quellen die Bezeichnung *Oultrejourdain* oder *terra trans Jordanem* durchaus gebräuchlich ist. Aber selbst diese Herrschaft wird von Johann von Ibelin als *Seignorie dou*

Seigneurie de Joscelin in den Deutschordensurkunden bei E. STREHLKE, Tabulae ordinis Theutonici (1869; Neudruck mit quellenkritischer Einleitung von H. E. MAYER, Toronto 1975). Im Folgenden werden die vorstehend genannten Titel nur in Kurzform ohne weiteren Rückweis auf diese Anmerkung zitiert.

3) STREHLKE, Tabulae, ed. Toronto, Einleitung S. 70–73, 78 f.

4) Livre de Jean d'Ibelin c. 270.271, Recueil des Historiens des Croisades (im Folgenden gekürzt: RHC). Lois 1, 420.422.

5) Im Oktober 1200 (RRH n° 777) wird er als verstorben bezeichnet. Daß er mit dem Zeugen Joscelin identisch sein soll, der ohne weiteren Zusatz am 26. August 1199 in RRH n° 758 eine Urkunde des Grafen Boemund IV. von Tripolis (seine Ordinalzahl ist die als Fürst von Antiochia seit 1201) als vorletzter Zeuge bezeugt (so NICHOLSON, Joscelyn III S. 195.198), ist nicht zu halten. Nicholson könnte zwar eine Stütze in RRH n° 555 von 1178 oder 1179 finden, wo Boemund III. von Antiochia Joscelin III. als seinen ligischen Vasallen im Fürstentum Antiochia ausgestattet hatte. Joscelin könnte sich nach 1190 ins Antiochenische zurückgezogen haben, und das könnte sein Verschwinden aus den literarischen und urkundlichen Quellen erklären, wo er Mitte September 1190 vor Akkon letztmals bezeugt ist (RRH n° 696. RRH n° 697 gehört zum April 1190; vgl. H. E. MAYER, Marseilles Levantehandel und ein akkonensisches Fälscheratelier des 13. Jahrhunderts, 1972, S. 183 n° 5). Aber es wäre unklug gewesen, dem Endstadium der Belagerung Akkons fernzubleiben, da er im Eroberungsfall sehen mußte, seine Besitzungen in und bei Akkon wiederzuerhalten. Auch hält Nicholson Boemund IV. bereits 1199 für den Fürsten von Antiochia, wo aber bis 1201 Boemund III. regierte. Boemund IV. urkundete in RRH n° 758 nur als Graf von Tripolis und war deshalb nur von tripolitanischem, nicht von antiochenischem Gefolge umgeben. Die letzten Zeugen, unter denen sich auch der titellose Joscelin befindet, sind sichtlich gar keine Adligen, sondern tripolitanische Bourgeois; vgl. RRH n° 742.753.754.792.

6) Zum *droit des coins* vgl. jetzt H. E. MAYER, Das Siegelwesen in den Kreuzfahrerstaaten, Abh. d. Bayer. Akad. d. Wissensch., phil.-hist. Klasse NF. 83 (1977) 59–71.

Crac et de Mont Real, also nach ihren beiden mit Siedlungen verbundenen Hauptburgen bezeichnet[7], und *Montis Regalis dominus* hat sich auf seinem Siegel auch Rainald von Châtillon, Herr von Transjordanien, genannt[8]. Es ist für die Namensfrage, von der ja die Erörterung einer etwaigen rechtlichen oder materiellen Sonderstellung auszugehen hat, fatal, daß wir von Joscelin III. ebensowenig ein erhaltenes Siegel haben wie von seinen Nachfolgern in der nach ihm benannten Herrschaft. Auch wissen wir nicht, wie sich Joscelin III. selbst in seinen Urkunden nannte, da von dem geschäftigen Seneschalk keine einzige Urkunde überkommen ist. Wir können nur den Analogiefall Rainalds von Châtillon betrachten, der wie Joscelin III. lange in muslimischer Gefangenschaft war (1160–1176) und sich bei seiner Entlassung aus seinem Fürstentum Antiochia vertrieben sah. Bezeichnete er sich nach seiner Einheirat in die Herrschaft Transjordanien auf seinem Siegel nach der dortigen Festung Montréal, so wurde er doch in eigenen wie fremden Urkunden als ehemaliger Fürst von Antiochia bezeichnet, freilich noch öfters nur als *princeps* ohne geographischen Zusatz und in der Regel mit der Angabe seines gegenwärtigen Titels als Herr von Montréal und Hebron[9]. In eigenen Urkunden hat er diesen Zusatz nie weggelassen. Joscelin III. wurde von der Königskanzlei als *comes Ioscelinus, filius Ioscelini Edessani comitis* oder aber einfach als *comes Ioscelinus* bezeichnet, und so nannten ihn auch seine Nachfahren.

Wenn der Analogiefall Rainalds von Châtillon Rückschlüsse erlaubt auf den Exgrafen von Edessa, dann müssen sie in der Einsicht liegen, daß es in Urkunden ohne die Angabe des gegenwärtigen Herrschaftstitels nicht ging, weil hier eine rechtlich präzise Benennung des Ausstellers oder des Empfängers erforderlich war. Die Angabe des früheren Herrschaftsbezirks, mindestens des früheren ranghöheren Titels, mochte man bei diesen exilierten Fürsten hinzufügen. Sie war aber nicht wesentlich, sondern allenfalls für das Selbstverständnis interessant. Unter diesem Aspekt muß es doch wohl eine Bedeutung haben, daß die Königskanzlei, die von allen Ausstellern im Hl. Lande am genauesten auf eine Titelangabe achtete, die dem Genannten nicht zu wenig, aber auch nicht zu viel gab[10], unter drei Königen (Balduin IV., Balduin V. und Guido von Lusignan) Joscelin III. von Courtenay seinen Adelsrang als *comes* und damit die Standesqualität weiterhin erhielt, ohne auf das unwesentliche Edessa Wert zu legen, auch seine Stellung als Onkel des Königs und Seneschalk dreier Könige präzis vermerkte, ihm aber niemals eine Benennung

7) S. Anm. 4.

8) G. SCHLUMBERGER, Sigillographie de l'Orient latin (Bibliothèque archéologique et historique 37, 1943) 51f. n° 118–120.

9) Als Fürst von Antiochia RRH n° 551.553.553a.623a, als Herr von Montréal und Hebron RRH n° 551.553a.587.593.596.613.623a.628.643, nur als *princeps* RRH n° 545.614.615.617.624.653-655.

10) H. E. MAYER, Studies in the History of Queen Melisende of Jerusalem, Dumbarton Oaks Papers 26 (1972) 108 Anm. 31a und DERS., Bistümer, Klöster und Stifte im Königreich Jerusalem (Schriften der MGH 26, 1977) 120 zeigt dies für den »Grafen« Hugo II. von Jaffa. Zu Palmarea vgl. DERS., Siegelwesen (wie Anm. 6) S. 56 f.

nach einer Herrschaft beilegte. Der Name *Seigneurie de Joscelin* ist erstmals 1265 bei Johann von Ibelin belegt. Man wird gleich einwenden, daß auch Rainald von Châtillon seit 1182 (Anm. 9) häufiger nur als *princeps Rainaldus* ohne den Zusatz von Montréal und Hebron in den Königsurkunden auftaucht als damit. Aber dabei handelt es sich nicht um Empfängernennungen, weil wir für Rainald überhaupt kein Diplom besitzen, sondern um Zeugennennungen. Für Joscelin liegen dagegen nicht nur eine Fülle von Zeugennennungen vor, sondern auch eine Menge an ihn ausgestellter Diplome, weil ja sein Seigneurialarchiv als einziges erhalten ist. Ich zähle ein Dutzend solcher Diplome, und nicht in einem einzigen ist er als *dominus* von irgend etwas bezeichnet worden, obgleich in derselben Zeit in Rainald von Châtillon der Kanzlei ein Parallelfall zur Verfügung stand, in dem sie oft genug den alten *princeps*-Titel mit der neuen Bezeichnung als *dominus* von Montréal und Hebron mühelos zu verbinden wußte.

Die Entstehung der *Seigneurie de Joscelin* ist noch weitgehend ungeklärt, denn es kann nicht die Rede davon sein, daß der einschlägige Aufsatz von La Monte die Dinge auch nur annähernd aufzuhellen vermöchte, um von der gründlich verunglückten Biographie Joscelins III. aus der Feder von Nicholson ganz zu schweigen. Braucht man über die letztere schon nach dem Stand der Rezensionen[11] kein Wort mehr zu verlieren, so muß doch bei La Monte erneut angemerkt werden, daß er bei allem Verdienst um die Erforschung der Feudalgesellschaft des Königreichs Jerusalem viel zu stark das späte Wunschbild Johanns von Ibelin, wie dieser es in seinem Rechtsbuch aufgezeichnet hatte, für bare Münze nahm und darin nicht nur das Gewordene von Johanns eigener Zeit, sondern das Bild einer statisch verharrenden Gesellschaft sah, wie sie schon in der Eroberungszeit eingerichtet worden wäre. So wird es in der Tat von Johann von Ibelin geschildert, und es bedurfte der geduldigen Anstrengungen von Jean Richard, Joshua Prawer und Jonathan Riley-Smith[12], um die unerhörte Dynamik dieser Gesellschaft zu erkennen und aufzuzeigen. Es soll hier auch nicht versucht werden, die Entstehung und Verwaltung der *Seigneurie de Joscelin* zu zeichnen. Die Natur des Quellenmaterials verführt zu der Annahme, dies sei möglich. Es ist aber ein Material von nur relativer Dichte. Es wird darauf zurückzukommen sein (unten S. 208), daß schon das Archiv der Seigneurie de Joscelin, also ihr

11) M. L. BULST in der Francia 3 (1975) 782 ff.; J. A. BRUNDAGE in der American Hist. Review 79 (1974) 1171 f.; H. E. MAYER, DA 30 (1974) 596.

12) J. RICHARD, Pairie d'Orient latin: les quatre baronnies des royaumes de Jérusalem et de Chypre, Rev. hist. de droit franç. et étr. 4. Serie 28 (1950) 67–88 und DERS., Le royaume latin de Jérusalem (1953); von J. PRAWER vor allem: Les premiers temps de la féodalité dans le royaume latin de Jérusalem. Une réconsideration, Tijdschrift voor rechtsgeschiedenis 22 (1954) 401–424; DERS., La noblesse et le régime féodal du royaume latin de Jérusalem, Moyen Age 65 (1959) 41–74; DERS., Estates, Communities and the Constitution of the Latin Kingdom (Israel Academy of Sciences and Humanities. Proceedings 2/6, 1969) sowie die Zusammenfassung bei PRAWER, The Latin Kingdom of Jerusalem. European Colonialism in the Middle Ages (1972); J. RILEY-SMITH, The Feudal Nobility and the Kingdom of Jerusalem 1174–1277 (1973).

Urkundeneinlauf, nur unvollständig erhalten ist. Es fehlt ferner völlig der Urkundenauslauf, und es fehlen wenigstens vier Familienarchive, nämlich die von Joscelins Schwiegervater Heinrich von Milly, seiner beiden Schwägerinnen Helvis und Stephanie und ihrer Männer sowie das seines Schwiegersohnes Wilhelm von Amigdala und dessen Nachkommen, ohne die eine Geschichte dieser Herrschaft nicht zu schreiben ist. Uns soll hier, weil wir vor allem den Auseinandersetzungen nachgehen, in die der Deutsche Orden durch den Ankauf der *Seigneurie de Joscelin* verstrickt wurde, nur die Frage interessieren, welchen Status dieses Gebilde, dessen Natur noch jedem, der sich damit beschäftigte, Definitionsschwierigkeiten gemacht hat, im späten 12. Jahrhundert eigentlich hatte.

Einer Benennung der *Seigneurie de Joscelin* nach einem zentralen Ort stand nicht etwa entgegen, daß sie über einen solchen nicht verfügt hätte. Sie hatte vielmehr zunächst in St. Georges de Labaène[13)] an der Straße von Akkon nach Safad und seit 1182 (RRH n° 614) in der Burg Mhalia (bei den Franken auch Castellum regis oder Château du Roi genannt) durchaus einen erkennbaren Kern, der wie Mons regalis in Transjordanien namengebend hätte werden können. Gerade dieses Beispiel, wo *Regalis* zur Erinnerung an den königlichen Gründer im Namen blieb, als der König die Burg längst aus der Hand gegeben hatte, zeigt, daß der Zusatz *du Roi* oder *regis* die Kanzlei nicht hätte zu hindern brauchen, Joscelin III. seit 1182 als *dominus Castelli regis* oder *dominus Mhaliae* zu bezeichnen. Das ist um so mehr der Fall, als hier im Gegensatz zu Montréal der Zusatz *regis* ein späterer ist, kein ursprünglicher. Château du Roi war gewiß keine sehr bedeutende Burg, denn für diesen Teil seiner Herrschaft mußte Joscelin dem Reichsheer nach der Servitienliste des Johann von Ibelin[14)] nur vier Ritter zuführen, und der Deutsche Orden verspürte später selbst das Bedürfnis nach einer stärkeren Burg in dieser Gegend und ließ Montfort erbauen (s. unten S. 208 ff). Aber es war eine Burg, die der König 1182 im Austausch gegen eine andere an Joscelin »schenkte«, d. h. mit der er ihn erblich belehnte, wie der dafür fällige Ritterdienst beweist. Sie erfüllte die Voraussetzung, Zentrum einer Herrschaft zu sein, nicht nur als Festung, sondern auch als Siedlung, die sicher nicht allzu bedeutend, aber immerhin doch groß genug war, um Sitz einer fränkischen Cour des Bourgeois zu sein. Nach Ausweis von RRH n° 341 gehörten im Jahre 1160 neun Dörfer in der Umgebung dazu, die 1182 in RRH n° 614 auf acht verringert wurden.

Wenn Mhalia dennoch nicht zum Vorort einer Herrschaft wurde, wenn Joscelin nie als *dominus* von irgend etwas bezeichnet wurde, so frägt sich allmählich, ob seine sogenannte Seigneurie zu seinen Lebzeiten wirklich eine solche war oder erst im Verständnis späterer Generationen dazu wurde und weshalb. Wenn der König eine Herrschaft verlieh, so war dafür die Belehnung mit der Hauptburg durchaus hinreichend. Das ergibt sich aus der Verlehnung Transjordaniens 1161 in RRH n° 366 an Philipp von Nablus. Und da dies die

13) In der Literatur heißt es meist St. Georges de Lebaène. Wir verwenden hier die Schreibung der Lignages d'Outremer c. 16, RHC. Lois 2, 454.

14) Livre de Jean d'Ibelin c. 271, RHC. Lois 1, 422.

Bedeutung des Rechtsgeschäftes war, folgte dem – wenn auch hier in RRH n° 412 mit vierjähriger Verspätung – die Bezeichnung des neuen Herrn nach der neuen Herrschaft: *Philippus de Monte Regali.* Bei Rainald von Châtillon ist es dasselbe. Wenn so etwas aber, wie bei Joscelin, auf Dauer ausbleibt, muß man anfangen, nach Alternativen zu suchen. Gerade die Namensentwicklung deutet bei Mhalia darauf hin, daß hier, wenigstens anfänglich, keine eigene Seigneurie bestand. Im Jahre 1160 nannte der König die Burg *castellum meum, quod Mhalia nuncupatur* (RRH n° 341)[15]. Er behielt sie damals noch in seiner Hand, denn, wie Riley-Smith richtig erkannt hat[16], setzte er damals einen sonst nicht näher bekannten Johann von Haifa zum königlichen Kastellan ein, dem er neben der Kastellanie auch das Dragomanat, also die wirtschaftliche Verwaltung des Bezirks, erblich übertrug[17]. Vor 1182, ja schon vor 1179 (RRH n° 579: *castellum novum),* hatte der König die Burg dann offenbar ausgebaut, denn als er sie damals an Joscelin verlehnte (RRH n° 614), bezeichnete er sie als das ihm bis dahin gehörende *castellum novum, quod in montanis Achonensibus situm est.* Dieser Name Castellum novum blieb vorerst an der Burg hängen[18]. Im Mai 1188 tauchte in einer Urkunde des Markgrafen und Thronprätendenten Konrad von Montferrat (RRH n° 674) *Castellum novum* erstmals mit dem Zusatz *regis* auf, und das schliff sich ab 1220 (RRH n° 934.974.975.1002.1013) zu *Castellum regis* ab. Mit dem neu eingeführten Zusatz *regis* wollte Konrad, der ja in der Urkunde nicht verschwieg, daß Graf Joscelin dort gesessen hatte, offenbar andeuten, daß die Burg eigentlich königlicher Besitz war. Jedenfalls scheint mir, daß Konrad, der mit Joscelin völlig verfeindet war wegen dessen enger Bindung an seinen Rivalen Guido von Lusignan, hier deutlich an eine zuvor vielleicht in Vergessenheit geratene Rechtsposition Joscelins erinnern wollte. Nicht so sehr der Name *Castellum novum regis* selbst begründet die Annahme, daß Joscelin hier nie eine wirkliche Seigneurie besessen hatte, sondern der

15) Nur als Marginalnotiz findet sich dazu von einer Hand des 13. Jh. der erläuternde Zusatz *Castrum regis*; vgl. STREHLKE, Tabulae 2 n° 2 Anm. 1.

16) RILEY-SMITH, Feudal Nobility (wie Anm. 12) S. 54.

17) Johann war an sich also nicht abberufbar, aber der König konnte, wenn er wollte, genügend Druck ausüben, um ihn zu entfernen, wenn er ihn nur entschädigte. Mir scheint, daß wir im Gegensatz zu der Annahme von Riley-Smith auch wissen, was aus ihm geworden ist. Als Joscelin III. 1182 in RRH n° 614 mit Mhalia belehnt wurde, war die Stellung Johanns von Haifa ein Hindernis. Ein Jahr später schenkte der König dem Joscelin in RRH n° 625 einen beinamenlosen Johann, der Dragoman von Mhalia war. Ich sehe nicht, warum dieser personenverschieden von Johann von Haifa sein sollte. Daß er nicht mehr »von Haifa« hieß, nachdem er 22 Jahre lang Dragoman von Mhalia gewesen war, ist nicht erstaunlich. Gerade dann, wenn er mit Johann von Haifa identisch war, ist erklärlich, warum die Einsetzungsurkunde für Johann von Haifa (RRH n° 341) in Joscelins Archiv kam. Er war natürlich kein Unfreier, der hier verschenkt wurde. Vielmehr wurde sein Amt verschenkt, in dem er erblich verblieb, das er aber nun nicht mehr für den König, sondern für Joscelin auszuüben hatte. Das war nichts anderes, als wenn der König die Dienstleistung eines seiner Ritter an einen Dritten schenkte, wofür wir mehr als ein Beispiel haben. Der Rechtsgrund lag wohl letztlich in der absoluten Gestaltungsfreiheit des Königs hinsichtlich der Krondomäne; dazu unten Anm. 59.

18) RRH n° 625. *Castrum novum* in RRH n° 653.655 ist Châteauneuf östlich von Toron.

Umstand, daß dies 1188 ein neuer Name war, den man zuvor nicht gekannt hatte. Auch Johann von Ibelin war, wenn man ihn genau liest, der Rechtsstatus der *Seigneurie de Joscelin* nicht eindeutig klar, denn er bezeichnete sie einmal als *seignorie dou conte Jocelin,* das andere Mal aber als *seignorie dou fié dou conte Jocelin* (s. oben Anm. 4). Wenn dieser zweiten Benennung eine sachliche Bedeutung zukommen soll, dann doch die, daß es sich hier nach Johanns Ansicht um eine Seigneurie handelte, die indessen aus einem simplen Kronlehen gewachsen war, daß also Joscelin selbst noch ein Kronlehen ohne Herrschaftscharakter gehabt hatte, das dann später zur Seigneurie geworden war. Denn daß Johann das Gebilde um 1265 als volle Herrschaft ansah, ist nicht zu bezweifeln.

Ohne hier das Anwachsen der *Seigneurie de Joscelin,* soweit es sich verfolgen läßt, im einzelnen nachzuzeichnen, muß doch gesagt werden, daß sich dieses Gebilde nicht nur in der Namengebung, sondern noch in einem anderen Punkt von allen anderen Baronien des Reichs unterschied. Weil die *Seigneurie de Joscelin* vom König nicht auf einen Schlag kreiert worden war, sondern allmählich anwuchs, fehlte ihr, so imposant sie war[19], etwas, über das andere Seigneurien verfügten: das geschlossene Territorium. Von relativ bescheidenen Anfängen in den Jahren 1179–1182 war sie 1220, ganz abgesehen von dem damals in sarazenischer Hand befindlichen Teil, angewachsen auf ein Besitzkonglomerat von 44 Casalien, die in relativ dichter Streulage nordöstlich von Akkon in fruchtbarem Land lagen. Der Blick in den historischen Atlas täuscht. Hier finden wir in dieser Gegend nur die Orte kartiert, die uns im Archiv der *Seigneurie de Joscelin* begegnen, und das sind im wesentlichen die Orte der Seigneurie selbst. Wir müssen aber davon ausgehen, daß das Gebiet im Mittelalter dichter besiedelt war, als wir heute noch wissen. Die *Seigneurie de Joscelin* lag nicht als geschlossenes Gebiet in der Krondomäne von Akkon, sondern innerhalb ihrer äußersten Begrenzungen müssen auch noch Kronbesitz oder Lehen anderer Kronvasallen vermutet werden. Ganz sicher hielt Joscelin, wie wir sehen werden, einige Orte in gemeinschaftlichem Besitz mit anderen (unten S. 184). Auch der Mangel an territorialer Geschlossenheit deutet darauf, daß Joscelin bei Akkon keine Herrschaft, sondern ein großes Kronlehen besaß. Deshalb wird der Bildung dieses Besitzes auch chronikalisch nicht gedacht. Wilhelm von Tyrus war gewiß ein Chronist, der der Bildung von Herrschaften seine Aufmerksamkeit schenkte. Daß etwa Rainald von Châtillon durch Heirat zum Herrn von Transjordanien aufstieg, vergaß er nicht zu erwähnen, und ebenso verzeichnete er den Bau oder die Vergabe königlicher Burgen, wenn daraus später Herrschaften wurden (Montréal, Ibelin, Blanchegarde, Daron). Aber Joscelin, mit dem er

19) Mit 24 Rittern stellte sie dem Reichsheer nur einen Ritter weniger als die seit eh und je bedeutende Herrschaft Caesarea oder als der südliche Teil der Doppelgrafschaft Jaffa-Askalon. Dazu kommen noch die 18 Ritter der Herrschaft Toron, die 1186 zur *Seigneurie de Joscelin* kam (s. unten S. 178) sowie der Dienst für Châteauneuf, den Johann von Ibelin (c. 271, RHC. Lois 1, 423) nicht mehr kannte und das er irrtümlich nicht zur Herrschaft Toron zählte, der er dafür fälschlich das Joscelin anderweitig gehörende Maron zuzählte (s. unten S. 178 f).

als Kanzler ständig zu tun hatte, ist für ihn nie etwas anderes als der Seneschalk und Onkel des Königs, und die Burg Mhalia kommt in seiner ganzen Chronik überhaupt nicht vor[20].

Gab es zu Joscelins III. Zeiten irgendeine Parallele zu der hier entwickelten Theorie, daß er als Kronvasall in der Domäne von Akkon eine seigneursähnliche Stellung hatte, ohne doch Seigneur zu sein? Mir scheint schon, und zwar in dem von dem jüngeren Balian von Ibelin für seine Gemahlin Maria Komnena, die Witwe des Königs Amalrich von Jerusalem, verwalteten Wittum Nablus (1177–1187). Auch dies hat man für eine echte Herrschaft gehalten, und zwar schon deshalb, weil die Lignages d'Outremer[21], eine Adelsgenealogie des 14. Jahrhunderts von nur bedingter Zuverlässigkeit, schon damals bereits für die Mitte des 12. Jahrhunderts fälschlich eine Herrschaft Nablus annahmen, als deren Herrn sie Philipp von Nablus aus dem Hause Milly betrachteten. Ich hoffe, anderswo gezeigt zu haben, daß es sich bei Nablus bis 1187 nicht um eine Herrschaft handelte und daß Balian auf seinem Siegel erst 1185, als der Zerfall der Reichsgewalt in vollem Gange war, den *dominus*-Titel für Nablus usurpierte[22], und man mag den dort zusammengetragenen Nachweisen noch hinzufügen, daß Balian von Ibelin nach der aus der Zeit um 1186 datierenden Servitienliste des Johann von Ibelin für sein Lehen in der Domäne von Nablus von dem dortigen Gesamtaufgebot von 85 Rittern nur 15 schuldete[23]. Die Stellung eines simplen Kronvasallen, der indessen durch die schiere Größe seines Domaniallehens in herrschaftliche Dimensionen hineinwuchs, war also kein Einzelfall. Man wird freilich fragen, warum Johann von Ibelin eine Herrschaft Nablus nicht kennt, obwohl dort Balian von Ibelin erst in Urkunden und dann ab 1185 auch auf seinem Siegel den *dominus*-Titel annahm, während Johann die Existenz einer *Seigneurie de Joscelin* ausdrücklich versichert. Der Unterschied liegt darin, daß Joscelins Besitz 1186 in RRH n° 653 von König Guido von Lusignan um die Burgen Toron, Banyas und Châteauneuf vermehrt wurde, d. h. um nicht weniger als die von dem Konstabler Humfred II. von Toron aus den Herrschaften Toron und Banyas zusammengeschweißte Baronie Toron. Mit dieser Belehnung, die uns noch beschäftigen wird, wurde Joscelin nun in der Tat Seigneur, und wenigstens einmal, nämlich 1226 in RRH n° 974 = BF n° 1590, wird die Gesamtheit von Joscelins Besitz unter Einschluß der Herrschaft Toron als ein einziges, zusammengehörendes *feudum* bezeichnet, wobei die beiden Komplexe übrigens über die Verbindungsbrücke Maron auch geographisch zusammenhingen. Diese Zusammenhänge waren Johann von Ibelin 1265 nur noch unscharf klar, denn er schlägt Maron

20) WILHELM VON TYRUS, Historia rerum in partibus transmarinis gestarum XXII 14, 27, 28 RHC. Historiens occidentaux (künftig gekürzt: Hoc.) 1, 1088, 1122, 1124 (Rainald von Châtillon); ebd. XI 26; XV 24, 25; XX 19, a. a. O. 1, 500, 696–698, 975 (Montréal, Ibelin, Blanchegarde, Daron); XIX 4; XXI 11,22; XXII 5,23, a. a. O. 1, 890, 1023, 1042, 1069, 1112 (Joscelin III.; der letzte Beleg aus dem amtlichen Text des Steuerdekrets von 1183).

21) c. 14, RHC. Lois 2, 452.

22) MAYER, Bistümer (wie Anm. 10) S. 352–354, 410 f.

23) Livre de Jean d'Ibelin c. 271, RHC. Lois 1, 423 f.

zur Herrschaft Toron, obgleich es nach Ausweis von RRH n° 653 gerade nicht dazugehörte. Wenn also Joscelin überhaupt irgendwo Herr war, dann in Toron[24], aber nicht in der sogenannten *Seigneurie de Joscelin,* was gemeinhin als Kürzel für seine Besitzungen um Château du Roi und Montfort dient. Daß es zu einer Bezeichnung *dominus de Toron* nicht mehr gekommen ist, ist begreiflich, denn weniger als ein Jahr nach der Belehnung Joscelins mit Toron fiel dieses mit der ganzen Herrschaft in die Hand der Sarazenen.

Schließlich ist noch zu fragen, ob denn die Magnaten in den achtziger Jahren die Schaffung einer neuen Herrschaft überhaupt geduldet hätten. Auch wenn Wilhelm von Tyrus über die Bildung der *Seigneurie de Joscelin* schweigt, so war der Vorgang doch schon für die damalige Zeit erstaunlich. Prawer hat recht mit seiner Annahme[25], daß im Grunde die feudale Landkarte des Reiches seit etwa 1150 versteinert war und daß Veränderungen von Gewicht von nun an außerordentlich komplizierte Tauschvorgänge involvierten, so in Transjordanien, so in Bairut, so in Toron. Hinter dieser richtigen Beobachtung steht natürlich ein sehr handfestes und vitales Interesse der hauchdünnen Magnatenschicht von ungefähr zehn Familien, die sich mehr oder weniger hermetisch abgekapselt hatte und durch geeignete Heiraten dafür sorgte, daß man unter sich blieb. Im Grunde wollte man keine neuen Seigneurien mehr. Man muß sich nur einmal vorstellen, der König hätte um 1180 ganz Akkon mit seinem Gebiet zur Baronie gemacht und aus der Krondomäne ausgegliedert. Hier wäre ein Superbaron entstanden, das mühsam ausbalancierte Gleichgewicht der Kräfte im Hochadel wäre über den Haufen geworfen worden, jeder der alten Barone hätte gegenüber dem neuen wirtschaftlich das Nachsehen gehabt und wäre in der hierarchischen Bedeutung um eine Position abgerutscht. Es darf mit Recht eingewendet werden, daß ein König, der Akkon aus der Hand gab, suizidal veranlagt gewesen wäre. Ich konstruiere hier nur Extrembeispiele, die die Interessenlage der Magnaten verdeutlichen sollen. Jede Kreierung einer neuen Herrschaft alten Stils mußte den Magnaten unerwünscht sein, denn jede mußte den Status quo tangieren, den man, wie die Tauschoperationen zeigen, offenbar um fast jeden Preis erhalten wollte. Diese Täusche brachten ja nur punktuelle Veränderungen, die die Lage grundsätzlich unangetastet ließen und die Betroffenen an anderer Stelle so kompensierten, daß das System erhalten blieb. Das, was in Nablus und bei Joscelin passierte, mochte dem Adel unangenehm sein, aber er hatte keine Handhabe, es zu verhindern, solange er an einem anderen ihm wichtigen Prinzip nicht gerüttelt sehen wollte, nämlich an der unbeschränkten Verfügungsfreiheit des Königs über die Krondomäne (s. unten Anm. 59).

Auch im königlichen Interesse kann die Bildung einer echten Herrschaft in der Krondomäne von Akkon nicht gelegen haben. Es ist gewiß richtig, daß Joscelin unter dem

24) Daß Toron 1186 aus der Krondomäne ausgegliedert wurde, läßt dennoch keine Zweifel zu, daß es eine Herrschaft war, und zwar weil es eine gewesen war, ehe es 1180 an die Krone kam. Am Beispiel der Grafschaft Jaffa-Askalon ist deutlich zu sehen, daß eine Seigneurie nur vorübergehend erlosch, wenn sie an die Krone heimfiel. Wurde sie wieder ausgetan, so als Herrschaft.

25) J. PRAWER, Histoire du royaume latin de Jérusalem 1 (1969) 474.

leprösen König Balduin IV. einen sehr großen Einfluß am Hof hatte und auch von seiner mächtigen Schwester gestützt wurde. Daß er de facto eine Seigneurie nicht nur anstrebte, sondern auch bildete, liegt auf der Hand und ist nicht nur seinen Aktionen anzusehen, sondern auch der schließlichen Anerkennung dieser Herrschaft durch Johann von Ibelin, dem dafür kein besserer Name einfiel als der ihres Gründers. Aber es muß wiederholt werden: Die Kanzlei spricht nie von dieser Herrschaft, der Kanzler Wilhelm von Tyrus ebensowenig. Und jeder, der sich näher mit dem König Balduin IV. befaßt, wird bald darauf gestoßen werden, daß dieser Mann, mochte er auch durch seine Krankheit politisch immer schwächer werden, doch mit unglaublicher Zähigkeit an seinem Amt festhielt und es gegen alle wirklichen Angriffe – an denen es angesichts seiner zunehmenden Regierungsunfähigkeit nicht fehlte –, aber selbst gegen alle vermeintlichen Angriffe verteidigte. Die Wahrung seines Amtes und seiner Kronrechte in dem Maße, wie die Verhältnisse und seine persönliche Kraft es noch zuließen, wurden zum Lebensinhalt seiner letzten Jahre. Sophokles hätte nichts Dramatischeres schreiben können als jene Szene, als der schwer leprakranke Balduin IV., dessen Vorladung der Graf von Jaffa-Askalon (die Geißel von Balduins Lebensabend) ignoriert hatte, sich selbst nach Askalon transportieren ließ und dreimal vor allem Volk vergeblich an die Stadttore schlug, um den Grafen zu laden[26]. Man sollte sich wundern, wenn dieser Balduin einen so weitgehenden Schritt getan und eine doch erhebliche Seigneurie de iure kreiert haben sollte. Es hätte ihn noch mehr von der ohnehin nur noch lauen Unterstützung seines Adels gekostet.

Auch Joscelin mußte wegen des einzukalkulierenden Widerstandes der Magnaten an einem schleichenden Aufbau einer Seigneurie gelegen sein, der mittels der normativen Kraft des Faktischen besser erfolgte als durch Rechtsakt[27]. Wie sehr der schrittweise Zuwachs seiner Machtpositionen, der den Magnaten natürlich nicht verborgen geblieben war, ihn bedroht erscheinen ließ, zeigt die Bestimmung in RRH n° 654 vom Oktober 1186, in der er sich vom neuen König das außerordentliche Recht einräumen ließ, für den Fall seines Todes nach seiner eigenen Wahl statt nach der des Königs einen Vormund für seine minderjährigen Töchter einzusetzen. Joscelin hatte schon früh Gelegenheit gehabt zu erkennen, wie entscheidend das Vormundschaftsrecht für seinen Besitzaufbau war (s. unten S. 185 f.). Er wollte nicht Gefahr laufen, daß ein anderer das, was er zusammengetragen hatte, mit demselben Mittel zerschlug. In diesem Punkte sicherte er sich sogar gegen den

26) Wilhelm von Tyrus, Historia (wie Anm. 20) XXIII 1, a. a. O. 1, 1133.
27) Die Belehnung mit Toron erfolgte 1186 in einem Moment, als Joscelin offen gegen die Magnaten für den neuen König Guido von Lusignan Partei nahm, ja ihn auf den Thron brachte, und der Adel vor der Wahl stand, Bürgerkrieg zu führen oder die neuen Machtverhältnisse und damit Joscelin als Herrn von Toron hinzunehmen. Das änderte am alten System nichts, denn bis 1180 war Toron eine Herrschaft gewesen. Joscelin hatte sich damals so sehr gegen den alten Adel gestellt, daß die Vergrößerung seines Besitzes um Toron durch den König zu einer weiteren Verschärfung der Situation schon nichts mehr beitragen konnte. Entweder gelang der Coup oder nicht. Wenn der neue König fiel, so fiel Joscelin in jedem Fall mit ihm.

neuen und ihm gewiß gewogenen König ab, weil sich nicht vorhersehen ließ, wie sich die Parteiverhältnisse am Hofe über einen längeren Zeitraum hin entwickeln würden (hätte Saladin dem Reich überhaupt noch eine Entwicklungschance gelassen).

Der Zusammenbruch des Königreichs Jerusalem unter den Schlägen Saladins 1187 machte alle Zukunftspläne, die Joscelin 1186 noch geschmiedet hatte, zunichte. Joscelin blieb in dem nun ausbrechenden Kampf um die Krone des Restreiches, wie es in dem Waffenstillstandsvertrag Richards I. von England mit Saladin im Jahre 1192 garantiert werden sollte, ein fester Parteigänger Guidos von Lusignan, was automatisch dazu führte, daß Konrad von Montferrat sein Gegner war und Joscelins Stellung zu zerschlagen suchte. Dabei mag es eine Rolle gespielt haben, daß Joscelin, ohne es auf einen Waffengang ankommen zu lassen, im Einverständnis mit dem akkonensischen Patriziat, aber gegen den Widerstand der Bevölkerung, der sich bis zur niedergeschlagenen Rebellion steigerte, das Wirtschaftszentrum Akkon und damit den bedeutendsten Hafen an Saladins Heer auslieferte, also eine ganz entgegengesetzte Haltung einnahm als Konrad von Montferrat, der Tyrus allen Widrigkeiten zum Trotz hielt und sich damit eine politische Basis im Restreich schuf.

Die 1186 noch eingetretene Vergrößerung der *Seigneurie de Joscelin* um Toron und Châteauneuf war fürs erste ohnehin gegenstandslos, weil diese Gebiete 1187 verlorengingen und auch 1192 nicht wieder christlich wurden. Wohl aber konnte der Kern der Seigneurie um Château du Roi und St. Georges de Labaène für die Erben des um 1190 verstorbenen Joscelin III. gerettet werden, als Akkon 1191 wieder zurückerobert wurde. Wir müssen aber zum Verständnis dessen, was dann später folgte, noch einmal zurückgehen in die achtziger Jahre des 12. Jahrhunderts, als Joscelin die Herrschaft aufbaute. Es war nicht so, daß er planlos zusammenraffte, wo er etwas kriegen konnte. Der Weg zum Aufstieg in die Magnatenschicht führte seit der Mitte des 12. Jahrhunderts nicht mehr über die nicht länger tolerierte Ausgliederung neuer Herrschaften aus der Krondomäne, sondern über die Einheirat in die alten Familien. So hielt es schon der Konstabler Manasses von Hierges, der seit 1140 schon zehn Jahre im Lande und im höchsten Kronamt war, als er die Erbin von Ramla heiratete und in den Zeugenlisten der Königsurkunden nun plötzlich den Sprung vom Schlußlicht an die Spitze der Laienzeugen machte. So hielten es Wilhelm von Montferrat und Guido von Lusignan mit ihren Ehen mit Sybille von Jaffa-Askalon, was ihnen überdies noch eine Anwartschaft auf den Thron verschaffte. So machte es Graf Raimund III. von Tripolis mit der Erbin des Fürstentums Tiberias und Rainald von Châtillon mit der Erbin von Transjordanien.

Joscelin III., obwohl er von illustrer Abkunft war, glückte ein solcher Sprung nicht. Zwar heiratete er mit Agnes von Milly, der Tochter Heinrichs des Büffels, in eine der ganz alten Familien ein, die seit der Eroberungszeit im Lande und in Samaria nach der Krone führend war. Aber der Chef der Familie war Philipp von Nablus, später Herr von Transjordanien und Templermeister. Philipp war ursprünglich Kronvasall für die Millyschen Familiengüter in Samaria. Philipp vertrat der Krone gegenüber in Samaria gesamthaft den Familienbesitz und stattete seine Brüder Guido Francigena und Heinrich den Büffel mit Afterlehen aus (RRH n° 366). Das setzte bei einem Erbe, das eine Mehrzahl von Lehen umfaßte, allerdings voraus, daß die Söhne bereits der Altersreihenfolge nach jeder ein eigenes Lehen aus der Erbmasse gewählt hatten[27a)]. So bedeutend die Familie war, so hatte doch Heinrich der Büffel in Samaria bis 1161 nur den Status eines Aftervasallen (anders als in Galilaea). Erst als Philipp von Samaria nach Transjordanien verpflanzt wurde, übertrug er unter anderem im Gegenzug die samaritanischen Afterlehen seines Bruders Heinrich des Büffels an den König. Seine jüngste Tochter Agnes heiratete Joscelin wohl bald nach seiner Entlassung aus der sarazenischen Gefangenschaft[28)]. Wohl arrondierte Joscelin seine Besitzungen auch durch Zukäufe. Vor allem aber kämpfte er darum, den Anteil seiner Frau Agnes an der Erbschaft ihres Vaters Heinrich des Büffels, ja tunlichst dessen ganze Erbschaft in seinen Besitz zu bringen. Er trieb offenbar seine Ansprüche über die Grenzen des Rechts hinaus und visierte alles an, was die Familie Milly, also nicht nur sein Schwiegervater Heinrich, sondern auch dessen Brüder Guido Francigena und Philipp von Nablus, im Akkonensischen besessen hatten, so etwa Maron und das Lehen des Gaufridus Tortus. Beides hatte nicht zum direkten Lehen seines Schwiegervaters Heinrichs des Büffels gehört, sondern zum Besitz von dessen Bruder Philipp. Dennoch geht das Tauziehen um Teile der Seigneurie de Joscelin später sehr wesentlich unter anderem um Maron, und Joscelin konnte 1183 doch wenigstens Teile des Lehens des Gaufridus Tortus ankaufen (RRH n° 624). Man sieht, daß Joscelin zwar zu zahlen bereit war für diese Besitzungen, die im übrigen auch geographisch deutlich den Kern seiner Seigneurie arrondierten, daß er aber seine Ansprüche vor allem darauf stützte, daß alle diese Besitztümer einst den Millys, d. h. der Familie seiner Frau gehört hatten.

Für diese Familie war der Gütertausch RRH n° 366 von 1161 von grundlegender Bedeutung. Dies galt nicht nur für den eigentlich betroffenen Philipp von Nablus, der die Familienbesitzungen gegen das riesige Kronlehen Transjordanien tauschte, sondern auch für seine Brüder Guido Francigena und Heinrich den Büffel. Offenbar erhielt deshalb jeder der Brüder eine Ausfertigung des Diploms, und diejenige Heinrichs des Büffels ist über seine Tochter Agnes und deren Gemahl Joscelin III. an den Deutschen Orden und damit in dessen Kopialbuch gekommen, was wir im Hinblick auf die Quellenlage als einen ausgesprochenen Glücksfall bezeichnen müssen, denn von wichtigen Ereignissen von

27a) Über die männliche Erbfolge in Lehen s. Livre au roi c. 28, RHC. Lois 1, 634; Livre de Jean d'Ibelin c. 148, RHC. Lois 1, 224.

28) La Monte, Rise and Decline S. 306 Anm. 4 hat mit Recht darauf hingewiesen, daß die Heirat nicht vor der Gefangennahme Joscelins 1164 angesetzt werden kann, da die beiden daraus hervorgegangenen Töchter 1186 noch nicht heiratsfähig, also noch unter zwölf Jahre alt waren (RRH n° 655). La Monte hat ebd. bereits zu Recht die verkehrte Nachricht Philipps von Novara (Livre c. 72, RHC. Lois 1, 543) zurückgewiesen, Agnes sei die mittlere und nicht die jüngste Tochter Heinrichs gewesen. Die Heirat muß bald nach Joscelins Entlassung erfolgt sein, denn da er um 1135 geboren wurde, war er damals schon um die vierzig, so daß es höchste Zeit war, für Nachwuchs zu sorgen.

kapitaler Bedeutung innerhalb dieses kleinen Reiches wüßten wir ohne dieses Stück nichts. Das in diesem Diplom zutagetretende Prinzip, daß einer der Söhne den Gesamtbesitz der Familie gegenüber der Krone vertrat, während die anderen von ihm mit Afterlehen ausgestattet wurden, sollte in den späteren Auseinandersetzungen um die *Seigneurie de Joscelin* eine wesentliche Rolle spielen, und zwar hier um so mehr, als sich ausgerechnet an der Erbschaft Heinrichs des Büffels ein berühmter Rechtsfall entzündete, in dem durch einen Schiedsspruch des Grafen von Sancerre dieses Prinzip für den Fall, daß nur Töchter erbten, zum Gesetz erhoben wurde[29]: die Älteste übernahm das Gesamterbe, leistete dafür dem Lehnsherrn die Mannschaft und stattete die Geschwister mit Afterlehen aus.[30]

Es scheint, daß schon Joscelin III. dieses Prinzip zu seinen Gunsten anwandte, als er seinen Besitzkomplex aufbaute. Daß wir dies nicht ganz genau wissen, hängt mit unserer lückenhaften Kenntnis vom Lehen Heinrich des Büffels zusammen, vor allem damit, daß wir nicht wissen, wo er und seine Zeit das Zentrum seines Lehens sahen. Zwei Teile – wir kennen noch mehr – treten in den Quellen besonders hervor: St. Georges de Labaène östlich von Akkon einerseits und Bouquiau (etwa acht Kilometer nordöstlich von St. Georges) und das heute unidentifizierbare Saor andererseits. Der Feudaljurist Philipp von Novara bezeichnete Heinrich den Büffel im frühen 13. Jahrhundert in seinem Rechtsbuch als Herrn von St. Georges de Labaène, allerdings an einer Stelle, die wegen des schlechten Zustandes der Handschriften in der Edition unvollständig ist. Dagegen wird Heinrich in der im 14. Jahrhundert verfaßten unzuverlässigen Adelsgenealogie der Lignages d'Outremer Herr von Bouquiau und Saor genannt[31]. Heinrich war seiner Zeit trotz seiner anderen Besitzungen, zu denen etwa das kleine Mergecolon gehörte, vor allem als Herr

29) PHILIPP VON NOVARA, Livre c. 71 f., RHC. Lois 1, 542 f.; Lignages d'Outremer c. 16, RHC. Lois 2, 454. Die anderen Feudaljuristen berichten nur das Prinzip, ohne es mit den Namen Heinrichs des Büffels oder des Grafen Stephan von Sancerre zu verknüpfen; vgl. Livre au roi c. 34, RHC. Lois 1, 629 f. und Livre de Jean d'Ibelin c. 150, RHC. Lois 1, 225 ff. Philipp von Novara nennt einen Grafen, ohne ihn näher zu bezeichnen. Allerdings ist der Text in der Edition von Beugnot an dieser Stelle unvollständig, offenbar aufgrund von schlecht lesbaren Hss. Den Namen des Grafen verraten uns die Documents relatifs à la successibilité au trône et à la régence c. 6, RHC. Lois 2, 408. Graf Stephan von Sancerre war zweimal im Hl. Land, 1171 und 1190 bei der Belagerung Akkons. Sein Schiedsspruch kann, da er die Erbschaft des nach 1165 (RRH n° 412) nicht mehr bezeugten Heinrichs des Büffels betraf, nur 1171 erfolgt sein, da man mit der Teilung nicht bis 1190 zuwarten konnte.

30) Die Vorteile dieser Regelung liegen auf der Hand. Der König sicherte sich den Dienst des Kronlehens. Der Adel vermied eine Teilung des Familiengutes und verhinderte, daß die Zentralgewalt in irgendeiner Weise in das Lehen hineinregierte. Vgl. dazu auch unten Anm. 59. Das Steuerdekret von 1183 mit seinen Bestimmungen, daß der Grundherr die Einkommenssteuer seiner Hintersassen vorzustrecken hatte und dann nach eigenem Gutdünken auf diese verteilen konnte, spiegelt sicher auch diesen Gesichtspunkt wider, daß der König nicht in die inneren Verhältnisse der Lehen sollte eingreifen dürfen. Zu dem Steuerdekret vgl. B. Z. KEDAR, The General Tax of 1183 in the Crusading Kingdom of Jerusalem: Innovation or Adaptation?, EHR 89 (1974) 339–345 und H. E. MAYER, Latins, Muslims and Greeks in the Latin Kingdom of Jerusalem, History 63 (1978) 177–180.

31) Philipp von Novara und die Lignages wie in Anm. 29.

von St. Georges oder von Bouquiau oder von beidem bekannt. Wie diese beiden Teilbesitze im Erbgang behandelt wurden, ist ungewiß. Nach den Lignages ging St. Georges, das der der Zeit nähere und juristisch denkende Philipp von Novara als Heinrichs Besitzzentrum nennt, ganz an Heinrichs älteste Tochter Helvis, dagegen wurden Bouquiau und Saor unter die drei Töchter exakt gedrittelt, was im lateinischen Orient leicht zu bewerkstelligen war, da man hier Einkünfte teilte und nicht etwa Land oder Hintersassen. Freilich bezeugt Philipp von Novara die Drittelung auch für St. Georges, das aber Helvis als älteste Tochter gesamthaft gegenüber der Krone vertrat. Und in der Tat verkauften die Erben Joscelins im Jahre 1220 auch nur ein Drittel von St. Georges an den Deutschen Orden[32)]. Man darf wohl annehmen, daß die älteste Tochter, die nach dem Schiedsspruch des Grafen von Sancerre und dem Vorbild ihres Onkels Philipp von Nablus das väterliche Lehen gesamthaft gegenüber dem Lehnsherren zu vertreten hatte, auch den Kern des Besitzes erhielt und daß Heinrich der Büffel also vor allem Herr von St. Georges de Labaène gewesen war[33)], und zwar wird man zu dieser Annahme um so mehr gedrängt, weil zwar Bouquiau und Saor und anscheinend auch St. Georges gedrittelt wurden, aber keineswegs der ganze Besitz, denn die Lignages d'Outremer versichern ausdrücklich, daß nicht die älteste Tochter Helvis, sondern die jüngste Tochter Agnes den Löwenanteil erhielt, weil sie mit dem Titulargrafen von Edessa die beste Partie gemacht hatte. Hierarchisch war sie also ihrer Schwester Helvis als Aftervasallin nachgeordnet, aber ihr Afterlehen war größer als der nicht verliehene Anteil ihrer Schwester, jedenfalls wenn wir den Lignages glauben dürfen. Ein solches Teilungsprinzip hätte nämlich gegen einen anderen Rechtssatz verstoßen[34)], von dem wir freilich nicht wissen, inwieweit er überhaupt eingehalten wurde: Ein Vasall durfte insgesamt nur maximal 50 Prozent seines Lehens unterverlehnen, nach einer großzügigeren Interpretation zwar mehr als 50 Prozent insgesamt, solange nur keiner seiner Vasallen einen größeren Anteil hatte als er selbst. Wenn aber schon Agnes mehr hatte als Helvis, dann hatten erst recht Agnes und die mittlere Schwester Stephanie mehr als Helvis und diese damit beträchtlich weniger als das, was sie mindestens in eigener Hand zu behalten verpflichtet war. Es ist unklar, ob Agnes an ihren Anteil anläßlich ihrer Hochzeit als Mitgift oder erst nach ihres Vaters Tode durch den Erbgang kam. Von den Quellen her ist dies auch nicht zu klären, aber vielleicht wuchs ihr Anteil durch beide

32) Daß Philipp von Novara an die Drittelung von St. Georges denkt, ergibt sich daraus, daß er davon spricht, der Gesamtdienst des geteilten Lehens habe 10 Ritter betragen (genauso viele, wie Johann von Ibelin in seinem Livre c. 271, RHC. Lois 1, 422 für St. Georges angab), wovon jede Schwester 3⅓ geleistet habe (das Drittel wurde durch den Dienst eines Ritters für ein Drittel des Jahres erbracht).

33) Die Bedeutung von St. Georges de Labaène ergibt sich nicht nur aus der Höhe seines Servitiums, sondern auch daraus, daß es ein Benediktinerkloster hatte; vgl. Itinéraires à Jérusalem et descriptions de la Terre Sainte rédigés en français aux XIe, XIIe et XIIIe siècles, ed. H. Michelant u. G. Raynaud (Publ. de la Soc. de l'Orient latin. Sér. géogr. 3, 1882) S. 102, 104^{2}, 188.

34) Riley-Smith, Feudal Nobility (wie Anm. 12) S. 12 f.

Vorgänge zusammen, denn Joscelin wird auf irgendeiner Mitgift ja wohl bestanden haben und dann wäre auch erklärt, wieso Agnes letzten Endes einen Anteil haben konnte, der den ihrer älteren Schwester überstieg[35].

Während es für Bouquiau, mindestens lange, bei der Drittelung verblieb, unternahm Joscelin die größten Anstrengungen, St. Georges de Labaène in seine Hand zu bringen. Seine Schwägerin Helvis starb schon relativ früh und konnte daher den Rechtsvorteil ihrer Stellung als Gesamtrepräsentantin des väterlichen Lehens nicht mehr recht ausnützen, einen Vorteil, den Philipp von Novara darin sah, daß die Hauptvasallin von ihren Schwestern die Dienstleistung hatte und ihre Heiraten kontrollierte, daß sie aber vor allem im Falle von deren erbenlosem Tode als Erbin eintrat. Hier liefen die Dinge eher umgekehrt, denn als Helvis starb, war sie zwar nicht erbenlos, wohl aber waren ihre Söhne minderjährig, so daß vorübergehend die Vormundschaft und damit die Gesamtrepräsentanz des väterlichen Lehens an Stephanie als die Zweitälteste fielen. Schon im November 1179 aber pachtete Joscelin St. Georges und die Vormundschaftsrechte von Stephanies Mann, aber ausdrücklich mit Stephanies Zustimmung, auf sieben Jahre und mit der Maßgabe, daß das ganze Land an den im Tripolitanischen ansässigen Schwager zurückzugeben sei, wenn er mit seiner Gemahlin[36] in St. Georges seinen Wohnsitz nehmen werde. Als der König den Handel bestätigte (RRH n° 588), hielt er nicht nur die finanziellen

35) Es mag aber sein, daß die Lignages zu sehr von dem später Gewordenen ausgehen, d. h. den Erfolg von Joscelins Bemühungen zur Erweiterung des Erbgutes seiner Frau diesem Erbgut selbst zuschreiben. Man muß beachten, daß gerade die Lignages, die Agnes den größten Anteil zuschreiben, diesen als Château du Roi und Montfort und ein Drittel von Bouquiau umschreiben. Aber Montfort existierte noch gar nicht oder nur sehr rudimentär, als Heinrich der Büffel wohl bald nach 1165 starb, und Château du Roi gehörte bis 1182 (RRH n° 341.614) nachweislich dem König, war also nie ein Teil von Heinrichs Lehen. (So schon M. L. BULST-THIELE, Sacrae Domus Militiae Templi Hierosolymitani magistri [Abh. d. Akad. d. Wiss. Göttingen, philol.-hist. Klasse, 3. Folge 86, 1974] S. 77 Anm. 13.) Aufgrund der Stelle in den Lignages hat aber die ganze Forschung Château du Roi zu einem Teil von Heinrichs Lehen und damit zu einem Teil der Mitgift oder des Erbes seiner Tochter Agnes gemacht, auch wenn die Diplome dies eindeutig widerlegen. Nicht beweisbar, aber auch nicht a priori unglaubwürdig ist die Angabe, daß Agnes als diejenige, die die beste Heirat machte, auch den größten Teil des väterlichen Erbes erhielt. Da ihr Vater nur bis 1165 bezeugt ist (s. oben Anm. 29), kann er nach Joscelins Freilassung die Ehe zwischen Agnes und Joscelin nicht mehr arrangiert haben. Auch der Erbgang mußte längst stattgehabt haben, womit der Anteil der Agnes festgelegt war. Aber die Ehe kann noch von Heinrich dem Büffel schon vor Joscelins Gefangennahme 1164 verabredet worden sein; Joscelin war damals immerhin an die 30 Jahre alt. Dann hätte er auf einer Mitgift bestanden, die seinem Rang entsprach. Selbst nach Heinrichs Tod könnte die Ehe vom König verabredet worden sein, während Joscelin in Gefangenschaft saß. Die Festlegung einer Mitgift schon bei der Verlobung war üblich und präjudizierte die Erbteilung. Genauer gesagt wurde anläßlich der Verlobung bereits das Erbe ausgehandelt. Es brauchte aber erst nach dem Tod des Brautvaters ausgehändigt zu werden, bis dahin konnte der Ehemann mit einer Geldrente abgefunden werden, die nur einen Bruchteil des Ertragswertes des künftigen Erbes hatte. Ein solcher Fall liegt uns in RRH n° 655 vor (s. unten Anm. 51).

36) Das war wesentlich, da er ja nur die Rechte seiner Frau wahrnahm.

Arrangements fest, also die Pachtsumme und die Einkünfteverteilung zwischen Joscelin und dem Schwager, sondern vor allem, daß Joscelin ihm, dem König, für St. Georges den ungeschmälerten Dienst schuldete. Es kam Joscelin ganz gewiß weniger auf die Ertragskraft von St. Georges an[37], zumal er aus einem um Zahlungen an seinen Schwager geschmälerten Lehen in vollem Umfang dienstpflichtig war. Woran ihm wirklich lag, war die damit offenbar verbundene Rechtsstellung der Gesamtrepräsentanz des Lehens Heinrichs des Büffels. Es war nur ein erster Schritt, denn nicht nur lief der Pachtvertrag nach sieben Jahren aus, vermutlich wenn die wahren Erben volljährig werden würden, sondern der Schwager konnte schon zuvor quasi durch einen »Umzug« das Ende des Pachtvertrages erzwingen und selbst wieder in die Stellung des Gesamtrepräsentanten einrücken. Am Ziel war Joscelin erst 1182, als der König ihm in RRH n° 614 nicht nur Château du Roi bestätigte, mit dem er ihn zuvor belehnt hatte, sondern ihm neben anderem dazu noch die Mannschaft von St. Georges und des ganzen dazugehörenden Landes schenkte, wobei der Dienstumfang neu festgelegt wurde[38]. De facto aber wurde Joscelin jetzt auf Dauer Herr von St. Georges, da ihm ja der König die Mannschaft dieses Besitzes schenkte, d. h. jenen Dienst, der dem Lehensinhaber in diesem Lehen von seinen Vasallen zu leisten war und den er seinerseits (vermehrt um den von seinem eigenen Anteil, der in St. Georges ein Drittel betrug) dem König schuldete. In welcher Weise dabei die Rechte der wahren Erben umgangen wurden, entzieht sich im einzelnen unserer Kenntnis, denn darauf bezügliche Urkunden haben weder Joscelin noch der Deutsche Orden aufbewahrt, wenn es sie überhaupt gegeben hat[39]. Es liegt auf der Hand, daß Joscelin, nachdem er in den Besitz

37) Allerdings hat er diesen Aspekt nicht außer acht gelassen. Die Bestimmung in RRH n° 588, daß beim eventuellen Rückfall von St. Georges an seinen Schwager dieser Joscelin alle Darlehen abzulösen hatte, die Joscelin den Bauern in St. Georges gegeben hatte, deutet auf die Absicht zum Ausbau dieser verkehrsgünstig gelegenen Siedlung. Die Bauern dürften im übrigen fränkische Siedler gewesen sein, wenn ein Benediktinerkloster am Ort war.

38) Joscelin hatte den Dienst von sechs Rittern zu leisten *exceptis feodatis*. Geht man von der bei den Juristen des 13. Jh. (s. oben Anm. 32) erwähnten Dienstpflicht von zehn Rittern aus, so wäre ein Verhältnis von 6 Rittern Joscelins zu 4 bereits vorhandenen *feodati* anzunehmen, und damit hätte Joscelin innerhalb der Regel gelegen, daß der Lehnsherr mindestens 50 Prozent des Lehens (ausgedrückt in Dienstverpflichtung) in der Hand behalten sollte.

39) Helvis, die älteste Tochter Heinrichs des Büffels, heiratete Adam von Bethsan. Nach den Lignages hatten sie einen einzigen Sohn namens Gremont (Gormundus), während RRH n° 588 von wenigstens zwei *pueri* spricht. Die Lignages schreiben seinem Sohn Thibaut (Theobald) von Bethsan (der übrigens seine Frau Isabella von Amigdala aus den Nachfahren der jüngsten Tochter Heinrichs des Büffels und Gemahlin Joscelins III. holte, denn Thibaut ebenso wie seine Gemahlin Isabella waren Urenkel Joscelins III.), der in der zweiten Hälfte des 13. Jh. im Königreich Jerusalem nachweisbar ist, nur einen Teil des großmütterlichen Erbes zu, und zwar gerade nicht St. Georges de Labaène. Gremont scheint keine Anstrengungen gemacht zu haben, St. Georges oder auch nur die Repräsentanz in diesem Lehen zurückzugewinnen, denn er ist nur bis 1206 im Königreich Jerusalem nachzuweisen (RRH n° 740b.798.812), erscheint aber von 1210 bis 1220 in Zypern (RRH n° 846.938). Er war schon 1217 Herr von Bethsan (Estoire de Eracles XXXI 10, RHC. Hoc. 2, 322), was aber rein

des rechtlich wichtigsten Teils des Lehens Heinrichs des Büffels gekommen war, sich auf den Schiedsspruch des Grafen von Sancerre stützen und die Oberhoheit für das Gesamtlehen, auf jeden Fall dessen Gesamtrepräsentanz beanspruchen konnte. Er hatte sich unter Umgehung der zweitältesten Schwester und der Erben der ältesten an deren Stelle geschoben. Er war es, der jetzt den Dienst der anderen Anteilseigner beanspruchen konnte, also als eigentlicher Herr des Lehens erschien, obwohl er es nicht war.

Es ist im nachhinein nicht schwer zu sehen, daß die Umgehung derer, die vor Joscelin und seiner Frau zur Gesamtrepräsentanz des sehr beträchtlichen Lehens Heinrichs des Büffels – Philipp von Novara nennt ihn einen *riche home* – berechtigt waren, früher oder später zu Auseinandersetzungen führen mußte. Solange Joscelin als Seneschalk und Onkel Balduins IV., als Seneschalk, Großonkel und Vormund Balduins V. fest im Sattel saß, hatte er nichts zu fürchten. Aber man sieht jetzt deutlich, warum Joscelin, ganz im Gegensatz zur Masse des Adels, nach dem Tode Balduins V. alles aufbot, um den homo novus Guido von Lusignan, den Mann der älteren Schwester Balduins IV., zum König zu machen, obwohl man mit ebenso viel Berechtigung den Mann der jüngeren Halbschwester Balduins IV. zum König hätte erheben können und dies von den Baronen auch tatsächlich versucht wurde. Sie wurden nur durch die Geschwindigkeit der Krönung Guidos durch einen willfährigen Patriarchen und durch das sofortige Überlaufen ihres Kandidaten zu Guido mattgesetzt. Die Gründe für diesen Übergang sind uns im einzelnen nicht erkennbar; sie werden in mehr bestanden haben als in dem Vorwurf der Quellen, der ausersehene Kandidat sei ein Schwächling gewesen[40]. Auf jeden Fall wurde dadurch ein Bürgerkrieg in dem ohnehin zerbröckelnden Reich vermieden. Wie immer es darum bestellt gewesen sein mag, daß dieser Kandidat Humfred IV. von Toron sofort auf die andere Seite überlief, so war doch seine Kandidatur – wenn auch Balduin IV. sie bei der Heirat im Auge gehabt hatte – schon ungewöhnlich, denn die ihn nominierenden Barone sprangen damit über ihren eigenen Schatten, hatten sie doch niemals zuvor in der Geschichte des Reichs einem

nominell war, da Bethsan seit 1187 muslimisch war. Vgl. zu ihm und Thibaut J. L. LA MONTE u. N. DOWNS III, The Lords of Bethsan in the Kingdom of Jerusalem and Cyprus, Medievalia et Humanistica 6 (1950) 65 f., 69 f.

40) Durch die vollendete Tatsache der Krönung Guidos und seiner Gemahlin war die raison d'être der Ehe des Überläufers Humfred IV. von Toron mit der Prinzessin Isabella dahin, denn der Zweck, für den Humfred sogar auf seine Herrschaft Toron verzichtet hatte, hatte ja darin bestanden, durch die Ehe rechtzeitig eine Alternative zu der dem König und dem Adel verhaßten Sukzession Guidos aufzubauen. Sollte Humfred gehofft haben, er könne durch seinen Übertritt zu Guido nun Toron wiedererlangen, so sollte er sich in einer solchen Erwartung getäuscht sehen, denn Guido gab Toron sogleich in RRH n° 653 an Joscelin. Aber so weit brauchen Humfreds Erwartungen gar nicht gegangen sein. Joscelin hatte noch vor Guidos Krönung diesem Akkon und Bairut gesichert, und in Akkon lag Humfreds sehr ansehnliches Geldlehen, das ihm im Tausch für Toron gegeben worden war (s. unten S. 206). Wenn er als Gegenkönig kandidierte und dies erfolglos blieb, so verlor er auch sein akkonensisches Geldlehen, das er durch seine Flucht zu Guido mit Sicherheit rettete, denn aus RRH n° 653 ergibt sich, daß Guido an der Fortdauer des Tauschvertrages gelegen war, mit dem 1180 Humfred Toron gegen das Geldlehen eingetauscht hatte.

Mann aus den Reihen des alteingesessenen Adels zum Thron verholfen, weil dies die fein austarierte Gewichtsverteilung innerhalb der hauchdünnen Magnatenschicht grundlegend verändern mußte. Lieber hatten sie die Königstöchter nach Antiochia und Tripolis verheiratet, von wo man nach einem ungeschriebenen Gesetz nie einen König bezog, und hatten den Thronfolger aus den Reihen des europäischen Adels geholt (Fulko von Anjou, Guido von Lusignan, später Johann von Brienne und Friedrich II.).

Joscelin III. muß seine guten Gründe dafür gehabt haben, so entschlossen auf die Karte der Lusignans zu setzen, Guido zum Thron zu verhelfen und sofort eine enge dynastische Verflechtung mit der Familie zu verabreden. Es wurde nämlich damals die Vermählung von Joscelins zwei noch nicht heiratsfähigen Töchtern mit der Familie Lusignan in Aussicht genommen (RRH n° 655), so daß in der nächsten Generation die Verwandtschaft mit der neuen Dynastie ebenso bestehen sollte wie zuvor mit der lothringischen. Mochten auch bei Guidos Krönung der Patriarch und die Meister der Templer und Johanniter die entscheidende Rolle spielen, so war es doch Joscelin gewesen, der die Weichen stellte, indem er für ein überhastetes Begräbnis Balduins V. sorgte, an dem nicht einmal der Reichsregent teilnehmen konnte, als er dann sowohl Akkon wie Bairut für Guido besetzt hielt und den Plan für die staatsstreichartige Krönung des neuen Königspaares in Abwesenheit des Adels entwarf. Die Gründe für diese Haltung sehen wir unter anderem darin, daß er bei einem Sieg der Barone in dem Thronstreit zu befürchten gehabt hätte, daß nicht nur sein Einfluß als Seneschalk zurückgedrängt worden wäre, sondern die alten Familien als die neuen Machthaber am Hofe, an dem unter Balduin IV. neben der Königinmutter die Neuankömmlinge der ersten Generation dominiert hatten, die Rechte der wirklichen Erben von St. Georges gewahrt hätten und Joscelin aus diesem Teil des Lehens Heinrichs des Büffels verdrängt worden wäre, weil es im Klasseninteresse lag, daß von dem zu dieser Zeit als festgelegt geltenden Erbgang der Lehen nicht mehr abgewichen werden sollte. Nichts tangierte den Adel so sehr wie dieser Erbgang. Das Interesse, daß hier zementierte Regeln bestünden, war ein vitales. Neue Präzedenzfälle waren gänzlich unerwünscht, weil sie dort eine Rechtsunsicherheit schufen, wo man sie am wenigsten brauchen konnte, denn jede Unsicherheit in diesem Punkt mußte die Tauglichkeit der Heiratsarrangements als des wichtigsten Instruments der Besitzwahrung und Besitzsteuerung empfindlich mindern. Wurde Joscelin aus St. Georges verdrängt, so entglitt ihm jener Teil seiner Besitzungen, von dem aus er seit 1179 den Anspruch erhoben hatte, das Gesamtlehen Heinrichs des Büffels gegenüber der Krone zu repräsentieren und sukzessive in seinen Besitz zu bringen. Von Guido von Lusignan hatte er einen solchen Verlust nicht zu befürchten.

Es ist unverkennbar, daß schon Joscelins Rechtsnachfolger mit dem Erbe auch eine Hypothek übernahm, nämlich die der immerhin möglichen rechtlichen Anfechtung des Besitzes durch diejenigen, die durch Joscelins allem Anschein nach dubiose, wenn nicht sogar rechtswidrige Handlungen ausmanövriert worden waren. So wie der Güterkomplex zusammengewachsen war, war mit Streit jedenfalls zu rechnen. Es ist fraglich, ob der Deutsche Orden 1220, als er Joscelins Erbe käuflich übernahm, dieses Problem in seiner vollen Tragweite übersah, obgleich Hermann von Salza die Rechtslage gewiß soweit wie möglich prüfte. Die an den Deutschen Orden ausgelieferten und von diesem aufbewahrten Urkunden geben ja die Umstände des Aufbaus dieser Herrschaft nicht unmittelbar wieder und selektieren die Fakten zumindest insoweit, als sie nur das für Joscelin Positive direkt erkennen lassen. Die Rechtstitel Dritter an Teilen des Besitzes muß man erst mühsam erschließen[41].

Soweit Hermann von Salza beim Ankauf der Erbschaft 1220 die Vorgeschichte übersah, müssen sich solche Risiken in dem von ihm bewilligten Kaufpreis niedergeschlagen haben, und ganz gewiß übersah er nicht eine Hypothek ähnlicher Art, die aus der Behandlung des Lehens durch Joscelins ältere Tochter Beatrix, die Verkäuferin von 1220, stammte. Mindestens dieses Risiko für den Orden muß in vollem Umfang in dem gezahlten Preis eskomptiert gewesen sein. Wenn Hermann dennoch und obwohl ein guter Teil von Joscelins Erbe damals nur aus wertlosen Ansprüchen bestand, weil er in den Händen der Sarazenen war, für dieses Gut 7500 Mark Silber und 5250 Byzantiner zahlte, eine Summe, die die Forschung immer zu Recht als sehr erheblich bezeichnet hat, dann tritt die Ertragskraft des damals wirtschaftlich wirklich nutzbaren Anteils nur um so mehr hervor, denn es muß nochmals gesagt werden: mit dem Erbe handelte sich Hermann, wie ihm bekannt sein mußte, auch kostspielige Prozesse ein, die finanziert sein wollten, auch wenn er die Dauer und Kosten dieser Prozesse wohl nicht vorhersehen konnte. Natürlich wurde ihm das Risiko dadurch erleichtert, daß der Löwenanteil des Kaufpreises, nämlich 6000 Mark Silber, aus einer Schenkung des Herzogs Leopold VI. von Österreich stammte, die dieser 1219 vor Damiette mit der Zweckbindung gemacht hatte, Land zu kaufen[42].

Freilich wird man umgekehrt vermuten dürfen, daß im Frühsommer 1219, als Leopold heimkehrte und zuvor seine Schenkung machte, die *Seigneurie de Joscelin* bereits zum Verkauf stand, denn sie war damals, vereinfacht gesagt, im Besitz von Joscelins älterer Tochter Beatrix, der Gemahlin des Grafen Otto von Henneberg-Botenlauben. Als sie und

41) Während Joscelin die Güter, zumindest die Rechte der älteren Tochter Heinrichs des Büffels offenbar weitgehend an sich bringen konnte, sollte dies bei den Erben der Zweitältesten (Stephanie) nicht gelingen. Sie heiratete den Herrn von Gibelet, dessen beide Söhne in dieser semi-autonomen Herrschaft im Norden versorgt wurden. Die älteste Tochter wurde durch eine Heirat mit dem Fürsten von Antiochia und Grafen von Tripolis sehr anständig untergebracht, so daß der Besitz von Mergecolon und der Burg Jedin, den die Lignages als das Erbgut Stephanies aus dem Nachlaß Heinrichs des Büffels bezeichnen, nach der ausdrücklichen Versicherung der Lignages an Pavia, Stephanies jüngere Tochter, kam. Diese heiratete Garnier l'Aleman, in der deutschen Forschung besser bekannt als Werner von Egisheim (bei Kolmar). Er entstammte einer glänzenden Familie, den Grafen von Egisheim und Dagsburg, die mit Leo IX. bereits einen bedeutenden Papst gestellt hatten. Werner wurde eine Hauptstütze der staufischen Politik im Hl. Land. Damit war er für den Deutschen Orden unangreifbar, so daß wir uns nicht zu wundern brauchen, daß über eine Auseinandersetzung mit diesem Zweig der Familie nichts zu hören ist.

42) *ad comparandum predium*; Oliver von Paderborn, Historia Damiatina, ed. H. HOOGEWEG, Die Schriften des Kölner Domscholasters . . . Oliverus (Bibliothek des litterarischen Vereins in Stuttgart 202, 1894) S. 207. Vgl. auch FAVREAU, Studien S. 88 mit Anm. 168.

ihr Mann im Mai 1220 an den Deutschen Orden verkauften, war Otto selbst gar nicht mehr im Heiligen Land, obgleich die Verkaufsurkunde auch auf seinen Namen ausgestellt und mit seinem palästinensischen Bleisiegel besiegelt war[43]. Die Schenkung Leopolds und insbesondere ihre Höhe dürfte also auch durch die Verfügbarkeit gerade dieses Besitzes mitbestimmt worden sein, und wahrscheinlich hatte Hermann von Salza bereits seit 1215 ein begehrliches Auge auf die *Seigneurie de Joscelin* geworfen. Damals bereits kaufte er der Witwe des aus staufisch-elsässischem Umkreis stammenden Vogtes Konrad von Schwarzenberg, der mit dem Vierten Kreuzzug ins Hl. Land gekommen war[44], das Haus ab, das ihr verstorbener Mann in Akkon von einer Tochter Joscelins erworben hatte. Der grandiose Preis von nicht weniger als 400 Mark Silber für ein einziges Haus deutet darauf hin, daß es hier nicht um ein beliebiges Haus Joscelins, sondern um sein akkonensisches Stadtpalais ging[45].

Dem Ankauf eines so umfangreichen Lehens müssen diffizile Verhandlungen mit dem König vorangegangen sein, und diese müssen noch in Damiette stattgefunden haben, denn kaum war der König am 17. Mai 1220 von dort nach Akkon zurückgekehrt, da bestätigte er am 30. oder 31. Mai[46] den Verkauf der *Seigneurie de Joscelin* durch Otto und Beatrix von Henneberg an den Orden, und vorangegangen sein mußte noch der vorgeschriebene dreimalige Ausruf in mehreren Städten des Reiches[47]. Bei diesen Verhandlungen machte natürlich auch der König seinen Preis, und dieser bestand keineswegs nur in den 500 Mark

43) Schon 1217 war Otto von Henneberg nicht im Hl. Land, da Beatrix als seine *procuratrix generalis* eine Abmachung mit den Johannitern traf (RRH n° 892). Im Jahre 1219 schenkte er in der Heimat dem fränkischen Kloster Bildhausen ein Gut zu Kleinwengheim; vgl. L. BECHSTEIN, Geschichte und Gedichte des Minnesängers Otto von Botenlauben, Grafen von Henneberg (1845) 127 n° 4.

44) GUNTHER VON PAIRIS, Historia Constantinopolitana, ed. P. RIANT (1875) S. 32. Er tritt als Zeuge in RRH n° 829 auf.

45) Wenn dagegen Werner von Egisheim zwei Jahre später dem Deutschen Spital ein Stück Land in Akkon schenkte (RRH n° 898), braucht man darin keinen Zusammenhang mit der *Seigneurie de Joscelin* zu sehen, weil Werner das Haus von Julian de Faloisse (Falaise?) erworben hatte. Auch bleibt es eher unwahrscheinlich, daß die zur selben Zeit dem Deutschen Spital geschenkte Barbakane zwischen den beiden Stadtmauern Akkons (RRH n° 899), die sich vom Haus des Seneschalks am einen Ende der Barbakane des Seneschalks bis zum 1181 erstmals erwähnten (RRH n° 601) Stadttor des Gaufridus Tortus erstreckte, etwa an eine Barbakane und einen Besitz des ehemaligen Seneschalks Joscelin angrenzte. Er wäre vermutlich als *comes Ioscelinus* bezeichnet worden, und mit dem Seneschalk dürfte der in der Urkunde genannte, damals amtierende berühmte Jurist Radulf von Tiberias gemeint sein. Dennoch kommt man mit dem Stadttor des Gaufridus Tortus, das seinen Namen nach einem ehemals diesem Vasallen gehörenden Haus trug, das zur Anlage des Tores zerstört worden war (RRH n° 601), doch wieder in den Umkreis joscelinischen Besitzes, denn 1183 kaufte Joscelin dem in Geldverlegenheiten geratenen Gaufridus Tortus vierzehn Dörfer seines Lehens ab, und schon 1182 hatte der König den Kronvasallen Gaufrid zum Vasallen Joscelins gemacht, als er die Mannschaft Gaufrids an Joscelin schenkte (RRH n° 624.614).

46) Die Bestätigung RRH n° 934 hat kein Tagesdatum, aber der Verkauf RRH n° 933 ist vom 30. Mai 1220 datiert.

47) Livre au roi c. 45, RHC. Lois 2, 629 f. Urkundlich ist das Verfahren in RRH n° 1027 bezeugt.

Silber, die der Orden dem König für sein Bestätigungsdiplom zu zahlen hatte. Der Orden mußte nämlich außerdem den ganzen in sarazenischer Hand befindlichen Teil von Joscelins Besitzungen dem König auflassen. Das war zwar auch für den König im Moment nichts anderes als eine ungewisse Hoffnung auf die Zukunft, um so ungewisser als man ja gerade Angebote des Sultans von Ägypten zur Restitution des Königreichs Jerusalem in den Grenzen von 1187 (außer Transjordanien) gegen den Abzug der Christen aus Damiette abgelehnt hatte. Aber dieser Teil des hennebergischen Besitzes – und man muß beachten, daß Otto und Beatrix nicht etwa ein Gebilde verkauften, das *Seigneurie de Joscelin* hieß, sondern das gesamte, von Joscelin III. hinterlassene Erbe – umfaßte außer Maron noch eine ganze weitere Baronie des Reiches, nämlich die Herrschaft Toron mit Banyas und Châteauneuf. Indem der König den Verzicht Hermanns von Salza auf diesen Teil des hennebergischen Besitzes verlangte, sicherte er sich gegebenenfalls die Verfügung über diese Baronie und erleichterte die ausdrücklich festgehaltene Zustimmung der Haute Cour zu dem ganzen Handel. Ja vielleicht, wenn nämlich trotz allem und trotz ihres Namens die *Seigneurie de Joscelin,* wie wir vermuten, unter Balduin IV. nichts anderes war als ein Kronlehen in der Krondomäne von Akkon, konnte nur so die Zustimmung der Haute Cour bewirkt werden, da der Adel gegen den Übergang einer echten Baronie an einen Ritterorden die stärksten Bedenken hätte haben müssen. Wir werden unten S. 196, 199, noch darauf zurückkommen, welche Schwierigkeiten hier im Wege standen. Schon im März 1220 hatte der König in Damiette seinen Preis gemacht, denn Hermann von Salza mußte sich damals dazu bequemen, dem König die Hälfte der Beute herauszugeben, die dem Orden aus der Eroberung Damiettes zugefallen war (RRH n° 930). Hermann konnte nur durchsetzen, daß dies kein Präjudiz für die Zukunft sein sollte und ließ sich dies eigens beurkunden, wodurch wir darüber überhaupt unterrichtet sind und auch verstehen, warum Hermann, um einem so unliebsamen Vorkommnis in Zukunft vorzubeugen, ein Jahr später in RRH n° 940 mit dem König eine endgültige Vereinbarung über die wechselseitige Abgrenzung der Beuteanteile schloß. Daß die Damiatiner Beute sehr groß war, dem Orden durch die Rückgabe der Hälfte also viel entging, wird nicht nur allenthalben, sondern vor allem durch Hermann von Salza selbst bezeugt[48)].

Bei den Verhandlungen mit dem König und natürlich auch mit den Verkäufern muß auch zur Sprache gekommen sein, daß über dem Handel Schatten minderen Rechtes lagen, nicht nur, weil vielleicht der Erwerb Joscelins in einigen Punkten anfechtbar gewesen war. Die Lignages d'Outremer c. 16 informieren uns darüber, daß Beatrix den Grafen Otto von Henneberg[49)] gegen den Widerspruch des Königs geheiratet hatte. König war damals

48) Oliver von Paderborn, Hist. Damiatina (wie Anm. 42) S. 238; Jacques de Vitry, Lettres VI 135 f., ed. R. B. C. HUYGENS (1960) S. 127; Hermann von Salza an Kardinal Leo von S. Croce in Gerusalemme in den Annalen von Melrose, MG. SS. 27, 439.

49) Er war mit dem Kreuzheer Kaiser Heinrichs VI. 1197 ins Hl. Land gekommen; R. RÖHRICHT, Die Deutschen im Hl. Lande (1894) S. 84. Im Jahre 1208 (RRH n° 828) erscheint er mit Beatrix verheiratet.

Aimerich von Lusignan, der Bruder von König Guido. Die Gründe für seine Opposition werden nicht erwähnt, liegen aber auf der Hand. Als Joscelin 1186 seine beiden Töchter, die zugleich seine einzigen Erben waren, mit Mitgliedern der Familie Lusignan verlobte (RRH n° 655), wandte er damit den Lusignans jenen Einfluß auf sein gesamtes Erbe zu, der immer mit der Stellung des Ehemannes einer erbberechtigten Magnatentochter verbunden war. Da diese von ihrem Manne in jeder Hinsicht rechtlich vertreten wurde, bedeutete die Heirat den faktischen Eintritt in die Rechte und Pflichten der Lehen der Gemahlin. Erst im Hinblick darauf hatte König Guido ja im selben Atemzug Joscelins Besitz um eine ganze Baronie, nämlich Toron mit Châteauneuf, vergrößert (RRH n° 653), und Joscelin hatte in RRH n° 655 seinerseits eine Erbaufteilung vorgenommen oder ihr zugestimmt, die vorsah, daß die ältere Tochter Beatrix Toron, Châteauneuf und anderen Besitz erhalten sollte[50], während an die jüngere Tochter Agnes sein restlicher Besitz, also etwa das akkonensische Stadtpalais, vor allem aber *universa terra matris sue* fallen sollte[51]. Die Servitienliste Johanns von Ibelin rechnet das Teillehen des Kämmerers zwar zur *Seigneurie de Joscelin*, und Joscelin mag es selbst so empfunden und hingestellt haben, aber die vorgesehene Erbteilung machte einen deutlichen Unterschied zwischen dem Erbgut von Joscelins Frau, das aus dem Lehen Heinrichs des Büffels stammte, und den von Joscelin anderswoher erworbenen Besitzungen[52]. Wenn von beiden Teilen irgend etwas die *Seigneurie de Joscelin* im herkömmlichen Sinne war, dann weit eher der Anteil von Joscelins jüngerer Tochter Agnes als der der älteren Tochter Beatrix.

Man kann sich des Eindrucks nicht erwehren, daß diese Erbteilung es war, die die ganzen späteren Schwierigkeiten um die *Seigneurie de Joscelin* auslöste. Da Beatrix und Otto von Henneberg 1220 die gesamte Erbschaft (*totam hereditatem*) Joscelins III. verkauften, darunter expressis verbis auch jenen um Château du Roi konzentrierten Teil, der nach der Erbteilung von 1186 ganz zweifellos der jüngeren Tochter Agnes hatte zugewandt werden sollen, muß sich Beatrix auf den Präzedenzfall berufen haben, der 1171 durch den Schiedsspruch des Grafen von Sancerre geschaffen worden war, als ihre Mutter

50) Bei dem anderen Besitz handelte es sich um Cabor, das Joscelin von seiner Schwester erworben, und um einen Teil des königlichen Kammerlehens, das er vom Kämmerer Johann gekauft hatte.
51) Nach der Heirat von Beatrix, aber bis zu dem Eintritt des Erbfalles konnte Joscelin, wenn er wollte, den Ehemann für diese Mischung aus Mitgift und Erbe mit einer Jahresrente von 4000 Byzantinern abfinden. Das war natürlich der anvisierte Fall. Joscelin hätte damit seine politische Stellung behalten und gleichzeitig seinen Schwiegersohn in gewisser Weise unter finanzieller Kontrolle gehabt.
52) Da die Forschung bisher einhellig Mhalia = Château du Roi – wenn auch falsch (s. oben Anm. 35) – zum Lehen Heinrichs des Büffels rechnete, ist auch niemandem aufgefallen, daß über Château du Roi in dieser Erbteilung von 1186 nichts gesagt wird. Es muß in der *terra reliqua sua* (scil. Joscelins) stecken, die gleichfalls an Agnes gehen sollte. Es war nicht bedeutend genug, um genannt zu werden, obgleich es ja bereits vor 1182 vom König ausgebaut worden war (s. oben S. 176). Das ist von Interesse im Hinblick auf die Entscheidung des Deutschen Ordens, nicht in Château du Roi seinen Hauptsitz zu nehmen, sondern das benachbarte Montfort zu erbauen (s. unten S. 210).

ihren Großvater beerbte. Sie als älteste beanspruchte den Besitz des Gesamterbes um so mehr, als ihr vorgesehener Anteil von Toron und Châteauneuf nach wie vor sarazenisch war und auch die Ehe mit dem Hause Lusignan nicht zustande gekommen war. Sie brauchte sich in ihrer Sicht um alles weitere nicht zu kümmern, erst recht nicht, da sie nach dem Erhalt des Kaufpreises ja zu ihrem Mann nach Deutschland ging. Das eigentliche Problem der Ausstattung oder Abfindung ihrer Schwester Agnes blieb dem Deutschen Orden. Das war nun viel leichter gesagt als getan, denn Agnes konnte sich natürlich auf den Vertrag zwischen Guido von Lusignan und Joscelin III. von 1186 (RRH n° 655) berufen, wonach ausgerechnet der Teil, den sie hatte erben sollen, hier von Beatrix an den Orden verkauft worden war, denn die Rechte der Beatrix auf Toron und Châteauneuf wurden zwar 1220 von ihr an den Orden mitverkauft, mußten aber, wie erwähnt, von diesem sogleich an den König aufgetragen werden.

Wenn Agnes bestritt, daß die Entscheidung des Grafen von Sancerre einen Präzedenzfall gebildet hatte, so mußte sie damit den Adel des Landes gegen sich einnehmen, dessen ganze Liebe nicht nur generell an Präzedenzfällen hing, sondern für den auch nach dem ausdrücklichen Zeugnis des großen Juristen Philipp von Novara dieser Entscheid über den Einzelfall hinaus richtungweisend für die Aufteilung von Lehen unter Töchtern überhaupt geworden war. Hermann von Salza konnte insoweit darauf hoffen, daß ihn der Adel gegen Agnes stützen werde. Andererseits ist nicht zu übersehen, daß bereits Guido von Lusignan und Joscelin die Entscheidung des Grafen von Sancerre außer Kraft gesetzt hatten, denn in dem Vertrag von 1186 ist nur von einer Teilung des Besitzes Joscelins die Rede, ohne daß von einer Gesamtrepräsentanz durch die ältere Tochter gesprochen würde, ja das mütterliche Erbe, hinsichtlich dessen der Graf von Sancerre ja gerade entschieden hatte, fiel gegen seinen Entscheid ausnahmslos an die jüngere Tochter. Die Erbteilung war immerhin von den Spitzen des Episkopats, zwei Ordensmeistern und der damals noch kleinen Partei Guidos im Adel bezeugt worden. Daß die alten Familien als Zeugen ausnahmslos fernblieben, hing natürlich mit der politischen Situation zusammen, da sie ja gerade eben erst durch die plötzliche Krönung Guidos dupiert worden waren und das Land am Rande eines Bürgerkrieges stand. Man weiß also nicht, kann aber ahnen, wie die Magnaten zur Sache selbst gestanden hätten. Die Frage war, welches Erbteilungsprinzip sich hier durchsetzte und ob man von dem Entscheid des Grafen von Sancerre 1186 oder später überhaupt abweichen durfte.

Unter König Aimerich von Lusignan scheint die Auffassung der Beatrix obsiegt zu haben. Der Verlobungsvertrag von 1186 hatte für den Fall, daß die beiden als Ehemänner in Aussicht genommenen Lusignans aus irgendeinem Grunde ausfallen sollten, stipuliert, daß die beiden Erbinnen dann unspezifizierte Neffen des Königs Guido, also auf jeden Fall Lusignans, heiraten mußten. Wenn König Aimerich (Herbst 1197–1205) sich dagegen wehrte, daß Beatrix den Grafen von Henneberg heiratete, so nicht für sich, da er damals mit Isabella I. verheiratet war, durch die er überhaupt erst an die Krone von Jerusalem herankam, wohl aber für seine Familie. Er muß auf der Erfüllung des Vertrages von 1186 bestanden haben, wonach Beatrix einen Lusignan zu heiraten habe und dieser in den Nießbrauch der Erbschaft seiner Frau kommen werde. Wenn Aimerich auf dem Vertrag von 1186 insistierte, so war dies sehr plausibel, da gleich zu Beginn seiner Regierung das Kreuzheer Kaiser Heinrichs VI. im Winter 1197/98 Toron angriff und fast erobert hätte[53]. Daß Aimerich mit seinem Widerstand gegen die Heirat nicht durchkam, obgleich ihm rechtlich die Kontrolle der Heiraten von Inhaberinnen von Kronlehen zustand, zeigt, daß der Adel gegen ihn war und den Vertrag von 1186 für obsolet hielt, wie denn dieser Vertrag schon 1186 – als solcher, wie angesichts der Umstände, unter denen er geschlossen wurde – unmöglich auf der Linie der Magnaten liegen konnte.

Es mag hier daran erinnert werden, daß es im Frühjahr oder Sommer 1198[54] zu einem schon den Zeitgenossen unmotiviert erscheinenden Mordanschlag auf das Leben des Königs kam, hinsichtlich dessen er selbst den Seneschalk Radulf von Tiberias aus dem Hause der Fürsten von Galilaea verdächtigte. In einem arbiträren Verfahren verwies er ihn des Reiches, nicht ohne sich deshalb auf eine gewisse Zeit die kollektive Dienstverweigerung der Vasallen einzuhandeln. Die wahren Ursachen für diese *cause celèbre* sind nicht zu klären und blieben schon damals offen. Jedenfalls wurde eine Schuld Radulfs nie bewiesen, schon deshalb nicht, weil der König ihm das zustehende ordentliche Verfahren verweigerte. Immerhin erregt Radulfs späteres Verhalten auch bei der heutigen Forschung einigen Verdacht[55]. Man sollte vielleicht stärker beachten, daß die Mörder vier deutsche Ritter waren aus jenem Kreuzheer Heinrichs VI., mit dem Otto von Henneberg in den Osten gekommen war. Ein Widerstand des Königs gegen eine Ehe zwischen Beatrix von Courtenay und Otto von Henneberg brächte sowohl ein Motiv für deutsche Täter wie auch einen Grund dafür, daß Radulf als der damals führende Adelsjurist an dem Fall ein aktives Interesse nahm. Wie schon erwähnt, war Radulf der erfolglose Gegenkandidat Aimerichs um die Hand Isabellas und damit um die Krone Jerusalems gewesen. Er hatte daher ein vitales Interesse daran, die Position der Lusignans nicht noch um Toron zu

53) R. Röhricht, Geschichte des Königreichs Jerusalem (1898) S. 675 ff. Möglicherweise hing dieser Versuch mit der Heirat zusammen. Es ist nämlich seltsam zu sehen, wie die politische Führung des deutschen Kreuzheeres, der Reichskanzler Konrad von Hildesheim, die an sich schon abgeschlossenen Verhandlungen über die Kapitulation von Toron verschleppte und den Vertrag darüber erst nicht, dann doch ratifizierte, als es zu spät war, und auch den Sturm der Festung dadurch sabotierte, daß er seine Ritter nach Tyrus abzog. Wenn die Eroberung dazu dienen sollte, Beatrix mit ihrem 1186 vorgesehenen Erbe Toron für die Ehe mit Otto von Henneberg auszustatten, so wäre die deutsche Verschleppungstaktik natürlich motiviert, wenn damals der König gegen die Ehe war und statt dessen auf der Verlobung von 1186 bestand. Sicher war Aimerich ein Schützling der deutschen Politik, aber mit seiner Erhebung hatte man deutscherseits einen Teil der Magnaten, die die Thronkandidatur Radulfs von Tiberias aus einer der alten Familien favorisierten, brüskiert. Es wäre nicht klug gewesen, die Lusignans, die ja ohnehin schon die Herrschaft in Zypern hatten, noch weiter in ihrer festländischen Macht zu stärken.

54) Riley-Smith, Feudal Nobility (wie Anm. 12) S. 151 mit Anm. 32 auf S. 290.

55) Ebd. S. 152.

verstärken, erst recht, wenn dies nur durch die Verletzung des Präzedenzfalles von 1171 möglich war[56]. Nach dem Mordanschlag wurde alles andere überschattet von dem arbiträren Vorgehen des Königs gegen Radulf. Im Hinblick hierauf war der Widerstand der Vasallen noch geradezu milde, auch wenn ihr kollektives Widerstandsrecht gemäß der von Radulf hier angewandten *Assise sur la ligece* vorher nach unserem Kenntnisstand noch nicht erprobt worden war und erst an diesem Fall ausgebildet wurde. Unverkennbar kam es zwischen dem König und den Vasallen zu einer Kraftprobe wegen Radulf, die der König trotz der Gegenwehr der Vasallen gerade noch bestand, vielleicht weil er zu keinem Zeitpunkt die Konfiskation von Radulfs Lehen ins Auge faßte, sondern diesen nur des Landes verwies. Wenn die Affäre ausgelöst worden war durch den Widerstand des Königs gegen die Heirat der Beatrix von Courtenay mit Otto von Henneberg, was nicht mehr ist als eine freilich sehr attraktive und einigermaßen plausible Möglichkeit, so tat der König gut daran, diese Frage ganz fallen zu lassen und sich völlig auf die Auseinandersetzung mit Radulf von Tiberias zu konzentrieren.

Jedenfalls scheiterte der König in der Heiratsfrage. Beatrix ehelichte Otto von Henneberg, und damit war gegen die Gültigkeit des Verlobungsvertrages von 1186 und der darin enthalten gewesenen und von dem Spruch des Grafen von Sancerre abweichenden Erbfolgeregelung entschieden. Aber das galt zunächst nur für den Adel und König Aimerich. Für die jüngere Agnes von Courtenay, Beatricens Schwester, galt es selbstverständlich nicht; sie würde die Frage ihrer Rechte immer wieder von diesem Vertrag von 1186 her aufrollen können. Ebenso war nicht sicher, ob nicht künftige Könige unter günstigeren Umständen wieder zu der Auffassung König Aimerichs zurücklenken würden. Aus diesem Grunde war die Zustimmung des Königs Johann von Brienne zu dem Verkauf von 1220 nicht nur als Formalie, sondern auch als Politikum nötig. Deshalb konnte Johann den Preis für seine Zustimmung sehr hoch schrauben, und deshalb ließ sich der Orden den Verkauf nicht nur sofort vom Papst (P. 6376), sondern in der nächsten Regierung auch alsbald vom neuen Herrscher Friedrich II. und seiner Gemahlin (RRH n° 974.975 = BF n° 1590.1591) bestätigen, während Konrad IV. 1243 erneut die Urkunde der Kaiserin bekräftigte (BF n° 4484). Die Fortdauer der Zustimmung der Zentralgewalt war für den Orden unabdingbar, da er anders gegenüber Agnes in die größten Schwierigkeiten geraten würde. Diese wurden ohnehin groß genug, und angesichts der großen rechtlichen Bedenken, die über dem

56) Sowohl Radulf von Tiberias wie Philipp von Novara, der über den Präzedenzentscheid des Grafen von Sancerre berichtet, waren bei den Verhandlungen um den Verkauf der *Seigneurie de Joscelin* in Damiette zugegen. Nicht nur bezeugte Radulf in Akkon im Mai 1220 die beiden Verkaufsinstrumente RRH n° 933.934, sondern auch das Diplom des Königs Johann von Brienne über den Beuteverzicht Hermanns von Salza (RRH n° 930), das im März 1220 in Damiette ausgestellt wurde. Auch Philipp von Novara war vor Damiette dabei, weil er damals von Radulf von Tiberias die Juristerei erlernte (Livre de Philippe de Novare c. 49, RHC. Lois 1, 525). Bei diesen Verhandlungen in Damiette muß unweigerlich auch über den Präzedenzentscheid des Grafen von Sancerre gesprochen worden sein.

ganzen Handel schwebten, mag man es fast als etwas leichtsinnig von Hermann von Salza betrachten, daß er sich 1220 auf das Geschäft überhaupt einließ. Man muß dabei berücksichtigen, daß dieser wirklich kontinental denkende Mann niemals eine Gelegenheit ausließ, seinem Orden zu mehr oder weniger geschlossenen Territorien zu verhelfen, und daß die Staatsgründung geradezu eine fixe Idee für ihn gewesen sein muß, die er selbst unter widrigsten Umständen zu verwirklichen suchte, so wie in Palästina auch bei dem burzenländischen Abenteuer. Für dessen Einleitung war er wahrscheinlich noch nicht verantwortlich, aber er hat dort mit Verve den Ausbau von der Immunität mit erweiterten Hoheitsrechten zur vollen Souveränität betrieben, so daß der König von Ungarn, wollte er in seinem Reich weiter bestehen, zu der bewaffneten Liquidierung des burzenländischen Ordensbesitzes gezwungen war. Streubesitz nahm Hermann von Salza gern entgegen, aber seine Passion gehörte offenbar den Versuchen, Ordensbesitz zusammenwachsen zu lassen wie in Zypern, eigene Seigneurien zu bilden wie in Palästina oder gar eigene Staaten zu schaffen wie im Burzenland oder wie es durch das Alternativprogramm der Goldenen Bulle von Rimini von 1226 im Kulmerland und in Preußen vorgesehen war.

Kaum hatte nach seiner von Hermann von Salza vermittelten Hochzeit mit der Erbin des Königreichs Jerusalem Kaiser Friedrich II. faktisch die Herrschaft dort übernommen, da ließ sich der Orden nicht nur die weitere Fortdauer der königlichen Bestätigung des Verkaufs von 1220 garantieren, sondern das erwähnte Kaiserdiplom RRH n° 974 vom Januar 1226, bekräftigt durch eine gleichzeitige Urkunde der Kaiserin RRH n° 975, machte auch die territorialen Einschränkungen rückgängig. Wir erfahren aus dem Diplom zunächst, daß der Orden dem König Johann nicht nur den in sarazenischer Hand befindlichen Teil der joscelinschen Erbschaft sofort nach dem Ankauf wieder hatte auflassen müssen, sondern daß er darüber hinaus dem König auch ein Geldlehen von 266²/₃ Byzantinern zurückgegeben hatte, das zu dem Drittel von Bouquiau gehörte, welches einen Teil des Lehens Heinrichs des Büffels und der *Seigneurie de Joscelin* bildete. Weiterhin hatte der Orden auf ein Geldlehen von 2000 Byzantinern verzichtet. Beide waren an der Catena in Akkon zahlbar und wurden aus der vollen Restitution der *Seigneurie de Joscelin* an den Orden ausdrücklich ausgenommen. Das wirft ein bezeichnendes Licht auf des Kaisers Haltung. Er gab dem Orden mit einem Federstrich alles wieder, was von Joscelins Besitz in sarazenischer Hand war, vor allem natürlich Toron, Banyas und Châteauneuf, aber das war eben nur geduldiges Pergament, weil es von den Sarazenen besetzt war. Wo die Restitution konkret wurde, nämlich bei den Geldlehen, blieb der Kaiser hart und behielt das Geld. Er glaubte also offenbar nicht ernsthaft an eine Möglichkeit, daß der vorgesehene Restitutionsfall in absehbarer Zeit zu realisieren sei. Er hätte sich sonst wahrscheinlich gehütet, dem Orden unbesehen und ohne die rechte Konsultation der Magnaten von Italien aus die ganze Baronie Toron zu übertragen, da hieraus nur Unfrieden mit den Baronen entstehen konnte, wenn diese nicht ebenso wie der Kaiser ernsthaft damit rechneten, daß diese Restitution akut werden könnte.

Höchst interessant ist der sicher von dem Orden verlangte Hinweis in dem Diplom, daß die ganze joscelinsche Erbschaft, die hier in der Tat unter Einschluß von Toron als ein einziges *feudum* bezeichnet wird, also als *Seigneurie de Joscelin*, der Gräfin Beatrix von Henneberg *paterno et materno iure ratione successionis* gehört habe. Das war für den Orden wesentlich, denn der irgendwann vorhersehbare Einspruch der jüngeren Schwester Agnes würde ja mit der Einrede beginnen, Beatrix habe verkauft, was ihr nach dem Vertrag von 1186 nicht gehört habe. Mit dem Verweis auf das *maternum ius* bewegte sich der Orden auf der Linie des Präzedenzfalles des Grafen von Sancerre, der Hinweis auf das *paternum ius* kann aber nur so verstanden werden, daß der Orden, um sich alle Möglichkeiten offenzuhalten, auch noch auf die vom Vater Joscelin im Verlobungsvertrag von 1186 vorgenommene Erbteilung rekurrierte, also just auf jenes Dokument, auf das Agnes ihren Widerspruch bauen konnte. Damit wollte man natürlich, juristisch gesehen, Agnes den Wind aus den Segeln nehmen, indem man das Dokument von vornherein für Beatrix beanspruchte. Dabei wurde der Inhalt falsch interpretiert, denn der Vertrag von 1186 hatte zwar das Erbe geteilt, aber nicht einmal andeutungsweise davon gesprochen, daß Beatrix es gesamthaft gegenüber der Krone repräsentieren solle, ganz im Gegenteil war man ja von diesem Prinzip des Grafen von Sancerre im Vertrag von 1186 abgewichen.

Das gesamte Lehen, so wie es in RRH n° 974 bestätigt wurde, wurde vom Kaiser ausdrücklich von jedem Dienst befreit. Die Parallele zu der gleichartigen Stellung in der annähernd gleichzeitigen Goldenen Bulle von Rimini vom März 1226 liegt auf der Hand, freilich unterscheiden sich die beiden Vorgänge politisch, wenn auch rechtlich ein und dieselbe Bestimmung vorliegt. Den Grund hat Stengel[57] richtig erkannt. Seit 1139 bestand für die Templer ein päpstliches Belehnungsverbot. Es war ihnen in ihrem Generalprivileg ausdrücklich untersagt, irgend etwas aus weltlicher Hand zu Lehen zu nehmen. Da schon Stengel nachgewiesen hat, daß aus dieser Quelle das Belehnungsverbot in das Generalprivileg des Deutschen Ordens *Etsi neque qui plantat* des Papstes Honorius III. vom 15. Dezember 1220 (P. 6444) übergegangen war, können wir hier Stengels weitere Nachweise, daß innerhalb des Deutschen Reiches seit dem Wormser Konkordat die Belehnung überhaupt nur für die alten Reichsbischöfe und Reichsäbte als zulässig angesehen wurde, beiseite lassen. In der langen Serie päpstlicher Privilegien aus den Jahren 1220 und 1221 erwarb Hermann von Salza für den Deutschen Orden die volle Gleichstellung mit den beiden älteren Ritterorden der Templer und Johanniter. Hierzu gehörte auch das Belehnungsverbot, das bei den Johannitern seit dem Pontifikat Clemens' III. nachzuweisen

57) E. E. Stengel, Hochmeister und Reich. Die Grundlagen der staatsrechtlichen Stellung des Deutschordenslandes, ZRG. GA. 58 (1938) 200–206. Stengel hielt ebd. S. 202 noch die Fassung des Templerprivilegs *Omne datum optimum* von Alexander III. aus dem Jahre 1163 für die älteste Ausfertigung dieses Privilegs. Heute wissen wir, daß die älteste Fassung diejenige des Papstes Innocenz II. von 1139 ist, zuletzt gedruckt bei R. Hiestand, Papsturkunden für Templer und Johanniter. Vorarbeiten zum Oriens pontificius I (Abh. d. Göttinger Akad. d. Wiss., philol.-hist. Klasse, 3. Folge 77, 1972) S. 204 n° 3.

ist[58]. In RRH n° 974 vom Januar und in der Goldenen Bulle von Rimini vom März 1226 setzte Hermann von Salza diese Bestimmung nun in die Praxis um, indem er sich in Palästina wie auch in Preußen von jedem Dienst befreien ließ. Stengel hat den Kern, wie ich meine, richtig getroffen, obgleich ihm die palästinensische Parallele ganz entging. Der Orden gehörte zwar in Preußen zum Imperium, war jedoch von Anfang an kein leistendes Glied des Reiches. Der Meister wurde auch kein Reichsfürst. In beiden Bestimmungen war der Aufstieg zum autonomen preußischen Staat angelegt. Der Unterschied zwischen Preußen und Palästina liegt darin, daß das noch zu erobernde Preußenland zwar in einer ganz vage umschriebenen Form zur Monarchie des Imperiums gehören sollte, aber dennoch eben kein Glied irgendeines der Teilreiche war, die das Imperium bildeten. Staatsrechtlich war der Ordensmeister kein Reichsfürst, sondern einem solchen nur vergleichbar. In Palästina wurde er dagegen für die Herrschaft Toron und für Kronlehen in der Krondomäne von Akkon vom Dienst befreit, die seit eh und je zum Königreich Jerusalem gehört hatten. Es kann keine Rede davon sein, daß mit der Dienstbefreiung etwa diese Gebiete aus dem Reichsverband ausgeschieden wären. Man wird deshalb bei der Erklärung dieser schwerwiegendsten Klausel des Diploms n° 974 die Akzente etwas anders setzen müssen. Die Klausel beweist erneut, daß weder der Kaiser noch die Barone ernsthaft mit der Möglichkeit der Restitution von Toron rechneten. Auf den Dienst eines Lehens der Krondomäne konnte der Herrscher durchaus verzichten. Dies war eine Folge seiner totalen Verfügungsfreiheit über die Krondomäne (s. unten Anm. 59). Aber auf den gesamten Dienst einer Herrschaft des Reiches zu verzichten war eine Sache ohne Beispiel.

Für die Barone war die Sache gefährlich, weil sie auf andere Seigneurien, die dem Herrscher unbequem wurden, durchschlagen konnte. Nichts hätte doch an sich in dieser Zeit der sich ausbildenden Dienstverweigerung der Vasallen näher gelegen, als daß der Herrscher sich ein Gegeninstrument gegen derlei aufmüpfige Barone geschaffen hätte, das er zwar nur vorsichtig dosiert, aber doch immerhin einsetzen konnte. Wenn er einem Baron, der in seinen Rechten verletzt worden war, den Dienst erließ, so wurde doch die von seinen Pairs einzusetzende Waffe der Dienstverweigerung stark abgestumpft. Wir haben keinen Hinweis darauf, daß die Herrscher jemals dieses Gegenmittel ausprobiert hätten, aber seine Ausbildung war vorstellbar, wenn man erst einmal damit anfing, auf den Dienst zu verzichten. Deshalb haben die Feudaljuristen auch von Anfang an in ihren Rechtsbüchern eine solche Politik des Herrschers implizit oder explizit verboten[59]. Aber

58) HIESTAND, Papsturkunden (wie Anm. 57) S. 399 n° 223. STENGEL, Hochmeister (wie Anm. 57) hielt bei den Johannitern noch die Fassung Celestins III. von 1192 (Hiestand S. 403 n° 228) für die früheste Überlieferung dieses Passus.

59) Der Livre de Jean d'Ibelin c. 141 (RHC. Lois 1, 215 f.) legt die völlige Verfügungsfreiheit des Königs über die Krondomäne fest. Er darf hier machen, was er will. Er braucht nicht, wie die Vasallen, wenigstens die Hälfte in der eigenen Hand zu behalten. Er kann nach Belieben Schenkungen zu freiem Eigen machen, und zwar an wen er will, auch an Kirchen, Klöster, Kommunen. Er kann nach Gutdünken Lehen schaffen, mit oder ohne Dienst. Er kann den bestehenden Lehen den Dienst

abgesehen von solchen Erwägungen beschwor die Sache ja für die Vasallen noch eine ganz andere Gefahr herauf: Was war ein Baron denn überhaupt ohne sein Recht auf servitium? Dienstminderung mag als willkommen empfunden worden sein, Dienstverzicht beraubte eine Seigneurie ihres Charakters als Herrschaft. Auch hier kommen wir um die Schlußfolgerung nicht herum, daß man die Frage in bezug auf Toron nicht für akut hielt. Was die eigentliche *Seigneurie de Joscelin* in Galilaea betrifft, so ist aus der Klausel erneut zu folgern, daß sie niemals eine wirkliche Herrschaft gewesen war, sondern nur ein einfaches, wenn auch umfängliches Kronlehen in der Krondomäne, wo man den Dienst erlassen konnte. Als mindestes aber muß sie spätestens jetzt 1226 ihres Charakters als Herrschaft entkleidet worden sein, wenn sie ihn je besessen hatte, um die Vasallen nicht zu verprellen, denn ein Ritterorden als Kronvasall wäre ihnen zweifellos höchst unwillkommen gewesen.

Sieht man die Sache vom praktischen Gesichtspunkt, so schädigte der Dienstverzicht das Reich kaum um Kampfkraft, weil die Stärke des Deutschen Ordens entsprechend wuchs. Dagegen beseitigte dieser Verzicht den seigneurialen Charakter der *Seigneurie de Joscelin* (oder den Anschein einer solchen), der den Vasallen nie angenehm gewesen sein kann, und trug damit zur Beruhigung der Vasallen bei. Ihr Interesse war durch den Dienstverzicht in Toron, das damit praktisch auch seines Charakters als einer Baronie entkleidet wurde, zwar immer noch tangiert, aber wegen des Verlustes von Toron an die Sarazenen doch nur in theoretischer Weise[60]. Dem Orden muß gerade diese »Entseigneu-

ganz oder teilweise erlassen. Der angegebene Grund ist formal: Er hat seine Domäne, da er niemandem Dienst oder Mannschaft schuldet, unmittelbar von Gott. Deshalb können auch seine Erben so getroffene Maßnahmen des Herrschers nicht rückgängig machen. Das geht für einen so konsequenten Verfechter einer schwachen Zentralgewalt und eines starken Adels wie Johann von Ibelin schon sehr weit. Der politische Sinn dieser Gestaltungsfreiheit des Königs erschließt sich einem erst, wenn man daran denkt, daß in dem extrem formalistischen Denken dieser Feudaljuristen selbstverständlich alles verboten war, was nicht ausdrücklich erlaubt war. Je totaler die Verfügungsfreiheit des Königs über die Krondomäne war, desto klarer mußte jedem rechtlich geschulten Zeitgenossen sein, daß der König dafür außerhalb der Krondomäne, nämlich in den von ihm zu Lehen gehaltenen Herrschaften, gar nichts vermochte. Der Livre au roi als älteste Rechtskodifikation des lateinischen Ostens läßt denn auch in c. 3 (RHC. Lois 1, 608 f.) der totalen Verfügungsfreiheit des Königs über die Domäne sofort das notwendige Pendant folgen: In den Baronien kann der König nur dann eine Schenkung machen oder einen Aftervasallen kreieren, wenn der Baron zustimmt, ja der Konsens allein langt nicht, sondern er muß dem diesbezüglichen Königsdiplom auch noch sein baroniales Siegel anhängen. Ein Diplom, das in die großen Kronlehen außerhalb der Krondomäne hineinregiert und nur das Königssiegel aufweist, wird hier ausdrücklich für nichtig erklärt. Daß man den König in der Krondomäne machen ließ, was er wollte, war der Preis, den die Barone dafür zu zahlen willens waren, daß sie die Zentralgewalt aus den inneren Angelegenheiten der Seigneurien draußen hielten. Vgl. auch oben Anm. 30.

60) Einem Dienstverzicht bei einer Reichsherrschaft zuzustimmen, kann den in Italien anwesenden Vertretern der Vasallen nicht leicht gefallen sein, aber abgesehen von einem vermutlichen Täuschungsmanöver (s. unten S. 206), handelten sie sich damit für Toron das für sie kleinere Übel heraus, denn ein Ritterorden in baronialer Stellung wäre für sie noch schlimmer gewesen als eine Baronie ohne Dienstpflicht. Der Prozeß des Aufkaufs der Adelsburgen durch die Orden war spätestens seit 1186

rialisierung« willkommen gewesen sein, weil durch die Dienstbefreiung im Januar-Diplom RRH n° 974 die gleiche Bestimmung in der Goldenen Bulle von Rimini im März präjudiziert wurde. Daß mutatis mutandis schon im Januar 1226 für Palästina die gleichen einschneidenden Bestimmungen gewählt wurden wie im März für Preußen, ist der einzige und bisher nicht erkannte Hinweis auf die Verhandlungen, die im Hinblick auf die Goldene Bulle von Rimini gepflogen worden sein müssen und über deren fehlende Bezeugung in der Literatur geklagt wird[61]. Denn daß ein innerer Zusammenhang zwischen den gleichen Bestimmungen in den beiden Diplomen fehle, wird man sicherlich nicht behaupten wollen. Wenn im Januar 1226 am kaiserlichen Hofe bereits über die Regelung der Verhältnisse im Kulmerland und in Preußen verhandelt wurde, so kann uns dies nur in der Meinung von Caspar[62] bestärken, daß der Hilferuf des Herzogs Konrad von Masovien entgegen anderen Ansätzen im Winter 1225/26 eintraf.

Spiegelte das in Italien im Januar 1226 ausgestellte Diplom RRH n° 974 noch den Kenntnisstand wieder, den der kaiserliche Hof mit den letzten Herbstflotten des Jahres 1225 erhalten hatte, so zeigt ein neues Diplom vom Juli 1226 aus San Miniato (RRH n° 978), daß auch die Gegenseite im Hl. Land inzwischen aktiv geworden war. Hatte der Kaiser im Januar 1226 nur geschrieben, daß Otto von Henneberg und Beatrix das Erbe Joscelins an den Deutschen Orden verkauft hätten, so wurde jetzt gleich zweimal betont, daß Beatrix die erstgeborene Tochter Joscelins war. Das war notwendig, weil der Orden jetzt die Linie des Diploms vom Januar verlassen hatte, sich sowohl auf das Prinzip des Grafen von Sancerre wie auch auf die andersartige Erbteilung von 1186 zu berufen. Er setzte nur noch auf den Spruch des Grafen von Sancerre, hatte sich aber unter dieser Voraussetzung mit dem anderen Zweig der Familie geeinigt. Wie ausdrücklich festgehalten wird, war diese Einigung erfolgt *secundum consuetudinem regni Ierosolimitani,* und das war eben der Präzedenzfall, den der Graf von Sancerre durch seinen Spruch geschaffen

(Margat) im Gange, und hätte man jeweils die Dienstpflicht mit an die Ritterorden übertragen, so wären die Magnaten Gefahr gelaufen, von den Orden majorisiert zu werden. Je mehr Adelsland an die Orden verkauft wurde, desto mehr mußte der Adel darauf sehen, daß die Zugehörigkeit zur Haute Cour allein am übrigen Reich, also an den nicht in Ordenshand geratenen Herrschaften hing. Parallelen der Dienstbefreiung der Johanniter bei der Übernahme von Burgen und Lehen hat RILEY-SMITH, The Knights of St. John in Jerusalem and Cyprus (1967) S. 464 f. zusammengestellt. Die Beispiele stammen allerdings ausschließlich aus dem Fürstentum Antiochia und der Grafschaft Tripolis. Bei den Lehnsübernahmen im Königreich Jerusalem fehlt die Dienstbefreiung, auch bei der den Johannitern 1243 vom gleichen Kaiser Friedrich II. überlassenen Burg Askalon. Bei der Pachtung der Herrschaft Arsur zwischen 1261 und 1265 umging man das Belehnungsverbot dadurch, daß der Meister vom persönlichen Dienst entbunden, der Orden aber dienstpflichtig gehalten wurde (RILEY-SMITH, a. a. O. S. 467). Dennoch war dieses Geschäft so ungewöhnlich, daß König Hugo III. es rückgängig machte.

61) COHN, Hermann von Salza, S. 86.

62) E. CASPAR, Hermann von Salza und die Gründung des Deutschordensstaates in Preußen (1924) S. 103–107.

hatte. Hermann handelte für den Orden einen sehr realen Vorteil heraus, nämlich daß die andere Seite jetzt auf die Linie des Sancerreschen Prinzips einschwenkte und damit endgültig den Teilungsvertrag von 1186 preisgab, der ihr ja den ganzen faktischen Ordensbesitz des Jahres 1226 zusprach. Auf diese Preisgabe konnte der Orden die andere Seite in den späteren Auseinandersetzungen dann stets festnageln.

Auch diese Einigung war erst nach harten Auseinandersetzungen erfolgt, denn der Orden gab nicht etwa schon im Hl. Lande nach, sondern die Auseinandersetzung wurde nach Italien an den Hof Kaiser Friedrichs II. getragen, so daß die Gegenseite einen Prozeß offenbar angestrengt hatte, der hier zwar nicht durch ein Urteil entschieden werden konnte, da lehnrechtliche Fragen ausdrücklich der nur im Hl. Lande tagenden Haute Cour zugewiesen waren. Ein Urteil hätte also nur dort erfolgen können, aber die Gegenseite konnte im Osten einen Prozeß anhängig machen, dann aber vor dem Kaiser als dem Herrscher Jerusalems einen Vergleich aushandeln. RRH n° 978 ist ja die Beurkundung eines solchen, und das Diplom hält ausdrücklich fest, daß der Vertreter der Gegenseite vor dem Kaiser anwesend war. Es war Jakob von Amigdala, der Sohn der jüngeren Agnes von Courtenay und ein Enkel Joscelins III.

Seine Mutter hatte vor 1200 einen eingewanderten Kalabreser namens Wilhelm von Amigdala geheiratet[63]. Im Jahre 1200 sehen wir Wilhelm in RRH n° 773 damit beschäftigt, von der Erbschaft seiner Frau möglichst viel zurückzugewinnen. Er prozessierte damals mit dem Patriarchen von Jerusalem um den Besitz eines Casales im südlichen Teil der *Seigneurie de Joscelin* und verglich sich mit ihm dahingehend, daß es auf Lebenszeit dem Patriarchen gehören, nach dessen Tod aber an Wilhelm und seine Frau fallen solle. Anscheinend hatte sich der Patriarch dieses Casale in den Wirren nach der Schlacht bei Hattin 1187 oder nach der Rückeroberung Akkons 1191 aneignen können. Hier anzusetzen war klug. Wilhelm vermied damit die Auseinandersetzung mit Beatrix als der älteren Tochter Joscelins und gewann, wenn sich der Anspruch durchsetzen ließ, ein 1183 von Joscelin in RRH n° 625 neu erworbenes Casale, das nach dem Verlobungsvertrag von 1186 an Agnes hätte fallen sollen. Ob sich Wilhelm in dem Prozeß von 1200 auf diesen Vertrag berief, ist unbekannt, weil wir überhaupt keine Begründung seiner Ansprüche erfahren. Er hätte es aber tun können, und gerade der Patriarch wäre kaum in der Lage gewesen, diese Berufung anzufechten, denn er selbst hatte als Erzbischof von Caesaraea den Vertrag von 1186 bezeugt und damit gebilligt. Ob es freilich klug war, sich vor der Haute Cour, wo der Prozeß stattfand, auf den Vertrag von 1186 zu berufen, muß dahingestellt bleiben, denn mag auch der König Aimerich bei seinem Widerstand gegen die hennebergische Ehe der Beatrix auf der Erfüllung des Vertrages bestanden haben, so war dieser doch (s. oben S. 193 ff.) inzwischen vom König und vom Adel, die ja hier über die Ansprüche auf das Casale entschieden, aufgegeben worden. Insoweit Wilhelm von Amigdala aber für seine Frau von

63) RRH n° 773. Wilhelm zeichnete sich 1203 oder 1204 in Kämpfen des Königs Aimerich vor Akkon aus; Estoire de Eracles XXVIII 11, RHC. Hoc. 2, 262.

dem Patriarchen einen Teil des Besitzes rekuperierte, der nach dem Vertrag von 1186 ihr hätte gehören sollen, schuf er sich eine Basis, von der aus er in Zukunft bei Ansprüchen gegenüber Beatrix und Otto von Henneberg mit dem Vertrag von 1186 argumentieren konnte[64].

Durch den Verkauf von 1220 mußten sich Agnes und Wilhelm überrumpelt gefühlt haben, denn der Verkauf sagte nicht nur nicht, wie ihre Ausstattung aus dem Erbe Joscelins bisher geregelt worden war, sondern auch nicht wie (oder auch nur, daß) sie zu regeln sei vom Orden. Selbst wenn familienintern irgendeine Ausstattung der beiden vorgenommen worden war, so wurde dies hier verschwiegen, obwohl es zur Wahrung der Ansprüche Wilhelms von Amigdala und seiner Frau Agnes von vitalem Interesse war und üblicherweise Pflichten, die ein Käufer vom Verkäufer übernahm, im Kaufvertrag auch dann erwähnt wurden, wenn sie lediglich der Bewahrung eines Status quo ante dienten. Daß Wilhelm überhaupt in dem Verkaufsinstrument von 1220 erschien, verdankte er nur der Tatsache, daß Otto und Beatrix für ihn eine Bürgschaft für Schulden in Höhe von 3250 Byzantinern geleistet hatten, die jetzt als Teil des Kaufpreises auf den Deutschen Orden übergingen und von diesem auch tatsächlich bezahlt wurden (RRH n° 933.934). Die Lignages d'Outremer legen deutlich den Finger auf die Wunde, wenn sie sagen, daß Beatrix mit ihrem eigenen Anteil am Erbe zusammen auch den Anteil ihrer Schwester verkaufte und daß diese *quant elle fu mariée ne pot delivrer sa raison.* Hier war im 14. Jahrhundert lediglich die zeitliche Abfolge nicht mehr gewahrt, denn Agnes war längst vor dem Verkauf von 1220 mit Wilhelm von Amigdala verheiratet. Otto und Beatrix mögen ihr durchaus etwas haben zukommen lassen, sie ist ja schließlich nicht verhungert, und eine ganze Mittellose wird der Einwanderer Wilhelm Amigdala nicht geheiratet haben. Aber zweifellos hatte sie nur einen Bruchteil dessen erhalten, was sie, jedenfalls nach dem Vertrag von 1186, zu beanspruchen hatte.

Bei der Einigung vom Juli 1226 wurde Jakob von Amigdala im Sinne der Entscheidung des Grafen von Sancerre vor dem Kaiser von Hermann von Salza mit dem Teil der joscelinischen Erbschaft investiert, der ihm von seiten seiner Mutter zustand. Freilich hatte die Einigung für Jakob den erheblichen Nachteil, daß dieser Anteil nur pauschal genannt und nicht spezifiziert wurde. Der Keim für weitere Auseinandersetzungen war hier

64) Bei flüchtiger Lektüre von RRH n° 777 vom Oktober 1200 hat es den Anschein, daß Wilhelm von Amigdala sich auch an Rekuperationen jenes Teiles der Erbschaft Joscelins versuchte, die nach dem Vertrag von 1186 nicht an seine Frau Agnes, sondern an Beatrix hätten fallen sollen. Er schenkte damals dem Deutschen Orden ein Stück Land, das an einem Bach lag, dessen beschriebener Lauf einen Punkt berührte, wo *mea terra Casalis Albi* an das Deutschordenscasale Cafersi angrenzte. Man könnte daraus folgern, daß Wilhelm Casale Album gehörte, das Joscelin aus dem königlichen Kammerlehen angekauft hatte (RRH n° 579) und das nach der Erbteilung von 1186 zu dem Anteil der Beatrix gehörte. Bei genauer Betrachtung hatte aber Wilhelm von Amigdala nur Land in dem Casale, denn 1208 schenkte Otto von Henneberg den Johannitern die Hälfte von Casale Album (RRH n° 829). Bestenfalls hatte also Wilhelm die andere Hälfte in Besitz.

angelegt, weil die Ansichten der Vertragspartner über diesen Anteil leicht auseinanderklaffen konnten. Was Jakob 1226 tatsächlich erhielt, wurde erst 1229 sichtbar, und es war weniger, als ihm zustand (s. unten S. 208, 212). Auch eine weitere Klausel war verschwommen abgefaßt, wenn auch im Hinblick auf das zitierte Gewohnheitsrecht von Jerusalem leichter interpretierbar, und sie war zum Nutzen des Ordens, nicht Jakobs. Dieser ging nämlich dem Orden gegenüber für seinen Anteil dieselben Verpflichtungen ein, die er gegenüber Beatrix hätte eingehen müssen, wenn sie nicht verkauft hätte. Das konnte nur bedeuten, daß Beatrix hier nachträglich von der anderen Seite der Familie die Gesamtrepräsentanz des Lehens zugebilligt wurde und Jakob als ihr Vasall gegolten hätte, wenn nicht verkauft worden wäre. Demzufolge war er jetzt Vasall des Ordens für jenen Teil des Besitzes, mit dem Hermann von Salza ihn investierte[65]). Das sieht nur scheinbar so aus, als sei Jakobs Stellung dieselbe geblieben wie bei einem unterbliebenen Verkauf. In Wahrheit war seine Stellung, selbst wenn er das volle Erbteil seiner Mutter erhalten hätte, erheblich verschlechtert. In dem Sancerreschen Modell waren Beatrix und Otto von Henneberg Kronvasallen für Joscelins Gesamterbe, Agnes und Wilhelm von Amigdala beziehungsweise ihr Sohn Jakob von Amigdala hennebergische Vasallen, mithin gegenüber der Krone Aftervasallen. Als solche waren sie durch die ligische Vasallität noch immer direkt an den König gebunden. Nun hatte aber das Diplom des Kaisers vom Januar 1226 den Orden für das gesamte joscelinsche Erbe vom Dienst befreit und damit einen möglichen Vasallenstatus des Ordens beseitigt. Unter diesen Umständen war Jakob zwar der Vasall des Ordens, aber nicht der Aftervasall des Königs. Er hatte deshalb in der Haute Cour weder Sitz noch Stimme. Die Einigung gab ihm wohl pauschal seinen Besitz, tangierte aber in schwerer Weise seinen sozialen Status.

Auch wird in dem Diplom des Kaisers enthüllt, daß die Versuche der Agnes und Wilhelms von Amigdala, an das Erbe zu kommen, unter Beatrix und Otto weitgehend erfolglos gewesen waren, denn Wilhelm, dessen Schulden ja schon im Vertrag von 1220 erwähnt werden, hatte aus der Not eine Tugend gemacht und auf das Erbe seiner Frau Hypotheken aufgenommen. Diese Schuld war auf Jakob übergegangen, und weil der Orden reine Verhältnisse schaffen wollte, zahlte er die Gläubiger aus, aber Jakob mußte sich zur Rückzahlung dessen verpflichten, was der Orden *pro redimenda eadem parte,* in Wahrheit zur Ablösung der Hypotheken, hatte aufwenden müssen. Wenn Wilhelm wirklich das Erbe verpfändet hätte, hätte er es ja zuvor in der Hand gehabt. Dann hätte der ganzen Auseinandersetzung zwischen dem Orden und Jakob der Kern gefehlt, denn es konnte dem Orden ziemlich gleichgültig sein, ob Wilhelms tatsächlicher Besitz in den Händen der Gläubiger oder seines Sohnes Jakob war. Ganz anders verhielt es sich, wenn Wilhelm nur seine Ansprüche verpfändet hatte und der Orden jetzt diese Schuld abdeckte, sich dafür künftig bei Jakob schadlos hielt, aber alle Ansprüche Dritter abgelöst hatte.

65) Sein Anteil wird in RRH n° 1002 als *feudum* bezeichnet, und aus RRH n° 1013 erhellt deutlich seine vasallitische Abhängigkeit vom Orden.

Dabei kann es nicht um sehr erhebliche Summen gegangen sein, weil natürlich auf undurchgesetzte Ansprüche relativ wenig zu leihen war[66].

Vielleicht hätte diese Einigung sogar Bestand gehabt, wenn nicht im Jahre 1229 entscheidende Änderungen der Lage eingetreten wären. Damals war der Kaiser auf seinem Kreuzzug im Hl. Lande und schloß am 18. Februar 1229 mit dem Sultan den Vertrag von Jaffa, der Jerusalem wieder christlich machte. Der Kaiser wahrte dabei auch die Interessen seines Hauptalliierten im Hl. Land, des Deutschen Ordens, denn er setzte auch die Rückgabe von Toron und Châteauneuf an die Christen durch, auf die der Orden 1220 verzichtet hatte, die er sich aber im Januar 1226 vom Kaiser hatte zurückgeben lassen. Kaum war diese Restitution akut, da wurde sie sofort ein erheblicher Stein des Anstoßes für die Barone. Hermann verlangte jetzt, wie wir aus RRH n° 1003 erfahren, gemäß dem Diplom vom Januar 1226 erfolgreich die Auslieferung der Herrschaft Toron an den Orden. Aber sofort trat Alice von Armenien auf den Plan, eine Nichte Humfreds IV. von Toron. Dieser hatte, um die Königstochter Isabella I. heiraten zu können, im Jahre 1180 seine Rechte an der Herrschaft Toron in einem Tausch an den König Balduin IV. gegeben[67]. Als im November 1190 diese Ehe gegen seinen Willen geschieden wurde und seine geschiedene Frau zur neuen Königin von Jerusalem aufstieg, war ihre erste Handlung nach der Entgegennahme der Mannschaft der Vasallen, daß sie ihrem geschiedenen Mann konsequenterweise sein 1180 an die Krondomäne gefallenes Lehen Toron mit Châteauneuf wieder zurückgab, da ja die Gegenleistung des Königs nicht nur in dem Tauschgut, sondern auch in der beispiellosen Zustimmung zur Heirat eines einheimischen Barons mit einer Königstochter bestanden hatte[68].

Als Humfred IV. 1198 kinderlos starb[69], war seine Nichte Alice erbberechtigt. Sie erschien im Hofgericht des Kaisers, bot an, ihre Ansprüche zu beweisen und tat dies auch hinlänglich, nachdem sie ordnungsgemäß geladen und erschienen war. Der Kaiser ordnete hierauf *iuxta exguardium curie nostre* an, daß ihr Toron zurückzugeben sei (RRH n° 1003). Nicht nur in den Diplomen Friedrichs II. als Herrscher von Jerusalem, sondern in den jerusalemitanischen Königsurkunden überhaupt taucht hier zum einzigen Mal der feudaljuristische Kernbegriff des *esgart* auf, des auf eine Untersuchung gegründeten Urteils der Haute Cour, und die Details der Verhandlung sind ungewöhnlich ausführlich geschildert. Dahinter verbirgt sich, wie erstmals Riley-Smith[70] erkannt hat, ein schwerer

66) Es hat auch nicht den Anschein, daß Wilhelm und Agnes zu ihren Lebzeiten in der Restitutionsangelegenheit sehr weit gekommen wären, denn nicht nur fehlt davon jeder urkundliche Niederschlag, sondern die Lignages d'Outremer sagen ausdrücklich, daß nach der Ankunft des Kaisers im Hl. Land (1228) eine Einigung zwischen dem Orden und dem Sohn von Wilhelm und Agnes, Jakob von Amigdala, erzielt worden sei. Da dieser bereits 1226 allein handelnd vor dem Kaiser auftrat, war Agnes damals wohl schon verstorben. Wilhelm wird in RRH n° 978 ausdrücklich als tot genannt.

67) WILHELM VON TYRUS, Historia (wie Anm. 20) XXII 5, a. a. O. 1, 1069.

68) Estoire de Eracles XXV 12, RHC. Hoc. 2, 154.

69) ROGER von HOVEDEN, Chronica 4, ed. W. STUBBS (Rolls Series, 1871) 78.

70) RILEY-SMITH, Feudal Nobility (wie Anm. 12) S. 171 f. Welche Bedeutung die Frage von Toron

vorangegangener Konflikt zwischen den Vasallen und dem Kaiser. Wir bekommen in dem Diplom RRH n° 1003 = BF 1741 nur das Ende des Streites geschildert, den Anfang und die Begleitumstände erfahren wir aus dem Rechtsbuch Johanns von Ibelin[71], der bei diesen Ereignissen, wenn auch nicht aktiv beteiligt, dabei war. Vorausgegangen war eine stürmische Sitzung der Haute Cour ohne den Kaiser, in der Alice erfolgreich die Restitution von Toron verlangte. Ihr Prozeßgegner war schon dabei der Deutsche Orden. Er verlor. Zwar konnte er RRH n° 653 von 1186 vorweisen, in dem König Guido von Lusignan Joscelin III. mit Toron und Châteauneuf belehnt hatte. Aber schon dieses Diplom hatte in Rechnung gestellt – und zwar schon vier Jahre vor der Scheidung Humfreds IV. von Toron von Isabella I. –, daß ein Urteil der Haute Cour Joscelin die Herrschaft möglicherweise wieder absprechen könne (um sie dann natürlich Humfred IV. oder seinen Erben zuzuweisen) oder aber auf andere Art das Pactum zwischen dem König Balduin IV. und Humfred IV. über die Auftragung von Toron gelöst werden könne. Der Grund für diese Befürchtungen lag auf der Hand. Die Ehe zwischen Isabella I. und Humfred IV. war einer der vielen Züge Balduins IV. gewesen, mit denen er die Ansprüche seiner Schwester Sybille und vor allem ihres Mannes Guido von Lusignan auf die Thronfolge zu beseitigen, mindestens aber zu vermindern trachtete. Dazu mußte er seine Halbschwester Isabella aus der zweiten Ehe seines Vaters als Kandidatin aufbauen, was ihre Verheiratung erforderte. Das war ja der Grund, warum Humfred die Ansprüche auf Toron fahren lassen mußte, da die Magnaten ihn sonst niemals als Herrscher akzeptiert hätten, denn der Aufstieg einer der wenigen Magnatenfamilien zum Königtum wäre den anderen unerträglich gewesen. Die Belehnung Joscelins III. mit Toron erfolgte etwa einen Monat, nachdem Guido und Sybille die Barone überrumpelt und mit ihrer Krönung vollendete Tatsachen geschaffen hatten, als noch nicht feststand, ob die Barone nicht doch noch offen zu den Waffen greifen würden. Aber selbst wenn der Bürgerkrieg sich verhindern ließ, bestand mindestens Gefahr, daß Humfred jetzt auf der Rückgabe seiner alten Herrschaft bestehen würde. Vermutlich ist dies nur dadurch verhindert worden, daß er sich bei den Baronen vollständig unbeliebt machte, als er sich ihrem Ansinnen entzog, Gegenkönig zu werden und zu Guido überging (s. oben S. 187 mit Anm. 40). Er konnte jetzt auf ein ihm günstiges Urteil der Barone in der Frage Torons nicht mehr hoffen[72].

für den Deutschen Orden hatte, erhellt daraus, daß er den Ortsnamen auf eine seiner frühesten und wichtigsten Neugründungen in Preußen übertrug, auf Thorn, polnisch Torun, für das trotz aller Versuche bisher weder eine deutsche, noch eine preußische oder polnische Etymologie geboten werden konnte. Auf den palästinensischen Ursprung des Ortsnamens wies wohl erstmals H. PRUTZ, Die Anfänge des Deutschen Ordens in Preußen und seine Beziehungen zum Hl. Lande, Altpreußische Monatsschrift 15 (1878) 10 hin.

71) Livre de Jean d'Ibelin c. 203, RHC. Lois 1, 325 f.

72) Daß Humfred in den Urkunden Konrads von Montferrat nicht erscheint, verwundert nicht. Guido, zu dem er übergelaufen war, ließ ihn nur noch einmal Mitte September 1190 in RRH n° 696 als Zeuge zu. Damals war sein Anspruch auf das verlorene Transjordanien anerkannt. Nach der Scheidung seiner Ehe im November 1190 hielten nacheinander die Herrscher Konrad von Montferrat,

Erst 1190 erlangte Humfred seine Herrschaft wieder. Damit war das Pactum zwischen Balduin IV. und Humfred IV. obsolet geworden, und so mußte der Anspruch von Alice auf das 1229 in christliche Hände zurückgekommene Toron von der Haute Cour anerkannt werden. Wahrscheinlich hatte man diesen Sachverhalt 1226 dem Kaiser vorenthalten, so daß die Vertreter der Barone am kaiserlichen Hofe der Restitution Torons an den Deutschen Orden zustimmen konnten, denn würde die Sache je akut werden, so wußten sie, daß die Ansprüche von Alice von Armenien die stärkeren waren. Es rächte sich jetzt für den Orden auch, daß sowohl das Diplom RRH n° 934 Johanns von Brienne von 1220 wie dasjenige Friedrichs II. vom Januar 1226 die in sarazenischer Hand befindlichen Teile der *Seigneurie de Joscelin* nur pauschal genannt, Toron aber nicht ausdrücklich erwähnt hatten. Angesichts der Auflösung der Vereinbarung von 1180 über Toron war auch mit dem Friedrich-Diplom nichts anzufangen, wenngleich des Kaisers wütende Reaktion zeigt, daß er 1226 Toron durchaus zu den restituierten Gebieten gerechnet hatte, vermutlich aber von den Baronen über die Rechtslage getäuscht worden war. Der Kaiser kümmerte sich jedenfalls zunächst nicht um den *esgart* der Haute Cour, sondern wies seinen Bailli Balian von Sidon durch schriftliches Mandat an, die Investitur von Alice mit Toron zu verhindern. Daraufhin griffen die Vasallen, angerufen von Alice, zum äußersten Mittel, das ihnen die *Assise sur la ligece* an die Hand gab, und verweigerten kollektiv dem Kaiser den schuldigen Dienst. Der Kaiser mußte zurückweichen; das Verfahren in seinem Hofgericht, in dem er jetzt den Anspruch von Alice anerkannte, war nur noch eine Formsache.

Damit war aber die Angelegenheit noch keineswegs zu Ende, denn nun wies Hermann von Salza RRH n° 653 des Königs Guido von Lusignan vor, wonach Joscelin für den Fall, daß er Toron verlieren sollte, Maron und das Tauschgut Humfreds IV. besitzen sollte. Als Rechtsnachfolger Joscelins verlangte der Orden nunmehr wenigstens diese Entschädigung. Das Tauschgut Humfreds war seinerzeit von allen mit der allergrößten Diskretion behandelt worden, warum, wissen wir nicht. In dem Diplom Guidos wurde es nicht als Geldlehen genannt, geschweige denn beziffert. Ebenso zugeknöpft war Wilhelm von Tyrus (s. oben Anm. 67), der nur berichtet, Humfred habe sein Erbe Toron mit dem König unter bestimmten Bedingungen getauscht, über die man im königlichen Archiv durch die von Wilhelm selbst ausgefertigte Urkunde näheres erfahren könne. Dieses Archiv war 1187 bei dem Fall Jerusalems verlorengegangen, und Humfred hatte sein Exemplar der Tauschurkunde natürlich 1190 ausliefern müssen, als er Toron wieder erhielt. Warum dieses Exemplar, das im königlichen Archiv landen mußte, 1229 auch nicht mehr aufzutreiben war, ist nicht recht zu sehen, es sei denn, man habe es in einem wenig

Heinrich von Champagne und Aimerich von Lusignan Humfred mit eiserner Konsequenz aus ihren Urkunden fern, weil sie nacheinander allesamt die von ihm geschiedene Isabella heirateten und damit das erreichten, was Humfred nicht vergönnt gewesen war oder was zu erreichen er nicht riskiert hatte, nämlich die Herrschaft über das Reich. Da die Rechtsgültigkeit der Scheidung noch 1213 stark umstritten war (RRH n° 867.880), empfahl sich diese Fernhaltung.

üblichen Verfahren 1190 auf königlicher Seite gleich als überholt vernichtet. Jedenfalls war das Pactum nicht mehr auffindbar, weshalb der Kaiser den Wert des Tauschgutes durch gerichtliche Inquisition eruieren lassen mußte. Es wurde festgestellt, daß es sich um ein Geldlehen von 7000 Byzantinern jährlich in Akkon gehandelt hatte, eine sehr erhebliche Summe, in die der Kaiser jetzt nebst Maron den Deutschen Orden einwies. Diesen Ausgang hatten die Lazariter schon im Oktober 1228 kommen sehen, so daß die Angelegenheit wenigstens so lange schwelte. Sie ließen sich nämlich Schenkungen Humfreds IV. von Toron aus seinem Tauschgut, das im April 1229 an den Deutschen Orden kam, schon im Oktober 1228 von Friedrich II. bestätigen (RRH n° 994.995). Der Kaiser wies dem Orden die 7000 Byzantiner je zur Hälfte auf die Funda und die Catena in Akkon an. Es war eine sehr erhebliche Belastung des Fiskus.

Der Kaiser, der kurz vor der Rückkehr nach Italien stand, ging mit den königlichen Einnahmen in Akkon, die er kurz zuvor noch zu vermehren getrachtet hatte[73)], jetzt ohnehin überaus verschwenderisch um. An Konrad von Hohenlohe vergabte er 6000 Byzantiner gegen spezifizierten Ritterdienst (RRH n° 1008). Immer noch in der Urkundenserie von April 1229 gab der Kaiser dem Orden 6400 Byzantiner[74)] jährlich in Akkon gegen die Rückgabe der 1195 oder 1197 geschenkten Burg Mesagne in der Terra d'Otranto und des Hauses des Admirals Margarit am Hafen von Brindisi[75)], doch sollten Burg und Haus an den Orden zurückfallen oder durch ein gleichwertiges Tauschgut im Königreich Sizilien ersetzt werden, wenn im Hl. Land die Geldrente nicht mehr gezahlt werden konnte. Diese Befürchtung schien dem Orden offenbar nicht weit hergeholt, denn er setzte die 6400 Byzantiner sogleich seinerseits in Umlauf. Über die Schenkung ließ der Kaiser noch ein zweites Diplom ausfertigen (RRH n° 1004), in dem nur von den 6400 Byzantinern die Rede war, die hier als Schenkung erschienen, weil das apulische Tauschgut verschwiegen wurde. Um aber den Charakter des Kaufes zu erhalten, fügte der Kaiser ausdrücklich hinzu, daß der Orden für diese Geldrente von aller Dienstleistung oder einschränkenden Bedingung befreit sein sollte. Der Zweck der Doppelausfertigung ist klar. Einmal brauchte man je eine Ausfertigung für Apulien und für das Hl. Land, zum anderen sollte im Osten nicht ruchbar werden, daß der Kaiser hier jerusalemitanische Kroneinkünfte dazu benutzte, um eine apulische Burg zu kaufen. Der Orden stieß die riskanten

73) Er hatte versucht, den Hauptvertretern der Ibelinschen Opposition ihre akkonensischen Geldlehen zu entziehen (Livre de Jean d'Ibelin wie in Anm. 71). Auch hier hatte er vor dem Widerstand der Standesgenossen zurückweichen müssen, die ihm androhten, die Entrechteten mit Gewaltanwendung wieder in ihre Lehen einzusetzen. Zum Zeitpunkt dieses Zwischenfalls vgl. RILEY-SMITH, Feudal Nobility (wie Anm. 12) S. 171. Die Zeugenliste von RRH n° 1003 zeigt, daß der Zwischenfall im April 1229 schon erledigt zurücklag.

74) Dieses Geschäft erregte offenbar beträchtliches Aufsehen im Hl. Land, denn noch im 14. Jh. war es den Lignages d'Outremer c. 16 bekannt, wenn die Summe dort auch fälschlich mit 7400 Byzantinern angegeben wurde. Sollten die Umstände des Handels ruchbar geworden sein, dann bestand allerdings Anlaß zum Aufsehen.

75) RRH n° 1012. Vgl. auch FAVREAU, Studien S. 62, 89.

6400 Byzantiner auch sogleich wieder ab, damit ein anderer das Risiko trage, und dafür suchte sich Hermann von Salza keinen anderen aus als seinen Vasallen Jakob von Amigdala. Bei ihm war am ehesten zu erwarten, daß er über den anrüchigen Charakter des Geldgeschäftes Stillschweigen bewahren würde, wenn er davon erführe, da seine eigenen Einkünfte tangiert waren, wenn das Geschäft rückgängig gemacht wurde. Ob er die Wahrheit schon 1229 erfahren hat, ist nicht gewiß; die Sicherungen, die er von seiner Seite aus in das gleich zu erörternde Fortspinnen des Handels einbaute, können auch normale Vorsichtsmaßnahmen gewesen sein.

Es kam jetzt zu einer umfassenden und komplizierten Einigung zwischen dem Orden und Jakob von Amigdala, deren Charakter und vor allem zeitlicher Ablauf nicht richtig erkannt worden ist[76]. Der Orden kaufte Jakob aus[77]. Er gab nämlich Jakob die 6400 Byzantiner im Tauschwege gegen alles, was Jakob aus dem mütterlichen Erbteil als Vasall des Ordens zu Lehen hatte, und hier wird endlich genau spezifiziert, was Jakob in der Einigung vom Juli 1226 erhalten hatte: 15 Casalien, zwei Gastinen und im Prinzip auch Château du Roi, freilich hier mit der gewichtigen Einschränkung, daß vom Tausch alles ausgenommen sein sollte, was der Orden selbst in dem Ort an Häusern, Ländereien und Weinbergen vor dem Ankauf von 1220 besessen, aus eigenem Gelde angekauft oder als Geschenk erhalten hatte. Da wir heute von solchem Besitz keine urkundlichen Spuren mehr haben, ist klar, daß auch das Archiv der *Seigneurie de Joscelin* nicht vollständig auf uns gekommen ist; es muß schon vor 1220 Ordensbesitz in der Seigneurie und damit auch mehr Urkunden gegeben haben. Was mit der Burg von Château du Roi geschehen war, wird nicht gesagt, aber man darf vermuten, daß sie 1226 an Jakob gegeben worden war. Sie hatte nie zu den großen Kreuzfahrerburgen gehört (s. oben S. 175). Für das, woran Hermann von Salza 1229 dachte, nämlich an eine zentrale Ordensburg für Palästina, war sie auf jeden Fall zu klein. Wenn er sie seinem Vasall Jakob von Amigdala überlassen hatte, so blieb dem Orden der Dienst und der Nutzen, Jakob aber hatte die Unterhaltskosten zu tragen. Jetzt kehrte die Burg freilich in den Ordensbesitz zurück, vielleicht weil Jakob die Kosten nicht mehr tragen wollte, vielleicht weil der Orden Wert darauf legte, sein Gebiet zur Gänze selbst zu kontrollieren; die Lunte zwischen den Baronen und dem Kaiser schwelte ja schon seit dem schweren Zusammenstoß des Kaisers mit Johann von Ibelin in Zypern 1228.

76) Es ist unrichtig, wenn LA MONTE, Rise and Decline S. 320 meint, man könne nicht entscheiden, welches von den nachstehend geschilderten zwei Geschäften das frühere sei.
77) RRH n° 1002. Der falsche zeitliche Ansatz dieser Urkunde Jakobs bei STREHLKE, Tabulae 51 n° 63 zu 20. April 1228 hat viel Verwirrung gestiftet, denn als eine der frühesten Erwähnungen der Ordenshauptburg Montfort ist dieses Stück stark beachtet worden. Strehlkes Text druckt aber das Datum der Handschrift richtig, das sich nur zu 20. April 1229 auflösen läßt. Damit werden die zusätzlichen Argumente, die COHN, Hermann von Salza S. 120 Anm. 1 und S. 133 Anm. 3 beisteuerte, entbehrlich. Das richtige Datum 20. April 1229 beweist, daß RRH n° 1004.1011.1012.1013, wenn nicht die ganze Urkundenserie Friedrichs für den Orden vom April 1229, in die Zeit nach dem 20. April gehören, weil sie RRH n° 1002 voraussetzen.

Gewichtig war die Klausel über den früheren Ordensbesitz in Château du Roi vor allem deshalb, weil hier endlich die Katze aus dem Sack gelassen und die wahren Absichten bloßgelegt wurden, die Hermann von Salza 1220 mit dem Ankauf der *Seigneurie de Joscelin* verfolgt hatte. Die Urkunde RRH n° 1002, mit der Jakob dem Orden den Tausch beurkundete, redete nämlich nicht, wie wir interpretierend gesagt haben, vom Ordensbesitz in Château du Roi in der Zeit vor dem Ankauf von 1220, sondern davon, was der Orden dort besessen hatte, ehe er *illius terre dominium* hatte. In Verbindung mit der totalen Dienstbefreiung von 1226 gesehen (s. oben S. 197 f.) war klar, daß Hermann analog zu den annähernd gleichzeitigen Bestimmungen der Goldenen Bulle von Rimini ein möglichst autonomes Ordensterritorium im Hl. Lande anstrebte. Das deutlich zu sagen, hatte man sich 1226 hüten müssen, denn es war den Vasallen nicht zuzumuten. Die Dienstbefreiung, wir legten es oben S. 199 f. schon dar, diente damals zunächst einmal dem Zweck, Toron seines Charakters als Baronie zu entkleiden, weil der Ordensmann Hermann nicht belehnbar war. Aber es wäre wohl zur Abwehr der Vasallen gekommen, wenn man damals schon von *dominium terrae* geredet hätte, ein Ausdruck, der in den Urkunden des Hl. Landes einmalig ist, sieht man davon ab, daß Heinrich von Champagne sich gegen Ende seiner Herrschaft als ungekrönter Herrscher von Jerusalem, weil ihm der Königstitel fehlte, als Herr des Königreiches beziehungsweise des Landes von Jerusalem bezeichnete[78]. Aber das war natürlich etwas ganz anderes als ein veritables *dominium terrae* innerhalb des Königreiches. Was dem König nicht zu bestreiten war und auch nicht bestritten wurde (s. oben Anm. 59), stand Hermann von Salza noch lange nicht zu.

Jakob ließ Vorsorge treffen für den Fall, daß die königliche Kasse ihm die 6400 Byzantiner nicht mehr auszahlen werde. Dann sollte der Deutsche Orden zahlungspflichtig werden, und war er nach sechs Monaten nicht zahlungsfähig oder zahlungsunwillig, so waren für die bis dann fälligen zwei Quartalsraten drei genannte, wohl zur *Seigneurie de Joscelin,* nicht aber zu Jakobs Teil davon gehörende Ordenscasalien als Pfand an Jakob zu geben, der sie, wenn ihm die zwei Quartalsraten ein weiteres halbes Jahr schuldig geblieben wurden, verkaufen oder verpfänden durfte, also wenn er insgesamt ein Jahr lang nichts erhalten hatte. Dabei dienten die drei Casalien nur als Sicherheit für die ersten beiden Quartalsraten, für die nächsten beiden bedurfte es keiner weiteren Absicherung, weil der Orden schon nach Ablauf des ersten halben Jahres, in dem nicht gezahlt worden war, Jakob wieder in sein ganzes ehemaliges Lehen einzusetzen hatte. Während des zweiten Halbjahres ohne Zahlungen hätte Jakob also sein Lehen und als Sicherheit für die Schulden aus dem ersten Halbjahr die drei Dörfer gehabt. An seinem sozialen Status wurde nicht gerührt, denn es wurde, auch in der kaiserlichen Bestätigung RRH n° 1013, festgehalten, daß Jakob dem Orden den bisherigen Dienst zu leisten hatte, gleichgültig ob er nun das Geldlehen oder das Landlehen hatte.

78) RRH n° 727. MAYER, Marseilles Levantehandel (wie Anm. 5) S. 214 n° 29 (Fälschung mit echtem Rahmen).

Es war bezeichnend, daß der Orden seine Absichten, auch hier in Palästina wie im Burzenland und in Preußen ein mehr oder weniger autonomes Gebiet zu schaffen, erstmals im gleichen Augenblick offenlegte, als er mit dem Bau seiner palästinensischen Hauptburg Montfort beschäftigt war, die ihm als Zentrum dienen sollte. Die Quellen über die Frühgeschichte Montforts sind sehr dürftig. Es befand sich 1229 an dieser für einen Burgenbau hervorragend geeigneten Stelle schon eine kleinere Festung. Jedenfalls hat man bisher die Nachricht, daß im Winter 1227/28 ein Teil der deutschen Kreuzfahrer, die Friedrich II. ins Hl. Land vorausgefahren waren, eine sonst nicht so genannte Burg *Frans Chastiau*[79] erbauten[80], allgemein auf den Baubeginn von Montfort bezogen. Das wäre ganz begreiflich, denn wem hätten die deutschen Kreuzfahrer eher helfen sollen als dem Deutschen Orden, wenn es auch verwundert, daß der Name der Burg dann so rasch geändert wurde? Aber es mag dort unter dem Namen *Frans Chastiau* schon früher eine jener kleinen Befestigungen gewesen sein, wie sie zur Durchdringung des Landes mit Herrschaft nötig waren. Daß die großen behauenen Quader am Bergfried herodianisch seien und der Platz daher schon in römischer Zeit befestigt gewesen sei, ist trotz römischer Münzfunde eine heute im wesentlichen aufgegebene Meinung der älteren Forschung[81].

Es ist bei einer Datierung des Baubeginns 1227/28 allerdings schwer, an einem anderen Quellenzeugnis vorbeizukommen, nämlich dem Brief Hermanns von Salza an den Papst vom März 1229[82], der Orden habe Montfort *hoc anno* zu befestigen begonnen. Das schließt aber einen Baubeginn 1228 nicht aus, denn *hoc anno* kann sehr wohl nach dem calculus Florentinus gerechnet sein, der in der Kanzlei Friedrichs II. durchaus üblich war, wenn auch 1229 weniger als vor 1218 und nach 1232[83]. Ein solches Jahr hätte am 25. März 1228 begonnen. Ganz sicher reichten die Pläne zum Bau der Festung noch weiter zurück, denn als der Papst Gregor IX. am 10. Juli 1230 (P. 8587), wohl auf Grund der Vorstellungen Hermanns von Salza von Mitte März 1229, einen Teilablaß für Spenden zum

79) Eher als *Château des Francs* zu deuten denn als *Franc Château*; vgl. PRAWER, Histoire (wie Anm. 25) 2 (1970) 181 Anm. 7.

80) Estoire de Eracles, RHC. Hoc. 2, 372 unter dem Strich. RÖHRICHT, Gesch. (wie Anm. 53) S. 777; R. GROUSSET, Histoire des croisades 3 (1936) 288; PRAWER, Histoire (wie Anm. 25) 2, 181; HUBATSCH, Montfort S. 186. Teilweise wird hier der 10. November als Baubeginn genannt. Aber dieses in der Estoire de Eracles XXXII 25, RHC. Hoc. 2, 365 genannte Datum (genauer: Der Martinstag = 11. November) betrifft den Baubeginn in Sidon. Ungefähr wird es auch für *Frans Chastiau* richtig sein.

81) V. GUÉRIN, Description géogr., hist. et archéol. de la Palestine 7 (= Galilée 2, 1880) 56; B. DEAN, A Crusaders' Fortress in Palestine (Bulletin of the Metropolitan Museum of Art 22/2, New York, 1927) S. 6 (zu den Münzfunden S. 42 f.). Dagegen zu Recht HUBATSCH, Montfort S. 194. – Ob die Schenkung einer jährlichen Rente von 100 Byzantinern in Akkon im Juni 1228 durch den Grafen Boemund IV. von Tripolis (RRH n° 989) der Finanzierung des Baues diente (so HUBATSCH S. 187), bleibt unsicher und war eine Annahme, die wohl durch die falsche Datierung von RRH n° 1002 zu April 1228 im Druck von STREHLKE begünstigt wurde.

82) MG Const. 2, 161 n° 121.

83) H. BRESSLAU, Handbuch der Urkundenlehre für Deutschland und Italien 2, 430.

Aufbau Montforts bewilligte, da stellte er nach Hermanns Vortrag einen ausdrücklichen Zusammenhang mit der Schenkung Herzog Leopolds VI. von Österreich von 1218 her, mit der die *Seigneurie de Joscelin* angekauft worden war. Unter diesem Aspekt und angesichts der Tatsache, daß Château du Roi wohl von Juli 1226 bis April 1229 in der Hand Jakobs von Amigdala war, ist auch die Nachricht der Annales de Terre Sainte[84] nicht von der Hand zu weisen, daß mit dem Bau der Festung Montfort sogar schon im Jahre 1226 begonnen wurde, denn damals ging ja Château du Roi an Jakob und kam daher als Hauptburg des Ordens nicht mehr in Betracht. Man hätte dann einen ersten Baubeginn 1226, eine zweite Bauphase im Winter 1227/28, für die man die anwesenden deutschen Kreuzfahrer nutzte, und den Hauptausbau dann seit Frühjahr 1229, als der Vertrag von Jaffa im Februar ausdrücklich garantiert hatte, daß Montfort weiter ausgebaut werden dürfe, und die Laufzeit des damals vereinbarten Waffenstillstands war immerhin zehn Jahre. Daß erst jetzt die Hauptphase der Bautätigkeit einsetzte, erhellt daraus, daß im März 1229 Hermann die päpstliche Unterstützung suchte, die er im Juli 1230 schließlich erhielt und die den Bau zu einer Sache der Christenheit machte, und daß man im April 1229 in RRH n° 1002.1011.1013 mehrfach urkundlich auf den Bau von Montfort Bezug nahm, ja in einem weiteren Zug des Tauschgeschäftes mit Jakob von Amigdala sicherstellte, daß Montfort unter gar keinen Umständen wieder in die Hände Jakobs und seiner Erben fallen könne.

Der Kaiser ließ es nämlich mit der Bestätigung des Tausches in RRH n° 1013 nicht genug sein, sondern ließ noch ein zweites Diplom RRH n° 1011 ergehen, das auch noch vom April 1229 ohne Tag datiert ist, so daß La Monte nicht zu entscheiden wagte, welches der beiden das frühere sei (s. oben Anm. 76). Sieht man sich den Inhalt an, dann erkennt man, daß sie beide gleichzeitig waren, und die Zeit wird wiederum durch das mit 20. April datierte RRH n° 1002 Jakobs von Amigdala festgelegt. Gleichzeitig mit seinem prinzipiellen Tausch Landlehen gegen Geldlehen veränderte nämlich Jakob, wie er in seiner Urkunde festhielt und wie der Kaiser in seinem separaten Diplom RRH n° 1011 bestätigte, den gegen das Geldlehen zu tauschenden Bestand seines Landlehens. Das bedeutet, daß nach der Logik der Sache erst das Landlehen verändert werden mußte, ehe es gegen das Geldlehen eingetauscht werden konnte, weil Jakob später ja gar kein Landlehen vom Orden mehr hatte. Aber natürlich ist beides, die Veränderung des Landlehens und dessen Eintausch gegen das Geldlehen, uno actu erfolgt, schon deshalb, weil in RRH n° 1011 auf den größeren Tausch Bezug genommen wird, obgleich er theoretisch erst später erfolgen konnte. Der Orden gab Jakob das Casale Mebelie, das, wie sich aus dem Verkauf von 1220 ergibt, eine Pertinenz von St. Georges de Labaène war, also zwar zur *Seigneurie de Joscelin* gehörte, aber nicht zu Jakobs Anteil. Dafür gab Jakob an den Orden das Casale Trefile (Tarphile) *et castrum novum, quod dicitur Montfort, quod domus ipsa* (scil. der Orden) *firmavit,* nebst einem Garten und einer Mühle als Pertinenzen von Trefile. Aus RRH n°

84) Ed. R. Röhricht, Archives de l'Orient latin 2^b (1884) 438.

1013 erfahren wir, daß Trefile deshalb vom Orden erworben werden mußte, weil er Montfort *in territorio Trefile* erbaute. Konsequenterweise war in RRH n° 1002 bestimmt, daß bei dem möglicherweise eintretenden Rückfall des Landlehens an Jakob dem Orden Montfort auf alle Fälle verbleiben sollte, denn Jakob war dafür ja mit Mebelie entschädigt worden, das dann an ihn zurückgekommen wäre. Auch das zeigt, daß der Hauptausbau der Burg erst jetzt angegangen wurde. Man wollte absolut sicher gehen, daß Jakob und seine Erben niemals wieder Ansprüche auf Trefile erheben könnten, was nahegelegen hätte, wenn das Casale durch den Bau einer enormen Burg im Wert wesentlich vermehrt war. Auf der anderen Seite zeigt der Vorgang auch, mit welcher Zähigkeit die kalabresischen Amigdalas an ihren Ansprüchen hingen. Sie ließen nichts fahren. Es hätten sich ja auch andere Möglichkeiten denken lassen. Aber immerhin mußten sich auch die Amigdalas nunmehr schon seit neunzehn Jahren mit der leidvollen Angelegenheit von Joscelins Erbe herumschlagen und hätten in die Flurbereinigung nur neue Unsicherheiten zu ihren Lasten getragen, wenn sie einer Minderung des Bestandes ihres Landlehens zugestimmt hätten. Eine exakt beschriebene Änderung, bei der ihnen ein Rückgabeanspruch auf das Ersatzgut erwuchs, wenn das Geldlehen nicht bezahlt wurde, war dagegen eine andere Sache.

Man darf annehmen, daß alle drei Beteiligten mit dem Geschäft zufrieden waren. Der Kaiser hatte seine Position in und bei Brindisi gegen die Hergabe von akkonensischen Einkünften verbessert, an denen ihm nichts lag. Der Orden hatte gegen die Hergabe einer Burg und eines Hafenpalais in Apulien auf dem Umweg über die 6400 Byzantiner in Akkon Jakob von Amigdala seinen Anteil am Erbe Joscelins abgekauft und gleichzeitig eine unwiderrufliche Garantie für das Casale Trefile erhalten, wo die Hauptburg Montfort im Bau war. Die Auseinandersetzung um das joscelinsche Erbe schien beendet, denn der Orden hatte nun nach neunzehn Jahren endlich die ganze *Seigneurie de Joscelin* in seiner Hand, und dazu blieb Jakob von Amigdala aus dem akkonensischen Geldlehen weiterhin sein Vasall. Schließlich hatte auch Jakob Grund zur Zufriedenheit, denn er hatte seine materielle Position entschieden verbessert. Die Offenlegung der Casalien, die Jakob 1226 vom Orden zu Lehen erhalten hatte, zeigt, daß er wohl kaum die Hälfte der *Seigneurie de Joscelin* erhalten hatte. Es sind 15 Casalien und zwei Gastinen, während 1220 Château du Roi und je ein Drittel von St. Georges und Bouquiau mit insgesamt 44 dazugehörenden Casalien verkauft worden waren. Der Orden hätte schon die ertragsstärksten an Jakob abgeben müssen, um zu einer hälftigen Aufteilung der Erbmasse nach ihrer Ertragskraft zu kommen, und das ist nicht eben wahrscheinlich, da der Orden am längeren Hebel war. Jakob hatte zwar anscheinend die Burg Château du Roi erhalten, aber der Orden hatte 1226 die anderen beiden Zentren der *Seigneurie de Joscelin* behalten, nämlich Bouquiau und St. Georges de Labaène, als deren Herr schon Heinrich der Büffel ausdrücklich bezeichnet worden war. Und schließlich zeigt ein Blick auf die historische Karte, daß die identifizierbaren Casalien Jakobs kein geschlossenes Gebiet ergeben. Der Orden hatte ihm sorgfältig Streugut innerhalb der *Seigneurie de Joscelin* gegeben, um eine Verselbständigung von Jakobs Lehen zu einer eigenen Herrschaft nicht zu ermöglichen. Nur um St.

Georges de Labaène herum, das selbst aber dem Orden verblieb, waren Jakobs Dörfer etwas dichter gestreut gewesen, und mit jener Raffinesse, die die Amigdalas zu durchaus ebenbürtigen Gegenspielern des Ordens machte, hatte sich Jakob just dort mit Mebelie sein Tauschgut für Montfort herausgehandelt. Sollte das Landlehen je an ihn zurückfallen, so hatte er es dort arrondiert. Für diesen insgesamt nicht übermäßigen Teil der *Seigneurie de Joscelin* – von der Hälfte ist nicht zu reden – erhielt Jakob 1229 ein jährliches Geldlehen von 6400 Byzantinern. Damit lag er auf der Linie des Adels, der generell mit der Verrentung seiner Landlehen bereits begonnen hatte, obwohl gerade die Amigdalas in der nächsten Generation in die Schicht der landbesitzenden Barone eindrangen, denn Jakobs Sohn Wilhelm heiratete Agnes, die Erbin von Scandalion, und nun kam es zum Kampf des Ordens mit den Amigdalas, sowohl mit Wilhelm und seiner Gattin Agnes wie mit ihrem Sohn Joscelin, um die Herrschaft Scandalion, den Marie-Luise Favreau[85] geschildert hat und bei dem der Orden die Herren von Scandalion so lange kreditierte, bis sie ihre Herrschaft los waren. Bedenken wir, daß Humfred IV. von Toron für seine durch die Karawanenroute Damaskus–Akkon an Zolleinnahmen besonders reiche Herrschaft 1180 im Tauschwege vom König nur eine jährliche Geldrente von 7000 Byzantinern erhielt (wobei freilich in Rechnung zu stellen ist, daß diese dienstfrei war, während auf der Herrschaft Toron ein Dienst von 15 Rittern à ca. 600 = 9000 Byzantinern lag), so war Jakob von Amigdala mit seinen 6400 Byzantinern noch immer glänzend bezahlt.

Der Orden hatte nicht mit der Zähigkeit der Amigdalas gerechnet, wenn er glaubte, daß der Zwist jetzt endlich ausgeräumt sei. Zunächst mußte er sich allerdings in den dreißiger bis fünfziger Jahren des 13. Jahrhunderts mit den Erben Philipps des Roten um dessen Lehen Arabia und Zakanin herumstreiten, die einst auch von Joscelin III. aufgesogen und zu seiner Seigneurie geschlagen worden waren[86]. Obwohl die Besitzungen in landwirtschaftlich guter Gegend waren und nach Südosten hin das galilaeische Ordensterritorium ausdehnten, lagen sie doch an der Peripherie, so daß der Orden hier eher nachgeben konnte und in den fünfziger Jahren dann schließlich seine Rechte an die Erben Philipps des Roten verkaufte. Dazu mag auch beigetragen haben, daß mit dem Zusammenbruch der staufischen Administration im Hl. Land 1243 die Stellung des Ordens dort aufs schwerste angeschlagen war, weil er stets eine treue Stütze des verhaßten Friedrich II. gewesen war. Auf dieselbe Ursache führen wir es zurück, wenn Jakob von Amigdala sofort nach dem Abzug der Staufer wieder aktiv wurde, denn am 7. Juli 1244 erfolgte in RRH n° 1120.1121 zur Ersparung von Mühen und Kosten eine außergerichtliche Einigung zwischen Jakob und dem neuen Ordensmeister Heinrich von Hohenlohe, der wohl sah, daß der Orden, der Jakob unter der staufischen Herrschaft hatte kleinhalten können, auch wenn die *Seigneurie de Joscelin* nicht in dem von den Staufern kontrollierten Teil des Reiches lag –

85) FAVREAU, Die Kreuzfahrerherrschaft Scandalion, Zeitschrift des Deutschen Palästina-Vereins 93 (1977) 12–29.

86) Vgl. hierzu H. E. MAYER, Die Kreuzfahrerherrschaft ʿArrābe, Zeitschrift des Deutschen Palästina-Vereins 93 (1977) 198–212.

der Adel hatte sein Zentrum in Akkon, die Kaiserlichen in Jerusalem und Tyrus –, jetzt vor dem Lehnsgericht keine Aussicht auf Erfolg hätte. Jakob griff auf der ganzen Linie an, auch dort, wo er wahrscheinlich an den bestehenden Verhältnissen gar nicht gerührt sehen wollte, nämlich in der *Seigneurie de Joscelin* in Galilaea. Jetzt erscheint nämlich erstmals in den Urkunden sein Anspruch nicht nur auf einen undefinierten Teil der *Seigneurie de Joscelin,* sondern genau auf die Hälfte des ganzen Besitzes des Grafen Joscelin III., weil dieser zwei Töchter gehabt habe, von denen die eine Jakobs Mutter gewesen sei. Natürlich hatte Jakob schon zuvor und vor ihm seine Eltern Wilhelm von Amigdala und Agnes von Courtenay um die ganze Hälfte gekämpft, aber bisher war es dem Orden immer gelungen, diese Konkretisierung, die gefährlich war, nicht bis in die Urkundentexte vordringen zu lassen. Dort wurde nur von einem Teil geredet, um dessen Größe man dann noch immer streiten konnte. Daß Jakob jetzt von allem, was Joscelin besessen hatte, die Hälfte verlangte, bestärkt uns in der Vermutung, daß er im Juli 1226 vom Orden und vom Kaiser weniger als die Hälfte der *Seigneurie de Joscelin* erhalten hatte, und zwar beträchtlich weniger. Da er aber mit 6400 Byzantinern hierfür gut bezahlt war, war dies der Punkt, an dem er nachgeben konnte, und so erkannte er den Tausch seines Landlehens von 1229 und damit dessen 1226 festgelegte Größe ausdrücklich für alle Zukunft an.

Der eigentliche Angriff erfolgte an einer anderen Stelle. Joscelin hatte ja neben seinem Besitz in der Krondomäne von Akkon noch andere Besitzungen in Galilaea gehabt, nämlich Maron und die Herrschaft Toron. In dem geschilderten Prozeß von 1229 war Toron an Alice von Armenien gekommen, und der Orden hatte statt dessen das seit 1186 für einen solchen Fall vorgesehene Ersatzgut eingeklagt und auch erhalten, nämlich Maron und Jahreseinkünfte von 7000 Byzantinern in Akkon. Hier setzte nun Jakob den Hebel an und verlangte jetzt auch die Hälfte von Maron und der Geldrente. Bis dahin hatten die politischen Verhältnisse im Reich dies verhindert, aber jetzt waren die Kaiserlichen abgezogen. Nicht nur politisch war der Orden in schlechter Position, sondern auch juristisch, denn seit 1226 hatte man konzediert, daß den Amigdalas ein Teil der *Seigneurie de Joscelin* gehörte. Man konnte dies dann für Toron und dessen Ersatzlehen nicht gut bestreiten.

Heinrich von Hohenlohe billigte jetzt den Anspruch Jakobs auf die Hälfte des joscelinschen Gesamtbesitzes insbesondere aber auf die Hälfte von Maron und der 7000 Byzantiner, und investierte ihn damit. Im Gegenzug erkannte Jakob an, daß dem Orden nunmehr aber die andere Hälfte von Maron und der Geldrente gehörten und er keine weiteren Ansprüche mehr habe. Auch stimmte er einer Klausel zu, die für den Orden (und für uns heute) sehr wesentlich war, daß nämlich das Archiv der *Seigneurie de Joscelin* ungeteilt in der Hand des Ordens blieb, während Jakob nur das Recht hatte, sich die Urkunden gegen Sicherheitsleistung kurzfristig auszuleihen, wenn er sie zu Beweiszwecken benötigte. Angesichts der miserablen Position des Ordens war dies ein sehr beachtlicher Erfolg Heinrichs von Hohenlohe. Ebenso war es ein beachtlicher Erfolg des Ordens, daß Jakob, der an sich den Vergleich diktierte, auf alle Ansprüche für die Vergangenheit hinsichtlich seiner Hälfte von Maron und der 7000 Byzantiner ein für allemal verzichtete. Damit waren Schadensersatzprozesse verhindert und ein weiterer Schritt zur endgültigen Bereinigung getan. Gleichzeitig ergibt sich daraus, daß der Orden Maron und die 7000 Byzantiner bis 1243/44 ganz hatte halten können. Offen blieb nur noch die Frage, was mit Besitzungen Joscelins geschähe, die jetzt in der Hand der Sarazenen seien, falls sie wieder christlich würden. Vier Tage vor dem Einbruch der Khwarizmier in Jerusalem 1244 war dies eine ziemlich müßige Spekulation. Da man sich nunmehr auf eine Halbierung geeinigt hatte, war Jakob auch an solchen zurückkehrenden Besitzungen mit der Hälfte zu beteiligen, räumte aber dem Orden für diesen Fall auf seine Hälfte ein Vorkaufsrecht ein, das dieser ausüben konnte, aber nicht mußte. Erst danach durfte Jakob solche Güter verkaufen, verpfänden oder vertauschen.

Dies war die eine Hälfte des Handels. Die andere war, daß Jakob am gleichen Tag dem Orden die neugewonnene Hälfte von Maron für eine in Akkon oder Montfort zahlbare Jahresrente von 2500 Byzantinern vertauschte. Wenn der Orden mit zwei Quartalsraten im Rückstand blieb, mußte er außer der geschuldeten Pachtsumme, denn darum handelte es sich ja, eine Vertragsstrafe von 1000 Byzantinern zahlen, und nach einem Zahlungsverzug von einem Jahr rückten Jakob oder seine Erben wieder in den Besitz von halb Maron ein. Die andere, dem Orden gebührende Hälfte war ihm dann als Sicherheit für die Schuld des Ordens zu verpfänden, und zwar so lange, bis aus den Einkünften die Schuld abgetragen war. Wenn Maron oder Teile davon sarazenisch wurden, so sank die Pachtsumme proportional, eine damals angesichts der unsicheren Zeitläufte immer häufiger werdende Klausel, auf der die Pächter bestanden. Die Ertragskraft von ganz Maron, so wurde ausdrücklich festgehalten, wurde auf jährlich 5000 Byzantiner geschätzt, wovon Jakob für seine Hälfte eben die halbe Summe von 2500 erhielt. Der Gesamtertragswert war wohl zu Jakobs Gunsten hoch geschätzt und wurde deshalb im Vergleich auch festgehalten, denn 1183 (RRH n° 625) war Maron nur gegen 1000 Byzantiner jährlich und ein halbes Casale getauscht worden. Auch daß Maron in der Servitienliste Johanns von Ibelin nur mit drei Rittern zu Buche steht, deutet darauf hin, daß der Ertragsansatz von 5000 Byzantinern überhöht war. Allerdings mag in dieser Schätzung auch ein Stück der Inflation drinstekken, die durch den Krieg der Barone gegen die Staufer eingetreten war.

Mit dieser Regelung war nach 24 Jahren des Kampfes zwischen dem Orden und den Erben der jüngeren Tochter des Grafen Joscelin III. (und doch wohl auch vorausgegangenen Auseinandersetzungen zwischen den beiden Töchtern selbst) Joscelins Gesamterbe unter Einschluß seines Kronlehens in der akkonensischen Krondomäne endlich auseinandergesetzt, und der Orden konnte sich von nun an der ungestörten Verwaltung des joscelinschen Erbes widmen, solange die Zeiten das zuließen. Im Jahre 1271 ist die Burg Montfort an den Mamlukensultan Baibars gefallen; die Herrschaft des Ordens in seinem galilaeischen Kleinterritorium war zu Ende. Sieht man zurück auf die langen nervenaufreibenden Kämpfe mit ihrem Hin und Her an Erfolg und Rückschlag, mit der schließlichen Vereinigung des Gesamterbes in der Hand des Ordens unter schrittweiser Abfindung der

Amigdalas für die Hälfte davon, mit anderen Worten: sieht man auf den Kampf der Amigdalas von 24 Jahren allein gegen den Orden, um ein gutes Recht, nämlich die Erfüllung des Schiedsspruches des Grafen von Sancerre von 1171, auch in der folgenden Generation durchzusetzen, dann ist man geneigt, die konfiskatorischen Erbschaftssteuern der Gegenwart noch für wohltätig zu halten, weil sie große Erbmassen gleich so dezimieren, daß sich ein Streit nicht mehr lohnt, schon gar nicht ein Streit von 24 Jahren.

VIII

Die Kreuzfahrerherrschaft *ʿArrābe*

Im Jahre 1174 stattete der König Amalrich (I.) von Jerusalem einen Vasallen namens Philipp der Rote mit Lehensbesitz in der Krondomäne von Akkon aus (RRH nº 517)[1]. Über Philipp wissen wir nicht gerade viel. Er tritt erstmals in einem Diplom des Königs Amalrich (I.) von 1170 für die Johanniter (RRH nº 477) auf, das der König als Regent der Grafschaft Tripolis ausstellte und das deshalb vor allem von tripolitanischen Klerikern und Vasallen bezeugt wurde. Doch folgen am Ende noch vier Zeugen aus dem Königreich Jerusalem, die als Barone qualifiziert werden. Der letzte ist Philipp der Rote. Er hatte zwar sicher keine baroniale Stellung in dem Sinne, daß er eine eigene Herrschaft besessen hätte, doch war er, wie wir aus RRH nº 608 wissen, ein Blutsverwandter des Königs Balduin IV. und damit auch seines Vaters Amalrich (I.), was ihm wohl den hohen Titel einbrachte. Wissen wir auch sonst über seine Herkunft nichts, so verraten uns doch die aus dem 14. Jh. stammenden Lignages d'Outremer[2], daß er eine anständige Heirat machte. Seine Frau war Stephanie von Bethsan *(Bēsān)*, die jüngste Tochter des Gormundus von Tiberias, der 1161 in RRH nº 366 ausdrücklich als Herr von Bethsan bezeichnet wird und 1171 zu den Großen des Reichs gehörte, die König Amalrich (I.) nach Konstantinopel begleiteten[3]. Nach Ausweis der Diplome tritt Gormundus in diesen Jahren häufig in der Umgebung des Königs auf. Letztmals ist er in RRH nº 517 belegt, mit dem die Ausstattung seines Schwiegersohnes Philipp des Roten vorgenommen wurde. Da auch sein ältester Sohn Atto mit unterschreibt und die Belehnung an Philipp und seine Erben ging, die er von einer ihm rechtmäßig angetrauten Ehefrau haben werde, ist es möglich, daß die Ausstattung anläßlich der Eheschließung erfolgte oder die Ehe wenigstens bereits verabredet war. Sicher ist dies freilich nicht, da es sich bei der Erwähnung der Gattin und der Kinder um eine rechtlich notwendige Leerformel handeln kann, durch die die Rechte der Erben sichergestellt wurden. Eine Erstbelehnung wie hier galt nämlich im Recht von Jerusalem als *fié de conquest* und konnte vom Belehnten an den Lehnsherrn zurückgegeben werden, wenn nicht, wie in diesem Falle, die Erben gleich mit belehnt worden waren. Hatte dagegen der erste Erbgang stattgefunden, so war aus dem Lehen ein *fié d'escheete* geworden, worauf die Erben unter allen Umständen

[1] Mit dieser Abkürzung wird hier und im Folgenden R. Röhricht, Regesta regni Hierosolymitani (Innsbruck 1893) nebst Additamentum (ebd. 1904) zitiert.

[2] Lignages d'Outremer c. 27. 31, in: Recueil des Historiens des Croisades [künftig gekürzt RHC]. Lois 2, 463. 467.

[3] J. L. La Monte—N. Downs III, The Lords of Bethsan in the Kingdoms of Jerusalem and Cyprus, Medievalia et Humanistica 6 (1950), 62.

Anspruch hatten[4]. Es ist eine ansprechende Vermutung von JEAN RICHARD[5], daß Philipp der Rote durch diese Heirat allmählich den Namen Philipp von Bethsan annahm, da die gemeinsame Tochter von den Lignages d'Outremer[6] ebenfalls Isabella von Bethsan genannt wird, und daß Philipp der Rote deshalb identisch ist mit dem Philipp von Bethsan, der in den 90er Jahren des 12. Jh.s RRH nº 729 bezeugte[7].

Schon vor seiner Ausstattung mit einem Landlehen hatte sich die Stellung Philipps des Roten unterschieden von der Masse der kleinen Kronvasallen, die ein *feudum unius militis* innehatten und für die Einkünfte aus diesen Geldlehen persönlich den *servis de cors*[8] leisteten. Aus RRH nº 517 erfahren wir nämlich, daß Philipp ursprünglich in Akkon ein Geldlehen von 1 000 Byzantinern besaß, für das er den Dienst eines Ritters zu leisten hatte. Dies war also ursprünglich sein Grundlehen, das der Höhe nach aber etwa doppelt so hoch war wie ein normales *feudum unius militis*, welches zwischen 400 und 600 Byzantinern jährlich schwankte. Die Summe von 1 000 Byzantinern stellt, soweit mir bekannt ist, im 12. Jh. den höchsten Betrag für ein Geldlehen mit dem Dienst nur eines Ritters dar. Außerdem hatte Philipp aber aus den Einkünften des königlichen Markts in Akkon auf Lebenszeit 800 weitere Byzantiner, für die er den Dienst zweier Ritter zu leisten hatte, so daß hier jedes Geldlehen nur den normalen Umfang von 400 Byzantinern hatte. Philipp wurde also für sein Grundlehen hoch bezahlt und hatte außerdem noch zwei Ausstattungslehen, so daß er mit einem Gefolge von zwei bezahlten Rittern Krondienst leistete und sich dadurch aus der Masse der kleinen Vasallen bereits heraushob.

Ein weiterer sozialer Aufstieg erfolgte 1174 dadurch, daß das Grundlehen von 1 000 Byzantinern in ein Landlehen umgewandelt wurde, denn die Oberschicht des Reiches besaß zwar auch Geldlehen, gründete ihre Macht und ihren Einfluß aber vornehmlich auf den Landbesitz. Solange ein Vasall nur Geldlehensträger war, konnte er nicht zu politischer Bedeutung gelangen. Philipp erhielt damals die beiden Casalien

[4] Zur Terminologie und ihrer Bedeutung vgl. J. RILEY-SMITH, The Feudal Nobility and the Kingdom of Jerusalem, 1174—1277 (London 1973), 13 f.

[5] J. RICHARD, Le comté de Tripoli dans les chartes du fonds des Porcellet, Bibliothèque de l'École des Chartes [künftig gekürzt BECh] 130 (1972), 352 Anm. 4.

[6] C. 31. RHC Lois 2, 467. Auch in RRH nº 1058 wird sie Isabella de Bethsan genannt und als Tochter Philipps des Roten bezeichnet. Daß er hier so und nicht Philipp von Bethsan genannt wurde, hängt natürlich damit zusammen, daß hier sein mit RRH nº 517 erworbenes Lehen an den Deutschen Orden verkauft wurde, der auch RRH nº 517 erhielt, so daß eine Nennung wie in RRH nº 517 geboten erschien, um jederzeit nachweisen zu können, daß die Erbin des Ersterwerbers und nicht eines anderen Philipp verkauft hatte.

[7] Die Echtheit dieses Diploms ist umstritten gewesen; vgl. L. DE MAS-LATRIE, Critique de deux diplômes commerciaux des villes de Marseille et de Trani sur l'Adriatique, BECh Sér. 3 Bd. 1 (1849), 344 ff.; ders., Histoire de l'île de Chypre sous le règne des princes de la maison de Lusignan 2 (Paris 1852), 30 f.; 1 (ebd. 1861), 127 Anm. 3; J. L. A. DE HUILLARD-BRÉHOLLES, Historia diplomatica Friderici secundi 1 (Paris 1852), CCCXXXII; T. TOECHE, Kaiser Heinrich VI. (Jahrbücher der deutschen Geschichte; Leipzig 1867), 391. 462; G. B. BELTRANI, Su gli antichi ordinamenti marittimi della città di Trani (Barletta 1873), 38—44; W. HEYD, Histoire du commerce du Levant au moyen âge 1 (Leipzig 1885), 361. BELTRANI wies nach, daß im Libro rosso von Trani Aimerich (II.) und nicht Guido von Lusignan als Aussteller genannt ist, wodurch sich MAS-LATRIES Zweifel erledigen.

[8] Vgl. dazu Livre de Jean d'Ibelin c. 217, RHC Lois 1, 345 f.; J. RILEY-SMITH, Feudal Nobility, 8.

Arabia und Zakanin nebst den ihnen zugehörigen Gastinen[9] Derhenne, Mezera und Misklin. Dabei handelt es sich um die beiden Hauptorte *ʿArrābe* (Palestine Grid 182/3.250) und *Saḫnīn* (Palestine Grid 177/8.252), die 18 beziehungsweise 22 Kilometer westlich des Sees von Tiberias im fruchtbaren Hügelland von Untergaliläa liegen und etwa auf der damaligen Grenzlinie zwischen der Krondomäne von Akkon und dem Fürstentum Galilaea. Bei den Gastinen handelt es sich um *Dēr Ḥanna* (Palestine Grid 184.252, 3 km ostnordöstlich von *ʿArrābe*) sowie um *Ḫirbet Muslaḫīt* (Palestine Grid 182.248, 2,5 km südlich von *ʿArrābe*), das mit Misklin identisch war, während das mittelalterliche Mezera bisher unidentifiziert ist[10]. Es handelte sich um ein Gebiet, das wenigstens 40 Quadratkilometer umfaßte, wenn *Saḫnīn*, *Dēr Ḥanna* und *Ḫirbet Muslaḫīt* als äußerste Grenzen genommen werden. Beyer[11] ging sogar richtig davon aus, daß dieses Lehen über die genannten Orte hinausreichte, und hat deshalb mit 80 Quadratkilometern gerechnet. Da es sich um gutes Land handelte und die nichtfränkischen Bauern Abgaben zahlten, die zwischen einem Viertel und der Hälfte der Erträge lagen[12], konnte man wahrscheinlich aus diesem Land noch mehr als die 1 000 Byzantiner des ehemaligen Geldlehens pro Jahr herauswirtschaften. Eine solche Steigerung hätte für den sozialen Status von Philipps Familie einen Ausgleich dafür bedeutet, daß das ihm verbleibende Geldlehen von 800 Byzantinern aus den königlichen Markteinkünften in Akkon bei seinem Tode wegfallen und somit nicht an seine Erben gelangen sollte. Es diente sichtlich nur der sozialen Besserstellung des Königsverwandten Philipp.

Auf dieses Ausstattungslehen fällt weiteres Licht in RHH n° 608 aus dem Jahre

[9] Die Bedeutung der *gastinae* ist umstritten; vgl. J. Prawer, Etude de quelques problèmes agraires et sociaux d'une seigneurie croisée au XIIIe siècle, Byzantion 22 (1952), 31—40; ders., The Latin Kingdom of Jerusalem. European Colonialism in the Middle Ages (London 1972), 373 ff.; J. Riley-Smith, Feudal Nobility, 43 f.

[10] Zur Identifizierung s. G. Beyer, Die Kreuzfahrergebiete Akko und Galilaea, ZDPV 67 (1944/45), 200. 204. Die von R. Röhricht, Studien zur mittelalterlichen Geographie und Topographie Syriens, ZDPV 10 (1887), 268 Anm. 9 unterbreiteten Identifizierungsvorschläge für Mezera sind untauglich, weil es sich, wie Beyer klar erkannte, um ein geschlossenes Landlehen handelte, innerhalb dessen der Ort gesucht werden muß, ohne daß sich indessen in der dortigen Toponomastik ein brauchbarer Anhaltspunkt findet. Die von Röhricht vorgeschlagenen Örtlichkeiten liegen viel zu weit entfernt.

[11] Beyer, a. a. O., 200 f.

[12] Belege: J. Riley-Smith, Feudal Nobility, 44. RRH n° 267. 269 (die Hälfte), 329 a (ein Viertel), 1073 a (ein Drittel). — Wir können uns der Meinung, die J. L. La Monte, Feudal Monarchy in the Latin Kingdom of Jerusalem 1100 to 1291 (Cambridge, Mass. 1932), 150, zu dem Handel von 1174 vertreten hat, nicht anschließen. Danach habe der König Amalrich (I.) das Gefühl gehabt, daß er für die 1000 Byzantiner Geldlehen mit einem Ritter nicht genügend Dienst erhalte und habe deshalb Philipp das Landlehen aufgezwungen (aus dem dann nach La Monte konsequenterweise weniger als 1000 Byzantiner zu erwirtschaften waren). Da aber Philipp auch das Geld habe behalten wollen, habe er sich (gleichzeitig) damit einverstanden erklärt, für ein anderes Geldlehen von 800 Byzantinern den Dienst zweier Ritter zu leisten, also mit mehr Dienst weniger Geld zu kaufen als zuvor. Ein solches Vorgehen hätte zwar der notorischen Geldgier dieses Königs entsprochen, hätte aber böses Blut bei den Vasallen gemacht und aller Wahrscheinlichkeit nach deren Widerstand ausgelöst. So einfach konnte man das Lehen eines Kronvasallen nicht schmälern. La Monte übersieht, daß Philipp die 800 Byzantiner mit ihrem Dienst schon vor RRH n° 517 innehatte und sie sich 1174 nur deshalb bestätigen ließ, um sicherzustellen, daß die auszahlende Behörde nicht auch hierfür die Einrede machte, sie schulde ihm nichts mehr, weil er Geldlehen gegen Landlehen getauscht habe.

1181. Damals übertrug es der König Balduin IV. an seinen Onkel Joscelin III., Titulargrafen von Edessa, der 1176 aus langer sarazenischer Gefangenschaft freigekommen war und sich auf Dauer aus seiner Grafschaft vertrieben sah. Er stieg im Königreich Jerusalem rasch zum hohen Kronamt eines Seneschalk auf und begann seit 1179 in der Krondomäne von Akkon mit dem Aufbau der sogenannten *Seigneurie de Joscelin*, eines um die Burg Château-du-Roi zentrierten Konglomerats von Gütern, Rechten und Einkünften, das es aber bis zur Rechtsstellung einer wirklichen Baronie brachte. In der Zwischenzeit war Philipps Ausstattungslehen von 800 auf 1 000 Byzantiner vermehrt worden, denn RRH n° 608 beziffert es mit diesem Betrag. Dies war kein ungewöhnlicher Vorgang (vgl. etwa RRH n° 1208). Doch war Philipp das Lehen entglitten, denn nach Ausweis von RRH n° 608 hatte er es für ein einmaliges Darlehen von 2 000 Byzantinern an Joscelin III. als Sicherheit verpfändet. Das läuft nur scheinbar auf einen Zinssatz von 50% p. a. hinaus, denn mit den jährlichen Einkünften von 1 000 Byzantinern in Akkon übernahm Joscelin auch die darauf lastende Verpflichtung, dem königlichen Heer zwei Ritter zuzuführen, wie in RRH n° 608 ausdrücklich festgelegt wird. Setzt man die Kosten hierfür mit 800 Byzantinern an, so hatte Joscelin noch einen Zinsertrag von 200 Byzantinern oder 10% p. a. Der vorsichtige Seneschalk, der von seinem Amt her mit der Finanzverwaltung des Reiches betraut war, beugte allen Eventualitäten vor. Philipp wollte wahrscheinlich sein Lehen zurückkaufen, mußte sich aber hierfür das notwendige Geld beschaffen. Das Diplom untersagte ihm nun den geradezu unanständigen Versuch, sein bereits als Sicherheit in Joscelins Hand befindliches Ausstattungslehen auch noch einem Weiteren zu verpfänden, um sich das für den Rückkauf notwendige Geld zu verschaffen. Dagegen wurde Joscelin zur Rückgabe des Geldlehens an Philipp verpflichtet, wenn dieser sich durch Verpfändung seines Landlehens oder auf andere Weise den Rückkaufpreis von 2 000 Byzantinern beschaffe. Die eigentliche Schwierigkeit lag darin, daß Philipp dieses Ausstattungslehen nur auf Lebenszeit und nicht erblich innehatte. Es mußte daher geregelt werden, was mit Joscelins Sicherheit passieren werde, wenn Philipp versterbe. Hätte er im Zeitpunkt seines Todes das Lehen innegehabt, so wäre es an die Krone heimgefallen. Da es Joscelin aber als Sicherheit diente, wäre ein solcher Heimfall für ihn unfair gewesen, da er seiner Sicherheit verlustig gegangen wäre, ohne doch sein Kapital zuvor zurückerhalten zu haben. Der König bestimmte deshalb, daß, falls Philipp vor der Rückzahlung des Darlehens versterbe, der König oder seine Erben es bei Weiterleistung des Dienstes der zwei Ritter so lange in der Hand Joscelins beziehungsweise seines Beauftragten nach seinem Tode belassen würden, bis Joscelin oder seine Erben ihr Kapital von 2 000 Byzantinern aus der königlichen Kasse erhalten hätten.

Als Sultan Saladin im September 1184 in Samaria und Galiläa einfiel, da war *'Arrābe* immerhin so bedeutend, daß er es der Zerstörung für wert hielt und der König von Jerusalem dies seiner großen, im Abendland weilenden Reichsgesandtschaft unter dem Patriarchen Eraklius mitteilte[13]. Wem damals das Gebiet von *'Arrābe* gehörte, ist nicht ganz durchsichtig, aber anscheinend war Joscelin der Besitzer. Dies ist in der Forschung bisher niemals diskutiert worden, denn da, wie wir sehen werden, 1234 Isabella, die Tochter Philipps des Roten, das gesamte Landlehen an den Deut-

[13] Brief Balduins bei Radulf von Diceto, The Historical Works, ed. W. Stubbs, 2 (Rolls Series 68, 2; London 1876), 27 f. = RRH n° 638.

schen Orden verkaufte, mußte sie es offenbar von ihrem Vater geerbt haben. Allerdings muß schon der geringe Preis von 3 600 Byzantinern verwundern, um den sie dieses Gebiet abgab, denn das hätte bedeutet, daß man das Lehen für den 3,6-fachen Jahresertrag verkauft hätte, während etwa ein Zehnjahresertrag das Normale war. Der Orden hatte sich noch mit so vielen anderen zu einigen, die Ansprüche darauf erhoben, daß wir es angesichts dieses geringen Kaufpreises nicht für ausgeschlossen halten, daß Isabella lediglich ihre Ansprüche verkaufte, daß das Lehen aber bereits früher in die Hand des Ordens kam, als dieser seit 1220 die Erbschaft Joscelins III. übernahm, nachdem dessen Tochter, die Gräfin Beatrix von Henneberg, die *Seigneurie de Joscelin* in RRH n° 934 an den Orden verkauft hatte, wobei allerdings von *'Arrābe* nicht die Rede ist. Wir würden uns auf den niedrigen Preis von 1234 allein nicht stützen, wenn nicht zwei Einträge in der aus der Zeit um 1186 stammenden Servitienliste, die Johann von Ibelin um 1265 seinem Rechtsbuch einfügte[14], den bisherigen Sachverhalt anscheinend umdrehten. Hier werden unter den Servitien der *Seigneurie de Joscelin* zwei Ritter vom Lande Philipps des Roten aufgeführt, sowie ein Ritter, den Philipp der Rote in der Krondomäne von Akkon schuldet. Nach unserem bisherigen Kenntnisstand müßte dieser Eine vom ehemaligen Grundgeldlehen in Akkon geleistet worden sein, das später zum Landlehen umgetauscht wurde, während die zwei Ritter von dem 1174 noch verbliebenen und 1181 auf 1 000 Byzantiner aufgestockten Geldlehen in Akkon fällig waren.

Die Dinge lägen ganz einfach, wenn man annehmen dürfte, daß Philipp sein akkonensisches Geldlehen, das er an Joscelin verpfändet hatte, nicht wieder auslöste, denn dann wäre ja der Dienst zweier Ritter so lange bei Joscelin geblieben, wie nach dem Tode Philipps die Könige ihm sein ausgeliehenes Kapital von 2 000 Byzantinern nicht zurückzahlten. Die Schwierigkeit besteht darin, daß der Dienst zweier Ritter in der *Seigneurie de Joscelin* aus dem Besitz Philipps des Roten nicht einem Geldlehen, sondern einem Landlehen zugeschrieben wird. Nun wurde ja in RRH n° 608 Philipp bereits im voraus die stets notwendige Erlaubnis des Lehnsherrn erteilt, gegebenenfalls sein Landlehen an Dritte zu verpfänden, um sich das nötige Geld zum Rückkauf seines Geldlehens zu verschaffen. Dabei liefen solche Verpfändungen sehr oft auf dauernde Verkäufe hinaus. Wir wissen nicht, ob diese Bestimmung auf Betreiben Philipps oder Joscelins in das Diplom aufgenommen wurde. Es kann aber sein, daß Joscelin der Urheber dieser Klausel war und in Wahrheit Philipps Landlehen anpeilte. Es wäre doch möglich, daß Philipp sich zum Rückkauf seines akkonensischen Geldlehens die notwendigen Mittel dadurch beschaffte, daß er sein Landlehen an Joscelin verpfändete. Dies war nun gewiß mehr wert als 2 000 Byzantiner und vielleicht hat Philipp, wenn ein solches Geschäft stattfand, auch mehr erhalten. Wenn bei einer solchen Gelegenheit die Dienstleistung des Landlehens von ein auf zwei Ritter erhöht und die des Geldlehens von zwei auf einen Ritter reduziert wurde, so hatte der König nichts an Dienst verloren, Joscelin hatte ein anständiges und ertragreiches Stück Land dazuerworben, während Philipp nunmehr in Akkon ein Geldlehen von 1 000 Byzantinern besaß, aus dem er aber nur noch zum Dienst von einem Ritter verpflichtet war, so daß er einen für seinen eigenen Lebensunterhalt gerade angemessenen

[14] Livre de Jean d'Ibelin c. 271, RHC Lois 1, 422. 425. Zur Entstehungszeit der Liste vgl. R. C. Smail, Crusading Warfare (1097—1193) (Cambridge Studies in Medieval Life and Thought N. S. 3; Cambridge 1956), 89 f.

Betrag übrigbehielt und überdies noch weitere Gewinne aus dem Verkauf seines Lehens anderweitig hätte investieren können. Er wäre jedenfalls dann der Verpflichtung ledig gewesen, aus 1 000 Byzantinern zwei Ritter unterhalten zu müssen, was ihm selbst keinen angemessenen Gewinn mehr beließ. Dies war zwar für Joscelin auch nicht anders gewesen, als er das Geldlehen Philipps noch als Pfand besessen hatte, doch konnte Joscelin zwei Soldritter aus seinen übrigen Besitzungen viel leichter subventionieren als Philipp. Zudem brauchte Joscelin als Großbaron unbedingt eine Entourage von Rittern, während Philipp daran gelegen gewesen sein mag, die Zahl der von ihm dem Reichsheer zuzuführenden Ritter zu vermindern. Wenn die Angaben in der Servitienliste über den Dienst vom Landlehen Philipps des Roten nicht einfach ein Fehler sind, so muß dieses in den Besitz Joscelins übergegangen und damit gleichzeitig eine Umdrehung der Dienstschuld von Geld- und Landlehen Philipps erfolgt sein. Die Möglichkeit dazu hatte RRH n° 608 eröffnet.

Wie sich das auch immer verhalten haben mag, so verkaufte im Jahre 1234 Isabella von Bethsan, die Tochter Philipps des Roten, gemeinsam mit ihrem zweiten Gemahl Bertrand Porcellet[15] das Casale *ʿArrābe* mit allem Zubehör für 3 600 Byzantiner an den Deutschen Orden und ließ dies sofort vom Reichsmarschalk Richard Filangieri, dem Bailli (Regent) des Kaisers Friedrich II. bestätigen (RRH n° 1058. 1059), weil Friedrich seit seiner Heirat mit der Thronerbin 1225 und seit seinem Kreuzzug 1228/29 sich selbst als König von Jerusalem betrachtete und von den Baronen immerhin als Regent anerkannt wurde. Ein Lehensverkauf bedurfte aber immer der Zustimmung des Königs oder seines Regenten. Zwar wird in der Urkunde Isabellas das Casale *Saḫnīn* nicht genannt, dennoch stand schon damals *ʿArrābe* stellvertretend für den ganzen Besitzkomplex. Dies ergibt sich aus Richards Bestätigung, wonach Isabella und Bertrand die Casalien *ʿArrābe* und *Saḫnīn* dem Orden als Almosen schenkten und verkauften. Da die beiden Rechtsvorgänge sich wechselseitig ausschließen, ist nur die Deutung möglich und hilft den geringen Verkaufspreis mit zu erklären, daß *Saḫnīn* geschenkt und der Rest des Lehens verkauft wurde, daß das Gesamtlehen aber beisammen blieb. Dem Orden war die Sache so wichtig, daß er sich 1235 in Augsburg noch eigens ein Bestätigungsdiplom des Kaisers ausstellen ließ (RRH n° 1064 = BF V/1 n° 2125). Dabei gelang dem Orden eine Verbesserung seiner Rechtsstellung, weil Friedrich II. in seine Bestätigung einflocht, daß der Orden den Besitz dienstfrei innehaben solle. Damit war der Orden von dem ursprünglich auf dem Lehen lastenden Ritterdienst befreit, habe es sich nun um einen Ritter wie 1174 oder um zwei Ritter wie in der Servitienliste von 1186 gehandelt. Schon damals wurde der Komplex anscheinend als eine eigene Herrschaft betrachtet, denn Isabella verkaufte ihn *pleno iure dominii*, also mit dem vollen Recht der Grundherrschaft.

Wir vermuten, daß der Orden sich die staufischen Kanzleitaxen erspart hätte, wenn das Gebiet noch in sarazenischer Hand gewesen wäre, in die es beim dritten Kreuzzug geraten war. Es gehörte wohl noch zu dem Gebiet, das Friedrich II. im Waffenstillstandsvertrag von 1229 für die Christen zurückgewann. Zwar kennen wir den genauen Verlauf der Grenzlinie nicht, wissen aber, daß das christliche Gebiet südöstlich von Akkon weiter nach Südosten hin bis Nazareth erweitert wurde, so daß *ʿArrābe* und *Saḫnīn* wahrscheinlich gerade noch dazugehörten. Der Ordensbesitz ruhte aber auf der Spitze staufischer Bajonette, und als 1242/43 die staufische Verwaltung im

[15] Vgl. dazu J. Richard, BECh 130, 352.

Heiligen Land zusammenbrach, da enthüllten sich zwei Schwächen in dem Verkauf von 1234, über die auch eine weitere Bestätigung des Königs Konrad IV. nicht hinweghelfen konnte, die der Orden im Dezember 1243 in Nürnberg erwirkte (Regesta imperii V/2 nº 4482), um dem Rechtssatz des Königreichs Jerusalem entgegenzuwirken, wonach alle Urkunden eines Regenten (in diesem Falle des von den Baronen als solchen anerkannten Friedrichs II.) bei Ende seiner Regentschaft unwirksam wurden. Die rechtlichen Schwierigkeiten lagen anderswo: Erstens fehlte der Konsens der Nachkommen Isabellas aus ihrer ersten Ehe mit Reinald Barlais, einem poitevinischen Ritter aus dem Gefolge der Lusignans[16], die nach jerusalemitanischem Recht erbberechtigt waren, nachdem seit dem Übergang der beiden Casalien aus dem Besitz Philipps des Roten an seine Tochter Isabella *ʿArrābe* und *Saḫnīn* zu einem *fié d'escheete* geworden waren. Zum anderen war Richard Filangieri als Bailli Friedrichs II. von den Baronen des Königreichs Jerusalem entweder nicht anerkannt worden, oder dies wurde nach dem Sieg der Barone über die Staufer, ja schon seit 1233, von den Baronen so hingestellt. Da die beiden Casalien aber fraglos Kronlehen waren, bedurfte ihr Verkauf 1234 des Konsenses des Lehnsherren oder seines amtierenden Vertreters.

Beide Formmängel eröffneten den Nachkommen Isabellas die Möglichkeit, die Frage wieder aufzurollen. Der berühmte Aimerich I. Barlais, Isabellas Sohn aus erster Ehe, tat dies nicht, da er von Anfang an alles auf die staufische Karte setzte und somit die Gültigkeit des vom staufischen Bailli bestätigten Verkaufs seiner Mutter nicht bestreiten konnte. Seine prostaufische und antibaroniale Haltung, die ihn bei der Abreise Friedrichs II. aus dem Osten 1229 zu einem Mitglied des Fünferkonsortiums emporschwemmte, dem der Kaiser die Verwaltung Zyperns verpachtete, verband ihn unlösbar mit der staufischen Sache. Wir hören letztmals im Sommer 1232 von ihm, als er sich mit Richard Filangieri nach der verlorenen Schlacht bei Agridi von Zypern aufs Festland zurückzog, um dort mit Richard und anderen Konsortialen zum Kaiser zu reisen, während in Zypern König Heinrich I. seine Lehen einzog[17]. Er starb spätestens 1235, denn im Januar 1236 wird er als verstorben bezeichnet, und gleichzeitig ließ sich der Deutsche Orden den Verkauf Isabellas von ihrem Enkel Johann Barlais, dem Sohn Aimerichs I. Barlais, bestätigen (RRH nº 1069). Dem Orden waren also die Formmängel von Isabellas Verkauf schon damals bewußt und ebenso die praktischen Verfahren, die drohten, denn die Söhne Aimerichs I. waren nicht mehr so sehr an die staufische Sache gebunden und mußten wegen des Verlustes ihrer zyprischen Lehen sich ohnehin stärker auf das Festland konzentrieren. Johann scheint der älteste Sohn Aimerichs I. Barlais gewesen zu sein, denn in RRH nº 1088a von 1239, einer Urkunde von Aimerichs I. Witwe Agnes von Margat, gibt er seinen Konsens vor seinem Bruder Rainald. Als ältester Sohn war er am ehesten imstande, einen Anspruch auf *ʿArrābe* und *Saḫnīn* zu erheben. Aus RRH nº 1068 von Januar 1236 ergibt sich, daß der Orden in seiner Sorge um die Besitzsicherung so weit ging, daß er, was an sich nicht nötig war, von Boemund IV. von Antiochia-Tripolis als dem Lehnsherrn Johanns eine Urkunde erwirkte, in der Boemund die Bestätigung Johanns und damit dessen Verzicht auf die Ländereien bestä-

[16] Ebd.; vgl. auch Estoire de Eracles XXVII 2, RHC. Hist. occid. 2, 219.

[17] L. de Mas-Latrie, Hist. de Chypre 1, 291 f.; R. Röhricht, Geschichte des Königreichs Jerusalem (Innsbruck 1898), 824.

tigte. Johann war ebenso wie Isabella durch ihren zweiten Gemahl Bertrand Porcellet[18] in der Grafschaft Tripolis begütert und verwurzelt, weshalb er sich den Verzicht auf die beiden im Gebiet von Akkon gelegenen Casalien leicht leisten konnte. Rainald II. Barlais verhielt sich ebenso zurückhaltend wie sein Bruder Johann, da auch er im Tripolitanischen ansässig war, denn wir finden ihn im Jahre 1241 als Vormund des minderjährigen Herren von Maraclea (RRH n° 1102).

Im Jahre 1240[19] war *ʿArrābe* juristisch noch unangefochten im Besitz des Deutschen Ordens, allerdings war es an die Johanniter verpfändet, die dem Deutschen Orden darauf 5 000 Byzantiner geliehen hatten. Man einigte sich jetzt, den Johannitern solange den vierten Teil des Jahresertrags von *ʿArrābe* abzutreten, bis die Schuld getilgt sei (RRH n° 1097). Die jährliche Zahlung an die Johanniter sollte dadurch sichergestellt werden, daß der Deutsche Orden für *ʿArrābe* einen Bailli ernannte, der für die Eintreibung und Abrechnung der Einkünfte und für die Rückzahlung der Schuld bei den Johannitern verantwortlich war. Daraus ist mit Sicherheit zu entnehmen, daß der Orden zuvor in *ʿArrābe* keinen eigenen Bailli gehabt hatte, aber es ist unsicher, ob dies bedeutet, daß der Besitz vor der Einigung von 1240 als Pfand physisch im Besitz der Johanniter gewesen war und jetzt in den des Deutschen Ordens zurückkehrte, denn er kann zuvor auch von *Qalʿat el-Qurēn* (Montfort) aus, dessen Kastellan die Einigung bezeugte, vom Deutschen Orden verwaltet worden sein, da *ʿArrābe* den Ordensbesitz um *Qalʿat el-Qurēn* nach Süden hin abrundete. Immerhin mußte selbst die Ausgliederung des Besitzes aus dem Amtsbezirk des mächtigen Kastellans von *Qalʿat el-Qurēn* und die Unterstellung unter einen eigenen, aber unbedeutenden Bailli des Ordens von Dritten, die selbst Ansprüche zu haben glaubten, als ein Zeichen der Schwäche angesehen werden. Der Deutsche Orden hatte offenbar bereits Befürchtungen in dieser Richtung, denn er nahm die an den Erträgen von *ʿArrābe* interessierten Johanniter in das Obligo, ihm gegen gerichtliche Klagen oder gewaltsame Aktionen Dritter bezüglich *ʿArrābe* beizustehen, soweit dies das Recht zulasse.

Anders als Johann und Rainald II. Barlais verhielten sich die beiden anderen Brüder Aimerich II. und Amalrich Barlais. Es mag auf den ersten Blick befremden, daß Aimerich I. Barlais zwei seiner Söhne so ähnliche Vornamen gegeben haben sollte, die man bis in die jüngste Zeit[20] fälschlich für Synonyme hielt. Aber schon die Lignages d'Outremer c. 33[21] geben ihm zwei Söhne mit diesen beiden Namen, und

[18] S. zum Besitz der Porcellets in der Grafschaft J. Richard, BECh 130, 359 ff.

[19] K. Forstreuter, Der Deutsche Orden am Mittelmeer (Quellen und Studien zur Geschichte des Deutschen Ordens 2; Bonn 1967), 26 Anm. 24 bezweifelt das Jahr zu Unrecht, da er meint, der hier urkundende Johannitermeister Pierre de Vieille Bride sei erst 1241 gewählt worden. Mit J. Riley-Smith, A History of the Knights of St. John in Jerusalem and Cyprus c. 1050—1310 (London 1967), 174 ist aber an 1240 festzuhalten.

[20] Die ganze bisherige deutsche Forschung spricht von den Königen Amalrich I. und Amalrich II. von Jerusalem, auch die Franzosen reden meist von Amaury I und Amaury II, ebenso die Engländer, aber die beiden Könige nennen sich selbst auf ihren Siegeln Amalricus und Aymericus. Nur wenige Werke der Literatur scheiden sie bisher als Amalrich und Aimerich ohne Ordnungszahlen: J. Richard, Le royaume latin de Jérusalem (Paris 1953), 134 Anm. 1 u. 364; G. Hill, A History of Cyprus 2 (Cambridge 1948), 45 Anm. 1; K. M. Setton (ed.), A History of the Crusades 2 (Philadelphia 1962), und J. Prawer, Histoire du royaume latin de Jérusalem 2 (Paris 1970), beide Male im Personenindex.

[21] RHC Lois 2, 468. Auch Heinrich II. von Zypern hatte zwei Brüder namens Amalrich und Aimerich; vgl. L. de Mas-Latrie, Hist. de Chypre 2, 102. 136.

auch die folgenden Ereignisse lassen nur den Schluß zu, daß es sich um zwei verschiedene Personen handelte, die beide versuchten, den Familienbesitz aus dem Erbe Philipps des Roten wieder in ihre Hand zu bringen. Gegen Ende des Kreuzzuges Ludwigs des Heiligen von Frankreich beschäftigte die Angelegenheit die römische Kurie und zwei Kardinäle. Aus einem Urteil des Kardinaldiakons Ottobonus von S. Adriano über die Klage des Deutschen Ordens gegen Aimerich II. Barlais vom 19. Februar 1254 (RRH n° 1214), inseriert in der Bestätigung des Urteils durch den Papst Innocenz IV. vom 27. Februar 1254[22], erfahren wir, daß die beiden Brüder Aimerich II. und Amalrich gemeinsam vor dem König Heinrich I. von Zypern als dem rechtmäßigen Regenten des Königreichs Jerusalem gegen den Deutschen Orden auf die Herausgabe von *'Arrābe* und *Saḫnīn* geklagt hatten. Zwar nennt das von Ottobonus zitierte Urteil des Königs Heinrich I. nur Aimerich II. als Kläger, doch müssen wir unterstellen, daß auch Amalrich Barlais die Klage mittrug, da der hiermit angestrengte Prozeß für die beiden Brüder einen jeweils verschiedenen Ausgang nahm. Im Königsgericht werden sie sich noch einig gewesen sein, da Heinrich zu ihren Gunsten entschied. Dem Bericht des Ottobonus von S. Adriano, der als beauftragter päpstlicher Richter fungierte, entnehmen wir, daß der Prokurator Aimerichs II. in Rom vortrug, daß sein Mandant Klage bei Heinrich I. eingereicht habe, weil der Deutsche Orden *'Arrābe* und *Saḫnīn* zu Unrecht im Besitze habe. Dabei muß er wohl die Rechtsgültigkeit des Verkaufs durch seine Großmutter Isabella von Bethsan und von dessen Bestätigung RRH n° 1059 bestritten haben. Der Regent Heinrich I. lud den Orden vor sein Gericht, aber dieser erschien nicht nur nicht, sondern absentierte sich in Kontumaz und verlor mithin schon deshalb den Prozeß, dessen Urteil zugunsten von Aimerich II. Barlais in einer verlorenen Siegelurkunde Heinrichs I. von Zypern unter Erzählung der Begleitumstände, wie sie Kläger und Richter sahen, festgehalten wurde. Aus den Darlegungen des Deutschordensbruders Konrad, der 1254 in Rom als der Prokurator des Ordens fungierte[23], geht hervor, daß Aimerich II. Barlais im Anschluß an das ihm günstige Urteil die beiden Casalien mit bewaffneter Hand besetzte. Der Deutsche Orden appellierte an die römische Kurie, wo der Prozeß am 6. Juni 1253 bereits anhängig war, wie ein Vergleich von diesem Tage (RRH n° 1206) ausdrücklich festhielt.

Da aber vor dem Vergleich sich der seit 1249 im Heiligen Lande anwesende Kardinallegat Odo von Châteauroux mit dem Prozeß zu befassen gehabt hatte, und zwar offensichtlich als delegierter Richter, muß er eine Instruktion des Papstes erhalten haben, die ihn spätestens mit dem Frühjahrspassagium des Jahres 1253 erreicht haben muß, also etwa im April, da vor dem 6. Juni in seiner Kurie bereits prozessiert worden war. Dies bedeutet, daß die Appellation spätestens mit dem Herbstpassagium (ca. Oktober) des Jahres 1252 nach Rom gebracht worden war, so daß dies die unterste Grenze für die verlorene Königsurkunde darstellt, die der Berufungsklage notwendigerweise vorausgehen muß und deren zeitliche Eingrenzung auch von histori-

[22] A. Potthast, Regesta pontificum Romanorum Nr. 15255. Bisher unbenutztes Original im Staatsarchiv Venedig, S. Maria dei Teutoniei (SS. Trinità) n° 47; vgl. darüber R. Predelli, Le reliquie dell'archivio dell' Ordine Teutonico in Venezia, Atti del R. Istituto Veneto di Scienze, Lettere ed Arti 64/2 (1904—05), 1434 n° 47.

[23] Vgl. zu ihm K. Forstreuter, Die Berichte der Generalprokuratoren des Deutschen Ordens an der Kurie. 1. Die Geschichte der Generalprokuratoren von den Anfängen bis 1403 (Veröffentlichungen der Niedersächsischen Archivverwaltung 12; Göttingen 1961), 60f. 177.

schem Interesse ist. Die oberste Grenze bleibt 1246 als das Jahr, in dem Heinrich I. seiner Mutter Alice nach deren Tod als Regent von Jerusalem nachfolgte. Eine andere zeitliche Einreihung können wir aus Gründen der Vorsicht nicht geben, auch wenn sicher ist, daß die Berufung unmittelbar auf das Regentenurteil (oder doch, falls dieses nach der Einstellung der Schiffahrt in einem Spätherbst oder Winter erging, längstens 6 Monate danach) nach Rom geschickt wurde, so daß als oberste Grenze in Wahrheit mit einem späteren Termin als 1246 zu rechnen ist. Der durch RRH n° 1200 bezeugte Aufenthalt Heinrichs I. von Zypern in Akkon im Juli 1252 würde gerade passen, ist aber als Eingrenzungsmerkmal deswegen unbrauchbar, weil wir nicht wissen, ob es in jenen Jahren der einzige Aufenthalt Heinrichs I. im Königreich Jerusalem war. Immerhin erforderte ein Prozeß vor dem Regenten dessen Anwesenheit auf dem Festland, um überhaupt in der Haute Cour in Jerusalem stattfinden zu können, die dafür zuständig war. In seiner Abwesenheit in Zypern hätte man sonst die Klage vernünftigerweise vor dem Vertreter Heinrichs im Königreich Jerusalem vorgebracht, um dem Deutschen Orden nicht einen sehr billigen Anfechtungsgrund zu liefern. Zwar bestritt dieser 1254, wie wir sehen werden, generell die Zuständigkeit der Haute Cour, hätte aber, wenn der Prozeß vor Heinrich I. etwa in Nikosia abgerollt wäre, dies sicher hilfsweise als Formmangel ins Feld geführt, da er seine Abwehr ohnehin im wesentlichen auf Formalien stützte. Man wird also gut daran tun, den Prozeß vor dem Regenten in der Zeit der Anwesenheit Ludwigs des Heiligen im Heiligen Lande (13. Mai 1250 bis 24. April 1254) anzusetzen, und das ist politisch bemerkenswert, zeigt es doch, daß Heinrich das selbstherrliche Schalten und Walten Ludwigs im Königreich Jerusalem nicht so unwidersprochen hinnahm und daß seine Rolle nicht so völlig bedeutungslos war, wie es der ihn mit einer einzigen Ausnahme völlig totschweigende Chronist Joinville und auch MAS-LATRIE[24] wollen. Heinrich versuchte, so weit ihm das neben der überragenden Gestalt des französischen Königs möglich war, seine Rechte in Jerusalem zur Geltung zu bringen.

In dem Vergleich vom 6. Juni 1253 erwies sich Amalrich Barlais als der Geschmeidigere der beiden Brüder, da er wohl voraussah, wie das Urteil des Papstes oder seines delegierten Richters ausgehen werde, und Heinrichs verlorenes Diplom tatsächlich von zweifelhaftem Wert war, nachdem er am 18. Januar 1253 gestorben war, von der Anwesenheit Ludwigs des Heiligen, der faktisch regierte, ganz abgesehen. Amalrich verglich sich in RRH n° 1206 mit dem Deutschen Orden dahin, den Prozeß einzustellen und dem Orden die beiden Casalien für 25 000 Byzantiner abzukaufen, von denen 5 000 im Zeitraum 24. Juni 1253 bis 23. Juni 1254, je 4 000 in den darauffolgenden fünf Rechnungsjahren fällig werden sollten. Die beiden Vergleichspartner verfeinerten für die Zahlungen die Modalitäten des schon erwähnten Vertrages über *'Arrābe* mit den Johannitern von 1240: Jetzt sollten beide Parteien je einen Bailli stellen, wobei der Deutsche Orden sich allerdings ausbedang, daß der Bailli Amalrichs nicht dem Templer- oder Johanniterorden angehören durfte. Die beiden Baillis sollten gemeinsam die Erträge und Abgaben eintreiben und an einem sicheren Ort, zu dem sie jeder einen Schlüssel hatten, die nur beide gemeinsam öffneten, verwahren. Sie sollten diese Erträge sodann zum Marktwert verkaufen und den Erlös zur Abtragung der Schuld Amalrichs beim Orden benutzen. Erlösten die Baillis, die zuvor ihren Lebensunterhalt aus den Erträgen bestreiten durften, mehr als die Jahresrate, so

[24] L. DE MAS-LATRIE, Hist. de Chypre 1, 354. 358.

erhielt Amalrich den Überschuß, falls er nicht aus früheren Jahren noch Rückstände hatte, was eigentlich nicht vorkommen durfte, da er bei Erlösen, die unter seiner Jahresrate lagen, das Defizit aus seinen anderen Einkünften abzudecken gehalten war. Lediglich für den Fall, daß die beiden Casalien oder die größere Hälfte des Besitzes (aber ausdrücklich galt dies nicht für die kleinere Hälfte) in die Hand der Sarazenen fielen, war Amalrich von seiner Zahlungsverpflichtung befreit, wofür allerdings auch die sechsjährige Laufzeit zur Abwicklung des Vertrages unterbrochen wurde, freilich alle dennoch anfallenden Erlöse zur weiteren (also vorzeitigen) Tilgung der Schuld verwendet werden mußten. Der Orden war gehalten, einen nachweislich ungetreuen Bailli abzuberufen. War die Schuld abbezahlt, so war der Deutsche Orden verpflichtet, Amalrich — der mit seinem Bruder Aimerich II. seit dem Urteil des Regenten Heinrich die beiden Casalien ja physisch in der Hand hatte — im ungestörten und lastenfreien Besitz der beiden Casalien zu belassen, hierüber auf Wunsch Amalrichs oder seiner Erben innerhalb eines Monats eine Urkunde auszustellen und die auf den Besitz bezüglichen Urkunden an Amalrich auszuliefern, dies alles bei Vermeidung einer ungeheuren Konventionalstrafe von 8 000 Mark Silber und zusätzlicher Sicherheitsverpfändung der beiden Ordenscasalien Cafariasif (*Kafr Yāsīf*, Palestine Grid 165. 262, 10 km nordöstlich von Akkon) und Saphet in der Ebene von Akkon, das nicht eindeutig lokalisierbar ist, doch nach RRH nº 934 südöstlich von Akkon lag. Einstweilen verpflichtete sich der Orden, die auf *ʿArrābe* und *Saḫnīn* bezüglichen Urkunden, die in seinem Besitz waren, bei den Dominikanern in Akkon ins Depot zu geben, und zwar die im Osten befindlichen innerhalb der Oktav nach dem 24. Juni, die im Abendland befindlichen (die dort zum Prozeß an der Kurie waren) binnen eines weiteren Jahres. Gegen Sicherheitsleistung konnte sich Amalrich die Urkunden kurzfristig ausleihen, wenn er daraus seine Rechte nachweisen mußte. Amalrich versprach, nach Kräften darauf hinzuarbeiten, daß der König von Zypern und Herr des Königreiches Jerusalem vor dem 1. Mai 1254 die Zahlungsverpflichtung Amalrichs und damit den gesamten Verkauf des Ordens urkundlich bestätigen werde. Sollte ihm dies nicht gelingen, so war er gehalten, im Laufe des Mai 1254 andere geeignete Sicherheiten für seine Zahlung zu bieten bei Vermeidung einer Konventionalstrafe von 500 Mark Silber, welche die weitere Gültigkeit des Vertrages jedoch nicht tangierte, also Amalrich aus seinen Verpflichtungen nicht entließ. Beide Parteien verzichteten für die Durchführung des Vergleichs auf Rechtsmittel aller Art und unterwarfen sich von vorneherein der Schiedsgerichtsbarkeit des Patriarchen von Jerusalem. Wenn der Vergleich durchgeführt wurde, so machte der Orden ein sehr gutes Geschäft, denn er verkaufte jetzt für 25 000 Byzantiner peripher gelegenen Besitz, für den er 1234 nur 3 600 Byzantiner bezahlt hatte. Gewiß hatten der Krieg der Barone gegen die Staufer und der Kreuzzug Ludwigs des Heiligen mit seinen enormen Ausgaben inflationär gewirkt, aber doch wahrscheinlich nicht in diesem Ausmaß, und überdies durchschaute man im Mittelalter das Problem der Inflation nur sehr bedingt, so daß man den Vorteil in diesem Fall gewiß größer sah, als er war.

Während Amalrich sich verglich, ließ es Aimerich II. in Rom auf den Prozeß ankommen und verlor. Dieser spielte sich vor dem Kardinaldiakon von S. Adriano ab, weil der beste Kenner der Materie unter den Kardinälen, der Kardinallegat Odo von Châteauroux, noch bis Mitte September 1254[25] im Heiligen Lande blieb. Auf die in

[25] R. Röhricht, Geschichte, 894 Anm. 2.

Rom eingereichte Berufungsklage des Ordensprokurators Konrad, die dieser schriftlich in einem Libell vorlegte, daß Aimerich die vom Orden lange Zeit besessenen beiden Casalien mit Waffengewalt besetzt und seither widerrechtlich innehabe, wodurch dem Orden ein — zweifellos maßlos überhöht dargestellter — Schaden von 10 000 Mark Silber entstanden sei, legte der Prokurator Aimerichs das verlorene Diplom Heinrichs I. von Zypern vor. Konrad bestritt nicht, daß der am 18. Januar 1253 verstorbene Heinrich I. von Zypern auch Herr des Königreichs Jerusalem gewesen war, aber sein Diplom sei ungültig, weil Heinrich zur Aburteilung eines Ritterordens, der nur kirchlicher Jurisdiktion unterstehe, nicht berechtigt gewesen sei. Konrad konnte sich darauf verlassen, daß dies für ein kuriales Gericht der ausschlaggebende Gesichtspunkt war, so daß er sich mit Feinheiten des jerusalemitanischen Rechts erst gar nicht mehr abzugeben brauchte. Er hätte nämlich sonst gegen das verlorene Diplom einwenden können, daß es mit dem Tode des Regenten obsolet geworden sei, da Urkunden der Regenten beim Ende der Regentschaft verfielen[26]. Aimerichs Prokurator versuchte vergeblich, die Kompetenz der Haute Cour und damit die Rechtsgültigkeit des verlorenen Diploms mit dem Argument zu retten, daß es sich damals um einen lehnrechtlichen Prozeß gehandelt habe, für den die Haute Cour als das Gericht des Lehnsherrn zuständig sei, auch dann, wenn diese Besitzungen keine Lehen mehr seien. Es ist erstaunlich — aber sein ganzes Plaidoyer ist nicht sehr geschickt —, daß er nicht die Rechtsgültigkeit von Isabellas Lehnsverkauf aus dem Jahre 1234 anfocht, weil ein unrechtmäßiger Bailli diesen bestätigt habe, jedenfalls ein staufischer Vorkämpfer, für den man 1254 an der römischen Kurie keinerlei Sympathie erwarten darf. Mit diesem Argument hätte er den Kardinaldiakon von S. Adriano in Verlegenheit bringen können, weil dieser kaum daran vorbeigekommen wäre, unabhängig von dem, was nun wirklich 1231 bei der Ernennung Richard Filangieris geschehen war, die These der Barone von Jerusalem aufzunehmen, daß Richard nie rechtmäßiger Bailli gewesen war. Statt dessen legte Aimerichs Vertreter dar, sein Mandant habe die Klage vor Heinrich I. als eine feudalrechtliche eingereicht, weshalb der Deutsche Orden sich dem Prozeß hätte stellen müssen, mindestens um klären zu lassen, ob der Fall in die Zuständigkeit Heinrichs falle. Das war natürlich ein rein theoretisches Argument, denn selbstverständlich hätte Heinrich seine Zuständigkeit nicht verneint, da er sich doch um Profilierung neben Ludwig dem Heiligen bemühte. Konrad hatte mit diesem Plaidoyer leichtes Spiel, obgleich die Ritterorden gelegentlich durchaus eine kronvasallenähnliche Stellung hatten, jedenfalls feudalen Militärdienst leisteten (so in RRH n° 1313), denn nach Ausweis des vorgelegten Diploms Heinrichs I. habe Aimerich II. seine Klage keineswegs als eine lehnrechtliche vorgebracht, sondern habe wegen gewalttätigen und rechtswidrigen Besitzes der beiden Casalien durch den Orden geklagt. Im übrigen habe der Orden die Vorladung des Regenten keineswegs negiert, sondern darlegen lassen, daß er der Gerichtsbarkeit des Regenten nicht unterstehe, weil die Ordensbrüder Religiosen und die Casalien geistlicher Besitz seien. Dies war erneut Konrads Hauptargument, dem der Gegenvertreter implicite schon dadurch zugestimmt hatte, daß er zugegeben hatte, daß jedenfalls 1254 die Besitzungen keine Lehnsgüter mehr waren. Daneben verblassen die hilfsweise sonst noch vorgebrachten Darlegungen Konrads, aus denen nur noch der gleichfalls formale Einwand hier als interessant herausgegriffen sei, daß das Deperditum

[26] J. Riley-Smith, Feudal Nobility, 188.

Heinrichs I. schon deshalb unwirksam sei, weil die Klage nicht schriftlich in einem Libell zugestellt worden sei und somit für den Beklagten keine Litiskontestation[27] (*lis contestata*) habe stattfinden können (selbst wenn er erschienen wäre). Es ist sehr zweifelhaft, ob das Prozeßverfahren im Heiligen Lande, wo die Haute Cour zu dieser Zeit noch keinen eigenen Schreiber und keine Register hatte, einen solchen Grad der Schriftlichkeit forderte, aber für die Ohren des kurialen Richters klang es sehr plausibel. Er verurteilte Aimerich II. zur Herausgabe der beiden Casalien, zu einem Schadensersatz von 3 000 Byzantinern für jedes Jahr, in dem er die Casalien innegehabt hatte, und zu Prozeßkosten in Höhe von 100 provenzalischen Pfunden.

Man darf davon ausgehen, daß es dem Orden auf den Schadensersatz nicht so sehr ankam und er das Urteil in diesem Punkt vermutlich gar nicht zu vollstrecken suchte, da es doch nur Auseinandersetzungen über die Länge der Zeit und die davon abhängige Höhe der Geldsumme gegeben hätte. Es ist auch fraglich, wie man faktisch ein solches kuriales Urteil hätte im Osten vollstrecken sollen, auch wenn der Papst zugleich den Bischof von Hebron und den Elekt von Bethlehem damit beauftragte[28]. Entscheidend war für den Orden, daß der Anspruch Aimerichs II. auf die beiden Casalien abgewiesen wurde, wodurch der Vergleich, den man im Jahre zuvor mit Amalrich Barlais geschlossen hatte, erst seine volle Wirksamkeit erhielt. Von Aimerich II. Barlais hören wir in der Folge nichts mehr, er ist überhaupt urkundlich nur in diesem römischen Prozeß belegt, kann aber unabhängig vom Zeugnis der Lignages d'Outremer unmöglich identisch sein mit dem Amalrich Barlais aus dem Vergleich von 1253, da dieser Vergleich ja den kurialen Prozeß, soweit Amalrich darin verwickelt war, beendete, es also bei einer Identität der beiden Personen zu der Verhandlung vom Februar 1254 vor dem Kardinaldiakon Ottobonus überhaupt nicht hätte kommen können.

Alles deutet darauf hin, daß der Vergleich mit Amalrich Barlais tatsächlich durchgeführt wurde. So befinden sich im Staatsarchiv Venedig keine Originalurkunden mehr, die *'Arrābe* und *Saḫnīn* betreffen, außer eben zwei Exemplaren jenes Vergleichs von 1253[29] und dem Original von Potthast n° 15255 mit dem inserierten Urteil des Kardinaldiakons von S. Adriano, also nur Urkunden, die nicht unter die Auslieferungspflicht des Ordens fielen. Die Überlieferung spricht daher dafür, daß der Orden vertragsgemäß die Urkunden über den Besitz an Amalrich Barlais ausgeliefert hat. Alle anderen Urkunden über die beiden Casalien sind nämlich im ersten Teil des Chartulars des Deutschen Ordens überliefert, der im Winter 1243/44 zusammengestellt wurde[30], als die Casalien und die besitzbeweisenden Urkunden noch in der

[27] Die Litiskontestation war für den kanonischen Prozeß grundlegend. Sie legte nach dem Vorbild des römischen Rechts in Klagevortrag und Widerspruch das Prozeßobjekt endgültig fest und war nur dort entbehrlich, wo ein Libell für die Klageerhebung nicht vorgeschrieben war. Ansonsten bewirkte ihr Unterbleiben die Nichtigkeit des Prozesses und des ergangenen Urteils; vgl. dazu F. X. Wernz, Jus decretalium ad usum praelectionum in scholis textus canonici sive iuris decretalium V 1 (Romae 1914), 360 ff.

[28] Potthast n° 15255, jedoch nur im Druck der Papstregister (Registres d'Innocent IV n° 7344); vgl. P. Riant, Etudes sur l'histoire de l'église de Bethléem 1 (Genua 1889), 37 Anm. 2.

[29] Aus dem Vorhandensein zweier Ausfertigungen darf nicht geschlossen werden, daß keine an Amalrich Barlais ausgehändigt wurde, der Vergleich also nicht zustande kam. Warum in Venedig zwei Exemplare liegen, hängt mit einem formalen Problem der Urkundenlehre zusammen, auf das wir an anderer Stelle in größerem Zusammenhang näher eingehen werden.

[30] H. E. Mayer bei E. Strehlke, Tabulae ordinis Theutonici (^{2}1975), 70—80 der Vorrede.

Hand des Deutschen Ordens waren. Rechtlich und politisch sehr bemerkenswert ist die Verpflichtung Amalrichs, sich beim König von Zypern, dem Herrn des Königreichs Jerusalem, um eine Bestätigung des Vergleichs zu bemühen. Juristisch erkannte der Orden damit an, was er ein Jahr später in Rom energisch bestritt, daß nämlich der König oder Regent doch für diese ehemaligen Lehen in irgendeiner Form zuständig sei. Um Heinrich I. kann es sich am 6. Juni 1253, als der Vergleich geschlossen wurde, nicht mehr handeln, denn er war bereits am 18. Januar 1253 gestorben[31]. Es muß sich hier vielmehr um den erst wenige Wochen alten Hugo II. von Zypern, Heinrichs Sohn, handeln, dem die Haute Cour 1258, als er ihr vorgeführt wurde, die Regentschaft gab, wenn auch nicht ohne Murren[32]. Von 1253 bis 1258 führten drei verschiedene Vasallen mit vier Amtsperioden die Regentschaft. Die Stelle in dem Vergleich macht aber deutlich, daß es der politischen Oberschicht sogleich nach dem Tode Heinrichs klar war, daß Hugo II. einen unanfechtbaren Anspruch auf die Regentschaft hatte, der wohl früher oder später verwirklicht würde. Es war also kein sonderlicher Geniestreich Johanns von Ibelin, daß er den minderjährigen Knaben 1258 vor die Haute Cour brachte, sondern nur die — allerdings unerwartete — Ausnutzung einer Rechtslage, über die man sich schon seit fünf Jahren klar war.

Amalrich Barlais tritt im Gegensatz zu Aimerich II. Barlais auch später noch auf. In RRH n° 1324 von 1265 oder 1266 kaufte er vom Herren von Blanchegarde einen Teil der ihm selbst jährlich von den Johannitern zustehenden Rente von 2 000 Byzantinern zurück, die diese ihm dafür zu zahlen hatten, daß sein Urahn mütterlicherseits dem Orden 1186 die Burg Margat abgetreten hatte; er selbst hatte den jetzt zurückgekauften Anteil einst an den Herren von Blanchegarde veräußert. Hier ebenso wie in RRH n° 1342c aus derselben Zeit nennt er sich nur Amalrich Barlais, hatte aber damals den rechtlich ungestörten Besitz von *'Arrābe*, das er allerdings an die Templer verpfändet hatte. Er nahm jetzt gegen Verpfändung seiner Jahresrente von 2 000 Byzantinern als Sicherheit ein Darlehen von 14 400 Byzantinern bei den Johannitern auf, um damit bei den Templern sein Casale *'Arrābe* auszulösen. Die entsetzlichen Verwüstungen, die der Sultan Baibars 1265 im Heiligen Lande mit der Eroberung von Caesarea, Haifa und Arsur bewirkt hatte, mögen zu dieser Verpfändung geführt haben. Als er 1269 in RRH n° 1367 einen Teil seiner Jahresrente als Seelgerät an die Johanniter schenkte, urkundete er als Amauri Barlais *Seignor d'Arrabe*. Aus der Urkunde geht hervor, daß er seinen Hauptwohnsitz wieder auf der Insel Zypern hatte, was einen angesichts der dauernden Schläge, die Baibars in diesen Jahren dem Restkönigreich Jerusalem zufügte, nicht wundert. An seinem Titel werden auch endlich die Motive klar, die ihn 1253 zu dem nicht billigen Vergleich mit dem Deutschen Orden bewogen hatten: Amalrich Barlais wollte nach dem Verlust der bedeutenden zyprischen Stellung seiner Familie, wo sein Vater die Landlehen verloren hatte[33], auf dem Festland wieder in die Schicht der landbesitzenden Aristokratie einrücken. Die Familienbesitzungen in der Grafschaft Tripolis waren in der Hand seiner Brüder Johann und Rainald, in Zypern mag er wieder Besitzungen gehabt haben, aber Baro-

[31] L. de Mas-Latrie, Hist. de Chypre 1, 358; G. Hill, History of Cyprus 2, 147. Mit diesem Datum werden wir uns demnächst in einer Arbeit über das Siegelwesen in den Kreuzfahrerstaaten befassen.

[32] J. Riley-Smith, Feudal Nobility, 216 f.

[33] Noch 1286 waren die schwarzen Bäder in Nikosia, die sein Vater einst besessen hatte, in der Hand des Königs (RRH n° 1461).

nien wie auf dem Festland gab es dort nicht, schon weil der Adel keine Burgen besitzen durfte. Die wirklich bedeutenden zyprischen Lehensträger hatten denn auch meist einen festländischen Adelstitel. Angesichts dieser Situation blieb Amalrich und Aimerich II. Barlais nur der Weg, um die für seine Großmutter weit abgelegenen und daher abgestoßenen Besitzungen im Königreich Jerusalem zu kämpfen, und 1269 hatte Amalrich den sozialen Aufstieg tatsächlich geschafft, denn aus dem Titel *Seignor d'Arrabe* und mehr noch daraus, daß er in RRH n° 1367 seine Bleibulle erwähnte, von der er in einer seit Anfang der 1250er Jahre bei den wahren Seigneurs üblich gewordenen Formel[34] sagte, sie sei *empreint en mes dreis coins*, müssen wir folgern, daß es ihm gelungen war, eine, wenn auch kleine, Seigneurie zu gründen, die in den Übersichten über die feudale Untergliederung des Königreichs Jerusalem bisher fehlt, um so mehr, weil sie offenbar erst nach 1265/66 den Status einer vollen Herrschaft erlangte, also erst, nachdem Johann von Ibelin in denselben beiden Jahren sein Rechtsbuch abgeschlossen hatte[35], so daß sie weder in seiner Servitienliste vorkommt, die ihrem Kern nach ohnehin aus der Zeit um 1186 stammt, noch in seiner Übersicht über diejenigen Kronvasallen, die *court et coins et justise* und damit die Charakteristika einer echten Herrschaft besaßen. Während wir einen Gerichtshof für *ʿArrābe* nicht nachweisen können, besteht wenigstens Sicherheit über den *droit des coins*. Vielleicht gehört die Erhebung von *ʿArrābe* zur Herrschaft zu den Bemühungen des Königs Hugo III., in dem durch Baibars schwer angeschlagenen Königreich Jerusalem die Feudalstruktur wiederzubeleben. So wie Hugo die Lehnsverkäufe von Arsur und Sidon teils rückgängig machte, teils durch Vereinbarungen über die Dienstwahrung kompensierte[36], könnte er in Galiläa, wo seit dem Fall von *Ṣafed* 1266 auf eine Restitution des alten Fürstentums nicht mehr zu hoffen war, eine neue Seigneurie kreiert haben. Praktische Bedeutung hat sie nicht mehr erlangt, da Hugo sich bald, grollend über die Unlenkbarkeit der Akkonenser und bedroht von der Konkurrenz Karls von Anjou, nach Zypern zurückzog und die Herrschaft der Lateiner in *ʿArrābe* den Fall von Montfort (*Qalʿat el-Qurēn*) 1271 nicht überlebt haben kann, denn dieser bedeutete das Ende des fränkischen Galiläa. Man muß sich schon wundern, daß *ʿArrābe* anscheinend die Kampagne des Baibars von 1266 überstanden hatte, die zum Verlust von *Ṣafed* geführt hatte.

[34] Mit dieser Formel werden wir uns demnächst in einer Arbeit über das Siegelwesen in den Kreuzfahrerstaaten näher beschäftigen und dabei auch auf ihre Bedeutung und ihr Aufkommen eingehen.

[35] M. Grandclaude, Etude critique sur les Livres des Assises de Jérusalem (Paris 1923), 88.

[36] Zu Arsur siehe RRH n° 1370. 1371. Zu Sidon siehe Livre de Philippe de Navarre c. 57, RHC Lois 1, 530 f.

INDEX

Der Index umfaßt Personen- und Ortsnamen in Auswahl. Bei den Personen ist die Einordnung teilweise hierarchisch. Geistliche stehen vor Mitgliedern geistlicher Ritterorden, diese wiederum vor Laien. Bei den Laien ist die Einordnung hierarchisch bis zu den Königen. Unterhalb davon ist die Einordnung alphabetisch nach Familiennamen oder Herrschaftsbezeichnungen. Ein gewisses Problem stellen Ungleichheiten in der Namensgebung derselben Person dar. Dies wird einerseits dadurch erklärt, daß die Aufsätze über einen langen Zeitraum hinweg entstanden sind, andererseits dadurch, daß sie in verschiedenen Sprachen abgefaßt sind.

So gehen die Formen Johann und Johannes durcheinander, ebenso Peter und Petrus. Beide Namen sind hier jeweils zusammengeordnet. Was die verschiedenen Sprachen angeht, so stehen die Namen im Index in der Regel unter ihrer deutschen Form, wo nicht ein etablierter anderssprachiger Name eine andere Einordnung erforderte. Man suche also John of Jaffa unter Johann von Ibelin, Graf von Jaffa, und Baudouin II., roi de Jérusalem, unter Balduin II., König von Jerusalem, dagegen steht der Chronist Jean de Joinville unter Jean. Die Namen Balian und Barisan wurden getrennt gehalten, je nach der Häufigkeit der verwendeten Formen.

Bei arabischen Personen- und Ortsnamen wurde der arabische Artikel al für die Einreihung unberücksichtigt gelassen. Ortsnamen mit San, Saint, Sancta, Sanctus, Sankt, Santo findet man unter St.